गोविंद मिश्र

सृजन के आयाम

गोविन्द मिश्र

सृजन के आयाम

सम्पादक

डॉ. चन्द्रकान्त बांदिवडेकर

वाणी प्रकाशन

वाणी प्रकाशन
4695, 21-ए, दरियागंज, नयी दिल्ली 110 002

फ़ोन : +91 11 23273167 फ़ैक्स : +91 11 23275710

शाखाएँ

अशोक राजपथ, पटना 800 004, बिहार

कॉफ़ी हाउस कैम्पस, महात्मा गांधी मार्ग, इलाहाबाद 211 001, उत्तर प्रदेश

महात्मा गांधी अन्तरराष्ट्रीय हिन्दी विश्वविद्यालय, वर्धा 442 001, महाराष्ट्र

सुल्तानिया रोड, मोतिया पार्क, भोपाल 462 001, मध्य प्रदेश

www.vaniprakashan.in
marketing@vaniprakashan.in
sales@vaniprakashan.in

GOVIND MISHRA : SRIJAN KE AAYAM
Edited by Chandrakant Vandivadekar

ISBN : 978-81-7055-216-1
Criticism

संस्करण 1990, 2007
आवृत्ति 2019

मूल्य : ₹ 795

सिटी प्रेस, दिल्ली-110 095 में मुद्रित

वाणी प्रकाशन का लोगो मक़बूल फ़िदा हुसेन की कूची से

संपादकीय

हिंदी के वरिष्ठ लेखक श्री गोविंद मिश्र के कृतित्व पर केंद्रित यह संपादित ग्रंथ पाठकों के हाथ देने में मुझे बड़ी प्रसन्नता हो रही है।

संपादन का विचार मन में उत्पन्न हुआ तो इसकी प्रेरणा, प्रयोजनीयता एवं उद्देश्य का स्पष्टीकरण आवश्यक है। श्री गोविंद मिश्र मेरे एक अच्छे मित्रों में से हैं, यह प्रेरणा मेरी पहल के लिए पर्याप्त हो सकती है परंतु संपादन-कार्य के प्रयोजन के समर्थन के लिए पर्याप्त नहीं है। मैं बलपूर्वक कहना चाहूँगा कि श्री गोविंद मिश्र का लेखकीय कृतित्व इतना बहुआयामी और समृद्ध है कि अब समय आया है कि उसका वस्तुनिष्ठ विश्लेषण और मूल्यांकन हो। वैसे हिंदी में श्री गोविंद मिश्र के समकक्ष और भी तीन-चार लेखक हैं जिन पर स्वतंत्र ग्रंथ-संपादन की आवश्यकता है। हो सकता है कि इसके क्रम को लेकर मतभेद भी हो। परंतु कहीं-न-कहीं से रिक्तता को भरने की शुरुआत करनी ही पड़ती है। एक प्रथम श्रेणी के उपन्यासकार और कहानीकार के रूप में श्री गोविंद मिश्र ने अपना स्थान हिंदी में निश्चित किया ही है, एक अच्छे यात्रा-वर्णनकार और साहित्य विषयक समस्याओं के चिंतक के रूप में भी अपनी पहचान बनायी है। असल में एक सफल और सार्थक कथाकार के रूप में श्री गोविंद मिश्र ने जो कार्य किया है वह भी उन पर स्वतंत्र ग्रंथ-संपादन के लिए पर्याप्त महत्त्वपूर्ण है। प्रस्तुत संपादित ग्रंथ में जिन समीक्षकों के लेख हैं उनमें से अधिकांश हिंदी के ख्यातिप्राप्त समीक्षक हैं और कुछ सृजनशील लेखकों ने भी अपनी समीक्षात्मक छोटी-बड़ी टिप्पणियों से अथवा पत्रों से गोविंद मिश्र के कृतित्व के संबंध में अपनी राय को निस्संदिग्ध शब्दों में व्यक्त किया है। इन सृजनशील लेखकों में जैनेंद्रकुमार से लेकर सूर्यबाला तक सभी पीढ़ियों के लेखक शामिल हैं। यह अपने-आपमें रोचक तथ्य है कि गोविंद मिश्र के कृतित्व के बारे में विभिन्न रुचियों, दृष्टिकोणों और उम्र के लेखकों की इस बात में सहमति है कि गोविंद मिश्र हिंदी के एक महत्त्वपूर्ण लेखक हैं।

इस ग्रंथ के संपादन में कोशिश यह रही है कि विभिन्न दृष्टिकोणों के समीक्षकों एवं सृजनशील लेखकों के अभिप्रायों को एक स्थान पर प्रस्तुत किया जाय ताकि गोविंद

मिश्र के समग्र कृतित्व का स्वरूप स्पष्ट हो और मूल्यांकन के आधार के लिए वस्तुनिष्ठ सामग्री का चयन हो। दूसरी कोशिश यह भी रही है कि संपादन का केंद्र लेखकीय कृतित्व रहे, लेखक का वैयक्तिक जीवन नहीं। विश्वास है कि उसमें सफलता मिली है।

नये संस्करण में गोविंद मिश्र के 2000 तक के प्रकाशनों पर आलोचनाएँ सम्मिलित की जा सकी हैं।

—डा. चंद्रकांत बांदिवडेकर

अनुक्रम

बालक गोविंद : गुरु की नजर में

देवेन्द्र नाथ खरे

'रचना देखत बिसरई रचनाकार, तब रचना का रूप होय उजियार' प्रसिद्ध साहित्यकार त्रिलोचन शास्त्री के बरवै-संग्रह 'अमोला' के इस बरवै से बात प्रारंभ करूँ तो बात बनती है। हिन्दी के जाने-माने कथाकार गोविंद मिश्र के बारे में यह बात पूर्णरूपेण चरितार्थ होती है। अवधी में अमोला आम के अंकुरित होने की स्थिति की अभिधा है। पलाशवन में एक आम्र बीज बाँदा जनपद में अतर्रा में अंकुरित हुआ। वह अमोला वास्तव में अमोला बन गया। उसका शैशव चरखारी राज्य में बीता, किशोरावस्था बाँदा में और युवावस्था इलाहाबाद में।

उसका शैशवकाल चरखारी राज्य का स्वर्णयुग था। उस राजसी ठाट-बाट की सुखद स्मृतियाँ संजोये यह बालक विद्याध्ययन के लिए बाँदा आया। उसकी ननिहाल मेरे पड़ोस में थी, इसलिए मेरे घर के निकट दयानंद वाचनालय पुस्तकालय के बगल में किराये के कच्चे घर में गोविंद मिश्र का परिवार बस गया। माँ शिक्षिका थीं, उन्हें इस अवस्था तक पहुँचने में तत्कालीन अनेक सामाजिक अभिशाप झेलने पड़े थे। लेकिन यह परिश्रम ही उनकी पूँजी और शक्ति बना। यह बालक मृगशावक की भाँति इधर-उधर छलाँगें भरकर दौड़ता-भागता परिस्थिति और परिवेश से परिचित होता जाता था।

'जेहिं रज रिसि पत्नी तरी सोई ढूँढ़त गज राज' के व्रत में लगा मैं प्रतिभाशाली छात्रों की खोज बाँदा के तत्कालीन विद्यालयों से करने में निरंतर जुटा रहता था। इनमें अधिक छात्र-जीवन के विभिन्न क्षेत्रों में अग्रणी होकर आज भारत माता की श्रीवृद्धि में संलग्न हैं। खोज की प्रक्रिया में लगभग 6 माह तक ऊहापोह की स्थिति में रहकर सतत निरीक्षण के बाद मैंने निश्चय किया और गोविंद को अपने प्रियतम छात्र के रूप में अपने अंक में समेट लिया। इसके बाद से मैं उनके विकास की प्रत्येक गतिविधि पर नजर रखने लगा और उसका मार्ग-दर्शन करने लगा। 'होनहार बिरवान के होत चीकने पात' के अनुसार गोविंद का विकास दिन दूना रात चौगुना होने लगा क्योंकि पूत के पाँव पालने में ही पहचान लिये गये थे।

गोविंद के जीवन-निर्माण में 'माता निर्माता भवति' की उक्ति सर्वथा सार्थक सिद्ध होती है। उसके बाद गुरु का स्थान होता है, और वह गौरव मेरा है। व्यक्ति माता-पिता

और गुरु के मनोजगत का प्रक्षेपित पर्याय होता है। पिता जनक होता है, माता निर्माता और गुरु व्यवस्थापक। निर्मिति कथा बनती है। नानी के मनोलोक की प्रक्षिप्ति उसकी पुत्री होती है। अपनी निर्मिति के निरीक्षण से उसे जो संतोष या असंतोष होता है, उसका निवारण वह पुत्री की संतति में करने के लिए सतत जागरूक रहती है। नानी की कथाएँ परीलोक का सृजन करती हैं। उसकी अनुभूति ही परीलोक की विभूति बनती है और परीलोक नानी की अलौकिक संपदा से संपन्न हो अत्यंत मनोरम स्वरूप ग्रहण कर लेता है।

नानी की कहानियों की जो अमिट छवि बालमन में अंकित हुई, वही छवि गोविंद की पूँजी बनी। इसके साथ ही उसकी रचनाएँ हैं जो मातामही से प्राप्त पूँजी से उऋण होने के लिए याकि अपने परिवेश की पीड़ा से मुक्त होने के लिए किये गये प्रयास की परिणति हैं। पिता के संकल्प-विकल्प और सफलता-असफलता कथा लेखक के प्रेरणास्रोत होते हैं। माता की ममता उस स्रोत की सतत प्रवाहिनी होती है। गुरु उस निर्झरिणी का युगोचित मोड़ पर ठहराव और विकास का नियंत्रक बनकर कथाकार के मनोजगत की निर्मिति अत्यंत सावधान होकर करता है। गोविंद के विकास की उस स्थिति में इन तीनों ही माध्यमों का संयोग अत्यंत सुयोग से हो गया।

गुरु की दृष्टि-परिधि में तीन पीढ़ियों का परिवेश प्रत्यक्ष होता है। उस परिवेश का मंथन विषाद को भी अमृत स्वरूप प्रदान करने में उसकी सहायता करता है। कथाकार के माध्यम से गुरु अमृत वितरण समारोह का समायोजन करता है। समाज उस अमृत के पान से पोषण प्राप्त कर अपनी विकृतियों का संस्कार करता है, और संस्कृति के रथ का संचालन करने में सफल होता है। पीड़ा के विष को पीकर अमृत देने वाले गोविंद के अंदर के लेखक के सृजन में यह सारी प्रक्रिया पूरी हुई थी उसके विद्यार्थी-जीवन में।

इस प्रक्रिया के कुछ विशिष्ट बिंदुओं का उल्लेख मैं यहाँ कर रहा हूँ। विद्यालय का छात्र होने के अतिरिक्त पड़ोस में रहने के कारण भी गोविंद मेरा अंतरंग हो गया था। प्रातः साढ़े तीन बजे से रात्रि के दस-ग्यारह बजे तक लगभग सारे समय वह मेरे साथ रहता था। खाने के लिए घर था लेकिन खेलकूद का कोई साधन आसपास उपलब्ध नहीं था। खुले मैदान के खेलों के अभाव के कारण अध्ययन ही गोविंद का मनोरंजन बना। शिष्य की सबसे बड़ी विशेषता जिज्ञासा, शांति के लिए झिझक का अभाव गोविंद में थी। और मैं स्वयं अधिक से अधिक देने की गुरुवृत्ति में संपृक्त था। दोनों का ही मणि कांचन संयोग हो गया।

मेरे विद्यालय डी. ए. वी. से ही आठवीं कक्षा उत्तीर्ण कर गोविंद नवीं कक्षा में आया तो मेरे और भी अधिक निकट आ गया। कक्षा में 8 प्रतिभाशाली और परिश्रमी छात्र थे जिन्हें हाई स्कूल परीक्षा में प्रथम श्रेणी प्राप्त हुई। उसके पहले ही नवीं कक्षा की वार्षिक परीक्षा में गोविंद का स्थान पाँचवाँ था। परीक्षा-फल बना ही था कि मेरे मुँह से निकला, गोविंद बोर्ड की परीक्षा में प्रथम रहेगा। किन्हीं अध्यापक के विरोध करने पर मेरे मामा जी श्री जागेंद्र नाथ खरे, जो स्वयं भी इन सभी विद्यार्थियों को पढ़ाते थे, ने मेरे

कथन की पुष्टि की। मैंने इस विवाद को चुनौती के रूप में स्वीकार कर लिया। अरणि मंथन से अग्नि उत्पन्न होती ही है। भविष्यवाणी फलीभूत हुई।

एक बार वाइस प्रिंसिपल साहब की एक चपत गोविंद को अंग्रेजी व्याकरण के कालज्ञान की किसी त्रुटि के कारण पड़ी और विद्यालय की छुट्टी होने के बाद आँखों में आँसू डबडबाए गोविंद मेरे पास हाजिर। जी हाँ, यही उस समय उसका हुजूर दरबार था। भाव-विह्वलता में गोविंद ने जिज्ञासा व्यक्त की कालज्ञान करने की। क्यों न करता? यह जिज्ञासा कालज्ञ ही तो सर्वज्ञ होता है। कुछ समय की बातचीत में ही मैंने कालज्ञान की व्याख्या कर दी और कुशल छात्र गोविंद ने उसे ग्रहण भी कर लिया। बोध-प्रक्रिया सफल हुई और फिर गोविंद को अंग्रेजी व्याकरण और साहित्य में कभी विशेष असुविधा नहीं हुई।

अर्धवार्षिक परीक्षा निकट थी। राजकीय बालिका विद्यालय में गणित की परीक्षा हो चुकी थी। वहाँ का प्रश्न-पत्र देखकर गोविंद बोला, मुझे इस प्रश्न-पत्र में 50 में 50 अंक मिलते। मुझे आघात-सा लगा। छूटते ही मैंने उस प्रश्न-पत्र का एक प्रश्न हल करने के लिए उससे कहा और वह उस प्रश्न को हल नहीं कर सका। मैंने लताड़ा तो झर-झर आँसू गिरने लगे। रोते-रोते वह बोला, मैंने प्रश्न-पत्र में प्रश्नों को चुनने की सुविधा को दृष्टि में रखकर शतप्रतिशत अंक प्राप्त करने की बात कही थी। मैंने सावधान किया। कहा कि यह कोई बात नहीं है, पूरे प्रश्न करने की क्षमता ही पूर्ण सफलता दिलाती है। सावधान शिष्य के गले बात उतर गयी।

बोर्ड की वार्षिक परीक्षा चल रही थी। अंग्रेजी का द्वितीय प्रश्न-पत्र था और गोविंद की कलम धड़ल्ले से पृष्ठ-पर-पृष्ठ भरती जा रही थी। तीन घंटे का प्रश्न-पत्र ढाई घंटे में ही समाप्त और गोविंद परीक्षा कक्ष से बाहर। पूरी अवधि समाप्त होने पर मैं और वह घर के रास्ते पर। उसने बताया कि ढाई घंटे में पेपर तोड़कर वह बाहर आ गया था। मैंने कहा, यह उचित नहीं हुआ और फिर पूछा, तुमने निबंध किस विषय पर लिखा। जैसे ही उत्तर मिला Indian farmer पर। मैंने पूछा, फारमर की स्पेलिंग क्या लिखी थी? मैं सोच रहा था कि former लिखा होगा, पर गोविद ने बताया, farmar लिखा था। मैंने कहा, अब अंग्रेजी में तुम्हें विशेष योग्यता न मिल सकेगी। परीक्षा फल निकलने पर पता चला कि गोविंद को अंग्रेजी में 100 में 74 अंक मिले थे। तब उसने परीक्षा-कक्ष की बात बतायी। मेरे भी गुरु मास्टर रामकुमार जी उस प्रश्न-पत्र के समय कक्ष-निरीक्षक थे और गोविंद के निबंध लिखने के समय बार-बार उचककर अनेक अंग-भंगिमाओं से उसका ध्यान किसी बात की ओर आकर्षित करते रहे थे। लेकिन निबंध लिखने के झोंक में गोविंद ने उनकी ओर ध्यान नहीं दिया और पूरे निबंध में फारमर की स्पेलिंग farmar ही लिखता रहा। कक्ष-निरीक्षण की यह आदर्श स्थिति जो छात्रों के मन में भविष्य के लिए अच्छे संस्कार डालती थी, आज के नकल युग में आकाश-कुसुम-सी हो गयी है।

उस समय तक डी. ए. वी. में इंटर की कक्षाएँ शुरू नहीं हुई थीं। अतः गोविंद को राजकीय इंटर कॉलेज में प्रवेश लेना पड़ा। पर इससे उन दिनों न कोई फर्क पड़ता था

और न ही पड़ा। विद्यालय के समय के बाद उसका अधिकतर समय मेरे साथ ही बीतता रहा और उसका अध्ययन यथावत मेरे निर्देशन में चलता रहा। इंटर की परीक्षा उत्तीर्ण कर गोविंद आगे की पढ़ाई के लिए इलाहाबाद विश्वविद्यालय चला गया। परंतु इसके पहले कुछ वर्षों में उसके आगे के विकास की जो नींव पड़ चुकी थी, उस पर ही उसकी विभिन्न गतिविधियाँ आधारित रहीं और अनेक समस्याओं से निपटते हुए वह सफलता की उस स्थिति तक पहुँच गया, जिससे आगे वह इस समय तक आ चुका है।

शैशव माँ की गोद में, पिता के मनोविनोद में और परिजन-पुरजन के हास-हुलास में व्यतीत होता है। बालापन परिवेश प्रवेश का शुभारंभ होता है। 'मैं जान्यो यह घर अपनो है या धोखे में आयो' उस अवस्था का चित्रण है जब अपने-पराये की सीमा-रेखा नहीं खिंचती है। बालक के किशोर और किशोर के युवा होने का क्रमिक विकास गुरु के संरक्षण-कौशल पर निर्भर रहता है। उचित संरक्षण मिल जाने पर व्यक्ति यौवन की मांसलता के लिए आवश्यक शर्त विषम वातावरण के अनुकूलन में सफल होता है और स्वस्थ रूप से विकसित होता है। औपचारिकता के बंध टूटते हैं। व्यावहारिकता से संबंध जुड़ता है। पर साथ ही आदर्श की अलौकिकता से भी व्यक्ति संप्रप्त होता है। ऐसा होने पर ही उसकी यात्रा सुगम और सुरुचिपूर्ण होती है। वह पथ की बाधाओं को पार करने का संबल पाता है और स्वयं दूसरों के लिए मार्गदर्शक होने की क्षमता। यही क्षमता गोविंद के लेखन की मूल शक्ति है, बल्कि इस क्षमता का बोध ही उसे सारी पीड़ा और विषाद के अनुभव के बीच से जीवन के अनन्य अंग उत्साह और उमंग के अमृत की खोज कथा को व्यक्त करने के लिए प्रेरित करता है।

गोविंद मिश्र की रचनाशीलता

डॉ. भगवानदास वर्मा

मैंने बहुत पहले जब पहली दफे गोविंद मिश्र को पढ़ा था, मैं उनकी तरफ दो बाजुओं से आकर्षित हुआ था। एक जगह वे समकालीन राजनीतिक-सामाजिक जीवन की विसंगतियों को उसकी तमाम विडंबनाओं के साथ उघाड़ रहे थे। इस स्तर पर वे बुद्धिजीवियों की अवसरवादिता, चापलूसी वृत्ति तथा दोगलेपन को चित्रित करते हुए सत्ताकांक्षा की पतनशील तस्वीर को अंकित कर रहे थे। यहाँ उनकी भाषा में गजब का व्यंग्य और कथा की रवानी थी। दूसरी जगह वे राजनीतिक सत्ता-गुटों से बिल्कुल अलग एवं ऐसी दुनिया को उजागर करने में लगे थे जहाँ रिश्तों का बनना-बिगड़ना समय के साथ कम, परिवेश के साथ अधिक गुँथा हुआ होता है। इस स्तर पर वे बदलती सामाजिक चेतना को माटी की शिनाख्तों के साथ जोड़कर एक नये सृजनशील भारतीय चरित्र को अंकित कर रहे थे। यहाँ उनकी भाषा में गजब की चित्रात्मकता और संवेदनाओं की डूब थी। दोनों जगह केंद्र व्यक्ति ही था। उस वक्त मैंने उनकी 'धाँसू' कहानी और 'लाल-पीली ज़मीन' उपन्यास पढ़ा था। कुछ और चीजें भी पढ़ी थीं। इन रचनाओं में वे जिन कथा-प्रतिमानों की तलाश कर रहे थे, मुझे वह कुछ नयी और काफी संभावनापूर्ण लगी थी। लेकिन इसी वक्त मुझे एक बात ने परेशान भी किया था। मैंने देखा कि उनकी रचना-प्रक्रिया में एक ऐसी बात है जहाँ लेखक के फिसल जाने की गुंजाइश कुछ ज्यादा ही है। मैंने पाया कि वे अपने मंतव्य के धन-पक्ष को व्यंजित करने की ख्वाहिश में प्रतिद्वंद्वी के ऋण-पक्ष पर प्रहार करने का मोह संवरण कम कर पाते हैं। चूँकि मेरी यह धारणा उनकी दो-चार चीजों पर बनी थी, इसकी पुष्टि या खंडन के लिए मुझे उनकी और रचनाओं को देखना जरूरी था। मैं देखना चाहता था कि गोविंद मिश्र समकालीन कथा-प्रतिमानों को किस स्तर पर नयी संभावनाएँ देते हैं और कहाँ नया मोड़ देते हैं—मैं उनका पाठक बन गया।

आलोचकों ने मिश्र का मूल्यांकन किया है और खूब किया है। दोनों तरफ से किया है। खूब प्रशंसा भी की है, खूब निंदा भी की है। दोनों जगह अतिवादी आग्रह भरपूर है। लगता है, इसमें उन्हें सही न्याय कम ही मिला है। इसका एक कारण तो संभवतः यह है कि हमारी औसत किस्म की आलोचना रचनाशीलता के बने-बनाये

'मॉडलों' में यकीन करती है। इसलिए जब आलोच्य लेखक इन मॉडलों में बैठने से इंकार करता है, आलोचना के तेवर बिगड़ जाते हैं। जब उल्टा होता है तो आलोच्य रचना हद दर्जे की प्रशंसनीय बन जाती है। दोनों स्थितियों में लेखक का रचना-धर्म, उसकी संवेदनशीलता, उसका पाइंट ऑफ व्यू, उसके भाषा पैटर्न, कुल मिलाकर लेखकीय आत्मनिष्ठा को नजरअंदाज किया जाने के कारण मूल्यांकन-कर्म अधूरा एवं असंतुलित बना रह जाता है। इसलिए गोविंद मिश्र जैसे गंभीर लेखक का जायज़ा लेते समय बड़ा सतर्क रहना पड़ता है। समकालीन कथा-परंपरा में उनके स्थान को निर्धारित करने पर ही शायद उनके लिए मूल्यांकन-माप तय किये जा सकते हैं।

नवलेखन के साथ हमारे यहाँ कथ्योन्मुखी रचना-दृष्टि का सूत्रपात हुआ। यह दृष्टि मूलतः स्थापित के विरोध का परिणाम थी, इसलिए इसकी अंतर्मुखता भी बाह्य परिवेश से प्रतिक्रीत थी। इस अर्थ में नवलेखन से जुड़ी समूची कथा-दृष्टि बहिर्मुखी मुहावरा देने वाली रचनात्मक भूमिका थी। परंतु अपने पुराने दौर की तुलना में गुणात्मक स्तर पर अधिक मूल्यवान होकर भी वह कथा-प्रवृत्ति विकास की चरम सीमा पर पहुँचकर जैसा कि अक्सर होता है, खुद को दोहराने लगी। परिणामतः कथा-बिंबों में एकरसता आ गयी। तब स्थापित के विरोध के बहाने स्थापित के ही प्रति नास्टेलाजिक रुझान पनपने लगा। मोह-भंग का रचना-धर्म खुद की निषेध मुद्रा को ही किसी नार्सिसिस्ट की तरह प्यार करने लगा था। यही कारण था कि नवलेखन के इस चरण पर मनोवैज्ञानिक मॉडलों की नकल का सिलसिला शुरू हुआ। इसके बाद कुछ दिनों तक 'सचेतन', 'अ', 'समांतर' आदि विशेषणों के तहत चंद कथा-आंदोलन चलाये गये। ठहराव को तोड़ने के प्रयास किये गये। लेकिन चूँकि इन आंदोलनों के तहत विरोध के मुद्दे दृष्टि-केन्द्रित होने के बजाय व्यक्ति-केन्द्रित अधिक थे, स्थितियों में विशेष अंतर नहीं आ सका।

सातवें दशक के मध्य से नवलेखन का दूसरा चरण शुरू हुआ। आगे दो-ढाई दशकों की कथा-यात्रा में काफी तेजी आयी। ठहराव टूटा। नये कथा-प्रतिमान उभरे। अब रचनाशीलता ने दो स्पष्ट मोड़ लिये। पहले मोड़ पर व्यक्तिवादी मनोविज्ञान से प्रेरित कथा-बिंब रचे जा रहे थे। दूसरे मोड़ पर बिल्कुल इसके विपरीत समष्टि मनोविज्ञान से प्रेरित द्वंद्वात्मक कथा-बिंब संयोजित किये जा रहे थे। व्यक्ति मनोविज्ञान में गहरे उतरने वाली कथा-प्रवृत्ति ने सृजन की नयी संभावनाएँ खोलीं। अपनी सामाजिक जड़ों से निरंतर संपृक्ति के कारण यह प्रवृत्ति वायवी बनने से बच गयी। अनुभवों का दायरा ज्यादातर महानगरीय मध्यवर्ग की भित्ति पर टिका हुआ था, इसलिए इसी वर्ग की मूल्यगत पीड़ाओं को इसमें अभिव्यक्ति मिली। शोषण की तमाम विसंगतियों को सोच के रास्ते झेलने वाली इस कथा-प्रवृत्ति ने अपने सीमित अनुभव संसार को अंतर्राष्ट्रीय विचारों से पुष्ट किया। उसमें एक तरह की वैश्वयिकता लाने की कोशिश की गयी। इस तरह जातीय संस्कारों की भावनिकता और विदेशी सोच की बौद्धिकता के संकर को ढोने वाली यह कथा-प्रवृत्ति अच्छे लेखकों के हाथों जीवंत चरित्रात्मकता को देती रही। इसने

स्त्री-पुरुष संबंधों के बदलते तेवर को उसकी उलझी संकुलताओं के साथ रूपायित किया। हाँ, मध्यवर्गीय सोच के सीमित रचना-संसार से नियंत्रित रहने के कारण इसकी भाषा-संरचना अल्पसंख्यक आभिजात्य सौंदर्य-बोध से बँधी हुई रही है। कतिपय अच्छी चीजें सामने आयीं लेकिन यह आलम ज्यादा दिनों तक टिका नहीं रह सका। धीरे-धीरे इस प्रवृत्ति को औसत दर्जे के रचनाकारों ने अपनी गिरफ्त में कर लिया। अब चीजें मनोविज्ञान के करिश्मे से बढ़कर कुछ नहीं थीं। इन लोगों ने व्यक्ति मनोविज्ञान और उनसे जुड़े स्वाधीनता के विदेशी मूल्य को हमारे यहाँ आयात किया। जाहिर था कि इस आयातित मूल्य के साथ विदेशी सांस्कृतिक चेतना भी जस-की-तस यहाँ आ पहुँची, जिसे जबरन हमारे सौंदर्यबोध पर ग्राफ कर दिया गया। नजीजतन आशयहीन मनोवैज्ञानिक मॉडलिंग का ताँता लग गया। इस खोखलेपन में झूठी विश्वसनीयता पैदा करने के लिए शैलीगत चमत्कारों के साथ कुछ नारों को उछालना जरूरी हो गया था। यौन-मुक्ति, अभिव्यक्ति की स्वाधीनता, अनुभवों की ईमानदारी, कला सत्य आदि 'एंग्लो-इंडियन' मुहावरों ने हमारी साहित्यिक संस्कृति के मंच पर काफी शोर मचाया।

समष्टि-मनोविज्ञान से प्रेरित कथा-प्रवृत्ति ने यथार्थमूलक समाजार्थिक दृष्टि को नया रचना-मुहावरा दिया। इस मोड़ पर यथार्थ की वैज्ञानिक जाँच के आलोक में मानवीय संबंधों के द्वंद्व को समझने की कोशिशें हुईं। इसके साथ ही व्यक्ति को समष्टि से काटकर विश्लेषित करने की रचना-प्रवृत्ति समाप्त हो गयी। अब व्यक्ति के वर्ग-चरित्र को स्वतंत्र रचना इकाई की हैसियत से प्रस्तुत किया जाने लगा। साहित्य संभवतः पहली बार जिंदगी के व्यापक फलक पर प्रतिष्ठित हुआ। इस कथा-प्रवृत्ति ने उस शोषणकामी मूल्य-व्यवस्था पर सीधे चोट करना शुरू किया जो उच्च वर्गों के हितों की रक्षा कर रही थी। इसलिए इस प्रवृत्ति के अंतर्गत उभरे चरित्र हद दर्जे के सक्रिय और कृती-प्रवण बनते गये। वर्ग-विहीन एवं शोषण-मुक्त जीवन की संभावनाओं को संकेतित करने वाले ये कथा-बिंब नयी तरह की भाषिक बुनावट के साथ नुमायां हुए। प्रतीकवाद तथा बिंबवाद जैसे भाषा की बहिर्मुखी सक्रियता को धूमिल करने वाले रचना-प्रत्ययों को निष्कासित किया गया। परिणामतः साहित्य को ठोस यथार्थ की जमीन मिली; जिससे साहित्य और जीवन की काल्पनिक दूरियाँ खत्म हो गयीं। इस कथा प्रवृत्ति के तहत कुछ बहुत अच्छी चीजें निकलीं। लेकिन जैसा हश्र पहले मोड़ का हुआ, यहाँ भी वही हुआ। साहित्य के इतिहास में यह एक दुर्भाग्यपूर्ण घटना है कि इस सशक्त कथा-प्रवृत्ति का जितना विद्रूपीकरण हुआ, उतना किसी और प्रवृत्ति का नहीं हुआ। इसका एक कारण संभवतः इस कथा-प्रवृत्ति की विद्रोहजनित कृति प्रवणता में है जिसे दोयम स्तर के मस्तिष्क शायद आत्मसात नहीं कर सके। तब इस प्रवृत्ति की वैचारिक निशिस्त को रचना को स्तर पर रूपायित न कर सकने की अक्षमता को, रूपवाद को गाली देकर छिपा लिया गया। प्रतीकवाद एवं बिंबवाद से मुक्ति के बहाने भाषा की रचनात्मकता को ही तिरस्कृत किया जाने लगा। नतीजा विशुद्ध विचार और रचनात्मक अनुशासन के फर्क

को ही मिटा दिया गया। साहित्य मानवी बेहतरी के निकट पहुँचने का सांस्कृतिक धरातल दे सकता है; इसे भुलाकर उसे निम्न कोटि की प्रचारवादिता तक उतार लिया गया। राजनीतिक चेतना को सैद्धांतिक कठमुल्लेपन में बदल दिया गया। समाजवादी कृति-प्रवण वामपंथिता को एक मुस्तकिल एवं मुकम्मिल दर्शन के अंदाज में रचना की प्रेरकशक्ति मान लिया गया। चारों तरफ एक तरह की सूडो प्रगतिवादिता का शोर गर्म किया गया। इस श्रेणी के लेखकों ने मानो वर्ग-मुक्त समाज की आमद को बड़ी आसानी से देख लिया हो, अपनी रचनाओं में इसके स्वप्न-चित्र प्रस्तुत किये। क्रांतिकारिता की आड़ में एक नये किस्म का रोमांटिसिज्म निर्मित हुआ।

उपर्युक्त कथा-प्रवृत्तियों का इतना विस्तृत जायजा इसलिए कि गोविंद मिश्र जैसे कथाकारों ने इन दोनों प्रवृत्तियों की कमजोरियों के खिलाफ नयी रचनाशीलता का सूत्रपात किया है। कम-से-कम इसकी कोशिश की है। इसका यह मतलब नहीं कि उन्होंने इन प्रवृत्तियों की क्षमताओं की ज्यों-की-त्यों नकल की। नहीं। सीमाओं की प्रतिक्रिया और उपलब्धियों को प्रतिसाद देकर एक ऐसे रचना-धर्म को ये निर्मित करना चाह रहे हैं जिसकी मुद्रा अपने में दोनों प्रवृत्तियों से भिन्न तथा विशिष्ट है। यह बात सच है कि मिश्रजी की संवेदनशीलता को इन दोनों प्रवृत्तियों ने न सिर्फ प्रेरित ही किया, उसे प्रतिक्रीत भी किया। व्यक्ति-मनोविज्ञान ने उन्हें प्रेरित किया तो समाज-मनोविज्ञान ने प्रतिक्रीत। रोमानीयत की सृजनशील व्यक्तिवादिता से वे जरूर प्रभावित हैं; फिर भी यथार्थ की वस्तुनिष्ठा से उन्हें गुरेज नहीं। हाँ, वे यथार्थ के रसमय रूपांतरण के पक्षधर जरूर हैं। शोषण एवं विषमता से जुड़े समाजार्थिक सवालों को वे नकारते नहीं हैं पर साहित्य का इनसे सीधा जुड़ाव उन्हें अखरता है। हाँ, वे प्रेम और प्रकृति जैसे अपेक्षतया शाश्वत तत्त्वों की हिमायत जरूर करते हैं। एक रचनाकार की हैसियत से वे वैश्विक मानवता की दुहाई जरूर देते हैं पर रचना के स्तर पर भारतीय मूल्यों की पुनर्स्थापना में उन्हें दिलचस्पी है। हाँ, जातीय अस्मिता की तलाश को वे साहित्य का अहं सरोकार मानते हैं। अपनी रचना-प्रक्रिया के बारे में उनके अपने वक्तव्यों के इस आशय को प्रत्यक्ष रचनाओं की साक्ष्य में परखने से पहले उनकी विशिष्टता को एक और तरीके से समझ लें।

आज के संवेदनशील लेखक की एक गहरी चिंता है जो एक साथ सांस्कृतिक और अस्तित्वगत भी है। हर प्रतिभावान लेखक एक तरफ अपनी जातीय अस्मिताओं को सुरक्षित रखना चाहता है तो उसी वक्त विश्व मानवता जैसी विराट धारणा से खुद को जोड़ना भी चाहता है। स्थिति के आंतर विरोध को जानते हुए भी एक को हासिल करने के लिए दूसरी का त्याग उसे मंजूर नहीं। इसलिए उसकी रचना-प्रक्रिया अति जटिल होती है। साहित्य जैसी एक सांस्कृतिक घटना जो अपने अंतिम लक्ष्य में शायद वैश्विक लगे, अपने सरोकारों, दृष्टियों तथा रचना-संसार में जातीय चरित्र को समेटे रहती है। जातीय चेतना के ही बृहत्तर उत्स को उस कौम की परंपरा कहा जा सकता है। हमें यह याद रखना चाहिए कि परंपरा किसी सांप्रदायिक (डाग्मा) विश्वास से बिलकुल जुदा संकल्पना

है। इसलिए इसकी सुरक्षा एवं उसके पुनर्विश्लेषण के बारे में ज्यादा सतर्क रहने की जरूरत है। जब भी इसके एकात्मक चरित्र में स्खलन की स्थितियाँ पैदा होती हैं, सतर्कता की गंभीरता और भी बढ़ जाती है। यहाँ जरा भी गलती हो जाए तो परंपरा के नाम पर सांप्रदायिकता पुनःसंगठित हो सकती है और सच्ची परंपरा के अभाव में राष्ट्रीय चरित्र में विद्रूपता आ सकती है। इसलिए पुनर्विश्लेषण की एक स्वस्थ दृष्टि विकसित करनी पड़ती है। मिश्र हों या और कोई, जिन्हें इस दिशा में पहल करनी है, उन्हें एक विशिष्ट रचना दृष्टि को विकसित करना होता है। यह कर्म आसान नहीं है। भारतीय संदर्भ में तो और भी जटिल है। हमारी परंपरा इतने परस्पर विरोधी मूल्यों एवं मानसिक जटिलताओं से भरी पड़ी है कि उसके भीतर से किसी संगत सूत्र को तलाशना कठिन पड़ सकता है। और फिर हमारे यहाँ मानव बेहतरी की हर तलाश प्रत्यक्ष या अप्रत्यक्ष स्तर पर धर्म-प्रेरित एवं धर्म-केन्द्रित रही है। तब इनका पुनर्मूल्यांकन अनायास प्रतिक्रियावाद की चपेट में आ सकता है। और फिर वर्ण-विभाजन, पुनर्जन्म, कर्मफल, मायावाद जैसी दार्शनिक-सामाजिक पृष्ठिका पर विकसित समाजों में ऐहिक स्तर पर मानव-मुक्ति की तलाश निरर्थक भी लग सकती है। और फिर हमारी संस्कृति का वह चरित्र जिसमें विपरीत मतों, विश्वासों, सभ्यताओं एवं पंथों का एक विलक्षण समास पाया जाकर भी उसमें से उसके 'हिंदू आयाम' को सिंगल आउट करना सहज नहीं होता। अगर कोई ऐसा प्रयास करता भी तो उस पर हिंदू पुनरुत्थानवाद का ठप्पा लगाया जा सकता है। इन तमाम कठिनाइयों के बावजूद भी मिश्र जैसे लेखक उस 'केंद्रीय एहसास' को रचना के स्तर पर तलाशने की कोशिश करते रहते हैं जो इन तमाम विसंगतियों के बीच मानव-मुक्ति की हर पहल को आस्था देता रहा है। जब भी इस देश में मूल्यों के संकट आये हैं, जाति की पहचानें खतरे में पड़ी हैं, जब भी मानव-विरोधी तत्त्वों ने हम पर आक्रमण किये हैं, हमारे यहाँ की विवेकशील मेधा ने उसी केंद्रीय एहसास को अपने युग के लिए पुनः-पुनः विश्लेषित किया है। इसके लिए मुल्क की ऐतिहासिक प्रक्रियाओं, मिथक परंपराओं, दार्शनिक उपपत्तियों, सामाजिक-नैतिक मूल्य-सरणियों, विभिन्न विश्वासों को आत्मसात् करने की उसकी विलक्षण क्षमताओं आदि को रचना के स्तर पर अनुभव करने की क्षमता विकसित करनी पड़ती है। तो देखना यह है कि गोविंद मिश्र ने इस चुनौती को किस स्तर पर स्वीकार किया है? कहाँ वे डगमगाये, कैसे पार निकल गये? इस संदर्भ में उनकी विशिष्टता को अलगाया जाना चाहिए। तो, गोविंद मिश्र की रचनाशीलता से गुजरने के लिए हमने दो रास्तों को अख्तियार किया है। पहला रास्ता है—समकालीन कथा-परंपरा की पृष्ठिका पर उनके स्थान को निर्धारित करके आगे बढ़ा जाए। दूसरा रास्ता है—मानवी संकट की मुक्तिकामी दिशा को भारतीयता के संदर्भ में तलाशने की लेखकीय रचना-सूझ का जायज़ा लेकर आगे बढ़ा जाए।

सात कहानी संग्रह, छः उपन्यास, दो यात्रा संकलन, स्वतंत्र निबंध और समीक्षाएँ तथा चंद संपादित चीजों के धनी गोविंद मिश्र की रचना-यात्रा पर अगर सरसरी निगाह

भी डालें तो एक बात साफ-साफ नजर आएगी—वे चीजों को वर्तमान पर झेलते हैं, उन्हें अतीत तक जहाँ तक वर्तमान की जड़ें पहुँचती हैं, ले जाते हैं। और उस गहराई को पूरे फोर्स के साथ ऊपर उठाकर उसे भविष्य के क्षितिज-फलक पर फैला देते हैं। बात रहस्यात्मक न लगे, इसलिए इसे यों कहा जाय—उनकी रचना-दृष्टि वर्तमान को परंपरा से जोड़ती हुई भविष्य की थाह लेती है। इसलिए उनका गंतव्य न तो सामयिकता से बद्ध रहता है, न इतिहास के बीत चुके संदर्भों में खो जाता' है और न ही कटे भविष्य के अनदेखे सपनों में दौड़ लगाता है। समय की निरंतरता का एहसास उनकी रचना प्रक्रिया का एक अहम पहलू है। वे शायद उस क्षण को हासिल करना चाहते हैं जिसमें अतीत का अतीतत्व और उसका वर्तमानत्व इस तरह एक साथ सम्मिलित होते हैं जो अपनी निरंतरता में नयी उद्भावनाएँ प्रकट करता है। सवाल फिर रोजी-रोटी का हो, या पीढ़ी के संघर्ष का, पहुँच वह वहीं जाता है—प्रेम, प्रकृति, सौंदर्य, मानवता जैसे शाश्वत स्रोतों तक। हाँ, ये स्रोत अक्सर भारतीय जमीन से ऊर्जा ग्रहण करते हैं। 'वह/अपना चेहरा' या 'उतरती हुई धूप' उपन्यास भाषायी प्रयोगशीलता तथा विषयों की नवीनता के कारण लक्षणीय बनते भी हों तब भी इनमें एक प्रयोगशील नये लेखक का अधकचरापन तो है ही। फिर भी चीजों को ग्रहण करने की शैली का पता यहीं से लगना शुरू हो जाता है। 'वह/अपना चेहरा' की बाबुओं की दुनिया लेखक को इसलिए पीड़ा देती है क्योंकि वहाँ आदमी रैंकों की संज्ञाओं से नियंत्रित है। वह इन ऊपरी शिनाख्तों को तोड़कर मानवीय धरातल तक पहुँच क्यों नहीं पाता, इसका दुःख लेखक को है। इसीलिए वह अपने चरित्रों का प्रत्यक्ष या अप्रत्यक्ष रास्ते से संस्कृति के शाश्वत स्रोतों की तरफ लिये चलता है। 'उतरती हुई धूप' उपन्यास जैसे सीधे-सीधे लेखक के अंतरंग से जुड़ा हुआ है। इसकी भावुक वैयक्तिकता भी अपनी व्यंजना में कस्बाई चेतना, प्रेम एवं सौंदर्य जैसे वैश्विक मूल्यों का संकेत करती है। 'लाल-पीली जमीन' से आगे सीढ़ी-दर-सीढ़ी उनका यह दृष्टिकोण प्रौढ़, गंभीर एवं कलात्मक होता गया है। दोनों को रूबरू खड़ा करके कथ्य-कथित के संबंधों को परखा गया है। इस उपन्यास में एक खास आँचल के तौर-तरीकों, रिच्युअलों, त्योहारों में व्यक्त सांस्कृतिक विरासतों तथा सामाजिक बर्तावों को चित्रित किया गया हैं। इनके अंतर्विरोधों के मध्य एक संगति को तलाशा गया है। मनुष्य की मूल पशु-प्रवृत्तियों के सभ्यतर होते निकास पैटर्नों को देखा गया है; और देखा गया है कि बुनियादी तौर पर भारतीय आदमी इतरों से कहाँ विशिष्ट है। कस्बा बनाम शहर ऐसा सीधा टकराव यहाँ नहीं है। भूगोल की शिनाख्तें ऊपरी विपरीतताओं के बावजूद गहरे में कहीं एक मुकम्मिल साझा जमीन पर खड़ी होती हैं, लेकिन इस जमीन तक पहुँचने में बड़ी यातनाओं को झेलना पड़ता है, संवेदनाओं को अनुभव करना पड़ता है। यह एहसास 'लाल-पीली जमीन' को एक रचना दिशा देता है। दिमागी स्तर पर चीजों को जानने तथा उन्हें भावुक बनाकर पेश करने की चंद हड़बड़ियों के बावजूद भी मिश्रजी का यह उपन्यास नये उपन्यास-लेखन की एक निश्चित भूमिका देता है। इसमें

चरित्रात्मकता की तलाश भी है और तराश भी। संवेदन की तरलता भी और कला का निखार भी। 'शांति' इसकी तलाश है, 'केशव' तराश!

'हुजूर दरबार' संक्रांति के मोड़ पर व्यवस्था और व्यक्ति के द्वंद्व की बहु-आयामी कथा को उद्घाटित करता है। सामंती ऐयाशी के मंच पर शोषण और विकृति की साझीदारी कैसे नियति और रूप-तुष्टि के मायाजाल खड़े कर शोषित प्रजाजनों की जागरूकता को समाप्त कर देती है—इसका बड़ा सूक्ष्म वर्णन इसमें किया गया है। हरीश के रूप में एक ऐसा बुद्धिजीवी सामने आया है जो व्यवस्था की हर साजिश को समझता तो है पर उसके आक्रमण के सामने अपनी सारी विद्रोह शक्ति खो चुका है। परिणाम में एक लाचार, कहीं अवसर पसंद, हीनग्रंथि का शिकार, जाने-अनजाने विकृतियों का भागीदार बना हुआ वह उसी अभिशाप को ढो रहा है जिसे परंपरा से उसके बाप-दादा ढोते आये थे। रियासतों की समाप्ति के साथ राजतंत्र समाप्त हुआ और आजादी के आगमन के साथ प्रजातंत्र शुरू हुआ—इतिहास का यह तथ्य कितना गलत साबित हुआ है। स्वाधीन सृजनशीलता के सारे सपने टूट गये, समूचा मोह-भंग हो गया। ऊपर-ऊपर से एक कहानी चलती रही, व्यवस्था के बदल जाने की कहानी। इसके रूबरू दूसरी कहानी चलती रही, व्यक्ति चेतना के सिकुड़ते जाने की। दोनों गुँथ गईं। एक दुःस्वप्न फैल गया। 'कुर्सी' का बिंब एक आतंक की तरह अपने पंजे फैला रहा है। यह बिंब कभी धर्म, कभी राजनीति, कभी काम, कभी अर्थ-नीति के अस्त्रों से व्यक्ति की बौद्धिक चेतना को ललचाता-धमकाता उसे निगला जा रहा है। कलम को कुर्सी कैद कर चुकी है। सामंत गये, सांसद आये। हुजूर दरबार बरकरार है। दहशत खाती व्यक्ति-स्वाधीनता की ट्रेजेडी को रेखांकित करने वाला यह उपन्यास तमाम बहिर्मुखी मोर्चों से लौटकर आखिर उस आंतरिक आर्द्रता में शरण लेना चाहता है जहाँ हर खंडित व्यक्ति खुद को अखंड महसूसता है। हर अकेला सुरक्षा का अनुभव करता है। हरीश को उमा में इस आर्द्रता का साक्षात्कार हुआ है।

'तुम्हारी रोशनी में' में आधुनिक स्त्री-पुरुष संबंधों की एक विलक्षण परत को तलाशने की कोशिश की गयी है। यह परत मात्र सेक्स नहीं, पर सेक्स के अभाव में इसका वजूद भी नहीं है। तब वह कोई मानसिक स्थिति है जो शरीर को पार करने पर ही हासिल की जा सकती है। वह पूर्णतः मानसिक भी नहीं है, इससे भी आगे कहीं सांस्कृतिक है। यह एक ऐसी संकुल स्थिति है जहाँ रिश्ते अर्थवान बनते हैं। लेकिन जब इन संबंधों की गुत्थी पुरुष-केंद्रित होने के बजाय स्त्री-केंद्रित होती है; अर्थात एक पुरुष और अनेक स्त्रियों की जगह एक स्त्री और अनेक पुरुषों के बीच संबंधों की गुत्थी को सुलझाने का सवाल पैदा होता है, यह तलाश और भी जटिल हो जाती है। इसके लिए हमारी सोच में गहरे उतरे हुए पुरुष-प्रधान मूल्य-दर्शन से मुक्ति जरूरी है जो अपने-आपमें न सिर्फ मुश्किल है, पीड़ाजनक भी है। क्या तब क्षणवादी जीवन-दर्शन का हमें विश्वास करना पड़ेगा जिसमें भोगा जा रहा क्षण ही मात्र सत्य होता है और उसके ओर-छोर पर

समय के तमाम संदर्भ बेमानी होते हैं? तब समर्पण, ईमानदारी-लायल्टी जैसे मूल्यों का क्या होगा? इन्हें नकार दें तो प्रेम और स्वेच्छाचार में फर्क करना कठिन पड़ सकता है। इन्हें स्वीकार कर लें तो स्वाधीन व्यक्तित्व का बिंब टूटता है। तब? विघटित व्यक्तित्व के अभिशाप को ढोते रहना क्या यही संवेदनशील व्यक्तित्व की मजबूरी है? क्या इससे निजात संभव नहीं? शायद यही मुख्य सवाल है जिसे इस उपन्यास में उठाया गया है। और इस मुख्य सवाल के इर्द-गिर्द उठने वाली पीड़ाओं को सहती हुई उपन्यास की प्रमुख पात्रा सुवर्णा इस सवाल के उत्तर तक पहुँचने की कोशिश करती है। अंत में वह एक ऐसे संदर्भ को पा लेती है जिसकी रोशनी में सवाल का उत्तर नुमायाँ होता है। यही वह संदर्भ है जिसकी उपस्थिति में खुद की खंडित तस्वीर को खुलकर पेश किया जाना होगा ताकि विघटित होने के अभाव को पूरी उत्कटता से जिया जा सके; और पूरे साक्षी भाव से अपनी व्यथाओं को तटस्थ होकर गुजरता हुआ देखा जा सके। उस रोशनी को आलंबन समझकर अपनी खंडित प्रतिभा को उसके सम्मुख समर्पित किया जा सके। खंडित व्यक्तित्व के गहरे में छिपी अखंडता को पा लेने का शायद यही एक रास्ता है। अनंत की रोशनी में ही सुवर्णा के तमाम प्रश्नों के उत्तर मिल जाते हैं। यह सिर्फ रोशनी है, एक संदर्भ जिसके सामने सुवर्णा अपनी तमाम टूटन को समर्पित करके उससे मुक्ति पा लेने का अनुभव करती है। माना कि जीवन एक सतत बहने वाली प्रक्रिया है पर वह एक 'टिकना' भी तो माँगता है ताकि प्रक्रिया को भी तो रुककर महसूसा जा सके। भारतीय योगदर्शन इसी बिंदु को बृहत्तर संदर्भों में विश्लेषित करता है। इस तरह स्त्री-पुरुष संबंध ाों की नितांत आधुनिक इतनी कि अभारतीय लगे, उलझन को प्रखर भारतीय परंपरा के आलोक में सुलझाने की कोशिश की गयी है।

'धीर समीरे' में ब्रजयात्रा के माध्यम से जिंदगी के गहरे सवालों को उकेरने का प्रयास किया गया है। ब्रजयात्रा, उपन्यास की कथाभूमि तो है ही, वह एक प्रतीक भी है जिसकी पृष्ठिका पर कर्म के प्रयोजन को ज्ञान और भक्ति, प्रेम और प्रकृति, सिद्धांत और व्यवहार के संदर्भों में परखा गया है। यह यात्रा कुछों के लिए मनोरंजन है, कुछों के लिए स्वयं लक्ष्य, कुछों के लिए ऊब और कुछों के लिए ऊब से छुटकारे का जरिया—पता नहीं और क्या-क्या है! पर लोग चल रहे हैं। आधुनिकता का प्रत्येक कदम इस यात्रा की रवानी को तोड़ देता है। पर फिर भी यात्रा जारी है। एक तरफ उच्च मध्यवर्ग की बदलती तस्वीर को उसके विविध आयामों में प्रस्तुत किया गया है, तो दूसरी तरफ धर्म, दर्शन, अर्थ और व्यवहार के आपसी संबंधों की उलझन को चित्रित किया गया है। दोनों को रूबरू खड़ा करके कथ्य-कथित के संबंध को परखा गया है। अंत में, ऐहिक पर आध्यात्मिक को, पश्चिम पर भारतीय को तरजीह देकर समस्या के समाधान का संकेत किया गया है। मूलतः नारी की मुक्ति-कथा को रूपायित करनेवाला यह उपन्यास विभिन्न जोड़ों की द्वंद्व-कथा को भी कहता चला जाता है। जोड़े की प्रत्येक इकाई अपने लिए एक रास्ता चुनती है। थोड़ी दूर चलकर लौट आना चाहती है या तो

अपनी ही तरफ या फिर इकाई की तरफ, जिन्हें कहीं कोई सिम्त नहीं मिल पाती, ब्रजयात्रा उन्हें सही सिम्त का इशारा कर देती है। हर जोड़ा यहाँ आकर या तो अब तक हासिल किये हुए को अज्ञान समझने लगता है या कि अपने लिए कुछ नया जोड़कर लौट जाता है। सुनंदा और नंदन तथा सुनंदा और सत्येंद्र के जुड़ने-बिछुड़ने की कहानी ऊपर की सतह पर पारिवारिक वारदातों से नियंत्रित है, पर भीतरी तल पर प्रकृति, प्रेम, कला, आस्था जैसी संवेदनात्मक प्रेरणाओं से लिपटी हुई है। सुनंदा का क्रमशः रूपांतरण इन्हीं प्रेरणाओं की साक्ष्य में घटा है।

कहानी के दौर के कहानीकार और उपन्यास के दौर के उपन्यासकार, दोनों हैसियतों से गोविंदजी को जाना गया। लेकिन उपन्यासकार के रूप में वे जितने लक्षणीय बन पड़े हैं, कहानी में नहीं। कहानीकार की संख्यात्मक होड़ में वे पीछे नहीं हैं। पर याद रहने जैसी कम ही कहानियाँ वे दे पाये हैं। व्यक्तिगत रुचि की आजादी लेकर मैं कहूँगा—मुझे उनकी आठ-दस से ज्यादा कहानियाँ नहीं छू सकीं। ये आठ-दस भी इसलिए कि इनमें समकालीनता आधुनिका में और आधुनिकता परंपरा में बड़े सहज ढंग से प्रवेश पा गये हैं। बड़े बेमालूम तरीके से कथ्य और कथित का द्वैत समाप्त हो गया है। लगता है, ये कहानियाँ गहरे में उनके उपन्यासों के प्रवहमान द्रव के जमे हुए कणों की तरह हैं जो फैलने पर उपन्यास के लिए सामग्री मुहैया करते हैं। जनतंत्र, सिलसिला, संध्या-नाद, झूला, आल्ह-खंड, खाक इतिहास, धाँसू, मायकेल लोदो, गुरुजी, पगला बाबा, वरणांजलि, स्वर लहरी—ये चंद कहानियाँ मुझे अच्छी लगती हैं।

'जनतंत्र' में प्रतिनिधियों की शोषणकामी सत्ता के आतंक और आक्रमण में पिसे जा रहे संवेदनशील व्यक्ति की त्रासदी का बड़ा व्यंग्यपूर्ण चित्रण है। लेखक संख्या-बहुलता के कथित जनतंत्रीय निरंकुशता की निंदा करता है। वह व्यक्ति स्वाधीनता के सृजनशील सोच को बनाये रखने का हामी है। महानगरीय संस्कृति ने मनुष्य का अवमूल्यन कर दिया है। उसकी सौंदर्य और मौत के बीच फर्क करने की संवेदनशीलता को ही समाप्त कर दिया है। 'सिलसिला' में इस स्थिति का फोटोग्राफिक चित्रण किया गया है। 'संध्यानाद' बहुत अच्छी कहानी है। इसमें पीढ़ीगत संघर्ष के नितांत नये कोण को उद्घाटित किया गया है। पहले पुत्र-पीढ़ी पिता-पीढ़ी को अपने साथ रखती थी, उन्हें इज्जत देती थी। आगे पुत्र-पीढ़ी में बुजुर्गों की इज्जत की जगह तिरस्कार पनपा, अब वह पिता-पीढ़ी से मुक्ति चाहती थी। इससे भी आगे वह अब पिता-पीढ़ी को बड़ी धूर्तता से इस्तेमाल करना चाहती है। 'संध्यानाद' के पिता को पुत्र ही यह चाल समझ में आ गयी है। वे खुद औलाद की दोगली वृत्ति से मुक्त होना चाहते हैं। वे चाहते हैं कि उनकी पत्नी बुढ़ापे में भी उन्हें सहवास का सुख दे। सारी उम्र अकेले रहकर काट दी—बच्चों के लिए। बुढ़ापे की काम-कुंठा और परिवार का विकसित चरित्र इनके अंतर्द्वंद्व को बड़ी खूबी से चित्रित करने वाली यह कहानी लेखक के मानव-मुखी रुझान को सूचित करती है। 'आल्हखंड' में 'भारतीयता' के नष्ट हो जाने की व्यथा कथ्य के स्तर पर व्यक्त हुई है।

युद्धोत्तर इतिहास ने साम्यवाद के नाम पर नये फासीवाद को जन्म दिया है। मानवी स्वतंत्रता की, और उसके साथ तमाम शाश्वत भावों की खाक हो गयी है। 'खाक इतिहास' के लुडविक और मारिया इस इतिहास के शिकार हैं। रिश्तों की तलाश को मनोवैज्ञानिक स्तर पर व्यक्त करने वाली चरित्र-प्रधान कहानी है 'पगला बाबा'। इसमें एक ऐसे निर्मोही, निःसंग संन्यासी का चित्रण हुआ है जो लावारिस लाशों का दाह-संस्कार करता है। तमाम पारिवारिक जालों से, यहाँ तक कि सेवा के अहंकार से भी मुक्त यह संन्यासी मरे हुए शवों में अपने लिए रिश्तों की कल्पना करता है। मुक्ति और जुड़ाव के विलक्षण मेल को इस कहानी में दर्शाया गया है। 'गुरुजी' कहानी भारतीय नियतिवाद के संघर्षशील पक्ष को चित्रित करती है। शायद यही वह पहलू है जो नियतिवादी भारतीय को संघर्ष का आत्मविश्वास देकर फल की आशा से मुक्त रखता है। गुरुजी जैसा व्यक्ति संघर्ष के लिए की गयी हर कोशिश को भी भगवान की कृपा समझता है। इसलिए कोई असफलता उसे निराश नहीं करती। 'स्वर लहरी' और 'झूला' में व्यक्ति मनोविज्ञान का वह तत्त्व उद्घाटित हुआ है जिसके तहत व्यक्ति औरों को अपने कब्जे में रखकर सुरक्षित रहना चाहता है। एक तरफ वह दूसरों के अधीन रहने में सुख महसूसता है, पर उसी वक्त दूसरों को अपने अधीन भी रखना चाहता है। 'वरणांजलि' मिश्र जी की अच्छी कहानियों में एक है। पिता-पीढ़ी अपने अहंकार को सुरक्षित रखने के लिए पुत्र पर अपनी हर इच्छा को थोपती रहती है। उसे वह सीख, ममता, अधिकार आदि आकर्षक नाम देती है। पर उसे इसका पता नहीं होता है कि यह आरोपण नये व्यक्तित्व की निर्मिति को ही रोक देता है। इसमें नये व्यक्तित्व की मृत्यु हो जाती है और फिर दोनों के बीच द्वैत बना रहता है। इस द्वैत का अहसास अंत में पिता के मन में पुत्र के भीतर फिर से नये चैतन्य को, नये ईश्वर को स्थापित करने की कामना को जगाता है। कुछ रहस्यमय होने के बावजूद भी यह कहानी पीढ़ियों के गैप को एक भीतरी निरंतरता से जोड़ती है। सामाजिक परिवर्तनों के बावजूद यह निरंतरता मरती नहीं है। इस तरह अक्सर कहानियों में मिश्र जी की तलाश उपन्यास ही की तरह सामयिकता से शुरू होकर उससे पार निकल जाती है।

मिश्रजी की रचना-प्रक्रिया का यह पहलू बड़ा दिलचस्प है। कथानक को कथ्य में, वस्तु को उद्देश्य में उद्घाटित करने के लिए कला की चादर बुनते चले जाने की प्रक्रिया लेखक के लिए सही परीक्षा का विषय है। यही वह रास्ता है जहाँ चरित्रात्मकता सक्रिय होती है और भाषा हरकत ग्रहण करती हुई अर्थवान बनती है। साथ-साथ यही वह रास्ता है जहाँ लेखक के फिसलने की गुंजाइश भी बहुत होती है। चारित्रगत पक्षधरता, भाषा की प्रयोगशीलता का अतिरिक्त मोह, लेखकीय हस्तक्षेप की हड़बड़ी आदि आकर्षणों में अच्छे-अच्छे लेखक भी अटक जाते हैं। मिश्रजी की रचनाशीलता वैसे भी अपनी मूल प्रकृति में रोमांटिक और प्रवृत्ति में दक्षिणपंथी आदर्शवादिता से प्रेरित है; इसलिए वहाँ उक्त आकर्षणों की चपेट में आ जाने के मौके कुछ ज्यादा ही हैं। मैं यह नहीं कह रहा

हूँ कि यथार्थवादी वाम-दृष्टि श्रेष्ठ साहित्य की पहचान हुआ करती है। मैं कहना चाह रहा हूँ कि मिश्र जैसे रचनाकार खड़े तो हैं समकालीनता की भूमि पर, ग्रहण तो कर रहे हैं सामयिक यथार्थ को, पर पहुँच रहे हैं वहाँ जहाँ मानवी जीवन या कि जीवन-मात्र की अक्षुण्ण प्रतिष्ठा प्रस्थापित की जा सके। वे पहुँचते हैं एक रसमय यथार्थ में जिसे रोमानी आदर्शवादिता के तल पर ही अनुभव किया जा सकता है। इसलिए उनका रास्ता जोखिम भरा है, साहस का भी। नट की रस्सी है जिस पर चलते वक्त गजब का संतुलन चाहिए। तो देखना यह है कि वे गंतव्य को कैसे पहुँचते हैं, कितना झुकते हैं, कितना सँभलते हैं, कैसे पार निकल जाते हैं? हमने पहले ही कहा है कि मिश्रजी समकालीन कथा-परंपरा की दोनों प्रवृत्तियों अर्थात् व्यक्ति-मनोविज्ञान केंद्रित रोमांटिक प्रवृत्ति और समाज-मनोविज्ञान केंद्रित यथार्थवादी प्रवृत्ति के चालू मुहावरों से अलग एक विशिष्ट कथा-मुहावरा देना चाह रहे हैं जिसमें दोनों प्रवृत्तियों के 'सूडो'पन से मुक्त रहने की कोशिश की गयी है।

भारतीय सामंती ऐयाशी के पतनशील वर्णनों में प्रारंभ होने वाला 'हुजूर दरबार' अंत में जनतांत्रिक ऐयाशी के पतनशील चरित्र को संकेतित करके समाप्त होता है। रियासतें खत्म हो रही हैं। आज़ादी का आंदोलन जोर पकड़ रहा है। अंग्रेज अब भी देशी सामंतों की सत्ताकांक्षा को फुसलाकर जन-आंदोलनों को दबा देना चाह रहे हैं। सामंती, उपनिवेशी और जनतांत्रिक मानसिकताओं के आपसी टकरावों की यह कहानी एक जागरूक, फिर भी विवश युवक हरीश को प्रवक्ता और भोक्ता बनाकर पेश की गयी है। महाराज रुद्रप्रताप पूरे ऐयाश हैं, विकृत भी। पर भीतर से इससे मुक्ति की छटपटाहट लिये हुए मानवीय। उदार मतवादी, प्रगतिशीलता के हामी, पर भीतर से सत्ताकांक्षी रुद्रप्रताप अंग्रेजों की चाल में न आकर खरे की पार्टी के साथ हो लेते हैं जो फिरंगी शासन को खत्म करने के लिए संघर्षशील है। महाराज की युवारानी नीलम (नेपाल सरकार) सुंदर, विलासी, प्रकृति की पुजारी और कामुक पर स्थितियों और व्यक्तियों को अपनी व्यक्तिगत सत्ताकांक्षा और विकृत अहंकार की पूर्ति के लिए इस्तेमाल करने की राजनीतिक सूझ-बूझ से भरपूर है। इस तरह खरे का जनतंत्र और महाराज का राजतंत्र एक हो गये हैं। राजनीति का यह मोड़ विदेशी सत्ता के खिलाफ कारगर जरूर रहा, पर अंत में हमारे जनतंत्र ने जो मोड़ लिया, वह और भी भयंकर था। जनतंत्र के नाम पर सत्ता के केंद्रीकरण की लड़ाई चलती रही। और वही सत्ताकांक्षी, शोषक एवं ऐयाश राजतंत्र पुनः एक बार प्रतिनिधियों की शक्ल में प्रतिष्ठित हुआ। खरे की चारित्रिक यात्रा इसी प्रक्रिया से गुजरी है। आखिर उस जैसे व्यक्ति की हत्या हो जाती है और रहे-सहे जनतांत्रिक मूल्य खत्म हो जाते हैं। रुद्रप्रताप और नीलम ने इसका पूरा लाभ उठाया है। रियासती दरबार की जी-हुजूरी करने वाले दीवान आदि नयी ब्यूरोक्रेसी के नुमाइंदे बन गये। इस विकृत परिवर्तन का साक्षी और भोक्ता संघर्षशील चरित्र हरीश, अपनी समूची निषेध शक्ति को इसके खिलाफ खड़ा कर देता है। पर व्यवस्था के तगड़े षड्यंत्रों और खुले आक्रमण के सामने टिक नहीं पाता। बचपन से ही उसमें व्यवस्था की गुलामी के

संस्कार रोपे जाते हैं। सुधा-अनुराधा जैसी दासियों से लेकर नेपाल रानी जैसी युवा राजकुमारी उसे इस्तेमाल करती हैं। इस्तेमाल होने से इनकार करने का उसे दंड भुगतना पड़ा है। निष्कासन, जेल और अंत में उसके बाप-दादा से चले आये 'मठ' को तहस-नहस करके उसकी सुरक्षा के सारे बिंब नष्ट कर दिये गये हैं। अंतिम सौलिलौकी के जरिये उपन्यासकार उगती हुई व्यक्ति स्वाधीनता की त्रासदी को पेश करते हैं।

लेखक वस्तु और चरित्रात्मकता के अंतर्द्वंद्वों को कथ्य तक फैलाने के लिए भाषिक सर्जना के आशयानुकूल पैटर्नों को पैदा कर सके हैं। एक-एक चरित्र अपनी पूरी सूरत और सीरत के साथ आता है। थोड़ी दूर अकेले चलकर या तो ओझल हो जाता है या कथावस्तु का हिस्सा बनकर दूसरे चरित्रों के साथ उलझ जाता है। लेकिन लगता है, 'वस्तु' की प्लेसिंग अस्त-व्यस्त और ढीली पड़ जाने के कारण उसमें कसाव नहीं आया है। उपन्यास कुछ ज्यादा ही देर महल के भीतर रुका हुआ है। विकृतिपूर्ण यौन वारदातों की फालतू आवृत्तियाँ खटकती हैं। नारी सौंदर्य के रीतिबद्ध वर्णनों, दर्शन के आगोश में उदात्तरित काम चेष्टाओं के उत्तान चित्रणों आदि ने काफी जगह घेर ली है। यहाँ तक कि पाठक को शक हो कि कहीं उपन्यास का कथ्य यही तो नहीं है। लेकिन अच्छा हुआ कि हरीश की चरित्रात्मकता को सही आयाम देकर वस्तु की सलवटों को उचित टेंशन दे दिया गया। हरीश के मन में गुलामी की खिलाफत का अहसास जगाकर विकृत रोमानियत के रूबरू निषेध का दर्शन खड़ा किया गया है जो कथ्यानुरूप भी है और कलात्मक भी। अगर यह नहीं हो पाता तो उपन्यास मात्र पोरनौग्राफी बनकर रह जाता। एक बात और! माना कि उपन्यास समय के समानांतर एक पूरी प्रक्रिया से गुजरा है खरे की हत्या के साथ जिसका वर्तुल पूरा हो जाना चाहिए था, लेकिन उसके बाद कथानक का विस्तार का कोई तुक समझ में नहीं आता। माना कि आज की जनतांत्रिक विद्रूपताओं पर रोशनी फेंकना उपन्यास का अहम सूत्र है लेकिन इसे इतना तूल दिया कि पढ़ने वालों के मन में शक पैदा हो कि महल की विकृतियों के मुकाबले जनतंत्र की विकृतियों को ज्यादा विद्रूप करने में ही लेखक को रस है। कहीं उसकी अंदरूनी सहानुभूति महल-संस्कृति के साथ तो नहीं? हुआ शायद यह कि दोनों व्यवस्थाओं की विकृतियाँ-भर ही बहुतायत से सामने आयीं। नतीजतन उपन्यास को जरूरी राजनीतिक चेतना की गहराई नहीं मिल सकी। अगर उपन्यास में बापू, माँ, उमा, महाराज और हल्कू न होते और हरीश की विवशतापूर्ण संघर्षशीलता इन चरित्रों की सन्निधि में जीने का रहस्य न तलाशती तो यह उपन्यास एक फ्लेट मनरंजक कथा-वार्ता से बढ़कर न होता। मैं इसे लेखक की रचना-सूझ की सफलता मानता हूँ जिसके रहते रचना की प्रयोजनीयता सिद्ध हुई है।

'तुम्हारी रोशनी में' चरित्रों की संख्या भी कम है और वस्तु की प्रत्यक्ष अवधि भी कम है जिससे अन्य उपन्यासों की तुलना में यहाँ कालावधि और चरित्रात्मकता की बुनावट काफी गठी हुई है। सारे चरित्र सुवर्णा की धुरी पर भ्रमण कर रहे हैं। चरित्रों के

निजी व्यक्तियों की पहचानें सुवर्णा के साथ जुड़ने-टकराने पर ही अर्थपूर्ण बनती हैं। सवुर्णा एक ऐसी आधुनिका है जिसे अपने प्रभावपूर्ण व्यक्तित्व का पूरा-पूरा अहसास है और यह भी अहसास है कि लोग उसकी तरफ आकर्षित होते हैं। उसमें एक गजब का खुलापन है। वह उसकी कशिश में आने वाले हर व्यक्ति को प्रतिसाद देती है और उसका हर प्रतिसाद ईमानदार है। सुवर्णा के व्यक्तित्व का यही वह कोण है जिसने उसके प्रति आकृष्ट होने वाले हर पुरुष के मन में शक पैदा कर दिया है। वह ऐसी विवाहिता है जिसने विवाहिता की मिथ को तोड़ना चाहा है। स्त्री-पुरुष संबंधों के हर पुरुष-प्रधान जातिये को वह नकारती है। समस्या की जड़ यही है। सुवर्णा की जिंदगी में ऐसे कई पुरुष आये हैं। एक स्तर पर वह किसी को नकारती नहीं, पर दूसरे स्तर पर किसी एक को स्वीकारती भी नहीं। कवि दीपक, वहशी सोम, बुद्धिमान अनंत, अफसर श्याम मोहन, गाँववाला विनय, उदार पति—ये लोग जब तक अपने विशेषणों में अर्थवान होते हैं, उसकी स्वीकृति के विषय हैं; पर ज्यों ही ये संज्ञा बन जाते हैं, वह उन्हें उनकी जगह दिखा देती है। एक क्षण में लिप्त, तो दूसरे ही लमहे मुक्त। तब फिर वह कहीं भी तुष्ट एवं तृप्त क्यों नहीं? किस चीज की तलाश है उसे? तलाश का केन्द्र खुद उसमें है या कहीं बाहर? यह उलझन और भी गहराती है जब टकराने वाली प्रत्येक इकाई इस भ्रम में जीती है कि उसके ही पास तो सब कुछ है जो प्रतिपक्ष को आश्वस्त कर सकता है। इसलिए दोनों में से कोई एक तीसरी इकाई की तरफ आकर्षित हो जाती है तब पहले दो में से कोई एक जरूर परेशान हो जाता है, आश्वस्ति का भ्रम टूट जाता है। समस्या यहीं नहीं समाप्त होती है। जब टूटने और फिर जुड़ने का सिलसिला दूसरे से तीसरे पर, तीसरे से और आगे बढ़ता रहता है, तब सवाल आता है, कहाँ रुकें? प्रेग अगर जुड़ना है तो व्यक्ति-चेतना के मुक्तिकामी तकाजे का क्या होगा? मुक्ति अगर वांछित है तो प्रेम का क्या होगा? क्या दोनों एक जगह नहीं आ सकते? सुवर्णा इन्हें एक बिंदु पर लाना चाहती है। उसकी तलाश वही है। उसकी इस तलाश के साक्षी सभी हैं पर आखिर तक साथ रहे हैं उसका पति रमेश और अनंत। रमेश सुवर्णा की कद्र करता है, औरों को उसके संबंधों को उदारता से लेता है। व्यक्तित्व की स्वाधीनता में उसका विश्वास है। लेकिन आखिरकार उसके भीतर छिपा हुआ पुरुष-प्रधान भारतीय पति-चरित्र पूरी आक्रमणता के साथ फूट पड़ता है। सुवर्णा को कोई समझ नहीं पाता। लेखक सुवर्णा के बहाने एक ऐसी स्त्री को प्रस्तुत कर रहे हैं जो आधुनिकता की तमाम विसंगतियों के बीच अपेक्षित संगति को पा लेने का प्रयास कर रही है।

इस उपन्यास में चरित्रात्मकता की बुनावट काफी महीन होने के बावजूद भी मनोवैज्ञानिक तथा दार्शनिक बिंबों की बहुतायत के कारण भाषा में रहस्यमयता का पुट कुछ ज्यादा ही है। शुद्ध काम और काम-अध्यात्म की धूमिल सीमा रेखाओं, दो पात्रों के बीच लंबी-लंबी बौद्धिक चर्चाओं, प्रेम की चिरंतनता और उसके आध्यात्मिक रूप की रहस्यपूर्ण उपपत्तियों, सामान्य भौतिक घटनाओं के दार्शनिकं विश्लेषणों, रोमानी शीर्षकों

आदि के कारण सामाजिक-मनोवैज्ञानिक धरातल कई बार हवाई बन जाता है। इसके अलावा सुवर्णा की अंदरूनी बेचैनी और द्वंद्व तथा बेरूनी साफगोई और तटस्थता के प्रसंगों की पुनरावृत्तियों के कारण एकरसता पैदा हो गयी है। इन तमाम कमियों के बावजूद वस्तु की चुस्ती, कथ्य में उसका नुकीला प्रक्षेपण, भाषा की भावानुगामी सृजनशीलता और सबसे अहम वह रचना-दृष्टि जो खंडित यथार्थ को रागात्मक जमीन पर प्रतिष्ठित करती है—इस उपन्यास को अपेक्षित ऊँचाई दे सके हैं।

'धीर समीरे' में कई चरित्र हैं। कुछ जोड़ियाँ हैं, कुछ अपने में अकेले। सभी ब्रज-यात्रा पर निकले हैं। सबके मकसद जुदा-जुदा। इनमें मुख्य हैं सुनंदा, नंदन और सत्येंद्र। सुनंदा केंद्र है, नंदन और सत्येंद्र उसके दो सिरे जो केंद्र को अपनी तरफ लाने की कोशिश में उसी की तरफ खिंचे चले जा रहे हैं। लेखक बनने की ललक नंदन को ब्रजयात्रा पर ले आयी। व्यास, कथावाचक, चौबे, सेवक के रोल से वह प्रेमी की भूमिका तक पहुँच गया। संवेदनशील अध्यापिका सुनंदा उसकी तरफ आकृष्ट हो गयी। प्रेम, संतान, परिवार की पूरी प्रक्रिया से गुजर चुकने के बाद नंदन और उसके बीच संघर्ष शुरू हुआ। लेखक बनने की जिज्ञासा क्या किसी पुरुष को पारिवारिक जिम्मेदारी की छूट दे सकती है? दोनों के बीच वैचारिक और मनोवैज्ञानिक तनावों का नतीजा उसके घर छोड़ चले जाने में हो जाता है। इधर नंदन के स्वार्थी, कंजूस, धन-लोलुप तथा दकियानूसी पिता ने जो नंदन के लेखकीय रुझान से नफरत करता है, सुनंदा के बच्चे को भगवा लिया है। अब सुनंदा बच्चे की तलाश में ब्रजयात्रा पर आयी है। इस बार सत्येंद्र से उसकी भेंट है। सत्येंद्र वकील है। व्यवहार-कुशल, चतुर, अर्थ को सर्वोपरि मानने वाला। पर इसी कारण कहीं अशांत। सत्येंद्र सुनंदा की तरफ आकर्षित होता है। सत्येंद्र सुनंदा को मदद करता है। उसमें संघर्ष की ताकत पैदा करता है और नंदन के पिता जमनालाल चौबे की दाढ़ से सुनंदा के बच्चे को मुक्त करवा देता है। इस तरह मूलतः मानसिक, वैचारिक तथा पारिवारिक उद्वेलनों से गुजरने वाली एक स्त्री की यह मुक्तिकामी संघर्षयात्रा उपन्यास की मुख्य वाहिनी है। इसके आसपास तमाम चरित्र सक्रिय हैं। ब्रजयात्रा उनकी कथास्थली भी है और अनुभव स्थली भी। यहाँ नितिन-रोमा, नरेंद्र-रत्ना जैसे ऐहिकता को भोगकर आध्यात्मिकता की तलाश में लगे जोड़े हैं। पाश्चात्य एवं वैज्ञानिक सभ्यता में संस्कारित शैलजा जैसी युवती के रूपांतरण का प्रसंग है। रघु जैसे बुद्धिजीवी हैं जो धर्म और परंपरा के संबंधों को नये परिप्रेक्ष्य में समझने की कोशिश कर रहे हैं। और इन सबके मध्य लेकिन इनसे पार, आगे निकल जाने वाली सुनंदा है जो जिंदगी की निर्ममता के कारण नास्तिक बनी, अपने लिए मुक्ति का एक 'रास्ता' तलाश लेती है। अन्य उपन्यासों की तुलना में यहाँ शैल्पिक संगठन काफी प्रभावपूर्ण है।

एक कहानी नंदन-सुनंदा की, एक कहानी परिवेश की। कभी समांतर, कभी एकमेक मानवी भाव-मानों, भूगोल और प्रकृति के साथ सरकते हुए दर्शन की ऊँचाई को हासिल कर रहे हैं। भाषा में मिठास है, दर्शन की डूब है और कविता का संस्कार है।

एक तरफ राधाकृष्ण की प्रेम-कथा और दूसरी तरफ दुनियावी चिंताओं की व्यथा। इन दोनों के विलक्षण मेल से अतीत और वर्तमान एकमेक हो गये हैं। सारा ब्रज जीवंत हो उठा। यात्रा की ध्वनि, लय, शोर, पड़ाव, सबको पूरी नाटकीयता के साथ शब्दों में बाँध दिया गया है। एक चलती जिंदगी, एक परिक्रमा, एक निरंतरता पाप और गंदगी के साथ, पर उससे पार किसी विराट के अन्वेषण में चली जा रही है। अंत में हर पाप, पुण्य में और हर गंदगी, स्वच्छता में कन्वर्ट हो जाती है।

मिश्रजी की रोमानी आदर्शवादिता से प्रेरित रचना-दृष्टि कई बार अपनी एकांगिता के कारण यथार्थ के नकार पक्ष पर ही ज्यादा देर रुक जाती है जिससे समूची कथा चेतना असंतुलित हो जाती है। यहाँ भी ऐसा ही हुआ है। सत्येंद्र के किंचित् नियतिवादी दृष्टिकोण को सुनंदा के विवेकपूर्ण बौद्धिक दृष्टिकोण पर तरजीह देना, अंधविश्वासों का अतिरिक्त उदात्तीकरण जिससे धर्म के मानव-विरोधी पक्ष को अनजाने बढ़ावा देना, वामपंथी लेखक-संगठनों की मात्र विद्रूपताओं पर जोर देकर उसके साकार पक्ष को नजरअंदाज करना। (यह प्रसंग तो काफी शेख, पूर्वग्रह, दूषित तथा हिमायती-सा बन गया है) रघु जैसे तटस्थ सत्यान्वेषी चरित्र की क्रियामाणता में कभी-कभी लेखकीय हस्तक्षेप, बौद्धिक चर्चाओं की आवृत्तियों के कारण निर्मित एकरसता—ये कुछ बातें हैं जिनके कारण उपन्यास की लय कभी-कभी बिगड़ जाती है। फिर भी बौद्धिक स्तर पर रघु (जो मुझे श्री नंदकिशोर मित्तल की याद दिलाता है), भावनिक स्तर पर सुनंदा, व्यावहारिक स्तर पर सत्येंद्र और सभी स्तरों पर दोलायमान नंदन की चारित्रिक सक्रियताएँ कथ्य के उद्घाटन में बड़ी खूबी से केंद्रित हो जाती हैं। इसलिए उपन्यास छुट-पुट कमियों को पार कर गया है। इस तरह 'धीर समीरे' में आधुनिक नारी की मुक्ति-यात्रा को ब्रज-यात्रा के साथ मिलाकर समकालिक को परंपरा के साथ जोड़ दिया है।

मिश्रजी की औपन्यासिक यात्रा, लगता है, मनुष्य की मौलिक शिनाख्तों की यात्रा हैं। 'लाल-पीली जमीन' में भूमि, 'तुम्हारी रोशनी में' में मनस्, 'हुजूर दरबार' में समाज और 'धीर समीरे' में अध्यात्म—इस तरह यह यात्रा जमीन से अध्यात्म तक संस्कृति की महत्त्वपूर्ण परतों को खोलती हुई मानवी रिश्तों की गहराई को उकेरने की कोशिश करती है। उनकी कहानियों के जो चरित्र याद रहते हैं, वे भी तो इसी तलाश में लगे हैं। समय के साथ अपनी पहचानों को रूबरू खड़ा करके संघर्षों को झेलने वाले ये चरित्र अंत में समय की आबद्धता से निकलकर वैयक्तिकता से जुड़ जाते हैं। इनकी वैयक्तिकता की शक्ति प्रेम है, प्रेरणा प्रकृति है और संदर्भ भारतीयता है। ये चरित्र मानवीय हैं जरूर, पर उनकी मानवीयता भी भारतीयता से अनुप्राणित है। मिसाल के तौर पर 'पगला बाबा', 'गुरुजी', 'माइकेल लोबो', 'जनतंत्र' (मास्टर साहब), 'झूला' (माँ), 'संध्यानाद' (पिता), 'आल्हखंड' (वह), 'खाक इतिहास' (मारिया-लुडविक)। एक स्तर पर ये लोग स्थितियों के कारण पीड़ित, शोषित और शापित हैं। खंडित मानवता के अभिशापों को ढो रहे हैं। लेकिन दूसरे स्तर पर ये उस खोये हुए स्रोत की तलाश में लगे हैं जो मनुष्य और स्थिति

के बीच रागात्मक रिश्ता स्थापित करता है। व्यक्तित्व के विघटन को रोकता है। लेखक की यही दृष्टि उनके यात्रा-वर्णनों में भी अभिव्यक्त हुई है। अमरीकी संस्कृति में इतिहास तत्त्व की अनुपस्थिति, यूरोपीय सभ्यता के हिंसा और काम की ओर बढ़ते कदम, पाश्चात्य जीवन शैली में सौंदर्य और कमनीयता की कमी, यांत्रिक सभ्यता में विकसित नारी में कुदरती नजाकत का अभाव आदि चीजों पर उनका ध्यान पहले जाता है। इसलिए वे औरों की तरह विदेशी सभ्यता की भौतिक चकाचौंध से प्रभावित नहीं होते। उनके निबंधों तथा आलोचनात्मक टिप्पणियों में चिंता का मुख्य विषय यही है कि कैसे हम हमारे मूल स्रोत से कटे चले जा रहे हैं। इसलिए उनकी रचनाओं का लक्ष्य उस स्रोत की वापसी है, चरित्र के स्तर पर भी, कथ्य के स्तर पर भी। उनका कथित है वर्तमान, कथ्य है परंपरा। कथित है समयाधीनता, कथ्य है स्वाधीनता। यही उनकी रचनाशीलता है। स्थितियों, विषयों, शैलियों की विविधता और नवीनता के बावजूद वे पहुँच वहीं जाते हैं; इसलिए उनकी तमाम रचनाओं का पैटर्न एक-जैसा लगता है। तब क्या वे किसी घेरे में या कि ढर्रे में फँस तो नहीं गये हैं? इसके साथ एक अहम सवाल पैदा होता है। क्या रोमांटिक आदर्शवादिता का यही स्वाभाविक परिणाम है? तब फिर मिश्रजी रिवाइवलिस्ट तो नहीं हैं? और तव लोग उन पर 'प्रतिक्रियावादी' होने का जो ठप्पा लगाते हैं, क्या वह सही नहीं है?

हमने पिछले पन्नों में बड़े विस्तार से, कहीं-कहीं तो पुनरावृत्ति का दोष लेकर, मिश्रजी की संवेदनशीलता को अलग-अलग कोणों से समझने की कोशिश की है। उनकी रचनाओं से गुजरने के बाद अब हम फिर से उसी मुद्दे पर अंत में कुछ कहना चाहेंगे। यह तो बिल्कुल सच है कि प्रत्येक लेखक का एक दृष्टिकोण होता है, एक प्वाइंट ऑफ व्यू होता है। इसी के तहत वह अपने विषय को विस्तार देता है या संगठित करता है। यह वह चीज होती है जो किसी लेखक को अपने समकालीनों से अलगाती है। समान स्थितियों को अनुभव करने वाली रचनाधर्मिता को तरतम में बाँटती है। इसे 'ढर्रा' या घेरा कहना ठीक नहीं। ढर्रा तो वह है जहाँ लेखक हर स्थिति को अपने ढर्रे में जबरन ढाल देता है। इसके लिए वह काल्पनिक आदर्शों, अनाकलनीय स्थितियों, अस्वाभाविक संयोगों, अति प्राकृतिक चरित्रों, रहस्यात्मक भाषा जालों आदि का प्रयोग करता है। मिश्रजी इससे मुक्त हैं। यह सच है कि पुराने दौर के रोमांटिकों ने इन चीजों का खुलकर सहारा लिया था। मिश्रजी की रोमानी दृष्टि, जैसाकि वे कबूल करते हैं, विक्टर ह्यूगो की रोमानी दृष्टि है जिसमें स्थितियों से पलायन नहीं, पर उन्हीं के मध्य सृजनशील संभावनाओं की तलाश है। अब सवाल है रिवाइवलिस्ट और प्रतिक्रियावादी होने का। स्वस्थ पुनर्मूल्यांकन और बीते को फिर से प्रतिष्ठापित करना, ये दो चीजें अलग हैं। प्रतिक्रियावादी तो वह होगी जो चुक गये मूल्यों या उन तत्त्वों को फिर से लाना चाहता है जो अपने चरित्र में प्रतिगामी तो हैं ही, मानव-विरोधी भी हैं। और फिर ये शब्द वाम प्रगतिशीलता की हिमायत करने वालों ने अपने प्रतिपक्षी के खिलाफ बतौर गाली

इस्तेमाल किये हैं। उनके लिए तो धर्म, दर्शन, परंपरा, इनका नाम लेना भी प्रतिक्रियावाद है। वास्तव में हमें साम्यवादी दुराग्रहों में पनपी व्याज प्रगतिवादिता को सही प्रगतिशीलता से अलग करना होगा। साथ-साथ पुनर्मूल्यांकन के नाम पर प्रतिगामिता की वापसी को भी रोकना पड़ेगा। दोनों छोरों के व्याजवाद 'सूडोइज्म' से बचना होगा। क्या मिश्र जी इनसे बचे हैं? मैं कहूँगा—बचे हैं। क्योंकि वे यथार्थ से पलायन नहीं करते। उल्टे यथार्थ के साथ जुड़ते-भिड़ते हैं। उसकी विद्रूपताओं को अनुभव करते हैं। और फिर उसे गति देने के लिए परंपरा के स्रोतों से उसे जोड़ते हैं। इसलिए तो उनके चरित्रों का रूपांतरण (कंवर्शन) सहज है। वह वर्तमान यथार्थ के साथ आंतरक्रिया से निकला कायांतरण (मैटामोरफसिस) है। इसलिए मूल्यों की पुनर्स्थापना कोई अलग से सोची हुई कार्रवाई नहीं होती, वरना रचना-प्रक्रिया की एक स्वाभाविक माँग होती है। उनकी रचनाएँ इसी कारण शायद फिनिश्ड और पूर्ण लगती हैं। रिवाइवल और कन्वर्शन का सही तालमेल उन्हें प्रतिक्रियावाद से बचा ले जाता है। होता क्या है कि वे कई बार, बल्कि हर बार वाम प्रगतिशीलता की नकार बाजू या कि काली तस्वीर को प्रस्तुत करते हैं। वे आधुनिकता के उस पक्ष को चित्रित करते हैं जिसमें यांत्रिकता, अरागात्मकता, तटस्थता तथा मूल्य-विघटन के मानव-विरोधी परिणाम लक्षित होते हैं। वे साम्यवादी खेमों के व्यक्ति स्वाधीनता पर के आक्रमणों को चित्रित करते हैं। तब स्थिति का पूरा नकार पक्ष सामने होता है। इस प्रक्रिया में प्रकारांतर से स्थिति का सकार पक्ष तथा प्रगतिशीलता की प्रकाशमान बाजू भी नजरअंदाज कर दी जाती है। शक होने लगता है कि लेखक कहीं आधुनिकता मात्र के ही तो विरोधी नहीं हैं? चंद आलोचकों ने उनके इसी पक्ष को लेकर उन पर हमले किये हैं। पर ऐसा नहीं है। अगर कोई स्तालिन की क्रूरता का निषेध करता हो तो क्या यह समझना चाहिए कि वह ज़ार का समर्थन कर रहा है? माना कि स्तालिन ने साम्यवादी क्रांति की स्थापना के लिए हत्याएँ कीं! पर क्या इसीलिए वह क्रूरकर्मा साबित नहीं होता? सवाल तुम्हारे इम्फैसिस का है। तुम्हारा लक्ष्यबिंदु क्या है? इस पर सब निर्भर करता है। मिश्रजी का लक्ष्यबिंदु भारतीयता के उस अविच्छिन्न स्रोत में है, जिसकी वापसी संभवतः संस्कृति के पतनोन्मुखी प्रवाह को सुखा दे। गोविंदजी एक आस्थावान रोमांटिक की तरह अपनी सृजनात्मिका शक्ति को किसी बृहत्तर चेतना के सम्मुख 'कृष्णार्पण' करना चाहते हैं। उनके लिए यह चेतना 'भारतीयता' है। इस शती के श्रेष्ठ साहित्यकार एवं चिंतक टी. एस. इलियट ने आधुनिक रचनाशीलता के अस्त-व्यस्त होते चरित्र के लिए ऐसे ही एक बृहत्तर चेतना की बात की थी जिसके सम्मुख समर्पित होकर सृजन का बिखराव किसी संभावनापूर्ण संगठन में बदल सके। इलियट ने इसे कैथॉलिसिटी कहा था। धार्मिक मतवाद से जिसका वैसे कोई संबंध नहीं था।

गोविंद मिश्र की भाषा

डॉ. केशव प्रथम वीर

सर्जना की भाषा अपने मूल कथ्य की संवेदनाओं से इस प्रकार संपृक्त होती है, कि उसे अलग-थलग करके नहीं देखा जा सकता। यदि वैसा करने का प्रयास किया गया तो, हाथ में सिर्फ एक निष्प्राण वस्तु रह जाएगी। मिश्रजी ने एक स्थान पर लिखा है, "मेरे लिए भाषा अलग से नहीं आती। वह परिवेश के उस टुकड़े से या फिर भाव-वेग से इतनी जुड़ी होती है कि उसका अपना अलग कोई अस्तित्व नहीं दिखता।"[1] बिल्कुल उचित है, "कथ्य से अलग भाषा संभव नहीं।"[2] इस संदर्भ में शैलेश भाई के इस मत को भी उद्धृत कर देना अनुचित न होगा कि, "जहाँ तक मेरी समझ का सवाल है, गोविंद मिश्र अपनी पीढ़ी के शायद सबसे महत्त्वपूर्ण कहानीकार हैं, क्योंकि भाषा और कथ्य, दोनों धरातलों पर उनके यहाँ अपेक्षाकृत ज्यादा विस्तार है। बल्कि कहना तो यहाँ तक चाहूँगा कि अपनी पीढ़ी में भाषा और संवेदना के स्तर पर प्रेमचंद के सबसे निकट गोविंद दिखायी पड़ते हैं।"[3]

गोविंद भाई प्रेमचंद जी के कितने निकट या दूर हैं, इसका निर्णय करना तो मेरे लिए संभव नहीं है। लेकिन इतना बहुत स्पष्ट है, कि समकालीन हिंदी कथाकारों में गोविंद मिश्र एक प्रतिष्ठित नाम है। मात्रा की दृष्टि से अभी तक उनके आधा दर्जन उपन्यास और लगभग दस कहानी-संग्रहों के अलावा, यात्रा-संस्मरणों की कुछ पुस्तकें तथा कुछ समीक्षात्मक-वैचारिक निबंध संग्रह प्रकाशित हुए हैं। लेकिन इस लेखन के गुणात्मक महत्त्व से हिंदी का सुधी पाठक भली भाँति परिचित है। उनका पाठक इस तथ्य से भी परिचित है, कि श्री गोविंद भाई का लेखन किसी 'वाद' के प्रति प्रतिबद्ध नहीं है। उनका लेखन निरपेक्ष भाव से जीवन की बहुआयामी सहज संवेदनाओं से ही जुड़ा है। वे मानव को इस या उस कठघरे में रखकर नहीं देखते या फिट नहीं करते, बल्कि वे अपने लेखन में मानव जीवन के बृहत्तर संबंधों के रहस्यों की खोज के आकांक्षी हैं। उन्होंने लिखा है, "मानव व्यथा तो मेरी जमीन है। मनुष्य हूँ, मनुष्य की बात ही समझ सकता हूँ...वह तो मेरी जमीन है, उस पर तो मुझे खड़ा रहना ही है। लेकिन जैसे मोटे तौर पर साहित्यकार से यह अपेक्षा होती है कि अपनी या अपने गाँव की बात करते-करते उसे ऊपर ले जाकर सबकी और सब गाँवों की बात से जोड़ दें...उसी तरह

मैं स्वयं से यह अपेक्षा करता हूँ कि मानव-जगत या मानव-व्यथा की बात हमेशा करते हुए भी ऊपर उठने की कोशिश करूँ, प्रकृति की अलौकिकता, सृजनात्मकता, चिरंतनता, विराट सौंदर्य की ओर जहाँ मेरी सर्जनात्मकता प्रकृति की सर्जनात्मकता से एकलय हो जाए, मनुष्य और प्रकृति की दुनिया के भेद खत्म हो जाए।"[4] गोविंदजी की इस आकांक्षा के कारण ही उनके लेखन में कथ्य और भाषा का परिवृत्त निरंतर नूतन छटाओं के साथ विकासमान है।

गोविंद मिश्र की कथा सृष्टि पर एक चलती दृष्टि घुमाने पर, उनकी भाषा के विविध रूपों को बड़ी सहजता से देखा जा सकता है। एक ओर महानगरीय परिवेश में उच्च प्रशासकीय वर्ग के जीवन की भीतरी परतों को अनावृत्त करने वाली भाषा का सहज रूप है, ('वह/अपना चेहरा'–'तुम्हारी रोशनी में') तो दूसरी तरफ 'लाल-पीली जमीन' (उपन्यास) में बुंदेलखंडी कस्बाई लोगों की (न्यूनाधिक-संपूर्ण उत्तर-भारत के कस्बाई जीवन की) रोंगटे खड़े कर देने वाली अराजक (वन्य) जीवन-शैली का चुभता हुआ अंकन सहज ही महसूसा जा सकता है। 'फाँस' जैसी कहानियों की भाषा में हमारे ग्रामीण परिवेश की सोंधी-सोंधी गंध और बुंदेली आंचलिकता का मोहक रंग अपनी धूपछांही आभा के साथ झिलमिलाता है, तो दूसरी ओर 'पगला बाबा' में बनारसी का ठाठ है, जो गोविंदजी की चंबल-बेतवा और जमुना की धारा को त्रिवेणी और काशी क्षेत्र की जन गंगा से संयुक्त कर देता है। 'धीर समीरे' (उपन्यास) की भाषा के अंतर्गत ब्रजजनपद (गोवर्धन परिक्रमा) की झाँकियाँ हैं, तो 'कचकौंध' कहानी की भाषा में आज के महानगरीय जीवन पद्धति के फलक पर पुरानी पीढ़ी के देहाती (जमुना-बेतवा की भूमि के) जीवन-मानदंडों को मटियामेट होते देखने से उत्पन्न खीज का मूर्त्तिमंत चित्रण पंडितजी के एकालाप में प्राप्त होता है। 'धाँसू' कहानी की व्यंग्यपूर्ण भाषा के अन्तर्गत, आज के रंगे सियार नेता के चरित्र की बुनावट को रेशे-रेशे उधेड़कर रख दिया है, तो 'वरणांजलि' की भाषा में नियति के कठोर दंश से उत्पन्न तीखी चुभन, पीड़ा, बेबसी, असहायता और करुणा की प्रांजल धारा किसी भी सहृदय को विगलित किये बिना नहीं रहती। गोविंदजी की भाषा की इन विभिन्न छवियों के कुछ नमूने देख लेना यहाँ अनुचित न होगा–

"महादेवजी आये और जसोदा जू सों यो बोले कि ओ री मैया, हम तौ तेरे लाला के दर्सन करिवे कैलास ते आये हैं, सो जसोदा मैया नै अपने दोनों हाथ जोड़ दिये कि नाथ, तुम्हें लाला नाय दिखाऊँगी...जि रूप देखि कें लाला डरपि जायगौ..." (धीर समीरे, पृ. 99)

"डिनर में जबकि सब कमिश्नर के इर्द-गिर्द थे, हम कुछ लोग इस शख्स के आसपास सिमट आये, सिन्हा और मैं तो साफ नशे में थे, उस पर जाने क्या-क्या थोपते रहे–नाटक, साहित्य, विभाग, राजनीति....सभी किस्म की बातें। नशे ने हमारी हिचक लगभग खत्म ही कर दी थी और सिन्हा और मुझमें एक तरह की होड़ लग गयी थी, उसे

प्रभावित करने के लिए। मैं खत्म कर पाता और वह शुरू कर देता, वह खत्म न कर पाता और मैं चल पड़ता।" (वह/अपना चेहरा, पृ. 13)

"अरे छिदुआ...हम ठहरे बनारस के राजा। तोहरी ई कोठरी में समइबे का रे? उ देख हमारा रथ खड़ा हो," बाबा ने अपना कमजोर हाथ बाहर ठिलिया की तरफ उठाया, "ऐ ही पर गंगा मैया के पास ले जा। हम निकल जाई त ई रथ के रग्घू के ढाल के नीचे जौन छुटका चबूतरा हौ न....उहें छोड़ दिहे...उहें हमार महदारी ई हमारे हाथ में थमौ ले रहली...."[5] (पगला बाबा)

"आँखें एक-दूसरे में जाने क्या टटोलने लगीं। होंठों की पत्तियाँ, लपलपाती कुछ खोजती....फौहों की तरह दूसरे के घावों पर जीव फेर देने को व्याकुल। उसके होंठ...हल्के लाल, चिकने....भरे-भरे, वर्षा में भागते नवजात पुरइन-दल से काँप रहे थे। होंठों की वह कँपकँपी....किसी ज्वाला-रेखा की थिरक-सी....जीवन-ज्वाला....आओ मुझमें उतर जाओ ...तुम आओ..." (तुम्हारी रोशनी में, पृ. 44)

"लड़के ससुरे दोनों निखद्दी हैं...दोपहर तक सोते रहेंगे। मड़ई है भुनसारे उठकर कुछ पूजा-वंदना करना है....कुछ चलाफिरी। देखो तो वह ठाकुर का लड़का....दरोगा हो गया, पर मजाल है, जो तीन घंटे से कम पूजारचा में लग जाए। क्या विधि-विधान से स्नान-ध्यान करता है कि पड़ोसियों की भी आत्मा सुखी हो जाए। कभी नहाये बिना कौर नहीं देता। और एक हमारे हैं, बिना मुँह-हाथ धोये बिस्तर पर ही चाय। जगे गये, तो एक घंटे चाय और अखबार पर ही पड़े रहेंगे। कोई आचार-विचार नहीं। एक ही प्लेट में मलेच्छियों के साथ भी खा लेंगे। मड़ई को यह नहीं लगता कि दूसरे की लार भी खाद्य में लग रही है। ऐसा खाना दूसरे की लार चाटना है। आत्मीयता ऐसे ही तो जता सकते हैं बेचारे!"[6] (कचकौंध)

"बिना हिचकिचाये वह मक्खन के थोकड़े-के-थोकड़े प्रधानमंत्री के मुँह पर पोत रहा था...जैसे वहाँ चेहरा नहीं, दीवार का कोई हिस्सा था जिस पर छपाई की जा रही थी। वह जानता था—चापलूसी बारीक नहीं, मोटी-मोटी और एकदम थोक के भाव होनी चाहिए...उसके मुँह से प्रशस्ति-वाक्य एकलव्य के बाणों की तरह सर्र-सर्र निकल रहे थे।"[7] (धाँसू)

"औरत के पीछे लंगोटधारी पंडित फिर भागा...फाटक के नीचे आने के पहले ही पत्थर की उभेड़ खाकर औरत गिर पड़ी और उसके लाल मुँह के एक तरफ खून की पतलीधार बह निकली। वह सींकिया औरत थी। पंडित की बीवी होगी तभी तो वह इतने धड़ल्ले से मार रहा था। केशव ने उसे पहले कभी नहीं देखा था। पीछे पहुँचकर पंडित ने उसे करोढ़ते हुए औरत के उस गट्ठर को एक लात जमाई। ठोकर की चोट से इस बार जो वह दोहरी-तिहरी हुई तो उसकी धोती एक तरफ से फटकर खुल गयी और एक टाँग से वह करीब-करीब नंगी हो गयी। पस्त थी, बेहोश अब भी नहीं हुई थी पर धोती सँभालने की ताकत उसमें नहीं थी।" (लाल-पीली जमीन)

"अरे...तब तौ तुम साँचऊ के भैया लगत। पहलैं बता देते, अब देखो हम आयँ तुमाई जिज्जी और तुम भुज्जी-भुज्जी लगाँय। पल्टू देखौ बे को आँय बैठे। तुमाये मम्माँ (फाँस)... ।"[8]

"....किंतु सचेतन की पकड़ तनिक शिथिल हुई नहीं कि भीतर कुछ बहने लगता है—लगातार रिसता हुआ कोई घाव! कभी-कभी उठते-बैठते, बोलते-हँसते हुए ही भीतर शून्य की एक भँवर आकार ग्रहण करती है, अक्रम ही एक निःश्वास बाहर आता है—हे राम! हम फिर वही पिटे-पिटे-से निकल आते हैं....जैसे धूल बुरक-बुरक कर खूब पीटा गया हो।"[9] (वरणांजलि)

भाषा की इन विभिन्न छटाओं को देखते हुए मुझे बार-बार अमृतलाल नागर जी की भाषा को बहु-आयामी रूपों का स्मरण हो आता है।

परिवेश के बाह्य-आंतरिक दृश्यों को आकारने, उसके परिप्रेक्ष्य में व्यक्ति के पूरे चरित्र को चितेरने और मानव-मन की भीतरी परतों से उसकी छटपटाहट को ऊपरी सतह पर बिछा देने में गोविंद मिश्र की भाषा-शक्ति देखते ही बनती है। इसके लिए वे न सिर्फ परिवेश के भाषा रूपों का उपयोग करते हैं, बल्कि उसमें पनप रहे चरित्रों की संवेदनाओं को संप्रेषित करने हेतु रस, रूप, गंध, स्पर्श और ध्वनि के इंद्रधनुषी बिंबों का जब सृजन करने लगते हैं, तब कथा की संश्लिष्ट रूपकात्मक भाषा से काव्यास्वाद की धारा बहने लगती है। कथ्य की आंतरिक परतों से संवेदनाओं के अंकुर उगाती हुई उनकी भाषा, पाठकों के मानस पटल पर अमूर्त्त भावों का चित्रीकरण करने लगती है, तब उसके सृजनात्मक आयाम का सुख, गोविंद भाई के स्रष्टा व्यक्तित्व की एक अनोखी झलक दिखाने लगता है :

"नजरें इधर-से-उधर चक्कर काटती हुई लाइट हाउस की घूमती रोशनी की तरह, कहीं न ठहरती हुई, फिर भी जैसे सबको उकेरती हुई।...

"घूमती रोशनी का एक स्पर्श मुझ तक भी आया....मुलायम-मुलायम स्पर्श, खरोंचों को चिकनाहट में बदलता हुआ। हवा के एक छोटे झोंके ने जैसे पर्दे को थोड़ा-सा खिसकाया था। स्नान के बाद शांत मन-ठंड से सुकड़ी हरी घास को सेंक देती सुबह की नरम-नरम धूप....पहाड़ी जमीन से उठता सोंधी-सोंधी गंध का फव्वारा....बारिश की पहली बौछार से झुलसी हुई धरती से उठती महक....मैं कहाँ-कहाँ डूबने उतरने लगा था, उस क्षण,"[10] शब्दों के पार अनुभव-संवेदनाओं के रूप-गंध-स्पर्श के संश्लिष्ट बिंबों की सृष्टि इस कथा चित्र को काव्य के क्षेत्र में पहुँचा देती है। लगता है, कोई भूला-भटका कवि कथा के क्षेत्र में उतर आया है।

गोविंदजी अप्रस्तुत विधानों का उपयोग करने में बहुत ही कुशल हैं। उनकी भाषा में उदाहरणों, उपमाओं, उत्प्रेक्षाओं, अन्योक्तियों, प्रतीकों आदि की सृष्टि मानो अपने-आप उतरती चली आती है। एक उदाहरण देखिए :

"तुमने कभी किसी उखड़े हुए पेड़ को देखा है? कुछ जड़ें जमीन से एकदम अलग,

कुछ जोरों से चिपकी हुईं, एकदम आदमी की नसें जैसी दिखती हैं वे। आखिरी दम तक जैसे वह दरख्त अपनी पूरी ताकत के साथ जमीन छोड़ने से इनकार कर रहा हो। लुडविक यही था उन दिनों।''[11]

यहाँ उदाहरण और उपमा के माध्यम से मारिया का यह कथन अपने देश से जुड़े रहने के जद्दोजहद करते हुए लुडविक की स्थिति का जोरदार बिंब पाठकों के मन पर अपनी पूरी क्षमता के साथ उभरता है और लुडविक के पौरुष, प्रयास, आत्मसम्मान, आकांक्षा, बेबसी आदि की एक गहरी छाप छोड़ जाता है। इसी प्रकार निम्नांकित वाक्यों में प्रतीकात्मक ढंग से, गाँव के प्रधान से लेकर मुख्यमंत्री तक के भ्रष्टाचारी आचरण का वर्णन किया गया है : ''...ये बड़ी हस्तियाँ चूहे बनकर घुसी हुई हैं और गेहूँ को कुतर रही हैं। उन्हें लगता है, उन सबकी कारस्तानियाँ एक हैं, जैसे एक गिरोह के डकैतों का लूटने का ढंग एक होता है। हर चीज के पीछे ससुर कोई षड्यंत्र या कोई-न-कोई व्यापार है। सब-की-सब छोटी-मोटी पगडंडियाँ हैं, जो दूर जाकर किसी बड़ी सड़क से मिलती हैं। वह सड़क सिर्फ भूलभुलैयाँ की ओर जाती है। एक सूध कुर्सियाँ हैं, जैसे राजगिरि के रज्जु पथ में देखा था...पीछे वाली इस कुर्सी को ढकेलती है और यह आगे धकियाती है।''[12]

प्रतीकात्मक भाषा का एक और उदाहरण प्रस्तुत है : ''बस्ती की गंदी नालियों में हर साल नये मच्छरों के झौर आते थे...कुछ मरते थे...कुछ आपस में भन-भन करते जूझते रहते...कुछ रह जाते, अगले साल मरने के लिए ये दो-तीन साँड भी छुट्टा घूमते रहते थे...कुछ दिनों में वे भी झुराकर कहीं बैठे पगुराते होते। यह तो इस बस्ती का जीवन-प्रवाह था....''[13]

कहने की आवश्यकता नहीं, कि उपरोक्त शब्दों में लेखक ने बस्ती की गंदगी-पूर्ण नालियों में मच्छरों के भिनभिनाने और गलियों में—सड़कों पर आवारा साँड़ों के स्वच्छंद विचरण करने की स्थिति को तो स्पष्ट किया ही है, किंतु इससे भी आगे बस्ती के जन-जीवन की स्थिति को लेखक ने नालियों (मुहल्लों), मच्छरों (जन समूह), भन-भन कर और जूझते रहने (परस्पर कलह), साँड़ (गुंडे), छुट्टा घूमने (मनमानी करने), झुराकर बैठना (शक्तिहीन होना), पगुराना (शेखी मारना) आदि शब्दों में लक्षणा के आधार पर प्रतीकात्मक अर्थ संप्रेषित कर उस बस्ती के मानव समाज की स्थिति को कलात्मक रूप से चित्रित किया है।

कहीं-कहीं छोटे-छोटे वाक्यों के बीच गोविंदजी कोई एकाध ऐसा शब्द गूँथ देते हैं जो सांकेतिक रूप में अर्थ की व्यापक व्यंजना को अनुरंजित करने लगता है—लाल-पीली जमीन के एक प्रसंग में वे लिखते हैं : ''माँ और जीजी दरवाजा खुलते ही अंदर आ गयीं। किसी ने उससे यह नहीं पूछा कि कैसा रहा। केशव भी अपने पिता की नकल में मुँह बनाये रहा और बिना कुछ बोले पौर में लालटेन रखकर ऊपर छत पर चला गया।''[14] यहाँ अपने ही घर में माँ और बहन द्वारा उपेक्षित केशव की दयनीय स्थिति का वर्णन

करना ही अभीष्ट है। किंतु रेखांकित वाक्यांश भर से, केशव के पिता (अप्रस्तुत) की भी अपने ही परिवार में उपेक्षित स्थिति को बड़े लाघव के साथ स्पष्ट कर दिया गया है। केशव के मुँह बनाने का उल्लेख उसके पिता के व्यक्तित्व की सारी बेचारगी का अनावरण कर देता है।

साहित्यिक रचनाएँ, जीवन की यथार्थ अनुभूतियों के आधार पर रची होने के कारण ही श्रेष्ठ नहीं होतीं बल्कि उनकी श्रेष्ठता भाषा के द्वारा सर्जित यथार्थ पर टिकी होती है। सामाजिक जीवन का यथार्थ बदलता जाता है और उसे भौतिक यथार्थ पर बने 'यथार्थ बोध' को भी कालांतर में अप्रासंगिक होना पड़ता है। लेकिन भाषा के सर्जनात्मक गुणों पर निर्मित यथार्थ, सदैव ही कलात्मक सुख प्रदान करता है। यही कारण है कि श्रेष्ठ काव्य कृतियों में सामान्य भाषा का प्रयोग नहीं पाया जाता; ऐसी कृतियों में सदैव ही भाषा की लाक्षणिकता उपयोग में लायी जाती है। इसी लाक्षणिकता के आधार पर भाषा में अनेक स्तरीय यथार्थ की सृष्टि होती है जो कालांतर में भी कलात्मक सुख का कारण बनती है। आज गद्य के क्षेत्र में भी भाषा की लाक्षणिकता के आधार पर संश्लिष्ट यथार्थ का चित्रण किया जाता है। गोविंद मिश्र की भाषा में लाक्षणिकता का यह गुण पर्याप्त मात्रा में पाया जाता है। वे अपनी वस्तु, व्यक्ति, वातावरण या स्थितियों का चित्रण अभिधात्मक भाषा में प्रारंभ तो करते हैं, किंतु मौका पाते ही तुरंत लाक्षणिकता पर उतर आते हैं। लाक्षणिकता मानो उनका सहज स्वभाव बन गया है। 'लाल-पीली जमीन' का यह उद्धरण द्रष्टव्य है :

"...लाल कंकरीली मिट्टी, जिसे मुरम कहते थे। सादा मिट्टी में उसे सानकर दीवार उठाते थे ताकि कच्चे-से थोड़ी ज्यादा पुख्ताई रहे।

"वहाँ की सभ्यता इसी मुरम पर खड़ी थी। सारी-की-सारी बस्ती जैसे गाली-गलौज और मारपीट के गारे-चूने से उठाई गयी थी और उसी पर टिकी थी। यहाँ नौजवानी आदमी को आती थी तो ठीक कुत्ते की तरह। एकदम ठक से भेजे में चढ़ जाती और बौखलाहट में मचमच करती ही रहती। 'इस कमल के साले फूल को तोड़ कर ही रहना है'—यह यहाँ प्रेम की भाषा थी, और 'कब फँसोगी?' यह प्रेम-निवेदन। मुगदर भाँजना और मूँछों वाला होकर लाठी लिये घूमना, सर्वोत्कृष्ट मूल्य थे। मारपीट, लड़ाई-झगड़े, गाली-गलौज की खुशबू को ढोते हुए वहाँ की हवा के झोंके उठते थे और इधर से उधर जाते थे। कहीं कुश्ती होती होती....कहीं तीतर मुर्गों की लड़ाई होती होती। जानवरों का भी वही स्वभाव बन गया था; जैसे साँपों की लड़ाई, जीवों और साँड़ों की लड़ाई और नार में जाते हुए गेरु-बछेरुओं की लड़ाई। कहीं बंदर-बंदरियों के नाच होते—बंदरिया मायके चली जाती है, बंदर मनौतियाँ करता है बंदरिया नहीं मानती तो बंदर लाठी उठा लेता है—और बंदरिया को हाँककर ले आता है।"[15]

यहाँ सामाजिक वातावरण के बहुआयामी अर्थवत्ता की मार्मिक व्यंजना देखते ही बनती है। भाषा की इस सामर्थ्य को 'लाल-पीली ज़मीन' और 'तुम्हारी रोशनी में' में ही

नहीं, बल्कि लेखक की कहानियों में भी सहज ही देखा जा सकता है।

गोविंद मिश्र की सर्जन-प्रक्रिया के भाषा-मंथन से कहीं-कहीं बहुत ही प्रभावशाली सूक्तियों के नवनीत कण भी प्रस्तुत हुए हैं, यथा–

"बदले के लिए किया गया हर काम एक नया वृत्त पैदा करता है।"[16]

"अपने बीच चल रहे बड़े आदमी का ऊँचा कद लोगों को बर्दाश्त नहीं होता।"[17]

"प्रेम की स्निग्धता ही तो खूबसूरती है।"[18]

"हम मरने के बहुत पहले ही मर चुके होते हैं।"[19]

"(हम) अभिशप्त हैं, शायद इस साँचे या उस साँचे में जीने के लिए।"[20]

"खुले मैदान में दौड़ने का सुख ही और होता है।"[21]

इसी प्रकार गोविंद मिश्र कहीं-कहीं उपमाओं की ताजगी के लिए कुछ ऐसे ऐतिहासिक-पौराणिक संदर्भ गर्भित वाक्यों का प्रयोग करते हैं कि उनका रस स्तरीय पाठक को ही प्राप्त हो सकता है। सामान्य ज्ञान वाले पाठक की पहुँच वहाँ तक नहीं हो सकती; जैसे :

"चुनाव के अंधड़ के फौरन बाद जैसे '**चंदबरदाई के पद**' के लिए मारामारी चालू थी।"[22]

"उसके मुँह से प्रशस्तिवाक्य **एकलव्य के वाणों** की तरह सर्र-सर्र निकल रहे थे।"[23]

"जैसे इस बार **चक्रव्यूह में अभिमन्यु नहीं, अर्जुन घुसा था।**"[24]

"ज्यादातर नंगे पैर, कुछ **दांडी यात्रा शैली** में एक बड़ी लाठी को टेक कर चलते हुए।"[25]

गोविंद मिश्र की भाषा में एक दर्शक की तटस्थता ही नहीं, बल्कि सक्रियता का अहसास सतत दिखायी देता है। वे अपने कथ्य के परिवेश को भोगते हुए सर्वत्र दिखायी देते हैं। परिवेश की सचेतनता उनकी शब्दावली में अपनी पूरी प्राणवत्ता के साथ उपस्थित होती है। 'लाल-पीली ज़मीन' (उपन्यास) और 'कचकौंध' एवं 'फाँस' जैसी कहानियों में बुंदेलखंडी की ताजगी देखते ही बनती है–दलुद्दुर, दालुद, झाड़े-जंगल, रपटव्वन, पासा पड़ना, नाटपरे, पछेलना, लौंडा पंती, सेंटना, जैसे शब्द ही नहीं बल्कि कुछ ऐसे शब्द भी प्रयुक्त हुए हैं जिनमें नितांत आंचलिकता है; यथा : 'चीप' (पट्टी या शिला); 'घिनौची' (पनेंड़ी); कलथना (पलटना); थेंता (बरवारी); 'नार' (पौहार); टिपिर-टिपिर (धीरे-धीरे); गोरू (ढोर-पशु) आदि। इसी प्रकार उसी परिवेश की कहावतें और मुहावरे–जैसे : 'उवयी वैसे भान न उनके चुंदई न इनके कान', 'कर्महीन कल्पत फिरें कल्प वृक्ष की छाँह', 'झापड़ रसीद कर देना', 'तुरत दान महा कल्याण', 'बकरे की माँ कब तक खैर मनाएगी', 'पत्थरों का घूर-घूर कर देखना', 'लाल-पीला होना', 'दुनिया को चराना' इत्यादि के प्रयोग से वातावरण और चरित्र-चित्रण को यथार्थ रूप देने में पर्याप्त सहायता हुई है।

भाषा के विभिन्न रूपों और स्तरों पर श्री गोविंद मिश्र का इतना सहज अधिकार है कि जब वे 'तुम्हारी रोशनी में' या 'धीर समीरे' जैसी कृतियों का लेखन करते हैं तो यह बिल्कुल पता नहीं चलता कि 'लाल-पीली ज़मीन' या 'वह अपना चेहरा' या 'कचकौंध', 'फाँस' और 'पगला बाबा' की भाषा का सर्जक भी यही लेखक है। निश्चय ही समकालीन हिंदी कथाकारों के बीच इस लेखक की भाषा के अध्ययन की आवश्यकता है।

संदर्भ

1. गोविंद मिश्र—मेरी प्रिय कहानियाँ, भूमिका, पृ. 10
2. शैलेश मिटयानी—गोविंद मिश्र की प्रतिनिधि कहानियाँ, भूमिका, पृ. 10
3. वही।
4. दस्तावेज 40, जुलाई 1988, पृ. 11
5. गोविंद मिश्र की प्रतिनिधि कहानियाँ, पृ. 68
6. वही, पृ. 40-41
7. वही, पृ. 109-110
8. वही, पृ. 82
9. ही, पृ. 142
10. तुम्हारी रोशनी में, पृ. 6
11. खाक इतिहास—गोविंद मिश्र की प्रतिनिधि कहानियाँ, पृ. 92
12. कचकौंध—गोविंद मिश्र की प्रतिनिधि कहानियाँ, पृ. 42
13. लाल-पीली जमीन, पृ. 102
14. लाल-पीली ज़मीन, पृ. 23
15. वही, पृ. 57
16. वही, पृ. 14
17. अर्थ ओझल—गोविंद मिश्र की प्रतिनिधि कहानियाँ, पृ. 79
18. तुम्हारी रोशनी में, पृ. 13
19. लाल-पीली ज़मीन, पृ. 15
20. तुम्हारी रोशनी में, पृ. 23
21. धाँसू—गोविंद मिश्र की प्रतिनिधि कहानियाँ, पृ. 104
22. वही, पृ. 121
23. वही।
24. वही।
25. धीर समीरे, पृ. 17

संदर्भ : उपन्यास

गोविंद मिश्र की औपन्यासिक यात्रा
(हुजूर दरबार तक...)

राजकुमार गौतम

गोविंद मिश्र के नवीनतम और चौथे उपन्यास 'हुजूर दरबार' को गुनगुनाते हुए उनकी व्यापक प्रतिभा और लेखन में गंभीरतर प्रतिनिधित्व की परंपरा स्पष्ट हो उठती है–विशेष रूप से उनके तीसरे उपन्यास 'लाल-पीली जमीन' के परिवेशगत सृजनात्मक बिखराव को यहाँ पुनः उपस्थित करती हुई-सी :

> ''माँ साहिबा कहती हैं कि हमने जलने के बाद नेताओं को टेलीफोन कर दिया था कि तुम्हें पनपने न दिया जाय। वे हमारे ही लोग हैं, उनका भी हुजूर दरबार है। हम तुम्हें इस्तेमाल में लाना चाहते थे, तो हमारे बाद भी तुम्हारा इस्तेमाल होता रहा....हमारी तो बुनियादी बात है कि अगर तुम दुनिया में आये हो तो वह हमारे लिए ही....और इधर-उधर की नहीं सोच सकते। सोचोगे तो मारे जाओगे।''
>
> (हुजूर दरबार, पृ. 332)

'हम' और 'तुम' की यह विरोधी भूमिका लेखक का औपन्यासिक आशय है; लगभग एक दुभाषिये की प्रकृति को थामे हुए। लेखक के सभी उपन्यासों–'वह अपना चेहरा,' 'उतरती हुई धूप', 'लाल-पीली जमीन' तथा 'हुजूर दरबार'–की प्रकृति में मूलतः यही अनुभूति समायोजित की गयी है। इस अनुभूति या दुभाषियेपन की भावनात्मक सत्ता में सारे कथ्य लिथड़े रहे हों–ऐसा मानना भी लेखक की संवेदना को नौसिखुएपन से ही लेना होगा।

नैतिक-से दीखने वाले प्रश्न हो सकते हैं कि लगभग इस तरह का तटस्थ, दुभाषियेपन और संघर्ष-निष्ठा को निर्मित करने की आकांक्षा से अलहदा रहकर क्या किसी प्रकार का सर्जनात्मक कर्म संभव है? या तमाम उपन्यासों का एक ऐसे अंत पर समाप्त हो उठना जहाँ कि अभी और जानने की जिज्ञासा कथा का चरित्र बनकर रूपांतरित हो उठी हो और क्लाइमेक्स लगभग 'व्यर्थ' लगने लगता हो; या इसके इतर यह कि लेखक को बनावटी क्लाइमेक्स प्रकाशित करानै से घृणा ही हो! केंद्र में कोई कथा न होकर एक कथा-दूत किस्म का 'मैसेज' हो जो कल्पना, परिवेश तथा अनुभवों के बीच एक सादा संपर्क बनाये हुए हो और समाज में उपलब्ध 'सभी' उपस्थित पात्रों

पर एक हुनरमंद गाइड की तरह बोलता चला जा रहा हो? संस्कृति के साथ रहने का असुरक्षित अकेलापन ('लाल-पीली जमीन') तथा संस्कृति-विहीन हो जाने पर भी ठीक वैसा ही अकेलापन ('वह/अपना चेहरा'); या व्यक्तिवाद का विश्वास, मित्रता, प्यार, ऐश, सौंदर्यपान या शारीरिक जरूरतों की निरर्थक जुगाली आदि पर सर्जनापूर्ण तपिश के साथ किसी रचना में बात करना क्या सचमुच कुछ धुँधलके बाँटना होता है और दूसरे शब्दों में एक प्रतिक्रियावादी लेखन?....

गोविंद मिश्र के लेखक की आंतरिक आकृतियों को खोलकर देखने की वजह इसीलिए जरूरी हो जाती है—क्योंकि उनकी कृतियों में यथार्थ की चीख तो है लेकिन उस चीख का चेहरा और सेक्स कुछ ऐसा संश्लिष्टी-पुंज है कि उसका अक्स जीवन-दर्शन और समाजगत आदर्शों के माध्यम से आकार ग्रहण करने के बाद ऐंद्रजालिक हो उठता है। इस चेहरे (जो कई बार एक पूरे समाज का भी हो उठता है) में एक खूबसूरत बचपना और उसकी थान-दर-थान लंबी स्मृतियाँ हैं जो अभी दिवंगत नहीं हुई हैं और जो इस देश के पिछले लगभग साठ सालों का शब्दों में आकार लेता व्यक्तित्व है। सभी जमीनों पर जीवन-संतुलन के छिन्न-भिन्न होते जाने का हाहाकार है तो एक चुपचाप आकार पैना करते आक्रोश की छवि भी है। प्रेम की उपस्थिति और अहसास से लेकर बलात्कार तक की थरथराहट में डूबना-उतरना—लेखक को लेखन-धैर्य और शब्द-संपदा, दोनों ही स्तरों पर एक वयस्क प्रतिष्ठा भी प्रदान करता चलता है :

> "लोग कहते हैं कि हमने प्रांतीय स्वराज्य हासिल कर लिया और आप कहते हैं कि यह स्वराज्य-फुराज्य कुछ नहीं है। प्रांत में नेता लोग मंत्री हो गये तो प्रांतीय स्वराज्य हो गया और आप भी ठीक कहते हैं कि देश में जब तक सबको खाना नहीं मिलता, तब तक स्वराज्य कैसा? हमने आपकी और नेताओं दोनों की बातें मान ली हैं—पूरे हिन्दुस्तान-भर के लोगों को खाने को मिले तो वह होगा पूर्ण स्वराज्य, कुछ लोगों को मिले तो वह होगा आंशिक स्वराज्य, पूरे जीवन भर खाने को मिले वह होगा जिंदगी-भर का स्वराज्य और एक दिन को मिल गया तो वह हुआ दैनिक स्वराज्य।"

(हुजूर दरबार, पृ. 87)

लेखक की औपन्यासिक-यात्रा को तीन टुकड़ों में जोता जा सकना आसान है, पहला टुकड़ा है 'वह/अपना चेहरा', दूसरा 'उतरती हुई धूप' और तीसरा 'लाल-पीली जमीन तथा 'हुजूर दरबार'। चालू परिचय के तौर पर शुरू के दोनों उपन्यासों के नायक टिपिकल किस्म के कमजोर नायक हैं। साथ ही इतने ईमानदार और संजीदा भी कि अपनी आंतरिक नीयत को हथेलियों पर टिकाकर दिखाते फिरने वाले। ऐसी कमजोरियाँ जैसे परिवेश की देव-परछाइयाँ हों (डरावनी-डरावनी), और जिन्हें कथा में पिरोये जाने की साजिश मानने का मन नहीं हो सके। ऐसे घायल शेर जो महाशेरों से लड़ते हुए—एक अदृश्य किस्म की लड़ाई में, बेशक अपनी कोमल आदमीयत को ही भंग करते जा रहे

है। उचित आकांक्षाओं की पूर्ति जब अनुचित रूप से हो उठती है तो आदमी की निजी जानकारी में ही एक खलनायक उसंके भीतर बैठकर साँसें लेने लगता है। एक गाढ़ी विवशता और मानसिक समझौते के तहत उसे बाहर धकियाने की गुंजाइश भी जिससे समाप्त हो उठती है। कुछ-कुछ ऐसी मानसिकता के कैमरे से खींचे गये ये उपन्यास-प्रिंट्स अपना बिंब निर्मित करते दीखते हैं।

'वह/अपना चेहरा' का 'मैं' और 'वह' एक रेशमी लड़ाई लड़ते हैं और उन्हें पता ही नहीं चलता कि एक अंधा दलदल फैलाने में वे यानी उनका व्यक्ति किस कदर अमानवीयता से लैस होता जा रहा है। अफसरीयत किसी भी समय के दस्तावेज का शीर्षक होती है, जिससे युग की पदचाप अपनी लय तय करती है। लेखक के एक आत्मकथ्य के अनुसार (...'इस बीच एकाएक मुझे यह बड़ी गहराई से महसूस हुआ कि केशवदास का विरोध करते हुए, उससे लड़ते हुए मुझमें धीरे-धीरे वे सारी चीजें आती जा रही हैं जिन्हें केशवदास में मैं घृणा करता था और केशवदास धीरे-धीरे मुझे लीलता चला जा रहा है...') यह नायक-अफसर इस पतन में डूबा है। 'अफसर-संस्था' को सिद्ध करता यह उपन्यास कुछ स्थितियों और साजिशों से हमें चौकस करता है। मध्यवर्गीय संस्कारों में जहाँ परदेह-गमन अभी तक कोई अहमियत (पतनोन्मुखी) रखता है, और जिस तेजी से वहाँ अब एक नये सामाजिक-सत्य (बलात्कारोन्मुखी) का मूल्य इस वर्ग में धँसता जा रहा है, मुमकिन है कि यह कल रचने लायक सच भी न रह पाये। समय रहते लेखक ने यथार्थ के इस सच को उपन्यास में रचा है, यह निश्चितः हिंदी उपन्यास की एक उपलब्धि है। नायक और केशवदास के बीच एक और अफसर-वर्ग है जो नायक के द्वंद्व के बीच एक स्थल पर अपना मॉडल प्रदर्शित कर जाता है, और जो दर्शनीय है :

> "वे उसके (केशवदास) ठीक नीचे के अफसर थे, उनमें से एक कुछ ज्यादा ही मक्कार था—एक घेंचू किस्म का आदमी जिसने अपनी सारी जिंदगी में कोई भी भलाई का काम न किया हो, एक ऐसा व्यक्ति जो किसी भी समस्या पर सिर्फ उसी दृष्टिकोण पर उचक बैठता था जो दूसरे को नुकसान पहुँचाती—किसी को कष्ट पहुँचाना इसकी एकमात्र आदत थी...वह दलीलें पेश किये जा रहा था कुछ ज्यादा ही तगड़े ढंग से। ऐसा लगा कि केशवदास के नाम पर सारा काम वही करता हो।"

(वह/अपना चेहरा, पृ. 80)

कैरियरवाद की कमजोरियों का शव (भले ही आधे मन से) अपने काँधे पर उठाये-उठाये चलना, मैं यानी नायक के चरित्र की ईमानदार ताकत बन गयी है। बदले के शेड्स वाले बदलाव से पराजित और अपने भीतर हीनता के बढ़ते नाखून के तीखेपन को महसूस करते हुए भी गलत होते चले जाना इस नायक की निगेटिव लड़ाई को भी अंशतः कन्विंसिंग बनाता है। एक आत्माय-कन्फेशन अपनी ईमानदारी के कारण यहाँ और देखा जा सकता है :

"मिसेज आजवानी को कहीं से मैं प्रभावित करूँ, ऐसा इरादा मेरा कतई नहीं था, फिर भी कुछ वैसा हो गया। यह तय है कि यदि वह उपस्थित न होती तो मैं शायद चुप ही लगाये रहता क्योंकि अफसरों के आगे 'ही-ही' करते बैठे रहना मेरी भी आदत बन चुकी है। वह घर में मुझे लात भी जमाता तो उसे मैं अपना चाचा ही कहता—मैं अतिशयोक्ति में नहीं पड़ रहा हूँ, यह वह आम बेवकूफी है जिसमें हम अफसर साँस लेते हैं—महत्त्वाकांक्षा और अफसरी दो एकदम विरोधी बातें हैं पर जहाँ महत्त्वाकांक्षा की सड़ी जड़ कहीं रह जाती है तो औरतें अपनी साड़ी उठाये खड़ी रहती हैं, आदमी अपनी चूतड़ें हिलाता रहता है, उन सभी के सामने जहाँ से कुछ उम्मीद होती है। दोनों ही उदाहरण तब वहाँ मौजूद थे।"

(वह/अपना चेहरा, पृ. 19)

लेकिन 'मैं' का यह आत्म-स्वीकार अन्यत्र भी है, जब वह मान जाता है कि :

"इस बड़े शहर में मैं कितना छोटा था, एक भुनगा भी उस वक्त मुझे खुद से बड़ा लगता। मैं एक गलत जगह पर था, जहाँ के तौर-तरीके फर्क थे, या मैं ही सब कुछ के नाकाबिल था...केशवदास की हमदर्दी हासिल करने के नाकाबिल और उससे भिड़ने के भी नाकाबिल..." (पृ. 84)

और केशवदास की लड़की को पटा लेने से लेकर मिसेज आजवानी को 'बलात्कारित' करके भी 'आधा' ही महसूस करना, यह आधापन नायक की हीन भावना नहीं बल्कि अफसर-संस्था के वैराट्य के कारण साइज अप होता एक 'मैं' अर्थात् नायक है।

इस पूरे उपन्यास में एक युद्ध का-सा माहौल फनफनाहट छोड़ता रहता है। रणनीतियों की ऐसी बौद्धिक चालों के अस्त्रों में जहाँ रेशमा, मिसेज आजवानी या मिसेज शर्मा अपनी-अपनी तरह से इस्तेमाल होती रहती हैं। अफसर-संस्था का आतंक तथा इसका 'उत्पादन' पाठक के लिए एक अलहदा ताजगी और विशिष्ट जानकारी जुटाता है। इस जानकारी को प्राण देती है लेखक की पैनी भाषा, एकदम अभिव्यक्त करने वाली बात के पड़ोसीतम शब्द और एक्सप्रेशन के लिए प्रामाणिक अनुभवों की आत्मीय दानशीलता जो निश्चित रूप से लेखक के पास प्रचुर मात्रा में है।

इस माहौल के कारण संबंधित विभाग को जो खमियाजा भुगतना पड़ रहा होता है, उसकी जन्मपत्री इस उपन्यास से गायब है। हालाँकि जन्म दर्ज है। इसका अंदाजा पाठक को खुद लगाना पड़ेगा। अपने लिखने के खास किस्सागोई अंदाज को भी गोविंद मिश्र संभवतः इस उपन्यास में नियुक्त नहीं कर पाये थे, जो अगले उपन्यासों में पर्याप्त प्रभावशाली रूप में व्यक्त हो पाया है।

साथ ही, गोविंद मिश्र इस उपन्यास के माध्यम से जितना कुछ कहना चाह रहे होंगे, संभवतः उसका सर्वाधिकार भी अपने पास ही सुरक्षित उन्होंने रख लिया होगा। घटनाओं और व्यवहारपरक मंतव्यों को उनकी लेखनी ने अपने आत्मीय आलिंगन में कसे रखा है और उपन्यास का मैसेज अपने ही रास्ते से चला है। यह लेखक की सीमा,

सफलता और सामर्थ्य—सभी कुछ कहा जा सकता है। यह उपन्यास-लेखक का औपन्यासिक विश्वास भी इसीलिए बन सका और गंभीरतर लेखन की ओर निस्संकोच गति का एक प्रत्यक्ष कारण भी।

'उतरती हुई धूप' का कथा-अनुभव प्रेम और यथार्थ के बीच व्यावसायिकता के दबाव-कुंजों से निकल-छनकर आया है। एक वक्तव्य के अनुसार यह लेखक का पहला उपन्यास होना चाहिए था। यह दिखायी भी पड़ता है। इसमें जितना कहा गया है, उतना हुआ नहीं है, या होने के कहे हुए को अनावृत्त कर दिया है। इसके कथा-भाव में मात्र तृष्णा है जो पहले प्रेम के उफान में अपने संपूर्ण अर्थ नहीं खोल पाती, और बाद में इतनी एकांगी हो उठती है कि उससे प्रेम तथा देह—दोनों के ही दर्शन अपना सिर छिपाते नजर आते हैं। कथा के दूसरे हिस्से में जब नायक प्रेमिका को सशरीर फिर से प्राप्त करना चाहता है तो उस एक बच्चे की माँ, परित्यक्ता औरत के पास वह तीखी आँच, तड़प, उद्वेग या आकर्षण, रोमांच—कुछ नहीं बचा होता। केवल होता है अपना कूबड़भरा वर्तमान और उसकी उपस्थिति का अहसास। नायक का भूत है जो उसके वर्तमान की धूप को ठीक से समझौता नहीं बैठा पाता है।

उस उपन्यास में एक मरगिल्ली-सी प्रेम-कहानी है, जिसे प्रामाणिकता देती है नायक-नायिका की जिस्मानी बेचैनियाँ और चोरी-छिपे चलते-बनते संबंधों के उत्तरार्द्ध में जब एक अनहोनी (बिछोही) आ बैठती है तो विरह के रूप में नायक एकमात्र शरीरवत झुकाव की ओर ढहता है। तब नायिका अपने भविष्य के प्रति, बच्चे के प्रति तथा अंगुल-भर सामाजिकता के प्रति अधिक सजग होती है और इस तरह यह प्रेम की अतरल-असरल रूपधारी कथा समाप्त होती है।

चूँकि यह आधार पूरा-का-पूरा रोमानी था, इसलिए इस अंत को नियति भी कहा जा सकता है और आत्म-सजगता जैसी नर्सीहत के भी हवाले किया जा सकता है। इस उपन्यास में भावनाओं का विस्फोट तो हो गया, लेकिन संभावनाओं के आँगन की तरफ ताला ही पड़ा रहा।

दरअसल यहाँ अति शब्द-चित्रात्मकता तथा स्पर्शों के दोहराववादी घपले के कारण बहुत सारी चीजें पीछे छूटती चली गयी हैं। एक बौराया-बौराया-सा प्रेमी-युगल और समय को भोग लेने में दोनों ही चालाक। यहाँ तनाव नहीं है, है भी तो हल्के से समझौते से मर जाने वाला तनाव। यह पूर्वार्द्ध नायिका की अन्यत्र शादी हो जाने पर कारण जरूर बना लेकिन इस प्रदत्त अकेलेपन के बाद नायिका नायक की तरफ नहीं झुकी—कुछ-कुछ नारी-स्वातंत्र्य जैसी बात। जहाँ पूर्व-प्रेमी के बारे में कोई कोमल सोच नहीं, बस, एक तटस्थ किस्म की मेहमाननवाजी।

इस उपन्यास में गोविंद मिश्र हिंदी के कुछ पूर्व चर्चित उपन्यासों की छाप लिये हुए हैं। इस छाप को वे अपना सत्य पूरी तरह से ओढ़ा नहीं पाये, इसलिए सुधी पाठक पात्रगत व्यवहार के इस 'कायाकल्प' को पकड़ लेता है। समाजोन्मुखता जैसे संदर्भ इस

उपन्यास से मिलने दुर्लभ हैं, अलबत्ता एक पार्थिव रोमानियत की पेंगें यहाँ हैं : हरेक लेखक जैसे कुछ मान्यताओं को बचकाने स्तर पर अभिव्यक्त करता ही है, कुछ वैसी ही दुर्घटना गोविंद मिश्र के इस उपन्यास लिखने के कारण में भी प्रतिध्वनित होती दीखती है।

'वह/अपना चेहरा' के बाद 'लाल-पीली जमीन' ऐसी कृति के रूप में सामने आती है जो गोविंद मिश्र के लेखक को वीरत्व देती है। उपन्यास की महत्त्वाकांक्षाएँ यहाँ व्यापकतर परहित चिंता से उस मायनों में सरोकार रखती हैं, जहाँ असुरक्षा का विषैला वातावरण चारों ओर अंधी घटनाओं से भरा-पूरा पटा है। किस्सेपन में एक खास परिपक्वता और आस्था इस तथा लेखक के चौथे उपन्यास 'हुजूर दरबार' की आत्मा को वशीभूत करके रख देती है। सर्वेश्वरदयाल सक्सेना के शब्दों में : "बड़ी कलात्मक दक्षता से लिखा गया यह उपन्यास एक बहुत बड़े पैमाने पर विचारों को झकझोरता और ललकारता है। किसी अंचल विशेष की पहचान नहीं उभारता बल्कि उसके बहाने सारे समाज से आपकी पहचान कराता है। गोविंद मिश्र की स्वयं की लेखन-क्षमता के साथ-साथ हिंदी के नये उपन्यास लेखक की सही स्वस्थ दिशा के प्रति आश्वस्त करता है।" इस टिप्पणी में अंतर्निहित जो चुनौती है, वह इस उपन्यास की सफलता की सत्ता भी है।

'लाल-पीली जमीन' में एक परिवेश-विशेष की औसत एक दैनंदिन की घटनाएँ-दुर्घटनाएँ शामिल की गयी हैं, जहाँ सब-कुछ घटता रहता है, वर्तमान को जीने का सर्वाधिक साज-ओ-सामान जुटाते हुए। आरंभ में यह उपन्यास परिवेश के ज्वार से अपना मुहावरा तलाश करता है। इस परिवेश को ठनठनाती भाषा लेखक के पास है जो बहुत दूर तक उपन्यास की कथा कहने का फ्रेम-वर्क करती जान पड़ती है, किस्सागोई की स्वतंत्रता की छूट तले कथानक का आकार और मिजाज तय करने की संयोजन कला कई स्थलों पर उद्धरणीय बन उठती है :

> "वहाँ की सभ्यता इसी मुरम पर खड़ी थी। सारी-की-सारी बस्ती जैसे गाली-गलौज और मारपीट के गारे-चूने से उठायी गयी थी और उसी पर टिकी थी। यहाँ नौजवानी आदमी को आती थी ठीक कुत्ते की तरह। एकदम ठक से भेजे में चढ़ जाती और बौखलाहट में मचमच करती ही रहती। 'इस कमल के साले फूल को तोड़कर ही रहना है'—यह वहाँ की प्रेम की भाषा थी; और 'कब फँसेगी?' यह प्रेम-निवेदन। मुग्दर भांजना और मूँछोंवाला होकर लाठी लिये घूमना सर्वोत्कृष्ट मूल्य थे। मारपीट, लड़ाई-झगड़े, गाली-गलौज की खुशबू को ढोते हुए वहाँ की हवा के झोंके उठते थे और इधर से उधर हो जाते थे..." (पृ. 57)

इस तरह एक ऐसा परिवेश, जहाँ सैंतालीस के दंगों के बाद से पुलिस ही नहीं आयी हो, अपनी स्थानीय तथा सरहद-पार निकलकर जिले की राजनीतिक धरती पर समांतर हिंसा, अस्पष्टता, दुरूहता, वैमनस्य और द्वेष, बदले व बलात्कार, कुराजनीतिपना तथा धूर्त्त किस्म की लंपटता का एक सर्जनात्मक तनाव अनाप-शनाप शिल्प के बीच उपन्यास

में उभरता है। स्कूल, मोहल्ले, घर तथा पुलिस-नौकरी का यह आक्रामक परिवेश एक रचना-प्रयोग है। नैतिकता और अखाड़ेबाजी, निर्णय तथा अनुशासन और संतुलन स्थापित करने की व्याकुल परिकल्पना—इस परिवेश में जन्म लेती और बार-बार टूटती यात्राएँ ऐसी हैं जो गंतव्य तक नहीं पहुँच पातीं। सही की तरफ जैसे ही कोई यात्रा शुरू की जाती है कि वह अधिक हिंसक, विस्फोटक और आंदोलित करती संवेदनाओं की त्रासदी बन उठती है। उपन्यास के भीतर पिरोये गये इन विरोधाभासों की सार्थकता यही है कि सही या परोक्ष पर अनुचित कभी हावी न हो जाए, पात्र चाहे जीवन-कला को किसी भी भावना के तहत रचता चला जाए, मगर उसकी सामाजिक-चेतना बनी रह सके। यहाँ विसंगतियों पर व्यंग्य नहीं है बल्कि व्यंग्य-बोध है जो पकी हुई सामाजिक समझ से उत्पन्न होता है, लेकिन कथा की नियति 'लाल' और 'पीली' जमीन पर बार-बार लौट उठने की है। कोई भी जमीन सराही जाने योग्य नहीं है, न ऐसी चाह ही है लेखक के मन में, उपन्यास की परिवेश-कथा एक ही जमीन के दो रंग हैं। इसी परिवेश में लड़ती-झगड़ती और हिम्मत दिखाती लेकिन अंततः खुद को बलात्कार के आसमान तले लाश में तब्दील करती शांती है जो इतनी बहादुर भी है कि वह एक जगह कहती है कि :

> "मैं जानती हूँ, तुम हिम्मती हो। वह हिम्मत भी आ जाएगी तुममें। तुममें-मुझमें सिर्फ एक फर्क है कि मैं यहाँ की पैदावार हूँ और तुम नहीं हो, जानते हो यहाँ की हर औरत बड़ी सख्त होती है, उसकी छाती मर्द की छाती से भी ज्यादा मजबूत होती है। उस पर यहाँ के उचक्के आदमी किस-किस तरह दालें दलते हैं...मैं एक दिन इस मुहल्ले के मुँह पर कालिख पोतूँगी...मैं...." (पृ. 124)

लेकिन इस कालिख पोतने का ट्रांसफर हो जाता है, बाद में यह काम 'मुहल्ला' करता है।

और ऐसी सैकड़ों घटनाओं की खाल उधेड़ता यह उपन्यास केवल केशव और आजादी के भ्रमभंगों का ही नहीं रह जाता है। यह बुंदेलखंड का कोई डेढ़ बित्ता भर परिवेश भी नहीं आँककर खत्म हो जाता है बल्कि इसमें बहुत कुछ को पाने की आकांक्षा में पीछे छूट गयी महानता का क्षोभ उभारती एक विराट् और शाश्वत किस्म की सार्वजनिक पीड़ा हमें थमा दी जाती है, यह तथाकथित अति वाम-पक्षधरता के कसाई-रवैये का इस्तेमाल और नकारात्मक दृष्टि की हिंसा की सहअर्जित सिद्धि का बयान भी है।

हाँ, उपन्यास को पढ़ते हुए लगता है कि यथार्थ के प्रिंट्स को एन्लार्ज कराकर उसे उपन्यास नाम पर लेखक ने चालू किया और डिटेल्स प्रस्तुत कर उपन्यास की रचना कर डाली। पाठक 'उपन्यास' के उस परंपरागत स्वाद से वंचित ही रहा जिसका नाम 'हिंदी उपन्यास' है और साथ ही एक नाम है भावाकुल रचनात्मकता, निश्चिततः यहाँ परिवेश का नशा कथा को ज्यादा ही चढ़ बैठा है जिससे कई बार परिवेशगत यथार्थ से किस्सागोई दंडबाजी-सी कर बैठती है। स्कूल, कॉलेजों और सड़कों पर हिंसा के इतिहास के साक्ष्य उपस्थित करने का कहर इस उपन्यास की सार्थकता, सामर्थ्य और सहानुभूति

को भोथरा बनाता है—पैना करता है तो दुर्भावनाओं का एकपंगु अकरुण माहौल—जिसकी बुनावट बहुत ईमानदार होते हुए भी कथा की भाषा में अप्रत्याशित और आदिम लगती है—जो रूपांतरण में बेहद नंगा और दुर्घटनाओं का दुस्साहसी-संस्कार है। उपन्यास में प्रयुक्त विविध क्षेत्र संघर्षरत व्यक्ति के खिलाफ संस्था-दर-संस्था तनते चले गये हैं और उनका रवैया हथियारबंद हो उठता है।

यह हथियारबंदगी पाठक को डराती है। परिवेश की जानकारी के आगे जाकर यहाँ के जीवन-बोध को निर्लज्ज और असाध्य से दीखनेवाले मनोविज्ञान की विकृति रूप में सामने आते हैं। इस परिवेश की सत्ता की उपस्थिति एक विडंबना है, लेकिन इस विडंबना को झेलने की मानसिक तैयारी का लेखन-कर्म साहित्यिक मुनीमगिरी नहीं है, बल्कि उससे निजात पाने की एक सचेतनता की भी दरकार है, जो इस उपन्यास के निचोड़ में गुमराह पायी गयी है। परिवेश यहाँ इसलिए भी अधिक आतंकित करता है क्योंकि उसके अतिरिक्त जो कथा-सूचनाएँ हैं, वे लगभग पूर्व-परिचित हैं। उनकी संवेदनाओं के संप्रेषण में लेखक का शिल्प तथा भाषा कई बार 'आउट-ऑफ-वे' जाकर मदद जरूर करते हैं लेकिन परिवेश वर्णन का निजी स्वाद लेखक बार-बार और बार-बार. ...लेता ही चला जाता है। यह आधिक्य चिढ़ तो नहीं लेकिन एक बोझ-बोध को जरूर जन्म देता है।

'हुजूर दरबार' गोविंद मिश्र का नवीनतम उपन्यास है जिसमें रियासतदार महाराजाओं से कहानी चलकर प्रजातंत्र के महाराजाओं तक आती है। इसका नायक एक पूरा परिवार है जो दादा, पिता और मैं—इन सभी पात्रों में अंश-अंश उपस्थित है। एक तनी हुई चुनौती की तरह यह उपन्यास शुरू होता है :

> "वे कहते हैं कि हम तो वातावरण से वातावरण को कंट्रोल करते हैं। हमारे हवाई जहाज दस बजे राशन-पानी लेकर निकल पड़ते हैं, उड़ान भरने के लिए। कुछ ऐसे भी हैं जो दिन-रात उड़ते रहते हैं...तुम्हें पता नहीं चलेगा, कहीं पूछते फिरो—पालम, सफदरजंग, हिडेन...कहीं भी। कहीं वे हमारे नौकर हैं, तो कहीं किराये के हैं तो कहीं एयरफोर्स के बनकर भी वे घूमते हैं, रजिस्टर्ड तो एक भी नहीं....जरूरत क्या है जब वातावरण पर ही हमारा कब्जा है...।" (पृ. 1)

और कथा फिर एकदम पार्श्व में चली जाती है। स्मृतियों की अटूट प्रामाणिकता और अनछुई स्मृतियों के बीच जहाँ मठ है, राजमहल है, रानी-माँ हैं, माँ है और हरीश (नायक) का बचपना है जो खेल-कूद, ऊधमबाजी और संकटमोचन के पीपल से गिर जाने पर माँ की ममतालू वफादारी के बीच आगे पैर पसारता है। इस बचपने के बीच ही लेखक एक नैरेटर का काम करता जाता है, इतने चुपचाप कि अपनी पदचाप तक नहीं सुनने देता और जैसे भोली-भोली खुमारियों के बीच कुछ बड़ी-बड़ी सूचनाएँ और अग्रज मोड़ उपन्यास के खाते में डालता जाता है :

"दादा के जमाने में ही भैरों बब्बा के मंदिर को राजघराने ने प्रतिष्ठा दी, उसका

जीर्णोद्धार किया गया और वह राजमंदिर कहकर जाना जाने लगा। महाराज के कोई संतान न होती थी। दादा ने अनुष्ठान किया—मंदिर में, फिर रनिवास में.. .और एक साल के अंदर ही महारानी के गर्भ आ गया। फिर दादा पुजारी से राजगुरु बन गये।..'' (पृ. 3)

इस उपन्यास में यह कथा सिसक-सिसककर आगे बढ़ती है, लगभग हर दूसरे पृष्ठ पर एक ताजा घटना या प्रतिक्रिया को काँख में दबाते और दिखाते हुए। हरीश को राजमहल का संरक्षण दिया जाता है जिसे वह नापसंदगी की हद तक 'घृणा' करता है। दादा जैसा ही संबंध, हरीश का भी नेपाल सरकार से होता है जो देह-आकर्षण की जगह सरकार का बुलावा और उसके अनुशासन से अधिक संचालित होता है। महाराज के पिता ने एक बार एक भीलनी को अपने महल में ला डाला। 'वह महाराज के लिए ठर्रा थी' जिससे 'सिर्री राजा दरबारी ऐश और जंगली आबारगी के अजीब घाल-मेल बनकर दुनिया में आये...पुराने महाराज की अवैध औलाद, नाक-नक्श राजघराने के और चेहरे पर गँवारूपन माँ का।' रियाया में इस 'ठर्रे' का आतंक अलग था। नेपाल सरकार का पूरा ताम-झाम और सुधा, अनुराधा तथा ढेरों अन्य पात्रों की समांतर कहानी यहाँ चलती है; रणनीतियाँ, कूटनीतियाँ और शहर में स्थानीय नेताओं का प्रभाव। स्वतंत्रता-पूर्व का जलजला और अंग्रेजों की बिस्तर-बँधाई के वक्त यह असमंजस कि वे महाराज अंग्रेजों का साथ देकर 'राजा' बने रहें या प्रजातंत्र की हामी सरकार के लिए पक्षधरता को अपना लें? इस सारी जद्दोजहद के बीच हरीश विरोधी होकर निकल भागता है। प्रधानमंत्री जवाहरलाल नेहरू के पास अपना एक प्रस्ताव जिसमें एक महान सामाजिक कार्य इन्वाल्व था, से उसकी भटकन शुरू होती है और महाराजा का प्रजातांत्रिक नेता में बदलते हुए तथा अपना ही घर ढहते हुए देखना और कुछ न कर पाने की स्वतंत्रता के बदले लाचारगी पैदा करने की स्थितियों को झेलते हुए यह उपन्यास समाप्त होता है। इसका कैनवास बहुत बड़ा है और सत्ता हथियाये हुए लोगों की ताकत उसी प्रकार ऐंठी-बनी रहती है, पूर्ववत :

''वे कहते हैं कि तुम जैसे गिरों-कटों को इसलिए कुर्सी बनाया जाता है ताकि तुम हमें चलाओ और हमारा रुतबा बना रहे...दरबार चलता रहे, जैसे हमारी परंपरा में अब तक कोई विघ्न नहीं पड़ा, वैसे ही आगे भी न पड़े। हम तो तुम्हारे इस अंतर्राष्ट्रीय स्वाँग में भी फँसना चाहते थे, ऐसे केंडों को हम इसलिए अपने कब्जे में रखना चाहते हैं जिससे कि हमारी ठकुराइत चले। मठों-मंदिरों में भी हम इसीलिए जाते हैं, हड़तालों में मदद इसीलिए करते है।'' (पृ. 335)

उपन्यास की इस कहानी को दक्षिण तथा वाम जैसे संकीर्णतर विचारों के तहत रखा जा सकता है और रखा गया भी है। उपन्यास के समकालीन संदर्भ में संभवतः उपन्यास के विरोध को रोमानी मानकर जड़ मूल्यों के पक्ष में लिया गया दक्षिणीय सोच इस चिंता का मुख्य प्रस्फुटन केन्द्र बन गया दीखता है। संस्कार और संस्कृति का जो मध्यवर्गीयपन इस

उपन्यास के संयुक्त-नायक में है, असल में उसका व्यापक विश्लेषण होना चाहिए था। उपन्यास में इसका जो भीतरी क्लैश है, वह आत्यंतिक व्यक्तिवाद से जरूर तय हुआ है लेकिन उत्तरदायित्व के आधार पर वह ईमानदार है। इस उपन्यास की विशिष्टता इस दोहरेपन को उभारने में भी प्रस्फुटित हुई है। यहाँ लेखक की सहानुभूति का स्टैंड कुछ धुँधलका अवश्य हो उठा है और यही गूँज इस उपन्यास की चुनौती भी बन जाती है। यह एक प्रकार का कथा-आलस्य है जो केंद्रीभूत होने से कहीं रुक जाता है, जैसे कोई मुख्य-राह गुम हो गयी हो। यह गोविंद मिश्र की सामर्थ्य है कि सामंतवादी मूल्यों के बिखराव पर व्यक्त उनकी कथा-संवेदना पाठक को गलत बिंदु पर प्रभावित कर बैठी है। ऐसा प्रभाव जो प्रायः सार्थक नहीं हो पाता। बहुत संभव है कि यह उपन्यास गोविंद मिश्र के लेखन में एक बैरियर बन जाए या राह-बदल का कोई ऐसा ट्रैक जहाँ पर यह विडंबना कमोबेश परखकर अपनी दिशा खोजे। एक नामधारी दिशा।

संतुलन की दृष्टि से यह उपन्यास रहस्यमयता लिये हुए है। हालाँकि दोनों पक्षों का संतुलन (वर्णन तथा चित्रात्मकता के स्तर पर) सृजनात्मक है लेकिन वह शास्त्रीय या आधुनिक प्रसंगों में संभवतः प्रगतिशील नहीं है। इस देश के नव-निर्माण का नायक स्वप्न बार-बार पराजित होता है और नियति के रूप में टूटता-बिखरता-ध्वस्त-अस्त-व्यस्त होता चला जाता है। इस ध्वंस की शाश्वतता को उपन्यास में रोका जा सकता था। यह सही है कि उपन्यास में वह है जो हुजूर और दरबार में वास्तव में है। लेकिन वह नहीं है जो वास्तव में होना चाहिए था। इसमें सामंतवादी, प्रजातंत्रीय कारगुजारियाँ, शोषक, शोषित तथा असत्य-सत्य—सब कुछ को एक जगह मिला दिया गया है। एक गड्ड-मड्ड परिवेश और माहौल का एक गड्ड-मड्ड उपन्यास। हालाँकि आकर्षक और कुछ स्वस्थ दृष्टिकोण की बहसों को समेटे हुए, लेकिन उन पर बहस करते हुए—उन्हें स्थापित करते हुए नहीं। परिवार को बिखरते और नहीं बिखरने के द्वंद्व की गंध और कुछ सुगंध बिखेरते हुए इस उपन्यास पर काफी लंबे समय तक बातचीत की जाती रहेगी। यह उपन्यास लड़ता भी रहेगा—क्योंकि इसकी भुजाओं में कसरती मछलियाँ भले ही न हों—लेकिन ताकत अवश्य है।

लेकिन गोविंद मिश्र की औपन्यासिक-यात्रा यदि यह नहीं होती तो कैसी होती? संभावनाएँ बेशक इन उपन्यासों के बीच से ही टोही जा सकती हैं, एक आदमी, मध्यवर्गीय बौद्धिक और मध्यवर्गीय जिज्ञासु की कुछ कल्पनाएँ, कुछ सपने और कुछ त्रासदियों के निर्माण से क्या कोई साहित्यिक-आकांक्षा की पूर्ति नहीं होती है? गोविंद मिश्र में से किसी अनजाने 'गोविंद मिश्र' को तलाशना शायद असंभव तथा अनैतिक भी होगा, इसलिए सांस्कृतिक चेतना की चाहतें और परिवेश के प्रति संवेदनापूर्ण रवैया लेखक का मिजाज मान लेना शायद अधिक सच है। अपनी स्मृतियों, बचपने और अनुभवों से उनकी बुनियाद निर्मित है जहाँ विघटन और युग-बोध पर उनकी कथा-पीढ़ी खड़ी है। वर्ग-चेतना का इस्तेमाल राजनीतिक-कला के जरिये नहीं बल्कि फूल की तरह

अभिव्यक्त करना लेखक जानता है। और इसीलिए वह पराजित नायकों का भी एक भविष्य देखता है। नायकत्व का भविष्य!! अपनी भाषा की सुडौल फूँक मार-मारकर इन पराजित नायकों से धुंध हटाता है लेखक और उनके असंतोष के बीच फनफनाती आक्रामकता को रेखांकित करता है। इसकी परिणति प्रायः गोली चलने या यथार्थ से आमने-सामने टक्करबाजी के बीच घायल और फड़फड़ाती परिणाम में मिलती है। यहाँ कुछ दिलचस्प विरोधाभास तथा बहसों की गुंजाइशें हैं जो किसी भी साहित्यिक बहस के लिए नैतिक और आवश्यक ही अधिक होती हैं।

गोविंद मिश्र के उपन्यास में नारी

डॉ. विजया

श्री गोविंद मिश्र हिंदी के जाने-पहचाने, स्तरीय लेखन करनेवाले, विशिष्ट ख्याति प्राप्त लेखक हैं। सन् 1963 से लिखते आ रहे इस लेखक की संवेदना बाहर से आधुनिक और भीतर से पूरी भारतीय है। वह अपने-आपको ''समाज की सियन का हिस्सा मानता है, प्रेम के आधुनिक और विविध शक्लों में मूल्यों की खोज भी जरूरी मानता है।'' इस कारण उनकी नारी के रूप का विस्तार सरस्वती (वाग् देवी), केन नदी, बाँदा, ब्रजभूमि सभी तक फैला है और उन विविध रूपों में वे देवत्व की सरहदों की तलाश करते हैं। इस कोशिश में उपन्यासों में वर्णित जीवन को एक नया क्षितिज प्राप्त हुआ है। यह जड़-चेतन सापेक्ष्य दृष्टिकोण जिजीविषा, प्रेम के विविध स्रोत और संघर्ष में क्रमशः विशाल और स्पष्टतर होता गया है। लेखक का यह सहज विश्वास है कि 'जीवन के जंगल में जीवन ही रास्ता' बतलाता है।

सन् 1960 के बाद के अधिकांश उपन्यास समयानुकूल विषयों को अपने में समेट लेते हैं। सेक्स, हिंसा, विद्रोह, इतिहास-उपेक्षा, आत्महत्या और संत्रास के बीच अधिकांश उपन्यास यथार्थ धरातल पर मनुष्य के आंतरिक संकट को पहचानने से चूकते रहे हैं। परिणामतः आज का उपन्यासकार व्याख्याकार, सलाहकर्ता, व्यंग्यकार, जीवनीकार, नाटककार—सभी भूमिकाएँ निभाता है, पाठक से जीवंत लोगों का साक्षात्कार करवाता है। इन जीवंत लोगों में संबंधों की चतुराई है, दिमागदारी है, अतः शोषण, अन्याय, सेक्स के चित्रों में उपन्यासकार प्रेम, मित्रता, समानता से सही रंग नहीं भर सकता। इस संकट से तो मिश्रजी भी बच नहीं सके हैं; किंतु उनकी सोच में या संवेदना के विस्तार में हमें एक प्रकार की निरंतरता का आभास होता है, क्योंकि वे हर मूल्य की परख, व्यक्ति-परिवेश, आस्था-अनास्था और तर्क-भाव की कसौटी पर करना चाहते हैं। शायद इसी कारण मिश्रजी की चिंतना में नारी इस्तेमाल की जानेवाली 'चीज' मात्र नहीं है, अपने अस्तित्व को हर अगले उपन्यास में सशक्ततर बनाती जाती है। मिश्रजी की चिंतना का रूप नारी के आत्मसम्मान, उसकी स्वतंत्रता, उसकी महत्वाकांक्षा, उसकी सुरक्षा से जुड़ा है। उनके हर अगले उपन्यास में भारतीय संदर्भों में वर्तमान नारी की आधुनिकता की पुनः पहचान, पड़ताल जारी ही रहती है। शायद ऐसे साहसिक कार्य की आज अधिक आवश्यकता है।

गोविंद मिश्र जी अपने उपन्यासों में—वह/अपना चेहरा, उतरती हुई धूप, लाल-पीली जमीन, हुजूर दरबार, तुम्हारी रोशनी में, धीर समीरे—नारी का व्यक्तिगत और सामाजिक रूप प्रस्तुत करते हैं। उनकी नारी गाँव-दरबारों में अन्याय-शोषण का शिकार है और महानगरों में वस्तु समझकर इस्तेमाल करने के बोध के साथ-साथ स्वतंत्रता, समानता, मैत्री की खोज करनेवाली भी है। अतः ऐसा जान पड़ता है कि मिश्रजी नारी को उसके प्राकृतिक, सामाजिक तथा ऐतिहासिक संदर्भों से जोड़ते हैं, यथार्थ परिवेश में उसकी आंतरिकता की पुनः प्रतिष्ठा करते हैं। और आधुनिकता को प्रक्रिया के साथ-साथ मूल्य के रूप में प्रतिष्ठित कर जाते हैं। धूल-भरी जिंदगी का लेखक, जीवन के खून का स्वाद चखनेवाला लेखक संवेदना की बात करता है, मूल्यों की सही पहचान न होने की यातना से उभरते संकट को झेलता है और अपने-पराये के खेमे को तोड़कर बहते झरने की मानिंद नारी-जीवन को आँकता है।

गोविंद मिश्र के 'वह/अपना चेहरा' से लेकर 'धीर समीरे' तक के उपन्यासों के नारी-पात्रों में विविधता, विस्तार और विकास है। वे नारी-मुक्ति के सवाल पर्याप्त गंभीरता और विश्वसनीयता से उठाते हैं। गाँव, महानगर, मध्यवर्ग, रजवाड़ों के बीच नारी, उसका प्रेम, उसकी मित्रता या काम-संबंध या परिवेश द्वारा उसका शोषण-बलात्कार आदि विविध स्तरों पर वे नारी के व्यक्तित्व की पड़ताल करते हैं। किशोरावस्था, युवावस्था, प्रौढ़ावस्था—इन तीनों स्तरों पर नारी की मुक्ति-सार्थकता की खोज करते हैं। नारी को किससे मुक्त होना है? पुरुष के आधिपत्य से? पुरुष से उसकी मुक्ति संभव नहीं है क्योंकि सृष्टि के क्रम में दोनों की पारस्परिक अनिवार्यता गर्भित है। भावना का वैभव मनुष्य के पास है और कामचेष्टा की विकृति द्वारा या छद्म या उच्छृंखल व्यवहार से उस विभूति—पारस्परिक और आत्मीय प्रेम—को श्रीहीन करना, पुरुष की पाशविक वृत्ति की, गहरे अर्थ में, पराजय ही है। इसी कारण गोविंद मिश्र के अधिकांश उपन्यासों में परिवेश, सामाजिक यथार्थ अधिक अहम हो उठता है। नारी का शोषण, नारी की मुक्ति के लिए उठती चीख-पुकार प्रकारांतर से उनके उपन्यासों का महत्त्वपूर्ण विषय बन जाता है और मिश्रजी के नारी-चिंतन का एक सिरा हमारे हाथ लगता हुआ महसूस होता है।

'वह/अपना चेहरा' में दफ्तरी माहौल में मिसेज आजवानी अफसरों को हर तरह से खुश रखती है, जो महानगरों में एक कला का रूप्र धारण कर रही है। हर व्यक्ति अपना, निजी चेहरा छिपाने के लिए मुखौटा धारण करता है, अपनी आत्मीय संवेदना को छिपाता है।

'उतरती हुई धूप' में मध्यवर्गीय युवा-युवतियों के बीच पनपती भावुकता, प्रेमिल स्मृतियों और अधूरे सपने के प्रति आकर्षण में लिपटी नारी के स्वातंत्र्य, प्रेम और काम-संबंधों की पड़ताल है। अंत में लेखक सामाजिक दायित्व-बोध को ही स्वीकार करने की प्रेरणा देता है।

'लाल-पीली जमीन' में तो परिवेश ही कहानी है। कहानी का नायक भी परिवेश

ही है। परिवेश के शिकार नर-नारी हैं जो विशेष रूप से किशोर व युवावस्था के हैं। इनकी असामाजिक नंगई अथवा गुंडई उन्हें पथभ्रष्ट, उद्देश्यहीन जीवन में भटकने के लिए छोड़ देती है। इसमें नारी का चित्र तो शोषित का ही है। मालती जैसी नारी इस माहौल की शिकार होकर उससे मुक्त होना चाहती है परंतु पूरी तरह से टूट जाने पर क्या यह संभव है?

'तुम्हारी रोशनी में' नारी के अंकन में लेखक के बड़े ही साहस का परिचय दिया है। आदर्श प्रेम का अंकन वे सुवर्णा के माध्यम से नहीं, अनंत के माध्यम से करते हैं, क्योंकि इस उपन्यास में नर-नारी के रागात्मक भाव और संबंधों के माध्यम से लेखक स्त्री के लिए विवाह का महत्त्व और प्रेम की अनिवार्यता का अंकन करता है। स्त्री केवल बौद्धिकता, चतुराई या हिसाबी-किताबी ढंग से किये गये प्रेम पर तसल्ली नहीं पा सकती, विशेष रूप से सुवर्णा जैसी नौकरी और घर, दोनों को सफलता से सँभालनेवाली, अपने व्यक्तित्व के विकास के लिए सदैव सतर्क, बेहद आत्मसजग रहनेवाली नारी को कतई नहीं। सुवर्णा के व्यक्तित्व में हम किसी किस्म की उच्छृंखलता नहीं पाते। वह अपनी सीमाओं को पहचानती है। वह परंपरा का तिरस्कार करती है, अपना घर-परिवार सुरक्षित रखकर दूसरों के घर में स्वतत्रता का अलख जगानेवालों के विरुद्ध वह लड़ पड़ती है। उसकी खोज, जो अभी तक जारी थी, अनंत के साथ आकर रुक जाती है। इस उपन्यास का अंत कहीं बड़ा ही निराशाजनक लगता है। उपन्यास के अंतिम चरणों में सुवर्णा का समाज में स्त्री की असुरक्षितता का भय और अपनी माँ के पास जाने के बाद भी अपने भविष्य के प्रति निश्चित निर्णय न ले पाना आदि बातें उसके आधुनिक चरित्र में संगत नहीं जान पड़तीं। ऐसा लगता है कि आधुनिकता से जुड़े हुए इस लेखक का साहसिक कदम कहीं निर्णय ले सकने के कारण डगमगाने लगा है। यह त्रुटि महसूस होने पर भी यह कहा जा सकता है कि इस उपन्यास में मिश्रजी अपनी सोच को सार्थक मोड़ दे सके हैं। मिश्रजी की नारी-संबंधी सोच में कई पड़ाव हैं वे रुकते हैं, किंतु अंतिम निर्णय या निष्कर्ष नहीं दे सके हैं।

'धीर समीरे' गोविंद मिश्र का छठा उपन्यास है जिसमें ब्रज-संस्कृति से उभरते परिवेश में सुनंदा के जीवन की कहानी है। सुनंदा कितनी ही भारतीय नारियों में से एक है जिनके जीवन की एक आकृति सामने आती है–

> "चोट खाती, फिर उससे भी ज्यादा चोट खुद को देती, किसी-किसी तरह जीती हुई, जीती कम भटकती हुई ज्यादा, जीवन का हर दिन मृत्यु के इंतजार में ही कटता हुआ।"

ऐसी भारतीय नारी अपने खोये पुत्र को पाकर इतनी बलवती हो उठती है कि अपनी लड़ाई वह स्वयं ही लड़ सकती है। अपने ससुर, जमनालाल चौबे के घर से अपने बेटे को ले जाती है। जमनालाल गोता अवश्य खा जाते हैं। बच्चे को ले जाना, पति नंदन को तलाक के लिए मंजूरी दे देने की बात कहकर उसका अपने-आप ही जमनालाल के

रास्ते से हट जाना, उसे प्रसन्न करा देता है किंतु समाज के समक्ष वे अपनी हार स्वीकार नहीं करते हैं। कहते हैं : "बहू गुस्से में घर छोड़ गयी है।" वस्तुतः इस उपन्यास में कथानक की अपेक्षा आस्था और अनास्था, तर्क और भावना, भारतीयता और आधुनिकता के बीच समन्वय, सामंजस्य खोजने का प्रयत्न किया गया है। जीवन निरंतर प्रवाहित है। इसमें विश्वास रखना अच्छे-बुरे की सीमा-रेखा की पहचान है और यही आस्था हमें कर्मठ बनाती है। दुखों को वहन करने की नैतिक शक्ति हमारी जीवन को त्रासदी से बचाती है क्योंकि यह शक्ति हमारे इर्द-गिर्द से हमें जोड़ती है। 'व्यष्टि का समष्टि के लिए उत्सर्ग' ही जीवन का प्रयोजन कहलाता है। यही मिश्रजी द्वारा परंपरा की पुनः पड़ताल है।

इन सभी उपन्यासों को पढ़कर ऐसा लगता है कि लेखक आधुनिकता की ओट में व्यक्ति की स्वतंत्रता, मुक्ति को आँकता है। सुवर्णा (तुम्हारी रोशनी में), कुछ अंशों में मालती (लाल-पीली जमीन) इसके उदाहरण हैं। नारी लौकिक धरातल पर सब कुछ हासिल करना चाहती है परंतु निर्णय की स्वतंत्रता मिलने पर भी वह उसी स्वतंत्रता से दुःख को काटने का साहस नहीं जुटा पाती है। सुवर्णा तलाक का निर्णय नहीं ले पाती। मालती भागकर ब्याह करने की भूल को आठ दिनों में ही जान जाती है और माँ के घर लौट आती है। सुनंदा (धीर समीरे) के निर्णय क्षणभर के लिए इन सबसे आगे का कदम लगते हैं। उसका तलाक के लिए मंजूरी दे देने की बात अपने बच्चे किशोर को लेकर ससुराल से चले जाना, सभी कुछ सुवर्णा से अगला कदम है किंतु यह सब वह तभी कर पाती है जब सत्येंद्र उस बालक को ढूँढ़ता है, दो बार गुंडों से सुनंदा की रक्षा करता है। लगता है कि कर्म कोई और करता है और श्रेय कोई और पाता है। भारतीयता के नाम पर लेखक सारे परिवेश में व्यक्ति की भावना को फैला देता है। जैसे 'लाल-पीली जमीन' की आंचलिकता, उभरती युवा पुरुष वर्ग की असामाजिक नंगई या 'धीर समीरे' की ब्रज-संस्कृति के परिवेश में पनपते परंपरा के सत्त्व (प्रेम) की खोज; किंतु लगता है कि लेखक को अभी भी समस्या का हल नहीं मिल सका है। लेखक 'धीर समीरे' में भक्ति और जीवन का निकट संबंध सुनंदा की कथा से उभरता हुआ बतलाता है। भागवत भक्ति के प्रतीकों के साथ लेखक सुनंदा के जीवन की घटनाओं, अनुभूति की सही संगति, सामंजस्य नहीं बिठा पाया है, स्थूल का सूक्ष्म से जोड़ा गया संबंध कृत्रिम-सा लगता है, जैसे नंदन का उसकी प्रेमिका, सुनंदा से अपना पूरा परिचय छिपाना, सुनंदा के घर से उसका भाग जाना, बच्चे किशोर का गायब हो जाना, आदि। शायद लेखक ने ठान लिया था कि अंत में वह सुनंदा को अपनी लड़ाई स्वयं ही लड़ने का साहस रखनेवाली स्त्री के रूप में ही अंकित करेगा। इस कारण मुक्त प्रेम के माध्यम से वह विवाह की सीमा को अस्वीकार तो करता है किंतु व्यक्ति को उसके अहम् से मुक्ति नहीं दिला सकता। जब स्त्री, स्वतंत्र होकर और घर की दीवारों के पीछे छिपकर, दोनों परिस्थितियों में असुरक्षित ही है, फिर उसका प्रेम मुक्त कैसा कहलायेगा? इसलिए मिश्रजी को जीवन कौन-सा रास्ता दिखलाता है, यह उत्सुकता अभी भी बनी रहती है।

मिश्रजी यह मानकर चलते हैं कि बुद्धि और संचेतना में सीमित आज का व्यक्ति मूलतः कुछ भी नहीं है। व्यक्ति का मूल्यांकन व्यक्ति और समाज, जिसे मनुष्य ने ही रचा है, के परिप्रेक्ष्य में होना आवश्यक है। आज का व्यक्ति तत्कालीन तकलीफों को ज्यादा अहम मानता है। इस कारण उसे प्रेम, आस्था, सौंदर्य आदि की खोज करना निरर्थक और अपनी पराजय जान पड़ता है। लेखक 'मुझे घर ले चलो' में लिखते हैं : ''मित्रता या रागात्मक संबंध की उनके लिए कोई अहमियत नहीं है, इसे वे स्तर से 'नीचे उतरना' कहते हैं, मन बहलाव की बात मानते हैं।'' एक हद तक मानव हृदय की यह कमजोरी ही नारी-जाति की दुर्गति का कारण रही है और मिश्रजी अन्याय, शोषण, बलात्कार के चित्र बार-बार आँकने का प्रयत्न करते हैं; किंतु दूसरी ओर 'लाल-पीली जमीन' के संदर्भ में बाँदा का वर्णन करते हुए उन्होंने 'मुझे घर ले चलो' में लिखा है : ''दिमाग का सीखा हुआ एक सीमा पर पहुँचकर हमारा साथ देना बंद करता है। सब जीवन एकाएक कोई भेष बदलकर हमारे समक्ष सीख देने के लिए आ खड़ा होता है और हृदय को फैलाने की सीख दे जाता है।'' ऐसी स्थिति में तकलीफों को परिप्रेक्ष्य मिलता है, समकालीनता से व्यक्ति निरंतरता की ओर उड़ता है। 'लाल-पीली जमीन' की आंचलिकता इसका सुंदर उदाहरण है। जब हृदय से सीखना बिलकुल नहीं हो पाता तब।

> ''लोग अपनी पत्नियों को 'जीव' कम और 'चीजें' ज्यादा समझते हैं।'' (वह/अपना चेहरा)
>
> ''लड़की एक व्याधि है, इससे छुटकारा फौरन ही पाया जाना चाहिए, नहीं तो, इससे कई तरह के विचार उत्पन्न होते हैं।'' (लाल-पीली-जमीन)

आदि विकृत धारणाएँ समाज में बलवती हो उठती हैं। परिणामतः लेखक मिसेज आजवानी (वह/अपना चेहरा), शांति, छवि, मालती, शैलजा, शन्नो (सभी 'लाल-पीली जमीन' से), 'हुजूर दरबार' की राजगढ़ की रानी, चरखानी रानी, नेपाल की रानी, 'उतरती हुई धूप' की 'वह' जैसे नारी-पात्रों के माध्यम से उध्वस्त होती हुई नैतिकता के परिदृश्य पाठकों को उपलब्ध कराता है। 'तुम्हारी रोशनी में' की सुवर्णा अपनी सीमा को पहचानकर वहशीयत का शिकार नहीं हो पाती, किंतु स्वतंत्रता से अपने अस्तित्व को सुरक्षित भी नहीं रख पाती।

जीवन का मनोविज्ञान कहता है कि महत्त्वाकांक्षा से प्रेरित व्यक्ति सक्रिय होता है, सफल होता है। हर सफल नारी में भी महत्त्वाकांक्षा का भाव उपस्थित होता ही है, किंतु सफलता का आनंद महत्त्वाकांक्षा से लक्ष्य को हासिल करने के सही मार्ग से ही प्राप्त होता है। महत्त्वाकांक्षा की पूर्ति के लिए गिरोज आजवानी अपने अफसरों को हर तरह से खुश रखने के लिए तत्पर होती है जबकि सुवर्णा अपनी बुद्धि, चतुराई, ईमानदारी का इस्तेमाल करती है। सुवर्णा का संकट यह है कि दैहिक धरातल पर साफ होकर भी उसके पति, रमेश द्वारा उस पर अंकुश लगाया जाता है। वह उसे मारता है, उसके दफ्तर के फोन टेप करता है, उसे मित्र की भरी पार्टी से खींचकर घर ले जाता है, उनसे मिलने की

मनाही करता है, बंदूक निकालकर धमकी देता है, आदि। और लेखक पाठक के समक्ष प्रेम, मित्रता, विवाह आदि की समाज में स्थित सच्चाई को उजागर करने का यत्न करता है। इन विषयों पर 'उतरती हुई धूप' में लेखक पहले ही बड़ी रूमानियत ढंग से चर्चा कर चुका है। 'तुम्हारी रोशनी' में यही लेखक सुवर्णा और अनंत के संबंधों को लेकर यह बतलाना चाहता है कि व्यक्तित्व के प्रति जागरूक नर-नारी अपने विकास में यदि विवाह के बंधनों को बाधक पाते हैं तो उन बंधनों का अस्वीकार करें, मानवीय स्नेहभाव से रहें तो कोई अनर्थ न होगा। अतः मिश्रजी अपने इस उपन्यास के अंत में केवल पवित्र स्नेहभाव से साथ रहनेवाले स्त्री-पुरुषों को समाज-कलंकित न समझें, ऐसा संकेत करते हैं। अकेली स्त्री (सवुर्णा) की रक्षा और वृद्धावस्था में भी अकेलेपन का संकट, इन सबसे उभरने के लिए मिश्रजी द्वारा सूचित स्नेहभाव का मार्ग अपनाने का साहस कोई विरला हो करेगा। अतः भारतीय परिप्रेक्ष्य में आधुनिकता व्यक्ति को किस दिशा की ओर ले जाएगी, यह आज निश्चित रूप से कह पाना कठिन ही जान पड़ता है। यही आज के उपन्यासकारों के सामने महत्त्वपूर्ण प्रश्न है।

इस पृष्ठभूमि पर सुवर्णा के चरित्र की गहराई की पड़ताल आवश्यक है, शायद गोविंद मिश्र के भीतर के 'जेनुइन' व्यक्ति को हम समझ सकें। अनंत के प्रति सुवर्णा की आत्मीयता, देह को एक ओर रखकर किया गया चेतना के धरातल पर उभरता अनंत का रागात्मक भाव सब कुछ सही भी मान लिया जाए तो भी सुवर्णा के सामने झूलने वाली भविष्य की तस्वीर या सुरक्षा और वृद्धावस्था का अकेलापन इन संकटों से उबरने के लिए पुरुष का संबल आदि मान्यताएँ तब तक झूठ ही लगती हैं जब तक सुवर्णा स्वयं को अपने पति से सब कुछ तोड़ने, छोड़ देने का हौसला नहीं जुटा पाती। वह अपना घर, अपने बच्चे छोड़ना नहीं चाहती और अनंत की तरफ भी बढ़ती जा रही है। ऐसी दुविधा में फँसी सुवर्णा, जो पहले अपने स्वतंत्र अस्तित्व को सजगता से बनाये रखना जानती थी, अब कोई निश्चित निर्णय नहीं कर पाती, लगभग टूट-सी जाती है—यह एक बड़े आश्चर्य की बात लगती है और कहीं भौतिक अर्थों में या आधुनिकता मके संदर्भ में, जहाँ बुद्धि और व्यक्ति को प्रधानता दी जाती है, प्रेम की संकल्पना बड़ी कमजोर, उथली जान पड़ने लगी है, क्योंकि प्रेम हृदय का व्यापार है जिसका सही प्रचार तो व्यक्ति या स्व से परे होकर ही किया जा सकता है। लेखक कुछ अंशों में अनंत (तुम्हारी रोशनी में) तथा हरीश (हुजूर दरबार) के माध्यम से इस ओर संकेत करता है। 'धीर समीरे' में शैलजा और साधू बाबा के बीच जो चर्चा होती है, उससे सीधे-सीधे, भाव में जो चरम है, उस प्रेम की संकल्पना तो स्पष्ट नहीं होती किंतु इससे जीवन का प्रयोजन स्पष्ट होता है। इस उपन्यास को एक प्रशंसनीय और साहसिक खोज कहा जा सकता है, क्योंकि लेखक इसमें भारतीयता व आधुनिकता को एक हद तक एक स्तर पर लाने में सफल हुए हैं। भारतीय परिवेश से व्यक्ति पाशबद्ध है जबकि आधुनिक परिवेश में वह स्वतंत्र है। भारतीय परिवेश से जुड़े व्यक्ति के स्वतंत्र या मुक्त होने का जो मार्ग लेखक ने

बतलाया है, वह परंपरा के आधार पर ही बतलाया है ('परहित में समर्पण')। इसे अपनाना सबके बस की बात तो नहीं है। इसी कारण लेखक को भी लगता है कि हृदय के सीखने में और दिमाग के सीखने में सदैव अंतर बना रहेगा।

दूसरी ओर 'तुम्हारी रोशनी में' प्रेम की संकल्पना इस प्रकार है : 'प्यार आदमी की सबसे बड़ी साजिश है'...'प्यार व्यर्थ है क्योंकि उसमें तनाव है'—आदि विचारधाराएँ कहीं सुवर्णा जैसी संयत और बुद्धिमान स्त्री को आधुनिक बनाती ही हैं, स्वभावतः वह अपने-आपको किसी की पर्सनल प्रापर्टी भी नहीं मानती किंतु जब उसके व्यक्तिगत जीवन की बात आती है तो विरोध दिखायी देता है—एक ओर वह रमेश को चाहती है और उसकी संपत्ति बनने से इनकार भी करती है, उसके प्यार के अधिकारों को अस्वीकार करती है। अतः अनंत के पूछने पर कि 'तुम किससे प्यार करती हो?'.... सुवर्णा का उत्तर—'रमेश' को। यह अनंत के लिए अनपेक्षित ही था। किंतु इस उत्तर में सुवर्णा की सोच या आधुनिक और भारतीय सुवर्णा के बीच कोई सूत्र नहीं मिल पाता। उलझनें और बढ़ जाती हैं। लगता है, सुवर्णा उस बात को समझ ही नहीं पाती है या जीवन को भर देनेवाली चीज की वह तलाश ही नहीं कर पायी। उसके लिए दोस्ती केवल आपसी समझ थी, वह किसी का दिल दुखाना नहीं चाहती थी। अपनी इस सोच के कारण प्रेम के सही रूप को वह समझ नहीं पायी थी। प्रेम की ताकत को जान नहीं पाती और अपनी इच्छा से दूसरे के लिए संपत्ति नहीं बन पाती—अपनी इस कमजोरी को छिपाने के प्रयत्न में सुवर्णा 'बाहर से बिखरी' लावारिस लगती है, पर भीतर से वह बड़ी कसी है', यह मात्र भ्रम ही ठहरता है। वह विवाह-संस्था की लगायी पाबंदियों को तोड़ना चाहती है, परंतु पति से तलाक स्वयं माँगने का साहस उसमें नहीं है। वह कहती है :

> "मेरे लिए यह जाना घर छोड़ना नहीं है...वैसे तुम चाहो तो ऐसा सोच सकते हो, तलाक माँगोगे, वह भी दे दूँगी... ।"

अर्थात् सुवर्णा जैसे अपने लिए स्वतंत्रता चाहती है, वैसे ही पति को भी बिना किसी शकबाजी, टटोलबाजी के देना चाहती है किंतु उसमें एक भय भी है, सोचती है—'अनंत भी रमेश जैसा बर्ताव करेगा तो?' और इस अवस्था में जीवन की तकलीफों को सहन करने की ताकत उसमें नहीं आ पाती। वह किसी को कुछ देना चाहती है ताकि देकर वह दूसरे से ऊँचा रह सके। इस अहम् भाव ने उसे खोखला बना दिया है। हमारा उच्चमध्यवर्ग इसी खोखलेपन का शिकार है जिसका व्यक्ति रूप में चित्र सुवर्णा का है और सामाजिक धरातल पर 'हुजूर दरबार' का रजवाड़ा। इन चित्रों में जो एकांगीपन, अधूरापन, हमें देखने में आता है, वह मिश्रजी की सोच का परिणाम नहीं है, वस्तुतः उन परिस्थितियों का है जिसमें व्यक्ति हर तरफ से टूट रहा है, अपनी परंपरा या मूल आधार छूट जाने के कारण वह अधर में ही लटक रहा है। मिश्रजी यह समझ पाते हैं कि प्रेम एक भावना है और मित्रता बार-बार दोहरायी जाने पर आदत बन जाती है किंतु बुद्धि और मन का समुचित समन्वय जब वे समाज या परिवेश के धरातल पर करते हैं तो वे

कोई निष्कर्ष या निर्णय नहीं ले पाते और हमें लगता है कि मिश्रजी ने अपने उपन्यासों में नारी-जीवन का साक्षात्कार तो करा दिया है किंतु आज के साहित्य की चुनौतियों, जिन्हें 'मुझे घर ले चलो' में लिख चुके हैं : "आदमी को आदमी बनाये रखना, उसे भौतिकी से पूर्णतया दबने न देना, उसका संबल बनना" आदि को झेल नहीं पाये हैं। यदि नारी के माँ के स्वरूप को भी मिश्रजी कुछ अंकित करते हैं तो शायद हिंसा, वासना, अत्याचार के परिप्रेक्ष्य में वात्सल्य, ममता, करुणा की महत्ता भी स्पष्ट हो पाती और आधुनिक नारी की भारतीयता अधिक मुखर हो पाती। उसके शक्तिरूपिणी स्वरूप का भी अंकन हो पाता। संभवतः तब मिश्रजी की नारी अधिक सशक्त, सतर्क और स्वाभाविक जान पड़ती। सुनंदा सशक्त, सतर्क नारी का ही रूप है किंतु उसकी जीवन की घटनाओं को हर बार प्रतीक रूप में ब्रज-संस्कृति की लोकगाथाओं से जोड़ दिये जाने के कारण कुछ कृत्रिम-सा प्रतीत होने लगता है, जैसे अपने पुत्र किशोर के मिल जाने की खबर पाने की प्रसन्नता की तुलना लेखक भक्ति के अलौकिक आनंद से करता है, जो कुछ खटकता अवश्य है। श्री नाथजी का, श्री वल्लभाचार्य और श्री यमुना जी के साथ के चित्र में जिस आनंद का अंकन है वह प्रतीक रूप है, और चित्र भाव के सृष्टि के हेतु है, ठोस है, जबकि पुत्र-प्राप्ति का आनंद दृश्य किंतु सूक्ष्म और मन की आस्था का प्रतीक है। लगता है, जबरदस्ती से मेल बिठा दिया है।

नारी के साथ जुड़ा हुआ जो पुरुष है, उसका भी विचार करना आवश्यक है, क्योंकि अपने बारे में हम पूरा-पूरा तब ही कह सकते हैं जब हम दूसरों के बारे में भी कुछ कहें। मिश्रजी का पुरुष वर्ग स्त्री पर अधिकार जमाना कोई गैर नहीं मानता। किसी भी उम्र का पुरुष किसी भी स्त्री से छेड़खानी कर सकता है। 'लाल-पीली जमीन' के युवा अपनी माँ की उम्र की नारियों को नदी पर नहाते देख फबतियाँ कस सकते हैं, रमेश जैसा पढ़ा-लिखा उच्चवर्गीय पति स्वयं के विवाह बाह्य संबंध होने पर भी अपनी पत्नी के संबंधों पर आक्षेप उठाता ही है। 'हुजूर दरबार' का रंग देखकर हरीश जैसा परिस्थितियों का द्रष्टा-भोक्ता भी विलासीनता के मोह में फँस जाता है। पुरुष को रंगरेलियाँ मनाने में जरा भी झिझक नहीं है। मिश्रजी का मन शायद कुछ संकोच में पड़ जाता है और फिर 'तुम्हारी रोशनी में' इस उपन्यास तक आते-आते उनकी विचारणा देह-केंद्रित पुरुष की संकल्पना से ऊबने लगती है और अनंत जैसा साफ-सुथरा, चेतना के धरातल पर स्त्री से एकरूप हो पाने का चित्र लेखक आँकने लगता है। मनोविज्ञान यह कहता है कि पुरुष की यौनेच्छा कभी तृप्त नहीं होती जबकि संतान को जन्म देने के बाद या 35-40 की उम्र के बाद स्त्री की इच्छा समाप्त-सी होने लगती है। अतः देह को एक ओर रखकर आँका गया अनंत का चित्र अविश्वसनीय लगता है। अनंत की तुलना में सत्येंद्र (धीर समीरे) अधिक परिपक्व और सजीव लगता है। सुनंदा के पुत्र का पता मालूम होते हुए भी वह सुनंदा के साथ उसके ससुराल नहीं जाता क्योंकि तब सुनंदा के चरित्र के बारे में उसके ससुराल वाले सशंक हो उठते। सत्येंद्र के लिए स्त्री-पुरुष

संबंधों का अपना एक अर्थ है :

> "वे एक-दूसरे में रोशनी भरते चलने हैं। और नहीं तो एक-दूसरे को अपना दुःख सहते चलते, सहते हुए अपना काम करते चलने के लिए ताकत और स्फूर्ति देते हैं...."

सुनंदा को उसकी विपत्ति में सहायता करता हुआ इसे वह सच साबित भी कर देता है। इसी मार्ग पर वह अनास्था से आस्था की ओर यात्रा करता है।

सार रूप में कहा जा सकता है कि मिश्रजी नारी का चित्र अपने उपन्यास में उतना ही आँकते हैं जैसा उन्होंने गाँवों, शहरों, दफ्तरों में देखा है। गार्हस्थ्य जीवन से उभरती नारी भी कहीं-न-कहीं परिवेश के आतंक से भयभीत है। शायद यह आज के जीवन की सच्चाई है, मनुष्य के 'नीचे गिरने' के परिणाम हैं, हमारे समक्ष कोई आदर्श न बचने का नतीजा है। अतः जीवन से ही जीवन के प्रति आस्था ढूँढ़ना, आज मुश्किल कार्य हो गया है। यह तो काल ही तय करेगा कि मानवता की रक्षा मानव करेगा या कला, साहित्य करेंगे। यह समस्या केवल मिश्रजी के ही नहीं, सभी आधुनिक साहित्यकारों के समक्ष मुँह बाये खड़ी है।

'वह/अपना चेहरा' : टूटन की समस्याएँ

पद्मजा घोरपड़े

स्वातंत्र्योत्तर काल में भारतीयों को जिन मोहभंग की स्थितियों का, उखड़े परिवेशों का, मूल्यहीन मानसिकता का सामना करना पड़ा उनका जीता-जागता दर्पण है गोविंद मिश्र का उपन्यास—'वह/अपना चेहरा'। इस दर्पण में मिश्रजी ने न केवल कुछ चुने हुए पात्रों का चेहरा दिखाया है बल्कि उन तमाम पात्रों के चेहरे को प्रतीकात्मकता भी प्रदान की है। जो सामान्य व्यक्ति आज अपने अधिकारों की रक्षा करते-करते खुद जाने-अनजाने बेबसी का शिकार बन जाने को विवश हो जाता है; नीतिमूल्यों के रक्षक होने का दावा करने वाले जो लोग प्रतिशोध की ज्वाल की लपेट में स्वयं नीति-मूल्यों की दहलीज चाहे-अनचाहे लाँघने को प्रस्तुत होते हैं, उन तमाम लोगों की मानसिकता को मिश्रजी ने अपने इस उपन्यास में चित्रित किया है। यही कारण है कि यह कहानी न केवल उस 'मैं' की, उस केशवदास की, उस मिसेज शर्मा और मिसेज आजवानी की है बल्कि प्रतीकात्मक रूप में यह कहानी भारत के हर नगर या महानगर की भीड़ में अपने अस्तित्व की तलाश करनेवाले और उसे सुरक्षित रखने में जुटे हुए सामान्य भारतीय मानस की कहानी है। पात्रों का इस तरह कलात्मक रूप से साधारणीकरण (Generalisation) करने में लेखक ने निःसंशय ही सफलता प्राप्त की है। इस उपन्यास में चित्रित सरकारी दफ्तर, वहाँ का वातावरण, वहाँ काम करनेवालों के दूषित दृष्टिकोण एवं उनकी सड़नभरी मानसिकता, वहाँ के अफसर और कर्मचारियों के बीच के स्वार्थी और निर्जीव संबंध पाठक को अपने अनुभव का या अपने आस-पास के यथार्थ का सजीव अंश लग सकता है। लेखक ने अपनी सूक्ष्म निरीक्षण क्षमता एवं अपनी पैनी अभिव्यक्ति-सामर्थ्य के बल पर इस यथार्थ की अंतर्बाह्य बारीकियाँ चित्रित की हैं। यह उपन्यास इस यथार्थ का केवल इतिहास या ब्योरा नहीं है बल्कि यह एक संवेदनक्षम, सजग, बुद्धिवादी मानस की तर्कशुद्ध अनुभव-यात्रा है जिसके दौरान उसे स्वयं ही कई बार अपना 'वह' चेहरा रूप बदल-बदलकर दिखायी देता है जिससे वह स्वयं भी अनभिज्ञ है। अतः यह व्यक्ति के बाह्य परिवेशों की अनुभव-यात्रा के साथ उसके अचेतन में छिपे उन भाव-बिंदुओं की भी यात्रा बन जाती है जिसे व्यक्ति स्वयं जान नहीं पाता या जिन्हें तर्क की बुनियाद पर स्पष्ट नहीं कर पाता। केशवदास और मिसेज शर्मा के अनैतिक संबंधों की आलोचना

करते-करते जब यह 'मैं' स्वयं केशवदास की बेटी से संबंध बढ़ाना चाहता है तो एक साथ कई कोण इस मानसिकता को प्राप्त होते हैं। केशवदास से प्रतिशोध, अपने अपमान, अपनी घुटन का समाधान या फिर अपनी वासना की पूर्ति! इन गुत्थियों से टकराहट आज आम समस्या बन गयी है और उपन्यास में सारे पात्र इससे टकराते-टकराते अपनी-अपनी सामर्थ्य एवं सीमा में इसका समाधान पाने की चेष्टा करते हैं या कभी इसे अनदेखा करते हैं। मिश्र जी ने इन सभी मानसिक प्रवाहों को उतनी ही सहजता से अंकित किया है। गोपी या अन्य मित्रों से उनके और मिसेज आजवानी के प्रेम-प्रसंगों को सुनकर अपने-आपको इस कीचड़ से बचाये रखने के लिए स्वयं को साधुवाद देनेवाला 'मैं' भी अंत में उसी प्रवाह में बह जाता है और स्थिति की इस चरम सीमा पर पहुँचकर उपन्यासकार का कथन समाप्त होता है लेकिन यहीं से उपन्यासकार पाठकों के चिंतन के लिए ढेर सारे प्रश्न अदृश्य रूप में उपस्थित करता जाता है। अतः वहाँ से पाठकों की चिंतन-यात्रा प्रारंभ होकर उसी बिंदु पर लौट जाती है। जहाँ 'मैं' ने विवशतावश मिसेज आजवानी से अपने-आपको अलग कर छोड़ा था। परिच्छेद स्थितियों की, भावनाओं की चित्रित ये गुत्थियाँ पाठकों को पूरी तरह से अपने आसपास फैले और दिन-ब-दिन जटिल होते जा रहे परिवेशों के प्रति सोचने के लिए बाध्य कर देती हैं। उपन्यास में लेखक दो स्तरों पर एक साथ विशेष भूमिकाएँ निभाता है। प्रतीत होता है कि 'मैं' के माध्यम से लेखक मनोविश्लेषक की भूमिका से पात्रों की क्रिया-प्रतिक्रिया के प्रति हल्के से कुछ संकेत देता रहता है और दूसरे स्तर पर वह तटस्थ निरीक्षक एवं आलोचक की तरह घटना, क्रिया-प्रतिक्रिया पर अपनी टिप्पणियाँ सूक्ति वाक्यों के स्वरूप में प्रस्तुत करता है। लेकिन ये दोनों भूमिकाएँ उपन्यास की कथावस्तु में किसी भी प्रकार की बाधा नहीं पहुँचातीं बल्कि मूल प्रवाह का अभिन्न अंग बन कलात्मकता को एक नया एवं प्रभावशाली आयाम देती हैं। यह संतुलन ही 'वह/अपना चेहरा' को समिश्र व्यक्तित्व प्रदान कर जाता है। समिश्र इस अर्थ में कि 'वह/अपना चेहरा' में 'मैं' जिस तरह एक साथ प्रथम पुरुष और अन्य पुरुष की दृष्टि से देखने-पहचानने की चेष्टा करता है, ठीक वैसे ही पाठक को भी प्रेरित करता रहता है। इन दो स्तरों पर देखने के कारण चेहरा अपना होने के साथ ही 'वह' की सीमा तक दूर चला जाता है जबकि स्वातंत्र्योत्तर काल में, विशेषतः साठोत्तरी काल में व्यक्तित्व का विभाजन, उसकी टूटन आम समस्या बन गयी है। लेखक ने इसी समस्या को अनेक कोणों से देखा है, दिखाया है—'वह/अपना चेहरा' उपन्यास में—यानी यथार्थ से कलात्मक रूप में भिड़ जाने का साहस ही किया है।

'वह/अपना चेहरा' उपन्यास के साथ पुस्तक में 'जिहाद' नाम की कहानी भी संकलित है। यह कहानी प्रस्तुत उपन्यास का ही विस्तार प्रतीत होती है। या यूँ कहें, प्रधान प्रवाह में अंतःसलिला के समान उसी के समानधर्मा जो कई प्रवाह रहते हैं उनको चित्रित करने का प्रयास मात्र है यह कहानी। यहाँ भी वैसा ही एक ऑफिस है, उसका

ट्रेनिंग सेंटर है, उसमें पढ़नेवाले अफसर हैं और उनके आपसी संबंध हैं। घटनाएँ भिन्न हैं लेकिन अनुभूति-सूत्र वही है जो उपर्युक्त उपन्यास में था। प्रतीत होता है, 'उस अपने चेहरे' में छिपे अनेक युद्धों के साथ लेखक एक और युद्ध भी पाठकों की ज्ञानकक्षा में लाना चाहता है जो 'जिहाद' कहानी का रूप लेकर प्रस्तुत हुआ है।

'वह/अपना चेहरा' : सूक्ष्म स्थितियों और बारीकियत का उपन्यास

श्याम अधिकारी

गोविंद मिश्र का लघु उपन्यास 'वह/अपना चेहरा' एक आहत अहं की कहानी है। चोट खाये अहं के मनोवैज्ञानिक पहुलओं और बाह्य रूपों को अच्छी तरह पकड़ा और उभारा गया है। यद्यपि उपन्यास का मुख्य स्वर वही है जो गोविंद मिश्र की अधिकांश कहानियों में मिलता है, फिर भी जिस मनोवैज्ञानिक बारीकी और गहनता के साथ लेखक ने कथ्य को उभारा है, वह इस उपन्यास को हिंदी साहित्य में एक बेजोड़ कोशिश के रूप में प्रतिष्ठापित करता है।

उपन्यास का नायक एक सरकारी अफसर है, कहानी उसका केशवदास (जो नायक के विभाग का ही सीनियर अफसर है) के प्रति जो अनिश्चित और दुतर्फा दृष्टिकोण है, उसी के इर्द-गिर्द घूमती है। केशवदास के रचना से अवांछनीय संबंध हैं। रचना नायक की एक जमाने की दोस्त और फिलहाल दफ्तर में सहकारी है। नायक के अनुसार केशवदास एक बूढ़ा, बीमार और सिलबिल अफसर है, लेकिन अपने-आप में केशवदास एक वजनदार व्यक्तित्व है, वह एक महत्त्वपूर्ण पद पर भी है और नायक और रचना की इस दिशा में काफी मदद भी कर सकता है। इसलिए नायक के विचार और कार्य एक तरफ तो केशवदास की सहानुभूति और सहायता अर्जित करने के लिए हैं, दूसरी तरफ आक्रोश में आकर केशवदास को लथेड़ने के लिए। एक तरफ वह केशवदास की लड़की रेशमा की मदद को जाता है, दूसरी तरफ उसके साथ फ्लर्ट भी करता है--मात्र केशवदास से बदला लेने के ख्याल से। इन दो छोरों के बीच नायक लगातार झूलता रहता है जबकि दरअसल उसकी कोशिश इस तनाव की जड़ ढूँढ़ने और फिर उससे छुटकारा पाने की ही है। चूँकि इन कोशिशों को उसके अचेतन का बल नहीं मिलता होता इसलिए शुरू से ही वे अधूरी और सतही रहती हैं और इस तरह नायक को पहले से भी ज्यादा निराशा और ग्लानि में झुलसाती हैं। अंत में और-और जटिल होती यह गाँठ वहाँ टूटती है जब नायक की मुलाकात संयोग से रचना से अकेले में होती है और वह उसे अमरू के कमरे में घसीटकर उससे आधा बलात्कार (हालाँकि वह स्वयं निश्चित नहीं है कि जो उसने किया, वह क्या था) कर बैठता है। वह हमेशा से जानता

है कि रचना एक सस्ती किस्म की लड़की है, फिर भी चूँकि उसके तनाव की जड़ में वह कहीं है, इसलिए उस पर शुद्ध शारीरिक स्तर का आक्रमण ही एकमात्र इलाज था। एक तरह से यहाँ लेखक ने बड़ी खूबसूरती से रचना के प्रति नायक की प्रेम-भावनाओं की तरह हल्का-सा इशारा करके छोड़ दिया है। इस तरह के इशारे गोविंद मिश्र की अपनी विशेषता है। और सिर्फ इन्हीं से उनके प्रौढ़ और संयत दृष्टिकोण का अंदाजा लगाया जा सकता है।

उपन्यास की कहानी तेजी से बढ़ती है। स्थितियाँ भी काफी स्वाभाविक ढंग से बैठी हुई लगती हैं। यहाँ तक कि रचना के साथ वह आकस्मिक मुलाकात और अमरू के कमरे में उसका बेझिझक चले जाना भी संदर्भ में जम जाता है। उपन्यास का हर पात्र भी अपने ढंग से चीजों को लेते हुए स्वाभाविक और अपने तईं सही लगता है। नायक की मनोदशा, उसके विचारक्रमों के उलझाव—इन्हीं का चित्रण उपन्यास का मुख्य उद्देश्य लगता है....और इसी को लेकर कहीं-कहीं पुनरावृत्ति भी घुस आयी है। फिर भी नायक का 'कॉम्पलेक्स' कभी खुलकर सपाट ढंग से नहीं रखा गया है, स्थितियों के नीचे सुलगता बहता रहता है। बावजूद इसके उसमें इतनी गहनता है कि वह एक तीव्र मानसिक संघर्ष को जन्म देता है। यही वजह है कि उपन्यास दिलचस्प है और पाठक को आखिर तक जकड़कर रखता है।

बुनावट की दृष्टि से भी इस उपन्यास ने इस तरह की रचनाओं से आगे एक कदम उठाया है। गोविंद मिश्र अपने पात्रों और स्थितियों के चित्रण में कम-से-कम शब्दों का इस्तेमाल करते हैं। रचना सारे उपन्यास में सिर्फ तीन बार और वह भी थोड़ी-थोड़ी देर को आती है लेकिन अपने पति और केशवदास के बारे में उसकी संक्षिप्त बातचीत... अमरू के कमरे में नायक से अलग-अलग संदर्भ की बातें ही उसके व्यक्तित्व को पूरी तरह से उभारकर रख देती हैं। इसी तरह स्थितियों के चित्रण को भी गोविंद मिश्र उन्हें अपूर्ण और सूक्ष्म जानबूझकर छोड़ते हैं जिससे कि पाठक अपने अनुभवों को पसारकर उन अंतरालों को भर सके। उदाहरणार्थ उपन्यास के शुरू में रचना के कमरे में दर्शायी स्थिति ली जा सकती है। नायक और केशवदास के बीच की बातचीत के पूरे तर्क भी नहीं दिये गये हैं। सिर्फ उस बातचीत का मूलभूत महत्त्व कि दोनों रचना को अपनी बातचीत से प्रभावित करना चाहते थे, दर्शायी गयी है। गैरजरूरी डिटेल्स को छाँटते चले जाने की यह शैली पाठकों की सृजनात्मक प्रणाली में हिस्सा बँटाने के क्षेत्र को बढ़ाती है, और इस तरह अपने-आपमें यह काफी सशक्त है।

फिर भी कभी-कभी ऐसा लगता है, जैसे गोविंद मिश्र की संवेदना की दुनिया में नारी का अस्तित्व कुछ ज्यादा ही है। जीवन में उससे ज्यादा महत्त्व की भी बातें हैं जिन्हें वे उठा सकते हैं। अच्छा हो, अगर उनके आगे के उपन्यास उन कथ्यों को लेकर चलें जिनको उनकी ही—'नये पुराने माँ-बाप,' 'जिहाद' या 'शुरुआत' जैसी कहानियों ने उठाया था।

छोटी दुनिया और भाषा की तीखी तराश

('वह/अपना चेहरा' और 'उतरती हुई धूप')

नेमिचंद्र जैन

पिछले कुछ वर्षों में जो कुछ दिलचस्प और उल्लेखनीय छोटे उपन्यास लिखे गये हैं, उनमें गोविंद मिश्र की भी दो रचनाएँ हैं : 'वह/अपना चेहरा' (1970) और 'उतरती हुई धूप' (1971)। इसके पहले उनकी कुछ कहानियाँ ही प्रकाशित हुई थीं जिनमें अफसरी या दफ्तरी विभाग के छोटेपन और घटियापन की चुभने वाली तस्वीरों के साथ-साथ शैली और भाषा की चुस्ती, तराश और संवेदनशीलता भी दीख पड़ती थी। इन उपन्यासों में उनकी ये विशेषताएँ कुछ अधिक उभरकर सामने आ सकी हैं।

'वह/अपना चेहरा' सरकारी अफसरों की आपसी कशमकश, छीनाझपटी और खींचतान का चेहरा है। नौजवान शुक्ला एक छोटा सरकारी अफसर है, स्वभाव से दब्बू और ढीला। "वैसे भी मैं कोई बात कुछ तीव्रता के साथ इधर या उधर नहीं सोच पाता। मैं चाहता तो हूँ कि कम-से-कम कुछ मौकों पर तो ऐसा क्रिया करूँ पर हर बार ही फिस्स कर जाता हूँ।" वह अपने विभाग के बड़े अफसर केशवदास के सामने अपने आपको बड़ा हीन और लाचार महसूस करता है। खास कर इसलिए कि एक दिन केशवदास ने उसे विभाग की एक महिला अफसर मिसेज रचना आजवानी के सामने, जो अपने शरीर के सौदे से बड़े अफसरों को खुश रखती है और तरक्की करती चली जाती है, उसे अपमानित किया। इस कारण वह केशवदास को किसी-न-किसी तरह नीचा दिखाकर बदला लेना चाहता है पर उसकी कोई कोशिश कामयाब नहीं होती, क्योंकि उसमें मजबूती और हिम्मत नहीं है।

'वह/अपना चेहरा' शुक्ला के व्यक्तित्व के इसी अंतर्विरोध की, उससे पैदा होने वाली छटपटाहट, खीज और नपुंसक आक्रोश की कहानी है। बदला लेने की जितनी ही कोशिश वह करता है, केशवदास उतना ही भीतर-बाहर उसके ऊपर हावी होता जाता है। शुक्ला उसकी लड़की रेशमा से मेलजोल बढ़ा लेता है कि "कंबख्त जानेगा तो कि घुलना क्या होता है।" पर वहाँ भी उससे कुछ नहीं बनता। "अजीब वाहियात स्थिति थी। एक अच्छी-खासी लड़की मेरे सामने थी और मैं केशवदास के बारे में सोच रहा था।" वह रेशमा को देर तक रेस्तराँ में रोक रखता है। "फिर एक ओर तो मुझे मजा

आ रहा था इस ख्याल में ही कि केशवदास थोड़ा बहुत ही सही, परेशान तो होगा।..." पर दूसरी ओर यह भी कि "पर वह मेरा ख्याल ही था। केशवदास इस जैसी परेशानियों के लिए बहुत बड़ा बैठता था।" एक दिन वह रेशमा को शहर के बाहर एक सुनसान फार्म में ले जाने में कामयाब होता है। पर वहाँ अपनी नातजुर्बेकारी और लड़की के ठंडेपन के कारण कुछ कर नहीं पाता। "वह पत्थर थी, मैं उसे लाख कोशिश करने पर भी नहीं चाह सकता था।...एक वाहियात-सी लिजलिजाहट मेरी नसों में आ चिपकी थी। दरअसल केशवदास की छाया उन दोनों के बीच थी, उस लड़की के लिए कोई आकर्षण नहीं।

"और यहाँ आकर मुझे लगा कि मैं अनजाने यहाँ भी केशवदास की गुलामी करने लगा हूँ—उसकी बेटी के लिए पकड़ा/पाला गया एक बहुधंधी या खानसामानुमा कुछ...।

"मुझे लगा, केशवदास ऊपर से सब कुछ देखकर हँस रहा है—होशियार पर बहुत होशियार नहीं।"

बीच में वह एक बार यह विरोध छोड़कर उसके जरिये दफ्तर में तरक्की की कोशिश भी करता है, सीधे खुद कहकर और किसी दूसरे से कहलवाकर; पर दोनों बार ही वह अपने आगे और अधिक अपमानित और हीन सिद्ध होता है। अंत में एक दिन वह मिसेज आजवानी को अपने एक दोस्त के अकेले कमरे में ले जाने में कामयाब हो जाता है। पर वहाँ भी वह थोड़ा-बहुत चूमने-लिपटने के अलावा कुछ नहीं कर पाता। वह सिर्फ कुछ 'टूटा-सा महसूस' करता है, 'हल्का-सा पश्चात्ताप' भी। दरअसल "हवा के एक आवारा बगुले की तरह सब-कुछ उड़ गया था एक क्षण के तीखेपन में...शायद सभी कुछ आया था क्योंकि सब कुछ आधा ही रहा था, वह सब भी जो मैं इतने दिनों में झेलता चला आ रहा था।"

एक ओर इस अनुभव से उसे कुछ राहत मिलती है : "कहीं कुछ हुआ जरूर था ...आखिर एक लावारिस छटपटाहट जो इधर-उधर जब कभी भी घुमड़ती रही थी, कहीं जाकर खुली थी और खुलकर फटी थी।" मगर दूसरी ओर केशवदास उसके ऊपर और भी गहराई में कहीं हावी हो गया था : "मुँह की लिपस्टिक साफ करने के लिए जब मैं वाश-बेसिन के शीशे पर झुका तो अँगुलियाँ कुछ काँपती-सी लगीं—केशवदास की अँगुलियाँ!"

सभी के एक ही स्तर पर होने की यह अनिवार्यता, यह सामान्यता ऐसी सिनिकल दृष्टि को सूचित करती है जो सभी स्थितियों के अपने खास रंग और उलझाव को नजरअंदाज करके सरलीकरण का रास्ता अपनाती है और इस हद तक एक झूठी तस्वीर उभारती है। दरअसल, इस उपन्यास में सेक्स वाले पक्ष से इतना उलझाव है कि व्यक्ति, स्थिति या समस्या के सामाजिक या अन्य किसी भी प्रकार के व्यापक आयामों की कोई चेतना ही नहीं दीखती। सरकारी दफ्तरों में भी बड़े-बड़े आर्थिक तथा वर्गगत स्वार्थों की टकराहट और राजनीतिक-सामाजिक अंतर्विरोधों से उत्पन्न कशमकश चलती रहती है

जो व्यक्तियों के आचरण को भी बहुत दूर तक निर्धारित और नियमित करती है; पर लेखक उस सबकी ओर ध्यान ही नहीं देता, शायद उन बातों की उसे समझ ही नहीं है। इसलिए यह एक प्रकार की व्यक्तिगत खीज और कुंठा की, किसी 'भोगे हुए यथार्थ' की यथावत् तसवीर बन गयी है, उस यथार्थ को एक परिप्रेक्ष्य में रखकर समझने वाली सर्जनात्मक बुद्धि (इंटेलिजेंस) उसके पीछे नहीं जान पड़ती।

दृष्टि ही यह सीमा गोविंद मिश्र की शिल्पगत कुशलता के कारण और भी सहज तथा स्वाभाविक बन जाती है। वह बड़ी सुगमता से और काफी संयम के साथ बाहरी तथा मानसिक विवरण दे सकते हैं। उनकी भाषा में भावुकता नहीं, एक प्रकार की तराशी हुई तीखी निर्लिप्तता है। रंग नहीं है, व्यापक व्यंजना भी कम है, पर सीधी चोट है। इसलिए कुल मिलाकर प्रभाव सार्थक अनुभव से साक्षात्कार के बजाय एक प्रकार की तकनीकी उपलब्धि का अधिक पड़ता है।

अनुभव और उसकी सर्जनात्मक सार्थकता देने वाली दृष्टि की यह कमजोरी गोविंद मिश्र के दूसरे उपन्यास 'उतरती हुई धूप' में कुछ और भी अधिक दिखायी पड़ती है। इसमें अरविंद के विश्वविद्यालय के दिनों के प्रेम-संबंध का चित्र है। उसी के कस्बे की एक लड़की वीमेंस होस्टल में है जिससे वह अक्सर मिलता रहता है। परीक्षा के बाद वह उसके साथ एक होटल में रात बिताती है और पहली बार उसे समर्पण करती है। पर उसकी शादी किसी दूसरे व्यक्ति से होती है और दस वर्ष बाद जब उस स्त्री से मिलने अरविंद लखनऊ जाता है तो बदली हुई स्थिति और मानसिकता के कारण निराश होता है।

यह कुछ किशोर प्रकार के निजी संबंधों की कहानी है जिसमें एक हद तक चरित्र भी कुछ फिल्मी ढंग से असामान्य है यानी लड़की पूरी तरह समर्पिता है, लड़के को देवता मानने और कहने वाली। एक माने में बेहद साहसिक और दूसरे में एकदम साहसहीन। होटल में उसे समर्पण करते समय 'त्वदीयं वस्तु गोविंदम्' बड़बड़ाती रहती है, पर विवाह किसी और से करती है। मगर उसके इस संबंध की बात पति को पता चल जाती है, तो वह प्रायः अलग भी रहने लगती है, पी-एच. डी. में 'गाइड' करने वाले किसी 'भाई साहब' पर भरोसा करती हुई। इसी तरह अरविंद भी कुछ अक्खड़, तुनुकमिजाज है। लड़की के बोदेपन पर खीजता है और उसे भुला भी नहीं पाता। दस बरस बाद भी उससे मिलने आता है, पुरानी ही तसवीर दिमाग में लेकर। अंत में निराश होकर लौट आता है। उसके व्यवहार में भी असामान्यता है।

मूलतः यह दो व्यक्तियों के बीच एक विशेष प्रकार की स्थिति का अन्वेषण है। पर व्यक्तित्व और परिस्थितियों की असामान्यता के कारण कुछ खास व्यंजित नहीं हो पाता और पूरा उपन्यास एक विशेष अनुभव का प्रस्तुतीकरण मात्र बन कर रह जाता है; बल्कि शायद कहा जा सकता है कि मुख्यतया लड़की के समर्पण के अनुभव का और बाद में थोड़ा-बहुत एक रोमांटिक ढंग की निराशा का। इस अनुभव को पेश करने में भी ऐसा कुछ नहीं है कि इंसान के किसी महत्त्वपूर्ण निजी 'संकट' का संप्रेषण होता हो। एक

तरह की यथातथ्यता है जिसे भाषा की तराश के साथ पेश किया गया है पर उसकी कोई दिशा नहीं दीख पड़ती। पढ़कर सवाल मन में उठता है : "ठीक है, तो फिर?"

दोनों उपन्यास पढ़कर लेखक की अवलोकन-क्षमता और ब्यौरों पर नजर तुरंत मन पर प्रभाव डालती है। कुछ स्थितियों में लड़कियों, खास कर औरतों, की अनेक सूक्ष्म संवेदनाएँ और प्रतिक्रियाएँ तथा व्यवहार के अनेक रूप उनके लेखन में मिलते हैं। इससे उनके चरित्रों में एक प्रकार की विश्वसनीयता रहती है और उनके आचरण की प्रेरणाएँ काल्पनिक नहीं, काफी वास्तविक और जीवंत लगती हैं।

मगर उनकी दुनिया बहुत ही छोटी दुनिया है, मुख्यतया औरत-मर्द के शारीरिक संबंधों की दुनिया। दोनों उपन्यासों का ज्यादातर हिस्सा औरत-मर्द के इसी स्तर के व्यवहार से संबद्ध है। यह बात भी कुछ डरावनी-सी लगती है कि औरत के बारे में उनकी राय बहुत ही एक-आयामी है। दोनों उपन्यासों की चारों औरतें एकदम शरीर के ही स्तर पर जीती हैं। बेशक मर्द भी कुछ और नहीं करते। पर फिर भी उनके कुछ और सरोकार सामने आते हैं। पर औरतों के नहीं। सिर्फ सेक्स में ही अटके रहने के कारण यह अहसास भी नहीं होता कि लेखक की स्त्री-पुरुष-संबंधों को किसी और गहरे और बुनियादी, जटिल स्तरों पर पहचानने में रुचि है। गोविंद मिश्र के लेखन में जिंदगी का सामाजिक आयाम एकदम अनुपस्थित है, जो उसे बहुत ही आंशिक, अधूरा और सतही बना देता है और पढ़ने वाले को निराश करता है। उनके पास ऐसा स्पष्ट स्वरूपगत विवेक है जिसे एक प्रकार का सौंदर्यमूलक बोध भी कह सकते हैं। उनकी अभिव्यक्ति में संयम है, मितव्ययता है, और तीखापन भी है। भाषा में बोलचाल का लहजा है, पर बाजारूपन नहीं, न हल्का चलाऊपन। वह किसी उद्देश्य से घिसकर बनायी गयी भाषा है जिसमें सूक्ष्मता है, तराश है, नुकीलापन भी है। इसलिए जब इन सब कारगर औजारों का इस्तेमाल बहुत ही मामूली और चालू किस्म के हल्के अनुभव को पेश करने के लिए होता है तब निराशा कुछ और भी ज्यादा गहरी हो जाती है।

एक ही सिलसिले की दो परिणतियाँ

(‘वह/अपना चेहरा’ और ‘जिहाद’)

शैलेश मटियानी

“विद्रोह बहुत बड़ा शब्द है।” अथवा “व्यक्ति विशेष या व्यवस्था बाहरी लक्ष्य हो सकते हैं, पर असली लक्ष्य हम अपने खुद हैं और इस तरह हर बाहर की तरफ दौड़ती हुई लड़ाई सिर्फ अंदर की तरफ मारती है।”—इन दो पंक्तियों (बल्कि किसी हद तक सूक्तियों) में अपने वक्तव्य और अपनी रचना के बीच, एक लेखक की हैसियत से, उपन्यासकार काफी संतुलित दिखता है। सिर्फ तर्कसंगतता या प्रामाणिकता के आग्रह से आगे अपने मंतव्य, अपनी संवेदना की पारिभाषिकता की हद तक जाना कठिन होता है। अगर ‘वह/अपना चेहरा’ तथा ‘जिहाद’ में यह संभव हुआ है, तो मानना होगा कि अपनी संवेदना को बौद्धिक धरातल पर भी कारगर बना सकने की समझ लेखक में है। यह समझ ही लेखक को व्यवस्था से विद्रोह के संदर्भ में, अपने कई समवर्ती लेखकों के धारणात्मक विभ्रमों में भटकने की जगह, ‘जिहाद’ के विभ्रमों की कारुणिकता को रेखांकित करने में समर्थ बनाती है।

समझ में नहीं आया कि ‘जिहाद’ को उपन्यास के बाद, कहानी के रूप में क्यों दिया गया है। लेखकीय के बाद, उपन्यास पढ़ चुकने पर जो कुछ रह गया-सा लगता है, वही ‘जिहाद’ में है। व्यवस्था की जकड़नों से गुजरते हुए जो परिणति अपने ‘बॉस’ के प्रति आत्महीनता और वैचारिक विक्षुब्धता से ग्रस्त ‘वह/अपना चेहरा’ के नायक की मिसेज आजवानी यानी ‘बॉस’ की जूठन को इस्तेमाल कर सकने के ‘साहस’ में होती है, दारुण ‘जिहाद’ के मिस्टर शर्मा की भी अपनी सारी आक्रामकता को ‘कै’ कर चुकने के बाद, एक घायल और पराजित सिपाही की तरह खड़े रह जाने में। अपने संस्कार और अपनी मानसिकता में कहीं अमूर्त्त स्तरों पर तैरती हुई नैतिकता और संवेदनशीलता के तहत आचरण करते हुए, इनके बिलकुल विपरीत खड़ी व्यवस्था और उसके ‘चक्रव्यूह’ को पोजीशनों पर खड़े व्यक्तियों से टकराने, विक्षुब्ध होने तथा अंततः अपनी पराजय और असमर्थता को ‘कै’ कर देने का एक सर्वग्रासी सिलसिला है, जिसकी विसंगतियों का साक्षात्कार गोविंद मिश्र की इन दो अन्योन्याश्रित रचनाओं में है।

व्यवस्था-विरोध के नारों से मुक्ति के बावजूद, व्यवस्था की नैतिकताओं को चाट जाने वाली प्रवृत्तियों का तीखा अहसास करा देना आसान काम नहीं है। जो रचनाएँ लिखे हुए के पीछे एक संतुलन और अंतर्दृष्टि का अहसास कराती हैं, उनमें यथार्थ की ऐसी तराश मौजूद रहती है, जो वास्तविकताओं को अपने पाठक के मस्तिष्क में बिलकुल समानांतर कौंधाती रहती हैं। इन दोनों रचनाओं में यह तराश है—भाषा और अनुभव, दोनों स्तरों पर।

व्यवस्था, जीने की सहूलियतें देते हुए, एक ऐसा प्रभामंडल अपने इर्द-गिर्द निर्मित करती चली जाती है, जहाँ 'जिहाद' के जोखिमों से कतराने वाले व्यक्ति को अपने 'भुनगे' में बदलते चले जाने की यातनाओं को बर्दाश्त करना ही होता है और बर्दाश्त कर चुकने वाले अपने से कमजोर लोगों के लिए छिपकलियों की-सी जीभें लटकाये रहते हैं। यह एक सिलसिला होता है, अपनी संवेदना और नैतिकता को खो चुकने के बाद, दूसरों के भीतरी अस्तित्व को चाटने का। यह सिलसिला गोविंद की इन दोनों रचनाओं में मौजूद है—लेकिन अपनी संक्षिप्तता में। यह संक्षिप्तता अधूरेपन का अहसास भी कराती है। अपने फैलाव और अपनी गहराई, दोनों में। चरित्रों और चीजों के फालतूपन तथा पर्याप्तता, दोनों के अभाव का समान रूप से होना, लेखक की समझ और सीमा की प्रतीति कराता है। ज्यादा व्यापक परिवेश और मानवीय संदर्भों से जुड़ जाने पर इस तरह की गहरी पकड़ और संवेदना वाला कृतित्व अपने पाठक को अपने समय, अपने इर्द-गिर्द की व्यवस्थाओं के बीच अस्तित्व के संपूर्ण साक्षात्कार का अवसर दे सकता है, जबकि ये दोनों रचनाएँ सिर्फ एक आईना या खुर्दबीन थमा देने की हद तक कारगर दिखती हैं।

गोविंद मिश्र की ये दोनों रचनाएँ ऐसी हैं कि प्रशंसा करते हुए कोफ्त होने का प्रश्न नहीं है, मगर आलोचना करते हुए भी यदि न हो, तो इसे परस्पर-विरोधी निष्कर्षों के रूप में नहीं लिया जाना चाहिए। मैं फिर इस बात को दुहराना चाहता हूँ कि ये दोनों रचनाएँ गोविंद के सामर्थ्य और सीमा, दोनों का अहसास कराती हैं।

जिसे समकालीन लेखन में भोगा हुआ यथार्थ और प्रामाणिक लेखन की संज्ञा दी जाती है, उसकी सारी विडंबना रचनात्मक संवेदना के स्तर पर परिभाषित और संप्रेषित न हो पाने की है। 'वह/अपना चेहरा' और 'जिहाद' इससे मुक्त हैं, यह कहना कुछ अतिरिक्त कहना नहीं होगा। जिसे 'जेनुइन राइटिंग' कहा जाता है, वह इनमें है, मगर चरित्र और परिवेश दोनों को गोविंद जितनी संक्षिप्तता में उठाते हैं, वहाँ एक खतरा दिखता है। अपने व्यक्तिगत अनुभवों को ज्यादा बड़े परिवेश और ज्यादा जटिल मानवीय नियतियों से जोड़ सकने के वैचारिक संघर्ष के अभाव का खतरा। यह अभाव अक्सर लेखक के भविष्य के लिए चुनौती बनकर सामने आता है। अपनी सीमाओं के विरुद्ध 'जिहाद' में असमर्थ हो जाने वाले नायक और लेखक, इन दोनों की परिणति अक्सर एक होती देखी गयी है—अपनी नैतिकता और अपनी सृजनशीलता में उदास पड़ जाना।

गोविंद ने वक्तव्य में बाहर की लड़ाई के भीतर की लड़ाई में परिवर्तित हो पड़ने की बात की है। सिर्फ बात ही नहीं की है, अपने पात्रों के माध्यम से इस द्वंद्व को उजागर भी किया है। उनके चरित्रों का अपने भीतर का हारना अपने बाहर के प्रति पराभूत होना ही है। अपने विपरीत पड़ने वाली व्यवस्था अथवा मूल्यों से टकराते हुए चरित्रों का 'पस्त' पड़ जाना व्यवस्था की क्रूरताओं अथवा विचारद्रोही वास्तविकताओं को उजागर करना हो सकता है, मगर यह 'पस्त' हो जाना यदि स्वयं लेखक के 'सेल्फ' की नियति भी बन जाए?

शायद, यह एक गलत किस्म के निष्कर्ष पर पहुँचना हो सकता है, मगर लगता यही है कि विरुद्धता अथवा विद्रोह का दर्शन चाहे व्यवस्था के संदर्भ में हो, व्यक्तियों के अथवा विशुद्ध 'सेल्फ' के स्तर पर मात्र संवेदनात्मक आवेगों या बौद्धिक तटस्थता के धरातल पर वह सधता नहीं है। व्यापक और गहरे वैचारिक सधाव के बिना चीजों या चरित्रों की संक्षिप्तता, कहीं-न-कहीं, होने के साथ-साथ छूट चुकनेवाले संघर्ष का अहसास भी कराने लगती है। रचनात्मकता, शायद, एक गहरे और दूरगामी परिश्रम की भी माँग करती है और स्पष्ट है कि गोविंद की इन रचनाओं में यह संक्षिप्त मात्रा में ही है यानी कम-से-कम इन दोनों रचनाओं में अपनी गहरी पकड़ और आधुनिक संवेदना की ज्यादा बेहतर संभावनाओं के प्रति उन्होंने, शायद ध्यान नहीं दिया। अन्यथा यह उपन्यास समकालीन मानसिकता का एक ऐसा दस्तावेज बन सकने की संभावनाओं का अहसास कराता है, जिसे आधुनिक कथा-साहित्य की चर्चा करते वक्त नजरअंदाज किया जाना कठिन हो जाता।

कुल मिलाकर, गोविंद मिश्र की ये दोनों रचनाएँ पढ़े जाने की अपेक्षा रखती हैं। भाषा और अनुभव, दोनों में इनका आस्वाद किंचित् भिन्नता में जरूर ले जाता है। अपनी नैतिकता अथवा विचारशीलता के तहत आचरण करने वाले व्यक्ति की व्यवस्था से टकराने पर होने वाली दुर्दशा को उन्होंने काफी संतुलन के साथ उजागर किया है। वक्तव्य और रचना के बीच के अंतर्विरोध से ग्रस्त लेखन के दौर में यह चीज स्मरण रह जाने को पर्याप्त तो है ही।

अंत में सिर्फ इतना और कि कथानकों की जगह सिर्फ कथ्य के आधार पर कुछ कह पाने की यह कोशिश अपने समकालीन लेखक पर समालोचक की हैसियत से कहने से बचने की कोशिश है।

'उतरती हुई धूप' : साफ-सुथरी रचना

से. रा. यात्री

'उतरती हुई धूप' गोविंद मिश्र का दूसरा उपन्यास है। अपने पहले उपन्यास ('वह/अपना चेहरा') में मिश्र ने तनाव को भिन्न ढंग से उठाया था और उसका परिवेश नौकरशाही की आंतरिक विडंबना थी, किंतु 'उतरती हुई धूप' का कथ्य और परिवेश 'वह/अपना चेहरा' से अलग है।

बाहर से देखें तो यह उपन्यास विश्वविद्यालयी जीवन का रोमांस और अतीत रोदन प्रतीत होता है, किंतु इस उपन्यास की व्याप्तियाँ इतनी सीमित नहीं हैं। गोविंद मिश्र ने स्थितियों को किंचित गहराई में उतरकर देखा है। इस उपन्यास में यौन और प्रेम का ट्रीटमेंट एक भिन्न स्तर पर हुआ है। पहले हिस्से में नायक संतुलित, आत्मकेंद्रित और किंचित जटिल मालूम पड़ता है—लड़की बेहद भावुक, कमजोर और स्वत्व-समर्पिता लगती है; किंतु आधी मंजिल तक पहुँचते हुए दस वर्षों का दांपत्य जीवन नायिका को आश्चर्यजनक रूप से सर्द बना देता है। अपनी समर्पिता प्रेमिका को इस रूप में पाकर नायक अत्यंत निरीह और छोटा बन जाता है।

इन दोनों चरित्रों के पारस्परिक टकराव से एक चीज साफ उभरकर सामने आ जाती है कि अवांछित स्थितियों और माहौल ने इन दोनों को बाहर-भीतर से बिल्कुल बदल दिया है। अतीत की अदृश्य कोमलता को पुनर्जीवित करने के लिए नायक बराबर जूझता रहता है—संबंधों की पुरानी प्रतीति के बल पर प्रासंगिक बनाने की कोशिश करता है, किंतु प्रेमिका पिघलने की प्रक्रिया के बीच से नहीं गुजरती, वह निरंतर सख्त और अभेद्य होती चलती है।

भाषा के स्तर पर भी लेखक ने पुराने ढर्रे को काटा है, उपन्यास में बिखरी हुई स्थितियाँ एक विशेष प्रकार की मानसिकता की ओर संकेत करती हैं और भाषा आंतरिक तनाव और घुटन को केवल स्वगत कथन बनाकर नहीं छोड़ जाती। 'उतरती हुई धूप' के पात्रों का आत्मालाप पाठक के एहसास से कहीं-न-कहीं जुड़ता हुआ लगता है।

तथाकथित आधुनिकता के कई दावेदार लेखक भिन्न-भिन्न रंग के चश्मों से आक्रांत होकर प्रेम को किसी और ही दुनिया की चीज घोषित करते हैं, क्योंकि यह संवेदना उन्हें एडोलिसेंट लगती है; किंतु रचना के स्तर पर प्रेम और यौन आज भी

चुनौती है। किसी लेखक की रचनाशीलता ही तय करती है कि उक्त विषय की व्याप्तियाँ कितनी गहरी और संदर्भों से जुड़ी हुई हैं। 'दूसर बार' (श्रीकांत वर्मा) और 'एक पति के नोट्स' (महेंद्र भल्ला) से 'उतरती हुई धूप' आगे की स्थितियाँ और ज्यादा गहरे रंग से रेखांकित करता है।

उपन्यास विश्वविद्यालयी माहौल से जुड़ा हुआ है और प्रारंभ में यह धड़कन बहुत साफ है। इलाहाबाद का जिक्र विश्वविद्यालय और उसकी गतिविधियों के बिना प्रायः अधूरा ही कहा जाएगा। गोविंद मिश्र ने विश्वविद्यालय को एक खास वक्त पर शब्द देने का प्रयास किया है। ''इलाहाबाद उन शहरों में से है जहाँ हर मौसम घड़ी के निशान की तरह उछल आता है। जाड़े की छुट्टियों के बाद से ही यूनिवर्सिटी एरिया का रवैया कितने साफ-साफ अंदाज में बदलना शुरू करता है—होस्टल के कमरे रात को देर-देर तक जिंदा रहने लगते हैं, सड़कों पर घुमक्कड़ों के गिरोह पतले पड़ने लगते हैं, घूमते तब भी हैं लोग, पर सिर्फ शाम को और यह भी वे, जिन्हें पढ़ाई से कभी सरोकार नहीं था या वे, जो टॉप करने वाले हैं। वह पढ़ाई भी क्या जो किसी ने देख ली!...दिन में घुमाई, रात नौ बजे के बाद दो बजे तक पढ़ाई।'' (पृ. 21)

'उतरती हुई धूप' एक लघु उपन्यास है और उसमें सामाजिकता के घोर ज्वलंत प्रश्नों की भी गूँज नहीं है, तथापि गोविंद मिश्र ने यौन तथा प्रेम जैसे विषय को लेकर एक साफ-सुथरी रचना प्रस्तुत की है। 'उतरती हुई धूप' का फैलाव कम है, किंतु गहराई का अभाव नहीं है। ''साब, क्या कोई गमी हो गयी है?'' प्रश्न अतीत को काटने में सांकेतिक ढंग से सहायक हुआ है गोकि लेखक अतीत को कहीं से नहीं काट पाया है।

'उतरती हुई धूप' : स्वप्न-भंग का यथार्थ

डॉ. विनय

सीमित जीवनानुभव और सामान्य कथा-संगठन के बीच गुजरकर आज की जिंदगी के एक कोमल पहलू के टूटते कैनवास का चित्रण गोविंद मिश्र के उपन्यास 'उतरती हुई धूप' में काफी रोचक ढंग से हुआ है। यदि दोहरी, तिहरी जिंदगी के व्याख्या-विश्लेषण के लिए जटिल और व्यापक कथा-विधान को नजरअंदाज करके इस उपन्यास के विषय में विचार किया जाए, तो यह लघु उपन्यास कॉलेज-जीवन के रोमांस के काफी अच्छे, खट्टे-मीठे चित्र देता हुआ...यथार्थ जीवन की कठोरता के खालीपन का एहसास कराता है। दरअसल आज के जीवन में प्रेम, रोमांस, विवाह, सेक्स आदि के विविध रूप हमारे वैयक्तिक जीवन को काफी दूर तक एक परंपरित जीवन के विरोध में खड़ा कर देते हैं...लेकिन कई बार हम अपने-आप में इतने भ्रम में होते हैं, कि यह जान नहीं पाते कि कब वह आधार ही खिसक जाता है, जिसके बल पर खयाली घोड़े दौड़ाये जाते हैं। शायद होता यह है कि आदमी धूप से डरकर कमरे में बंद होता है और उसे पता ही नहीं चल पाता कि कब धूप ढल गयी।

'उतरती हुई धूप' में जैसा कि कहा गया है, कॉलेज-जीवन के रोमांस, उससे जुड़े स्वप्नों का, शंकाओं का मार्मिक चित्रण किया गया है। इस उपन्यास में जितना रोचक पक्ष रोमांस का है उतना ही तनाव से परिपूर्ण स्थिति दूसरे पक्ष में नहीं है। दरअसल इस प्रेम-कथा की सबसे बड़ी कमज़ोरी यही है कि वह कहीं गहराई में आदमी के विभिन्न संयमों को छूकर नहीं गुजरती, प्रेम-पक्ष में उपन्यास जितनी सहजता से चलता है, उतना सहज आगे नहीं चल पाता—वस्तुतः प्रेम के असफल हो जाने के बाद की स्थिति काफी साधारण दिखायी गयी है। थोड़ी-बहुत तनाव की स्थिति अरविंद की भावुक दृष्टि के कारण है। मूलतः उपन्यास दो भागों में विभाजित है, पहला भाग पृष्ठ 56 तक नायक-नायिका के प्रेम-प्रसंगों से भरा है....इसके कथानक नायिका के विवाह के बाद नायक से उसकी भेंट से शुरू होता है और बीच के अनेक पड़ाव पार कर जैसे ही नायक यह सोचता है कि नायिका अब भी उसके लिए सहज उपलब्ध है, वैसे ही पटाक्षेप होता है और नायक का स्वप्न भंग हो जाता है। यह स्थिति अत्यंत विचित्र है कि जो भावुकता प्रेमपक्ष में नायिका में है, दूसरे पक्ष में वह नायक उभरती है लेकिन दोनों में से कोई भी

इस स्थिति को विवेक से नहीं देख पाता। एक खास किस्म की अनिश्चयता दोनों के बीच निरंतर उभरती रहती है...यह अनिश्चयता उन दोनों के बीच किसी भी स्तर पर विश्वास पैदा नहीं कर पाती और वे निरुद्देश्य जहाँ जैसा हो सकता है को स्वीकारते चलते हैं...

वस्तुतः यदि यह मान लिया जाए कि प्रेम एक अवस्था की अनिवार्य स्थिति है, एक उम्र का तकाज़ा है, यह स्वप्न जरूरी है....तो यह मानने में भी कोई आपत्ति नहीं होनी चाहिए कि व्यक्ति प्रेम को नितांत सहज भाव से ले।...उसकी इतनी ही अहमियत हो कि वह है या था, इसके आगे जिंदगी के बनने-बिगड़ने का कोई संबंध उस प्रेम से न हो। 'उतरती हुई धूप' का नायक-नायिका प्रेम के इसी दृष्टिकोण को सामने रखते हैं। यह उपन्यास असफल प्रेम के तनाव, द्वंद्व और जटिलताओं को सामने न लाकर मौजूदा जिंदगी में प्रेम की अहमियत की सीमा स्पष्ट करता है। नायिका का यह कहना कि, "मैं एक दिन तुम्हारे पास रहना चाहती हूँ...सिर्फ तुम्हारे पास...." और इस याचना के बाद उन दोनों का साथ-साथ रहना इस बात का द्योतक है कि वह प्रेम की किसी ऐसी थ्योरी को नहीं मानती जिसमें पवित्रता, एकनिष्ठता की नैतिकता के घेरे में ज्यादा छटपटाया जाए और आत्मा के प्यार की दुहाई दी जाए, वह अरविंद के प्रति समर्पित होती है.... और उसके बाद वैवाहिक जीवन में वह कभी भी उस घटना को लेकर पश्चात्ताप नहीं करती...वह उस घटना को सहज भाव से लेती है—इधर अरविंद पहले काफी विवेकजन्य तटस्थता से चीज़ों को लेता है, लेकिन धीरे-धीरे उसका दृष्टिकोण कुछ भावुकतावश स्थिति को ग्रहण करने की ओर झुकता है, फिर भी वह खास तनाव महसूस नहीं करता ...उसके सामने जो कुछ है, वह उसे और भी अधिक अपने अनुकूल बनाने की कोशिश करता है, उसे सफलता मिलती है तो ठीक है, नहीं मिलती तो ठीक है।

'उतरती हुई धूप' का कथा-चक्र जीवन के इन्हीं विचार-खंडों के इर्द-गिर्द विकसित हुआ है। दरअसल इस उपन्यास की मुख्य समस्या इसके सहज ट्रीटमेंट की कला की समस्या है। आद्योपांत भावुकता से भरे संवाद उस मूल बिंदु को ग्रहण करने में बाधा पहुँचाते हैं—जो इसे आधुनिक एप्रोच से जोड़कर प्रेम के आधुनिकीकरण की ओर ले जाता है। अपने सहज रूप में लगता है कि यह एक असफल प्रेम-गाथा है...इस भ्रम की उत्पत्ति इसके भाव-बिंबों के कारण होती है—कहीं-कहीं भाषा भी इसके सहायक होकर आती है, नायक-नायिका अपने प्रेम की अभिव्यक्ति में काफी कुछ वैसा ही बोलते हैं जो सामान्य या आम उपन्यासों में मिलता है; किंतु इस सहज स्तर के भीतर एक ओर स्तर है जो इसको निश्चित ही कला के उस खंड तक ले आता है जहाँ मूल्यों की स्थापना की मजबूरी हो या न हो, लेकिन अपने मूल्यों की स्वीकृति तो है ही—वैसे लेखक के द्वारा चित्रित प्रेम प्रसंगों का विस्तार सारी स्थिति को समारोहात्मक बना देता है, जो साधारण पाठक के लिए ऐसा ब्रेक का कारण हो सकता है लेकिन मूल दृष्टि की स्थापना में उसका अधिक औचित्य नहीं।

संक्षेप में, समग्रतः यह उपन्यास हमारे सामाजिक ढाँचे में काफी दूर तक पड़ने वाली रेखाओं को स्पष्ट करता है। प्रेम के संबंध में आज का आदमी जिन मूल्यों से मुक्त हो रहा है, उस दिशा में यह एक और कड़ी है।

एक तरफ वह प्रेम और सेक्स के विषय में परिवर्तित मानसिकता को उजागर करता है तो दूसरी तरफ विवाह जैसे सामाजिक बंधनों के खोखलेपन के बीच उभरती आत्म-निर्भरता की ओर संकेत भी करता है।

'लाल-पीली जमीन' : रास्ते की खोज पर कदम

स्व. सर्वेश्वरदयाल सक्सेना

'लाल-पीली जमीन' गोविंद मिश्र का तीसरा उपन्यास है। यह उपन्यास सम-सामयिक युवा वर्ग में व्याप्त हिंसा और कामकुंठा के गहरे कारणों की पड़ताल करता है। इसके लिए लेखक ने एक छोटे शहर की छोटी बस्ती चुनी है और उस बस्ती के तमाम चरित्रों को उभारा है। यह बस्ती न पूरी तरह से ग्रामीण है, न पूरी तरह से शहरी है और एक अजीब कस्बई मनोवृत्ति का प्रतीक है जो सारे देश में व्याप्त है। लेखक ने बड़ी सफाई से उन ताकतों की पहचान करायी है जो युवा वर्ग में बढ़ती हुई हिंसा के कारण हैं। ये ताकतें जातिवाद पर आधारित सामंतवादी ताकतें हैं, जिनकी गाँवों में बड़ी-बड़ी जमींदारियाँ हैं और जो शहरों में अपनी प्रतिष्ठा बनाने के लिए हिंसात्मक शक्तियों को पालती हैं जिनकी जरूरत अपनी राजनीति चलाने के लिए राजनेताओं को पड़ती है और जिनकी सुरक्षा पुलिस करती है। लेखक ने उपन्यास में देश के बच्चों, किशोरों के सामने फैली हुई अर्थहीन जिंदगी का बहुत ही मार्मिक चित्रण किया है। निम्नमध्यवर्ग के इन किशोरों के सामने कुछ भी नहीं है जिससे वे अपनी आशाएँ-आकांक्षाएँ जोड़ सकें। अपनी अर्थहीन जिंदगी में अपनी पहचान बनाने के लिए हिंसा को छोड़ और कोई दूसरा रास्ता उनके सामने नहीं है। हिंसा ही उनका मनोरंजन है, हिंसा ही उन्हें आर्थिक सुरक्षा देती है। हिंसा से ही उन्हें सामाजिक प्रतिष्ठा मिलती है। गरीब अशिक्षित बच्चे के लिए उसका शरीर और उसका दुस्साहस ही सब कुछ है—उसके कारण ही वह इस आपाधापी से भरे संसार में किसी तरह खड़े रहने की जगह बना पाता है, बेरोजगारी की। समस्या हल होती है। समाज और राजनीति के कर्णधार उसकी ओर आँख उठाकर देख लेते हैं। वह किसी तरह कितनी निर्ममता से इस्तेमाल किया जाता है। इसका जितना गहरा, मार्मिक और कुशल चित्रण उस उपन्यास में हुआ है वैसा हिंदी के किसी और उपन्यास में नहीं है। शिक्षा-संस्थाएँ अन्याय, जोड़तोड़ और राजनीतिक व्यक्तियों का अखाड़ा हैं। उपन्यास बताता है कि किस तरह छात्र-शक्ति को राजनीतिक व्यक्ति अपना उल्लू सीधा करने के लिए इस्तेमाल करता है। उसे हिंसा की आग में कैसे झोंकता है, फिर भी कैसे उसका हितैषी बना रहता है। हिंसा को व्यापक राजनीतिक संदर्भ से जोड़ने की विफलता भी इसमें है और बताया गया है कि युवा वर्ग की मानसिकता इतनी संकीर्ण कर दी गयी है

और उसके लगाव के क्षितिज सामंतवादी ताकतों द्वारा इतने सीमित कर दिये गये हैं कि वह हिंसा को सामाजिक परिवर्तन के वैचारिक संदर्भ से जोड़ने की स्थिति में ही नहीं रह जाता। लेखक का इस नतीजे पर पहुँचना इस अर्थहीन हिंसा की भयावह करुणा को ओर बढ़ा देता है।

यह उपन्यास खोखले, जर्जर होते, टूटते पारिवारिक संबंधों, निम्न मध्यवर्ग के लड़कियों की उदास, अन्याय से जकड़ी निराशा और आत्महत्या की ओर बढ़ती जिंदगियों और शरीर की ताकत तथा दुस्साहस न बटोर पाने वाले लड़कों के गहन अवसाद, हताशा और जड़ता का भी प्रभावशाली चित्रण करता है। उपन्यास का नायक एक ऐसा ही व्यक्ति है जो बचपन से ये सारी विसंगतियाँ देखता और झेलता चला आ रहा है, जहाँ हर रिश्ता अपना अर्थ खो चुका है। नैतिक मूल्य ढह गये हैं और रही-सही सुरक्षा बेमानी हो गयी है, जहाँ धर्म की आड़ में लंपटता और गुंडई पल रही है, जाति के नाम पर गरीबों को इस्तेमाल किया जा रहा है, जहाँ वीरान, लाल (हिंसा) और पीली (पीड़ा की) धरती ही पैरों के नीचे रह गयी है। उपन्यास में कामकुंठा के जितने भी प्रसंग हैं उनमें आज के नये कथाकारों की तरह लेखक ने रस नहीं लिया है, उसकी तलखी को ही उभारा है। सारा उपन्यास बड़ी कलात्मक दक्षता से लिखा गया है और एक बहुत बड़े पैमाने पर विचारों को झकझोरता और ललकारता है। कहीं-कहीं प्रतीकों का आग्रह है, वह पूरे विन्यास में फिट नहीं बैठता। उसका मोह लेखक को त्यागना चाहिए था। उससे शुरू-शुरू में ध्यान बँटता है, वह पाठक के लिए जरूरी नहीं रह जाता।

इस उपन्यास की दूसरी विशेषता इसकी भाषा है। भाषा बोलचाल की साफ-सुथरी ही नहीं, उसमें बोलियों के तमाम ग्रामीण शब्द जो अब खोते जा रहे हैं लेकिन जिनकी अर्थवत्ता का कोई जवाब नहीं है, बड़े सार्थक ढंग से पिरोये गये हैं। उनके पिरोने का प्रयोजन आंचलिक रंग लाना नहीं है बल्कि अर्थ को अधिक गहरा करना है। हिंदी में आंचलिक का एक सतही मुहावरा आगे चालू हो गया था जहाँ उसका प्रयोजन केवल रंगमयता का सृजन करना ही रह गया था; आंचलिक समस्याओं की गहरी पड़ताल नहीं। यह एक रोमांटिक प्रकृति थी जो टूट रही है। इस उपन्यास में पूरी तरह टूटी है। उपन्यास किसी अंचल विशेष की पहचान नहीं उभारता बल्कि सारे समाज से उसके बहाने आपकी पहचान कराता है। यह उपन्यास गोविंद मिश्र की स्वयं की लेखन-क्षमता के साथ-साथ हिंदी के नये उपन्यास-लेखन की सही स्वस्थ दिशा के प्रति भी आश्वस्त करता है।

भाषा की नयी सुधराई, बुनावट की सहज चतुराई, चरित्रों के मार्मिक गुंफन और समसामयिक सामाजिक यथार्थ के सबसे महत्त्वपूर्ण पहलू की वैचारिक पकड़ के कारण, हिंदी उपन्यास-प्रेमियों को यह उपन्यास अवश्य पढ़ना चाहिए। यह उपन्यास अभी रास्ता नहीं दिखाता लेकिन उस जमीन का पोलापन और उसके कारण अवश्य बताता है, जिस पर रास्ता बनाना है।

'लाल-पीली जमीन' : गुंडई-नंगई की जीवंत तस्वीर

डॉ. विवेकी राय

हिंदी में इधर एक नया स्वाद-गंध कथासाहित्य के सहारे विकसित हुआ है जिसमें एक परिवेश को उसकी समग्रता के साथ प्रस्तुत करते हुए कथाकार इस बात से नहीं डरता है कि उसकी कृति औपन्यासिकता के अभाव में पाठकों के भीतर ऊब भी पैदा कर सकती है। कभी-कभी इस शिल्प-साहसिकता में कुछ मूल्यवान बातें भी उछल आती हैं। उदाहरण के लिए लब्धप्रतिष्ठ आधुनिक कथाकार गोविंद मिश्र की नवीनतम कृति 'लाल-पीली जमीन' को लें जिसमें कथाकार ने युवा छात्रों के एक पूरे समुदाय को बेनकाब किया है। ये सभी युवा छात्र एक ही बुंदेलखंडी उपनगर के हैं और एक ही स्तर के खोखलेपन से भरे हैं। उपन्यास का नाम आंचलिक होने की सूचना देता है परंतु कथाकार ने अंचल को बहुत सफाई से परे कर एक सार्वदेशिक प्रवृत्ति को सामने कर दिया है। इस प्रवृत्ति को असामाजिक नंगई अथवा गुंडई कह सकते हैं। ऐसा लगता है कि कथाकार ने इस प्रवृत्ति को उपन्यास करने में कुछ सोच-समझकर हाथ लगाया है। आपातस्थिति के कारण उनकी उस नंगई को वह चित्रांकित नहीं कर सकता जिसका चित्रण 'अपना मोर्चा' अथवा 'गली आगे मुड़ती है' में हुआ है। यहाँ नंगई का क्षेत्र राजनीति से सर्वथा हटकर समाज संकेंद्रित है और उसमें अपराध और सेक्स में से भरपूर बल सेक्स पर ही पड़ गया है। यह अवश्य अस्वाभाविक लगता है कि एक स्थान विशेष का समूचा युवा छात्र समुदाय अर्थात् देश की नयी पीढ़ी राजनीतिक चेतना से एकदम शून्य है और वह मात्र लड़कियों के पीछे छिछले बलप्रदर्शन में मशगूल है। इसे यदि आज की एक सचाई मान लें तो वास्तव में यह एक भयानक स्थिति है। उस ओर महाभयानक अंधस्थिति की कल्पना हम कर सकते हैं जब केशव, कल्लू, शिवमंगल, सुरेश, शिवराम और कैलाश जैसे आवारा-बदमाशों के सिर पर समाज का बोझ आ जाएगा।

कथाकार उखड़े युवा-जीवन के अनुरूप उखड़ी भाषा का प्रयोग करता है। लड़कों का एक पूरा जीवन, उनका खेलना, घूमना और लड़ना-झगड़ना सब कलम की गिरफ्त में है। मैदान में, गली में, मुहल्ले में, मंदिर में और स्कूल में सर्वत्र उनकी फालतू जिंदगी का फुटकर तखमीना बिखरा है। शहर के बाहरी ओर यह पहाड़ी बस्ती का भाग, गंदा और असुरक्षित भाग, अत्यंत हीन स्तरवाले जानवरों जैसे लोगों वाला भाग जिसमें

किसान, पंडित, पुरोहित, खेतिहर मजदूर, अध्यापक सब तरह के लोग हैं, कथाकार के इस साहित्यिक सर्वे में बहुत जीवंत ढंग से उभरता है। पाठकों को जो शिकायत हो सकती है, वह यह कि प्रस्तुतीकरण का ऊबड़-खाबड़ रूप आस्वाद में बाधक होता है। 'उपन्यास' पढ़ने के लिए प्रस्तुत उपन्यास को नहीं उठाया जा सकता है। मनोरंजन में नहीं, जीवन-यथार्थ में डूबने का यह न्यौता आकर्षक तो बहुत है पर भारी पड़ता है। घिनौनी, भ्रष्ट, गंदी और गरीब बस्ती के ये गोली, चिआ और आँखमिचौनी खेलनेवाले उजड्ड लड़के एक बड़ी उम्र तक ऐसे ही दिखायी पड़ते हैं और उनके मिजाज के अंदाज का जायजा लेने में प्रबुद्ध पाठकों को कौतूहल भी भरपूर रूप से होता है। लड़कों के साथ किशोरी बालिकाएँ खेल रही हैं और खेल ही खेल में वह बहुत कुछ लेखक के हाथों ऑपरेट होती डाक्यूमेंटरी फिल्म में दिख जाते हैं जो गँवई जीवन का एक विशेष मर्म है। आश्चर्य है कि इस नगर की बस्ती के लड़कों में शुद्ध गँवई जीवन का निखार है। इन्हीं अधकचरे युवा छात्रों के कोण से लेखक पूरे समाज का सर्वेक्षण करता है।

गोविंद मिश्र ने जिस समाज को उपन्यस्त किया है, उसमें घोर पार्टीबंदी है किंतु यह राजनीतिक किस्म की पार्टीबंदी से भिन्न जातिवादी और गुंडागर्दी वाली पार्टीबंदी है। यादव-पार्टी और चौबे-पार्टी खुलकर मैदान में हैं। बीच में हैं बोस साहब, राजनीतिक आदमी, जो दोनों को इस्तेमाल करते हैं। कॉलेज का विद्रोह भी सामने है, पर वह भी अराजनीतिक है। प्रिंसिपल के रिटायरमेंट के प्रश्न पर हड़ताल, जुलूस, नारेबाजी, पथराव, लाठी, गोली, अग्निकांड, सभा, नेतागिरी, सब्जबाग और 'चारेबाजी' से लेकर युवा शक्ति की घोर अर्थहीन भटकन तक सारी बातें आ गयी हैं परंतु यह सचमुच आश्चर्य की बात है कि कथाकार कैसे इसे इस सीमा तक अराजनीतिक रख पाता है? वह गुंडई के नाना रूपों को पेश करता है। अंधकार में भटकते ये युवक कहीं खुलते हैं, कहीं अनखुले रह जाते हैं। उपन्यास के अंतिम भाग में सुदेश से पूछा जाता है कि उसे किससे 'निपटना' या किसको 'ठिकाने लगाना' है, तो उसे कुछ नहीं सूझता है और झेंपकर कहता है कि 'मैं बीमार हूँ।' इस प्रकार 'फालतू' लोगों की इस दस्तावेज का कहीं सघन, कहीं बिखरा, सामाजिक जीवन की तंग यथार्थ घाटियों में घुटी हीन वृत्तियों से संपृक्त जीवन की गिरावट को एक नया अर्थ देकर अंत हो जाता है।

यह नया अर्थ क्या है? केशव नामक बालक उपन्यास की समूची घटना का साक्षी है। गाँव से भागकर शिक्षा और सुरक्षा के संदर्भ में वह अपनी माता और पिता के साथ नगर की इस खादिया बस्ती में आया। यहाँ उसका पूरा परिवार नैतिक गिरावट की चपेट में आ जाता है और अंत में केशव का पिता नगर की बढ़ती आवारागर्दी और नंगई से तंग आकर गाँव भाग जाने का फैसला कर लेता है। केशव के पिता द्वारा खादिया बस्ती को छोड़कर गाँव जाने में जो व्यथा है वह पूरे समाज की व्यथा है। आंचलिक चित्रों में गाँव छोड़कर नगर की ओर भागने के चित्र तो सामान्य है परंतु यह नगर छोड़कर गाँव की ओर पलायन का चित्र असामान्य है। केशव के पिता की आशाओं के अधूरे रह जाने

में इस देश के लाखों-करोड़ों उन अभिभावकों की व्यथा है जिनके बच्चे नगरों में जाकर 'दादागिरी' के चक्कर में पड़ जाते हैं और छुरे-तमंचे की भाषा बोलने लगते हैं। केशव और उसके पिता पर ग्राम-जीवन का प्रभाव अधिक है और उस प्रभाव के कारण उनका नैतिक मन अभी सक्रिय है। वास्तव में नगर में वे खप नहीं पाते हैं और न ही वे गुंडई को जीने का अस्त्र बनाने में सफल हो पाते हैं। उनकी सिधाई, उनका दब्बूपन—सब सांकेतिक है और उन चित्रों को चटक करने में प्रयोजनीय होता है जिसमें बस्ती के नागरिक अभिभावक और उनकी संततियाँ गुंडई-नंगई को एक जीवन-मूल्य के रूप में अंगीकार कर जी रहे हैं।

'लाल-पीली जमीन' : परिवेश की भयावह हिंस्र शक्ति की अभिव्यक्ति

डॉ. चंद्रकांत बांदिवडेकर

गोविंद मिश्र की औपन्यासिक रचना 'लाल-पीली जमीन' हिंदी के कुछ चुने हुए सामाजिक उपन्यासों की पंक्ति में रखी जा सकती है। सामाजिक उपन्यास से यहाँ अभिप्राय समस्यात्मक उपन्यास से नहीं है, न पूर्वग्रह-दूषित किसी वर्गीय चेतना का अंकन करने वाले उपन्यास से है। व्यक्ति और सामाजिक परिवेश की गहन टकराहट व्यक्ति के व्यक्तित्व के संपूर्ण गठन को अर्थात् उसकी वृत्ति-प्रवृत्तियों, आचरण के मानों, मूल्यों और व्यावहारिकता को तथा शील को गहन रूप में किस प्रकार प्रभावित करती है, 'लाल-पीली जमीन' इसको उद्धृत करता है। 'लाल-पीली जमीन' के परिवेश में भयानक हिंस्र शक्ति है और व्यक्ति उसके सामने अपनी समस्त जिजीविषा और जीवट के साथ असहाय है। सिवा टूटते हुए बिखर जाने और अंदर-ही-अंदर गलते, घुलते और सड़ते जाने के अन्य कोई विकल्प नहीं है। वस्तुतः व्यक्ति और परिवेश का कोई जोड़ है ही नहीं, क्योंकि परिवेश की हिंस्रता इतनी सर्वग्रासी है कि दोनों के संबंध को संघर्ष भी नहीं कहा जा सकता। लेकिन गोविंद मिश्र ने व्यक्ति को—केशव को—विलक्षण तीव्र संवेदन-क्षमता देकर और परिवेश की मार के बदले में इस संवेदना की राख में परिणत होने वाली चिनगारियों का अजीब-सा विद्युत-आलोक पैदा किया है।

'लाल-पीली जमीन' में पैदा हुआ प्रायः हर व्यक्ति उखड़ने के लिए, गिरने के पहले जीवन के रूप में खड़खड़ाहट करने की विवशता के लिए ही पैदा हुआ है। असहाय, यंत्रणामय, करुण कराहें समस्त उपन्यास में व्याप्त हैं—शक्ति और अत्याचार करने की सामर्थ्य को बोध देने वाले व्यक्ति भी कहीं भीतर में अवश पीड़ा के ही प्रस्फुटन हैं। व्यक्ति और व्यक्ति के संबंधों में यह मिट्टी बजती रहती है—फिर ये संबंध पति-पत्नी के हों, पुत्र-पिता, माता-पुत्र, मित्र-मित्र या शत्रुता के हों।

सारे संबंधों और मानवीय जीवन के स्रोतों की एक ही परिणति है : इस लाल-पीली जमीन की विशिष्ट मिट्टी में मिलने की। यह मिट्टी अपने रंग में, अपने कठोर साँचे में सबको ढालती है। इस मिट्टी की पहचान उपन्यास के मर्म को समझने की एक महत्त्वपूर्ण कुंजी है।

गोविंद मिश्र की यह जमीन न शहर की है, न गाँव की। न देहाती, न नगर। दोनों से कुछ लिया गया है तो भयावहता। लेखक इस छोटे-से शहर का भूगोल तो बता देता है लेकिन यह भौगोलिक पृष्ठभूमि यथावतता या पहचान के लिए इतनी महत्त्वपूर्ण नहीं है जितनी इस पृष्ठभूमि पर चलनेवाली हिंस्र, क्रूर, आतंकपूर्ण मानवीय यथार्थ के कलात्मक (फिर भी वास्तविक) नेपथ्य के रूप में। इस जमीन का भूगोल, उसकी प्रकृति, उसकी परिश्रमशील जिंदगी, उसकी दरिद्रता—यह सब औपन्यासिक विश्व को स्थानीय रंग देने की अपेक्षा भी अधिक महत्त्वपूर्ण कार्य करता है—जीवन की यातना को प्रतीकात्मक ढंग से विराट् उग्रता का आयाम देने का कार्य, इस शहर के अनियंत्रित जीवन की दिशाहीन बाढ़ की विकरालता को प्रतीकित करने का कार्य। यहाँ का पहाड़, किला, बुर्ज, पेड़हीन जमीन, काली बड़ी चट्टानें, उनको घेरने वाला कालापन, पीपल की सरसराहट, कालपन की छाया लिये मंदिर और कुइयाँ, जंगली तेंदुए जिनको शिकारी भी मार नहीं पाये और जिनके भय से रात को मवेशियों को उनकी किस्मत पर छोड़कर लोग सो जाते हैं, लखनऊ के घर के किवाड़ पर सर्प-मैथुन और उसको दूर से किंकर्तव्यविमूढ़ होकर देखने वाले लोगबाग, साँड़ों की लड़ाई—यह सब शहर की स्थानीयता को विशेषीकृत करता हुआ भी सहज ही उस हिंस्रता और विवशता से भरी भावभूमि पर ले जाता है जिसका विलक्षण चोटें करने वाला, मस्तिष्क की नसों को तड़काकर सुन्न करने वाला विदारक अनुभव गोविंद मिश्र प्रतीयमान करना चाहते हैं।

एक ओर यथावतता को, यथार्थ को चित्रांकित करने वाली घटनाओं और दृश्यों की बिंबमालिका लाल-पीली जमीन में आद्योपांत व्याप्त है तो दूसरी ओर वह सहजता से प्रतीकात्मक बनकर आशय को विराटता से संपृक्त भी करती है। इस शहर की होली और दीवाली का जिक्र है परंतु लेखक की छोटी-सी यह टिप्पणी कि 'त्योहार जो ठीक उसी जगह का लगता था, वह होली का था', भयानक व्यंजना करती है।

लेखक की जीवनानुभव की मजबूत पकड़ का एहसास कराने वाली ऐसी असंख्य टिप्पणियाँ प्रस्तुत उपन्यास में भरी पड़ी हैं। वह होली भाभी-देवर के मीठे परिहास के लिए या दुश्मनी भूलकर एक-दूसरे के गले लगने के लिए नहीं थी बल्कि बेबसों को अधिक यातना देकर अपनी नपुंसकता और क्रूरता की अभिव्यक्ति के लिए थी। यह डकैती के खुले नोटिस की तरह आती थी : ''जुआ, कीचड़ उछालना, नकेल छेदना, काली माँ के मंदिर पर बलि देना, इसलिए उनके खून में था।''

भारतीय जीवन के मूल्यात्मक संस्कारों और आचरणों का कोई अंग उस शहर में नहीं बचा है—जो भी बचाने का प्रयास है वह कछुआधर्मी है मुगलों के अत्याचार से पीड़ित मध्ययुगीन हिंदू धर्म की तरह। इसका कोई भविष्य नहीं है—सिवा एक झूठी वंचना के। कोई मूल्य नहीं बचा है इस जिंदगी में सिवा 'जिंदा रह ले जाने की करीब-करीब एक जिद-सी' के, जो बेशरमी की हद तक खिंची हुई है—इस भयानक अनुभव के बीच से गुजरते जाना कितना कष्टकर है—खास कर उस कलाकार के लिए

जो आंतरिकता से चाहता है कि पैर टिकाने के लिए कहीं तो मूल्यों की जमीन हो। ठीक पागल कर देने वाली स्थिति जिसको भोगा था नीत्शे ने जो कि तर्कबुद्धि से तो जान गया था कि ईश्वर नहीं है लेकिन कहीं भीतर टूटकर खोज रहा था अँधेरे में नन्ही कंदील लेकर उस मरे हुए ईश्वर को।

गोविंद मिश्र की कलात्मक दृष्टि की सराहना इसलिए भी करनी चाहिए कि इस दर्द के बीच से गुजरकर भी वे भावुक होने की बात तो दूर ही रही, इतनी तटस्थता और निस्संगता से समस्त पीड़ा को आकार दे सके हैं कि कहीं भी पाठक भावुक प्रतिक्रिया के लिए लालायित नहीं होते। जितनी निर्ममता से आसपास वालों को देखा, उससे कहीं अधिक वस्तून्मुखी दृष्टि से उन्होंने अपने को, स्वयं को देखा है।

मुझे मालूम नहीं, यह यथार्थ गोविंद मिश्र का कितना है और केशव का कितना है–उसकी आवश्यकता भी नहीं है–लेकिन इतना निश्चय ही कहा जा सकता है कि इस उपन्यास के जीवनानुभव को गोविंद मिश्र ने विलक्षण संवेदनशीलतापूर्वक झेला है और उससे तटस्थ, निस्संग, कलात्मक रिश्ता भी सफलतापूर्वक जोड़ा है। इसीलिए अपने असहाय, निःशक्त और विवश बाप के लिए आंतरिकता से जुड़कर भी केशव भावुक नहीं होता और अपनी जारिणी माता के चरित्र को गहन व्यथा से देखकर भी उसका संयत और सूक्ष्म चित्र खींचने में सफल हो सका है। एक ऐसा मन को करवत की तरह चीरता जाने वाला एहसास उपन्यास को पढ़ते समय पाठक को वेदना पहुँचाता रहता है कि केशव अनचाहे वयस्क होता जा रहा है। जो जिस वय में नहीं देखना-भोगना चाहिए, उसे देख-भोगकर या उसे देखने-भोगने को विवश किया जाकर असमय में प्रौढ़ होता जा रहा है। जीवन के अपने क्रम का उल्लास और आनंद न लेकर बूढ़ा होने के लिए मजबूर किया जा रहा है। यह प्रत्यक्ष जीवन में दुःखद है, उतना ही कलात्मक स्तर पर व्यक्त करना मुश्किल है। गोविंद मिश्र को इसमें अद्भुत सफलता मिली है।

यह कलात्मक पैनी अंतर्दृष्टि का ही परिणाम है कि केशव की यौवनावस्था की प्रेयसी उमा के साथ उसके संबंधों का विस्तार से चित्रात्मक प्रस्तुतीकरण करने के मोह से लेखक ने अपने को बचाया है। इस जटिल प्रक्रिया को समझने के लिए देखना आवश्यक है कि यह क्या है जो केशव को अनायास वृद्धत्व दे रहा है, ययाति के पुत्र की तरह! वहाँ वृद्धत्व देने वाला निश्चित व्यक्ति था, यहाँ समूचा परिवेश ही है। केशव और उसके परिवेश का यह जटिल संबंध ही उपन्यास का केंद्रीय बीज है।

केशव लाल-पीली जमीन में फेंक दिया गया है–पूरी केशव की जमात–फालतू जमात! ''वहाँ लड़कों का दूध जहाँ छूटा कि वे बाहर नंग-धड़ंग घूमने के लिए छोड़ दिये जाते थे...यह फालतू उम्र थी–क्योंकि माँ-बाप या किसी के लिए भी वे फालतू थे।''

यह गोविंद मिश्र का कोई तार्किक निष्कर्ष नहीं है बल्कि वह बीज-बिंदु है जो समूचे उपन्यास में जीवंत व्यापारों द्वारा मूर्त हो गया है। यह एक नितांत अलग भूमि है जहाँ से गोविंद मिश्र का यथार्थ धीरे-धीरे अनावृत होने लगता है। किसी भी प्रकार की

तथाकथित भारतीय पारिवारिक जीवन की कोमलता यहाँ शेष रह ही नहीं गयी है—एक कठोर यथार्थ क्रमशः अनावृत किया गया है जो भीषण से भीषणतम की ओर गहन बनता जाता है। बच्चे खेलते हैं, अपनी जैविक प्रवृत्तियों के अनुसार जीने लगते हैं, अच्छे-बुरे का बोध संस्कार के रूप में हो भी तो इस जमीन की मिट्टी कुछ ऐसी है कि बच्चे एक गंदे, सड़न-भरे आवर्त में फेंक दिये गये हैं। जो उनके सौभाग्य से किनारे पर रहते हैं, वे बचते हैं, कुछ भलेमानस होते हैं। जो किस्मत वाले नहीं हैं, वे कल्लू, सुरेश, शिवमंगल, कैलाश के रास्ते पर जाते हैं—एक हिंस्र पशु की जिंदगी जीने को बाध्य होते हैं। कभी अपनी असंस्कारित इच्छा से तो कभी अनचाहे—यह भयानक है।

ये बच्चे वही खेल खेल सकते हैं जो अभावग्रस्त जीवन में बिना किसी साधन-सामग्री के खेले जा सकते हैं—चिंया, गुल्ली-डंडा, लुकाछिपी, दंड-बैठक, कुश्ती इत्यादि। पशुओं की नार के पीछे गिरते गोबर को पकड़ने के खेल में भी रस लेते हैं। छोटे और सुंदर लड़कों को बड़े लड़के 'फँसाते' रहते हैं और इसमें अपनी शान समझते हैं। इन फालतू बच्चों का शारीरिक विकास होता ही है—जैविक नियमों के अनुसार। उनके लिए कोई साधन या माध्यम नहीं है। न बड़ों के पास शिक्षा और संस्कार देने की क्षमता है, न इच्छा ही; शिक्षा घसीटती चली जाती है। बच्चे भैंसा-भैंसी, बकरा-बकरी का व्यवहार देखकर बहुत कुछ सीखते हैं और समलिंगी व्यवहार भी उनको सिखाता रहता है। यह बोध स्त्री तक विकसित होता है तो उसके मूल में कोई मानसिक संस्कार नहीं है।

'इस कमल के फूल को तोड़कर ही रहना है'—यह यहाँ की प्रेम की भाषा थी और 'कब फँसोगी?'—यह प्रेम-निवेदन। गोविंद मिश्र ने इस वर्णित तथ्य की क्रूर वास्तविकता को सशक्त चरित्रों द्वारा रूपायित किया है। लंगोटधारी पंडित साँड़ की तरह शहर में लड़कियों को फँसाने के लिए घूमता है। नारायण के माध्यम से छवि को फँसाना चाहता है। सुरेश यादव की प्रतिष्ठा को चुनौती देता हुआ छवि को मंदिर में भयानक ढंग से आतंकित करता है और खुलेआम नारायण छवि को बेइज्जत करता है और शहर का कोई माई का लाल उसका विरोध नहीं करता।

"लड़कियों को मुझे देखकर कँपकँपी छूटे," उन्हें उसके डरावने सपने आयें, केवल इसी मनोवैज्ञानिक गरज से यह शरीर से छोटा आदमी भट्ट की लड़की को पहाड़ की ओर भगा ले जाता है और तीसरे दिन शाम को उसी दुकान में आकर गालियाँ देकर कड़क चाय भी पीता है। खुले आम उससे यह भी कहता है, "लेकिन तुझे एक बार ही और तंग करूँगा—जब छोटी तैयार हो जाएगी।"—यह उस मिट्टी में पनपा निर्लज्ज शौर्य था और यह छोटा लड़का सभी को नपुंसक बना दे रहा था।

इस मिट्टी में जब एक डाकू कलेक्टर की लड़की को भगा ले गया और सरकार ने भी उसे वैयक्तिक मामला मानकर दबा दिया तो सुरेश कमिश्नर के कंधे पर हाथ रखकर उन्हें पान खिलाये और अपनी धाक जमाये तो आश्चर्य नहीं।

जंगली जीवन के पाशवी स्तर पर चलने वाली इस आतंककारी दुनिया को गोविंद मिश्र ने अपनी पूरी क्षमता के साथ उकेरा है।

लाल-पीली जमीन का यह पूरा विश्व जंगली, हिंस्र, भयावह और मूल्यहीन होने पर भी कहीं भी भड़कीला नहीं है। न कहीं नाट्यात्मकता का सहारा लिया गया है। जात-पाँत, सामाजिक स्थान और प्रतिष्ठा, आर्थिक औकात और शक्ति, मानवीय मूलभूत प्रवृत्तियाँ और परिवेश का दबाव, राजनीतिक दाँव-पेंच—इनका कुछ जटिल रसायन उपन्यास में उबलता रहता है। पाठक अनुभव करता है एक अजीब-सी अवसन्नता, पत्थर की दीवार पर सिर पटक-पटककर मरने वालों की यातनाओं का चीखता अवसाद। एक अच्छे-भले आदमी को आदमी के स्तर से नीचे खींचने वाले परिवेश का रीछ जैसा आकार जो क्रमशः हमारे आसपास फलता रहता है—निस्तार कहाँ है? रास्ता कहाँ है?

लड़कियों को जवानी प्राप्त होने के पहले ही घर की चहारदीवारी में कैद किया जाता है या विवाह की बेड़ियों में विकास के पहले ही उन्हें बाँध दिया जाता है। क्योंकि ''वहाँ इतने साँड़ फिरते रहते थे कि आम आदमी अपनी लड़की तेरह-चौदह में ही ब्याहकर निबटा देने की सोचता था।'' स्त्री-जीवन की भयानक नियति शांती, मालती, छवि, शैलजा के माध्यम से इतनी शक्तिपूर्ण ढंग से व्यंजित की गयी है कि अंतर्मुख होकर विचार करने वाला पुरुष अपने पुरुष होने को कोसता रहे। शांती के पास इन साँड़ों से बचने का उपाय था, ''तेजी से सुखा जाए। बुढ़ापे की लकीर छू ली तो सब कुछ ठीक हो जाएगा।'' यौवन की कुछ छलकी बूँदें शांती को मिलती हैं बड़े के साथ झूले पर पेंग भरने में और उसके घर रोटियाँ बनाकर खिलाने में। इस मुहल्ले के प्रति उसको कोई मुगालता नहीं था और चिढ़ और गुस्सा कुछ ऐसा था कि शादी के पहले बड़े का हाथ पकड़कर मुहल्ले के सामने खड़े होकर कालिख पोतना चाहती थी, वह मुहल्ले के मुँह पर। लेकिन किस्मत का खेल था कि उसे गंदे, वयस्क, लंगोटधारी पंडित की वासना का शिकार होना पड़ा और ''यहाँ की हर औरत बड़ी सख्त होती है। उसकी छाती मर्द की छाती से भी मजबूत होती है,''—कहने वाली शांती पंडित के बलात्कार के परिणामस्वरूप मानसिक यातना से मर जाती है।

पंडित का घिनौना पाप पानी के बुदबुदे की तरह ही उस मिट्टी में अनदेखा मिल जाता है—कोई निशानी नहीं बचती है। किसी भी प्रकार के काव्यात्मक न्याय का रोमांटिक मोह गोंविद मिश्र को नहीं छूता। छवि और शांती जैसी लड़कियों के जीवन में थोड़ी-सी रोमानी पुलक पैदा हुई भी तो उन दोनों की भीषण नियति को अतिशय उग्र बनाकर खत्म होने के लिए। छवि और नारायण के प्रेम का आरोह-अवरोह जितनी कलात्मकता से खींचा गया है उतनी ही निर्ममतापूर्वक उसके मसले जाने की कहानी भी बतायी गयी है।

अपने नाम से लड़कियों को कँपाने की आकांक्षा रखने वाले सुरेश ने मंदिर में दोनों को पकड़कर क्रूरतापूर्वक बेइज्जत कर दिया। बेहद चिकने-चिकने शरीर वाली काली परंतु सुंदर मालती, जिसकी अंग-गंध से केशव बँध गया था, अधेड़ उम्र के सर्वे की चौथी

पत्नी बनने के तुरंत बाद, "एक ही दिन में बूढ़ी हो गयी थी," और शादी के बाद तो अपनी ओर से, सफाई की ओर से कुछ ऐसी उदासीन हो गयी थी कि उसके शरीर के पसीने की बदबू केशव को असहनीय बन गयी थी। लाल-पीली जमीन की लड़कियाँ अपने यौवन को भोग ही नहीं सकती थीं, यह दर्दनाक तथ्य लगभग हर नारी प्रमाणित कर देती है।

किसी के आसपास न फटकने वाली शैलजा को भँगेड़ी पहलवान कल्लू भगा ले कर जाता है—मास्टर कौशल के घर आना-जाना रहते हुए भी। उसके पीड़ा पाकर भाग आने के बाद कौशल मास्टर जैसा समझदार व्यक्ति भी कह देता है, "मर तो सकती थी।..." हर पिता लगभग इसी तरह चिंतित है अपनी पुत्री को लेकर, "क्या करेगी...कौन ब्याहेगा तुझे अब?" बदबू मारती घूमती लड़कों की जवानी के माहौल में सब पिता जैसे लाचार है, विवश हैं, अमानुष होने के लिए बाध्य हैं।

पूरे उपन्यास में ही विवशता का, लाचारी का, भय का दर्दनाक स्वर गूँजता रहता है। इसमें कमजोर केशव के कमजोर पिता, बड़े जैसे पढ़ाकू लड़के, गृहस्थ धर्म को निबाहने वाले स्त्री-पुरुष सब मजबूर हैं, असहाय और आतंकित हैं। शिवमंगल और सुरेश जैसे आवारा और बदमाश लड़के भी विचित्र किस्म की मजबूरी के शिकार दिखाये गये हैं। पंडित की पत्नी, केशव की माँ सब इस माहौल में पिट रही हैं, पिस रही हैं। पंडित अपनी पत्नी को खुलेआम पीटता है तो कोई पुरुष बीच में दखल नहीं देता; जैसे रात के वक्त तेंदुआ आकर मवेशियों को खा लेता है और लोग सो जाते हैं।

उपर्युक्त परिवेश में पैदा हुआ है केशव। अपने पिता के संबंध में कहता है, "संसार में फेंक दिये गये जैसे कोई ढेला बेमकसदी से किसी की तरफ उछाल दिया जाए। अपनी तमाम जिंदगी उन्हें शायद कोई भी ऐसा नहीं मिला जो उन्हें समझने के लिए रुकता। उनके कोई दोस्त भी नहीं थे, न हैं। इसके साथ-साथ चलता रहा एक क्रम, करीब-करीब लगातार अपमानों को सहना, अपने छोटेपन का अहसास और अक्सर शारीरिक यातनाएँ भी—अगर कोई सोचने-समझने वाला आदमी एक कुत्ता हो जाए जिसे हर दूसरा कुत्ता लथेड़ता-चीथता हो तो? वे बदला निकालते थे अपनी पत्नी पर, बच्चों पर..." यह लगभग उस लाल-पीली जमीन में पैदा हुए हर व्यक्ति का परिवेश है। केशव भी इन परिस्थितियों में जी रहा है—न दोस्त, न कोई समझने वाला, न घर में न बाहर, न पड़ोस, अपमान और विवशता का सतत बोध, आत्मग्लानि की निरंतर कचोट, शारीरिक और मानसिक यातनाएँ।

सुरेश, शिवमंगल, कल्लू, शिवहरे, पंडित, शिवराम, कल्लन—इन सबको कौन समझता है? इनका कौन दोस्त है? ये जो कुछ कर रहे हैं, वह भी गहरे धरातल पर अपने छोटे होने का ही बदला ले रहे हैं—परिवार पर या दूसरों पर अत्याचार करके। भय, असुरक्षा, अकेलेपन की सतत चुभन, निरुद्देश्यता इस अभावग्रस्त संस्कारविहीन मिट्टी की देन है जिसे विलक्षण प्रत्यकारिता से लेखक ने संप्रेषित किया है। यही कारण है कि

केशव, जो अन्यों के मुकाबले अधिक संवेदनशील, समझदार और सहानुभूतिशील है, अपनी मानसिकता से मेल खाने वाले शिवमंगल के अनाथ लड़के सोहन के प्रति सहानुभूति अनुभव करता है, "लेकिन जो अकेलापन केशव के अंदर कहीं घर कर रहा था, वह सोहन का आकार लेकर तब बाहर खड़ा था।" उसके पूरे जीवन में केशव का फिक्सेशन अपने पिता से है जो कहीं विलक्षण, असहाय और अकेले हैं। अपने घर मामा को देखकर असहाय बन गये "तो जो बाहर था वही अंदर था, जैसे उधर उनका जोर नहीं था तो इधर भी नहीं है। वे एकाएक अपने-आपको काफी दुर्बल महसूस करने लगे—क्या कहीं भी उनका बस नहीं है?"

पिता एक ओर असहाय थे, इसलिए भी केशव की सहानुभूति के पात्र थे। दूसरी ओर केशव के लिए असुरक्षित जिंदगी में सुरक्षा के भी संबल थे। इसी अकेलेपन से भागने से लिए केशव दूसरों से जुड़ता था, स्कूल से भी जुड़ता था। "केशव के पास जब कुछ नहीं बचा था तब एकाएक उसके सामने स्कूल नया अर्थ लिये खड़ा था। कितने घरौंदे टूटे थे...कुछ तो बनने के पहले ही टूट गये थे, जैसे गुब्बारा फूलते-फूलते ही फट जाए। ऐसे में वह कहाँ खड़ा हो, यही सबसे बड़ी समस्या थी शुरू-शुरू में। उसके सामने समस्या जो रूप लेकर आती थी, वह यह थी कि किनके साथ उठे-बैठे, किनके साथ ऐसा रिश्ता जोड़े जो कभी टूटे नहीं। दोस्त करीब-करीब थे ही नहीं। घर? दूसरे घर और रिश्तेदार? वह भी नहीं...." गोंविद मिश्र ने इस अकेलेपन और दूसरों से जुड़ने की असफलता की दर्दनाक यंत्रणा को असंख्य घटनाओं और प्रसंगों के माध्यम से चित्रात्मक मूर्तता दी है, यह कला की दृष्टि से महत्त्वपूर्ण है।

लाल-पीली जमीन की मिट्टी में पैदा होने वाले हर बच्चे के मन में सर्वाधिक काली छाया अगर किसी भाव की पड़ती थी तो वह भय की। केशव के जीवनाध्याय का प्रारंभ ही इसी भाव से किया गया है। गुल्ली-डंडा खेलने वाले भाग जाते हैं एक आदमी के भय से, "...केशव को बार-बार-लग रहा था कि यही वह आदमी है जो शाम होते ही पहाड़ पर पत्थर बनकर चिपक जाता है। दिन-भर इस मुहल्ले पर भूत की तरह मँडराता रहता होगा..." आगे केशव की मनःस्थिति का वर्णन है, "पीछे, भूत...तेंदुआ...इस तरफ से राक्षस...सामने राजघर के मकान, ऊपरी हिस्से पर उठ-उठकर खड़ी ठठरियाँ...लिपटे हुए मुर्दे...एक के बाद एक...और एकदम सामने वह...रखैला पत्थर, जिसने अब अपना रंग भी बदल लिया था...केशव को लगा, वे सब चारों तरफ से उसे जकड़ने के लिए बढ़ रहे हैं...बस, चंद मिनटों की बात बची थी।" इस भय के साथ केशव को घर में भी सुरक्षा या अपनत्व नहीं मिल रहा था क्योंकि माँ और बहन दोनों उस समय घर में नहीं थीं। यह सब प्रतीकात्मक बनकर सघन लगने लगता है, भय और असुरक्षा का इस प्रकार संगुंफन पूरे उपन्यास के टेक्सचर में व्याप्त है।

केशव न घर में जुड़ सकता है, न स्कूल में। पढ़ाई तो अपनी जगह पर घसीटती चल ही रही थी लेकिन एक तरह का गंदा और घिनौना वातावरण जिसमें साँस लेना

मुश्किल था। बच्चों के समलिंगी संबंध अपनी जगह पर थे ही परंतु उससे अधिक एक-दूसरे की नीयत पर था शक।

अब्दुल के घर जाने के परिणामस्वरूप केशव अकारण पिट जाता है जिसे वह अंत तक नहीं भूल पाया। पिता की असहायता और निराधार विवशता का चित्रांकन करते समय अंत में केशव कहता है, "सोच सकता हूँ कि उस दिन अब्दुल के घर से लौटने पर जो पिटाई केशव को पड़ी थी, उस वक्त केशव की आँखें भी ऐसी ही हो गयी थीं।" (पृ. 305-306) इस उपन्यास की संरचना के संबंध में वृत्ताकार होने की जो बात कही है उसके संदर्भ में भी यह तथ्य महत्त्वपूर्ण है। स्कूली शिक्षा व्यक्तित्व-विकास के लिए नहीं, आगे चलकर कुछ कर दिखाने के लिए थी। इसमें अन्याय को चुपचाप सहते रहना और दूसरे निरपराधों को पिटते देख बेबसी में पढ़ते रहना भी शामिल था।

बड़े ने शांती की मृत्यु के बाद दिल पर पत्थर रखकर यही किया और बारह बच्चों के द्वारा कैलाश को पिटते देखते समय भी मामा ने केशव से पूछा था, "राइटिंग वर्क किया?" इस स्कूल से माहौल का वही परिणाम हुआ जो होना था—अकेले शिवमंगल द्वार मास्टर कंठी की हत्या और परीक्षा खत्म जब कि बहुसंख्यक छात्र परीक्षा चाहते थे। इस नपुंसक वातावरण में कुछ गुंडे जीवन की दिशा को प्रभावित कर सकते थे।

केशव हर बच्चे की भाँति बिट्टी से प्रेम करता है—इकतरफा और नासमझी से। मालती और छवि की ओर भी आकर्षित होता है लेकिन यह सब भावनात्मक दृष्टि से जुड़ने की आवश्यकता का परिणाम था। वह सही प्रेम करता है जवानी में—उमा से। लेकिन शादी के बाह्य साँचे में फिट बिठाया जाता है (शादी के अवसर पर मित्रों द्वारा किये गये अत्याचारों का वर्णन भी प्रतीकात्मक स्तर ग्रहण करता है।) और उसे बाँध दिया जाता है एक अदद पत्नी से, जिससे वह कभी नहीं जुड़ पाया। कुछ उसकी भोथरी संवेदनशक्ति और मोटी समंजस बुद्धि के कारण, कुछ लाल-पीली जमीन की मिट्टी में पैदा होने के खास ऐब के कारण भी।

उपन्यास का प्रारंभ भी इस अत्याचारी, अमानवीय स्थिति से किया गया है "मैं यहाँ हूँ। मकान के किसी कोने में अपनी जगह ढूँढ़ता हुआ। कुछ दिमाग में ऐसा धँस गया है कि पहचान ऐसे ही किसी कोने में मुझे मिलेगी...इसलिए भागता रहा हूँ। अब तक। एक कोने से दूसरे कोने तक...मैं बारी-बारी से हर कोने में अपने को फिट करते देखता हुआ भटक रहा हूँ...अब तक।" (पृ. 10)

द्रष्टव्य है कि इस वृत्ताकार गठित शिलाबंध में अंत में दिखाया गया है कि केशव के पिता अपने अजीब, बेडौल, खुरदरे पैरों से, जो पत्थरों के ऊबड़-खाबड़ रास्तों में लगातार चलते हुए सख्त हुए थे, घर से, चल दिये थे। पिता बाहर चल दिये थे लेकिन केशव अपने अंदर ही टिकने की हर कोशिश में उखड़ता, हाँफता यायावरी करता चला जा रहा था।

केशव के अकेलेपन में निःशक्त और दयनीय पिता की मजबूरियों का जितना हाथ

है उससे कहीं अधिक उसकी माता की व्यभिचारिणी वृत्ति का भी है। अतिशय संयत ढंग से किये गये इस चित्रण में गोविंद मिश्र ने केशव की तीव्र व्यथा की गहनता का सशक्त एहसास कराया है।

केशव को माता और तथाकथित मामा के संबंधों का पता चलता है तो ''बड़ा अनाप-शनाप लग रहा था। क्या वह भी रामकिशोर पिलपिलिया ही था....'' उसे लगा, ''घर की चारदीवारी ढह गयी थी और केशव खुले मैदान में खड़ा था।'' उसे यह भी लगा कि ''तभी उसे जखीरा में पटक दिया गया...चारों तरफ से उसे उठाने को पार्टियाँ दौड़ रही हैं। यह शिवमंगल की...यह कल्लू...कैलाश....पंडित मुल्लन...छुटई कामता... ।'' और इस अवस्था में मन में प्रश्न कचोट रहा है, उसे किसके साथ शामिल होना है? पर वह हो तो किसके साथ हो....? ट्रेजेडी यह है कि वह किसी के साथ भी नहीं हो सकता। वह हमेशा इस बात से बिद्ध होता रहा कि ''वह आदमी की औलाद नहीं, गोबर था।''

यह एक संभावनाओं से परिपूर्ण जीवन के ठहराव की कथा है जो सामयिक समाज के उलझे और गुँथे हुए गहन सूत्रों का सशक्त संकेत कर एक प्रकार से विराट आशय से जुड़ती है—स्वयं अपना विषधर्मी व्यक्तित्व न खोते हुए भी प्रतीकात्मक बनती है। एक ही समय व्यापकता और गहनता के आयामों को समेटती हुई अपनी तीव्रता, प्रखरता और प्रभविष्णुता को बरकरार रखती है। शिवमंगल, कल्लू, कैलाश, सुरेश, मुल्लन पंडित, केशव, केशव के पिता और माता, चौबे और जादव, बोस और ठाकुर—इनके साथ भारतीय जीवन की सड़ाँध में सड़कर बदबू देने के लिए जन्मी फूल जैसी छवि, मालती, शांती, शैलजा....छोटे और बड़े चरित्रों की यह लंबी मालिका राजनीतिक, सामाजिक संदर्भ में ठोस होकर भी मनोवैज्ञानिक अंतर्दृष्टियों से दीप्त होकर जगमगाती हैं।

लाल-पीली जमीन की जैसे असंख्य मशालें जलती हुई या चिताएँ धधकती हुई श्मशान-भूमि की भयंकरता को प्रत्यक्ष करती हों। इन चरित्रों की ठोस प्रत्यक्षता लाल-पीली जमीन के कलात्मक उत्कर्ष का प्रमाण है। भय, पीड़ा और असुरक्षा के सूत्र में बँधे हुए ये लोग कभी-कभार ऊपर उठते हैं तो नीचे धँसकर मिट्टी में विलीन होने के लिए।

हिंसा की 'लाल-पीली जमीन'

डॉ. परमानंद श्रीवास्तव

स्त्री-पुरुष संबंधों तक सीमित समकालीन कथा-साहित्य की परिचित युक्तियों के बाहर मानवीय (अ-मानवीय) यथार्थ को पहचानने की कोशिशें इधर उन्हीं लेखकों द्वारा हुई हैं जो इन संबंधों के इर्द-गिर्द अपना शिल्प, अपना मुहावरा खोज रहे थे। 'यथार्थ' पद के अधूरे या संकीर्ण अर्थ को व्यापक और संपन्नतर बनाने के लिए ठोस संदर्भ-स्थलों की पहचान जल्दी हो सकती है—शायद इस अहसास के साथ ही, गोविंद मिश्र ने व्यक्तियों को छोड़कर एक क्षेत्र या अंचल के विरूप, भयावह, तनावपूर्ण संदर्भ को अपने नये उपन्यास 'लाल-पीली जमीन' का आधार बनाया है। स्त्री-पुरुष संबंध यहाँ भी हैं, पर वे शोषण, हिंसा, अपमान और कुंठा की व्याप्ति का आभास देते हैं। आंचलिक जीवन के बहाने पूरे समाज में व्याप्त हिंसा और यातना के सामाजिक कारणों की जाँच-पड़ताल में सहायक यह उपन्यास भी युवा मानसिकता को केंद्र में रखकर लिखा गया है।

आंचलिक जीवन को क्षेत्रीय व्यक्तियों के दंभ, स्वार्थ, वर्ग-जाति संबंध, चरित्र किस तरह प्रभावित करते हैं और पूरे जीवन को किस प्रकार के खलनायकत्व की गिरफ्त में ले आते हैं, यह देखने के लिए 'लाल-पीली जमीन' से सामना जरूरी है। इस कथा में विस्तार भी है और तनाव भी—स्थितियों का झुकाव आक्रामक तनाव की ओर प्रत्यक्ष है। इस अंचल की संस्कारभूमि भद्रता के विरुद्ध है—भदेस, क्षुद्र, क्रूर, अमानवीय जैसे शब्दों का सिलसिला उभरता जाता है जब हम एक सिरे से दूसरे सिरे तक इस उपन्यास के अनुभव-वृत्तों (फालतू/घर/चौपड़मात) से गुजरते हैं। स्त्री के प्रति अमानवीय क्रूरता की हद तक फैला हुआ अपमान पूरे कथावृत्त का काफी बड़ा भाग है। हिंसा और यातना से घिरे इन सभी संदर्भों का निर्माता है—सामंतवादी संस्कारों का अंतिम अवशेष जो नये रूपों में अपने लिए जमीन खोज रहा है। विडंबना यह कि आजादी के बाद की राजनीति भी उसे इसी जमीन की ओर ठेल रही है बल्कि प्रायः प्रोत्साहित कर रही है। यह उपन्यास कोमलता के विरुद्ध सक्रिय हिंसा और उससे उत्पन्न त्रासद अनुभवों की तीखी पहचान कराता है। इस क्रूर परिवेश में अपनी पहचान के लिए निकला हुआ व्यक्ति अकेलेपन, आत्मदया, परायेपन और व्यर्थता के अनुभव के लिए अभिशप्त है।

"मैं यहाँ हूँ, यह पद आरंभ के कई पृष्ठों में सोद्देश्य रूप से दोहराया गया है..."

"मैं उस मजबूत दीवार की जड़ में एक कब्र के अंदर लेटा हुआ हूँ। खुद को जिंदा करने की बीच-बीच में मेरी अपनी कोशिशें बेकार गयी हैं।" (पृ. 11)

"मैं यहाँ हूँ।...एक कोने में मरा पड़ा हुआ। मेरे अंदर का सारा वह तत्त्व जिसे मानवीय कहा जा सकता है, राख हो चुका है।" (पृ. 15)

पर इसी प्रसंग में संकेत है कि महत्त्वपूर्ण 'मैं' नहीं—वह मिट्टी है—मैदान की मिट्टी, "यह लड़ाई उसकी और मेरी नहीं, आदमी की अपनी नस्ल के खिलाफ है—मिट्टी की मिट्टी से है।" (पृ. 11) "मिट्टी जो पानी, पहाड़ और आसमान में भी आदमी से चिपकी रहती है... जो उतनी ही सूक्ष्म है जितनी मिट्टी स्थूल...जो आदमी की हर हरकत में ही नहीं, उसके दिमाग की हर करवट में है...संस्कृति तो सिर्फ उम्दा-उम्दा चीजों का नाम है!" (पृ. 16) आगे इसी मिट्टी के रंग की व्याख्या में सभ्यता का यह तनाव लक्ष्य किया गया है, "पहाड़ों के जोड़ या खोह में से कंकरीली मिट्टी निकलती थी—जिसे मुरम कहते थे। ××× वहाँ की सभ्यता इसी मुरम पर खड़ी थी। सारी-की-सारी बस्ती जैसे गाली-गलौज और मारपीट के गारे-चूने से उठायी गयी थी और उसी पर टिकी थी।" (पृ. 58) यहाँ हवा के हर झोंके में, आदमी के भीतर और बाहर केवल हिंसा थी। उसके कारणों की पहचान एक सीमित अंचल को आधार बनाकर की गयी है। यहाँ केवल आंचलिक शब्दों से वातावरण की गंध निर्मित करने की कोशिश नहीं है बल्कि जाति, वर्ग, समाज, व्यक्ति, संस्कार के रिश्तों को एक ऐसे मूल्यांध ढाँचे में पहचानने की कोशिश है, जिसमें एक छद्‌म पतनोन्मुख आतंकवाद मनुष्य की नियति को प्रभावित करने, विचलित करने में समर्थ है। पहचान की खोज में अकेले अपमानित केशव का अनुभव कथा के एक छोर पर है : "वह आदमी की औलाद नहीं, गोबर था।" (पृ. 234) कथा के दूसरे छोर पर सुरेश के आतंकवादी रवैये का यह परिणाम है। "वह जो चाहता था बन गया था—छोटे शरीर का एक बड़ा बादशाह!" (पृ. 274) युवा उग्रता के नकारवाद के कारण समाज में ही होंगे—सुरेश के अमानवीय क्रूर आतंकवाद के पीछे उसका 'अतीत' था—'अपमानों से भरा हुआ।'

संबंधों के व्यापक निष्करुण तनाव की इस कथा में चरित्रों की संख्या कम नहीं है पर संख्या से ऊपर आदमी की यह पहचान है। "आदमी वह धब्बा है जिसे जब तक जलाकर हाथ न झाड़ लिया जाए, वह मिटता नहीं।" (पृ. 12) दूसरी ओर साँड़ों की भिड़ंत के कौतुक-चित्र से मानव-पशुता का व्यंग्य उभरता है जिसमें चरित्र इकाइयों की पहचान धुँधली पड़ती जाती है—संज्ञाएँ, व्यक्तित्व धुमैली परछाइयों में खो जाते हैं। शिवमंगल, कल्लू, कैलाश, शिवराम, कल्लन, बड़े नारायण पंडित, बोस, मास्टर, कंठी, शैलजा, बिट्टी, छबि, शन्नो मौसी, शांती, मालती अंत तक पहुँचते-पहुँचते तमाम आकृतियाँ गड्ड-मड्ड हो जाती हैं। सबके ऊपर टँगा रहता है एक युग या वर्ग का हिंसक स्वभाव जो गुणों को गुणों के लिए, सौंदर्य को सौंदर्य के लिए, अभाव को अभाव के लिए, व्यथा को व्यथा के लिए लांछित करता है। कोमलता सिर उठाती है और कुचल दी जाती है,

संबंध मानवीयता का स्पर्श पाने के पहले ही नष्ट कर दिये जाते हैं। इस परिवेश-कथा में सब 'तगड़े की ही तफरदारी' करते हैं, ''वह और जो उस वक्त लस्त-पस्त पड़ी थी, उसकी तरफ से बोलने वाला कोई न था।'' (पृ. 53) यह वाक्य एक पूरे सामाजिक ढाँचे पर टिप्पणी सरीखा है।

खुरदुरे, बेडौल, भयावह, वातावरण के तनाव में कोमलता का अहसास उभरता जरूर है, ''उसने बैठकर बिट्टी का हाथ अपने हाथों में लिया, जहाँ उसके पैर से कुचल गया था, वहाँ सहलाने लगा। हाथ बहुत मुलायम लगा, जैसे पत्ते को छूने में लगता है।'' (पृ. 31) ''उसने शुरू भी कर दिया था...मन से बूढ़ा-बूढ़ा महसूस करना।...लेकिन आज़ उसकी ओढ़ी हुई सख्ती के नीचे फिर वही कोमलता, असहायता जाग पड़ी थी।'' (पृ. 68) ''उसे ऐसा लगता था कि शैलजा अपनी साफ़ मुलायम उँगलियों से उसके शरीर के खुरदुरेपन को एक चिकनाहट में ढाल रही है।'' (पृ.-240) पर ये थाल इतने अलग, अकेले और नगण्य हैं कि हिंसा यातना की केंद्रीय काल-कथा से क्षणिक विषयांतर जान पड़ते हैं। जिस छवि के लिए केशव ने अपने मन में एक लहर-सी उठती महसूस की थी, उसे नारायण-प्रसंग से जोड़ कर सुरेश ने जितना अपमान्नित किया वह जीवन के लिए कुल चाह या आकांक्षा को सुखा देने जैसा त्रास दे दिया। कैलाश ने जिस शैलजा के लिए एक कोमल सनसनी अनुभव की थी और शिवमंगल से टकराया था और शिवमंगल ने जिसकी कुंठा से फक्कड़पन की राजनीति अपना ली थी, वह कल्लू के साथ भाग गयी। मालती के विवाहोत्तर जीवन को उसके आत्मीय केशव ने ही 'बदबू का भंडार' पाया। बोस के राजनीतिक जीवन में सरकारी तंत्र के पुर्जों का अनिवार्य प्रवेश था—नैतिकता के इस समग्र लोप में समलैंगिक प्रेम और गिथुनाचार जैसी स्थितियाँ भी थीं। नौजवानों का विनोद था—एक तरह का गुरिल्ला युद्ध—जिसमें शत्रु की कोई पहचान न थी। शिवमंगल को एक तरह की बेचैनी सालती रहती थी क्योंकि दुश्मन कौन है, इसकी पहचान न थी। वह अकारण लड़ते-लड़ते अकेला पड़ गया था। यदि वह गलत राह पर था तो उन्हें नहीं देख पा रहा था जो उसे गलत राह पर ले आये थे। नतीजा यह कि उसकी नसें बदले की आग में खिंचती, तनती रहने लगी थीं। आखिर एक दिन आदर्शवादी मास्टर कंठी की उसने हत्या कर दी। उधर सुरेश की दुश्मनी किसी से नहीं थी पर वह चाहता था कि सारा मुहल्ला ही उसका दुश्मन हो और सब इसी तर्क से उसकी उपस्थिति महसूस करें। (पृ. 267) डेढ़ बित्ते का वह सींकिया एक दिन इसी दबंगई या नंगई के बल पर अपने इलाके में एक समांतर शासन चला रहा था। बेकारी का अंत हो गया था। सुरेश-टैक्स की वसूली अपने-आप होती थी। पुलिस उसके प्रायः अधीन थी। लड़कियाँ औरतें उसे देखकर डर के मारे घरों में जा छिपतीं। कल जो काले धब्बों की तरह खंदिया मुहल्ले से उछला था, आज फूल कर सारे शहर पर छा गया था। (पृ. 273) पर उसकी समझ में भी एक दिन यह सच्चाई आ ही गयी कि उसका इस्तेमाल किया जा रहा है और बदले में उसे जो 'औजार' दिया गया है, उसके सीधे इस्तेमाल की मनाही है।

केशव को आस-पास देखने पर पहाड़-ही-पहाड़ दिखायी दे रहे थे। अब ये उसके अंदर धँसते जा रहे थे। उसके अंदर कुछ भी उजला नहीं रह गया था—कोई चीज बच रही थी तो वह सिर्फ कुतरन थी—चूहे की काटी हुई चीजों का अवशेष। (पृ. 303) संबंध और संज्ञाएँ एक-दूसरे में संक्रमित हो रही थीं—आदमी और आदमी का फर्क गायब होता जा रहा था—उसे लगा जैसे "बिट्टी उमा हो सकती है, उमा मालती हो सकती है, मालती केशव की माँ हो सकती है।" (पृ. 305) माँ के लिए पहले ही मन में संदेह की गाँठें जमा थीं : "माँ भी उस अजनबी संसार की सदस्या थीं जिससे केशव धीरे-धीरे परिचित हो रहा था।" (पृ. 79) केशव की दुनिया ने बीच-बीच में जो भी रंग ओढ़े थे, वे निरीह असहायता में बुझ गये थे। इस प्रकार यह उपन्यास युवा मानस की उस व्यग्रता का आभास कराता है जिसके निकट स्वीकार या निर्माण, सत्य और निष्ठा के सभी रास्ते बंद हैं और नकार या ध्वंस के रास्ते आत्यंतिक रूप से खुले हुए हैं : युवा आतंकवाद की चरम मुद्रा—जिसके पीछे जाति, वर्ग, राजनीति की संकीर्ण प्रेरणाएँ हैं—युवा चेतना की समाप्ति की ही दिशा है। मास्टर कौशल का सुधारवादी दृष्टिकोण परिवेश और व्यक्ति के इस अदम्य हिंसा भाव का विश्लेषण करता है। वे अनुभव करते हैं कि इस हिंसा के नीचे ताकत-ही-ताकत है पर उसका रचनात्मक दिशा में क्या उपयोग हो सकता है, इसकी पहचान बनी ही नहीं। मास्टर कंठी की हत्या उनके मोहभंग की आखिरी परिणति है यद्यपि उसकी शुरुआत व्यक्तिगत जीवन में ही शैलजा के अपमान-प्रसंग में हो चुकी थी।

इसमें संदेह नहीं कि इस नये उपन्यास 'लाल-पीली जमीन' में गोविंद मिश्र के अपने अनुभवों की दुनिया भी चौड़ी हुई है—काल और स्थान का अधिक ठोस जटिल वस्तुपरक प्रत्यक्षीकरण अपने में एक उपलब्धि है। बुंदेलखंड जैसे सीमित अंचल के सपाट, खुरदुरे चरित्र-संबंधों की पहचान के बहाने यहाँ स्वतंत्र भारत की समाज-संरचना ही अपनी भदेस तनावग्रस्त संकीर्णताओं सहित उजागर हुई है। राजनीतिक परिवर्तन व्यवस्था-परिवर्तन की अत्यंत स्थूल संज्ञा है। आश्चर्य नहीं कि सामाजिक परिवर्तन के अभाव में संबंधों की गुलामी, विपन्नता वहीं-की-वहीं कायम हो। इस परिवेश-कथा में प्रत्यक्ष है कि इस अमानवीकृत तंत्र में भय और हिंसा, असहाय यातना और अविनीत क्षुद्रता आदमी की दिनचर्या का हिस्सा बन चुकी है। मानवीय अनुभवों का स्पर्श जिन स्थलों में दिखायी देता है, वे अमानवीकृत ढाँचे के अधीन अपनी निरीहता ही प्रकट करते हैं। इस मैदान संस्कृति (?) में घर की आत्मीयता, गरिमा, लगाव, निजता का लोप हो गया है—इसके विपरीत जाति या राजनीतिक वर्चस्व की हेकड़ी एक अनुदार अमानवीय रवैये के रूप में कायम है जो गैरमामूलीपन को मिटाने के नाम पर अत्यंत साधारण, सहज मानव-रूपों को भी अनिवार्यतः विकृत कर रही है।

गोविंद मिश्र की कहानियों-उपन्यासों के विश्लेषण-प्रसंग में पहले भी उनके भाषिक विन्यास की चर्चा हुई है। इस उपन्यास में भी उन्होंने कथा-भाषा के सर्जनात्मक गुण का विकास किया है। ऐंद्रिक वस्तुगत मूर्तता को वे अधिक महत्त्व देते हैं, सामान्य

अलंकृति और प्रवाह को कम। चित्रण की ओर गोविंद मिश्र का झुकाव स्पष्ट है, "वह पहाड़ी ढलान बस्ती की तरफ दौड़ती हुई किले की जीभ थी, एक तरह से, वरना उस बस्ती के इर्द-गिर्द पहाड़-सी-पहाड़ थे।" (पृ. 57) आंचलिक शब्दों से स्थानीयता की गंध रचने की दिशा में भी वे सचेष्ट दिखायी देते हैं। इस औपन्यासिक गद्य का एक उल्लेख गुण है—स्थितियों, व्यक्तियों-वस्तुओं के बीच की तनावग्रथित लयवत्ता। अनगढ़ता और रचाव के बीच, सपाटता और सूक्ष्मता के बीच गोविंद मिश्र का गद्य ठेठ क्रियात्मक भाषिक संरचना का उदाहरण बन सका है जिसका एक अनिवार्य गुण प्रवाह नहीं, प्रवाह को बाधित करने वाला आक्रामक अंतराल भी है। गोविंद मिश्र का वाक्यविन्यास व्याकरण की सामान्यता को विचलित भी करता है। इस विचलन की प्रकृति एक सर्जनात्मक लेखक की दृष्टि का आभास देती है।

'लाल-पीली जमीन' : हाथों की छटपटाहट

प्रभाकर श्रोत्रिय

युवा कथाकार गोविंद मिश्र की छटपटाहट को समझने की कोशिश करता हूँ क्योंकि इसके बिना उनके इस उपन्यास पर बहस करना व्यर्थ होगा। यदि उपन्यास को सही अर्थों में पहचानना है तो उन स्रोतों की खोज आवश्यक है जिन्होंने उसे रचा है। गोविंद की कुछ कहानियों में मुझे लगा है, वह इस उपन्यास में भी कि वे अपनी रचना का प्रारंभ आकर्षक ढंग से नहीं कर पाते। यदि पाठक में धीरज की कमी हो तो वह उन्हें कुछ पृष्ठ पढ़कर ही छोड़ देगा। यह केवल पाठक का दोष ही नहीं है। लेखक में भी कहीं कमी है। और यह कमी महज तकनीकी नहीं है, क्योंकि तकनीक कथा का अंतर्भाग हुआ करती है। गोविंद मिश्र के यहाँ यह कमी अनुभव के मामले में उतनी नहीं है जितनी कि उसकी कच्ची पकड़ के मामले में है। अगर यह कच्चापन कथा की निरंतरता में होगा तो उस पर बात करना कोई विशेष महत्त्व नहीं रखता।

लेकिन लाल-पीली जमीन बात करने और जमकर बात करने योग्य कृति है। क्योंकि प्रारंभ को सहते हुए हम जैसे-जैसे आगे बढ़ते जाते हैं, यह उपन्यास हमें यथार्थ के निकट और निकटतर ले जाता है, इससे ही उसकी भाषा और शिल्प में निरंतर निखार दिखायी देता है। समस्याएँ परत-दर-परत उधड़ती चली जाती हैं। परिणामतः अपने में सम्मिलित करता और आश्वस्त करता हुआ लेखक अपने को अकेला नहीं पाता।

कुछ लेखक जो प्रारंभ तो आकर्षक करते हैं लेकिन उपन्यास के मध्य भाग को वाक्-स्फीति या वर्णन बहुलता से भर देते हैं या जो आदर्शवादी अंत या अन्य अविश्वसनीय अंत द्वारा उसे कमजोर बना देते हैं, उनकी तुलना में कमज़ोर प्रारंभ करने और उपन्यास के भीतर विकसित और अग्रगामी होनेवाला लेखक कहीं बेहतर होता है। वह अधिक विश्वसनीय और ईमानदार लगता है। यही नहीं, उपन्यासकार के रूप में वह अपने को अधिक चरितार्थ भी करता है, क्योंकि ऐसा लेखक कथ्य के साथ विधा को भी अपनी संभव समग्रता में पाने की दुहरी लड़ाई में जुटा है। उसकी ईमानदारी बल्कि ईमानदार प्रयत्न पाठक को बरबस खींचते हैं। उसकी छटपटाहट और कष्ट पाठक के सर्जनात्मक चिंतन को उकसाते हैं। इसीलिए यदि पाठक ऐसी कृति का प्रारंभ सह ले तो वह लेखक से अधिकाधिक जुड़ता जाता है, रचना के साथ उसकी संलग्नता और साक्षात्कार बढ़ता जाता है।

एक प्रश्न यहाँ उठाना चाहता हूँ कि रचना-प्रक्रिया की वे बाधाएँ क्या हैं जो लेखक के लिए आसानी से अपना प्रवेश-द्वार नहीं खोलतीं? उसे जबर्दस्ती वह द्वार खोलना पड़ता है? इसका एक कारण तो यह है कि बावजूद अनुभव की सचाई और विस्तार के; लेखक के भीतर वह अनुभव रचनात्मक स्तर जैसी परिपक्वता हासिल नहीं कर पाया है। दूसरा यह है कि लेखक अन्वेषण की बेचैनी से भ्रांत है और रचनात्मकता का सही मार्ग उसे नहीं मिल पा रहा है। संभव यह भी है कि ऐसी कृति ने अपनी रचना का कोई पूर्व ढाँचा या फार्मूला नहीं बनाया हो; चमत्कार और आकर्षण के उद्देश्य से प्रेरित होकर नहीं लिखा हो; बल्कि रचना को अपनी गति और अपना आकार लेने के लिए खुला छोड़ दिया हो। कई बार कमजोर प्रारंभ यह भी सूचित करता है कि सृजनशील प्रतिभा उस लेखक के लिए स्वयंसिद्ध नहीं है। उसे कड़े संघर्ष से उसे हथियाना पड़ता है और लगभग आक्रामक मुद्रा में अपने भीतर की रचनाशीलता के लौह-द्वार तोड़ने पड़ते हैं। यह परिश्रम और साहसपूर्वक, अपने भीतर कहीं दबी हुई प्रतिभा के उत्खनन का प्रयत्न है। निश्चय ही ऐसा प्रयत्न जो प्रकृति से मनुष्य के संघर्ष में देखा जाता है।

पुनः उस बात की ओर लौटें कि लाल-पीली जमीन के लेखक के पास अनुभव संसार है, जो वास्तविक है, फिर भी रचनात्मक अर्थवत्ता पाने के लिए उसे कठिन संघर्ष से गुजरना होता है। इस उपन्यास के प्रारंभ में कथ्य, भाषा, शिल्प आदि सभी स्तरों पर जो उखड़ापन दिखायी देता है—वह वास्तव में अभिव्यक्ति का सिरा न पाने या अनुभव को ठीक से न रच पाने की बेचैनी है। आगे चलकर इस दिशा में जो सफलता देखी जाती है, वह कथ्य और रचना से लेखक के सच्चे और सार्थक संबंधों की सूचक हे। इसे दूसरे शब्दों में लेखक की ईमानदारी कहा जा सकता है।

उपन्यास का परिवेश एक छोटे शहर या कस्बे का है जो न ग्राम है, न शहर—फिर भी दोनों का अजीब और बेमेल मिश्रण है। ग्राम और शहर दोनों की कृत्रिमता ओढ़े हुए कस्बा हयवदन की विचित्र भूमिका में होता है। वह ग्राम्य संस्कारों के बावजूद गाँव नहीं होना चाहता और शहर ओढ़ने के बावजूद शहर नहीं हो पाता। इस विचित्र सृष्टि की ओर श्रीलाल शुक्ल ने 'राग दरबारी' में व्यंग्यात्मक ढंग से इशारा किया था। गोविंद मिश्र उसे लेकर अधिक गंभीर हैं। राग दरबारी का 'रंगनाथ' 'लाल-पीली जमीन' में 'केशव' है। दोनों की भूमिकाएँ कमोबेश प्रेक्षक की हैं। दोनों उपन्यासों की तुलना मेरा लक्ष्य नहीं, मैं केवल यही कहना चाहता हूँ कि शिल्प की भिन्नता के बावजूद दोनों कस्बे के उस व्यक्तित्व की पुष्टि करते हैं, जिससे ऋण पाने की कोशिश करना उचित जान पड़ता है।

हिंदी में पिछले दिनों प्रेमचंद की ग्राम-दृष्टि का रूप 'रेणु', शिवप्रसाद सिंह, रामदरश मिश्र, रांगेय राघव आदि की रचनाओं में दिखायी पड़ा। ग्राम-जीवन पर लिखने वाले अधिकांश लेखक अपने प्रबुद्ध और संवेदनशील चरित्र के लिए ग्राम-निष्क्रमण उचित मानते हैं--जैसे गाँव में रहकर उनके लिए गाँव का कायाकल्प करना असंभव है।

वे अपने चरित्र को 'हीरो' नहीं बनने देते, जो शोषण की हर मार झेलकर गाँव की भूमि पर ही अपने को उत्सर्ग कर देता है। लेकिन गोविंद मिश्र ने अपनी कथा के केंद्रीय परिवार की त्रासदी का प्रारंभ गाँव छोड़कर कस्बे में बसने से किया है। कस्बे की सामाजिक, राजनीतिक, आर्थिक, वैयक्तिक और तरह-तरह की अनाम यातनाएँ भोगने के बाद इस परिवार को गाँव की ओर लौटने को विवश होना पड़ता है। कस्बे से लाये गये संस्कार गाँव में भी उनका पीछा नहीं छोड़ते। नतीजे में केशव के पिता का जीवन भर पुनर्वास नहीं होता। अंततः गाँव से भी निर्वासित होना उसकी नियति है। और यह पारिवारिक समस्या भर नहीं है, ये वे विकृतियाँ हैं जो अनेक किस्म के नकलीपन और अमानवीयता ओढ़ने के कारण मनुष्य में उत्पन्न हुई हैं।

परिवार और व्यक्ति-केंद्रित यह कथा कोई वीरान प्रदेश की दास्तान नहीं है। एक अत्यंत विषम चख-चख और हंगामों से भरे धाँधलियों से ग्रस्त घटनापूर्ण वातावरण की कथा है : जहाँ लोगों की सारी कर्म-शक्ति निरर्थक प्रपंचों और समाज-विरोधी हरकतों में व्यक्त होती है। इन सबसे गुजरते हुए पाठक को वैसे ही यातना, घिन और क्षोभ होता है—जिसकी अपेक्षा लेखक को है।

क्या हमारे कस्बों का सहज और नैतिकतापूर्ण जीवन मर चुका है? क्या उसके परिवर्तन की सारी संभावनाएँ नष्ट हो चुकी हैं? या जो कुछ उपन्यास में चित्रित है, वही इस जीवन की नियति है? क्या लेखक का दायित्व सिर्फ समाज को चित्रित करना भर है—उसे बदलना नहीं? क्या वह अँधेरा-ही-अँधेरा देखता है—उसके पीछे छुपा प्रकाश नहीं देखता? ये सारे प्रश्न आदर्शवादी और सुधारवादी व्यक्ति, जैसी समाज के बारे में उनकी समझ है, उनके अनुरूप—इस या इस जैसी कृति से पूछ सकते हैं। मुझे या किसी को लेखक की ओर से उत्तर देने का कोई अधिकार नहीं है। लेकिन मैं केवल यथार्थवादी कृतियों और उनसे जुड़े पाठकीय मनोविज्ञान के बारे में यहाँ कुछ कहना जरूरी समझता है।

यथार्थ हमेशा 'निम्न' का चित्रण ही नहीं होता—लेकिन 'निम्न' के चित्रण का अर्थ समाज की स्वस्थता और उच्चाशयों की अवहेलना या अवमानना भी नहीं होता। वास्तव में यथार्थवादी निकष पर पहुँचकर कोई कृति पाठक को भले ही कलात्मक परितोष दे दे, लेकिन वह उसके भीतर की परिवर्तनकामी शक्तियों को रचनात्मक रूप से उद्वेलित नहीं कर पाती। ईश्वर के राज्य में अच्छे-बुरे का फल अंततः मिलता है—यह धारणा, मनुष्य को आलसी और अकर्मण्य बनाती है। इसलिए यदि किसी उपन्यास में अँधेरा, कपट, खून, व्यभिचार, हत्याएँ चित्रित हैं, और यदि उनका उद्देश्य बाजारू उपन्यासों और घटिया फिल्मों जैसा नहीं है, तो वह निश्चय ही मनुष्य की आलोचनात्मक, कार्मिक और संघर्षशील शक्तियों को उकसाता है। हर व्यवस्था में, हर स्थिति में इन शक्तियों को मनुष्य के भीतर जिंदा रखना एक ईमानदार लेखक का काम है। क्योंकि प्रत्येक व्यवस्था और स्थिति चाहे जितनी अच्छी हो, उसमें उनके विनाश के बीज यानी अमानवीयता, अत्याचार और बुराइयों के बीज होते ही हैं। इसलिए किसी भी स्थिति में यथार्थ के उस

अंकन की, जो संघर्षशीलता और प्रतिरोध को जन्म देती है, जरूरत बनी रहती है। इसलिए यथार्थ चित्रण का अर्थ विषमताओं, विसंगति में और अमानवीयता के विरुद्ध मनुष्य को खड़ा करना होता है। जो सचाइयाँ हैं या नैतिकता और ईमानदारी है, उनके मूल्यांकन की वास्तविक समझ इन्हीं राहों से होकर जाती है।

मान लीजिए कि 'लाल-पीली जमीन' में मास्टर कौशल और मास्टर कंठी के आदर्शों की विजय दिखायी जानी है और इन दोनों को असह्य यातना, अपमान और विनाश न झेलना पड़ता तो इसके क्या परिणाम होते? आदर्शवादी कहते हैं कि इससे सत्य और सदाचारण की प्रेरणा मिलती। यदि ये उपलब्धियाँ कष्ट झेले बिना महज कष्ट झेलकर भी मिल जातीं तो इससे एक निष्क्रिय सुख और ठंडी सांत्वना भर मिल पाती, भारी क्षोभ और विद्रोह पैदा नहीं होता। इसलिए इस माने में गोविंद मिश्र का दृष्टिकोण सही प्रतीत होता है।

केशव के पिता का अनवरत विस्थापन, कंठी की हत्या, कौशल की लड़की के साथ बलात्कार, यादवों और चौबों का जातिवाद, आवारा लड़कों की धाँधली, शांति के साथ बलात्कार और फिर उसकी मृत्यु, राजनीतिक गुंडागर्दी, चुनाव, अपहरण, अग्निकांड, पुलिस का अत्याचार, लोगों की कायरता सब एक-से-एक जुड़ी घटनाएँ हैं। ये सब मिलकर पाठक को तिलमिला देती हैं। नफ़रत, गुस्से और विद्रोह से भर देती हैं। इनके प्रति जो प्रतिक्रियाएँ पैदा होती हैं, उन्हीं के परिणामस्वरूप वे क्रियाएँ जन्म लेती हैं जो क्रांति की अपरिहार्य शर्तें हैं। आस्था, विश्वास और शांति इस द्वंद्वात्मक जगत में मनुष्य के शोषण-मुक्त ढंग से जीने के लिए अपर्याप्त हैं। प्रतिरोध की गर्मी पैदा किये बिना आदर्शवाद अग्निस्पर्श-विहीन लकड़ी की तरह निष्क्रिय रहता है।

इस उपन्यास में प्रतिरोध विधायक शक्तियाँ पूरे अँधेरे में दीपक की तरह प्रकाश फैलाने से बाज नहीं आतीं। फिर भी संघर्ष के स्तर पर समाज की निष्क्रिय सहानुभूति के बावजूद वे अकेली हैं। इनकी भूमिका साहस और आत्म-बलिदान की है। हिंसात्मक प्रतिरोध को लेखक का फिर भी समर्थन नहीं मिलता क्योंकि हिंसा एक ऐसा कुचक्र है जो केवल विवेकी के हाथ में ही नहीं, उजड्डों और आवारों को भी शस्त्र देता है। इसलिए 'भारत' की ईमानदार कोशिशों से जुड़े हुए लोगों की विकृतियाँ दिखाकर एक तरह से इस प्रकार की क्रांति को लेखक ने खारिज कर दिया है।

फिर भी एक सवाल बाकी है। क्या लेखक इन प्रतिरोधी शक्तियों को नष्ट करके या तोड़कर समाज के प्रति लेखकीय उत्तरदायित्व से इनकार कर रहा है? क्या निषेधमूलक यह कृति यथार्थ की पैरोडी है, अत्युक्ति है? इसके उत्तर में कुछ प्रश्न किये जा सकते हैं। क्या हम अपने समाज में आये-दिन सचाई और ईमानदारी की शवयात्रा नहीं देखते? क्या अन्याय और अत्याचार से लड़नेवाला व्यक्ति अकेला नहीं पड़ जाता? क्या चिंतन, विचार और लोक-संवेदन से रहित आवारा लड़के राजनीति में आकर मूर्खतापूर्ण अत्याचार और आतंकपूर्ण अहंकार का नंगा नाच नहीं करते? राजनीति,

लोक-नीति नहीं, गुंडागर्दी में बदलती नजर नहीं आती है, अगरचे वह लोक-हित की दृष्टि पर आधारित नहीं है? और अगर हम यह देखते हैं तो इसका बेबाकी से चित्रण क्यों न हो? समाज की बुनियाद को नजरअंदाज कर साहित्य में आदर्शवादिता का नारा देना एक दूसरे किस्म की आत्मप्रवंचना है। इसलिए भी गोविंद मिश्र का दृष्टिकोण और यथार्थ चित्रण के उनके आयाम उचित जान पड़ते हैं।

कथा की बुनावट बहुत सधी हुई और अनेक जगहों पर मार्मिकता से भरी है। यह कस्बाई जीवन-वर्णन में ही नहीं संवादों में, संवादों की बेबाकी और स्वाभाविकता में भी है। जिन्होंने कस्बे के जीवन को देखा है, वे अवश्य ही इस उपन्यास के वास्तविक चित्रों की सराहना करेंगे। पात्रों के पारस्परिक संबंधों के भीतर अजीब द्वंद्वात्मक संयोजन है। इस उपन्यास की भाषा को जगह-जगह सराहना पड़ता है। आंचलिक ढंग से उपन्यासों में 'लाल पीली जमीन' का एक महत्त्वपूर्ण स्थान है—इससे इनकार नहीं किया जा सकता।

'हुजूर दरबार' : पराभव का उत्सव

राजी सेठ

कोई भी कृति अपने को पाठक के सम्मुख दो स्तरों पर खोलती है—प्रस्तुत कथानक और अप्रस्तुत अवधारणा। कृतित्व के दौरान साधारणतया इन दोनों बिंदुओं का तादात्म्य हो जाता है क्योंकि कृतिकार की मौलिक अवधारणा ही कृति के पूरे फलक में शब्दवान होकर अपने स्वरूप को अर्जित करने का आधार बन चुकी होती है। यह तादात्म्य प्रायः नहीं भी हो पाता, यदि कृति किसी भी निहित या आरोपित कारण से मूल अबधारणा से छोटा या बड़ा आकार ले ले। गोविंद मिश्र का सद्यःप्रकाशित उपन्यास 'हुजूर दरबार' इस दृष्टिकोण से अपनी मौलिक अवधारणा से बृहत्तर हो गये संसार में क्रियाशील हो उठने का साक्ष्य प्रस्तुत करता है। स्वतंत्रता-प्राप्ति-काल की पृष्ठभूमि में स्थित यह उपन्यास उस बृहत ऐतिहासिक परिवर्तन, सत्ता स्थानांतरण की जटिलताओं और संधियुग की डगमगाहट के बीच एक महत्त्वपूर्ण परिप्रेक्ष्य की रचना करता है। प्रस्तुत कथा ऐतिहासिक परिवर्तन की उखाड़-पछाड़ के बीच होने और स्वतंत्रता के 34 वर्षों बाद वस्तुओं के आकार-प्रकार के दर्शन कर पाने की भूमिका प्रस्तुत करने का आभास देती है। घटनाओं और विवरणों की योजना भी ऐसी है कि पूर्वार्द्ध तक वैसी अपेक्षाएँ बनी भी रहती हैं।

उपन्यास के उत्तरार्द्ध में आते-आते दृश्यबंध कथाकार की मौलिक अवधारणा को सँभाल लेने के प्रति अधिक सचेत दीखने लगता है। अब तक अवचेतन के स्तर पर अभिव्यक्त असंबद्ध से दीखते अंतर्मुखी प्रलापों में से किसी अदृश्य तारतम्य द्वारा एक दूसरा वृत्त उबरने लगता है और अब तक राजदरबार की कथा कहते होने वाले कथाकार को बाहर खड़ा कर देता है, और उसकी जगह रियासत के पराभव के साथ एकतान होते हुए एक ऐसे व्यक्ति को मुख्य रूप से अवस्थित करता है जो कथा में भोक्ता भी है, द्रष्टा भी, विवेचक भी और उस सारी कथा और चिंता का साक्षी भी। अपनी मौलिक अवधारणा में यह उपन्यास व्यवस्था—नयी या पुरानी—के हाथों धज्जी-धज्जी हो गये व्यक्ति की परास्त कथा है जो अपनी परिवेशगत अनिवार्यता में राजदरबार के जीवन के भीतर और बाहर को निरायास भाव से खोलती चली गयी है।

राजदरबार ही इस पात्र—हरीश की नियति स्थिति और पराजय का परिवेश है, उसके शोषण का उद्गम, उसके अनिवार्य संरक्षण का अर्थ वहाँ अपनी इच्छा-आकांक्षा की दिशा में पनपना न होकर राजदरबार के उपभोग का हथियार बन जाने के संदर्भ में

दिया जाता है। संरक्षण का स्वीकार हो या नकार, दोनों ही स्थितियाँ उसे दोहरी धार की तरह काटती-पीटती हैं और चेत-अचेत के टुकड़े-टुकड़े कर देती हैं। उसकी नियति से राजदरबार का साक्षात्कार सीधा है।

राजदरबार की स्थिति सैद्धांतिक स्तर पर बेशक परिवेशगत है परंतु उपन्यास में उस संसार की एक स्वतंत्र, स्वायत्त भव्य विराट सत्ता है—अंतःपुर, सभाएँ, उत्सव, साज-सज्जा, तड़क-भड़क, षड्यंत्र, चिंताएँ, फैसले, परिवर्तन। एक पूरे का पूरा संसार बिछा है। कथात्मकता के धनी उपन्यासकार की संवेदनशीलता ने उस सृष्टि की सारी संभावनाओं को पूरे का पूरा (मुख्य पात्र के प्रति अविच्छिन्न अनिवार्यता से अधिक) रच दिया है और उस पात्र सृष्टि को अपने ही चरित्र को लाँघ जाने की एक अदम्य भूख और तड़प भी दे दी है।

हिज हाइनेस रुद्रप्रताप सिंह टिपिकल राजा के चरित्र से अधिक मानव-संवेदन संपृक्त हैं, अधिक लचीले, भीतरी विवेक के सहारे समय की मुख्य धारा में राजा की सत्तालिप्त केंचुल को बाहर रख आने में समर्थ हैं। उनके भीतर राजा बनकर नहीं, अपने 'निजी व्यक्तित्व के वजन' में होने की माँग है। प्रजा के प्रति उनका रवैया "प्यार आदमी के अंदर की सबसे उम्दा चीज़ों को खोलता है...दबाने से और भड़कते हैं लोग..." वह खोए हुए हैं, भीतर कहीं अपने आपको छू सकने के एकांत को पा लेने की तलाश में। नेपाल रानी में रानी बनकर नहीं, अपने आपमें होने और जीने की चाह है, "क्या ऐसा नहीं हो सकता कि हम सिर्फ़ जिएँ?" राधा बाई एक रखैल होकर भी विशिष्ट होना चाहती है, उसमें मानवीय गरिमा और प्रतिष्ठा को चाह सकने का शऊर है। परिवेश के नाम पर रसोइये की बेटी होने के बावजूद उमा में मीडियाकर बने रहने के प्रति तीखा इनकार है, वह विवेकवान और बौद्धिक जिज्ञासा संपृक्त ही नहीं, इस किशोरावस्था में भी "माँ हो चली थी।" उसकी मुद्रा में एक विशेष प्रकार का चुनावधर्मी नैतिक बल है। माँ के मौन में ताउम्र साथ चलने वाली एक अघुलनशील दृढ़ता है। खरे का असाधारण खरापन प्रणम्य है। परिचारिकाएँ घुलती नहीं, सोचती हैं। लगता है, कथाकार की संवेदना हर पात्र को उसके आर्कीटाइप से आगे का आयाम दे डालने को प्रस्तुत बैठी है। सिर्री राजा की क्रूरता, दीवान की कुटिलता और राज्य के ढाँचे में स्वाभाविक रूप से निहित टिपिकल षड्यंत्र, प्रपंच और स्वार्थांधता जैसे पतनशील तत्त्वों के बावजूद प्रभाव एक सजीव स्मरणीय मानवसृष्टि में से हो गुजरने का पड़ता है।

यह भव्यता, विराटता, निहित उदारता, मानवीयता इतनी सजीव, चटकीली और प्रभावी है कि जिस क्रूरता के नीचे हरीश को टुकड़े-टुकड़े होना है, उस आतंक की सृष्टि नहीं कर पाती और अंततः तो यह उदारता और भव्यता और प्रतीक रूप में महाराज की व्यक्तित्व-लोभी मानवीयता स्वयं भी जस्टिफाई नहीं हो पाती, क्योंकि हरीश का अतियथार्थ, टुकड़े-टुकड़े व्यक्तित्व हमारे सामने खड़ा है।

वास्तव में इस आतंक की अनुभूति का आंतरिक साक्षात्कार हमें होता है आवाज़ों की खड़खड़ाहट और अनवरत आंतरिक शोर में तब्दील हो जाने वाले भग्न मानसिकता

के बड़बोल ज्वार से या उन आवाज़ों की भविष्यदर्शी उग्रता से। वह सारा विघटन शोषण की परंपरापोषक मशीन में से टपकता नहीं लगता। पाठक के मन में घृणा पैदा करे, वैसे राजकीय प्रपंच की सृष्टि सिर्री राजा के व्यवहार और दीवान की कुटिल साजिशों तक ही मुख्यतः सीमित है। यह भी उल्लेखनीय है कि कालांतर में, अंतिम प्रभावपद से जाँचने पर राजदरबार वैसे भी उतना आतंकित करने वाला नहीं रहता, क्योंकि राजदरबार के विकल्प में आने वाली नयी व्यवस्था का भी वही रवैया है। वह भी व्यक्ति की अपनी स्वतंत्रता और जीवट के प्रति उतनी ही क्रूर और असंवेदनशील है, बल्कि उस परिप्रेक्ष्य में राजदरबार कुछ क्षम्य ही लगने लगता है। क्योंकि वह चाहे गुलामी की नकेल पहनाता है, परंतु उस तक पहुँचा जा सकता है, उसकी कृपाओं को छुआ भोगा-भोगा जा सकता है और कुछ हद तक वह नैतिक रूप से एकाउंटेबल भी है। अंतिम रूप में जो अनुभूति हाथ लगती है, वह राजदरबार में निहित शोषण भाव के कारण विमुखता नहीं बल्कि इस तथ्य की उपलब्धि की सत्ता का चेहरा सब जगह एक-सा ही है। यही 'सेवक' बार-बार नये-नये अवतार लेते हैं। ''जहाँ कुर्सी रोप दो वहाँ हुजूर दरबार चालू।'' इस अर्थ में कोई एक व्यवस्था हरीश (व्यक्ति) के प्रति गुनहगार नहीं, परंतु कोई भी व्यवस्था व्यक्ति के हितों की हत्या करने वाली है। किसी नोकीली व्यक्ति-सीमित परिणति की अपेक्षा निष्कर्ष की ऐसी विराटता ने उपन्यास के अंत को भी ऐसी ही विराट हताशा और सघन अंधकार के वातावरण में गर्क कर दिया है। आस्था और कर्मठता के मूल स्रोतों पर हुजूर दरबार का यह अंत बड़ा गहरा और आत्यंतिक दबाव डालता है। पराभव बोध की ऐसी सघन अनुभूति इसलिए भी होती है कि तोड़ने वाला और टूटने वाला दोनों अपनी-अपनी तरह से पराभव की कतार पर काँपते खड़े हैं।

उपन्यास की संरचना शुरू में संभ्रम पैदा करती है। मुख्य अध्यायों का आरंभ किन्हीं स्वगत खंडों से हुआ है, जिनका कथा में उपस्थित काल से कोई संबंध नहीं, वह अपनी प्रभविष्णुता में पूर्ण और एक तरह से कथातीत है। पहले और दूसरे खंड में वह आवाजें मशीनी सभ्यता के आतंक और प्रभाव को उजागर करने की ध्वनियाँ जैसी लगती हैं। उनमें अजीब तरह से एक इंटेस वर्तमान के बीच होते हुए भविष्य में व्यक्तियों और वस्तुओं की नियति पर फैसला दे डालने वाली काली छायाएँ मँडराती हैं। इन स्थलों पर स्थित रहते वह खंड-कथा के अपने स्वतःप्रसूत प्रभाव को तो खंडित करते ही हैं उनका संबंध हरीश की उत्तरोत्तर खंडित होती मानसिकता से भी सीधा नहीं जुड़ पाता, क्योंकि यह खंड हरीश के वर्तमान में स्थित है, जबकि हरीश उनके समकक्ष ही अपने अतीत में चल रहा है। इन खंडों में निहित तारतम्य की उपलब्धि तब जाकर पाठक को होती है, जब राजदरबार के विवरणों की रोचकता उनकी प्रासंगिकता को बुहारकर बाहर रख चुकी होती है। राजदरबार तब तक एक परिप्रेक्ष्य नहीं रहता बल्कि परिप्रेक्ष्य देने वाले का अस्तित्व ले चुकता है। पराभव के स्वर को चटकीला बनाने के लिए कथाकार द्वारा उनकी आवृत्ति कथाकार के आग्रह को स्पष्ट तो करती है परंतु उनका प्रभाव कथा

में प्रासंगिक होने के कारण न पड़कर तलवार की खुली हुई धार की तरह नंगी बेलौस यातना का सामना होने की अनुभूति के कारण पड़ता है।

इन सब बातों को लेकर उपन्यास में संरचनात्मक दोष की बात किसी सीमा तक तो की जा सकती है, परंतु इस स्थिति को अपनी निहित कठिनाइयाँ भी हैं, जैसे हरीश की मुठभेड़ राजसत्ता से है, उसके निहित वर्चस्व से, संरक्षण की परंपरा को अटल मान लिये गये होने वाले सच से। राजसत्ता न केवल अपने-आपमें विराट और वैभवशाली है, बल्कि उसका पूरा परिवेश, उसमें होता सब कुछ—राजा, प्रजा, स्थितियाँ, घटनाएँ, संबंध निर्णय—भी उस होने में शामिल हैं। तिस पर राजसत्ता एक ऐसे संकटग्रस्त राष्ट्रीय-ऐतिहासिक परिप्रेक्ष्य में स्थित है—डगमगाती, सत्ता-विसर्जन के कगार पर कातर काँपती। (इस स्थिति की अपनी वास्तविक और कलात्मक संभावनाएँ और अपेक्षाएँ भी उसके ताने-बाने में लरजती रहती हैं) व्यक्ति की यातना कितनी भी प्रखर हो, इस परिप्रेक्ष्य में बौनी पड़ जाती है। यह द्रष्टव्य है कि तीखी यातना में तड़फड़ाते व्यक्ति का वृत्त तब तक मुख्यतः सरोकार नहीं बन पाता जब तक राजदरबार का हस्तक्षेप (उत्तरार्द्ध में) बीच से हट नहीं जाता और वह स्वयं पाठकों का सीधा सामना नहीं करता। यह बात अलग है कि वैसी भव्यता के उल्लेख ने पराभव के वैपरीत्य की जमीन तैयार करने की प्रभावोत्पादक कलात्मक सुविधा कथाकार को दे दी हो।

प्रभाव की कारुणिकता और भी सघन इसलिए हो जाती है कि कथा फ्लैशबैक में है और जो व्यक्ति सत्ता के सामने खड़ा है, उसका परिचय शुरू से ही खंडित, पीड़ित दयनीय प्राणी के रूप में होता है। वह मात्र राजदरबार द्वारा ही शोषित नहीं, अपनी जड़ों से उसका अलगाव भी उतना ही प्रखर है। पिता तटस्थ है, परंपरापोषी। माँ और उमा से अलगाव उसे राजमहल से जुड़ाव के पुरस्कार के रूप में मिला है। उसकी अपनी अनिच्छा, इन दो भावनात्मक आधारों से मिलकर किसी सार्थक कर्मयोग या रागबंध की सृष्टि नहीं कर सकी। जिस राजमहल से उसका जुड़ाव है, चाहे नेपाल सरकार के माध्यम से ही, वह वैसे भी व्यक्तिपरक नहीं, संस्थापरक है, सख़्तजान है, उससे टकराने वाले मात्र पुर्जे हैं, उन्हीं के गढ़े हुए हथियार, तिस पर टूटेगा वह नहीं, टूटेगा वह व्यक्ति ही। कारुणिकता जूझते हुए भी कोई रास्ता न निकाल पाने की असमर्थता में है, मात्र टुकड़ा-टुकड़ा होकर विखंडित-विक्षिप्त हो जाने की दयनीयता में डूब जाने की ही नहीं। शुद्ध अपनी यातना की धुरी पर मुख्य रूप से खड़े रहकर राजदरबार के पार्श्वों के दर्शन किये जाते तो संभवतः दूसरी प्रकार का प्रभाव उपजता।

संरचनात्मक दृष्टिकोण से इन दो धुरियों—कथा और अवधारणा के बीच डोलायमान स्ट्रेस चाहे उपन्यास में रहा हो, इस स्थिति ने कृति को एक बड़े फलक पर गतिशील हो सकने की संभावना से संपृक्त किया है। स्थितियों और संदर्भों ने ऐतिहासिक पृष्ठभूमि के कारण एक व्यापक परिप्रेक्ष्य ग्रहण किया है—समय का प्रभुत्व और उसकी किसी भी प्रणाली को बाहर फेंक सकने की शक्तिमत्ता, बृहत् ऐतिहासिक परिवर्तन, राजतंत्र और

प्रजातंत्र का एकदम आमना-सामना—धारणा में लगभग पारदर्शी, स्वतंत्रता-प्राप्ति को दोहरे भाव से जीती रियासती मानसिकता, और सबसे ऊपर सत्ता की मूल प्रकृति का प्रकाशन जो अपने में से अपने को ही जन्म दे लेती है। जगह-जगह ऐसे प्रश्नों का छिड़काव है, जो ठहरने को मजबूर करते हैं, यद्यपि ऐतिहासिक दृष्टि से उस काल की अधिक महत्त्वपूर्ण घटनाएँ....विभाजन विभीषिकाएँ एवं रियासतों को लेकर सत्ता के रुख का संकेत—का इसमें कहीं उल्लेख नहीं। इससे यह बात और भी स्पष्ट हो जाती है कि हुज़ूर दरबार की कथा अपने परिवेश से टकराकर चूर-चूर हुए व्यक्ति की यातना को एक सृजनात्मक चेष्टा में कंसीव करने की रही है, यह बात अलग है कि परिवेश अपनी निहित संभानाओं में व्यक्ति और उसकी यातना से बड़ा सिद्ध हो गया हो।

पीछे के पृष्ठों में, राजदरबार के गौण हो जाने पर जहाँ हरीश की अपनी त्रासदी से सीधा साक्षात्कार है, वहाँ बिजली के खुले तारों को छू दिये लेने वाली यातना की झनझनाहट मर्माहित करती है और पूरी तरह कुचल डालती है। असहायता, टूटन, बेबसी, धाँधली जो कुछ चित्रित हुआ है, असह्य है। 'वे कहते हैं' ये कहते हैं कि आवृत्ति के टेरर में शटलकॉक की तरह इधर से उधर धक्के-सा खाकर पंखों के नुचते जाने का दृश्य अपनी ही आँखों के सामने मूर्तिमान है। 'दो-दो युग मेरे ऊपर से गुजर गये और मैं शुरू न हो सका' की हताशा, 'दिमाग को कुर्सी के हवाले करवा लेने की चौधराहट', 'कीड़े की तरह कुचले जाने और किड़किड़ाने की आवाज सुन पाने का रोमांच' कातर कर देने वाला है। ये सारे-के-सारे दृश्य मानवीय संवेदना और गरिमा पर जैसा दबाव डालते हैं और मानव-नियति को विकल्पहीनता की जिस गहरी खोह में घसीटकर ले जाते हैं, वह एक क्षण को मानव-नियति के भविष्य पर कई प्रश्नचिह्न लगा देती है। इस विकल्पहीनता की पराकाष्ठा है बाबू की उस फड़फड़ाहट में, ''कहाँ है तुम्हारा नया राजा जिससे फरिया की जा सके?'' इसका कोई उत्तर नहीं, कोई विकल्प नहीं, क्योंकि विकल्प प्रस्तुत करके कथाकार ने स्वयं ही संभावना के उस आईने को चकनाचूर कर दिया है। जिस विकल्प को जन्म दिया है अपनी खामोशी में, वह और भी भ्रष्ट चुप्पा और ढीठ है। उस प्रदेश में बहुत-से कंधों की भीड़ पर लटका दायित्व किसी का दायित्व नहीं। तोड़ने वाले तत्त्वों की हिंसा को कथाकार ने दूर तक छुआ है, मनुष्य के जीवट और सामूहिक जिजीविषा की विकटता की बात एकदम रहने दी है। यह देखकर परित्राण अवश्य मिलता है कि गोविंद मिश्र के सामने चित्र एक व्यक्ति की नियति और उसके विध्वंस का है। व्यक्तियों के लिए मनोनीत व्यवस्था वही-की-वही है—एक में से दूसरी जन्म लेती, एक में से दूसरी पनपती, एक विकल्प में से दूसरा विकल्प, एक परिणति में से दूसरा परिणाम 'रियासतें छिनी और कुर्सियाँ चलायमान हो गईं' व्यक्ति भी एक प्रकार की व्यवस्था से दूसरे प्रकार की व्यवस्था को उतने ही निरायास भाव से दे दिया गया है, जितने निरायास भाव से एक में से दूसरी का जन्म हुआ है। दोनों प्रणालियों में व्यक्ति की प्रतिष्ठा और आत्म-स्वातंत्र्य के लिए कोई स्थान नहीं, कोई रोशनी नहीं। राजा को, न्याय को, स्थिरता को ढूँढ़ने का

फड़फड़ाती हुई लाचारी है और अपने ही सामने अपने को ढहते देखने और मंदिर की बित्ताभर धरती में सिमट जाने की बेबसी। लगता है, इस खील-खील टूटने-बिखरने के मूर्तन को पा लेने की सृजनात्मक चेष्टा में से 'हुजूर दरबार' की परिकल्पना ने जन्म लिया है, नहीं तो जिस व्यापक संदर्भ से संपृक्त इसकी पृष्ठभूमि है, उसकी परिणति ऐसे सघन अवसाद-बोध में न हुई होती और यह अवसाद परिशोधक भी नहीं, गीले बोझ से अँधेरे में ले डूबने वाला है। इतनी महत् या बृहत् रचना जो प्रश्न खड़े करती है, उनका उत्तर रचना के भीतर और बाहर दोनों जगह मिल सकना चाहिए।

व्यवस्था पर चोट गोविंद मिश्र के लेखन का निजी रवैया है। वहाँ उनकी दृष्टि एकदम पैनी हो जाती है। सरकारी सुरक्षा की छाँह में पनपता भ्रष्टाचार, प्रमाद, लापरवाही, उत्तरदायित्वहीनता का बेआवाज दमनचक्र अपनी धार से घायल भी करता है परंतु लहूलुहान कर देने का प्रमाण भी उपस्थित नहीं करने देता। इस सर्वग्रासी हताशा में से एक परिणाम जरूर निकलता है कि व्यवस्था का रंग-रूप यदि हर जगह एक-सा और ऐसी ही सड़ाँध पैदा करने वाला है तो बचाव की आशा व्यक्ति के अपने चारित्रिक विकास में ही जूझने की क्षमता बटोर सकने की है, और कोई सहायता उसे सुलभ नहीं है।

कथात्मकता गोविंद मिश्र के लेखन का गुण है। उस स्थूलता पर आ जाने पर उनके हथियार पैने हो जाते हैं और भाषा उनकी गुलाम हो जाती है। उनकी भाषा में एक अनगढ़ जीवंतता और भोलापन है। हिंसा और आतंक का सूक्ष्म प्रभाव उत्पन्न करते समय भी उनके शब्द कठोर और आक्रामक न होकर भोले और कोमल हैं, परंतु प्रभाव में अचूक। रोचकता, रवानी, और ताजगी पूर्वार्द्ध के विवरणों में बहुत है, और डिटेल्स के रचाव में एक गहरा इन्वाल्वमेंट। पात्रों की नियति में कथाकार की लेखनी एक संवेदनशील आँख की तरह काम करती स्थितियों की विवेचक हो गयी लगती है।

अंत तक आते-आते हताशा स्वयं एक अस्तित्व बन गयी है और उसने इस सारे वैभव, राग-रंग, संघर्ष, मानवीय जीवट और स्वातंत्र्य, उसकी प्रतिष्ठा और गरिमा सामर्थ्य और विवेक को झुठलाकर एकबारगी किनारे कर दिया है। जैसी धारदार यातना की सृष्टि उन पृष्ठों में हुई है, उसका स्वीकार और शमन राजदरबार और हरीश के पराभव की सीमा में नहीं होने पाता, वह और देर तक और दूर तक मानवीय संवेदना को कोंचती और कँपाती रहती है। अनुभूति के स्तर पर लगता रहता है कि इस चतुर्दिक हताशा ने अपनी उग्रता में मनुष्य की नियति के रूबरू बैर तानकर खड़ा होने वाला एक भीमकाय विलेन पैदा कर दिया है, जो कभी नहीं मरेगा। काला रंग अपने कालेपन में इतना चमकीला हो गया है कि आस्था पर पुरुषार्थ द्वारा उसे डायल्यूट और संतुलित करते रहने के मानवीय विवेक की बात बहुत पीछे छूट गयी है। यह सारी पसीना-पसीना घबराहट भी इस बड़े परिप्रेक्ष्य के 'महत्त्वाकांक्षी' उपन्यास का ही एक हिस्सा है। इसमें संदेह नहीं कि पराभव को जाँचने-परखने के रचनात्मक उत्साह में कथाकार कृति को एक तकलीफदेह पराकाष्ठा तक खींच ले गया है।

'हुजूर दरबार' : सत्ता का क्रूर खेल

चंद्रकांत वांदिवडेकर

'हुजूर दरबार' एक धीमी लय में कुल मनुष्य-जीवन की ट्रेजेडी के बोध को गहराते जाने वाला उपन्यास है जिसमें राजनीतिक स्थितियों के पार्श्वसंगीत के स्वरों के आरोह-अवरोह में असहाय, दुर्बल, विघटित मनुष्य की दुखगाथा, करुण संगीत का दर्दनाक प्रभाव छोड़ती है। भयावह जिंदगी के हिस्र पंजे में आये खरगोश की-सी नादान मनुष्य की करुणा और उसकी निरर्थक पुकार मन को चीरती जाती है और कुर्सी के सनातन सत्य का एक शाश्वत संघर्ष मूर्त होता है जिसका कुल परिणाम सांस्कृतिक मूल्यहीनता और मनुष्य के भरभराकर टूटने में होता है। यह उपन्यास एक बिचौली रियासत के सदाशयी राजा के दरबार का और उससे संबंधित व्यक्तियों के दुखमय जीवन स्थितियों का बहुआयामी चित्र प्रस्तुत करता हुआ सर्वथा ह्रास की विषादांत कहानी प्रस्तुत करता है। परंतु अंत तक आते-आते यह सत्य प्रबल रूप में सामने आता है कि हिंसा अपना चोला बदलती है, लेकिन उसके कारनामे सनातन होते हैं।

हुजूर दरबार जीवन के वैविध्य को यथार्थ के धरातल पर पकड़ता हुआ एवं यथार्थ के कतिपय अपरिचित एवं अल्पपरिचित पहलुओं को प्रस्तुत करता हुआ 'दस्तावेज' के रूप को अतिक्रांत करता है। कलाकृति मात्र दस्तावेज नहीं होती। उसमें कुछ अधिक होना आवश्यक होता है। मनुष्य के मन का गहन प्रस्तुतीकरण, मन की यथार्थ परंतु दुर्लभ मनोवस्थाओं के तरल क्षण, उपन्यास के अनुभव का फैलाव एवं उसका कलात्मक सौष्ठव, मनुष्य के जीवन की विविध भावनाओं का अंतःसंघर्ष, उसके व्यक्तित्व को अच्छा या बुरा आकार देने वाली घटनाओं की चित्रमय कल्पना, मनुष्य के जीवन की करुणा को धीमी लय में व्यक्त करने की क्षमता और इन सबके साथ कलाकार की प्रचंड हार्दिकता, सामान्य मनुष्य की असामान्यता को तथा असामान्य मनुष्य की सामान्यता को टटोलने की दक्षता, अनुभवानुगामी शैली का बहुस्तरीय वैविध्य—इन सबको बहुत बड़े पैमाने पर आविष्कार 'हुजूर दरबार' में होता है। इसलिए ये उपन्यास दस्तावेज से बहुत ही ऊपर उठता है।

'हुजूर दरबार' का ऐतिहासिक काल बड़ा है। यह तीन पीढ़ियों की कथा है, यह उतना महत्त्वपूर्ण नहीं है। आरंभिक काल राजाशाही की सनातन व्यवस्था में धँसा हुआ

है। काल का दूसरा छोर स्वातंत्र्योत्तर काल के आपातूकाल तक एवं सत्तांतर तक फैला हुआ है; अर्थात् यह समूचा काल यहाँ केवल ध्वनित किया गया है। क्योंकि लेखक की दृष्टि में महत्त्वपूर्ण बात है रियासत का अंत एवं उसके साथ बँधे हुए अनेक व्यक्तियों की करुण कथा, राजकीय जीवन में सत्ताधीशों की प्रचंड उन्मत्तता, मूल्यहीनता और सामान्य मनुष्य के जीवन को मसलकर उसे नष्ट करने का उनका अमानवीय प्रयास। सामान्य मनुष्य का विलक्षण करुण एवं असहाय शोकांत जीवन, सात्त्विकता, सच्चाई एवं त्यागमय लोकसेवा के आदर्श का विनाश और आतंकवादी हुजूर संस्कृति की निर्लज्ज विजय। इसलिए इस उपन्यास में सामाजिक और राजनीतिक घटनाएँ केवल संदर्भ जगाने के लिए आती हैं लेकिन लेखक का पूरा बल मनुष्य के मन का एवं दरबारी संस्कृति का सनातन रूप दिखाने पर है। लेखक की दृष्टि कलाकृति के 'बंद रूपाकार' निर्माण की ओर न होकर 'खुले रूपाकार' की निर्मिति करने पर है। इसीलिए बाहर के व्यापक संदर्भों का केंद्रीय जीवनानुभवों पर सतत होने वाला आक्रमण लेखक ने आद्योपांत अपने सामने रखा है। और ये सब विस्तारित संदर्भ उपन्यास के प्रमुख पात्रों के ही नहीं बल्कि समूचे पात्रों के जीवन को स्पर्श करने वाले, उन्हें धक्के और मोड़ देने वाले हैं। व्यापक स्थल काल के ताने और बाने लेकर मूर्त किये हुए जीवनानुभव में मानवीय मन के सूक्ष्म स्पंदन विपुल यात्रा में स्थान-स्थान पर चित्रित किये गये हैं। इसलिए उपन्यास को गहनता का परिमाण प्राप्त हुआ है।

हुजूर दरबार का कथानक इतना जीवन-सदृश्य है कि उसको बताना हो तो उपन्यास के जीवन के दृश्यालेख के बारे में ही सतत बोलना पड़ेगा। जीवन के एक सनातन सत्य के बहुआयामी रूप का यह चित्रमय प्रस्तुतीकरण है। यह सत्य है अनादि काल से समाज में चल रहे दो वर्गों का संघर्ष : एक वर्ग सत्ताकांक्षी लोगों का है और दूसरा उनकी जी-हुजूरी करने के लिए मजबूर किये गये दुर्बलों का। यह संघर्ष-संबंध वैसे इकतरफा विजय का—सत्ताकांक्षी वर्ग की विजय का है लेकिन इस सत्ताकांक्षियों में भी सत्ता के लिए लालायित अनेक प्रकार की अंतर्गत लड़ाई चलती रहती है। अतः इस लड़ाई को स्थूल रूप में सत्ताधीश एवं सत्ताहीन लोगों का संबंध, सत्ताधीश और सत्ताधीश—इनके बीच का संबंध और सत्ताधीश और सत्ताकांक्षी लोगों के बीच का संबंध कहा जा सकता है। शतरंज के पट पर चौंसठ खाने और बत्तीस मोहरे होते हैं। फिर भी उनकी चालें अनगिनत हो सकती हैं। उसी तरह इस लड़ाई के रूप भी अनगिनत होते हैं। इस वर्ग के संघर्ष की ओर केवल अर्थेषणा की प्रेरणा से न देखकर उस प्रेरणा के साथ अधिकार-लालसा की अधिक वलवत्तर प्रेरणा से भी देखा गया है और काम प्रेरणा को भी जितना आवश्यक है उतना महत्त्व दिया गया है। लेकिन इस संघर्ष को कहीं भी स्थूल एवं यांत्रिक रूप में नहीं आने दिया गया है। उपन्यास को यांत्रिक रूप में न आने का एक और कारण है। सत्ताकांक्षी और सत्ताहीन, इस प्रकार का विभाजन लेखक ने अवश्य स्वीकार किया है। लेकिन इन दो वर्गों के मनुष्यों को देखते समय उसने अपनी

दृष्टि को अतिशय खुला रखा है। तथाकथित वर्गीय दृष्टि से मनुष्य के स्वभाव की ओर न देखते हुए अधिक व्यापक वस्तुनिष्ठ और व्यामिश्र दृष्टि से मनुष्य की ओर देखा गया है। इसीलिए सत्ताहीन मनुष्य सर्वथा अच्छे और सत्तावान मनुष्य पूर्णतः अमानवीय, ऐसा स्थूल विभाजन लेखक ने नहीं किया है। मानव स्वभाव की ओर देखने की इस विशाल और व्यामिश्र जीवन दृष्टि के कारण ही उपन्यास को वस्तुपाठ का या दृष्टांत का स्वरूप कहीं नहीं आया है। किसी अकृत्रिम ढंग से आविर्भूत होनेवाली अभिजात कलाकृति का स्वरूप प्राप्त हुआ है।

इस उपन्यास के कुल अनुभव की परिधि इतनी व्यामिश्र और उलझनपूर्ण है कि उसका प्रमुख बीजतत्त्व बताना सरलीकरण करना होगा। लेकिन विश्लेषण करते समय ऐसा धोखा स्वीकारना आवश्यक होगा।

यह हरीश नामक युवक के व्यक्तित्व के विघटन की शोकपूर्ण और शोकांत कथा है। लेकिन इस व्यक्तित्व विघटन की शोकांत का संदर्भ परिवार, रियासत, समाज, राजकीय परिवर्तन, सत्तांतर इत्यादि महत्त्वपूर्ण घटकों और संबद्ध घटनाओं से घनिष्ठ रूप में जुड़ा होने के कारण हरीश की दारुण, करुण एवं दुखमय नियति की यह कहानी उसकी अकेले की न रहकर मूल्यभ्रष्टता के मार्ग पर वेग से चलने वाले समाज की नियति कथा बनी है। यद्यपि हरीश शोकांत अनुभव का भोक्ता है फिर भी यह शोकपूर्णता जिन नानाविध घटकों का परिणाम है उन घटकों का कभी प्रत्यक्ष रूप में अथवा कभी अप्रत्यक्ष रूप में चित्रमय उपयोजन किये जाने के कारण यह कथा कुल भारतीय समाज की बनी है। दूसरे शब्दों में यह व्यक्तिकेंद्रित बंद कथा न होकर व्यक्ति को माध्यम बनाकर अधिकाधिक संदर्भों की ओर ध्यान खींचनेवाली और सर्वसमावेशक बनने की आकांक्षी कथा है। इसीलिए सही अर्थ में यह उपन्यास है। उपन्यास के स्वरूप का एक व्यावर्तक लक्षण—उसकी सर्वसमावेशकता—इस कलाकृति ने अपने में समाविष्ट की है। अतः हरीश के शोकांत अनुभव के दर्शन करते समय विदग्ध पाठक हरीश के विघटन के लिए जिम्मेदार अनेक सांस्कृतिक, आर्थिक, सामाजिक एवं राजनीतिक घटकों की ओर ध्यानपूर्वक देखता रहता है और इसीलिए वह हरीश में अपने ही जीवन संघर्ष एवं अपने सामने स्पष्ट न हुई परंतु संघर्ष के मूल में स्थित अनेक घटकों की उलझनदार जाली देखने लगता है। जीवन के व्यामिश्र और गुत्थमगुत्थ रूप को अधिक सजग रूप में पाठकों के सामने रखने का कार्य यह उपन्यास समर्थ रूप में करता है। ये सब करते समय लेखक को कार्टूनी कलाकारी या प्रतीकों का उपयोजन करने की आवश्यकता नहीं प्रतिभासित होती, न उसे गहन चिंतन का आभास उत्पन्न करने की भी जरूरत महसूस होती है। वह भाषिक क्रीड़ा में भी विशेष रस नहीं लेता। न वह अति अंतर्मुख होने की भूमिका ग्रहण करता है, न बहिर्मुख बनकर परिवेश के तफसील देने में मन के स्पंदनों को तिरोहित करने का असाहित्यिक कार्य करता है। अपने जीवनानुभव की ठोस गहनता एवं उसका समर्थ संप्रेषण करने वाली विविध व्यक्ति रेखाओं की सामर्थ्य का लेखक को

इतना विश्वास है कि किसी भी नकली मुद्रा की उसे आवश्यकता नहीं है। उसने मुख्यतः हरीश के संवेदन-केंद्र के माध्यम से यह कथा कही है। उसमें काल तत्त्व क्रमानुसार (Chronological) न होकर बहुत कुछ स्वतंत्रता ली गयी है। साहित्यिक संप्रेषण की शक्ति बढ़ाने के लिए अनेक आधुनिक तकनीकों का उपयोग किया है। परंतु यह आधुनिकता के किसी फैशन के लिए नहीं। यह लेखक नये और पुराने कलात्मक संयोजन के माध्यम से आत्मविश्वासपूर्वक अपनी कथा बताता है। यह जीवनानुभव मुख्यतः हरीश के संवेदन के माध्यम से बताया है, फिर भी आत्मकथात्मक शैली में लिखा हुआ यह उपन्यास नहीं है। अनेक कथनप्रणालियों तथा अनेक-मुखी अनुभव निवेदन प्रणालियों का लेखक ने उपयोग किया है।

इस उपन्यास की प्रमुख घटनाएँ एक मध्यम शैली की रियासत में घटित होती हैं। और कथानायक से लेकर सभी पात्रों का संबंध इस रियासत के परिवेश के साथ जुड़ा हुआ है। इसीलिए हरीश के समकक्ष इस रियासत के राजा को भी उपन्यास में महत्त्व मिला है। इस रियासत के राजा को अनेक स्तरों पर संघर्ष करना पड़ता है। यह संघर्ष राजा को पदच्युत करता है। जनता की सरकार बनाने की इच्छा रखनेवाले प्रजामंडल नामक दल के साथ उसका संघर्ष होता है। जिस अंग्रेजी राज्य पर रियासत का अस्तित्व निर्भर है, उस ब्रिटिश राज्य के साथ राजा साहब को संबंध रखने पड़ते हैं। राज्य को लोककल्याण के लिए चलाने की इच्छा होने के कारण प्रजा को कष्ट देनेवाले स्वकीय लोगों के साथ भी राजा को संघर्ष करना पड़ता है। सबसे बड़ा संघर्ष अपने मन की परंपरागत राजाशाही आदतों और आधुनिक जीवन के मूल्यों का बुद्धि एवं मन पर होनेवाला संस्कार, इनके बीच का है। हर क्षण अपने अस्तित्व को चुनौती देनेवाली घटनाओं का भय तो होता ही है, लेकिन अपनी आँखों के सामने अपने जीवन में भी रियासत विसर्जित होनेवाली है, इस भीषण भवितव्य का आघात मन पर सतत होता रहा है।

इस उपन्यास में तीसरा महत्वपूर्ण चरित्र है प्रजा मंडल का नेतृत्व करनेवाले ईमानदार जन-नेता खरे का। यह शोकांतिका जिस तरह हरीश की है और रियासत के राजा साहब रुद्रप्रताप की है उसी तरह खरे जैसे सच्चे जनसेवक की भी। खरे का संघर्ष भी बहुआयामी है। उसकी एक लड़ाई रियासत की राजबट के साथ है, दूसरी लड़ाई मूल्यभ्रष्ट होते जाने वाले राजनीतिक सहयोगियों के साथ है। खरे जानते हैं कि रियासत के साथ चल रहे आंदोलन में रुद्रप्रताप का मन जनता को न्याय देनेवाले बेनीफिशिएंट राज्यकर्ता का है लेकिन यह बात खरे के सहयोगियों के लिए उनके स्वार्थ में साधन जैसी बनती है। लोकप्रिय होते जाने वाले खरे को वे रुद्रप्रताप का घटक मानकर अफवाहें फैलाते हैं। अपने ही सहयोगियों के साथ संघर्ष की स्थिति में खरे को बहुत ही यातनाएँ होती हैं। फिर स्वार्थ से अंधे बने षड्यंत्रकारियों के हाथ से मारे जाने की जो प्रेषित की नियति होती है, वह खरे की भी हुई। उनकी अज्ञात रूप में हत्या की जाती है। सत्ता लोकनेताओं के हाथ में आने पर वह लोगों की बन जाती है और वह अपना अन्याय,

शोषण एवं क्रूर अधिकार का स्वभाव भी बदलती है, ऐसा कभी भी नहीं होता। सत्ता परिवर्तन होते ही सत्ताधीश और सत्ताकांक्षी लोगों के बीच की सत्ता की राजनीति में कुर्सी पर बैठने वाले लोग बदलते हैं लेकिन कुर्सी पर बैठे हुए लोगों का स्वभाव नहीं बदलता। सत्ता परिवर्तन एवं सत्ता स्वभाव का भीषण न्याय लेखक ने बहुत ही प्रभावकारी ढंग से साकार किया है। निष्पाप मनुष्य की खरगोश की तरह करुण आँखें और उसकी निरर्थक चीख-पुकार मन को चीरती जाती है। कुर्सी के सनातन सत्य का एक शाश्वत वर्ग-संघर्ष मूर्त होता जाता है और उसकी मूल्यहीनता में होनेवाली परिणति संवेदनशील पाठक को जड़मूल से हिला देती है।

हरीश का जीवन-संघर्ष एवं उसका सुख-दुख जिस तरह उसके माता-पिता एवं अन्य रिश्तेदारों के साथ घनिष्ठता से संबद्ध है, उसी तरह उसके जीवन की महत्त्वपूर्ण घटनाएँ तथा उसकी कुल नियति रियासत के साथ संबद्ध है। रियासत की घटनाएँ एवं रियासत की नियति रियासत के साथ चल रहे प्रजामंडल के संघर्ष के साथ, रियासत के बाहर चल रहे राष्ट्रीय स्वातंत्र्य के संघर्ष के साथ तथा अंग्रेज राज्यकर्ताओं के साथ संबद्ध है। यह संबंध इतना सघन और उलझनदार है कि कोई भी छोटी घटना कुल सभी घटनाओं के जाले में कंपन पैदा किये बिना नहीं रहती। विश्लेषण की सुविधा के लिए उपन्यास की घटनाओं एवं व्यक्तियों का अलग विचार करते समय यह बार-बार आभास होता है कि हम बहुत सरलीकरण कर रहे हैं। इसी में उपन्यास की कलात्मक सघनता का मर्म छिपा हुआ है।

इस उपन्यास में रियासत का प्रतीकात्मक महत्त्व है। इसमें घटनेवाली घटनाएँ थोड़े-बहुत अंतर के साथ सभी भारतीय रियासतों में घट सकती थीं; अर्थात रियासत के राजा को यहाँ महत्त्वपूर्ण स्थान प्राप्त हुआ है। इस राजा का—रुद्रप्रताप महाराज का बहुआयामी व्यक्तित्व लेखक ने ताकत के साथ खड़ा किया है। यह राजा मूलतः सदाशयी एवं सद्व्यवहारी है और लोककल्याण का आदर्श सामने रखकर अपनी सत्ता चलाना चाहता है। लेकिन राजा की कुछ परंपरा उसके खून में रच-पच गयी है और इसीलिए उसके आदर्श पर सीमाएँ उत्पन्न हुई हैं।

उसे स्त्री-देह के भोग की मौरूसी आदत पड़ चुकी है। दो पत्नियों के रहते भी वयस्क अवस्था में नेपाल राजधानी की सुंदर और तरुण राजकन्या के साथ विवाह करने के लिए वह संकोच नहीं करता। विवाह के समय उपस्थित रहने के लिए समय न मिलने के कारण उसकी तलवार के साथ विवाह संपन्न होता है। खानदानी राजशाही की लंपटता खून में प्रवाहित होने के कारण जिस स्त्री पर मन आ जाए, उसे प्राप्त करके और कुछ दिन पास में रखकर पूर्णतः भूल जाना और राजघराने की अन्य दासियों के साथ संबंध रखना रुद्रपताप की लत है। लेकिन इन संबंधों में कहीं भी हिंस्रता या बलात्कार नहीं है। प्रजा को भी इसमें कुछ अन्यथा नहीं लगता। रुद्रप्रताप के जीवन में जिन दो स्त्रियों ने विशेष प्रभाव डाला, उनके वर्णन विस्तार से उपन्यास में आये हैं। एक

नेपाल की राजकन्या—नेपाल सरकार। इस नेपाल सरकार के साथ उपन्यास के नायक का रिश्ता महत्त्वपूर्ण संबंध स्थापित हुआ है। वे पढ़ी-लिखी तथा बुद्धिमान होने के कारण महाराज के साथ उनके संबंध उनकी अन्य स्त्रियों की अपेक्षा अलग प्रकार के दिखाये गये हैं। नेपाल सरकार तरुण हैं, अति सुंदर हैं, वैसे राजघराने की सभी स्त्रियाँ शरीर-सुख की दृष्टि से कुछ अतृप्त हैं क्योंकि महाराज की जब कभी मर्जी हो जाए, उन्हें सहवास का सुख प्राप्त होता है। इसी संदर्भ में हरीश के घर के साथ राजघराने की स्त्रियों के रहस्यमय संबंध उत्पन्न होते हैं। नेपाल सरकार के सौंदर्य का बहुत उद्दीपक तथा कमाल का प्रभावशाली चित्रण लेखक ने किया है। उनका संबंध हरीश के साथ हो जाता है। रुद्रप्रताप का मन राधा नामक नादान, कोमल युवती पर आ जाता है। दशहरे के दिन खेल देखते समय महाराज का ध्यान इस लड़की की ओर अनायास चला जाता है। उनकी पारखी दृष्टि में इस कन्या के दैहिक वैशिष्ट्य का अक्स इस प्रकार अंकित होता है कि अपने नौकरों के द्वारा उसे जनानखाने में बुलाकर और उसके गरीब माँ-बाप को ढेर सारा धन देकर अपने पास रख लेते हैं। राधाबाई के साथ महाराज के संबंध स्थापित होने पर राधाबाई का रूपांतरण एक निष्ठावान स्त्री में होता है। आश्चर्य की बात यह है कि यह एक ही स्त्री ऐसी होती है जो रुद्रप्रताप के मन में अन्य स्त्रियों की अपेक्षा विशिष्ट स्थान प्राप्त कर सकी। रुद्रप्रताप के खून में अपनी परंपरागत रईसी का रुआब और बड़प्पन का प्रदर्शन करने की प्रवृत्ति होती ही है। जनता से अनेक प्रसंगों में भेंटें प्राप्त करना इसी में शामिल है। शिकार और शराब के प्रति भी उनकी आसक्ति कम नहीं है। आलीशान इमारतें, भव्य बगीचे, विस्तीर्ण तालाब, सुंदर रास्ते, क्रीड़ांगण बनाने का उनका शौक भी परंपरागत है। अतिथियों का भव्य स्वागत और जनता से पैसा इकट्ठा करना दोनों बातें परंपरा से ही चली आ रही होती हैं। दशहरे के दिन हाथी और साँटमारों के बीच का जानलेवा खतरनाक खेल देखने का खानदानी शौक उनके खून में भरपूर है। (इस साँटमारी कें खेल का प्रभावी चित्रण गोविंद मिश्र ने किया है।) इस खेल में अगर कोई साँटमार जान से हाथ धो बैठता है तो उसके लिए व्याकुल होकर दुख व्यक्त करना राजा साहब के खानदानी रुतबे में बैठने वाला नहीं था। लेकिन साँटमार के परिवार को भरपूर धन दिया जाता था। एक प्रसंग में साँटमार के करुण अंत के समय ही महाराज का ध्यान राधाबाई के कोमल शरीर की ओर खिंच जाता है। (यह शरीर-आकर्षण गोविंद मिश्र जी ने बहुत ही कुशलता से चित्रित किया है। गोविंद मिश्र का वैशिष्ट्य यह है कि वे जिस प्रकार मनुष्य के भावात्मक स्पंदन का अत्यंत उत्कट चित्रण करते हैं, उसी तरह स्वभाव को या कथा को मोड़ देनेवाले मानसिक स्पंदनों का भी कुशलता से चित्रण करते हैं। यह एक कलात्मक पारखीपन का लक्षण है।) इस प्रकार इस रियासत के राजा के व्यक्तित्व में कहीं एक दरार है। ''प्रजा में बेहद प्रिय, रियासत में नये-नये प्रयोग करने के हमेशा इच्छुक, हर चीज में दत्तचित्त...फिर भी महाराज का मन नहीं लगता था। सामने जो कुछ हो रहा था, उसमें एकदम एकरस दिखते थे, लेकिन

अंदर-ही-अंदर जाने कहाँ भटकते होते! उन्हें पूरी तरह कुछ भी न डुबो पाता—न शराब, न दरबार, न औरत। अंदर एक घबराहट-सी बराबर चलती रहती है....कोई आशंका जिसे वे साफ-साफ कभी न देख पाते।'' यहाँ गोविंद मिश्र वर्णन ही करते हैं परंतु इन वर्णनपरक वाक्यों के आगे-पीछे अनेक प्रसंगों, घटनाओं और मानसिक संवेदनाओं के माध्यम से लेखक यह दरार, यह बेचैनी, यह व्याकुलता कलात्मक स्तर पर संप्रेषित करता है। राजा के मानसिक स्प्लिट का केवल एक कारण था, ऐसा नहीं। रियासत के बाहर चल रहे स्वातंत्र्य आंदोलन का प्रभाव, रियासत में राजाशाही को उखाड़ फेंकने के लिए चल रही प्रजामंडल की लड़ाई, अंग्रेजों की अवकृपा का सतत भय, समस्त राजशाही जड़मूल से उखड़ जाने की आशंका और उसके साथ बाद की अवस्था या नये प्रकार का जीवन अपने मन से कहाँ तक मेल खाएगा, इसकी कुतरने वाली आशंका—इन सभी बातों से यह 'स्प्लिट' उत्पन्न होती है जिसका प्रभावपूर्ण चित्रण लेखक ने किया है।

राजा साहब की न्याय व्यवस्था अपेक्षाकृत निर्दोष थी। जनता के साथ उनके प्रत्यक्ष सम्पर्क के कारण और उनकी शिकायतें स्वयं सुनने की प्रथा के कारण अधिकारी जनता पर अन्याय मुश्किल से कर सकते थे। न्यायदान में विलंब भी नहीं लगता था। अन्नछत्र थे, जरूरतमंद एवं मेधावी छात्रों के लिए शिष्यवृत्तियाँ थीं, मंदिरों की व्यवस्था अच्छी थी, मठ था और मठ में संन्यासियों एवं भक्तों की भरपूर आवाजाही थी। कुल राजा के लोककल्याण करने वाले स्वभाव को लेकर प्रजा में संतोष था और राजा की खानदानी आदतों के प्रति सहिष्णुता थी।

राजा के मन में बाह्य दबाव को लेकर भय तो था ही, लेकिन कहीं खानदानी राजाशाही के शील को लेकर ही घोर शंका थी। प्रजामंडल के साथ उसे समझौता करना पड़ता था। और अंत में मेनन साहब का ही पेन लेकर उन्हें अपनी रियासत के विसर्जन के कागजों पर दस्तखत करने पड़ते हैं। रियासत के विसर्जन का यह प्रसंग राजा साहब ने बहुत ही खिलाड़ी वृत्ति से संपन्न किया। उससे यह स्पष्ट होता है कि इन घटनाओं को शांतिपूर्वक स्वीकार करने की उनकी मानसिक तैयारी हो गयी थी और नये युग के न्याय मूल्यों के दबाव को वे इनकार नहीं सकते थे। और यह भी सही था कि परंपरागत राजाशाही में पला हुआ उनका मन इन बातों के लिए तैयार नहीं था। फिर भी यह सब स्वीकार करने की वे तैयारी कर रहे थे। गोविंद मिश्र ने इस परिवर्तन को अत्यंत सूक्ष्म स्तर पर चित्रमय ढंग से दर्शाया है। यह उनकी कलात्मक सामर्थ्य का प्रमाण है। उन्होंने रुद्रप्रताप को न दुर्गुणों का विग्रह बनाया है, न सद्‌गुणों का पुतला। राजाशाही परंपराओं के बारे में नफरत करते हुए भी पाठक के मन में रुद्रप्रताप सहानुभूति उत्पन्न करते हैं और स्वतंत्रता प्राप्त होने के बाद सामान्य जनता को जो शासन मिला, उसकी तुलना में रियासत का शासन विशेष अन्यायकारक नहीं था, इसका भी अहसास उपन्यास में पढ़ते समय होता है। लेकिन इसमें कोई मूल्य विषयक या विचार-विषयक अतिरेकपूर्ण आग्रह लेखक ने नहीं दिखाया है। एक संतुलित सत्यान्वेषी दृष्टि का बोध होता है। बुरे के साथ

अच्छे को चुनने का कार्य इस कलाकार ने किया है और यहीं ऐसा लगता है कि लेखक वर्गीय दृष्टि को अतिक्रांत करके अधिक व्यापक मानवीय दृष्टि का परिचय देता है।

रुद्रप्रताप के आसपास के लोगों को भी कलाकार द्वारा बड़ी शक्ति के साथ प्रस्तुत किया गया है। राजाशाही का एक विकृत रूप सिर्री राजा के रूप में प्रस्तुत किया गया है। रुद्रप्रताप राजा के पिता ने एक आदिवासी युवती को अपने पास लाकर रखा था। उसका जंगली खून और राजा साहब की लंपटता, इनके सहयोग से पैदा हुआ था यह फल। रुद्रप्रताप से उम्र में बड़ा किंतु अनौरस संतान होने के कारण राजगद्दी पर उसका अधिकार नहीं था। लेकिन अपना रक्त राजा का रक्त है, इस विलक्षण अभिमान से उसका व्यवहार उद्दंड और उन्मत्त था। शिकार, स्त्रियाँ, शराब इनके बीच घिरा राजा अपना आतंक स्थापित करने के लिए अनेक प्रकार की उन्मत्त बातें करता था। राजाशाही का एक विकृत रूप लेखक को खड़ा करना था। अपने बाप की संतान एवं राजघराने का अनौरस राजपुत्र, इन बातों को ध्यान में रखते हुए रुद्रप्रताप सिर्री राजा की असंयत जीवन-प्रणाली की ओर ध्यान नहीं देते। उसके दुष्कृत्यों पर एक उपाय के रूप में उसके सारे जीवन को विलासिता में डुबोकर रखने का विचार किया जाता है।

रुद्रप्रताप का एक अतिशय बदमाश, षड्यंत्रकारी और विलक्षण स्वार्थी दीवान छोटेलाल है। एक ओर से रुद्रप्रताप के हितसंबंधों की फिक्र करने का अभिनय करनेवाला आदमी अंग्रेज एजेंटों के साथ भी मिला हुआ था। रुद्रप्रताप की रखैल राधाबाई पर इस दीवान की नजर पड़ती है और वह दुष्टतापूर्वक राजा साहब के कान भरकर राधाबाई से उनको अलग करता है। इतना ही नहीं, ऐसा दाँव खेलता है कि राधाबाई उसकी रखैल बनने को बाध्य हो जाती है। लेखक का वैशिष्ट्य यह है कि इस पूरे षड्यंत्र को विश्वसनीय बनाकर प्रभावपूर्ण ढंग से प्रस्तुत किया है। दीवान की बदमाशी की हद वह है कि यह राधाबाई के धन को लूटकर उसी की हत्या कर देता है। प्रजामंडली के मंत्रियों को भी भ्रष्टाचार और घूसखोरी की लत लगा देता है। अंग्रेजों के जमाने की चतुर नौकरशाही और स्वतंत्र भारत में सत्ता की कुर्सियों पर बैठे एक समय के पवित्र सेवकों की यह युक्ति और उसके संघातक दुष्परिणाम इन सबका प्रतीकात्मक प्रकटीकरण बहुत कुशलता के साथ लेखक ने किया है।

गोविंद मिश्र के कलात्मक कौशल्य का एक वैशिष्ट्य यह है कि उपन्यास की घटनाएँ और व्यक्ति तत्कालीन परिस्थिति के वैविध्यपूर्ण सांकेतिक दर्शनों से सघन होते हैं एवं अधिक अर्थवान भी होते हैं। दूसरे शब्दों में ये घटनाएँ और व्यक्ति अनेक अर्थों के दबाव से वजनदार हो जाते हैं।

इस रियासत के भूतपूर्व दीवान का पुत्र बख्तावर सिंह भी ऐसा ही एक विलक्षण व्यक्तित्व है। यह धूर्त व्यापारी रुद्रप्रताप के जमाने में जी-हुजूरी करता है। लेकिन प्रजामंडल के सत्ता पर आने के बाद सत्ताधारी मंत्रियों के गले में सबसे बड़ी पुष्पमाला डालने के लिए तथा रियासती शासन के खिलाफ कड़वे भाषण करने के लिए तैयार हो

जाता है। यह आदमी आगे चलकर नेपाल सरकार की मिल खरीदकर चलाता है। राजनैतिक स्वातंत्र्य के बाद जिन स्वार्थी लोगों ने उससे प्रचुर नाजायज लाभ उठाया उनमें से एक है बख्तावर सिंह।

हुजूर साहब के वर्ग पर आश्रित वर्ग है हरीश एवं उसकी पूर्ववर्ती दो पीढ़ियाँ। दादा के अनुष्ठान के फलस्वरूप निपुत्रिक रियासत के राजा को पुत्र-प्राप्ति हुई और दादा पुजारी से वे राजगुरु बन गये। मठ की स्थापना हुई, बस्ती बढ़ गयी। परंपरा से राजगुरु का पद हरीश के पिता को मिला। इस घराने और राजघराने के संबंध दादा के जमाने से रहस्यमय रहे। राजा रुद्रप्रताप की माता महारानी साहब एवं हरीश के पिता का देह-संबंध था। लेखक ने विलक्षण संयम से इन सभी घटनाओं को संकेतिक किया है। इस घटना का परिणाम हरीश की माँ के मन पर तो हुआ ही लेकिन हरीश के पिता पर भी हुआ। राजघराने ने प्रति हरीश की माँ के मन में विलक्षण क्रोध उत्पन्न हुआ। लेकिन उसका क्रोध नपुंसक था और मुँह बंद कर सब कुछ सहन करने के लिए वह मजबूर हो गयी थी। इसका परिणाम माँ और बाप के बीच के संबंधों पर हुआ था। लेकिन वह उस काल के संस्कारों से मेल खानेवाला था। माँ के मन में हरीश के प्रति चिंता रहती है और सतत डर रहता है कि हरीश के संबंध भी राजघराने के साथ स्थापित होंगे और यह संबंध स्थापित होता है। नेपाल सरकार हरीश को हिंदी पढ़ाने के लिए बुलाती हैं। लेकिन सामान्यतः ऐसे संबंध उपन्यासों में जिस ढंग से चित्रित होते हैं वैसे यहाँ नहीं हुए। विलक्षण उलझनपूर्ण मानसिक पृष्ठभूमि में उत्पन्न हुए हैं और उनकी परिणति भी ऐसे ही अलग ढंग से होती है। (हरीश के मन पर किंचित् प्रौढ़ा नेपाल सरकार का प्रभाव पड़ता है। इसके लिए नेपाल सरकार के मांसल, वासनोत्तेजक सौंदर्य की अभिव्यक्ति प्रभावपूर्ण शब्दों में करना आवश्यक था। गोविंद मिश्र ने सक्षम हाथों यह काम किया है।) नेपाल सरकार हरीश को निकट लेती हैं। उसके कारण अपने मानसिक तनाव को उन्हें शिथिल करना था। दूसरे शब्दों में हरीश का एक साधन के रूप में इस्तेमाल वे करती हैं। वैसे उनका देह-संबंध एक ही बार हुआ और नेपाल सरकार ने बाद में उसको स्मरण में रखने की जरूरत भी नहीं समझी। किसी कुत्ते को पास में लेकर उसके शरीर पर से हाथ फेरकर उसको प्यार किया जाए और दूसरे क्षण उसको ढकेलकर पूर्णतः भुला दिया जाए, कुछ ऐसी ही स्थिति इस स्नेह संबंध की होती है। लेकिन इसका विचित्र प्रभाव हरीश की मानसिकता पर होता है। इस विचार से कि मैं नेपाल सरकार की वासना का एक साधनमात्र बन गया हूँ, हरीश के मन में तीव्र पीड़ा होती है लेकिन उसके मन में उनके देह के प्रति विलक्षण लालसा भी बनी रहती है। हरीश की यातना एक दूसरे कारण से अधिक तीव्र बनती है। मठ का काम करने के लिए आये हरीश के पिताजी के एक दूर के रिश्तेदार की कन्या उमा के मन में हरीश के प्रति बचपन से ही आत्मीयता थी। जो स्थिति हरीश की माँ की थी, कुछ ऐसी ही राजघराने को लेकर उमा की भी हुई है। उमा जैसी सात्त्विक लड़की के दुख का एहसास, नेपाल सरकार की उदासीनता का

चुभनेवाला मान, और राजघराने से संबंधित रहने पर सभी विकास के रास्ते पूर्णतः बंद होने का ज्ञान—इन सबके कारण हरीश रियासत छोड़कर पटना जाने का निर्णय करता है। वह एम. ए. होना चाहता है। राजघराने से संबंध होने के कारण प्रायः सभी व्यक्तियों में एक विचित्र प्रकार का तनाव पैदा हुआ था, जो कभी कम होने की संभावना नहीं थी। राजघराने की काली-सी छाया सब पर पड़ी थी। उसके सुख-दुख इस राजघराने से जुड़े हुए होते हैं। बापु और माँ, हरीश और माँ, बापु और हरीश, सबके बीच के संबंधों में जो तनाव था उसको बड़े संयम के साथ जीवंत रूप में व्यंजित किया गया है। विलक्षण दमघोंटू स्थिति में राजघराना छोड़ना हरीश के लिए आवश्यक था। इस राजघराने में माँ साहब के साथ जुड़ गये संबंधों के कारण हरीश के पिता बापू में एक विचित्र ग्रंथि पैदा हुई थी। इसी निस्संग और कर्मठ व्यक्ति की तरह वे सब काम करते जाते थे। लेकिन उनका आंतरिक विकास अवरुद्ध हो गया था। राजघराने के बाहर की दुनिया से वे सर्वथा अपरिचित थे। हरीश को भय था और विश्वास भी कि रियासत में रहने पर अपनी स्थिति अवरुद्ध व्यक्तित्व वाले बापु की तरह होगी।

जिस रियासत को बापु अंतिम सत्य समझते थे, उसका शीराज़ा बिखरने की स्थिति में था। रियासत के बाहर गांधीजी के नेतृत्व में ब्रिटिशों के साथ प्रचंड संघर्ष चल रहा था। वैसे ही रियासत में खरे के नेतृत्व में प्रजामंडल आंदोलन कर रहा था। स्वातंत्र्यपूर्व कालों में जो लोकसेवा करने वाले तथा निःस्वार्थ एवं त्यागमय व्रत धारण करने वाले सच्चे देशभक्त थे, उन्हीं का प्रतीक थे खरे। वस्तुतः गांधी एवं खरे जैसे ब्रिटिशों के विरोध में या रियासत में राजाशाही के विरोध में आंदोलन करने वाले व्यक्ति बहुत कम होते हैं। इन आंदोलनों को जो उग्र स्वरूप प्राप्त होता है वह सत्ताधीश बनने, सत्ताकांक्षी लोगों के बीच के संघर्ष के फलस्वरूप। प्रारंभ में सत्ताकांक्षी लोग जो आध्यात्मिक मुखौटा ओढ़ते हैं, सत्ता प्राप्त होने के बाद वह फिसल जाता है और उनका सत्ता के लिए लालायित भयानक चेहरा प्रकट होने लगता है। स्वातंत्र्योत्तर काल में हम सबने इस विद्रूप सत्य का अनुभव किया है। खरे महात्मा गांधी की भाँति आत्मान्वेषण करने वाले तथा अपने मन की प्रेरणाओं को टोहकर सत्ताकांक्षा की जड़ें उखाड़ने के लिए सदैव सिद्ध रहने वाले नेता थे। इसीलिए जब स्वातंत्र्य द्वार पर आया, सत्ता प्राप्त करने का अवसर आया, तब खरे को एक ओर हटना पड़ा। उन्हें तो प्रजामंडल से ही त्यागपत्र देना पड़ा। जनजीवन के साथ एकरूप होनेवाला कार्यकर्ता (खरे के पूरे संदर्भ में खरे और उनकी मुँहबोली माँ के बीच जो वात्सल्यपूर्ण संबंध चित्रित किया गया है, वह उपन्यास के महत्त्वपूर्ण रसात्मक प्रसंगों में से एक है और बड़ी शक्तिमत्ता के साथ उसको चित्रांकित किया गया है। इस प्रसंग में मनुष्य की चिरंतन भावना को गंभीरता से स्पर्श करने की क्षमता है और ऐसे ही प्रसंगों के आधार पर उपन्यास में शाश्वतता का आयाम उत्पन्न होता है।) सतत आत्मान्वेषण करते हुए और अपने मन के सत्ताकांक्षी बीजों को मसलते हुए जनता के साथ लगातार एकरूप होने का प्रयत्न करता है और यही बात स्वार्थी एवं

अवसरवादी राजनीतिज्ञों को दुःसह होती है। हरीश अपने को मुक्त करने के लिए कोशिश कर रहा था तो खरे स्वयं मुक्त था। उन्हें जन-मुक्ति के रास्ते से जाना था। कंधे से कंधा लगाकर मुक्ति के संघर्ष में खरे का साथ देने वाले उनके साथी सत्ता प्राप्त होने पर खरे को टालने लगते हैं। क्योंकि खरे उनके रास्ते में रोड़ा बन जाते हैं। इन लोगों के भ्रष्ट होते जाने वाले मन पर खरे का व्यक्तित्व सतत अंकुश की मार करता रहता था। खरे को अब कोई नहीं चाहता था और उनकी हत्या हुई। खरे को प्रेषित की नियति का सामना करना पड़ा। रियासत का हुजूर वर्ग अलग हुआ लेकिन नया हुजूर वर्ग उत्पन्न होता है। और वह किसी भी तरह से पुराने हुजूर वर्ग से भिन्न नहीं होता। उलटे अधिक भयावह होता है। क्योंकि जनता प्रतिनिधित्व का मुखौटा धारण कर यह वर्ग काम करता रहता है। यह सत्तांतर इस प्रकार संघातक एवं खतरनाक होता है, इसको प्रभावपूर्ण ढंग से गोविंद मिश्र बताते हैं।

सत्ता के इस खेल में सत्पक्ष के पास जितने मोहरे थे, वे सब बाहर फेंक दिये जाते हैं। रुद्रप्रताप की रियासत भारत में विलीन हो जाती है और उन्हें एक सामान्य नागरिक का जीवन जीना पड़ता है। खरे की हत्या हो जाती है। हरीश रियासत से बाहर फेंका जाता है—अधिक बड़ी सत्ता का खिलौना बनने के लिए, टूटकर गिरने के लिए, तुड़ाये जाने के लिए।

स्वातंत्र्य-प्राप्ति के बाद ये घटनाएँ अधिक भयावह राजनीति का रूप धारण करती हैं।

पटना में एम. ए. परीक्षा में उत्तम सफलता प्राप्त करने के उपरांत हरीश फैलोशिप प्राप्त कर अमेरिका जाने की तैयारी करता है। उसी समय सत्ता की तरफ से हुजूरों की ओर से एक विचित्र फाँस फेंका जाता है। कुर्सी पर बैठे हुए अधिकारी हरीश के सामने यह प्रस्ताव रखते हैं कि हरीश जैसे बुद्धिमान व्यक्ति को विदेश जाने के चक्कर में न पड़ते हुए देश में रहकर ही कार्य करना चाहिए, सामाजिक तनावों पर, प्रोजेक्ट बनाकर काम करना चाहिए। नेहरूजी को बौद्ध धर्म के प्रति आकर्षण था, अतः हरीश जैसे मेधावी व्यक्ति को चाहिए कि बौद्ध धर्म का गहरा अध्ययन करके देश के सामने आदर्श रखे। हरीश के जीवन को पुनः वंचना के नागफाँस कसकर जकड़ने लगते हैं। नेपाल सरकार की इच्छा थी कि हरीश रियासत में आकर अपने पिता के साथ रहे। लेकिन हरीश अपने प्रोजेक्ट में व्यस्त था, आगे चलकर हरीश के थोड़े से सुखमय दिन पलटने लगते हैं। उसके विरुद्ध आक्रामक षड्यंत्र तैयार होता है। जीना दूभर हो जाता है। जिन विविध मार्गों से हरीश को तकलीफ दी जाती है, उनका भयावह चित्र गोविंद मिश्र खींचते हैं। मनुष्य की निष्पापता, उसकी असहायता, उसकी बेचारगी, और उस पर होने वाला क्रूर-सा बाह्य आक्रमण—इन सबका विलक्षण कलात्मक प्रत्ययकारी चित्र उभारने में गोविंद मिश्र सिद्धहस्त हैं। उसी तरह इसी प्रकार का काम न करते हुए मनुष्यों को इस ऑफिस से उस ऑफिस की ओर दौड़ाने वाली ब्यूरोक्रेसी का चित्रण करने में भी लेखक ने सफलता प्राप्त की है। एक अनाम, अज्ञात, अनाकलनीय व्यवस्था के व्यूह में हरीश

चक्कर खाने लगता है और उसके व्यक्तित्व का कुछ मजबूत-सा आधार टूटने लगता है। इस व्यूह को रचने में नेपाल सरकार का हाथ होगा, नहीं होगा, लेकिन सत्ताधीशों का कर्तृत्व निश्चित ही था। हरीश को विनष्ट करने वाली अनेक शक्तियों का प्रत्यक्ष उल्लेख टालकर गोविंद मिश्रजी ने बड़ा कलात्मक औचित्य दिखाया है। उन्होंने दिखाया है कि सत्ताधीशों का 'हुजूर-वर्ग' अशिष्ट व्यक्ति एवं गुट नहीं है—और उसमें है मछली की तरह तड़पने वाला निष्पाप, असहाय मनुष्य। उसका दोष इतना ही कि सत्ताधीशों के विराट पाप-प्रपंच में सहभागी होना वह अस्वीकार करता है। कलकत्ता, पटना, देहली इत्यादि बड़े शहरों में रहना असंभव होने के कारण हरीश को अपने गाँव—रियासत में वापस लौटना पड़ता है।

रियासत में सब कुछ खतम हुआ है। राजघराना बिखर गया है। सत्ताप्राप्ति के लिए नेपाल सरकार राजनीति में उतरने के लिए मंसूबे रच रही थी। रुद्रप्रताप कुछ निष्काम होकर जीवन जीना चाहते थे। नेपाल सरकार चिढ़ गयी थीं, कुछ हिंस्र और आक्रामक बन गयी थी। मठ का वैभव समाप्त हो गया था। वहाँ के संन्यासी एवं अन्य साधक तथा भक्त निकल गये थे। मठ के स्थान पर विद्यार्थियों का छात्रगृह बन गया था और उनके मेस का काम उमा के पिताजी के गले में पड़ गया था। यह अपमानजनक तथा असह्य जीवन था। उमा, उसके माँ बाप, बापु—सबके जीवन स्वाभिमान-शून्यता के रास्ते पर से घिसटते जा रहे थे। आखिर अपमान का आखिरी धक्का मिलने पर उमा और उसके दद्दा गाँव जाने का निर्णय करते हैं। उनको रोकना हरीश के लिए मुश्किल बनता है। अब तक रियासत द्वारा दिये हुए मौरूसी घर में रह गये थे बापु और हरीश। हरीश को बापु की सोहबत थी अवश्य, लेकिन उसकी उदासीनता और अकेलापन सतत बढ़ता जा रहा था। गाँव जाने के कारण यह अकेलापन अधिक ही चुभनेवाला और पीड़ादायी बन गया था।

जनतंत्रवाद के रास्ते से जो सत्ताकांक्षी एवं सत्ताधीश ऊपर उठते हैं, वे प्रायः अधिक ही गुंडे, बदमाश और क्रूर होते हैं। क्योंकि उन्हें खानदानी राजाशाही के मूल्य ज्ञात नहीं होते और उनमें न संस्कार होते हैं। आतंक, भय, अन्याय, अत्याचार—इन सबके आधार पर बना हुआ हुजूरों का यह एक नया दरबार होता है। भारतीय राजनैतिक परिस्थिति का एक यथार्थ यह भी है। इनमें एक जुझारू सिंह—म्युनिसिपल बोर्ड का मेंबर हरीश के मौरूसी घर पर ही हल चलाने का सफल दाँव खेलता है। अब रियासत के राजा आश्रय देने के लिए नहीं होते। सरकारी पुलिस महकमा जुझारू सिंह का विरोध करने से कतराता है। आसपास के असंगठित लोग तमाशा देखने के सिवा और कुछ नहीं कर सकते। घर से खदेड़ा गया हरीश कुछ दिनों के लिए मंदिर में रहता है। म्युनिसिपैलिटी के अपर कोर्ट में मुकदमा भी चलाता है। लेकिन ये सारे प्रयास निष्फल होत हैं। ऐसा एक भयानक भय मन में घर करके बैठा हुआ रहता है कि जहाँ-तहाँ जुझारू सिंह ही दिखायी पड़ते हैं। सभी ओर से ठगाया गया अकेला पड़ा,

भयग्रस्त हरीश असहाय था। "मेरी पुरानी थरथराहट लौटकर आ गयी थी। कल्पना में हर जगह जुझारू सिंह दिखता और मैं अक्सर बेतहाशा काँपने लगता। जल्दी से जल्दी वह जगह छोड़ने के अलावा कोई चारा नहीं था।" वह दिल्ली आता है। इस आशा में कि किये गये प्रोजेक्ट्स के काम का कुछ पैसा हाथ में आ जाए। यह भी आशा थी कि बड़ा नगर कुछ रास्ता दिखायेगा। बापु मर जाते हैं। वैसे तो महारानी साहब के मर जाने के बाद बापु की मृत्यु धीमी गति से उन्हें दबोचने आ ही रही थी। एक समय का यह तेजोमय राजगुरु अब किसी घायल पक्षी की भाँति यहाँ से वहाँ हताश होकर भटक रहा था।

अनाथ, असहाय, दीन-हीन हरीश उसी की शक्ति के सामने अरअराकर टूट पड़ता है। उसके मन का समूचा आधार ही उखड़ जाता है। उपन्यास के अंत में कुर्सी के सामर्थ्य पर यानी हुजूर संस्कृति पर अद्भुत कलात्मक भाष्य गोविंद मिश्र ने किया है। हरीश की संवेदना के माध्यम से उस पर सत्ताधीशों के द्वारा किये गये बलात्कार के उद्भूत वेदना के माध्यम से—बिखरे हुए डिसिटिंग्रेट हो गये मन के माध्यम से यह सारा भाष्य चित्रमय ढंग से व्यक्त हुआ है। महारानी साहब, नेपाल सरकार रुद्रप्रताप सिंह, बक्तावसी, छोटेलाल दीवान, सिर्री राजा, जुझारू सिंह—ये सब हुजूर संस्कृति के सदस्य, हरीश के समूचे नाश के प्रत्यक्ष-अप्रत्यक्ष रूप में वे कारण बन जाते हैं। हरीश, बापु, दद्दा, हरीश की माँ, उमा—यह सारा हुजूर वर्ग के सुख के लिए उत्पन्न हुआ जीहुजूरी वर्ग है। उनके संबंध कैसे हैं, "हम तो बोलेंगे, बंद नहीं होंगे....बात करेंगे और घात भी करेंगे, यह जगह हमारी है...सब जमीन हमारी है। जिन नेताओं के पास तू जाता है, वे हमारे आदमी हैं। कुर्सी बदली है... वो अब मेरे पास आ गयी है। मैं महाराज बना हूँ। तुझे अंडर में लाना है। तू घोड़ा है... हम तुझ पर सवारी करेंगे, तू बकरा है। तुझे हलाल करेंगे। तू शांति और निर्माण के चक्कर में लगा है, तो हम बिगड़े जागीरदार हैं। चाहेंगे तेरा ह्रास हो, तेरा जैसा हाल सबका हो। जैसे तू शुरू ही न हो सका, वैसे ही यह देश भी शुरू न हो सके। तू हमें नहीं छोड़ सकता क्योंकि हमारी कुर्सी के अंडर है...ये दरबार का भाव है प्यारे! अगर कुछ बोला तो मुँह में भुस भर दिया जाएगा। कुछ लिखा तो हथकड़ी पहना दी जाएगी..." उपन्यास के अंत में दिये गये विस्तृत दरबार-भाष्य का यह थोड़ा-सा हिस्सा है। यहाँ विद्रूप देशस्थिति का एक विराट जगड्व्याल रूप पाठक के सामने खड़ा होता है। यह उपन्यास हलका-फुलका मनोरंजन नहीं करता। गंभीर स्तर पर जीवन के स्वरूप को प्रस्तुत करता है, जीवन-दर्शन कराता है। नेपाल सरकार और हरीश के बीच के शारीरिक संबंध को अथवा किसी प्रकार के दो-एक ऐसे ही प्रसंगों को छोड़ दें तो कहीं भी लेखक सेक्स को विशेष स्थान नहीं देता और जो दो-एक ऐसे प्रसंग हैं, वे भी कुल औपन्यासिक अनुभव के संदर्भ में अनिवार्य भी हैं। उमा और हरीश के बीच का प्रेम कहीं भी मुखर नहीं होता। एक-दूसरे के प्रति उनमें जो लगाव है, उसमें सत्त्व का अंश अधिक है और यह लगाव उत्कट होते हुए भी कुछ गूढ़-सा है। राधाबाई और छोटेलाल दीवान के बीच का संबंध एक शिकारी का क्रूर खेल है। जो मन को गहरे में झकझोरता है।

गोविंद मिश्र के उपन्यास के बारे में बोलते समय उनके द्वारा चित्रित चरित्रों के बारे में अलग से बोलना मुश्किल है। व्यक्ति और व्यक्ति के संबंध, व्यक्ति और परिवार का संबंध, व्यक्ति और समाज का संबंध, समाज की स्थिति, राजकीय सामाजिक अवस्था, मनुष्य की वैयक्तिक एवं देशीय संस्कृति—इन सबके बारे में समग्रता में ही बात करनी पड़ती है।

इस कलाकार की अलग-अलग स्वभावों के मनुष्यों के साथ एकरूप होने की शक्ति बड़ी है। हरीश और रुद्रप्रताप दोनों पर इस उपन्यास में अधिक प्रकाश डाला गया है। फिर भी छोटे-बड़े सभी व्यक्तियों के मन की तहें खोजकर छोटे-छोटे प्रसंगों में से उनको सहज व्यक्त करने की कला लेखक भली भाँति जानता है। एक ओर बापु का शांत, सात्विक परंतु अवरुद्ध जीवन जितनी सहजता से लेखक प्रस्तुत करता है, उतनी ही कुशलता से राजा का उन्मत्त आवेशपूर्ण और क्रूर व्यक्तित्व रेखांकित करता है। एक ओर उन्मादक सौंदर्य के प्रभाव के उद्दीप्त वर्णन हैं तो उसी समय दूसरी ओर उमा जैसी सात्विक लड़की के गंभीर व्यक्तित्व का दर्शन लेखक प्रभावपूर्ण ढंग से प्रस्तुत करता है। रुद्रप्रताप सिंह और छोटेलाल दीवान, खरे और जुझारू सिंह, नेपाल सरकार और राधाबाई, बापु और बख्तावरसिंह—इन जोड़ियों को ध्यान में लेने पर इस कलाकार की क्षमता पर आश्चर्य होता है। क्योंकि बिलकुल विरोधी स्वभाव के व्यक्तियों की मानसिक छटाओं, भाववृत्तियों और स्वभावों का भास्वर रूप में अंकन किया गया है। किसी प्रसंग में लेखक स्वयं डूबकर भावोत्कट वर्णन करता है (उदाहरण के लिए भैयाबाई और खरे के बीच के आत्मीय वत्सल संबंध, परित्यक्त राधाबाई की मानसिकता) तो कभी अत्यंत निर्लिप्त होकर भी वह चित्रण करता है। छोटेलाल, राधाबाई को राजा साहब से अलग करने के लिए जिस ढंग से व्यवहार करता है और अपने जाल में पकड़ने के लिए जिस ठंडे दिमाग से षड्यंत्र रचता है, उस सबमें अनुस्यूत धीमी लय ध्यान में लेने लायक है।

प्रसंगों का दृक-बिंब की तरह जीवंत वर्णन करने की कला में गोविंद मिश्र बहुत ही सिद्धहस्त हैं। दशहरे को साँटेमारी के खेल का वर्णन, नेपाल सरकार के सौंदर्य का और उनके खानदानी रुआब का ठाठ-सिर्री राजा के व्यवहार की उन्मत्तता और जंगलीपन, बख्तावरसिंह के धूर्त दाँव-पेंच, जुझारू सिंह की दूसरों की जमीनों और घर हड़प करने की उद्दाम चाल, खरे की लोक-सेवा और सफाई—ये सारी घटनाएँ आँखों के सामने प्रत्यक्ष करने का कौशल लेखक ने दिखाया है। एक ही वाक्य में समूचे जीवन-पट को तथा जीवनावस्था को चित्रमय रूप में खड़ा करने की ताकत भी बड़ी है। महारानी साहेबा से छोटे हरीश की पहली मुलाकात का चित्रण देखिए, "माँ साहेबा ने मुझे अपने पैरों से सटा लिया, करीब-करीब से खुदो से चिपकाये हुए। राजमाता की गुलगुल देह, खुशबू, कुर्सी और आभूषणों की चमकदमक—जैसे मैं किसी नयी दुनिया में आ गया था। आँखें झपकने लगीं।....फिर उन्होंने मुझे अपनी गिरफ्त से छोड़ दिया....जैसे कुत्ते से खेलने के बाद उसे फर्श पर छोड़ दिया जाता है..." ये केवल दृष्टांत न होकर दो

मानसिक अवस्थाओं के चित्र हैं। राजा रुद्रप्रताप राधाबाई को जब पहली बार देखते हैं, उस समय का यह चित्र, "...कोने पर बैठी लड़की—उम्र कोई तरह साल, दाँतों में उँगली दबाये सामने देख रही थी। उसका शरीर बेचैनी में हर पल हिलता था। बरसात में सिहरती पत्ती की तरह। कभी इस मुद्रा में बैठती तो कभी उसमें। चेहरे पर कुँवारेपन की रक्तिमा ही रक्तिमा....खून जैसे कि किसी कोने में चुटकी काटो तो पल्ल से बह निकलेगा...कुंड में पिछली रात ही फूटी कमल की बोंडी भी...पानी में नहाई, हवा के झोंकों से थिरकती हुई। उम्र भी क्या, हवा है! वे हिल गये। अंदर-ही-अंदर कोई मथानी-सी चलने लगी थी।...छटपटाहट...शायद यही उनकी बेचैनी की दवा है। जहर ही जहर को काटता है।" राधाबाई रंगमहल से अपनी पुरानी छोटी बस्ती में घर आती है। उस समय का घर का वर्णन प्रस्तुत करने पर दो वाक्य देखिए... "और उन कमरों से अब भी वही गंध उठती थी...पुरानी-पुरानी, ठहरे हुए समय की गंध...जैसे वहाँ जाने कब की हवा फँसी पड़ी थी।" नेपाल सरकार के द्वारा एक वस्तु के रूप में अपने को उपयोगित किये जाने के उपरांत हरीश को पता चलता है कि उसके पिता की निष्क्रियता का रहस्य क्या है, "बापू का जीवन जो मेरे लिए करीब-करीब बंद था, तभी भक्क से मेरे सामने खुल गया था। मुझे लगा राजमहल एक चट्टान है जिसके नीचे मैं दबा पड़ा हूँ, जब तक बाहर निकल नहीं सकता, तब तक चल भी नहीं सकता।"—इस प्रकार के कतिपय सारगर्भित वाक्य स्थान-स्थान पर बिखरे हुए होते हैं जो उपन्यास के ताने-बाने को विलक्षण रूप में मजबूत बनाते हैं। कलाकृति के रूप में आशय घनता एवं काठिन्य इस प्रकार के अर्थपूर्ण वाक्यों से उत्पन्न होता है।

गोविंद मिश्र स्थल के वर्णन भी प्रभावपूर्ण ढंग से करते हैं। उनमें दृग्प्रत्यय तो होता ही है। स्थल से संबंद्ध ऐतिहासिक एवं किंवदंतियों से भरपूर भाव को वे जाग्रत करते हैं। उपन्यास के आरंभ में रजवाड़ों, राजमहलों, मंदिरों एवं मठों का चित्रमय वर्णन देखने योग्य है। कलकत्ता के मंदिर के परिसर का वर्णन भी ऐसा ही प्रभावपूर्ण है।

गोविंद मिश्र के कलात्मक गुणवैशिष्ट्यों का विश्लेषण अधिक बढ़ाया जा सकता है लेकिन उनकी सबसे बड़ी क्षमता विदग्ध रसिक को अपने अनुभव के भावात्मक पहलू में डुबो देने की है। अन्य अनुभव-घटकों का उपयोग वे भावात्मक घटक की समृद्धि सहज ढंग से विकसित करने में करते हैं। इसीलिए वे मौलिक सृजनशील साहित्यकार हैं। उनकी कल्पना और चिंतन तथा उनका भाषा पर अधिकार ये सारी चीजें उनकी भावगंगा में विलीन होकर उनका साथ देती हैं। इसीलिए उनका उपन्यास अपने भावाशय को मुख्यतः संप्रेषित करता है व्यक्तियों के ठोस रेखांकन एवं उनकी संवेदनात्मक हलचल के माध्यम से। इसीलिए मुझे यह लेखक एक बड़ा कलाकार प्रतीत होता है।

'हुजूर दरबार' : एक सशक्त विडंबना का नाम

सुरेंद्र तिवारी

एक छोटे-से गाँव में जो होता है, उसका असर जिले पर पड़ता है और जिले का प्रदेश पर और इसी तरह आगे भी। परिवर्तन केवल मौसम का ही नहीं होता, मूल्यों का भी होता है। एक छोटी-सी चिनगारी किसी बहुत छोटी जगह पैदा होती है और बढ़ते-बढ़ते सारे देश पर छा जाती है। यह देश किसी भी अन्य चीज के मुकाबले संस्कारों और परंपराओं से ज्यादा जुड़ा हुआ है और कोई भी परिवर्तन यदि परंपराओं के एकदम विरुद्ध है, तो उसे जनमानस बिना प्रयास के ग्रहण नहीं करता; चाहे वह एकदम लाभप्रद ही क्यों न दिखायी देता हो। कुल मिलाकर एक असमंजस की स्थिति उत्पन्न होती है कि पता नहीं जिन परंपराओं से हमारी पीढ़ियाँ-दर-पीढ़ियाँ जुड़ी रहीं, वे सही थीं या जिन मूल्यों की स्थापना के लिए हमने संघर्ष किया और बलिदान के बाद जो नये जीवन-मूल्य स्थापित करने में हम सफल हुए, वे सही हैं? इस ऊहापोह के भँवरजाल के बीच मजबूत कहानी की नाव खेते हुए गोविंद मिश्र ने, शायद जानबूझकर ही, पाठक को कोई रास्ता नहीं दिखाया, वरन् स्थितियों को यथावत् एक संवेदनशील कथाकार की तरह प्रस्तुत कर दिया है। किसी निष्कर्ष एक उपन्यास को ले जाने की व्यर्थता तक पहुँचना, अगर आप किसी विशेष विचारधारा से जुड़े नहीं हैं तो, आवश्यक भी नहीं है।

रियासत, राजमहल और मठ के त्रिकोण में बँधा गोविंद मिश्र का उपन्यास 'हुजूर दरबार' केवल राजघरानों और राजदरबारों की कहानी ही नहीं है, वरन् वह एक ऐसा दस्तावेज है, जिसे तैयार करने के लिए एक निर्लिप्ट दृष्टि की आवश्यकता होती है।

जिस निर्ममता और पैनेपन के साथ राजा से सिर्री राजा या रानियों, महारानियों और राजमाताओं का चित्रण किया गया है, वह कोई ऐसा व्यक्ति ही कर सकता है, जिसने इन सब स्थितियों को केवल एक द्रष्टा के रूप में नहीं, वरन् एक पात्र के रूप में देखा और भोगा हो। राजमहलों का इतना प्रामाणिक चित्रण बहुत दिनों के बाद 'हुजूर दरबार' में पढ़ने को मिला।

राजगद्दी साधारण व्यक्ति के हाथ नहीं लगती और अगर लग भी जाए तो अधिक दिनों तक उस गद्दी पर आसीन रहना मुश्किल होता है। महाराज के चरित्र का एक पक्ष उदाहरण के रूप में दे रहा हूँ :

"महाराज ने जैसे देखकर भी कुछ नहीं देखा। उनका संतुलन इतना कमजोर नहीं था कि एक मौत को देखते ही ढह जाता। वे जानते थे, ऐसा हो जाता है। अक्सर.... और इसका इलाज भी बना-बनाया था। मरने वाले के बाल-बच्चों के लिए तगड़ा मुआवजा दे दिया जाएगा....इतना कि अगली तीन पीढ़ियों के लिए भी परिवार को चिंतित होने की जरूरत न हो। फिर क्या फर्क पड़ता है कि आदमी है या नहीं। हिज हाइनेस की नजरें तब मंच के नीचे...एकदम आगे की पंक्ति पर टिकी हुई थीं। कोने पर बैठी एक लड़की, उम्र कोई तेरह साल, दाँतों में उँगली दबाये सामने देख रही थी। चेहरे पर कुँवारेपन की रक्तिमा-ही-रक्तिमा। वे हिल गये। अंदर-ही-अंदर कोई मथानी-सी चलने लगी थी। छटपटाहट...शायद यही उनकी बेचैनी की दवा है। जहर ही जहर को काढ़ता है।"

या राजमाता के चरित्र के रूप में निम्नलिखित अंश, जो महल की अंदरूनी स्थितियों को उजागर करता है।

"बापू को वह खबर अच्छी नहीं लगी...यह साफ दिखायी दे गया। उन्होंने ही क्या, वहाँ सभी ने सुन रखा था कि महाराज अल्पायु हैं। तिस पर तीसरा विवाह ऐसा भी नहीं था कि उत्तराधिकारी की समस्या हो। महाराज शायद स्वयं मजबूर थे...पुश्तैनी आदत से।

"बापू सूखा मुँह लिये हुए माँ साहिबा की तरफ ताक रहे थे। माँ साहिबा कुछ नहीं बोलीं, थोड़ी देर दोनों हथेलियों से मुझे पकड़े रहीं। उनकी मुट्ठियाँ मेरी बाँहों पर कसती थीं और फिर खुल जाती थीं। थोड़ी देर वे ऐसे ही करती रहीं, फिर उन्होंने मुझे अपनी गिरफ्त से छोड़ दिया....जैसे कुत्ते से खेलने के बाद उसे फर्श पर छोड़ दिया जाता है :

"वे मेरे भविष्य के बारे में बातें कर रहे थे लेकिन दोनों में से किसी को मेरी राय या इच्छा की तनिक भी चिंता नहीं थी।"

यह भी नहीं है कि राजा और प्रजा के रूप में जिंदा रहने की न जाने कब से चली आ रही इस प्रथा में सब कुछ बुरा ही था। बहुत-सी खूबियाँ भी थीं। मसलन पढ़ाई-लिखाई का खर्च राजदरबार दे देता था, जरूरत के वक्त राजा साहब हर तरह की मदद करने को हमेशा तैयार रहते थे, कोई मुसीबत पड़े तो सीधे फरियाद की जा सकती थी और न्याय पाया जा सकता था।

अपने-आपमें ये सुविधाएँ महत्त्वपूर्ण नहीं लगतीं, पर नये मूल्यों की तुलना में इनका बड़प्पन जरूरत से ज्यादा लगने लगता है। आम आदमी शांति और न्याय चाहता है। उसका मकान चंद गुंडों द्वारा गिरा दिया जाए और किसी एक जगह जाकर वह फरियाद न कर सके, न्याय पाने के लिए उसे इस दरवाजे से उस दरवाजे और फिर तीसरे और अनंत दरवाजों पर ठोकरें खानी पड़ें, तो वह यह सोचने को बाध्य होता है कि क्या यही सब पाने के लिए हमने संघर्ष किया था।

आज की व्यवस्था इतनी निर्मम और निस्पृह हो गयी है कि व्यक्ति के महत्त्व का एकदम लोप हो गया है। कोई भी अंततः उत्तरदायी नहीं है, कोई एक चेहरा नहीं है,

जिसकी पहचान हो सके। सब उत्तरदायित्व से बचने वाले लोग ही लगते हैं, क्योंकि निर्णय किसी एक व्यक्ति के हाथ में नहीं है।

बापू की तरफ देखता हरीश और हरीश की तरफ देखते बापू...दोनों जिसके प्रतीक थे, वे एक दूसरे को काढ़ते हुए—"राजमहल की बात वे एकदम नहीं करते थे, शुरू से ही....जैसे कि या तो वे अंजाम जानते थे, या कि फिर मुझे और मेरे भाग्य को उससे निपटने के लिए छोड़ रखा था। ऐसा लगता था, जैसे कुल मिलाकर वे संतुष्ट थे कि मैं राजमहल में भी था और उससे अलग भी, जैसे कि वे अब थे।"

विडंबना इतनी ही नहीं है, वह तब और बड़ी हो जाती है जब यह दिखायी देता है कि वही लोग, जो राजतंत्र में दुर्व्यवस्था के लिए उत्तरदायी थे, स्वयं या चेहरे बदलकर जनतंत्र की पोल में घुसे बैठे हैं और शक्ति के केंद्र के नजदीक तंबू गाड़े हुए हैं, जनता की पीड़ा के लिए तब और आज भी समान रूप से उत्तरदायी ये लोग तब भी आनंद कर रहे थे और आज भी गुलछर्रे उड़ा रहे हैं, स्वतंत्रता और मूल्यों के लिए जिन ईमानदार लोगों ने संघर्ष किया था, वे किसी-न-किसी प्रकार रास्ते से हटा दिये गये और कुछ तिकड़मी लोगों ने उनकी जगह हथिया ली।

इस लंबे संघर्ष का वर्णन 'हुजूर दरबार' के पृष्ठों पर बहुत साफ और रोचक है। देश की आत्मा-सी बोलती भैया बाई, खरे का चरित्र, प्रजामंडल की राजनीति, राजनीतिक कुचक्र, दीवान और कारिंदों के फरेब के बीच फँसी एक नन्ही-सी जान या एक छोटी-सी रियासत और इन सबके बीच अपनी जिंदगी को घसीटकर आगे ले जाने का प्रयास करता हुआ एक संवेदनशील चरित्र 'मैं' इस उपन्यास की पहचान बनाते हैं। 'मैं' राजतंत्र से लेकर जनतंत्र तक की ऊबड़-खाबड़ यात्रा तय करता है, बाहर और कभी-कभी भीतर से ठोकर खाता है, रनिवास के एकांत को जीतकर भी अपमानित महसूस करता है और रियासत की एक साधारण अबोध लड़की उमा की प्रेम-भरी प्रताड़ना पर प्रसन्न होता है।

इन सब बाहरी घटनाओं-दुर्घटनाओं के अलावा कुछ आवाजें भी हैं, जो उसे सचेत करती हैं, कभी रास्ता दिखाती हैं। डराती-धमकाती भी हैं। आवाजें तब भी आती थीं जब राजमहल वाकई राजमहल था और तब भी जब राजमहल एक म्यूजियम बन चुका था। कुल मिलाकर एक असमंजस कि राजमहल था तो क्यों था या उसे क्यों होना चाहिए था? सारी सुख-सुविधा के आगार के चारों तरफ अगर दारिद्रय बिखरा हो तो उसके बीच सुविधामहल अजायबघर ही लगेगा, चाहे वह राज-निवास ही क्यों न हो और अंततः सारी क्रांति के बाद उपलब्धि यदि यह लगे कि राजमहल ध्वस्त हो गया पर वर्तमान शासक जहाँ रहता है वह भी अजायबघर ही है तो जिस विडंबना की स्थिति उत्पन्न होगी, उसकी आप कल्पना कर सकते हैं। गोविंद मिश्र के इस उपन्यास की सबसे बड़ी खूबी यही है कि वह प्रारंभ कसे अंत तक इस असमंजस और विडंबना का निर्वाह कर सका है।

कहानी और भाषा के स्तरों पर उपन्यास साधारण हो, तीन सौ से अधिक पृष्ठों

के उपन्यास में एक भी चरित्र न दिखायी दे, जिसे प्रधान चरित्र की संज्ञा दी जा सके, कोई घटना/दुर्घटना यों न घटे कि उपन्यास उसके चारों तरफ बाँधा जा सके और उसके बाद भी उपन्यास पढ़ने योग्य हो तो यह सोचना पड़ता है कि वह कौन-सा तत्त्व है, जो इस उपन्यास को पठनीय बनाता है। मेरी दृष्टि में वह इस उपन्यास का जमीन के बराबर फैलना है, आकाश की ओर उठना नहीं। किसी एक स्तर पर असाधारण ऊँचाई तक न जाने के बावजूद बराबर वस्तुस्थिति से जुड़े रहना इस उपन्यास की सफलता का कारण है।

'हुजूर दरबार' बनाम कलम-कुर्सी दरबार

डॉ. राजमल बोरा

गोविंद मिश्र का 'हुजूर दरबार' उपन्यास कलम-कुर्सी दरबार का प्राक् रूप है। कलम-कुर्सी के साथ दरबार जुड़ता नहीं है। मान लो, जुड़ भी जाए तो वह दरबार प्रच्छन्न ही रहेगा। इस प्रच्छन्न-दरबार को उजागर करने के लिए हुजूर दरबार लिखा गया है। उपन्यास को अथ से इतिहास तक पढ़ जाएं और गंभीरता से विचार करें तो प्रतीत होगा कि उपन्यास कलम-कुर्सी दरबार प्रधान है। उपन्यास के आरंभ में कलम-कुर्सी दरबार की झाँकी है और उपसंहार में भी वही दरबार है। सच तो यह है कि इस दरबार की कथा नहीं लिखी जा सकती। यह दरबार रहस्यमय है। सब इसे संभवतः पूरी तरह पहचान न पायें। इस पहचान के लिए या इस दरबार को उजागर करने के िए 'हुजूर दबार' कलम-कुर्सी दरबार की छाया में लिखा गया है। कलम-कुर्सी दरबार का बोध आरंभ में होता ही नहीं। जब तक हम पूरे उपन्यास को न पढ़ लें, तब तक हम प्रच्छन्न दरबार के महत्त्व को जान ही नहीं सकते।

कलम-कुर्सी दरबार का जो रूप उपन्यास में प्रधान रूप से उभरा है और जिसे उपन्यास की मूल चेतना मानना चाहिए, वह है—संत्रास।

उपन्यास का प्रधान पात्र हरीश संत्रस्त है। संत्रास के शिकार और भी हैं। हरीश की माँ, राधाबाई, स्वयं हरीश के पिता और हुजूर दरबार के अन्य-अन्य पात्र भी हैं। उपन्यास के पात्रों को हम दो भागों में बाँट सकते हैं। एक वे पात्र हैं, जो अधिकारी हैं और इस अधिकार-सुख की रक्षा के लिए दूसरों को त्रस्त करते हैं और दूसरे वे पात्र हैं, जो दरबार से संत्रस्त रहते हैं। हुजूर दरबार की हुजूरी करो तो ठीक है, अन्यथा संत्रास है। हुजूर दरबार का आप विरोध नहीं कर सकते। जिसने विरोध किया है, उसे संत्रस्त होना पड़ा है, इस दृष्टि से उपन्यास के कथानक को दो भागों में बाँट सकते हैं : (1) राजमहल का कथानक और (2) राजमहल के बाहर का कथानक। 'हुजूर दरबार' का संबंध राजमहल से है और कलम-कुर्सी दरबार का संबंध राजमहल से बाहर है। दोनों दरबारों से संबंध रखने वाले प्रधान पात्र दो हैं, वे हैं हरीश ओर नेपाल सरकार। इसमें प्रथम संत्रस्त है और दूसरा स्वयं संत्रास का कारण है।

हरीश : उपन्यास में हरीश की संवेदना प्रधान है। आरंभ में ही लिखा है :

"तुम्हारे सिर में हम आग लगायेंगे और उसे माथे पर जलाये रखेंगे—भाँय-भाँय

तुम्हारे दिमाग की धज्जियाँ उड़ाकर रख देंगे, तुम्हें गत्ता बना डालेंगे...गत्ता, तुम साले जाओगे कहाँ? हम तो तुम्हारे सेवक हैं—तुम्हें चूसेंगे, तुम्हारी हड्डियों को चचोरेंगे और फिर तुम्हें घूरे में फेंक देंगे। वहाँ पड़े-पड़े सड़ते रहना। कोई गलती करो तो डाँट लगाओ क्योंकि हम तुम्हारे नौकर हैं...ज़माने से तुम्हारी सेवा में हैं, उसी के लिए भेष बदल-बदलकर आते हैं, नये-नये अवतार लेते हैं।" (पृ. 1)

यह संत्रास की भाषा है। यह संवेदना हरीश की है। वह इस प्रकार की आवाजों से संत्रस्त है। उपन्यास के अन्तिम पृष्ठ की पंक्तियाँ :

"तुम किस चिंता में पड़े हो...हमारी कुर्सी में आ जाओ। यह जमाना कलम और कुर्सी का ही है। हम राजा-रानी हैं, शक्तिशाली हैं। हमारा खास दिमाग होगा है, हमारे बहुत साधन हैं। हमारा कोई कुछ नहीं बिगाड़ सकता। हमारी कुर्सी ले ली गयी तो हमने अब ऐसी कुर्सी बनायी है जो दिखायी ही न दे और जो पकड़ में न आ सके, हम तो गुलकंद खाते थे....वही खायेंगे।"

फूलमाला चढ़ाकर तुम हममें शामिल हो जाओ...हमारी ड्योढ़ी में आ जाओ। तेरा मुँह सूख गया है, आँखें गढ़े में घुस गयी हैं, गाल पिचक गये हैं, हृदयरोग लग चुका है। कभी भी तेरे हृदय के छेदों को बंद करके तेरी छुट्टी की जा सकती है, जैसे कीड़े को कुचलो और वह किड़किड़ाता है...तू ऐसे ही करता है...." (पृ. 335)

यह संत्रास नेपाल सरकार का है। संत्रास की संवेदना हरीश की है। उपन्यास हरीश के शब्दों में लिखा गया है : उपन्यास के अन्य पात्रों को हम हरीश के माध्यम से जानते हैं। आरंभ में लिखी संत्रास की पंक्तियाँ लिखकर उसके स्पष्टीकरण में कथा लिखी गयी है। राजमहल के जीवन से हरीश आरंभ से ही जुड़ा हुआ है। उसके दादा राजगुरु थे। उसके पिता ने भी वही काम किया। हरीश की माँ को राजमहल की छाया आरंभ से ही पसंद नहीं थी। जब हरीश के बापू उसे राजमहल में ले जाने लगे, तो वह बहुत खुश नहीं थी। माँ के संत्रास को हरीश पूरी तरह समझ ही नहीं सका है। माँ के अंतर्द्वंद्व को हरीश ने अनुभव किया है। माँ को उसने एक बार ही प्रसन्न देखा है और वह भी तब जब उसके मामा मिलने आये थे। माँ अंत तक अपने भाई के घर नहीं जा सकी। उसकी मृत्यु संत्रास में ही हो गयी। वह चाहती थी कि हरीश को उस संत्रास से मुक्ति दिलाये। वह उसे राजमहल की छाया से मुक्त रखना चाहती थी किंतु यह संभव नहीं हुआ। उपन्यास में राजमहल की कथा का विस्तार है। रानियों का, महलों का, विलास का और सांस्कृतिक कार्यक्रमों का कथा-रूप में वर्णन हरीश के शब्दों में है। हरीश को राजमहल के संस्कार बचपन में ही प्राप्त हो गये। माँ-साहब की उस पर विशेष कृपा रही। रानियों में नेपाल सरकार (तीसरी रानी) से उसका घनिष्ठ परिचय हुआ है। हुजूर दरबार में रहते हुए हरीश उस जीवन में घुल-मिल जाता है। सुधा-अनुराधा नेपाल सरकार की सेवा में रहती थीं। उनसे भी उसका परिचय हुआ। हरीश का अनुहार महाराजा से मिलता-जुलता था। इसके कारण माँ-साहब की उस पर कृपा रही और

नेपाल सरकार भी उनकी ओर आकृष्ट रही। जब तक हरीश राजमहल में रहा, वह नेपाल सरकार का आज्ञाकारी रहा। बाद में नेपाल सरकार ने ही उसे अपनाकर उसकी पूरी तरह से उपेक्षा कर दी। जब वह जागता है, तब तक बहुत देर हो चुकी थी। वह पटना गया, कलकत्ता गया, दिल्ली गया किंतु नेपाल सरकार ने पीछा नहीं छोड़ा। कलकत्ता में उसे रियासत को लौटने के लिए कहा गया किंतु महाराजा को उसने अपनी योजनाएँ बतला दी थीं। महाराजा के साथ नेपाल सरकार भी थी और उसने हरीश के सामने अपने नये दरबार के—कलम-कुर्सी दरबार के—प्रस्ताव रखे थे। उस समय हरीश ने उन प्रस्तावों को स्वीकार नहीं किया। परिणाम यह हुआ कि उसे सब स्थानों पर—कलकत्ता, दिल्ली एवं उसके अपने गाँव में भी—परेशान किया गया। उसकी जो स्थिति है और उसकी अपनी जो संवेदना है, उससे संबंधित उदाहरण ऊपर दिये गये हैं।

नेपाल सरकार 'हुजूर दरबार' का सबसे शक्तिशाली पात्र है। महाराजा की दो रानियाँ होने पर भी उन्होंने तीसरा विवाह नेपाल के राजा की लड़की से किया। महाराजा के पास इतना भी समय नहीं था कि वे अपने विवाह में उपस्थित रहते। उनकी तलवार के साथ ही नेपाल सरकार का विवाह हो गया। नेपाल के राजा की कन्या होने के कारण विवाह के बाद उन्हें नेपाल सरकार के नाम से ही पुकारा गया है और अंत तक वह नेपाल सरकार ही है। राजमहल में उसका जीवन और रानियों से अलग रहा है। वैभव-विलास की दुनिया में रहते हुए, वह मानसिक रूप से राजमहल के बाहर के जीवन से परिचय प्राप्त करती रही है। उसका लक्ष्मण-बाग अलग रहा है। वहाँ रहकर वह सदैव इस बात के लिए पहले से तैयारी करती रही है कि राजमहल के बाहर किस तरह रहा जा सकता है। उसे दो बातें स्पष्ट रूप से ज्ञात थीं। प्रथम तो यह कि महाराजा अधिक दिन जीवित नहीं रहेंगे। दूसरी बात यह है कि भारत स्वतंत्र होते ही रियासत नहीं रहेगी और न राजमहल का वैभव रह सकेगा। इन दोनों स्थितियों का सामना करने की तैयारी वह आरंभ से ही करती रही है। हुजूर दरबार के तौर-तरीकों से वह पूरी तरह से अभ्यस्त हो गयी थी। हरीश के शब्दों में नेपाल सरकार का व्यक्तित्व कुछ इस प्रकार था :

> "बहुत ही भटकने वाला व्यक्तित्व था उनका—हरदम छटपटाता हुआ, किसी एक चीज पर ठहरना नामुमकिन। वे स्वप्न जिन चीजों की देखा करती थीं, चाहती बिल्कुल उल्टा थीं—एकदम साधारण महिला का जीवन बिताने की बात घूम-फिरकर कई बार करती थीं, जबकि दरअसल रानीपन उनमें बेइंतहा था और उसी के लिए कोशिश भी थी। शायद आने वाले दिनों में जिस चीज की आशंका या डर था, वे इसके लिए तैयार कर रही थीं खुद को। नयी चाहें पाल रही थीं और खुद को दिलासा दे रही थीं कि जो आने वाला था, उससे उन्हें कोई तकलीफ नहीं होगी क्योंकि यही था जो वह चाहती थीं—एक साधारण नागरिक की तरह रहना।" (पृ. 166)

महाराजा की मृत्यु के बाद नेपाल सरकार ने राजनीति में रुचि ली, उसने नये युग का कलम-कुर्सी दरबार अपने लिए तैयार कर लिया। हरीश ने हुजूर दरबार से पाठ सीख

लिया था और चाहता था कि हुजूर दरबार से सदैव के लिए छुट्टी पा ले, किंतु हरीश को उसमें सफलता नहीं मिली। नेपाल सरकार ने उसे नये दरबार की चपेट में ले लिया और यह प्रमाणित कर दिया कि दरबार टूटते नहीं हैं, वे नये-नये रूप ग्रहण करते हैं। रानी, रानी की जगह पर ही रहेगी और हरीश को रियासत का हरीश बनकर रहना पड़ेगा। मर्यादा का भंग यदि हरीश करता है, तो उसको उसकी जगह बतला दी जाती है।

'हुजूर दरबार' में रियासत के बदलते रूप का ऐतिहासिक वर्णन है। स्वतंत्रता-पूर्व एवं स्वतंत्रता के बाद की झाँकी राजनीतिक आंदोलनों के परिप्रेक्ष्य में दी गयी है। पंडित नेहरू भी उपन्यास के पात्र हैं। रियासत के नर्मदाप्रसाद खरे उपन्यास के पात्र हैं। खरे के माध्यम से रियासत की राजनीतिक गतिविधियों का वर्णन उपन्यास में किया गया है। स्वतंत्रता के बाद खरे को उचित जगह नहीं मिली। उनकी राजनीतिक हत्या हुई। जनता के नेता हरिचरण जी हो गये। काकू कवि ने भी अपना रूप बदला। वह नये दरबार में सम्मिलित हो गया। दीवान बहादुर बख्तावरसिंह और दीवान छोटेलाल राजाराम भी बदल गये। हरिचरण जी का जयजयकार हुआ। दीवानों ने नये दरबार का साथ दिया।

हरीश ने पटना से एम. ए. किया। वह पी-एच. डी. करना चाहता था किंतु दिल्ली सरकार के एक बड़े अधिकारी तनेजा ने हरीश का नाम सुनने के कारण उसे पी-एच. डी. नहीं करने दिया। उसे सामाजिक तनावों पर काम करने के लिए कहा गया। तनेजा साहब के प्रोत्साहन के कारण उसने अपनी योजना बदल दी और काम करने के लिए कलकत्ता गया। किंतु रियासत का हरीश कलकत्ता में काम नहीं कर सका। नेपाल सरकार वहाँ पहुँच गयी और उसने रियासत लौटने का प्रस्ताव किया, कुछ प्रलोभन भी दिए। हरीश ने नेपाल सरकार की बात नहीं मानी। तुरंत कुछ दिनों के बाद ही कलकत्ता में उसे संत्रस्त किया गया। वहाँ से वह दिल्ली गया, तो वहाँ भी वही हाल हुआ। गाँव लौटा तो वहाँ भी उसे संत्रस्त होना पड़ा। जो भूमि रियासत की ओर से मिली थी, वह छीन ली गयी। उसके बापू की मृत्यु उसी हाल में हुई। नेपाल सरकार का कहना था : "तुम मेरे लिए रजिस्टर्ड थे। तुम मुझसे मिलकर नहीं चलोगे तो मैं कोप करूँगी। तुम्हारे बाल हमारे लिए ही सफेद किये गये हैं। हमने मंत्री से कहकर तुम्हारा पी-एच. डी. खराब करवाया, क्योंकि हम तुम्हें हवाबाजी सिखाना चाहते थे...ताकि तुम्हारे साथ उड़ा जा सके....तुम्हें मंत्री बनाना चाहते थे। यह सही है कि तुम्हारी जिंदगी हमारी वजह से बरबाद हुई है।" (पृ. 334)

कुल मिलाकर उपन्यास सामयिक राजनीतिक गतिविधियों का ऐतिहासिक चित्र प्रस्तुत करता है। उपन्यास के पात्रों को हम ऐतिहासिक मानें या न मानें क्योंकि आखिर यह उपन्यास ही है किंतु इसके पात्रों का सृजन ऐतिहासिक पात्रों के आधार पर हुआ है, वह सच है। आधुनिक युग का संत्रास इस उपन्यास में मूर्त हो उठा है। राजनीतिक क्रूरता की झाँकी उपन्यास में बड़े ही मार्मिक रूप में अंकित हुई है। लोकतंत्र में भी 'हुजूर दरबार' मौजूद है। इसे पहचानने की आवश्यकता है। इसे कलम-कुर्सी दरबार कहना चाहिए।

'तुम्हारी रोशनी में' : (पत्र-समीक्षा)

चंद्रकांत बांदिवडेकर

प्रिय गोविंद भाई,

सस्नेह नमस्कार।

आपकी पुस्तक 'तुम्हारी रोशनी में' एक बैठक में पढ़ी जा सकती है क्योंकि एक संस्कारित व्यक्तित्व को बाँध रखने की क्षमता इसमें प्रचुर मात्रा में है और अच्छी रचना की सफलता का यह भी एक निकष है।

आपकी पूर्ववर्ती रचनाओं से यह भिन्न लगी। यह भिन्नता महत्त्वपूर्ण भी है। 'लाल-पीली जमीन' और 'हुजूर दरबार' में बाह्य यथार्थ का सघन जाल था और सामूहिक मानसिकता का गहन अंकन भी था। वहाँ आपकी दृष्टि व्यक्ति के मानस पर भी पड़ती थी। परंतु, उस गिद्ध की तरह जो आकाश में परिभ्रमण करता हुआ बीच ही में नीचे झपट्टे से आकर अपने लक्ष्य को चोंच में अचूक पकड़ता है। उस समय भी एकाध प्रसंग में या दस-पाँच पंक्तियों में मनुष्य के मन की परतों को आप उघाड़ते थे। 'तुम्हारी रोशनी में' में आपने एक ही व्यक्ति को केंद्र में रखा है और बाहर को उतना ही आने दिया है जितने से उस व्यक्ति के भीतर को अधिक बेधक रूप में उद्घाटित किया जा सके। यह अपनी ही परिधियों को तोड़ने की प्रयोगधर्मी प्रवृत्ति मुझे बहुत अच्छी लगी। एक दूसरे प्रकार से भी आपने अपने को पहली रचनाओं से मुक्त किया है। पहले आपकी दृष्टि कुछ पीछे मुड़कर चीज़ों को देखती थी, इसमें चीजों का बराबर उनके वर्तमान क्षण में आप सामना कर रहे हैं।

आपने एक बहुत ही महत्त्वपूर्ण जीवनानुभव को स्पर्श किया है। हिंदी में अब तक जो भी कुछ नारी को लेकर लिखा गया उसमें अधिकतर कृत्रिम द्वंद्व से उनको देखा गया—परंपरा और आधुनिकता, पूर्वी और पश्चिमी घर और बाहर, पतिव्रता या वेश्या इत्यादि। प्रायः बहुत बड़ी सीमा तक यौन-संबंधी पवित्रता या दैहिक शुद्धता का टैबू लेखक को नारी के संबंध में मुक्त रूप से विचार करते नहीं देखा गया है। (यह टैबू कहीं क्षीण रूप में आपमें भी है। उदाहरणार्थ—आप यह तो स्वीकार करवाते हैं—थोड़ी बहुत देह आ ही जाती हैं लेकिन उस 'थोड़ी-बहुत' को आप गूढ़ ही रहने देते हैं या उस स्थिति तक जाकर नहीं सोचते कि संबंधों में परस्पर उत्कट भाव की परिणति अगर संपूर्ण शरीर

के माध्यम से व्यक्त हो जाए तो क्या? यह टैबू जैनेंद्र जी में अत्यधिक है—आपमें क्षीण रूप में है। हाँ, यह मानना पड़ेगा, आप खूब आगे चले गये हैं। जैनेंद्र जी ने 'त्यागपत्र' में जो झकझोड़ने वाली समस्याएँ उठायी थीं, वे भी आगे चलकर कुछ इस बिंदु को लेकर बुझ-सी गयीं।) या तो लेखक देह की समस्या को एकबारगी झुठला देते हैं, अमहत्त्वपूर्ण मानते हैं या बचकर चलते हैं। आपने बहुत बड़ी सीमा तक आज की नारी के मन की असली समस्या को आधुनिक परिवेश में रू-ब-रू देखने का प्रयास किया है। सुवर्णा के मानस को उसकी अच्छाइयों, बुराइयों समेत विस्तार और गहराई, दोनों दृष्टियों से आपने प्रस्तुत किया है। रमेश के रूप में आपने पुरुष वर्ग को अपनी कपटी उदारता का पर्दा फाड़कर भीतर तक झाँककर देखने को और अपनी सामंती मानसिकता के व्रिद्रूप से मुखातिब होने को बाध्य किया है। यहाँ मुझे आपके एक कलात्मक स्खलन की ओर संकेत करना है। जिस तरह जैनेंद्र के पुरुष पिस्तौल हाथ में आने पर बचकानी हरकतें करने लगते हैं, वैसे आपका रमेश भी—क्या इस सीमा तक ले जाना जरूरी था? अनंत के रूप में उसका एक दूसरा रूप—आदर्श नैतिक और मानवीय मूल्यों के बीच संतुलन करने वाला—आपने चित्रित किया है। गोविंद जी, एक प्रश्न यह पूछना चाहता हूँ—अनंत सुवर्णा को आधार देने के लिए प्रतीक्षारत रहे, क्या यह सुवर्णा की (और आपकी भी) ज्यादती नहीं है? फिर यही सवाल उठता है—क्या हर्ज है अगर सुवर्णा और अनंत मित्र की तरह रहें और उसमें शरीर भी रहे, थोड़ा-बहुत नहीं, बहुत कुछ—यहाँ पर भी आप समस्या को टाल गये हैं। वैसे प्रेमचंद से अब तक क्या हम वहीं रहेंगे? क्या जरूरी है कि स्त्री-पुरुष मित्रता शरीर को बाहर रखकर ही सार्थक हो? अगर आप अनंत-सुवर्णा संबंध को समग्रता में चित्रित करते तो उपन्यास को एक और डायमेंशन मिलता। क्या अब यह स्थिति नहीं आयी है कि व्यक्तित्व के प्रति जागरूक नर-नारी विकास को अवरुद्ध करने वाले वैवाहिक बंधन को न स्वीकार कर भी पवित्र मानवीय स्नेहभाव के साथ रह सकते हैं—अगर ऐसे रहें तो कम-से-कम उसको समाज में स्वीकृति भी मिलनी चाहिए। आपके उपन्यास को पढ़ते समय जो कुछ अतृप्ति-सी अनुभव होती है, वह इस तरह की अपूर्णता के कारण है।

आपने जिस सुवर्णा को केंद्र में रखा है, वह अद्वितीय नहीं है (अज्ञेय की 'रेखा' या 'गौरा' या 'शशि' की तरह—मैं यहाँ 'अद्वितीय' शब्द निंदात्मक ध्वनि में नहीं प्रयोग में ला रहा हूँ—'अनकॉमन' के अर्थ में कहिए कि उज्ज्वल रूप में ही)—अपने व्यक्तित्व के प्रति जागरूक, अपनी इच्छाओं, आकांक्षाओं के प्रति समझदार, समंजस, परंतु 'सुवर्णा' मूल्यात्मक नैतिक प्रश्न नहीं उभारती—वह शायद आपका उद्देश्य भी नहीं है। वह केवल अपनी छोटी-सी जिंदगी को भरे-पूरे रूप में जीना चाहती है, इस जीने में पुरुषों के साथ दोस्ती उसकी छोटी-छोटी प्यास को तृप्त करती है। कुछ 'थ्रिल' इस दोस्ती में उसको मिलती है। इस 'थ्रिल' तक ही वह दोस्ती को सीमित रखती है, क्योंकि वह जानती है कि किस मित्र को किस सीमा तक बढ़ने देना है, उसके बाद वह निर्मम होकर उसे काट

फेंक सकती है। उसमें सुरक्षा और स्थिरता (जो वैवाहिक जीवन में और नौकरी में प्राप्त है) के प्रति लगाव है। हो सकता है कि उसकी यह निर्ममता बहुत भीतरी सेक्स के प्रति परंपरागत भय से उपजी हो। गहरे पातिव्रत के संस्कार से या आत्मसम्मान और सुरक्षा की चिंता से। हो सकता है, सेक्स उसकी जरूरत है ही नहीं। उसकी जरूरत है पुरुषों के साथ समान स्तर पर मैत्री या उसमें प्राप्त होने वाली अपने व्यक्तित्व के प्रभाव की गौरवगाथा। मुझे आपकी इस सूझ की दाद देनी है—स्त्री-पुरुष संबंधों में, खास कर स्त्री के लिए सेक्स व्यापार महत्त्वपूर्ण नहीं हो और इधर स्त्रियों के जो बयान पढ़ने में आये हैं, वे यही सिद्ध करते हैं कि 'सेक्स' उनके लिए बहुत बड़ी चीज नहीं है जितना प्यार, थोड़ा बहुत देह को बीच में रखकर किया हुआ संवेदनात्मक संप्रेषण और मानवीय समान स्तर पर एक-दूसरे के प्रति आश्रय का भाव—एक अवलंब, एक-दूसरे के प्रति समझदारी। अगर दो पुरुषों के बीच या दो नारियों के बीच यह स्वीकार्य है तो स्त्री और पुरुष के बीच में क्यों नहीं? आपकी सुवर्णा प्रत्यक्ष रूप में तो ये सवाल नहीं खड़े करती—वह कुछ पुरुषों के सान्निध्य में प्राप्त सराहना के थ्रिल को ही अधिक चाहती है, उससे अधिक गहरी पैठ उसमें नहीं है। मेरी कुछ अतृप्ति का यह भी कारण है।

आपकी पुस्तक से ही उदाहरण देता हूँ। सुवर्णा और अनंत में अंतर है। अनंत भीतरी बात को पकड़ लेता है। सुवर्णा बस यही कहती है : **मुझे ताकत मिलती है, तुमसे। अक्सर लगता है तुम मेरे ही भावों को शब्द दे रहे हो।** सुवर्णा अपने भावों को शब्द नहीं दे पाती—अनंत डायरी में लिखता है : **द्रष्टा उच्चवर्ग और उसका नकलची उच्च-मध्य वर्ग भी प्रेम महसूस करने की क्षमता खोता चला जा रहा है। प्रेम नहीं करता क्योंकि उसमें यातना है, तो फिर किसी के लिए कुछ नहीं करना—क्योंकि उसमें तकलीफ है।** बंधु, तुम्हारी यह मानसिक व्यथा अनंत को झकझोरती है, सुवर्णा को नहीं। सुवर्णा एक अर्थ में आत्मकेंद्रित व्यक्तित्व है।

लेकिन आपने सुवर्णा की तनावों में उलझी और बिखरी मानसिकता की अंतर्व्यथा को बड़ी कुशलता के साथ उभारा है। पुस्तक के अंत में लिखे आपके शब्द : **घने दरख्तों से लदी गहरी घाटी—खामोश-वीरान। एक आवाज ऊपर-नीचे दौड़ रही है चक्करों में, कोई बेचैन चीख—एक पक्षी का आर्त्तनाद—दरख्तों से टकराता, गिरता, उठता—नीचे घाटी के तल तक जाता, फिर आसमान की ओर उठता हुआ...**सचमुच में सारे औपन्यासिक प्रभाव को प्रतीकित करते हैं। संबंधों के जंगलों में जिजीविषा से उठती परंतु टकराकर नीचे गिरती फिर उठती सुवर्णा की फड़फड़ाहट तन को बेधती है अवश्य।

गोविंद भाई, आपकी भाषा में ताकत है, मन की सूक्ष्म भाव-वीचियों को मूर्त करने की क्षमता है। एक गर्माहट से आप अपनी बात को भीतर तक पहुँचा देते हैं—सहज रूप में। क्योंकि एक सहानुभूतिपूर्ण परकाया प्रवेश की सिद्धि से आप सुवर्णा की मनोव्यथा को भोग चुके हैं। काश, उसके मातृत्व के दबे हुए पक्ष को भी आप जरा उभार देते तो उसकी वेदना का तंतुजाल अधिक सशक्त बनता।

आपकी सुवर्णा बंबई-दिल्ली जैसे महानगरों में रहने वाली कामकाजी महिला है। उसकी भागदौड़ में इतनी फुर्सत भी कहाँ कि वह अपने ही मन को चीरती, लीलती चली जाए। हम सब एक सतह पर जीने को विवश हैं—बीच-बीच में आपने इसका संकेत दिया भी है। आपने जिस कोण से सुवर्णा को देखा है, उसके कारण स्थितियों को न आपने कहीं भड़कीली होने दिया है (हाँ, वह पिस्तौल छोड़कर) न अनावश्यक सोच का भार उस पर डाला है। चिड़िया की तरह फुदकना चाहती है सुवर्णा। पैर में विवाह की जंजीर (और भी अनेक जंजीरें हैं) है जो दर्द देती है—इस फुदकने में, चहचहाहट में और पैर की जंजीर के कारण इसकी शिराओं में जो उत्फुल्लता है, और दर्द है, उससे मैं प्रभावित हुआ। यह भी कहूँ कि इसने मुझे अंतर्मुखी भी बनाया।

इस रचना की नयी दिशा के लिए मैं आपको धन्यवाद देता हूँ और चाहता हूँ कि अगली रचना में आपका प्रयोगधर्मी मन एक और रास्ता चुन ले।

'तुम्हारी रोशनी में' : (पत्र-समीक्षा)

डॉ. बटरोही

आदरणीय भाई,

'तुम्हारी रोशनी में' पढ़ा। बधाई या आभार से कहीं बड़ी अनुभूति हुई इसे पढ़कर। नहीं जानता कि इस अनुभूति की क्या प्रतिक्रिया हो सकती है—मगर हिंदी उपन्यासों की परंपरा में रखकर इसे देखता हूँ तो बहुत साफ देख पा रहा हूँ कि आजादी के बाद प्रकाशित उपन्यासों के बीच अपने दौर की संवेदना को, अपने युग के चरित्र को यह उपन्यास बहुत स्पष्ट और कुशल शिल्पी की तरह हमारे सामने रखता है। एक अच्छे उपन्यास की जो छवि हमारे मन में होती है (जो शायद उसे क्लासिकी चरित्र भी प्रदान करती है) इस उपन्यास में आसानी से दिखायी दे रही है—वह छवि, जो हमारे इर्द-गिर्द बिखरी होते हुए भी हमें खुद अपना 'चरित्र' देती है और अपनी तथा अपने समय की अस्मिता प्रदान करती है।

आपने सभी चरित्रों के भीतर जाकर उनके तमाम अंतर्विरोधों, स्पष्टीकरणों और पूर्वग्रहों के साथ उनका पक्ष प्रस्तुत किया है और लगता है कि रचना स्वयं में एक संपूर्ण विचार-प्रक्रिया को रच रही है, कोई व्यक्ति या विचारधारा इसमें अपनी पहचान 'डिक्टेट' नहीं कर रही है—एक तरह से संपूर्ण सर्जनात्मक दृष्टि को रचने का कौशल इस उपन्यास में संभवतः आजादी के बाद के हिंदी उपन्यासों में पहली बार उभरा है। कथा और विचार दोनों को एक साथ रचने का—और वह भी कथा-साहित्य जैसी ललित-विधा में रचने का प्रयास—न केवल रचना के प्रभाव की दृष्टि से, समझने की दृष्टि से भी हमें सर्वथा नया आयाम प्रदान करता है।

मुझे लगता है कि अपने दौर की संवेदना के अनुरूप जो काम यशपाल ने 'दिव्या' के जरिये, शरत ने 'शेष प्रश्न' के, जैनेंद्र कुमार ने 'सुनीता' और 'त्यागपत्र' के तथा भगवती बाबू ने अपने कुछ आरंभिक उपन्यासों के माध्यम से किया, बीसवीं सदी के उत्तरार्द्ध की संवेदना को 'तुम्हारी रोशनी में' उससे भी कहीं अधिक यथार्थ और रचनात्मक ढंग से उजागर करती है। इधर प्रकाशित उल्लेखनीय उपन्यासों—महाभोज, कसप, मुठभेड़, लेकिन दरवाजा, परिशिष्ट आदि—जो अपने फलक और एप्रोच में एक दूसरे से सर्वथा अलग ढंग के हैं, यह उपन्यास उन्हीं की एक अगली कड़ी होते हुए भी

अपने दौर की कहीं ज्यादा प्रामाणिक और कलात्मक पहचान बन गया है। कुछ अर्थों में तो इसने उक्त उपन्यासों के निष्कर्षों पर पुनः सोचने की जरूरत को भी महसूस कराया है।

उपन्यास की समीक्षा में विस्तार से फिर कहीं लिखूँगा। एक पाठक के रूप में यह महसूस कर रहा हूँ कि इस उपन्यास में एक बड़ी रचना की आत्मीयता, आदमी और कला के रिश्ते की संलग्नता तथा आदमी की सहज संवेगात्मकता का—जो विराट और निकृष्ट एक साथ है—गहराई से अहसास कराया है। मुझे लगता है कि कोई भी कला हमें इससे अधिक नहीं दे सकती। कला मनुष्य नहीं हो सकती, मनुष्य की बृहत्तर आकांक्षाओं और संवेदनात्मक ऊँचाइयों का प्रतिरूप ही हो सकती है। अपनी इन सारी सीमाओं के साथ रचना को देखने पर यह उपन्यास मनुष्य की सामर्थ्य-सापेक्ष संपूर्णता को उजागर करता है; और अगर कला मनुष्य है भी तो यह कृति मनुष्य की पूरी अस्मिता है क्योंकि मनुष्य शायद समय, स्थान, लिंग-इकाइयों की परिधि से परे स्वयं में पूर्ण ही नहीं, संपूर्ण भी है। यह भूल जाने का अहसास कि हम लिंग, समय और स्थान की सीमाओं से परे आदमी की ऊँचाइयों और नीचताओं के बीच गुजरते हुए अपने अंतर्जगत की यात्रा कर रहे हैं—उपलब्धि से ज्यादा अपने-आपको किसी हद तक पा लेना है।

आपने सुवर्णा के जरिये हमें अपने दौर का एक प्रतिनिधि पात्र ही नहीं, खुद हमें ही दिया है और शायद इस बहाने सांस्कृतिक पतन के इस दौर में कला की सार्थकता और उसका 'मॉडल' भी दिया है। क्या अपने-आपको पा लेने के बाद हम धन्यवाद या बधाई के शब्द लौटाते हैं?

कुशल से होंगे। भाभीजी को नमस्कार और बच्चों को स्नेह। पत्र देंगे।

आपका,
बटरोही

'तुम्हारी रोशनी में' : रोशनी में संपन्न यात्रा

मधुरेश

रचना-कर्म में निरंतरता एक महत्त्वपूर्ण घटक है। यह नैरंतर्य लेखक की उस रचनात्मक ऊर्जा का संकेत है जो उसकी सर्जन-क्षमता के प्रति सहज ही आश्वस्त करता है। यह संभव है कि इस निरंतरता के कारण लेखक रचना के बनाने-सँवारने में इतना श्रम और धैर्य न लगा सके जिसकी किसी महत्त्वपूर्ण कृति से अपेक्षा होती है। लेकिन एक रचना के बाद दूसरी के बीच असामान्य रूप से लंबा अंतराल कभी-कभी उस रचना-कर्म को बाधित भी कर सकता है जिसमें अभ्यास और निरंतरता से रचना को साधने की एक महत्त्वपूर्ण भूमिका होती है। इस सब कुछ के बावजूद किसी भी लेखक पर उसके रचना-कर्म को लेकर कोई बाह्य शर्त बेमानी ही नहीं, असंभव भी है, क्योंकि यह अंततः उसकी रचना-प्रक्रिया से जुड़ा सवाल है जहाँ कोई बाहरी दबाव उड़ने वाली तितली के परों को बाँधकर उसे उड़ने के लिए छोड़ देने जैसा ही हो सकता है।

गोविंद मिश्र उन थोड़े-से लेखकों में से हैं जिन्होंने पिछले प्रायः दो दशकों से इस रचनात्मक नैरंतर्य को बनाये ही नहीं रखा है, अपनी तरह से उसे विकसित और समृद्ध भी किया है। इस बात के लिए भी उनकी प्रशंसा की जानी चाहिए कि उन्होंने अपने को दोहराने से बचाया है। 'वह/अपना चेहरा' से लेकर 'तुम्हारी रोशनी में' तक उनके उपन्यासों की रचनावस्तु में जो वैविध्य और विस्तार मिलता है, सोच के स्तर पर किसी क्रमिक विकास के अभाव और पर्याप्त असमता के बावजूद, वह एक बार फिर उनके रचनाकर्म के प्रति आश्वस्त करने वाला है। इस वैविध्य को देखकर ऐसा भी लग सकता है कि एक लेखक की हैसियत से अपनी वास्तविक दिशा की उनकी तलाश अभी भी जारी है। बेशक यात्रा में पड़ावों का भी महत्त्व होता है लेकिन यात्रा का नैरंतर्य उन पड़ावों को लेकर कोई अंतिम निर्णय या निष्कर्ष की छूट नहीं देता। जो भी हो, यह रचनात्मक नैरंतर्य जाता लेखक के पक्ष में ही है।...

गोविंद मिश्र का नया उपन्यास 'तुम्हारी रोशनी में' इस रचनात्मक नैरंतर्य के सही दिशा में अग्रसर होने का प्रमाण है। राजी सेठ के 'तत्सम्' की तरह वह आधुनिकता के प्रगतिशील पहलू को रेखांकित करते हैं और भारतीय समाज में नारी-मुक्ति के सवाल को पर्याप्त गंभीरता और विश्वसनीयता के साथ उठाते दिखायी देते हैं।

'तुम्हारी रोशनी में' में सुवर्णा नामक एक विवाहित युवती की कहानी है जो अपने पति रमेश की उदार सोच और सहयोग के कारण पर्याप्त स्वतंत्र ढंग से रहती है। चूँकि वह स्वयं भी नौकरी करती है, उसके अपने मित्रों का भी एक दायरा है, जिनमें अधिकांश पुरुष हैं, जिनसे वह निस्संकोच ढंग से मिलती-जुलती है। रमेश को इस सबमें कहीं कुछ आपत्तिजनक नहीं लगता है और सात वर्षों के वैवाहिक जीवन में, दो बच्चों के साथ, वे लोग एक सुखी और आत्मतुष्ट दंपति का प्रभाव ही छोड़ते हैं। रमेश विश्वविद्यालय में उसके साथ पढ़ता था। सुवर्णा की ओर आकृष्ट होकर अपनी ओर से विवाह का प्रस्ताव उसने भिजवाया था और सुवर्णा के पिता ने बाकायदा सुवर्णा की सहमति से विवाह की अनुमति दी थी।

अपनी सोच के प्रति सुवर्णा न तो कहीं बेईमान है और न ही किसी प्रकार के भ्रम में है। रमेश उसका पति है लेकिन स्वाभाविक ही उसमें वह सब नहीं हो सकता जो उसे अच्छा लगता है। फिर उससे ही बँध जाने का क्या अर्थ हो सकता है? लेकिन बँध न जाने के इस तर्क के आधार पर भी वह उतनी ही छूट लेती है जो एक पत्नी के रूप में उसके कर्त्तव्यों पर कोई खरोंच नहीं आने देती और उनके दाम्पत्य जीवन को अविश्वास एवं आशंका की आँधी से सुरक्षित रखती है। लोग सीमाएँ तोड़ने लगते हैं तो झटके से संबंध तोड़ देने भी होते हैं : "सुवर्णा अपने भीतर टटोलने लगी...गलत नहीं कह रही। बाहर की इस नरम खाल के अंदर कहीं वह बेहद सख्त है। इस सख्ती को जब चाहे वह छू भी सकती है। एक लकीर उसने अपने चारों ओर खींच रखी है, जिसे लाँघने की इजाजत वह किसी को नहीं देती...क्या लक्ष्मण-रेखा...नहीं, ऐसा कुछ नहीं पर कुछ है जरूर जो एकाएक फनफनाकर उठ बैठता है, उसकी सारी कोमलता सोख लेता है, वह कुछ और ही हो जाती है फिर...।" (पृ. 42)

गोविंद मिश्र की सबसे बड़ी सफलता यह है कि 'तुम्हारी रोशनी में' की सुवर्णा को वह हाड़-मांस की एक ऐसी वास्तविक युवती के रूप में चित्रित कर सके हैं जो बेहद आत्मसजग और व्यक्तित्व-संपन्न होने पर भी आधुनिकता एवं नारी-मुक्ति के नाम पर किसी किस्म की उच्छृंखलता को प्रश्रय नहीं देती। उसके चरित्र का यह संतुलन, पारंपरिक अर्थ में वर्जना का तिरस्कार करते हुए भी उसमें एक नये प्रकार की मर्यादा की सृष्टि करता है। आधुनिकता के नाम पर पलने वाले हर प्रकार के छद्‌म और जिंदगी के एक दोहरे ढर्रे से वह स्वयं ही नहीं बचती, उसकी रोशनी में औरों के ढोंग भी दूर तक उघड़ते चले जाते हैं। यह अकारण नहीं है कि सुवर्णा के पूरे व्यक्तित्व में लेखक ने उसकी आँखों पर बहुत अधिक ध्यान केंद्रित किया है। उसकी आँखों को लेकर वह, एक के बाद एक, कितनी ही उपमाएँ और बिंब खड़े करता जाता है ताकि उनसे प्रस्रवित रोशनी में उसके आस-पास के व्यक्ति, सारे संपर्क और समूचा परिवेश उजागर होता चले। वस्तुतः उसकी इस रोशनी में ही लेखक व्यक्ति और समाज के अँधेरे को उद्‌घाटित करता है।

उपन्यास को समझने के लिए सुवर्णा की आँखों तक पहुँचना जरूरी है : "फिर वही उड़ती-उड़ती-सी आँखें, उनके भीतर उमड़-उमड़ पड़ते सैकड़ों रंग, उजले, हल्के, धुँधले रंग, फिर वही उड़ती-सी आँखें...आसमान में उतराती हों चिड़ियाँ सब जगह और किसी खास जगह नहीं..." (पृ. 9) जब उससे पूछा जाता है कि भावनाओं को व्यक्त करने के लिए भाषा के अतिरिक्त दूसरे माध्यमों का सहारा लेना पड़ता है—क्यों?...तो वह तत्काल समझ जाती है कि इशारा उसकी आँखों की ओर है : "वह खामोश होकर देखने लगी सीधा मेरी तरफ, पहली बार इस तरह...गहरे। वे आँखें गौरैयों की तरह पंख फड़फड़ाती उड़ती रहती थीं, पर थमकर भीतर भी पैठ सकती थीं..." (पृ. 13) रास्ता रोककर उसके सामने आ जाना जैसे रोशनी के ठीक सामने आ जाना है : "उसकी आँखें मुझे आश्वस्त कर रही थीं जैसे कि कह रही हों—मैं वह नहीं हूँ जो सब हैं, वह भी नहीं जो दिखती हूँ। मैं मैं हूँ। मुझे समझो...पहचानो..." (पृ. 47)

सुवर्णा चाहती है कि उसे उसकी अपनी शर्तों पर पहचाना जाए, जबकि समाज की परंपरागत सोच उसे अरसे से बने चले आये रूढ़ खाँचों में ढाल देना चाहती है। वस्तुतः उपन्यास में टकराव का मूल मुद्दा यही है। एक सीमा तक रमेश इस सबको न सिर्फ बर्दाश्त करता है, इसमें, अपनी तरह से, सहयोग भी देता है। लेकिन फिर अंततः उसमें से एक परंपरा पोषित 'पति' सिर उठाने लगता है। सुवर्णा के मित्रों—अरविंद, श्याम, सोम और दीपक—आदि से उसके संबंधों के स्वरूप पर यह टिप्पणी महत्त्वपूर्ण है : 'दोस्तों को क्या दे सकती थी वह इन सीमाओं में! अनंत ने कितनी बार कहा है कि वह देती ही देती है, लेती कुछ नहीं...लेकिन वही जानती है कि वह क्या करती थी—एक तितली की तरह यहाँ उड़ी, वहाँ उड़ी...यहाँ से यह लिया और वहाँ से वह और सब ले जाकर उँडेल दिया घर पर। वह संतुलन टूटा तो घर कैसे बचेगा?...' (पृ. 148) अपने संपर्क में आये व्यक्तियों में वह वस्तुतः रमेश को ही विस्तार देने की कोशिश करती है—उन सबमें वह पाकर जो रमेश में नहीं है क्योंकि एक आदमी में सब कुछ होना मुमकिन भी नहीं है। शायद उसके इस उन्मुक्त स्वभाव के कारण ही रमेश उसके आगे बहुत बूढ़ा और वह उसके संग बहुत बच्ची-सी लगती है जबकि यह फासला उनकी उम्र में कहीं नहीं है। श्याम के जन्मदिन पर, सुवर्णा के उसके साथ पार्क में जाने पर, उस रोज रमेश वहाँ पहुँचकर उससे जिस तरह पेश आता है और बाद में, घर पर पति की जिस आदिम बर्बरता का प्रमाण देता है, वह सब सुवर्णा को कहीं अंदर तक हिला और तोड़ देता है। श्याम और उसके दोस्तों से जैसे रमेश का एक ही सवाल है—जो स्वतंत्रता वे लोग उसकी पत्नी से लेते रहे हैं, क्या वही स्वतंत्रता वे उसे अपनी पत्नी से लेने देने को तैयार हैं? और इस मुद्दे पर श्याम की सोच और उससे बना तर्क निश्चय ही बेहद पोच है—वह तो इनकार नहीं करता लेकिन उसकी पत्नी इस स्वभाव की है ही नहीं! प्रकारांतर से उसका यह तर्क क्या सुवर्णा के ही विरोध में नहीं जाता—उस सुवर्णा के विरोध में जिससे वर्षों से अत्यंत आत्मीय संबंधों का उसका दावा है? अपने घर-परिवार

को एक मध्यकालीन दुर्ग की तरह सुरक्षित रखकर दूसरों के यहाँ स्वतंत्रता का यह अलख जगाने की इच्छा का तर्क वस्तुतः उस सोच का ही एक हिस्सा है जिसके विरुद्ध सुवर्णा की सारी लड़ाई हे। लेकिन यह स्थिति सुवर्णा के आगे थोड़ा बाद में ही स्पष्ट हो पाती है। पहले वह सोम से स्वयं संबंध तोड़ चुकी है, उसी की खातिर, क्योंकि वह उसके जीवन की पहली औरत थी और उसके बाद वह किसी और से विवाह करने को तैयार ही नहीं था। वह तब भी इस संतुलन का महत्त्व समझती थी कि पागल होना और पागल की तरह जीना एक ही बात है।

अनंत से उसका संबंध इन सबसे भिन्न प्रकार का है। वह न सोम की तरह पागल है और न ही दीपक की तरह जुनूनी। श्याम की तरह उसका अपना कोई निजी दुर्ग भी नहीं है जिसे सुरक्षित रखकर वह औरों के यहाँ सेंध लगाने की कोशिश करे। अनंत सुवर्णा की ओर उसके आकर्षक व्यक्तित्व से प्रभावित होकर बढ़ता है और धीरे-धीरे सुवर्णा को यह एहसास करा देता है कि वही उसे सचमुच समझता है—पुराने परिचित दोस्तों और उसके पति रमेश से भी अधिक। मर्यादा, भावात्मक हिस्सेदारी और प्रगाढ़ संवेदनशीलता जो सुवर्णा को अनंत से मिलती है, वह आज तक किसी में नहीं मिली थी। यह इन दोनों को निकट ले आने के लिए कोई मामूली कारण नहीं है। स्वयं नौकरी करने के बावजूद, घर और बच्चों के प्रति न सिर्फ़ यह कि वह उदासीन नहीं है, इस मोर्चे पर भी अपनी सफलता के प्रति वह सजग है। एक स्थल पर वह कहती भी है : 'जैसे मैं दफ़्तर में सफल होना चाहती हूँ वैसे घर में भी। वहाँ मैं किसी आदमी से पिछड़ा नहीं रहना चाहती, यहाँ किसी औरत से नहीं....' (पृ. 20) दोनों मोर्चों पर, घर और बाहर के, पूरी तन्मयता के साथ लड़ने और सफल होने से उसके उस कथन की पुष्टि होती है, जिसमें वह तितली की तरह यहाँ-वहाँ से बटोरकर अपने चारों तरफ उसके बिखेर देने की बात करती है।

श्याम मोहन के साथ पिकनिक पर जाने के लिए रमेश उसके साथ जो और जैसा सुलूक करता है, उसके लिए उसके पास कोई कारण नहीं है। ऊपर से रमेश, एक पति के अधिकार से उस पर यह शर्त भी लादता है कि अब वह उससे पूछे बिना किसी से नहीं मिलेगी और इन चारों लोगो से कोई वास्ता नहीं रखेगी। वह उस पर मात्र भावात्मक हमला न करके बाकायदा शारीरिक यातना भी देता है। गाली-गलौज और मार-पीट के साथ वह उसके अत्यंत संवेदनशील अंग—उसके बच्चों और उसके बीच एक दीवार खड़ी करने की कोशिश भी करता है क्योंकि सोचता है कि इस तरह सुवर्णा को झुकाना आसान होगा। लेकिन सात साल एक छत के नीचे रहकर भी वह उसे पहचानने में गलती करता है। रमेश के लिए उसका उत्तर है : 'मैं यह नहीं मानती कि सिर्फ इसलिए कि तुम मेरे पति हो, तुम यह तय करो कि मैं इससे मिलूँ, उससे न मिलूँ। बात तीन-चार आदमियों की नहीं है, उस स्वतंत्रता की है जो ईश्वर ने मुझे दी है और जिसे तुम हड़प लेना चाहते हो...पर बहस की क्या जरूरत...तुम इन लोगों से मिलने की बात मान भी

लो, तब भी मेरा फैसला वही रहेगा...' (पृ. 149) वही फैसला अर्थात् रमेश को छोड़कर अलग हो जाने का फैसला। बच्चों को भी देर-सबेर सब मालूम होना ही है लेकिन उनके हक में अच्छा यही है कि यह धीरे-धीरे हो। वह आता रह सकता है। लेकिन जब वह इस स्थिति को अस्वीकार करके उससे वहीं रहने की जिद करता है तो सुवर्णा कहती है : 'यह मुमकिन नहीं है। फिसलते रहने की मैं कायल नहीं हूँ...और मुझे धीरे-धीरे अब अपने विश्वासों को पहचानना और उन पर अमल करना आ रहा है...' (पृ. 150) अपने विश्वासों को पहचानने और उन पर अमल करने की प्रक्रिया में वह रमेश और बच्चों को छोड़कर कुछ दिनों को माँ के पास चली जाती है ताकि शांति से सोचकर सही फैसला ले सके। अनंत उसे पहुँचाने माँ के घर तक जाता है। रास्ते में, पहाड़ी स्टेशन पर, अपनी स्थिति पर टिप्पणी करते हुए वह कहती है : 'मुझे अच्छी नहीं लगती अपनी यह बुनावट कि मैं स्वतंत्रता भी चाहती हूँ और बच्चे भी—अपनी सारी शिक्षा के बावजूद बुनियादी तौर पर मैं कहीं हिंदुस्तानी औरत हूँ...क्या होगा मेरा अनंत?...' (पृ. 159)

पहले भी इस ओर संकेत किया जा चुका है कि 'तुम्हारी रोशनी में' में गोविंद मिश्र सुवर्णा की आँखों पर बहुत जोर देते हैं। रोशनी का केंद्र होने से आँखें जहाँ अपनी भावनाओं को बड़े सार्थक ढंग से अभिव्यक्त करती हैं, वहीं वे दूसरों के छुपे-ढँके कोनों को भी प्रकाशवृत्त में लाकर अपने ढंग से उन्हें नंगा करती हैं। सुवर्णा की आँखें जितना सुवर्णा को व्यक्त करती हैं उतना ही उसके संपर्क और परिवेश के दूसरे लोगों को भी। वस्तुतः उस रोशनी में सारी चीजों को एक अपेक्षित परिप्रेक्ष्य मिलता है। पार्क में श्याम मोहन की सालगिरह पर घटे प्रसंग की चर्चा जब वह अनंत से करती है, तो पूरे प्रसंग और बहुत-सी बातों को न जानने पर भी वह उससे सहज ही सहानुभूति प्रकट करने लगता है। उसकी सहानुभूति की आँच से सुवर्णा का पिघलने लगना ही उसके अंदर के दुख का प्रमाण है : 'वे आँखें जिनमें आँसू मुश्किल से आते थे, दूसरों के सामने तो कभी नहीं...वे नमी में झिलमिल थीं। वह बार-बार रोने को हो आतीं पर किसी तरह समेटती खुद को। अगर वह अकेली होती तो उस क्षण वह फूट-फूटकर रोती, बहुत रोती, जैसा वह जीवन में कभी नहीं रोयी थी...' (पृ. 136) और सुवर्णा की उन आँखों को देखकर अनंत को लगता है : 'उन सुंदर आँखों में जहाँ खिलते हुए कितनी तरह के रंग मैंने देखे थे...आज जैसी छटपटाहट देख रहा था वैसी कभी नहीं देखी थी। छटपटाहट...भयंकर तकलीफ में किरकिराती हुई...इतना बोझ कि पिघलकर आँसुओं में बह नहीं सकता था...' (पृ. 159) वहाँ से अनंत के विदा होते समय अपने बालों पर अनंत की गरम हथेली का स्पर्श पाकर, अपने हाथों में भरकर उन्हें चूमते हुए वह स्थिति के आर-पार न होने तक उससे फिर न मिलने का अनुरोध करती है और इस बार स्वयं 'अपनी आँखों में आँसुओं की चमक वह महसूस करती है...सामने अनंत का चेहरा मुस्कराता हुआ...' (पृ. 160)

अनंत की सन्निकटता में सुवर्णा के अंदर प्रेम में होने और आत्मीय साझेदारी का

बोध धीरे-धीरे विकसित होता है। लगता है, जैसे पौधे की गलित प्रायः टहनी को छाँट देने के बाद अंदर एक नया कल्ला फूटा और उगा है। सुवर्णा अंततः यह महसूस करने लगती है : 'जीना, हमेशा चौकस जीना, चतुर अक्ल के रास्ते ही चलना, हर चीज को अपने ढंग से चलाना... कुछ नहीं है। इस तरह भीग जाने के सामने कैसा खोल देता है यह बँधना भी!..' (पृ. 165) माँ का प्रश्न : 'तू अनंत को चाहती है क्या?'—भले ही किसी निर्णय पर पहुँचने के उनके उतावलेपन से उपजा हो लेकिन यह उस धरातल का संकेत अवश्य देता है जहाँ खामोशी ही भाषा की स्थानापन्न हो उठती है। फिर सुवर्णा की आँखों की रोशनी की तरह ही माँ की आँखों में भी बहुत कुछ पढ़ा जा सकता है : 'ममा उसकी चुप्पी पर अटकती हैं। सुवर्णा उनकी आँखों में देखती चली जाती है...दूर तक खुश-खुश...ममा ने जो अभी कहा, उसे जैसे बार-बार प्यार से सहलाते हुए। यह ख़याल ही कि वह अनंत को चाहती है, कितनी रोशनी भर देता है...' (पृ. 166)

सुवर्णा की आँखों की रोशनी से शुरू हुई यह यात्रा व्यक्ति और समाज के अनेक अँधेरे पक्षों को उद्घाटित करती हुई आत्मीय और पारस्परिक साझेदारी की अनिवार्यता तक पहुँचती है। अंत तक पहुँचते-पहुँचते यह रोशनी जितनी सुवर्णा की अनंत के लिए है उतनी ही अनंत की सुवर्णा के लिए भी। 'तुम्हारी रोशनी में' इस तथ्य को साग्रह रेखांकित करता है कि नारी-मुक्ति की सार्थकता हार्दिक, पारस्परिक और आत्मीय प्रेम में है, आधुनिकता के छद्म और उच्छृंखलता में नहीं। इस दृष्टि से, अपनी रचनावस्तु के कारण, यह उपन्यास गोविंद मिश्र के पिछले उपन्यासों से भिन्न है, क्योंकि वह उनकी सोच को सार्थक मोड़ दे पाने में सफल हुआ है।

'तुम्हारी रोशनी में' : आधुनिक नारी की संपूर्ण अस्मिता

राजकुमार गौतम

प्रेम-कथाओं से जुड़े दो अनिवार्य, भिन्नलिंगी—स्त्री और पुरुष के अंतरतम की पुनः-पुनः खोज अभी भी की जानी शेष है। इस बीसवीं शताब्दी के सहाराविहीन बुढ़ापे में जैसे-जैसे संबंधों की धरती पर सूखे का प्रकोप बढ़ता जा रहा है, उसी के समांतर प्रेम, दया तथा अन्य मानवीय स्वाभाविकताओं को लौटा लाने के लिए साहित्यिक प्रयास भी एकाएक महाप्रासंगिक हो उठे हैं। यदि इस प्रासंगिकता को हम आज के संदर्भ में देखते हैं तो निश्चित है कि आज के पुरुष और आज की नारी को आज की ही स्थितियों में आँक-जाँच लेने की अनिवार्यता से भी जूझना होगा। अपने विषय में प्रेम कभी भले ही पुराना न पड़ता हो, लेकिन उसकी शिनाख्त,-गुर और रख-रखाव में समकालीन जीवन के सभी संश्लिष्ट पहलू अनिवार्यतः नये-नये रूपों में जुड़ जाया करते हैं। प्रेमी व्यक्ति के जीवन का स्वतंत्र अस्तित्व उसके प्रेम के मुखर अस्तित्व से अलग नहीं छिटक सकता। प्रेम में चूँकि एकल एकांत की कोई अवधारणा नहीं होती, इसलिए प्रेम प्रायः 'कह देने' का शिकार हो जाया करता है। संदर्भतः किसी भी बात के 'होने' और उसे 'कह देने' के बीच ही समय और साहित्य की चुनौतियाँ अपनी-अपनी सीमाओं में एक-दूसरे से टकराया करती हैं, और जब विषय प्रेम या प्रेम-संबंधी पड़ताल का हो तो संबंधित कृति पर बात करने की लंबी और लगातार संभावना बनी ही रहती है। हिंदी उपन्यास के लिए उपयोगी कथाकार गोविंद मिश्र का नवीनतम उपन्यास 'तुम्हारी रोशनी में' आधुनिक नारी की संपूर्ण अस्मिता के साथ, प्रेम के नवीनतम स्वीकार-अस्वीकारों को प्रमुख सजगता व नयी रोशनी में देखता है।

'तुम्हारी रोशनी में' पढ़कर पहला प्रभाव मस्तिष्क में यह उभरता है कि कथा के स्तर पर बहुत-बहुत परिचित लगने के बावजूद यह कहानी अपने व्याख्यान और संवेदन के स्तर पर सार्थक रूप में आविष्कृत लगती है। आविष्कार का यह भाव यहाँ व्यापारिक न होकर, सक्रिय आत्मीयता के माध्यम से पाठक तक संप्रेषित होता है। नारी स्वातंत्र्य

तथा प्रेम के अस्वाभाविक उत्तरदायित्व को मुख्य बनाकर इस उपन्यास ने नहीं थामा है बल्कि यहाँ विषय की संवेदनशीलता के मूर्त और अमूर्त, नाटकीय और प्राकृतिक तथा सुखछीनू संस्कारों से कुप्रभावित परिणतियों के वास्तविक स्वरूप को रेखांकित करने पर अधिक बल दिया गया है। चालू अर्थों में प्रेम का बिकाऊ मनोविज्ञान इस कथा में हावी नहीं होता है, बल्कि जीवन में प्रेम और नारी अस्मिता के आपसी व्याकरण की संपूर्ण 'करेक्टनेस' को भी 'रिलेक्स्ड' की स्थिति में थामकर जाँचा-परखा गया है। उपन्यास की नायिका, पर्याप्त तार्किक हमले और असले के साथ, प्रेम में इस्तेमाल होने वाली 'नारीमयता' के साथ निर्जीव शो-पीस की तरह नहीं, बल्कि बाकायदा फिफ्टी-फिफ्टी के हिस्सेदार होने का अधिकार चाहती हुई, हमारे सामने उभरकर आती है। यह आधी हकदारी ही नहीं, बल्कि इससे भी आगे जाकर जिंदगी को नितांत अपने ढंग से जी लेने के उद्देश्य से खुद को जोड़कर नायिका इस उपन्यास के अंत से स्वयं की अर्द्धवास्तविक विजय भी अर्जित कर लेती दीखती है।

यह 'रोशनी' शुदा नायिका सुवर्णा है। सुवर्णा यानी एक प्रतिष्ठित पदाधिकारी, माँ और पत्नी के अतिरिक्त संपर्क में आने वाले पुरुषों की अच्छाइयों को प्यार करती हुई सुंदर और आकर्षक औरत। उपन्यास के शुरुआती सिरे के रूप में सुवर्णा के संपर्क में आता है अनंत, जो आम लोगों के रुटीन जीवन-उद्देश्यों से हटकर कुछ अच्छा करना चाहता है। प्रभावित होने के उपरांत अनंत पर्याप्त इनवाल्व होकर सुवर्णा को 'जानने' के लिए प्रयासरत होता है। सुवर्णा के लहलहाते जीवन में बहुत-सा खर-पतवार है, सुखभरे झोंके हैं, अधपके फलों को धरती-चटाती आँधियाँ हैं और है नारी अस्मिता का स्तर। रमेश (पति), अनंत और सुवर्णा की शुद्ध नियति यहाँ यों भी स्पष्ट होती है : "इधर-उधर घूमते हुए उसके साथ कभी मैं (अनंत) होता, कभी रमेश, कभी वह सिर्फ अकेली...भीड़ में से हम दोनों में से किसी को खोजती हुई, एक खोए बच्चे की तरह कोई एक दिखा तो दौड़कर आ जाती थी। कभी वह खो ही जाती और मैं उसे ढूँढ़ने लग जाता। रमेश यह नहीं करता था, एक किनारे खड़ा चुपचाप इंतजार करता था, इत्मीनान से...और वह घूम-फिर कर उसके पास पहुँच ही जाती थी आखिर।"

कहानी बढ़ती है और अपनी-अपनी व्यस्तताओं में रहते हुए भी अनंत और सुवर्णा की मुलाकातें, एक-दूसरे को जानने की जिज्ञासाएँ तथा आत्मीय व कलात्मक लगाव के माध्यम से प्रेम के मध्य, और नारी बनाम समाज के अंतर्व्याप्त संबंधों पर उनकी बिंदु-बिंदु बहस हो जाया करती है। 'तुम' और 'आप' के वाया, पास से 'जाने का मन तो नहीं करता'—तक की प्रेमिल गतिशीलता तथा अधबने-से प्रेम के तमाम अनिवार्य चोंचले। और अनंत के यह पूछने पर कि क्या उनका साथ होना रमेश को पता है? सुवर्णा कहती है : "वह जानता है, मैं इस तरह की हूँ। वह मुझे समझता है।" परिणामतः अनंत समकालीन जीवन की एक सँकरी गुफा से बाहर निकलता है और जैसे स्वयं से ही इस परिवर्तन की पुष्टि चाहता है : "क्या मैं पैदा हो रहा हूँ?"

सुवर्णा की निजता क्रमशः अनंत पर खुलने लगती है। यह 'खुलना', तकलीफ का जन्मदाता भी हो बैठता है और पुरुष-संस्कार ग्रसित अनंत का सोच इस तरह भी शेप लेने लगता है : "मेरे फोन छोड़ते ही उसके आने शुरू हो गये एक के बाद एक। मैं उठता नहीं था तो जैसे वे बंद होने के पहले और चीखते थे। इतना बड़ा सर्किल था उसका? मुझे लगा, मैं बाजार में बैठा हूँ।" मगर सुवर्णा का व्यवहार और अनंत का प्रेमिल आचरण–दोनों मिलकर इस बाजार से जैसे धो डालते हैं और परस्पर स्पर्श उन्हें निःशब्द कर देता है। 'किसी दूसरी ही भाषा की डोर' उन्हें बाँध लेती है। सुवर्णा अनंत को घर बुलाती है, जहाँ रमेश उसे शराब ऑफर करता है। सुवर्णा के 'थोड़ी-सी' माँगने पर रमेश का सूखा 'नो'...रमेश को ऐसा भी लगने लगता है कि सुवर्णा 'अपना सबसे अच्छा बाहर के लिए रखती है, बचा-खुचा' उसके लिए। इसके बाद सुवर्णा का 'व्यक्तित्व' और खुलता है तथा उसके बारण रमेश, श्याम मोहन, विनय और अनंत के बीच एक अजीब-सा असंतुलित व गंभीर-अंगभीर-सा समीकरण बनता है। मानो सुवर्णा बहुत चालाक औरत है। जो कई चाहने वालों को एक साथ चुमकारती रह सकती है। फिर भी अनंत अपने संबंधों में कोई अतिरिक्त भावुक पलीता लगाये बगैर-सुवर्णा के बारे में स्वस्थ सोचता है : "मुझे यह मान लेना चाहिए कि वह अपने जीवन में स्वतंत्र है। जमाने से चला आ रहा पुरुष का दंभ कि वही स्त्री का जीवन चलाये...इसके खिलाफ आज की पढ़ी-लिखी औरत का विद्रोह है यह। उसका हृदय क्या कोई भूखंड है जहाँ सिर्फ एक का राज हो? उल्टे यह क्यों नहीं कि दो-चार आदमियों के दिल उसकी कौलनीज हों जहाँ उसका झंडा फहराता हो? इसमें एक ही गड़बड़ है जो हर तरह के साम्राज्यवाद में होती है...वह कहीं भी पूरी तरह स्वीकृत नहीं हो सकेगी।" सुवर्णा का भी एक स्वस्थ स्वीकार है : "मुझे ऐसे व्यक्ति की तलाश रही है जिसके साथ जीवन के हर आयाम को मैं पूरी तरह जी सकूँ...लेकिन ऐसा कोई नहीं मिला। जो मिलता है उससे बहुत हुआ एक हिस्सा ही भर पाता है मेरा।" एक और परिचित–अरविंद–के बीच में आ जाने से सुवर्णा और अनंत की संस्कारजन्य 'दूरी' बढ़ती है। वह साफ कह देती है : "अगर तुम्हारा यह सोचना कि मैं जो करूँ वह तुम्हें बताऊँ, यह सोचकर करूँ कि तुम्हें क्या अच्छा लगता है, क्या नहीं, तो मैं ऐसा नहीं कर सकूँगी...यह क्या कि हर बार ही मुझे सफाई देनी है...जैसे मुझे एक इम्तहान में बैठना है और पास होना है। हर बार तुमको यह जताना है मैं तुम्हारे लिए उतना ही महसूस करती हूँ जितना तुम करते हो। तराजू लेकर यह तौलना...क्या है यह...माई फुट।"

श्याम के जन्मदिन पर एक दुर्घटना घटती है। पार्क में सुवर्णा जैसे ही बर्फी का एक टुकड़ा श्याम के मुँह की तरफ बढ़ाती है तो एकाएक खलनायक पति के रूप में वहाँ प्रकट होता है। सुवर्णा का हाथ पकड़कर वह कार की तरफ घसीटता है।...इसी के बाद रमेश का संस्कारग्रस्त, सँकरा और जड़-पुरुष फट पड़ता है और वह सुवर्णा की सारी 'पोल' खोलकर रख देता है। उसे थप्पड़ मारता है, जिससे सुवर्णा स्तब्ध। "इतने सालों

से वह इस आदमी के साथ रह रही थी? यही वह है जिसके साथ वह एक के बाद दूसरी, दूसरी के बाद तीसरी रात हमबिस्तर होती है, जिसके साथ उसने दो बच्चे पैदा किये हैं?. ..अब तो उसे यह भी सोचना होगा कि वह रमेश के साथ एक ही घर में कैसे रह सकती है। हर बार जब वह छुएगा या बोलेगा तो भीतर का वह काला आदमी क्या भुलाया जा सकेगा?''....रमेश की धमकी के कारण सुवर्णा अपने ही फिकरे के मुताबिक 'आउट आफ सर्कुलेशन' हो जाती है।

रमेश के संबंध अपनी सहकर्मी उर्वशी से हैं। मानसिक संस्कारों की वस्तुपरकता का परिणाम है कि ''रमेश चीजों को दिमाग से चिपकाए नहीं घूमता कि घर में अपने आदमी की बगल में ही लेटे हुए हैं और मन में घूम रहा है कोई और। उर्वशी भी रमेश के मिजाज की है। कभी दोनों की तबीयत हुई, वक्त हुआ...किया और दिमाग से उतारा। एक चीज जिसका ताल्लुक शरीर से है वह दिमाग को क्यों खराब करती रहे. ...यही आधुनिक ढंग से सोचना है। रमेश और उर्वशी...दोनों दोस्त हैं तो एक-दूसरे का खयाल करते हैं...इस मामले में भी। उर्वशी की शादी जब तक नहीं हुई...चलेगा। बाद में एक को जरूरत नहीं तो बात खतम।''

इन तमाम स्थितियों के बीचों-बीच सुवर्णा स्वयं को लगातार विश्लेषित करती है। उसे यह सोचना भयावह लगता है कि क्योंकर वह 'बीवी भी नहीं, लौंडी हो गयी'। गौण संबंधों से ऊपर उठकर सुवर्णा संबंधों की सजावट को त्याग, आत्मशक्ति की तरफ लपकती है। श्रीमती श्याम मोहन से सुवर्णा की मुलाकात और रमेश की घिनौनी हरकतों का पुनः भंडाफोड़। एक बार रमेश सुवर्णा को मनाने का झूठा-सा प्रयत्न करता भी है। मगर दोनों के मूल चरित्र फिर आमने-सामने आ खड़े होते हैं। सुवर्णा रमेश से कह ही देती है कि 'मुझे तुमसे...अलग...दूर रहने की जरूरत है' और सुवर्णा का मन 'सहसा अपने क्वाँरे नाम की ललक से भर' उठता है।

तबादला नहीं मिलने पर सुवर्णा छुट्टी लेकर माँ-बाप के पास चली जाती है, छोटी-सी पहाड़ी बस्ती में। अनंत वहाँ मिलने आता है। जिंदगी के सर्जक पथ पर उनकी बात-चीत। सुवर्णा अनंत से कहती है : ''इन दिनों तुम मेरे लिए बहुत सुलभ न रहो। मैं कमजोर नहीं होना चाहती। मुझे कमजोर करने के बजाय ताकत दो।'' और स्पष्ट है कि यह अनंतीय शक्ति सुवर्णा रमेशनुमा अनंत से नहीं चाहती।

इस प्रकार नायिका सुवर्णा की, उपन्यास में, अंतिम स्थिति यह है : ''आँसुओं से धुँधलायी आँखें....रमेश, तुमने आदमी की इज्जत मुझे नहीं दी...क्यों किया तुमने ऐसा...इस हद तक का क्या हक था तुम्हारा कि मुझे...घने दरख्तों से लदी गहरी घाटी ...खामोश...वीरान। एक आवाज ऊपर-नीचे दौड़ रही है चक्करों में। कोई बेचैन चीख. ..एक पक्षी का आर्त्तनाद...दरख्तों से टकराता, गिरता, उठता...नीचे घाटी के तल तक जाता, फिर आसमान की ओर उठता हुआ...''।

'तुम्हारी रोशनी में' की धारा प्रवाह शैली, जो किसी भी एक शैलीगत आधिपत्य

को तो तोड़ती ही है, अपनी निष्कपटता की वजह से भी काफी आरामदेह व टिकाऊ सिद्ध हो सकती है। अर्थमयता के स्तर पर चूँकि लेखक के पास कद्दावर भाषा है, इसलिए अभीष्ट का ऊँचा या अप्रिय भोंपू कहीं चिंघाड़ता नहीं मिलता। यह सुखद स्थिति है कि उपन्यास मेंं निस्सार को निस्सार, गलत को गलत, चाबुक को चाबुक, अस्मिता को अस्मिता और सुवर्णा को सुवर्णा के ही रूप में प्रस्तुत किया गया है, इसीलिए यह लेखन आधुनिक समीक्षा के गोल, घपले से बचकर 'जो है, सो है' के केंद्रीय आत्मसम्मान से भी लदा-फदा है।

प्रेम, जहाँ गोपनीयता के छद्‌म मुखौटों को बाधा के रूप में स्वीकार किया गया हो, यथार्थ को उन्माद या सस्ते रोमांस से अलग समकालीन युग की वैज्ञानिक आत्मनिर्भरता के स्तर पर जिसे खोजा गया हो तथा अपनी तमाम स्थापनाओं को अलमबरदार सिद्धांत करने की तटस्थता हो...इसी प्रकार इस विषय की साहित्यिक शिक्षा का काम करने में यह उपन्यास समर्थ दीखता है। हार्डी की तरह यहाँ नियति 'अवतरित' नहीं होती, बल्कि शेक्सपीयर के पात्रों की तरह स्वयं को सुलझाते जाने में, उलझनों के नये आयाम और चारित्रिक कर्मठता से 'उत्पन्न' नियति ही वहाँ साफ दिखायी व सुनायी देती है। बनावटी नियति के परिणामस्वरूप फार्मूलाबद्ध लेखन ही सामने आता है और इसी के विपरीत यहाँ फार्मूला कहीं सूँघे भी नहीं मिलता। सुवर्णा व अनंत की क्षुब्धता या प्रति उत्तेजनाएँ इसीलिए पाठक में सफलतापूर्वक 'प्लांट' हो जाती हैं। किसी भी रचना का यह प्लांटेशन नवसंस्कृति का विकासशील कर्म भी माना जा सकता है। विश्वास किया जाना चाहिए कि लेखक का यह औपन्यासिक श्रम दूर तक अपनी रोशनी बचाये रहेगा।

चर्चा की समग्रता के लिए यदि कृति के पुनरीक्षण को आवश्यकता मान लिया जाये तो औपन्यासिक दृष्टि से, कुछेक खटकने वाली बातें भी हमारे सामने आती हैं। पहली बात तो यह कि प्रेम और नारी की अस्मिता तो एक सामान्य प्रश्न है—सबके लिए होना चाहिए। यहाँ सुवर्णा केंद्र है, नारी का प्रतिनिधित्व करती हुई। लेकिन सुवर्णा अपने-आप में एक संपूर्ण मुहावरा है। यदि सुवर्णा की कहानी की 'चाशनी' से अलग भी पाठक को इसी विषय पर कुछ और भावचित्र मिलते तो उपन्यास की अर्थवत्ता निश्चिततः बढ़ जाती। और...क्या अस्मिता के नाम पर सभी घोटालों को तार्किक समाधान दिया जा सकता है? सुवर्णा की तथाकथित अस्मिता का निर्णय क्या हताशा से प्रभावित नहीं दिखता है या संपन्न बाधा में ठहर जाने का निर्णय अर्द्ध आत्महत्यात्मक नहीं है? अनंत, रमेश, श्याम, मोहन या विनय—ये सारे पुरुष पात्र इतने सँकरे, कट्टर या तटस्थ क्या इसलिए हैं ताकि वे सुवर्णा के जीवन को वांछित आकार देने में लेखक की मदद कर सकें? यदि इनका चरित्र वास्तव में इतना 'नासमझ' या अपक्व है तो सुवर्णा के चरित्र का इन अंड-बंड चरित्रों से प्रभावित हो जाना कहाँ तक जायज है?

...बहरसूरत, ऐसा लगता नहीं है कि लेखक की सुवर्णा इन तमाम पक्षों से अनभिज्ञ रही होगी। हो यह भी सकता है कि उपन्यासकार को इस तरह से संभावित

पक्षों को चीरने का कोई औचित्य नहीं दीखा हो, और कहानी का केंद्र कहीं अपने प्रभाव में धीमा न हो जाए—इस बात की आशंका बनी रही हो। बहुत संभव है, लेखक प्रासांगिकता की 'कलेजी' में डूबकर, कुछ पूरक विषयों को अनजाने में ही 'चखना' छोड़ गया हो और इनके पति एक खास किस्म के अनचाहे उदासीनतावाद को जन्म दे बैठा हो, जिसे सबसे अधिक पाठक को झेलना पड़ सकता है।...इस सबके होते भी चूँकि अपने देय में यह उपन्यास खासा समृद्ध है, इसलिए विकासशील पठनीयता के लिए इसे पढ़ा जाना, विषय के गूँगेपन की स्थिति को तोड़ने जैसा अनुभव तो अवश्य है।

'तुम्हारी रोशनी में' : शहर-कस्बे के सांस्कृतिक टकराव की कथा

राजेश जैन

'लाल-पीली जमीन' और 'हुजूर दरबार' के बाद यह गोविंद मिश्र की ताजा उल्लेखनीय कृति है। अभी तक के अपने उपन्यासों में गोविंद मिश्र ने कस्बाई परिवेश को समेटा था—तथा अधिकांश पात्र वहाँ की जमीन से जन्मे थे। 'तुम्हारी रोशनी में' में भी मूलतः कस्बाई मानसिकता से लेखक का पीछा नहीं छूटा है। नायक अनंत के सोच-समझ को चित्रित करते वक्त लेखक ने कई बार कस्बाईपन का जिक्र किया है। कहीं-कहीं लगता है कि उपन्यास का केंद्रबिंदु ही कस्बाई और शहरी संस्कृति का टकराव है। पर वास्तव में ऐसा नहीं है। इस कृति के केंद्र में है—सुवर्णा। एक पढ़ी-लिखी बौद्धिक, जागरूक, बहुत सुंदर प्रशासनिक अधिकारी जो जिंदगी को भरपूर जीना चाहती है। पति-पत्नी के बीच स्थापित संस्था की बुनियादी सीमाओं को अपनी शर्तों पर पूरा करती हुई भी उनसे मुक्त।

संबंधों और सीमाओं की उसकी अपनी परिभाषाएँ हैं। जहाँ पति रमेश के प्रति वह अपनी समझ के अनुसार ईमानदार है, वहीं अपने अन्य पुरुष मित्रों को भी मानसिक तौर पर उपलब्ध है—उनसे स्थापित मित्रता से प्रतिबद्ध। उसके सौंदर्य से कविताएँ फूटती हैं। किंतु रमेश उन कविताओं से अनभिज्ञ है। इसका कारण संभवतः यही है कि वह सुवर्णा के शरीर को पूरी तरह जान चुका है कि उस शरीर पर उसका अधिकार है। अंदरूनी तौर पर शरीर को पा लेने और जान लेने में फिर बाहर सौंदर्य की सूक्ष्मता उसे लिए मायने नहीं रखती। इसका कारण यह भी है कि उसकी दृष्टि पर आम परंपरागत पति के अहंकार का चश्मा भी चढ़ा है। जबकि सुवर्णा के पुरुष मित्र अनंत, श्याम मोहन, अरविंद आदि के लिए सुवर्णा की बौद्धिकता, उसका सौंदर्य एक जगमगाती ट्यूब लाइट है—जिसकी चकाचौंध से वे अभिभूत हैं। सबके मन में लालसा है कि वे सुवर्णा पर अपना पूर्ण अधिकार जताकर उसके शरीर को पा सकें।

इसके लिए अपनी-अपनी योग्यता के अनुसार वे कुचक्र रचते हैं—सुवर्णा की इच्छाओं को उत्तेजित करते हैं—पर सुवर्णा सजग है। वह पति एवं बच्चों के प्रति ईमानदार रहना चाहती है। पुरुष-मित्रों से संबंधों की गरिमा में वह अपने शरीर का कुछ ही अंश आने देना चाहती है, जैसे चुंबन या आलिंगन तक ही—उससे आगे नहीं। यह

दृढ़ता तब तक बरकरार रहती है जब तक सुवर्णा का मोह भंग नहीं होता। मोह भंग तब होता है जब उसे ज्ञात होता है कि उसके पति रमेश के उर्वशी से शारीरिक संबंध हैं। बावजूद इसके वह सुवर्णा पर अपने पतित्व का महत्त्व थोपता है। इससे एकबारकी सुवर्णा की स्वतंत्रता तथा स्वेच्छाचारिता की सारी मासूम मान्यताएँ लड़खड़ा जाती हैं। धोखे के कारण उसमें उपजता है एक और नया व्यक्तित्व जो कहीं ज्यादा तपा हुआ है।

उसके बाहरी सौंदर्य को भी परास्त करता हुआ उसका आंतरिक विश्वास। इस हादसे के पश्चात् संबंधों में शरीर की सीमाओं को वह फिर भी लाँघ नहीं पाती है। इसका संकेत लेखक ने दिया है। पर क्या वह पति रमेश और बच्चों के पास लौट आती है या अनंत के साथ नया जीवन शुरू करती है—इसका कोई खुलासा नहीं किया है, और कथानक को इस बिंदु पर पाठकों के विवेक पर छोड़ दिया है।

जहाँ-तहाँ वाक्य-विन्यास में काव्यात्मकता की झलक मिलती है। विशेषकर जहाँ स्थितियों और प्रकृति के चित्रों को चित्रित किया गया है। उपन्यास की आत्मा का स्वर लेखक की इन नीति-परक पंक्तियों में मुखरित हुआ है : "मुझे यह मान लेना चाहिए कि वह अपने जीवन में स्वतंत्र है। जमाने से चला आ रहा पुरुष का दमन कि वही स्त्री का जीवन चलाये—इसके खिलाफ आज की पढ़ी-लिखी औरत का विद्रोह है यह। उसका हृदय क्या कोई भूखंड है जहाँ सिर्फ एक का राज है? उल्टे यह क्यों नहीं कि दो-चार आदमियों के दिल उसकी कौलनीज हों जहाँ उसका झंडा फहराता हो? इसमें एक ही गड़बड़ी है जो हर तरह के साम्राज्यवाद में होती है...वह कहीं भी पूरी तरह स्वीकृत नहीं हो सकेगी...।"

इस कृति में एक चीज खटकती है : बयान के दौरान लेखक का 'प्रवक्ता' अपना पुरुष पटरी की तरह बदलता है—कहीं अनंत प्रथम पुरुष में मुखरित होते-होते डायरी बन जाता है तो कहीं एकाएक लेखक उसे तृतीय पुरुष में धकेलकर कहानी स्वयं कहने लगता है। यह शैलीगत प्रयोग के तहत हुआ है या उपन्यास के संपूर्ण अध्यायों के समन्वय में भूलचूक की वजह से—इसका खुलासा तो लेखक ही कर सकता है।

'तुम्हारी रोशनी में' : सार्थकता की तलाश

डॉ. माधुरी छेड़ा

जीवन की सार्थकता या जीने के लक्ष्य की तलाश...पाश्चात्य समाज इस लक्ष्य की तलाश में उन्मुक्त सेक्स की स्थिति तक पहुँचा और वहाँ से भी वह गहरी ऊब लेकर लौट रहा है। पूर्व में यह तलाश धर्म, दर्शन, अध्यात्म और आदर्शों में की जाती रही है। आज की भारतीय सच्चाई इन परंपरागत विचारों के ठीक विपरीत बिंदु से शुरू होती है, उस छोर पर जहाँ व्यक्ति अधिकाधिक चालाक बनता हुआ व्यावहारिक स्तर पर एक सफल व्यक्ति होने की कोशिशों में, भौतिक संपन्नता की दौड़ में है। इन दो अतियों के बीच मानवीय जीवन का सत्त्व–प्रेम की अति मृदु-अनुभूति, कोमल स्पर्श–वह कहीं छूटा जा रहा है, जो व्यक्ति के मन, भावना व बोध को पावन बनाता है...कलुष से बहुत दूर एक ऐसा अहसास जो व्यक्ति को व्यावहारिकता की हदों से ऊपर उठाये। 'तुम्हारी रोशनी में' में सुवर्णा की भीतरी बेचैनी और छटपटाहट प्यार की इसी प्रतीति तक पहुँचने की है।

जीवन जीने की बाहरी शर्तों के अनुरूप जो कुछ चाहिए, सब कुछ है सुवर्णा के पास। जिंदगी का आधुनिक अप-टू-डेट, आर्थिक संपन्नता से युक्त रख-रखाव, घर, पति, बच्चे। सुवर्णा गृहस्थिन है, पत्नी है, प्रेयसी है, माँ है, फिर भी वह बेचैन है, विकल है, किसी चीज से वंचित होने की असह्य छटपटाहट है उसके भीतर। स्वच्छंदी, स्वावलंबी व नारी स्वातंत्र्य की हिमायती सुवर्णा तर्क और बुद्धिमत्ता के सहारे जीवन सँवारने में विश्वास रखती है। अपने व्यक्तित्व को पूर्णता देने के लिए पति रमेश के अलावा उसके कई पुरुष मित्रों से घनिष्ठ संबंध हैं...लेकिन वह किसी से बँध नहीं पाती। किसी चीज से वंचित होने की असह्य छटपटाहट है उसके भीतर। वह हर पल महसूस करती है कि उसके भीतर जिस चीज़ की चाहत है, वह उसे किसी से मिल नहीं पा रही है। वह कुछ पाना चाहती है, पर क्या, यह वह खुद भी नहीं जानती। जीवन के प्रति उसका अपना एक अलग व खास नज़रिया है और साथ ही जिंदगी को पूरी शिद्दत से जीने की लालसा भी है। सारे मुखौटे, लबादे, बाहरी पहचानें व सीमाएँ दूर रख सुवर्णा विशुद्ध मानवी बनकर जिंदगी को पकड़ना चाहती है। और इस अंदरूनी चाह को पूरा करने की जद्दोजहद में है।

सुवर्णा को रोशनी की जरूरत है जो उसके भीतर की अस्पष्टता को दूर कर सकें, वह अपने-आपको पहचान सके। असल में अपनी पहचान का सृजन तो हम खुद करते हैं किंतु उसे खोजता और पहचानता कोई और है, हमारी मौलिकता पर उँगली कोई और रखता है।

और सुवर्णा अनंत के संपर्क में आती है। अनंत अपनी जद्दोजहद में है पर उसकी भावात्मक तरलता है, यह क्षमता है कि सभ्यता की तहों के नीचे दबी सुवर्णा की फड़फड़ाहट को छू लेता है, उसकी अनबोली बात को पकड़ लेता है। दोनों के दरमियान एक संवाद का सिलसिला शुरू होता है।

समस्या की शुरुआत सुवर्णा की छटपटाहट से होती है और समाधान अनंत के भीतर से उपजता है।

बौद्धिक तर्कों के सहारे व मुक्त स्वच्छंद व्यवहार के सहारे जीने की कोशिशों में व्यस्त सुवर्णा प्रेम की उस अनुभूति को नहीं जानती होती है जो अनंत अपने भीतर सुवर्णा के लिए महसूस करता है। सुवर्णा की मुद्रा प्यार में भी समर्पण के बजाय आह्वान की है। इसीलिए वह एक के बाद दूसरे तक पहुँचकर भी अपने में लौट-लौट आती है। लेकिन अनंत उसे बौद्धिक व तार्किक विचारधारा से उस भावात्मक संसार में ले जाता है जहाँ व्यक्ति देह व मन के बारीक-से-बारीक रेशे-रेशे में होने वाली हलचल, करवट, धीमी-से-धीमी आहट तक पहुँचता है। प्रेम के उस अहसास की प्रतीति जहाँ व्यक्ति खुद को जन्मता हुआ, सृजित होता हुआ महसूस करे। दूसरों का श्रेष्ठ हम तक पहुँचे, हम देवत्व की ऊँचाइयों को छू सकें व अपने-आपको दूसरे के सम्मुख समर्पित, विसर्जित करते रहने में आनंदित रोमांचित हो सकें।

सुवर्णा का जीवन इस तरह एक नये वर्तुल का साक्षात्कार करता है। वह अपने से चलकर अनंत तक पहुँचती है, अनंत की आँच से पिघलती है और अनंत से चलकर वापस अपने तक लौटती है। अनंत सुवर्णा के भीतर छिपी सुवर्णा को खोज उस तक पहुँचता है, जैसे हमारी खोयी हुई चीज़ को कोई और खोज निकाले।

सुवर्णा और अनंत दोनों अपनी-अपनी जगह बंद कली की तरह हैं और एक-दूसरे की रोशनी में धीरे-धीरे खुलते हैं। दोनों के संबंध को किसी रिश्ते के नाम से नहीं पहचाना जा सकता। सुवर्णा रमेश से अलग हो जाती है, फिर भी अनंत से विवाह का निर्णय नहीं करती। अनंत ने भावात्मकता की उस ऊँचाई तक सुवर्णा को पहुँचा दिया है जहाँ पूर्णतः की अनुभूति के लिए भी अपने ही भीतर लौटना जरूरी है :

"अनंत, देखो, मैं कहाँ पहुँच गयी। रेंग-रेंगकर ××× आखिर वहाँ पहुँच ही गयी.. ..जहाँ तुम हो। हाँ...मेरे भीतर उग रहा है कुछ...अब मैं महसूस कर सकती हूँ...हाँ, वही जिसमें तुम्हें डूबते देखती थी...।"

आज स्थापित व्यवस्था में जीने की आदत इतनी अधिक है कि उसके गड़बड़ा जाने की आशंका मात्र भी हमें भयभीत करती है। क्या वाकई यह व्यवस्था हमें सुरक्षित रखती है? इस व्यवस्था के खो जाने के भय की त्रासदी ही ऐसी है कि हम जिंदगी के उन लम्हों को खोते जा रहे हैं जो अलौकिक हैं।

क्या 'तुम्हारी रोशनी में' उपन्यास हमें मात्र प्यार का गहरा अहसास करवाता है? नहीं, यहाँ प्रेम की गहरी अनुभूति में व्यक्ति की क्षमता को भी उद्घाटित किया गया है।

प्यार में व्यक्ति की क्षमता के जन्म की कहानी, क्या इसी क्षमता ने सुवर्णा से अकेले रहने का निर्णय नहीं करवाया? तो इसका मतलब तो यह हुआ कि स्त्री व पुरुष वे एक-दूसरे के अधूरे अंश नहीं हैं। पूर्ण होते जाने की अपनी ही आंतरिक प्रक्रिया के सहयोगी हैं। नर-नारी एक-दूसरे के पूरक हैं...इस पारंपरिक दृष्टिकोण को पीछे छोड़ते हुए यह उपन्यास नारी की गरिमा के अनुरूप एक आधुनिक दृष्टिकोण प्रतिपादित करता दीखता है। सुवर्णा को क्षमता अपने ही भीतर की मिलती है, अनंत केवल उसको अपने प्यार व समर्पण से जाग्रत करता है। वह उसे इतनी सक्षम बनाता है।

'तुम्हारी रोशनी में' उपन्यास भावात्मकता के और सघन होने की तरफ क्रमशः उठता है और एक चीख...आर्तनाद पर फड़फड़ाता रह जाता है। इस तरह उपन्यास में भी कविता की सृष्टि होती है, जिससे हटकर कथा, चरित्र, भाषा आदि पर बात करना सिर्फ समय जाया करना है। 'अनामदास का पोथा', 'वे दिन' की तरह यहाँ भी कविता ही प्रधान है। फर्क सिर्फ यह है कि जहाँ पंडित जी के यहाँ प्रेम-तत्त्व-मीमांसा है, निर्मल वर्मा के यहाँ 'नौस्टेलजिया'...वहाँ गोविंद मिश्र में आज के जीवन की छटपटाहट, बेचैनी है जिस पर यह कविता झूलती दिखती है।

'तुम्हारी रोशनी में' : मध्यवर्गीय चेतना का विकास

चित्तरंजन मिश्र

'लाल-पीली जमीन', 'हुजूर दरबार' एवं अन्य अनेक उपन्यासों तथा कहानी-संग्रहों की विशिष्ट रचना-भूमि के कारण समकालीन हिंदी कथाकारों में अपनी महत्त्वपूर्ण पहचान बनाने में सफल कथाकार, गोविंद मिश्र का नवीनतम उपन्यास 'तुम्हारी रोशनी में' सुवर्णा, रमेश और अनंत जैसे पात्रों के सूक्ष्म मनोविश्लेषण द्वारा वस्तुवादी सभ्यता के इस दौर के खोखलेपन को, तार्किक स्तर पर स्पष्ट करने की कोशिश में लिखा गया है। स्त्री की अस्मिता और उसके अस्तित्व की रक्षा, उसे दूसरे दर्जे की नागरिकता से मुक्त करने की कोशिश हमारे आधुनिकता बोध का एक अहम मसला है। आधुनिकता की दौड़ में सम्मिलित होते हुए भी परंपराओं से मुक्त न हो पाना भारतीय नारी की ऐसी मजबूरी है, जो उसके व्यक्तित्व को निरंतर विभाजित करती रहती है और वह अपने ढंग से अपनी शर्तों पर जीने की लालसा रखते हुए, संकल्प करते हुए भी, अपनी सामाजिक और पारिवारिक परिस्थितियों की अनिवार्य परिणति को स्वीकार कर लेती है।

सुवर्णा का रूप उपन्यास में व्यक्त हुआ है, वह जीवन को पूरी तरह जीने की विकलता के लिए प्रति पल अपने को प्रस्तुत रखने वाली एक ऐसी नारी का जटिल संश्लिष्ट चरित्र है 'जिसमें क्या नहीं है? पढ़ी-लिखी है। खूबसूरत है और खासी तनख्वाह घर लाती है।'...'हिंदुस्तान की औरत होने के कारण वह सब कुछ कर सकती है, पर चाहते हुए भी अकेले नहीं रह सकती है।' अगर (वह) अकेले रह भी सके तो लोग क्या रहने देंगे? ''ममा, हिंदुस्तान की औरतों में कितनी ताकत होती है! वे किसी भी तरह के पति के साथ निबाह कर सकती हैं, उनके लिए प्रेम महसूस किये बगैर उनके साथ सारा जीवन बिता सकती हैं, खराब पति को सुधार सकती हैं, पति को छोड़कर अपने प्रेमी के साथ जा सकती हैं, और प्रेमी से दूर भी रह सकती हैं...मन में प्रेम का दीप जलाये हुए। घर की चहारदीवारी में बंद रहने वाली एकाएक बाहर आ जाती है, काम करने लगती है और अपने अकेले दम पर बच्चों को बड़ा करती है—ममा, मैं अकेले भी तो रह सकती हूँ।...'' अपनी बातों को अत्यंत तार्किकता से प्रस्तुत करने की अभ्यस्त सुवर्णा रमेश से समझौता न कर पाने की स्थिति में अपनी माँ से कहती है, और ''आदमियों का यह समाज...खूबसूरत औरत जैसे जंगल में अकेला घूमता मेमना। किसी-न-किसी का साथ

रहेगा ही। फिर एक दिन तू खूबसूरत नहीं रहेगी, बूढ़ी होगी...उस वक्त कोई नहीं लगा सकता'', चेतावनी देती है उसकी माँ। सारी जिंदगी को अपनी शर्तों पर जीने वाली, सबको अपनी ही जरूरत-भर लिफ्ट देने वाली और 'आई एम नॉट समवन्स पर्सनल प्रॉपर्टी' कहकर सबके साथ अपने अलग-अलग तरह के संबंधों को जस्टीफाई करती रहने वाली सुवर्णा इन तर्कों का उत्तर नहीं दे पाती है और अनंत के साथ होने की कल्पना से राहत का अनुभव करती है।

अनंत भी अरविंद, श्याम मोहन और रवि की तरह उसका प्रेमी है पर उन सबसे अलग। 'अद्वैत सुख दुखयोः' की स्थिति वाला प्रेम, उसका विश्वास है कि अनंत से ही उसे मिल सकता है। यद्यपि अपने पक्ष में उसका सबसे कम इस्तेमाल अनंत ने ही किया क्योंकि उसका प्रेम दूसरों की तरह मात्र शरीर की भूख या कि सिर्फ अपने लिए दूसरे के जीने की विवशता न होकर, भावनाओं को सीमित करने के बदले उदार बनाता है और वह स्वीकार करता है कि 'प्यार एक ऐसा संबंध है जहाँ हम अपनी इच्छा से दूसरे के लिए संपत्ति बनते हैं।' तार्किकता, बौद्धिकता और अपनी उदात्त अवस्था में सारे युग को सारी मनुष्यता को सहारा दे सकता है, यह यदि न मिले तो हम भौतिकतावादी संस्कृति के इस युग के दबावों में पागलपन के ऐसे बिंदु पर पहुँचेंगे जहाँ मनुष्य जैसी आस्थावान चेतन इकाई का अस्तित्व ही संदेहास्पद हो जाएगा और सारी मनुष्यता यांत्रिक सभ्यता के सींखचों में कैद नजर आएगी। सुवर्णा की तार्किकता और अनंत की भावनात्मकता—ये दोनों ही जीवन को संपूर्णता में देखने और परखने के लिए अलग-अलग कारणों से जरूरी हैं। कहना न होगा कि हम या तो एक अति पर होते हैं या दूसरे पर, सोचने का यह अतिवादी सिलसिला जब तक कायम रहेगा हम जीवन को अधूरा ही देखते और समझते रहेंगे।

गोविंद मिश्र हिंदी के उन थोड़े-से तटस्थ लेखकों में हैं, जो सभी तरह के सिद्धांतों में व्याप्त 'यूटोपिया' को अस्वीकार करते हैं और आस्था तथा बड़े मानवीय मूल्य के अभाव में सार्थक और उपयोगी जीवन को असंभव मानते हैं। उपयोगी इस अर्थ में कि हम क्या प्राप्त करते हैं, इससे ज्यादा जरूरी होता है यह सोचना कि हम अपने उस प्राप्तव्य के लिए कितना छोड़ते हैं। शायद इसीलिए सुवर्णा का बुद्धिवादी सोच उसके भीतर एक रिक्तता पैदा करता है, उस रिक्तता को भरने के लिए वह निरंतर नये लोगों के संपर्क को स्वीकार करती है और मानती है : ''यह सच है कि मैं अपने-आपको किसी चीज या व्यक्ति से पूरा नहीं भर पाती। खुद को नहीं भर पाती इसलिए तुम जैसे किसी को पूरा भरता हुआ देखकर ही जी बहला लेती हूँ। यह अहसास सुख देता है....पूरा करने के लिए भागती हूँ, भटकती हूँ...लौटती हूँ। अक्सर इन सबसे डरकर या ऊबकर बैठ जाती हूँ। तुम्हारे साथ सुरक्षित महसूस करती हूँ क्योंकि लगता है, कहीं बँध पा रही हूँ।'' यह बँधना, इस बँधने में सुख का अनुभव करना, सुवर्णा जैसी मुक्तिचेता स्त्री की आत्मिक अनुभूति है। यह बँधना, यह बंधन यदि स्वीकार न हुआ तो समाज और

परिवार की संरचना की आधारभूत कल्पना ही संकट में पड़ी हुई दिखायी देगी। किसी के लिए, किसी मूल्य के लिए, किसी आस्था के लिए अपने को समर्पित किये बगैर हम सिर्फ एक तनाव महसूस कर सकते हैं और उसी तनाव में जीवन भर घुटते रह सकते हैं। यह तनाव सिर्फ अपने लिए जीने की मजबूरी को ही ठीक से जीने के लिए अनिवार्य मानता रहेगा। ऐसी ही घातक स्थिति में अनंत सोचता है : 'अगर यही चलता रहा तो मानव सभ्यता जो दूसरों के लिए कुछ करने की बात से शुरू हुई, क्या जल्दी ही वहाँ नहीं पहुँच जाएगी जहाँ हर आदमी अपने स्वार्थ को चाहता हुआ, स्वयं को बचाने की लगातार कोशिश में हर पल सशंकित, असुरक्षित अपनी गुफा में बैठा रहा करेगा? हर दूसरे व्यक्ति से घबराया हुआ? कहाँ प्रेम में स्वयं को उत्सर्ग करना, कहाँ यह जानते हुए भी आज का आदमी उल्टी दिशा में चला जा रहा है।' प्रेम को एक तकलीफदेह यातना मानकर प्रेम के अभ्यास से मुक्त होते जाने पर सभ्यता का जो खतरनाक दौर प्रारंभ होने जा रहा है, लेखक की चिंता को उससे मुक्ति की चिंता के रूप में स्वीकार करना चाहिए।

सोच की दुनिया में आधुनिकता का विकास सभी तरह की जड़ताओं और विकृतियों के विरुद्ध एक सतत गतिशील चिंतन के रूप में हुआ था, पर आज वही आधुनिकता अपनी गतिशीलता को छोड़कर जड़ता का पर्याय बनने की ओर अग्रसर है। आधुनिकता के एक जड़ और रूढ़ शब्द एवं सोच हो जाने का खतरा दिखायी दे रहा है, ओर यह इतना बड़ा खतरा है जो मनुष्य सभ्यता को प्रेम की भावनात्मक रसमयता से मुक्त करने का षड्यंत्र कर रहा है। इस षड्यंत्र की ओर इशारा करते हुए लेखक सतर्क है कि वह आधुनिकता और परंपरा दोनों की जड़ताओं का तटस्थ विश्लेषण कर सके। परिवार जैसी संस्था में पति और पत्नी के अहं का टकराव और एक-दूसरे के प्रति मन में बढ़ता जा रहा संशय इसी आधुनिकता और परंपरा के टकराव का फल है। 'कोई फर्क नहीं पड़ता अगर वे दोनों अपने-अपने ढंग से जियें...लेकिन फिर कहीं कोई फर्क पड़ने लगता है' जो दोनों को एक-दूसरे से मानसिक स्तर पर, दूर हटाता है। रमेश के मानसिक अंतर्द्वंद्वों का विश्लेषण करते हुए लेखक एक भारतीय पति के चरित्र से साक्षात्कार कराता है जो सब कुछ के बाद भी अपने पति होने के अहं से मुक्त नहीं हो पाता है। वह सुवर्णा को अपने लिए, केवल अपने लिए देखना चाहता है और सुवर्णा अपने सभी दोस्तों में वह चीज खोज रही है जो उसकी रिक्तता को भर सके।

लेखक मानसिक यथार्थ के धरातल से पात्रों का जो रूप उपस्थित करता है, उससे कथानक और घटनात्मकता से लगभग मुक्त होते हुए भी उपन्यास एक निश्चित दिशा में प्रेम और प्रेम की दुनिया में व्याप्त सरलीकृत अंतर्विरोधों से टकराता है और अनेक मनोवैज्ञानिक तथ्यों को सामाजिक परिस्थितियों के संदर्भ में व्याख्यायित करता है। रमेश, सुवर्णा और अनंत के सोचने के अपने-अपने तरीके हैं और उन तरीकों के टकराव से जटिल यथार्थ के जिस तनाव का सृजन होता है वह लेखक की सफलता है। चित्रात्मक, बिंबात्मक भाषा में सर्वत्र एक वानस्पतिकता व्याप्त है जो पाठक को सृजनात्मक भाषा

की शक्ति से परिचित कराती है। सर्वथा नयी जमीन और नये सोच पर आधारित होने के कारण यह उपन्यास पठनीय है और सभी तरह के 'वादों-सोचों' से मुक्त होने के कारण पाठक को अपने ढंग से सोचने की और जड़ होती जा रही आधुनिकता से टकराने की प्रेरणा भी देता है। यह कहा जा सकता है कि जिस समस्या को केंद्र में रखकर यह उपन्यास लिखा गया है, वह आज के समाज की सबसे बड़ी या बहुसंख्यक आबादी की समस्या नहीं है, पर ध्यान देना चाहिए कि बहुसंख्यक मध्यवर्गीय चेतना का विकास इसी दिशा में हो रहा है और यह समस्या अत्यंत निकट भविष्य में बहुसंख्यक समाज की समस्या हो सकती है। इस दिशा में सोच और बहस को आगे बढ़ाने में 'तुम्हारी रोशनी में' उपन्यास के तीव्र, तार्किक, समीक्षात्मक और विश्लेषणपरक चिंतन की महत्त्वपूर्ण भूमिका हो सकती है।

'धीर समीरे' : यात्रा की चरम यात्रा

राजी सेठ

कथ्य की दृष्टि से गोविंद मिश्र के उपन्यास भिन्न-भिन्न भावभूमि पर उतरे हैं, पर इन विभिन्नताओं से भी परे उपन्यास 'धीर समीरे' की भावभूमि है। उसमें उन सारे सरोकारों की चर्चा है जो आज के पदार्थिक संसार की सीमितता के बीच हाशिये की चीज़ मान लिये गये हैं। लेखक ने इन प्रश्नों से जूझने की कोशिश की है जो हमारे भीतर परंपरा की निरंतरता के कारण जागे हुए तो हैं पर उन्हें बाहर ले आना अपने आधुनिक कहलाने की इच्छा के विरुद्ध जाना है।

आरंभ से ही कुछ ऐसा समाँ-सा बँधा है जैसे मंदिर तक आ पहुँचने से पहले ही कानों में घंटियाँ टनटनाने लगती हैं और मंदिर भीतर उतर आता है। उपन्यास का शुरुआती परिवेश ऐसा ही है—कथावाचन, ब्रज-रज, युगल-मूर्ति, रास, कीर्तन और चलना...रुकना, फिर चलना। अध्यायों के शीर्षक भी अष्टछाप कवियों की कवित्त से दिये गये हैं, जो यात्रा के इस मूड को और भी गहरा देते हैं।

शुरू में तो लगता है, यह उपन्यास पहले से भीतर एक सकारात्मक स्थापना या तैयारी माँगता है या भारतीय अस्मिता की भक्ति-बहुल मनस-सत्ता को मानकर चलता है। इस पुस्तक का भावक यदि सगुण-भक्ति की परंपरा में रचा हुआ नहीं है, तो क्या यह पुस्तक अपना सही परिप्रेक्ष्य प्रस्तुत कर सकेगी...पर शीघ्र ही यह भय निर्मूल हो जाता है, क्योंकि पुस्तक परिवेश प्रधान है। परिवेश के हर पड़ाव को अपनी प्रामाणिकता में चित्रित करने के उत्साह से लैस। उसका मुख्य पात्र परिवेश है....एक यात्रा। अपनी भौगोलिक, ऐतिहासिक, स्थानिक सत्ता में प्रामाणिक। यह स्थिति रोचक तो है ही, भारहीन भी।

गतिमयता कथा का स्थायी भाव है। गति में भी खोज आसंग है—बाहरी रूप से किशोर की और भीतरी रूप से जीवन के अर्थों की। अलग-अलग लोग अपने-अपने अर्थों की खोज में प्रवृत्त हैं। खोज का यह प्रसंग निहित रूप से पृष्ठभूमि में परिव्याप्त है।

यात्रा इस उपन्यास का महापात्र है, जिसके पूरे अवयवों को इन 45 दिनों की गत्वरता में उपार्जित किया गया है। कथा की चलायमानता भी यही यात्रा है, जिसमें देश के अलग-अलग भागों से आये लोग जुड़ते हैं, और अपनी स्थिति के संसार से हटकर एक नये अनुभव संसार में अपने को विसर्जित कर देने को उत्सुक दीखते हैं।

मन में बिंब हहराती बहती आती किसी विराट नदी का उभरता है, जिसके किनारे आज तक संस्कृति कें भिन्न-भिन्न प्रकार के असंख्य तत्त्व पनपते आये हैं। ऐसे ही 'जीवन यात्रा' का छोटा-मोटा प्रतिरूप यह यात्रा है, जिसमें कोई एक कारण से है तो कोई किसी दूसरे कारण से। ब्रज यात्रा उद्घोषित रूप से तो धार्मिक यात्रा है पर सब समान मनःधार्मिक उसमें शामिल नहीं हैं। यह स्थिति अनास्था और अधार्मिकता को जाँचने-परखने का एक परिप्रेक्ष्य भी देती है।

इस यात्रा में आ लगने के उद्देश्य अलग-अलग हैं, खोज अलग-अलग। इस गत्वर समुदाय में अपना पिंड छुड़ाने के लिए बंबई के रईस की तीर्थयात्रा में धकेली गयी पत्नी भी है, और बंबई के 'फांफां जीवन को जीने की तैयारी में' राहत बटोरने वाला बिल्डर भी। कुछ लोग तो सिर्फ कष्ट उठाने का मज़ा लेने आये हैं। कुछ पिकनिक के भाव से, कुछ इस जिज्ञासा से कि 'यहाँ क्या है जो खींचता है।' कुछ 'टैंट लाइफ का आनंद लेने', कुछ उत्सुकतावश, कुछ इस यात्रा की आवृत्तियों और परिक्रमाओं में जीवन की धधकती समस्याओं को परे रख पाने का बल पाते आये हैं।

जीवन जैसा बहुरंगा है, वैसी ही है, यह यात्रा। यहाँ भी संसार की वही अशुचिकर जिज्ञासाएँ हैं, वैसे ही असमर्पित उद्देश्य, अनिष्ठावान युवा-युवतियाँ, पलायन, उच्छिष्टता, सांसारिक झगड़े-टंटे। इस सांसारिकता को भी अपनी विराट समावेशिता में खींचती चलती है ब्रज-यात्रा, यानी कि उपन्यास की गतिमार स्थानिकता।

कथा के केन्द्र में सुनंदा है...एक टीचर, जो अपने खोये हुए बेटे की खोज के निमित्त इस यात्रा में है। इस खोज का कारण उसकी पिछली यात्रा से नत्थी है, जहाँ वह नंदन नाम के व्यक्ति से मिली थी। तब उसे नंदन मिला था, अब किशोर के मिलने की आशा है। खोज का संदर्भ वैसे भी उपन्यास की पूरी पृष्ठभूमि में अपना पूरा विस्तार पा लेता है, अपनी-अपनी खोज, चाहे यह उपलब्धि अलग-अलग दिशाओं और व्यक्तियों से जुड़-जुड़कर हुई हो।

कथा यों भी विच्छिन्न है। अलग-अलग पात्रों को अलग-अलग जगह पर छूती हुई। यह विच्छिन्नता या अकेंद्रीयता उपन्यास के मौलिक परिरूप का ही एक हिस्सा है। निरंतरता और विच्छिन्नता इन दो धुरियों पर कथा का सारा टिकाव है। प्रभाव की सिद्धि भी इन दो अभिप्रायों के बीच हुई है। यात्रा मुख्य है, निरंतर है। प्रभावी है। रच-बसकर लिखी गयी है। स्थल और संदर्भ के छोटे से छोटे विस्तारों को स्पर्शती हुई। उसे ऐतिहासिक, स्थानिक प्रामाणिकता देकर, पूरे वैभव और रचनात्मक ऐश्वर्य से कमाया गया है। कहीं-कहीं तो कथावाचक के पूरे-पूरे कथा-विवरणों का सहारा लिया गया है। उनकी पुरातन पारंपरिक शैली को ज्यों का त्यों बयान का हिस्सा बनाया गया है...वही शब्दावलि, वही लय, उसी संदर्भ और अर्थ-सांकेतिकता से टकराती हुई....। गली-चौराहों का सँकरापन और उससे नत्थी अनुभव तक विवरण का कथ्य बने हैं। इन चित्रणों से परिवेश का भाग होने की अनुभूति पाठक के मन में गहरा जाती है। पात्रों का एक बड़ा

समुदाय है। वे आते-जाते हैं..यात्रा से जुड़ते हैं, बिछलते हैं...कोई बीच में शुरू करता है ...कोई शुरू से बीच में आता है। इस प्रक्रिया से पात्रानुशीलन का सौष्ठव बिखरा है। यात्रा प्रमुख बनी है...पात्र गौण हो गये हैं।

कथा यों भी अलग-अलग समय पर अलग-अलग पात्रों से जुड़ी है, इसलिए उपन्यास का प्रभाव पात्रों से अधिक यात्रा... परिवेश के सातत्य में से हाथ लगता है। जो मुख्य पात्र हैं, उनके जैसे अनेकों पात्र हैं जिनकी जीवन-स्थितियों का आगे-पीछे बयान है। जिस क्रम में वह फोकस में आते हैं, छिटक भी जाते हैं। उनका स्थान दूसरे पात्र लेते हैं। इस क्रम के रहते किसी केंद्रीय कथा-अभिप्राय का जम कर विस्तार नहीं हो पाता। यात्रा की निरंतरता और गत्वरता ही प्रमुख बनी रहती है, चाहे यात्रा की भावना से एकरस तो एक भी पात्र नहीं है, इसीलिए यात्रा में निहित आस्था की भाव-सत्ता को गहरा बल नहीं मिल पाया। 'चलते चलो...चलते चलो...पैर चलने से इनकार करते हों फिर भी चले चलो।'

लगता है, लेखक के मन में इस विपुल जन-समूह वाली यात्रा के बारे में एक दुर्दम आकर्षण है...यात्रा परिवेश को पकड़ पाने की अदम्य ललक, शायद इसीलिए पात्रानुशीलन की सघनता बिछल गयी है। जिस तीन-चार पात्रों पर कथा का आधार है, वह भी इस प्रवृत्ति की चपेट में आये हैं। उनका आत्मप्रत्यय उस दूरी तक नहीं जा सका कि परिवेश और पात्र में संतुलन और सौष्ठव पैदा करे जबकि पार्श्व के चरित्र छोटे धरातल पर भी अपना एकान्वित प्रभाव छोड़ते हैं। जैसे ब्राह्मणी, गंगाधर बाबू और मंजुला बेन। गंगाधर बाबू और मंजुला बेन के बीच का किंचित, मानवीय पर नाजुक स्पर्श भी मार्मिक है। धूल को 'रज' कहने और थकान को 'अनास्था' का प्रतीक मानने वाले गंगाधर बाबू का आत्म-प्रत्यय मुख्य पात्रों की मानसिकता की तुलना में कहीं ज्यादा ओजस्वी है। यह बात मुख्य पात्रों की स्थिति पर अपने-आप में एक टिप्पणी है। प्रभाव की विच्छिन्नता इन्हीं तीन-चार मुख्य पात्रों की नियति और स्थिति से आयी है।

नंदन सुनंदा का पति है...लेखक है...लेखक होने की इच्छा से आक्रांत है। उसके माध्यम से लेखकीय जीवन की बहुत-सी भीतरी-बाहरी समस्याओं की ओर गोविंद मिश्र ने ध्यान दिलाया है, पर वह घटनाएँ—कम-से-कम आधी तो सूचित हैं, घटित नहीं। जहाँ वह घटित भी है, केंद्रीय अभिप्राय का विस्तार नहीं है। उनकी महत्ता कथा में उतनी है जितना वह नंदन की गतिविधियों का नियमन करती है। यह नियमन तो कोई भी परिस्थिति होती तो करती, पर लेखकीय संसार के बहुत सक्रिय पहलू एक जगह पर, इतने थोड़े स्पेस से संगठित होकर अपने अभिप्राय से अलग एक पूरी सत्ता के पैदा होने की संतुलनात्मक डगमगाहट उपजाते हैं। और दो विजातीय पहलुओं के अलग-अलग बने होने की दूरी पैदा करते हैं।

फिर भी नंदन जैसे पात्र को लेकर यह मुख्य कठिनाई नहीं है...दूसरी है। वह अपनी सत्ता में एक विच्छिन्न जैसी इकाई है। न वह यात्री लगता है, न व्यवसायी पिता

का पुत्र, न ही लेखक। तीनों प्रसंग-बिंदुओं से उसका अलगाव प्रखर है, इसलिए उसकी स्थिति और नियति का प्रश्न उपन्यास के संघर्ष और प्रभाव का केंद्रीय प्रश्न नहीं बन पाता। एक लेखक की तरह उसके मनोभाव का परिचय उपन्यासकार द्वारा ही अंगभीर ढंग से हुआ है। विवरण के स्तर पर यह सारी बातें आयी जरूर हैं पर वह स्वयं उद्देश्य-निष्ठा-रहित दिखता है, अतः उसके लेखक होने की कठिनाइयों के प्रति सहानुभूति का प्रसार पाठक के मन में नहीं होता। कोई भी विशिष्टता उसमें व्यक्तिगत जैसी नहीं लगती। उपन्यास में अपने से जुड़े तीनों संदर्भ-बिंदुओं (लेखक, पति, पुत्र) में से हर जगह वह बेपहचाना, बेगाना है। अंततः उसकी नियति भीख माँगती-सी, खुले आम नकारी-सी, उसके रहे-सहे आत्मभाव को भी ध्वस्त कर देती है। वह उपन्यास का उपेक्षित पात्र ही बना रहता है। करुणा उपज पाये, यह भी नहीं हो पाया।

सुनंदा के चरित्र ने किसी दूसरी तरह से इस विच्छृंखलता में योगदान दिया है। एक आस्थाप्रवण यात्रा ने वह एक प्रश्न प्रमुख निरासक्ति के ढुलमुल बोझ को भीतर धारण किये है। वह परेशान है...आक्रमणीय है....डाँवाडोल है। नंदन उसके जीवन से जाता है, सत्येंद्र आता है। वह उदासीन है। उसकी अलिप्त मनःवस्था शायद लेखक को मान्य है, क्योंकि वह उस विरसता (जिसकी सुनंदा शिकार है) के मूड को गहरा करती है। चीज़ें उस पर घट रही हैं, उस घटने में वह सक्रिय-सी नहीं है, अनास्था में है।

इसका यह अर्थ नहीं कि इस यात्रा को एक आस्थावान यात्रा ही होना था। उस यात्रा का महत्त्व तो छिछले गहरे लोगों को भीतर समा पाने का ही है, पर सुनंदा उपन्यास के कारक पात्रों में से एक है। अतः उस पर घटती बातें उपन्यास के फलक का निर्माण करती हैं।

किशोर के अभाव की यातना यदि और गहरे अभावात्मक शून्य की सृष्टि कर पाती तो कथा को एक सार्थक परिप्रेक्ष्य मिलता, क्योंकि किशोर यात्रा में खोज का कारण और आधार दोनों है। उपन्यास के शुरू में जो व्यथा सुनंदा के साथ गहरे जोड़ती है, उसकी अभिव्यक्ति क्रमशः विरल होती जाती है। सुनंदा की विरस अलिप्तता और सब बातों की तरह इसे भी दबोचती जाती है। कथा में—भीतरी भी और बाहरी भी—दोनों प्रकारों की खोज का आधार अपने में अवस्थित होने के बावजूद वह एक विरस नारी-मूर्ति का आभास देती रहती है।

सत्येंद्र का चरित्र शुरू में जो अपेक्षाएँ जगाता है वह उत्तरार्द्ध में तेज़ी से खंडित होने लगती है। वह जिन माध्यमों, कुटिलताओं और कुचक्रों में उलझता है, वह सुनंदा के साथ बनते-बनते पुल को ही नहीं, उपन्यास में सातत्य और विस्तार के पहले पाज़िटिव आधार को भी धमकाने लगता है। उपन्यास के उत्तरार्द्ध में ही सत्येंद्र को उपन्यास के अंतिम शुचिता-बोध को स्पर्श करना है और वहीं वह प्रखर तरह से कुटिल और चालबाज है। यह सब-कुछ इतना पास-पास, इतनी विकट तेजी से, एक-दूसरे की आहटों के अतिक्रमण के बीच हुआ है कि प्रभाव की निर्मलता निःसत्व हो गयी है। अंत तक

आयी वे सब बातें एक कृति का अंत लगती हैं...चरित्र के रास्ता पा जाने का वास्तविक परितोष नहीं। जिन कुछ मुद्दों को उसने अंत में स्पर्श करने की कोशिश की है...सुनंदा के माध्यम से एक अच्छे व्यक्ति के प्रति प्रेम-आदर का भीतर बहते रहना, या परंपरा के माध्यम का चुनाव या लयमय प्रकृति का बोध या धन उपार्जन में अनुशासन बोध उनके बारे में भी लगता है कि उसे अभी और तपने की जरूरत है।

शैलजा तो आज की आधुनिक युवती का प्रतिनिधित्व करती है और उन अधबने चरित्रमूर्तियों का दर्शन बनती है, जो समाज में बहुतायत में हैं। उसका चरित्र उत्तरार्द्ध में महत्त्व पाता है...भावात्मक आश्रय बनता है, पर इस क्रम में वह कुछ अधबनी है। उसका अवतरण—एक जिज्ञासा के आधार के रूप में है। आधुनिकता के सरसरे सतहीपन के समक्ष उसकी एक विरोधी रूप में उतरने जैसी स्थिति है। यह एक संभावनाशील स्थिति है पर यात्रा में निष्पन्न भाव-बोध को झेलने के लिए वह भी एक तैयार पात्र नहीं कही जाएगी। यही अनुभूति सत्येंद्र को लेकर भी मन में उठती है। यात्रा को बीच में रखकर जिस भक्ति-बहुल मनोभूमि को पृष्ठपटल में रखा गया है, वहाँ एक जरूरी अपेक्षा मन में बनी रहती है कि यात्रा की पूर्णता अनुभव की पूर्णता बनेगी, पर पूर्णता का भावाश्रयी कोई पात्र नहीं बन पाता, जबकि अपेक्षा बनी रहती है कि कोई-न-कोई पात्र इस संभावित आश्रय की तरह बीच में बना रहेगा। सुनंदा, नंदन छिटक जाते हैं। शैलजा, सत्येंद्र तैयार नहीं हैं। राम प्रसाद, ब्राह्मणी, गंगाधर अपने आत्मप्रत्यय के कारण स्मरणीय पात्र हैं, पर केंद्र में नहीं हैं। समरस लयात्मकता में शमित होने की बजाय बहुत-सी विसंगत चीज़ें एकदम तेज़ी से, एक साथ समाप्ति की ओर बढ़ती हैं। सुनंदा अधिक आक्रामक, नंदन अधिक दयनीय, सत्येंद्र अधिक कुटिल, ब्राह्मणी समाप्त (जो यात्रा का एक आत्मिक-अविच्छिन्न भाग है), शैलजा आपूर्त है, एक ऐसी भाव-संपदा से, जिसके लिए उसका चोला ओछा है।

पात्रों के बीच में से होकर भावात्मक निष्पत्ति हाथ नहीं लगती। यात्रा परिवेश ही सतत जीवंत बना रहता है। उपन्यास का असली पात्र लगती है—यात्रा। असल में वही प्रमुख है, उसकी फलप्राप्ति का भाव-बोध नहीं। उसका भीतरी रचना परिवेश इतना प्रामाणिक है कि लगता है, एक यात्रा हममें से होकर गुजर रही है और इस बहाने परंपरा में अपना माध्यम तलाश करने का दबाव पैदा कर रही है। नहीं तो पात्रों की परिकल्पना में तो (मुख्य पात्रों के अतिरिक्त भी) जमनालाल पूरा बनिया है, सत्येंद्र पूरा वकील, सुनंदा टीचर-सी, रघु बौद्धिक जैसे। यह सब चरित्र अपनी अवधारणात्मक स्थिति से जरा भी आगे-पीछे नहीं जाते।

इस यात्रा के माध्यम से कुछ और जरूरी बातें सामने आ सकी हैं—आधुनिकता के, धर्म के भीतरी और बाहरी रूप का, दुःख और ईश्वर...जीवन की निरंतरता और विराटता की चिंता...समय की चक्रिक अवधारणा और उसका यात्रा से संबंध। यह प्रसंग अपने विवरण और संदर्भ में गहरे गये हैं।

ब्राह्मणी की निराशक्ति एक अजीब तरह से बेमेल दांपत्य की समाधानवादिता प्रस्तुत करती है। किस तरह इस प्रकार की निर्लिप्त के सहारे भारत में दांपत्य कोर्ट-कचहरी से बचता आया है। यह बात किसी मूल्य-स्थापना की तरह न कही जाकर, संस्कृति में जमे एक मूल्य की तरह कही जा रही है।

एक और उपलब्धि है राधा-भाव की व्याख्या, जो "शंकालु के मन में टिकती नहीं। वह भाव का ही नाम है। इसलिए चिरंतन है...ये मूर्तियाँ, यह विग्रह कुछ नहीं है...केवल भाव की सृष्टि हेतु है...जो दृश्य है—वह सब कुछ नहीं, जो अदृश्य है, वही सचमुच है—रहेगा...भाव।" शैलजा यदि निर्विवाद आस्था—सत्ता और अपनी आधुनिकता—इन दो छोरों के बीच एक पीड़क जिज्ञासा और बेचैनी का पूरा भार वहन कर पाती तो यह प्रभाव-विस्तार पाता।

'हुजूर दरबार' जैसी रचना जहाँ सत्ता स्थानांतरण जैसी स्थूल समस्या है वहाँ गोविंद मिश्र इस उत्कटता और फैशन के द्वारा रचना को कमा ले गये हैं। पीड़ा का दैन्य करुणा की उत्कृष्टता में शमित हो पाया है पर अधिक हार्दिक कथ्य में यदि पिछले दो उपन्यासों में प्रभाव की पकड़ ढीली हुई है तो उत्कटता के पतलेपन और पात्रों में आत्मप्रत्यय की कमी के कारण।

इस उपन्यास में पात्रों से अधिक यात्रा ने छुआ है। वही एक अस्तित्व बनकर मन में उतरी है। जिस रूप में वह लेखक के मन में उतरी होगी, उसी रूप में पाठक के मन में भी सीधी संचरित हुई है—'अनंत यह यात्रा।'

'धीर समीरे' : ब्रजयात्रा या कि जीवनयात्रा

नंदकिशोर मित्तल

उपन्यास 'धीर समीरे' न केवल आज के अधिकांश उपन्यासों से अलग तरह का है, बल्कि गोविंद मिश्र के उपन्यास 'लाल-पीली जमीन', 'हुजूर दरबार' और 'तुम्हारी रोशनी में' से इसकी पृष्ठभूमि भिन्न तरह की है। यह पृष्ठभूमि का अलग तरह का होना ही इसे एक महत्त्वपूर्ण उपन्यास बना देती है। 'धीर समीरे' की पृष्ठभूमि है ब्रज चौरासी कोस की परिक्रमा। इस एक महीना और दस दिन (सितंबर से अक्टूबर) में हमारे देश के जगह-जगह से आये करीब चार-छः हजार यात्री शामिल होते हैं। यह यात्रा ऐसा लोक-यथार्थ है, जहाँ एक स्थान पर हर रोज करीब पाँच हजार आदमियों की तंबुओं की एक बस्ती बसती है और दूसरे दिन भोर होते-होते उखड़ जाती है। यात्री आगे के मुकाम के लिए रवाना हो जाते हैं। जहाँ ऐसी ही तंबुओं की बस्ती (पहले से ही बनायी हुई) यात्रियों के स्वागत के लिए तैयार है।

यात्रा में जो भी आते हैं, न केवल अलग-अलग प्रांतों से, अलग-अलग भाषाएँ बोलने वाले होते हैं, किंतु उनका धंधा, पेशा और व्यापार भी अलग-अलग होता है। ये लोग प्रांतीय भाषायी माहौल, विभिन्न आर्थिक स्तरों की हैसियत और आग्रह, एवं अपने-अपने धंधे और पेशे की थोपी हुई या लादी हुई मानसिकता को पीछे छोड़ आते हैं। वे केवल आदमी रह जाते हैं।

यात्रा के दौरान उन्हें आपसी सहयोग की जीवन-शैली अपनानी पड़ती है, जहाँ अन्य तरह के ऊपरी या बाहरी दबाव नहीं के बराबर होते हैं। ऐसे में चरित्रों के क्रिया-कलाप और विकास आंतरिकता से प्रेरित होते हैं। पहले उनके मुँह, जुड़े या नत्थी थे, अपने-अपने धंधों की, सामाजिक स्तरों और सोच या वैचारिकता की नकेल या लगाम से, जिनसे वे यहाँ मुक्त हैं। इसलिए यात्रा की इस भावभूमि में, इस उपन्यास के चरित्र उभरते हैं, अपने सहज नैसर्गिक स्वरूप में।

इस उपन्यास में सुनंदा और सत्यंद्र के प्रमुख पात्र ही नहीं, बीसियों अन्य छोटे-बड़े महत्त्वपूर्ण पात्र हैं। उनको यात्रा के घटनाक्रम में इस उपन्यास ने किलों-महलों-मकबरों की भूतिहा भव्यता नहीं, एक अनुभूतिजन्य अनुपमता दी है, जो अपने-अपने परिवश में उपन्यास की सजीव जैविक इकाई के कई महत्त्वपूर्ण अंग या अवयव लगने लगते हैं।

'धीर समीरे' की पृष्ठभूमि ब्रजयात्रा होते हुए भी, यह किसी भी धार्मिक-आस्था से नहीं जुड़ा है। यह किसी विशेष प्रकार की आस्था का पक्षधर भी नहीं है। न ही इसके पात्र किसी सोच या वैचारिकता की चाबी से हिलने-डुलने वाले कठपुतले हैं। इसलिए इस उपन्यास का घटनाक्रम आरोपित ढांचे से मुक्त है। अक्सर इन आरोपित ढाँचोंवाले उपन्यासों में किसी एक प्रकार की वैचारिकता की साँचे-बंद शब्दावलियों का प्रयोग होता है। यह साँचेबंद शब्दावली मानवीय अनुभूति के निस्सीम आयामों और अतल गहनता को अपने दायरे में संकुचित, और अधिक संकुचित बनाती है, जबकि स्तरीय उपन्यास मानवीय आयामों की अनछुई आंतरिकता से हमारा साक्षात् कराता है, अतल गहनता के अबूझ तलों को हमें महसूस कराता है। इस आंतरिकता की थाह पाने और गहराइयों को नापने मापने के लिए लेखक ने इसमें ऐसी भाषा का प्रयोग किया है, जो मनुष्य की बाहरी सतहों को भेदकर उसके आत्मीय स्पंदन से हमारी पहचान कराती है। थाह या गहराइयाँ, मानवीय आयाम के विस्तार और भी आगे, और भी आगे, कई हैं, ऐसा अहसास यह उपन्यास अपने चरित्रों के जरिये अंत तक कराता रहता है। अंत में तो यह अहसास—कई जिज्ञासाओं के रूप में पाठकों के मन में घुमड़ता रहता है।

यह बात मैं इसलिए कह रहा हूँ कि इस उपन्यास के अधिकांश चरित्रों को मैं उस समय के पहले से ही जानता हूँ, जब गोविंद के मानस में इस उपन्यास का संसार जनम ले रहा था, आकार ग्रहण कर रहा था। क्योंकि इस ब्रजयात्रा के हम दोनों सहयात्री थे। ऊपरी तौर से अपने-अपने परिवेश से जुड़े, इन स्त्री-पुरुषों में से कई से मैं मिला हूँ। मुझे वे, जीवन में अक्सर मिल जानेवाले आम लोग लगे; किंतु उन्हीं व्यक्तियों के बाह्य और आंतरिक जगत का अवगाहन कर गोविंद ने उन्हें वह दिव्यता दी है कि, इस उपन्यास के पढ़ने के बाद, मुझे वे धरती पर विचरने वाले निश्छल देवता लगे, जो धरती पर अवतरित होने के बाद जगत के सुख-दुःखों से प्रभावित हुए बिना नहीं रह सकते, सागर की ऊपरी सतह की हलचल या लहरों का अंतहीन सिलसिला बने बिना नहीं रह सकते, जो अपने अंतराल में कई अबूझ गहराइयाँ और रहस्य छुपाये हैं। उसी अंतराल के चेतन, अर्धचेतन और अवचेतन की गहराइयों की थाह लगा, उनकी आत्म ही सच्चाई को, उनके आत्म-कथ्यों को लेखक ने लोगों तक पहुँचाया है, इस तरह उसने एक अनोखे संदेशवाहक का काम किया। ठीक वैसे ही जैसे टालस्टाय के साहित्य ने उसके आंतरिक-संदेश को दूरदराज देशों के लोगों तक ही नहीं, गांधी ऐसे विशिष्ट व्यक्तियों तक पहुँचाया।

मिसाल के तौर पर इस उपन्यास की मौसी, जिन्हें मैं करीब चालीस साल से जानता हूँ, वे मेरी धर्म माँ हैं (चूँकि उनके पति का दाह-संस्कार मैंने ही किया था। उसके बाद से वे अकेली ही वृंदावन रहती हैं। वे आज 75 से ऊपर हैं। पर वहाँ जानेवाली की बन आयी, वैसी सेवा करती हैं।) अपने ब्रज-प्रवास के दौरान, मैं और गोविंद उनके घर ही रुके थे। ब्रज भ्रमण के समय वही हमारा स्थायी मुकाम था। हमारी नायिका सुनंदा

भी उपन्यास के अंतिम चरण में इसी जगह ठहरती है और उसकी उपस्थिति मौसी के घर का हूबहू वर्णन करने का अवसर लेखक को देती है, मौसी (यानी मेरी माँ) को उनके पूरे परिप्रेक्ष्य में लेखक ने चित्रित किया है। इस तरह मौसी के आत्म-जगत के जिस सत्य का दर्शन इस उपन्यास ने कराया है, वह मैं चालीस सालों में भी नहीं कर पाया। मौसी को उसकी समूची संपूर्णता में प्रस्तुत करने के लिए, लेखक ने उसके दो पात्र रचे हैं—एक मौसी, दूसरा है, वैष्णवी माँ। लोगों को आत्मीय-स्तर पर जोड़ना ही उपन्यास की सही भूमिका है।

यूँ तो ऊपर से दिखने में 'क्राइम एंड पनिशमेंट' का नायक रेंसिक्लोबो एक हत्यारा है, पर इस हत्यारे के अपराध-बोध के जितने पहलू संभव थे, उतनों के आत्मीय दर्शन कराके ही दोस्तोयवस्की, दोस्तोयवस्की हो सका। आखिर 'त्याग-पत्र' की मृणाल क्या है? परिस्थितियाँ उसे निम्न से निम्न स्तर के लोगों को स्वीकार करने पर विवश करती हैं, और पहुँचा देती हैं, एक घटिया दर्जे के चकले में। पर इसी मृणाल की आत्मा के उस परम तत्त्व के ऐसे दर्शन हमें जैनेंद्र कराता है कि देवत्व की दिव्यता भी उसके सामने ओजहीन प्रतीत होने लगे और लगने लगे कि—संसार में ऐसा कोई जज नहीं, न ऐसी कोई वैचारिकता या और कुछ, जो इन पात्रों पर जजमेंट दे सके। पात्रों की आंतरिक गहराइयों के तल और उसके अँधियारे कोणों की छानबीन ही उपन्यास को उसका महत्त्व और अस्मिता देते हैं। टालस्टाय ने यह छानबीन पहले स्वयं की ही की है। उनके आत्मकथात्मक उपन्यासों 'बचपन', 'कैशोर्य' और 'जवानी' में उन्होंने पहले-पहल अपनी आंतरिकता को ही समझने-बूझने का प्रयास किया। और ये तीन उपन्यास ही उनकी पहली मास्टरपीस रचनाएँ गिनी जाती हैं। प्रसिद्ध रूसी आलोचक चेर्नीशेवस्की ने टालस्टाय की अभिव्यंजना की शक्ति को रेखांकित करते हुए, इन तीन उपन्यासों के महत्त्व को आँकते हुए लिखा था : "जिसने स्वयं अपने आंतरिक-आत्म को नहीं समझा, वह दूसरों को भी गहराई से नहीं समझ सकता।" यही वह केंद्रबिंदु है, जिससे 'वार एंड पीस' जैसे पचासों पात्रों और फैले हुए बृहत पृष्ठभूमि वाले उपन्यास की रचना संभव हो सकी, उपन्यास के चरित्रों के आपसी संबंधों और क्रियाकलाप को एक नैसर्गिक तानेबाने में बुन सकी।

'धीर समीरे' की औपन्यासिकता में उतरने और उसके ताने-बाने की ठीक से छानबीन के पहले इन बातों की विवेचना और इन्हें समझ लेना जरूरी था। इस उपन्यास की नायिका सुनंदा, यूँ तो ऊपर से दिखने में हमारे समाज की एक स्कूल-टीचर है, जिसका चार-पाँच साल का नन्हा-मुन्ना किशोर खो गया है। केवल लेखक बनने की आकांक्षा रखने वाला उसका बेकार पति नंदन उसे (सुनंदा को) इसलिए छोड़कर चला जाता है, क्योंकि किशोर के जन्म के बाद खर्च बढ़ जाने की वजह से सुनंदा ने उसे छोटा-मोटा काम ढूँढ़ लेने का आग्रह किया था। वह इस यात्रा में आयी है, किशोर को ढूँढ़ने, पाँच-छः साल पहले भी आयी थी, अपनी माँ को यात्रा कराने (किशोर के खो जाने

या अपहरण के बाद उसकी माँ गम में चल बसी।) इसी पहली यात्रा के दौरान उसे मिला था नंदन, जो उसकी माँ को भा गया था। सुनंदा ने न तो कभी नंदन के विगत को जानने की कोशिश की थी, न ही आज उसे नंदन के वर्तमान का पता है कि वह क्या करता है और कहाँ है!

किंतु खोये हुए किशोर को पा लेना या ढूँढ़ लेना, सुनंदा के आंतरिक-स्व का राग-अनुरागमय आवेग है। वही उसे दूसरी बार इस यात्रा में लाया है, पर वह यह नहीं जानती कि किशोर उसे इस यात्रा में क्योंकर मिलेगा? न उसके पास इस खोज के लिए कोई साधन है, न संकेत, न किसी तरह की सूचना या सुराग। पर उसके आंतरिक-स्व का आवेग ही उसकी शक्ति और कर्म का स्रोत है। उस पर हमले क्यों होते हैं, उसे पता नहीं। क्यों उसे कोई खत्म कर देने या अपहरण करने पर उतारू है, इसका सुनंदा के पास न तो कोई संगत उत्तर है, न ही कोई प्रत्यक्ष कारण। लेकिन यह लेखक का रचना कौशल ही है कि वह अपने उपन्यास की नायिका सुनंदा की अस्मिता के माध्यम से उन सारी समस्याओं की गहराइयों तक गया है, जो औरत को चारों ओर से जकड़े है, जो हमारी घिनौनी मान्यताओं और पुरुषप्रभुतावाली समाज शास्त्रीयता की देन है, जो औरत को वह हक भी देने के लिए तैयार नहीं है, या उन्हें स्वीकार करने तक के लिए तैयार नहीं है, जो उसे परंपरा और कानून ने दिये हैं। पर सुनंदा का मानुषी होने का अस्तित्व ही उसका आत्म-बोध है। सुनंदा अपने-आपके अलावा किसी अन्य पर निर्भर नहीं। उसकी यह आत्म-निर्भरता तब से ही है, जब से उसने होश सँभाला। अपने बीमार पिता की देखभाल उसी ने की थी और माँ अंतिम दिन तक उसी पर आश्रित थी, पर उसकी यह आत्मनिर्भरता किशोर को उसके अपहरण से नहीं बचा सकी, न ही सुनंदा पर होनेवाले हमलों से उसे बचा सकती है क्योंकि सुनंदा को पता नहीं कि उस पर ये हमले क्यों होते हैं और कौन करता है। हमारे सामाजिक वातावरण में जो क्रूरताएँ और वंचनाएँ छुपी हैं, उनके हमलों से अक्सर निर्दोष व्यक्ति बेखबर ही रहता है और अनजाने ही अचानक उनसे घिर जाता है, क्योंकि इन क्रूरताओं और वंचनाओं के केंद्र दूसरी जगह होते हैं।

इस यात्रा में उसे भाड़े के गुंडों से घिर जाने पर बचाता है, सत्येंद्र, जो वकील है, पूरी तरह वकील। यही वकीली चतुराई, काइयाँपन, हर वस्तु को शंका की दृष्टि से देखना, घटनाओं के कार्य-कारण और हेतु जानने की जिज्ञासा सत्येंद्र को पहुँचा देती है, उस मूल स्थान या केंद्र पर, जहाँ से सुनंदा पर होने वाले हमले संचालित होते हैं, यानी सुनंदा के पति नंदन के पिता के यहाँ। वहीं अनाथों की तरह एक कैदी जैसे पल रहा है, सुनंदा का किशोर। वहाँ भी सत्येंद्र सुनंदा के व्यवसायी ससुर जमनालाल चौबे को मामले की गंभीरता, उसकी ऊँच-नीच समझाकर अपना मेहनताना या फीस तय करने से नहीं चूकता। सब कुछ तय कर चुकने के बाद भी, जब वह सुनंदा से मिलता है, तो उसकी निश्छलता के आगे, सत्येंद्र का वकीलीपन हार जाता है, और वह सुनंदा को वता

देता है कि "देखो, तुम्हारा बच्चा मथुरा में है, (तंबुओं के) ठेकेदार जमनालाल चौबे के यहाँ...एक महराजिन उसे पाल रही है।"

सत्येंद्र ने यह सब सुनंदा को कैसे बता दिया? उसका वकीली चातुर्य सहज मानवीय निश्छलता से क्यों हार क्या? परंतु उपन्यास में यह सब कुछ इस तरह से घटित होता है कि सत्येंद्र का सुनंदा को किशोर के बारे में पूरी जानकारी दे देना, सहज ही नहीं, स्वाभाविक भी लगता है। जीवन में व्यक्ति के इर्द-गिर्द बहुत कुछ ऐसा घटित होता है, जो कभी-कभी व्यक्ति को अप्रत्याशित रूप से बदल देता है। बाहर के जगत में घटित होनेवाली घटनाएँ व्यक्ति की आंतरिकता को किस तरह एक पल में बदल देती हैं, इसका बड़े रचाव और मार्मिकता से लेखक ने वर्णन किया है—"सत्येंद्र को लगा कि यही क्षण है, इसे पकड़ो। यह क्षण हाथ से गया, तो पता नहीं फिर क्या हो जाए...जैसे अभी-अभी उसने कोई विलक्षण चीज देखी थी....अगर वह उसे फौरन ही सुनंदा को नहीं दिखा देगा—तो वह चीज कपूर की तरह उड़ जाएगी..."

यूँ सत्येंद्र पूरी तरह बता देता है किशोर का अता-पता, और सुनंदा इस तरह पहुँच जाती है, जमनादास (सुनंदा का ससुर, जिसे उसने इससे पहले कभी नहीं देखा) के घर। जब सुनंदा अपने किशोर को लेकर जाने को होती है, तो जमनादास कहता है : "छोकरी, रख दे लड़के को...अगर अपनी खैरियत चाहती है। तू है कौन?... क्या बच्चों के उड़ाने का धंधा करती है? मैं अभी पुलिस को बुलाता हूँ।" सुनंदा का सीधा जवाब था : "आप क्या बुलायेंगे? मैं खुद पुलिस लेकर आयी हूँ। धंधा तो आप करते हैं, तंबुओं का धंधा, उसी तरह बेटे-बहू बेचने का धंधा...अपनी बहू बेच रहे थे....कहाँ ले जायेंगे इतना पैसा। हटिए...आपकी जमीन-जायदाद मेरे लिए धूल है। मुझे कुछ नहीं चाहिए सिवा अपने बच्चे के....आप क्या, सारी दुनिया मुझसे इसे नहीं छीन सकती....।"

सुनंदा किशोर को लेकर नीच उतरने को है, वहाँ उसे मिलता है नंदन। नंदन (सुनंदा का पति) उसके सामने गिड़गिड़ाता है : "मुझे साथ ले चलो सुनंदा, मैं इस कैद से छुट्टी चाहता हूँ....मैं वहाँ तुम्हारी देखभाल करूँगा।" सुनंदा का उत्तर था : "जो अपनी देखभाल नहीं कर सकता, जो खुद नहीं चल सकता, वह दूसरों का सहारा क्या बनेगा, तुम इसी लायक हो कि तुम्हारा बाप तुम्हें कुमढ़े की तरह बेच आये... पति नामे के छाते की मुझे जरूरत नहीं....अब...हटो...."

किंतु यह उपन्यास का अंत नहीं है, क्योंकि जीवन हार-जीत का खेल नहीं। केवल जीत का उत्सव नहीं। सतत जीत की चाहत प्रायः विजय-उन्माद की क्रूरता में पलट जाती है। जीवन में कभी-कभी खोकर भी आदमी वह पा जाता है, जो जीवन में उसे हर वस्तु से अधिक मूल्यवान लगने लगे। और यही खोने की तृप्ति लेकर सत्येंद्र किसी को कुछ बताये बिना, अपने ही वकालत के धंधे में फिर लौट जाता है, कुछ नया उत्साह, कुछ नये मूल्यों का आधार लेकर। येन-केन-प्रकारेण हर मुकदमा जीतने की लालसा ने, अधिक से अधिक फीस बटोरने की धुन ने उसे क्या दिया था? उसके लक्ष्यों को, उसके

होने के अस्तित्व को, उसके अपने मानवीय-संबंधों को धुँधला दिया था। और धुंध बढ़ता ही जा रहा था। किंतु आज वह धुंध छँट गया है। ऐसे कई मार्मिक प्रसंग इस ब्रज-यात्रा में घटित होते हैं, जो इसे जीवन-यात्रा बना देते हैं।

जीवन जीत का उन्माद नहीं। न ही वह कोई लक्ष्य या मंज़िल पाने के लिए फौजी मार्च है। वह मानवीय संबंधों में संश्लिष्ट अनुभूतियों का साक्षात् है, जो स्रष्टा को भी इस सृष्टि में अवतरित होने के लिए बाध्य कर देता है। वह पूर्ण भी किसी माँ का बेटा, किसी का सखा, किसी का प्रेमी बने बिना अपने को अपूर्ण महसूस करने लगता है। 'धीर समीरे' का संसार हमारे पूर्ण होने के अहंकार की यांत्रिकता पर आघात कर, अनुभूतियों की गहराइयों के अनेक मानवीय प्रसंगों से हमें साक्षात कराता है।

'धीर समीरे' : भारतीय आस्थाभाव की प्रदक्षिणा

सूर्यबाला

पेशेवर और पैदाइशी समीक्षकों के अतिरिक्त भी एक श्रेणी है समीक्षकों की—ज्यादा सही, ज्यादा सुधी समीक्षकों की। यह समीक्षक एक औसत बुद्धिजीवी पाठक होता है और मैं किसी ऐसी औसत बुद्धिजीवी पाठक की उस समीक्षा/प्रतिक्रिया को बहुत-महत्त्व देती हूँ जो किसी भी कृति को पढ़ने के दौरान उसके मस्तिष्क में समानांतर चलती रहती है—(निस्संदेह उस पाठक की ग्रहणशक्ति, उसके स्तर के अनुरूप) बड़ी मुखर, बड़ी तेजतर्रार लेकिन उतनी ही ईमानदार और स्वस्थ हुआ करती हैं ऐसी समीक्षाएँ...

'धीर समीरे' और मेरे दरमियान कुछ ऐसा ही घटा। संयोग यह भी कि सिर्फ फुर्सत की चपेट में नहीं, समय काटने के लिए भी नहीं, बल्कि सावकाश, मन से, ध ीरे-धीरे सुनते, समझते इसके बीच से गुजरती गयी। 'गुजरते' इसलिए कि पढ़ने के दौरान बराबर ऐसा लगता रहा जैसे स्वयं लेखक और पुस्तक के अन्यान्य चरित्रों के संग-संग मैं भी ब्रज की चौरासी कोसों की उस प्रदक्षिणा में शामिल हो गयी हूँ जहाँ एक तरफ सत्येंद्र है, नरेंद्र है, रघु, राधे और गंगाधर हैं तो दूसरी तरफ सत्येंद्र, रत्ना, ब्राह्मणी, मंजुलाबेन और रमा जीजी हैं—साथ ही नयी पीढ़ी की शैलजा भी—सब चल रहे हैं—अपनी-अपनी जीवन-शैली, दृष्टि और शंकाएँ लिये। अनेक प्रवाह, अनेक विचार, भावना, तर्क और हठ के साथ द्वंद्व के वितर्क....जैसे भिन्न-भिन्न दिशाओं से टूटती बिखरती धाराएँ...लेकिन अंतः हर धारा को शक्ति भर पूरी भव्यता से समेटती हुई आत्मबल, विश्वास और आस्था की अजस्र धारा—अनंत जीवन सागर में समाहित होती हुई—जो आज दुर्लभ, अप्राप्य-सी है—जीवन में भी, साहित्य में भी—और जिसकी आज नितांत आवश्यकता है, जीवन में भी, साहित्य में भी!

ये सोचें तो हर तरफ से, सचमुच टूटे, बिखरे और बुरी तरह से उलझे जीवन-सूत्रों को सुलझाना, समेटना और उन्हें वापस आस्था की चर्खी में लपेट ले जाना आसान है क्या? वह भी आज के बुद्धिजीवी, अविश्वासी व्यक्ति के सामने?

पर कोशिश करने में हर्ज क्या?...और यह कोशिश ही 'धीर समीरे' की शुभ, सुंदर शुरुआत है।

तो ब्रजयात्रा चल रही है—उसी के साथ, समानांतर, कथा प्रवाह भी—अपने

अन्यान्य चरित्रों के साथ? चरित्र जो आज के भौतिकतावादी दर्शन की तमाम सुख-सुविधाएँ, वैभव-विलास भोग चुके हैं। भोगकर थक चुके हैं और थक-ऊबकर अपने से अनजाने ही अपनी तलाश में निकल पड़े हैं—ब्रजयात्रा में शामिल हो लिये हैं। वे अंदर-अंदर थके, ऊबे, इस सबसे दूर एक अनाम तृप्त की तलाश में भटक रहे हैं—लेकिन जुड़े तो कहाँ और कैसे—एक अविरल भटकन—और इन सबको लिये हुए परिक्रमा चल रही है ब्रज भूमि की—वहीं सहजता से आप खुद भी सम्मिलित हो लेते हैं क्योंकि वे भटकनें आपकी भी उतनी ही अपनी हैं...और प्रदक्षिणा है भारतीय मूल-भावना के आस्तिक आस्था-रूप की..।

'हमारे यहाँ सब-कुछ वृत्त में है। समय भी आगे वही जाता, चक्र में घूमता है। परिक्रमा ही परिक्रमा है। ब्रजयात्रा भी एक परिक्रमा है, उसके भीतर गोवर्द्धन की परिक्रमा, नंदगाँव की परिक्रमा, भीतर-भीतर मंदिरों में परिक्रमा—आरंभ और अंत एक ही...'

कथा का प्रवाह एक-एक पड़ाव, तीर्थ-स्थलों और झाँकियों को एक सूत्र में पिरोता, पौराणिक आख्यानों को सुनता, गुनता, एकदम जस-के-तस वर्णनों और विधि-विस्तार से, पूरे प्रामाणिक, सही रूप में रखता चलता है—इतना कि प्रारंभ के कुछ पृष्ठों के बाद रोचकता के बावजूद मन थोड़ा उकताया भी, बुद्धि भी भभकी कि भद्दी यह उपन्यास है या यात्रावृत्त? इतनी ज्यादा प्रामाणिकता और विश्वसनीयता तो 'कथा', 'गल्प' की परिभाषा को भी खतरे में डाल सकती है न?

लेकिन लेखक को ऐसी भभकियों की जरा भी परवाह नहीं। यह उसके पूरे आत्मविश्वास और 'मेच्योर' होने का प्रतीक है कि मैं लिखूँगा, अपने-अपने हिसाब से, गुन-गुनकर, जैसे मन रमेगा, जैसा मुझे रुचेगा—बिके या न बिके—मुझे उसकी परवाह नहीं? किंतु वहीं पर इस बात की पूरी परवाह की गयी है कि आस्था, आस्तिक भावना, विद्वत्ता या गूढ़दर्शन कहीं सहजता के प्रवाह में बाधक न बने। बौद्धिकता और वैचारिकता की खेप की खेद परोसकर कृति को 'स्तरीयता', बोझ और घटाटोप से पूरी तरह ढाँप न दिया जाए। 'स्तरीयता' और 'भावबोध की सूक्ष्मता' के साथ सबसे बड़ा खतरा यही होता है। मेरी समझ से जटिल, सूक्ष्म चीजों को सहज ढंग से कहना कहीं ज्यादा कठिन होता है। लेकिन यह काम बड़े धैर्य, यत्न और निष्ठा से किया गया है। गोविंद मिश्र गूढ़, दार्शनिक तथ्यों और तत्त्वों को सहजता के इतने कोमल स्पर्श के साथ अभिव्यक्त करते हैं कि चकित रह जाना पड़ता है। स्पर्श भी बहुत आत्मीय मात्र एक हल्की छुअन-सी—यह एक बड़ी महत्त्वपूर्ण और सच्ची उपलब्धि है किसी कृति की कि बौद्धिकता की गहन परतों को भावना से भीनी हवा सहलाती जाए, इतनी सहजता से कि पाठक बगैर किसी मशक्कत के उस रसभाव में डूब जाए, तद्रूप हो जाए। लेकिन इस 'भाव' में डूबने का अर्थ यह भी नहीं कि कृति में अथाह-समंदर की गहराई बताकर, उसकी गोताखोरी और अनंत विस्तार की पैमाइश शुरू कर दी जाए। उसे अतिशयोक्तियों से ढाँप कर विवादों, वितर्कों के लाल-हरे झंडे गाड़ दिये जाएँ। जी नहीं, हर कृति

महाकाव्य, या महासागर ही नहीं हुआ करती, सरोवर की शीतलता की भी अपनी गरिमा होती है। 'धीर समीरे' में यह गरिमा कथा के प्रवाह से लेकर चरित्रों के निर्वाह तक आद्यंत व्याप्त है।

चरित्रों की बात चली तो यह न कहना बेइंसाफी होगी कि गोविंद मिश्र यों ही किसी पात्र को कथायात्रा में नहीं शामिल कर लेते....उसकी समूची शख्सीयत को खूब देख-परख, जाँच-पड़ताल और तमाम स्क्रीन-टेस्टों के बाद ही 'परमिट' करते हैं। हर पात्र उपन्यास से ज्यादा हमारे इर्द-गिर्द का संक्षेप में पूरी विश्वसनीयता के प्रमाण के साथ। सबसे ज्यादा क्रमशः रघु, गंगाधर, नरेंद्र, मंजुला बेन तथा शैलजा में, सत्येंद्र और सुनंदा की विश्वसनीयता कम नहीं किंतु संभवतः मेरा मन उपन्यास के घटनाचक्रों में रमने से ज्यादा उनसे उत्पन्न ऊहापोहों और जीवन की परत-दर-परत बिछती व्याख्याओं में रमा है, और घटनाएँ सत्येंद्र और सुनंदा के गिर्द जरा ज्यादा घटीं। यहाँ तक कि उपन्यास का अंत आते-आते उसका स्वरूप अब ज्यादा घटना-प्रधान होने लगा तो मुझे चिंता-सी होने लगी। भय लगा, कथा-प्रवाह की ट्यून में कहीं 'राग-दोष' न व्यापे लेकिन लेखक कुशल माँझी की तरह कथा-प्रवाह का 'अनंत यह यात्रा' के साथ समापन कर गया। यहाँ तक कि ठेठ ब्रजी के वातावरण में भी नयी पीढ़ी की शैलजा और उसकी शंकाओं के माध्यम से आधुनिकतम भौतिकवादी पीढ़ी के दिशाभ्रम (?) और अधूरेपन को, कारणों सहित, समग्र परिप्रेक्ष्य में वही सहृदयता से विचारा गया है, जिन्हें आज सिर्फ 'भौंडी नकल', 'उध ाार की संस्कृति' कहकर पुरानी पीढ़ी वितृष्णा से देखती है—उसमें भी 'विश्व-संस्कृति' की झलक और औदार्य ढूँढ़ने की कोशिश की गयी है।

एक बात और...ब्रजयात्रा का प्रवाह एक है—लेकिन उपन्यास-चरित्रों की प्रकृति, जीवन-यात्रा के प्रवाह अनेक, विभिन्न स्तरों पर बिखरे अनेक जीवन-रूप, उनके राग-द्वेष, स्वार्थ और नैराश्य—इन सबको उजागर करते हुए भी, इन्हीं सबके बीच से ही, व्यक्ति में से ज्यादा सही व्यक्ति को निखारते, सँवारते चले जाने की कोशिश। आज दिन जीवन की पूरी तरह अपनी चपेट में ले लेने वाले कुतर्क शंका, पलायन और विसंगतियों के जंगल से दूर नहीं, उनके बीच से ही एक पतली पगडंडी निकाल ले जाने की कोशिश—कि देखो, रास्ता तो है, चला जा सकता है, जिया जा सकता है, लेकर ही नहीं, देकर भी; पाकर ही नहीं, त्याग कर भी; अपने ही लिये नहीं, दूसरों के लिए भी; थोड़ा ही सही, कुछ दे पाने, कुछ कर पाने का आनंद!...हो सकता है,, मेरी प्रकृति इसलिए भी ज्यादा रमी हो, क्योंकि मैं स्वयं जीवन और रचनाकर्म में इसी आस्था, विश्वास और निष्ठा की बात करती रही हूँ--यह भी कि शक्ति केवल विद्रोह में नहीं, उससे ज्यादा त्याग में है—'धीर समीरे' में यत्र-तत्र और अंततः भी इसी भव्य भावना की प्रतीति होती चलती है।

एक बात और भी, गोविंद मिश्र जो ब्रज-यात्रा की कथा कह रहे हैं, उसमें लेखक की तटस्थता नहीं, पूरा इन्वाल्वमेंट है, वैष्णवी आस्था और समूची भारतीय अस्मिता के

प्रति। लेकिन अंधश्रद्धा नहीं....भावना है, पाखंड नहीं। इसलिए ही तीर्थभूमि के साथ जुड़ गये आज के अपराध, हिंसा और लूट-खसोट से लेखक में खिन्नता व्यापी है लेकिन आस्था अविचल, अडिग है। यह एक संकेत और संदेश दोनों—इन त्याज्य तत्त्वों से परहेज करो, उनके मूल में व्यापती दिव्य भावना से नहीं। इस भावना में रमो। यह तुम्हारा अन्तस् आलोकित करेगी, तुम्हें जीने का रास्ता सुझायेगी।

न, मुझे घटनाचक्रों या स्थितियों ने नहीं बाँधा। वह सब (ऐसा लगा) दूसरी पुस्तकों में भी मिल जाएगा, क्योंकि कुछ बहुत विशेष, असाधारण या नयी-सी घटनाएँ भी नहीं, बल्कि सच-सच कहूँ तो उपन्यास के अंत से पहले जो घटनाचक्रों का 'टेक्स्चर' उभरा है, वह यदि और ज्यादा सूक्ष्म किस्म का या थोड़ा अलग-सा होता तो समूची कृति की भव्यता से ज्यादा मेल खाता। विशेषकर सत्येंद्र के अंतर्द्वंद्व की दिशा में, थोड़ी-सी ही, अविश्वसनीय-सी—मुख्य रूप से सत्येंद्र द्वारा सुनंदा को धोखे से उसके ससुर के हवाले करके एक लाख रुपये ऐंठने की लालच—यह सब जैसे उपन्यास की ट्यूनिंग के साथ कुछ और ज्यादा बारीकी से बैठ सकता तो अच्छा होता—सुनंदा में भी थोड़ी और सँवार, निखार और तराश भी हो सकने की गुंजाइश महसूस हुई जब तब। सत्येंद्र के अंतर्द्वंद्व को भी गहराना था, जरा और ज्यादा भँवर की शक्ल में—लेकिन मानव-प्रकृति तो अबूझ है—लेखक का उन जैसी या उनसे मिलती-जुलती स्थितियों से साबका अवश्य पड़ा होगा—वही बात कि विश्वसनीयता परखने के बाद ही उसने अपने हिसाब से सुना, समझा और लिखा—मैं कौन-सी बड़ी पारखी—सो मैंने सिर्फ अपनी महसूसी हुई बात कह दी, बस।

अपना दूसरा कन्फेशन, मैं संवेदना के अतिरेकों और अतिभावुक दृश्यों में भी नहीं बँध पायी। संभवतः बौद्धिकता की नकेल ही—या फिर 'सिर्फ' अपनी प्रकृति—जिसे थोड़ी-सी भी ज्यादा भावुकता का प्रदर्शन नाटकीयता की-सी स्थिति की भनक देता प्रतीत होता है। उदाहरण के लिए ब्राह्मणी के शव को रत्ना द्वारा सिंदूर-बिंदी के शृंगार के साथ काजल का टीका लगाना—एक मैच्योर लेखक का जैसे भावुकता में बह जाना लगा...पर यह सब तो 'मुंडे-मुंडे रुचिरै भिन्ना' वाली बात हो सकती है, आम पाठक गद्‌गद-विभोर हो इसी प्रसंग पर अश्रु प्रवाहित करने लगे। पर अपना मन तो चाहता है कि ऐसे मार्मिक स्थलों, स्थितियों में शब्दों का स्पर्श इतना कोमल, इतना प्रच्छन्न हो कि पँखुरी की तरह भी नहीं, सिर्फ सुगंध की तरह। और ऐसे शब्द-प्रयोग कम नहीं, बहुलता से हैं। जितने सहज, उतने ही मोहक, यथा :

'कृष्ण जो करने आये थे, करके चले गये—राधा जो भक्ति का अवतार थीं, यहीं रह गयीं, भक्ति के पुल के रूप में—भावस्वरूप।' (पृ. 106)

गूढ़ दर्शन की कैसी सहज मधुमयी व्याख्या।—'मन को खाली कटोरा बनाकर खुले आकाश में रख दें। कटोरे में ओस की बूँदें गिरेंगी, गिरकर मरेंगी।' (पृ. 167)

या फिर :

'मृत्यु की आकांक्षा जैसे कोई पी ले और उसी में डूबे-इतराये।' (पृ. 92)

गोविंद मिश्र शिल्प के प्रति बड़ी सुरुचि, बड़े धैर्य से काम लेते हैं। शब्द-शब्द बल्कि अक्षर तक की यहाँ पैनी तराशा नहीं, एक सुथर-सँवार है—शिल्प का आभिजात्य। आभिजात्य का अर्थ यहाँ सिर्फ सुथरपने से है, वरना आभिजात्य के नाम पर शब्दों, वाक्यों की ऐसी घुमावदार स्परोटी परोसी जाती है कि पूरा-पूरा पैरा पढ़ने के बाद भी पढ़ने वाला हतबुद्धि, सिरा तलाशता रह जाता है। इसके बिलकुल विपरीत 'धीर समीरे' में शब्दों की डलिया के फूलों की तरह चुना गया है। एक-एक शब्द को यत्न से उठाकर सही जगह पिरो दिया गया है—सुगंध और ताज़गी से भरपूर। ढेर-के-ढेर पुष्प-गुच्छों को ठुँसा नहीं गया।

'वह हँसी जैसे फैल कर आलोक हो गयी जो तेजी से चहुँ ओर भरने लगा।'

लेकिन कहीं-कहीं सुरुचि, सावधानी के बावजूद थोड़ी चूक-सी; जैसे 'सफेद नक्षत्र की तरह' उछला। 'मंदिर' में 'उछला' की जगह 'उगा' क्या ज्यादा ठीक नहीं होता? इसी तरह नयी जगह 'अंदर की भड़भड़ाहट' या फिर :

'वे सुनती रहीं, मुस्कान मुँह में भीतर-भीतर लिसिर-लिसिर करती और चाय के घूँटों के साथ उसे चाटती हुई—और फच्च से हँस दीं...'

यूँ इन प्रसंगों में लेखक को ज्यादा दोष नहीं दिया जा सकता। भावना के आवेग में जैसे उत्ताल तरंगों के साथ कुछ शब्द-बिंब जुड़ जाते हैं, जो उस मूड विशेष में बड़े उपयुक्त लगते हैं। अहसास की ये तरंगें उद्दाम ज्वार की तरह चाँद को नहलाती प्रतीत होती हैं लेकिन दूसरे क्षणों में भाटे की तरह उतरी हुई...पर बात तो तब बनती है जब ज्वार उतरने पर भी और दूसरों को भी वे उसी बिंब में बाँध सकें और फिर अधिकाधिक संदर्भों में भाव, संवेदना और शिल्प का इतना सुंदर 'ब्लेंड' करने वाले लेखक से इतनी और सुधरता की अपेक्षा तो हम कर ही सकते हैं।

मुझे लगता है, पाठक की ये अपेक्षाएँ किसी शुद्ध रचनात्मक लेखक के लिए बड़े गौरव की बात होती हैं। तुमने मुझे इतना दिया, यह और दो। दूसरा अर्थ यह भी तो कि तुम इतना और देने में सक्षम और समर्थ हो। अपेक्षाएँ उसी से की जाती हैं जिसके साथ विश्वास और आश्वस्ति दोनों बँधते हैं। गोविंद मिश्र इस कसौटी पर खरे उतरते हैं; क्योंकि उन्होंने चलती हुई धारा को मोड़कर नया प्रवाह देने का सफल प्रयास किया है। एक मनोरम पृष्ठभूमि और व्यापक जीवन-दृष्टि के माध्यम से शंका से आस्था, तर्क से भावना और पलायन से जीवन की ओर ले जाने वाली रम्य पगडंडी दिखायी है।

'धीर समीरे' : बाह्य यात्रा और अंतर्यात्रा

चंद्रकांत बांदिवडेकर

'धीर समीरे' में गोविंद मिश्र एक नयी जमीन की तलाश में काफी महत्त्वपूर्ण और यशस्वी यात्रा कर चुके हैं—उपन्यास के रूपबंध की दिशा में और आशय के कोण से भी।

किसी खास यात्रा के माहौल को जीवंतता देते हुए उसके इतिहास को, जो पुरातन और सनातन के आयामों से जुड़कर मिथकीय रूप धारण कर चुका हो और उसके भूगोल को समेटते हुए, सामूहिक मानस के स्पंदन का एहसास कराते हुए और व्यक्ति के दुःख-दर्द और उसकी आध्यात्मिक जिज्ञासाओं को उभारते हुए, औपन्यासिक रूपबंध में नानाविध शैलियों, कथानिवेदन की प्रणालियों और वाक्-भंगिमाओं को कलात्मक कौशल से उपयोजित करते हुए 'धीर समीरे' जैसा सफल उपन्यास प्रस्तुत करना गोविंदजी की विकसित रचना सामर्थ्य का प्रमाण है।

'लाल-पीली जमीन' में विशिष्ट प्रांतर के सामूहिक मानस की भयावहता और उससे पीड़ित असहाय मनुष्यों की बेबस करुणा के सशक्त दर्शन कराने के बाद गोविंद मिश्र ने 'हुजूर दरबार' में सत्ता के सर्वग्रासी क्रूर खेल में पिसते निरीह मनुष्य की तीव्र वेदना का करुण चित्र दिक् और काल के विराट पद पर प्रस्तुत किया। 'तुम्हारी रोशनी में' उपन्यास में वे साक्षात् नरक यातना कराने वाली जमीन से हटकर नारी के कुछ शाश्वत प्रश्नों से उलझते हैं। मनुष्य के दर्द को पूरे लगाव के साथ शब्दबद्ध कराने का गोविंद मिश्र का प्रयास यहाँ भी प्रभावपूर्ण ढंग से परिलक्षित होता है। परंतु इस भूमि में भयावहता प्रत्यक्ष रूप में कम है, मूल्यों का अंतर्द्वंद्व अधिक। 'धीर समीरे' में गोविंद मिश्र एक सर्वथा नये धरातल पर डग भर रहे हैं। यह भारतीय मानस की टटोल है, यह भारतीय आध्यात्मिक अनुभव के संबंध में जिज्ञासा है जो आधुनिकता की चकाचौंध में धूमिल पड़ गयी है लेकिन भारतीय मानस में इतने गहरे धँस गयी है कि उससे निस्संग होना असंभव हो गया है। इस अनुभव का तार्किक विश्लेषण तथा आध्यात्मिक चिंतन गोविंद मिश्र का उद्देश्य नहीं है। इसका भारतीय मध्यवर्गीय मन पर (यही मन आज दुश्चिंता और द्वंद्व में है, दुविधा में है) भावनात्मक जो संस्कार है वही लेखक का आशय द्रव्य है। गोविंद भाई अनेक स्तरों पर इससे जूझते हैं। ऐसा नहीं है कि गोविंद मिश्र में तर्क, चिंतन, ऊहापोह की वृत्ति नहीं है, वह अनुभव में भावतत्त्व से सदैव प्रभावित रहती

है, क्योंकि विचारों, चरित्रों, घटनाओं और प्रसंगों से आंतरिक लगाव और उनका भावात्मक धरातल पर भावन गोविंद मिश्र की खास लेखकीय विशिष्टता है। इसी कारण से उनका लेखन ललित साहित्य की मूलभूत शर्तों से प्रायः अलग नहीं हटता।

इस उपन्यास की संरचना में कथा और चरित्र यात्रा के रास्ते पर आगे बढ़ते चले जाते हैं तो स्मृतियों के बिंबों में उलझकर काल और स्थल दोनों की वर्तमानता का अतिक्रमण कर पीछे लौटते हैं और एक अनेक-मुखी कथा को यथासंभव कलात्मक पूर्णता देते हैं। ब्रजभूमि की यात्रा में अनेक पड़ाव हैं, उन पड़ावों का अपना स्थान-माहात्म्य है। यह स्थान-माहात्म्य राधा-कृष्ण के स्पर्श से हजारों वर्ष से भाविकों के मानस में अनेकानेक किंवदंतियों, आख्यानों, मिथकों का रूप लेकर गहरे में अंकित हुआ है। उसको थोड़ा-सा छूने भर से ठोस अनुभव के रूप में प्रत्यक्ष होने लगता है। मथुरा, बरसाना, भानोखर, गहवरवन, मोरकुटी, मधुवन, शांतनु कुंड, कृष्ण कुंड, राधा कुंड, सुरभि कुंड, जतीपुरा, गोवर्धन पर्वत, संकेत, सांकरी खोर, बदरौला, प्रेम सरोवर, नंदगाँव, आस कुंड, उद्धव-क्यारी, अन्यारी, नंद कुंड, यशोदा कुंड, निधिवन निकुंज, वृंदावन, रमणरेती, गोकुल, अनेक मंदिर–कितने ही स्थान हैं जो सदियों से हिन्दू-स्मृति में अलग-अलग व्यक्तित्व धारण करते हुए कृष्ण-लीला के महारास में अपना स्वतंत्र अस्तित्व विलीन कर चुके हैं। यात्रा के दौरान इनकी सामूहिकता में झलकने वाली विशिष्टता को उभारना और इन विशिष्ट स्थलों की दृश्यात्मकता और मिथकीय समृद्धि के संदर्भ में यात्रा में शामिल अनेक स्वभाव के चरित्रों के वैयक्तिक सुख-दुःखों, मनोवस्थाओं और आपसी संबंधों की विविधता को मूर्त करते जाते हुए एक कलाकृति को आकारित करते जाना निश्चय ही बड़ी प्रतिभा का काम है और 'धीर समीरे' में इसे मूर्तिमान रूप में देखा जा सकता है। कथावाचक, यात्रा में शामिल यात्री, भिखमंगे बालक, स्थलों के वाशिंदे, कथानायक नंदन, कभी रघुमैया, और इनके साथ स्वयं लेखक का नैरेटर जो स्थल-विशिष्ट के साथ तादात्म्यता पाकर धीरे से वर्णन करता जाता है, इन सबके द्वारा विभिन्न स्थलों का रससंपृक्त चित्रमय वर्णन लेखक करता जाता है। किसी स्थल विशेष के संदर्भ में उद्‌भूत मिथकीय भाव के साथ साम्य भाव से या विरोध भाव से लेखक कुशलता से चरित्रों की भावस्थिति का तारतम्य उत्पन्न करके उनके संवेदनात्मक वैयक्तिक इतिहास को प्रस्तुत करता जाता है। खास कर सुनंदा और नंदन के भावात्मक संबंधों के लिए विभिन्न स्थलों की भावात्मक पृष्ठभूमि का चतुर उपयोग लेखक ने किया है। ऐसे उपन्यास में, जिसमें सामूहिक यात्रा का प्रवाह वर्णित हो, लेखक किसी खास व्यक्ति के साथ अधिक घनिष्ठता में आकर उसकी प्रकृति एवं उसके स्वभाव विशेष को कुछ थोड़े-से संकेतों और संक्षिप्त सूचनाओं के साथ प्रस्तुत करता है जिससे यात्रा के लिए आये विविध चरित्रों के विविध प्रयोजन स्पष्ट हो जाएँ और 'यात्रा' को भी एक समृद्ध व्यक्तित्व प्राप्त हो जाए। लेखक कभी नंदन के साथ पाठक को कुछ आवश्यकता से अधिक समय के लिए लखनऊ ले जाता है और नंदन के फ्रस्ट्रेशन की पृष्ठभूमि पर

प्रकाश डालते हुए तथाकथित प्रगतिवादी लेखकों की साहित्येतर या साहित्यविरोधी षड्यंत्रकारी सामूहिकता का कच्चा चिट्ठा खोलता है। मेरी राय में अलग से इसका महत्त्व होते हुए भी यात्रा-प्रसंग की पूरी कलात्मक प्रस्तुति में यह कुछ ज्यादा ही हस्तक्षेप है। सुनंदा, सत्येंद्र, नरेंद्र, गंगाधर महाराज, मंजुला बेन, शैलजा आदि के साथ भी लेखक यात्रा के बाहर पाठकों को ले चलता है परंतु यह यात्रा के विविध प्रयोजनों के साथ अभिन्न रूप से जुड़कर प्रकट होता है। यहाँ हस्तक्षेप नहीं लगता। यात्रा के प्रवाह को, प्रवाह के विस्तार और वैविध्य को लेखक ने दृश्यात्मकता तो दी ही है, अनेक यात्री अपने मन में ही एक अंतर्यात्रा कर रहे हैं। इस अंतर्यात्रा को बखूबी और सूक्ष्मता के साथ चित्रित कर लेखक ने अपने मानवीय गहरे लगाव का परिचय दिया है। वस्तुतः रूप और बाहरी चाकचिक्य गोविंद भाई के लिए केवल अंतस्तत्व का—मानवीय अनुभव के सशक्त प्रकटीकरण का—एक साधन होता है। उसका सही ध्यान रहता है मनुष्यों की स्वभावगत विशिष्टता को पकड़ने में और कुल मानवीय जीवन से संपृक्ति में।

वैसे चार-साढ़े हजार यात्रियों की भीड़ में लेखक दृष्टि केंद्रित करता है कुछ व्यक्तियों पर, कुछ पालों पर। इन्हीं बीस-पचीस व्यक्तियों में कहीं-न-कहीं पूरा प्रवाह सिमट कर अपनी पहचान कराता है।

यात्रा में शामिल हैं अनेक लोग। हरेक का अपना उद्देश्य अलग-अलग है। अपनी उपलब्धि की आकांक्षाएँ भी भिन्न हैं। सुनंदा आयी है अपने भगाये गये छोटे बालक किशोर को खोजने। जब वह पहले माँ के साथ आयी थी, तब भी किसी श्रद्धा से आविल होकर नहीं आयी थी। अपनी माँ का साथ देने आयी थी। सत्येंद्र आये थे अपनी वकालत, अपना परिवार और अपनी प्रतिष्ठा, अपना झूठ का व्यापार इत्यादि से उकताकर कुछ चेंज के लिए और यह भी देखने के लिए कि औरत, शराब और अन्य दुनियावी चीजों के अतिरिक्त मन को बाँधने वाला कोई तत्त्व है।

नरेंद्र आया था अपना पैसा कमाने का यांत्रिक व्यापार और पैसे के साथ आयी अन्य दूषितता से कुछ काल के लिए दूर होकर शारीरिक स्वास्थ्य-लाभ के लिए। रघु भैया आये थे अपनी धार्मिक पत्नी 'ब्राह्मणी' के हल्के से निःशब्द अनुराग से और अपनी प्रचंड वाचालता की साख बिछाने के लिए। रमा जीजी और निर्मलाजी आयी थीं अपने परिवार वालों की नुक्ताचीनी से ऊबकर मन की शांति के लिए, मंजुला बेन को तो उनके घरवालों ने टिकट कटाकर भेज दिया था कि पैंतालिस-पचास दिन उनकी चिखचिख से बचकर घर में शांति रहे। पहली पत्नी की मृत्यु के बाद दुनियादारी से ऊबकर परंतु भाई के परिवार के साथ जुड़े गंगाधर महाराज भी आये थे अपनी निःशंक भक्ति-भावना से परिचालित होकर। नवधनाढ्य वर्ग की युवा पीढ़ी भी शामिल थी एक नयी जिंदगी का 'थ्रिल' भोगने के लिए। शैलजा का उद्देश्य भी लगभग यही था—जीवन का हर क्षण आनंद की थिरकन में बिताने का एक यह भी रास्ता था उसके लिए। नितिन और उसकी विदेशी पत्नी भी इसमें शामिल थे। रोमा को भारत का आध्यात्मिक पहलू देखना था।

इन सबमें रघु भैया की पत्नी ब्राह्मणी ही थी, जिसके अणुरेणु में विचार और विवेक के परे होकर प्रगाढ़ श्रद्धा और रसाविल भक्तिभावना कूट-कूटकर भरी हुई थी। अन्य लोगों के लिए यह यात्रा एक जीवन का निराला अनुभव लेने का साधन मात्र थी।

इस यात्रा के बीच बहुत कुछ घटता है। घटना के स्तर पर कुछ सामान्य-सा परंतु व्यक्तियों के लिए कुछ असामान्य-सा। यह सिद्धहस्त लेखक की महत्त्वपूर्ण खूबी है।

अपने विद्रूप रूप से मन के गहरे में कहीं असंतुष्ट-सी मंजुला बेन (अधजली गीली लकड़ी जो लगातार धुआँ छोड़ती है) जिसने जीवन में करोड़पति की संपत्ति में भी सबसे वितृष्णा और घृणा ही पायी और जो बदले में आहत अहं के कारण कठोर भाव से खड़ी रहने को बाध्य हुई, अंत में इसी यात्रा में पाती है निष्काम सेवा करने वाले और सौहार्द से भरपूर गंगाधर महाराज की निश्छल, निःस्वार्थ, मानवीय सहानुभूति। कुछ क्षणों के लिए यह मंजुला बेन एक अलग भावनात्मक धरातल पर चली जाती है। खूब पढ़े-लिखे और सदैव बोलने-बतियाने में और दूसरों पर विद्वत्ता का रौब गाँठने वाले मेधावी रघु भैया आये तो आस्था और अनास्था, श्रद्धा और विवेक, भाव और तर्क के बीच झूलते हुए अपनी भावलीन, श्रद्धालु पत्नी का एक बार साथ देने, परंतु अंत में समूची ब्रज-भूमि से तल्लीनता के क्षण अनुभव कर और यात्रा में ही ब्राह्मणी की सार्थक मृत्यु पर मौन बनकर पश्चात्ताप-दग्ध स्वर में बोलते हैं : "ब्राह्मणी से कुछ सीख लेता...इसका समय जीवन ने नहीं दिया। उसका संस्कार करने के लिए जितना पवित्र होना था, उतना मैं नहीं था।" बड़बोले रघु भैया की यह अंतर्यात्रा बहुत महत्त्वपूर्ण है। वैसे सत्येंद्र अपने ही परिवेश में लौटकर चले जाते हैं परंतु कितना बड़ा सार्थकता का क्षण भोगकर। सुनंदा से जुड़ना चाहते थे मित्रता के संबंध से। यह संभव नहीं हुआ तो एक लाख रुपये के लालच का सम्मोहन सवार हुआ। पैसे के लिए सब प्रकार के झूठ का प्रपंच खड़ा करने वाले वकील पर इस मोह का हावी न होना ही आश्चर्य है। सुनंदा से वांछित भावनात्मक समर्थन मिलता तो यह मोह हावी न होता। परंतु यह ब्रज की यात्रा का ही प्रभाव है कि वह उस क्षण में अपनी वृत्ति पर हावी हो सके। "कम-से-कम इतना तो हुआ ही कि वह गिरने से बच गया, एक बेहद घृणित काम करते-करते रह गया। यह कैसे हो सका—पतन के नीचे-से-नीचे तल...कि जिसे आपने चाहे जितना चाहा उसे ही बेचने चल पड़ता.... उस निम्नतम तल पर जा गिरने के ठीक पहले उठ जाना....उठते चले जाना—यह कैसे हुआ? यात्रा का असर या कि एक क्षण का आकस्मिक वेग था वह, जिसमें वह सुनंदा को सब कुछ बता बैठा था कि सुनंदा.... ।" किसी-किसी का साथ हमारे भीतर बैठे अच्छे व्यक्ति को उभार देता है। जब तक सत्येंद्र में इस अच्छे व्यक्ति के लिए प्रेम और आदर है, तब तक सुनंदा साथ है, वह सत्येंद्र में बहती रहेगी। "किसी संबंध का इससे अच्छा रूप और क्या हो सकता है—सत्येंद्र वह नहीं था जो सुनंदा से मिलने और यात्रा में आने के पहले था। हँसी-मौज के क्षणों को ही जीवन माननेवाली शैलजा एक शैलजा है... आस-पास चिंता-सोच का नाम ही नहीं। मन भी शरीर जैसा ही, हर क्षण थिरकता रहता

है।'' अपने ग्रुप से अलग होकर अंतर्मुख होती है तो इस यात्रा में एक अद्‌भुत क्षण भोगती है (शांति...शैलजा के मन-मस्तिष्क पर उतरती गयी। मूर्च्छा जैसी नहीं, पूरा जागे हुए। जैसे भीतर के बिखरे हुए सभी तत्त्वों को किसी ने समेट कर एक में गूँथ दिया हो। घर में हर चीज करीने से सजा दी गयी हो। शैलजा कहाँ पहुँच गयी थी! कुछ देर पहले जो बोझिल, कोफ्त, साथियों पर गुस्सा वगैरह था...सब हवा हो गया था। सिर्फ एक मिठास थी...उचकती हुई नहीं, थमी हुई। वह प्रतीति सिर्फ एक क्षण-भर को रही, पर जैसे शैलजा को नहला गयी। उसने फिर पकड़ने की कोशिश की तो हाथ आयी कुलबुलाहट। क्या है यह?) ऐसे व्यक्तित्वांतरण करने वाले क्षण अतार्किक होते हैं, (तर्क की शर्त पर पढ़ने वाले पाठक को अविश्वसनीय लग सकते हैं) परंतु सही और सामर्थ्यशाली होते हैं। शैलजा को ब्रज-यात्रा के सारे बाह्य तफसील अद्‌भुत प्रतीकात्मकता से भरे दिखायी पड़ने लगते हैं, मन को खाली कटोरा बना कर खुले आकाश में रख देने की बाबा की सीख शैलजा को आविष्ट करती है। अद्‌भुत परिवर्तन तो आता है भौतिक सुखों के लिए साधन जुटाने के पीछे व्यस्त नरेंद्र में। वह संभवतः सत्येंद्र जितना तर्कवादी और बुद्धिवादी नहीं था परंतु पूरे माहौल का प्रभाव कुछ ऐसा पड़ता है कि अपरिचित ब्राह्मणी का पुत्र बनकर वह उसका क्रियाकर्म करता है, यहाँ तक कि क्षौरकर्म भी कर लेता है। (कुछ हुआ है...कि नरेंद्र अब इस तरह सोचने लगा है। पहले जैसे किसी को ठोकर लगाकर आगे बढ़ जाता था, अब ठिठक जाता है, आगा-पीछा सोचने लगता है, जैसे कि इस बुढ़िया के बारे में ही सोचने लगा...) यह एक विलक्षण परिवर्तन है और गोविंद मिश्र ने उसे प्रभावपूर्ण बनाने में अपनी क्षमता का बहुत ही अच्छा परिचय दिया है। इस यात्रा ने सर्वाधिक सुख डाला था नरेंद्र की पत्नी रत्ना के आँचल में। ब्राह्मणी को माँ मानकर उसकी उत्तरक्रिया के बाद माँ के फूल चुनकर प्रवाहित करने की इच्छा करने वाले नरेंद्र से रत्ना कहती है : "अच्छा है, तुम नियम में ही बँधे रहो। अच्छे हो ऐसे बँधे-बँधे...." रत्ना ने मुस्कुराते हुए देखा, आँखों के तब अनगिनती तारे निकल आये थे...नरेंद्र के लिए प्रशंसा और ईश्वर के लिए कृतज्ञता भाव।

सुनंदा भी बदली थी—एक दूसरी दिशा में। सुनंदा और नंदन के प्रारंभिक प्रणयोद्‌भव के मांसल चित्रण के बाद दोनों के वैवाहिक जीवन के विघटन का संक्षिप्त परंतु प्रभावकारी चित्रण गोविंद मिश्र ने किया है। फिर किशोर के गायब कर दिये जाने के बाद की उसकी सब कुछ चुक जाने की मानसिकता भी प्रभावी ढंग से अंकित हुई है। सत्येंद्र और सुनंदा के बीच के संबंधों को लेकर सुनंदा की पुरुष निरपेक्षता का अंकन बड़े संयत ढंग से किया गया है। बच्चे को प्राप्त करने के प्रयास में दिखायी गयी सुनंदा की साहसिकता और बिकाऊ और निखट्टू नंदन को तलाक देने का निर्णय सुनाते हुए एक आत्मनिर्णय करने वाली आधुनिक नारी सुनंदा के रूप में यात्रा-समाप्ति के समय तक उभरती है। सुनंदा उनसे उतनी सश्रद्ध नहीं थी परंतु यात्रा ने धीरे-धीरे उसके व्यक्तित्व पर असर डाला। "क्या खोजती भटक रही है सुनंदा—इस बार तो ढूँढ़ने आयी

थी किशोर को, पर कभी-कमी लगता है जैसे धीरे-धीरे वह खुद को ही ढूँढ़ने लगी है।'' किशोर के खोने के बाद सुनंदा के जीवन का निरर्थकता-बोध, उसका अस्तित्व की तह से ईश्वर के प्रति शिकायत-भाव, फिर भी बालमुकुंद के विग्रह को खरीदने की विवशता गहरे से उठती ईश्वर के प्रति समर्पण-भावना और उसे न मानने का संकल्प—इस सबका विलक्षण सहानुभूतिपूर्ण चित्रण लेखक की पर-मन-प्रवेश की सिद्धि का सशक्त संकेत करता है।

इस समय यात्रा में मनुष्य-मनुष्य के बीच रिश्ते पैदा होते हैं और उनकी विलक्षण कोमल पहचान गोविंद मिश्र कराते हैं। नंदन और सुनंदा का रिश्ता बना और टूटा भी। दोनों स्थितियों को लेखक ने बड़ी विश्वसनीय और कुशलता से रेखांकित किया है। सत्येंद्र और सुनंदा के बीच कुछ सुगबुगाहट पैदा होते-होते रह गयी। लेकिन सत्येंद्र के मन को गहरे तक वह आँच सेंकती रही। सुनंदा पर भी कुछ प्रभाव पड़ रहा था। कुछ संकेतपूर्ण वाक्यों में मनःस्थितियों को प्रभावपूर्ण ढंग से व्यक्त करना गोविंद मिश्र की कला का एक महत्त्वपूर्ण वैशिष्ट्य है : ''सत्येंद्र की आँखें सुनंदा की आँखों से जा उलझीं। सुनंदा टटोलती रह गयी—क्या था उनमें? बराबरी से जैसे शताब्दियों बाद सुनंदा के अपने भीतर से कोई झंकार उठी—मुझे खींच लो बाहर...मुझसे बाहर...?'' किसी भावावस्था को थोड़े-से शब्दों से मूर्तता देने की शक्ति देखिए : ''सुनंदा सकुचा आयी, संकोच के नीचे आँच-सी देती हुई हल्की-हल्की पुलक। क्यों ऐसा हुआ कि नारी को हर बार ही अपनी पहचान दूसरों से पाना होती है?'' आपसी संबंधों का एक अन्य रूप रघु और ब्राह्मणी में भी मिलता है। ब्राह्मणी परिवार में रहकर भी उससे निस्संग है क्योंकि वह बालमुकुंद से जुड़ी है। यहाँ तक कि पति से भी वह निस्संग है और ज्यों-ज्यों वह उनसे निस्संग होती गयी, कृष्णभाव से जुड़ गयी। रघु को उनके सरलपन का नया, अपूर्व, मधुर एहसास होने लगा। अपने भौतिक जीवन में स्वयंकेंद्रित जीवन जीने वाले सत्येंद्र और नरेंद्र। सत्येंद्र वकील होने के नाते विचार और चिंतन और तर्क से अछूते नहीं थे, नरेंद्र पूरे जीवन का मजा लेने में और उसके लिए ही भर-पूर काम करने में विश्वास करते हैं। सत्येंद्र अकेले हैं क्योंकि उनकी मानसिकता को उनके परिवार वाले बाँट नहीं सकते और वे सुनंदा जैसी किसी व्यक्तित्ववान महिला से मित्रता स्थापित करना चाहते हैं और उसमें सफल न होने पर वापस अपने व्यवसाय में चले जाते हैं। नरेंद्र विचार और तर्क में डूबने-तिरने वाला व्यक्ति नहीं है। नरेंद्र और उसकी पत्नी रत्ना के स्नेहसंबंधों में जो विलक्षण बदलाव आता है, नरेंद्र का व्यक्तित्व उन्नयन की सीढ़ी पर सहज रूप में चढ़ता है, उसे बहुत ही भावपुलक भाषा में गोविंदजी ने वाणी दी है। यही स्थिति गंगाधर महाराज और मंजुला बेन के संबंधों की है जो एक अलग मानवीय स्तर पर झलकते हैं। इस प्रकार के उन्नत संबंधों के विरोध में कुछ ऐसे संबंध भी हैं जो जीवन की बीभत्सता और क्रूरता को उजागर करते हैं। ऐसे संबंधों में है अपनी पत्नी से ठगे गये रामप्रसाद भैया की करुण, दुखभरी शोक-कथा। मथुरा के चौबे लोगों की छोटी-मोटी सूचनाओं के

सत्य, नंदन के घाघ और क्रूर पिता की संबंध-गाथा भी इसमें शामिल है। मंजुला बेन से संबंधित करोड़पति परिवार के घटियापन की कथा का भी संकेत इसमें हैं। कुल मिलाकर ये सारे मानवीय संबंध जीवन की व्यामिश्रता को संकेतित करते है।

कुछ संक्षिप्त परंतु अर्थगंभीर वाक्यों से किसी चरित्र की विशिष्टता को सशक्त ढंग से रूपायित कर कथा-संसार में जीवंतता उत्पन्न करने की कला में गोविंद मिश्र को महारत हासिल है। रघु भैया और ब्राह्मणी, नंदन, सुनंदा, सत्येंद्र, नरेंद्र और उसकी पत्नी रत्ना, मंजुला बेन और उनका नौकर राधे, शैला और उसके साथी रामप्रसाद, कितने ही व्यक्तित्वों को लेखक ने जीवंतता प्रदान की है। कुछ चंद वाक्यों से किसी व्यक्ति के पूरे जीवन के प्रारूप को चित्रमय बनाकर प्रस्तुत करने की कला भी गोविंद मिश्र के पास है। राधे के बारे में "उसका जीवन इस बुढ़िया के साथ मोम की तरह पिघलकर टप-टप गिरता जा रहा है..." सत्येंद्र के बारे में : "यह आदमी कैसे खुलकर हँसता है, लेकिन हँसी की आखिरी लहर में एक अजीब खोखलापन भी बजने लगता है, जैसे वहाँ पहुँचते हँसी का दम ही फूल आया है, हँसी ही बोल जाए।" शैलजा के बारे में : "एक शैलजा है—आसपास चिंता-सोच का नाम ही नहीं। मन भी शरीर जैसा ही, हर क्षण थिरकता रहता है। एक सुनंदा है कि चिंता-फिकर के अलावा जैसे भीतर और कुछ नहीं।" रोमा के बारे में : "रोमा जो 'हाऊ लवली, हाऊ लवली, हाऊ नाइस' कर-करके उचकती थी, वही अपने बाल नोचने लगी थी।" रत्ना के बारे में : "वह तो बंबई में बहुत साथ रहती नहीं, वरना यह तो पिघला-पिघला कर नरेंद्र को साफ ही कर दे।" रघु भैया और उनकी पत्नी ब्राह्मणी के बारे में : "यहाँ यह औरत...कि साधारण-से-साधारण बनते-बनते विशिष्ट हो गयी। जीवन में करीब-करीब उपेक्षिता रही। पर वैसा बिलकुल नहीं महसूस करती। उसे जैसे कभी कुछ नहीं चाहिए था....और इधर तो वह अपने में पूर्ण होने का आभास लिये हुए दिखायी देती है, जब कि रघु हैं कि पता नहीं किस चाह, किस तलाश में कहाँ-कहाँ मारे घूम रहे हैं...रघुनाथ जीवन भर अपने कर्म की तलाश करते रहे, जो किया वह झुँझालाकर ही।" रमा जीजी के बारे में, "रमा जीजी की आँखें चमक रही थीं। कितनी भिन्न थीं वे निर्मला जी से?—दुःख है, लेकिन जैसे खुशी भी आसपास ही रहती है, जिसे वे जब चाहे हाथ लगाकर छू सकती हैं। अकेली वे भी हैं, लेकिन जब मन करे, परिवार और गृहस्थी वाले जीवन में भी उतर सकती हैं।" ऐसे छोटे संकेतात्मक वाक्यखंड न केवल चित्रकार की सशक्त अल्पेरखाओं की भाँति चरित्र को स्पष्ट करते हैं, लेखक की अपनी चारित्रिक सृष्टि में गहरी अवगाहन-क्षमता की भी प्रतीति देते हैं।

गोविंद मिश्र के अनुभव में भावात्मक घटक का आधिक्य न केवल मार्मिक रसात्मक प्रसंगों की विपुल सृष्टि करता है, जो साहित्य को चिरकालिकता की ओर उन्मुख करता है, पाठक को तल्लीन होकर अनुभव-संसार में डूबने-तिरने के लिए अवसर देता है। लेकिन यह भावात्मकता विचार की दृढ़ता से या चिंतन की शक्ति से रहित नहीं होती। प्रस्तुत उपन्यास के जीवनानुभव में बौद्धिक घटक का विद्यमान होना अधिक

आवश्यक भी था। भारतीय संस्कृति में ईश्वरीय तत्त्व में आस्था एक महत्त्वपूर्ण घटक है। एक बिंदु तक ही इसको लेकर बौद्धिक चर्चा और तर्क किया जा सकता है। एक क्षण विवाद में और प्रत्यक्ष जीवन में भी ऐसा आता है जो ईश्वर के प्रति आस्था के प्रश्नों को भावात्मक या साक्षात्कारात्मक अवस्था में हल करता है। ऐसे क्षण नरेंद्र, सत्येंद्र, शैला, रघु भैया के जीवन में आये हैं। लेकिन आस्था-अनास्था को लेकर महत्त्वपूर्ण तर्क का संकेत इस उपन्यास के अनुभव संसार में किया गया है। यह उपन्यास के बौद्धिक तत्त्व को दृढ़ता प्रदान करता है। सुनंदा में स्वयं में उतना लगाव नहीं है और पूरी यात्रा में वह धार्मिक भावना से नहीं आयी है, किशोर की खोज के लिए आयी है। यह बात दूसरी है कि उसकी पूरी कथा-यात्रा प्रवाह से जुड़ी है। उसी में निःसृत है, उसी की समाप्ति पर उसकी खोज भी खतम होती है और सत्येंद्र जैसे मेधावी व्यक्तित्व में परिवर्तन घटित करने का महत्त्वपूर्ण उपकरण भी बन जाती है। असल में रघु भैया मेधावी, बौद्धिक होते हुए भी गहरे में सश्रद्ध हैं और मानवीय मूल्यों को ही ईश्वर मानते हैं। नरेंद्र भी भावना के धरातल पर ही उन्नयन के रास्ते पर चलता है। समूचे उपन्यास में सत्येंद्र ही ऐसा है जो लेखक की आधुनिक चिंतना और परंपरा-संबंधी विचारों का प्रतिनिधि है। आधुनिक मन की कचोट और शंका को व्यक्त किया गया है। सत्येंद्र का कुल अनुभव देखिए : "प्रकृति की दुनिया कितनी लयमय है..." यात्रा में सत्येंद्र को इसका आभास हुआ। इस लयमयता की सृष्टि में छोटी-से-छोटी चीज लगी हुई है—पेड़, पौधे, पर्वत, नदी, यहाँ तक कि धूल भी....हमारे यहाँ, क्या पता इसीलिए सबकी पूजा होती है। प्रकृति की लयमयता में हम भी हैं। जो काम हमारा है, उसे करते चलना; जो जिम्मेदारियाँ हमारी हैं, उन्हें निबाहना...यह उस बड़ी लयमयता में अपना योगदान करना है। यह किसी पूजापाठ से कम नहीं। अलीगढ़, कचहरी, घर—सत्येंद्र को मंदिरों की तरह आलोकित दिख रहे हैं। भारतीय संस्कृति समस्त ब्रह्मांड में लय देखती है और उसमें अपनी विशिष्टता को लयबद्ध करना उद्देश्य मानती है। तब सब काम मंदिर जैसे ही पवित्र हो जाते हैं। यह भावनात्मक उपलब्धि जो तर्क, विवेक, सोच के रास्ते से आयी है, पूरे उपन्यास में व्याप्त है। इसीलिए यह उपन्यास आधुनिकता की चुनौतियों को झेलते हुए भी भारतीयता, जो उससे बड़ा तत्त्व है, से आलोकित है।

इस अनुभव-यात्रा में शामिल होना वृंदावन-यात्रा की उपलब्धियों को प्राप्त करना है। हिंदी के कुछ महत्त्वपूर्ण उपन्यासों में इसकी विशिष्टता के लिए गिनती होनी चाहिए।

मोहभंग का दारुण दस्तावेज : 'पाँच आँगनोंवाला घर'

डॉ. प्रेमशंकर

गोविंद मिश्र नये कथा-साहित्य के प्रतिष्ठित हस्ताक्षर हैं और उन्होंने रचना में लंबी दूरी पार की है। 'वह अपना चेहरा', 'उतरती हुई धूप', 'लाल-पीली ज़मीन', 'हुजूर दरबार', 'तुम्हारी रोशनी में', 'धीर समीरे' उनके प्रसिद्ध उपन्यास हैं। कहानी, यात्रा-संस्मरण, निबंध आदि विधाओं के भी उंनके कई संकलन हैं। हिंदी कथा साहित्य में उनकी उल्लेखनीय स्वीकृति है। 'पाँच आँगनों वाला घर' गोविन्द मिश्र का नवीनतम उपन्यास है जहाँ एक लंबे कालखंड की कथा को लिया गया है। कथा स्वतंत्रता संघर्ष से प्रारंभ होकर 1990 तक आती है जिसमें मोहभंग का स्वर प्रमुख है। 'पाँच आँगनों वाला घर' अपने शीर्षक से ही टूटती सम्मिलित परिवार व्यवस्था का बोध कराता है जो नये सामाजिक दबावों की एक अनिवार्य परिणति है। कथाकार ने बनारस के माध्यम से सामंती परिवेश का वर्णन पृष्ठभूमि के रूप में किया है—टूटता सामंतवाद और उसके स्थान पर आती नयी व्यवस्था। उपन्यास में छोटी-छोटी कई कहानियाँ हैं, एक बृहत्तर जीवन-परिदृश्य को पूरा करती। पर कथाकार की कुशलता यह कि वह उन्हें संयोजित कर कथा को मुख्य धारा में सम्मिलित करता है। उपन्यास का जब अन्त होता है तो कुछ मुख्य मुद्दे उभरते दिखाई देते हैं, जैसे राजन के माध्यम से टूटते परिवारों की ट्रेजिडी और सक्रिय सुराजी कार्यकर्ता सन्नी का गहरा मोहभंग। मोहभंग की दो दारुण स्थितियाँ हैं—व्यक्ति और समाज।

उपन्यास में एक साथ कई पीढ़ियाँ हैं, अपनी भूमिका का निर्वाह करती। राजन की दादी जोगेश्वरी और माँ शांति परिवार को एकजुट रखना चाहती हैं। पर बदले परिवेश में वह सम्भव नहीं : एक पोता अमरीका और दूसरा घर से कट गया है। कथाकार ने स्वतंत्रता संघर्ष के दिनों का वर्णन किया है जिसमें सन्नी, गोवर्धन, राधेलाल आदि ने सक्रिय हिस्सेदारी की। गोविंद मिश्र कथा का प्रमाणीकरण करना चाहते हैं, कई बार इतिहासकार की तरह। अगस्त क्रांति के दृश्य के बाद ही विभाजन की पीड़ा है जिसे मुंशी राधेलाल भोगते हैं।

भारतीय उपमहाद्वीप के विभाजन को भीष्म साहनी जैसे प्रतिबद्ध कथाकार ने भी लिपिबद्ध किया है। गोविंद मिश्र इस दिशा में सजग होकर कथाधार में सम्मिलित करते

हैं। स्वतंत्रता संग्राम के दौरान वे अंग्रेज हैडमास्टर स्मिथ का मानवीय पक्ष उभारते हैं जो साम्राज्यवाद का विरोध करता है। कंथाकांर मिश्र ने गाँधी के विराट व्यक्तित्व को केंद्रीयता दी है : गाँधीजी के प्रभाव के चलते ही गोवर्धन के जीवन में सादगी और आदर्श का विशेष महत्त्व था। उनकी पूरी संपत्ति एक झोले में समा जाती है। खान अब्दुल गफ्फार खाँ, सीमांत गाँधी याद आते हैं। पर सुराजी गोवर्धन की रुचि जश्न, जलसों में नहीं है। और जब गाँधी की हत्या होती है, तो वे गहरे मोहभंग की पीड़ा से गुजरते हैं। गोविंद मिश्र कथा को मोहभंग से गुजारते हुए सामाजिक यथार्थ का चित्रण करते हैं : राजनीति का मूल्यहीन व्यवसाय, अदूरदर्शी सत्ताकामी नेतृत्व, धर्म का व्यापार, उपभोक्तावादी दबाव और इस सबके बीच यातना भोगते सामान्य जन "सारंगी, संन्यास, संघर्ष, अजीब ग्राफ बनता है, सन्नी के जीवन का। पहला एक उपेक्षित, छोटे-से साज में ही डुबो लेने वाला जीवन, दूसरा अपने चोले से ही दूर ले जाने वाला जीवन और तीसरा सबसे जोड़ देने वाला।"

कथाकार गोविंद मिश्र एक सजग-सचेत नागरिक की तरह देश की पीड़ा को महसूस करते हैं और मोहभंग को करुण परिणति एक पहुँचाते हैं, सुराजी सन्नी के माध्यम से : "कहाँ से कहाँ आ पहुँचे हम—पूरी मूल्यहीनता के युग में प्रवेश कर गए, नैतिकता की बात उठाना ही आदर्शवाद हो गया। पतन का इतना लंबा रास्ता इतनी जल्दी तय हो गया कि एक सन्नी की ज़िंदगी भी न गुजर पायी।" मोहभंग ने कथाकार को भीतर तक उद्वेलित किया है जैसे कई विपरीत संसार हैं जिन्हें वह उपन्यास में चित्रित करना चाहता है : "लेकिन कहानी एक नेता के उत्थान-पतन की नहीं, एक सपने के टूटने की थी—सपना जिसे सन्नी ने देखा था, पूरे देश ने देखा था।" कहानियों के टुकड़े मुख्य कथावृत्त में जुड़ते चलते हैं, मोहभंग को गहराते और टूटते परिवारों की व्यथा-कथा कहते। इस दृष्टि से उपन्यास के अंतिम दो दृश्य गोविंद मिश्र के कथा-कौशल से निर्मित है सन्नी और राजन के माध्यम से। सन्नी देखता है भारतीय समाज का नैतिक पतन और राजन परिवार के विघटन को। भारतीय जीवन की इन त्रासदियों को गोविंद मिश्र शेक्सपियर की संश्लिष्ट ट्रेजिडी की तरह अंतर्भुक्त करने में सफल हुए और यह उनका सराहनीय पक्ष है।

'पाँच आँगनों वाला घर' में गोविंद मिश्र का समाजशास्त्री भी पर्याप्त सजग है। परिवारों का समाज भारत अरसे तक मातृसत्तात्मक व्यवस्था का पालन करता आया है। जोगेश्वरी माँ इसे निभाना चाहती हैं और उनकी इच्छा कि जैसे भी हो, परिवार बचा रहे। हारने लगती है, तब भी उनकी भावना है : चूल्हे भले अलग हो जाएँ, पाँच आँगनों में ऐसी कोई दीवार नहीं उठायी जाएगी जो इधर से उधर जाने का रास्ता रोक दे। सामूहिक पूजन के लिए वे मंदिर स्थापना का व्रत लेती हैं। बेटा राधेलाल के स्वतंत्रता आंदोलन के दौरान भूमिगत हो जाने पर, वे घर-गृहस्थी का दायित्व निभाती हैं, मुखिया की तरह। बँटवारे का सदमा वे सहन नहीं कर पातीं और उनके चले जाने से उपन्यास में सन्नाटा छा जाता है : 'बड़ी आत्मा थी कोई जो इस घर को छोड़कर चली गई।' व्यापक स्तर

पर इसकी अर्थध्वनि है, गाँधी के विराट व्यक्तित्व का तिरोधान। गोविंद मिश्र के लिए पूरा महादेश ही जैसे एक परिवार है और किसी भी कारण से, इसके टूटने-बिखने को वे करुण त्रासदी के रूप में देखते हैं। यह टेक बार-बार उपन्यास में आती है कि आँगन के ऐसे टुकड़े न हों कि भाई-चारा ही समाप्त हो जाय।

भारतीय परिवार के दृश्य उभारते हुए, गोविंद मिश्र आधुनिकतावादी दबावों की उस उच्च मध्यवर्गीय मानसिकता से मुक्त हैं जिसमें व्यक्ति का अंतर्द्वंद्व प्रमुखता पाता है। कई बार कथानक दो व्यक्तियों की मनोगाथा में भी उलझकर रह जाता है। निश्चय ही गोविंद मिश्र को प्रेमचंद जैसे कथाकारों से प्रेरणा मिली है जहाँ होरी गहरी पारिवारिक पीड़ा से गुजरता है। उपन्यास में कई चरित्र आते हैं जैसे गोविंद मिश्र संयुक्त परिवार का बिंब उभारना चाहते हैं। मुंशी राधेलाल 'आमिल' का पूरा कुनबा रक्त-संबंधों का अतिक्रमण करता है : बिरादरी के लिए रक्त-संबंध अनिवार्य नहीं है। सब कुछ निःस्वार्थ त्याग-बलिदान पर टिका था, पर धीरे-धीरे टूट-बिखर रहा है। अंतरंग दृश्य उभारने में 'पाँच आँगनों वाला घर' कई बार कविता के समीप प्रतीत होता है : ''लहरें उठने और गिरने लगीं। राजन लहरों में तिरने लगा। गंगा किनारे सूरज डूबता हुआ—घाटों पर मंदिर, मंदिर के कलशों पर जैसे पीली-सुनहरी चिड़िया फुर्र से आये और बैठ जाये। पिघला हुआ सोना जैसे किसी ने ताँबे की बड़ी थाली में छोड़ दिया—गंगा का पानी घुला जाय, बहा जाय।'' जीवनानुभव को विवरण वृत्तांत से ऊपर उठाकर संवेदन का धरातल दे पाने का कार्य कथा-साहित्य में कठिनतर होता जाता है और गोविंद मिश्र ने इस दिशा में कला-समृद्धि का प्रयत्न किया है।

'पाँच आँगनों वाला घर' की एक समग्र रचना-दृष्टि है और इसका उल्लेख इसलिए ज़रूरी है क्योंकि प्रायः नये साहित्य के विशेष प्रसंग में कहा जाता रहा है कि उसका 'विज़न' आधा-अधूरा है। यथार्थ के अतिरिक्त दबाव भी कई बार बाधा बनते हैं। गोविंद मिश्र ने उपन्यास में शमीम मियाँ जैसे सांस्कृतिक सौमनस्य के प्रतिनिधि चरित्र को रचा है, जिन्हें राजन चाचा कहता है। कुछ समय पूर्व ऐसे ही नाते-रिश्ते हुआ करते थे क्योंकि राजनीति का अवमूल्यन इस सीमा तक नहीं हुआ था कि वह मतपत्र अथवा सत्ता-संघर्ष तक सीमित हो जाय। उपन्यासकार के मानस में कुछ मानवीय चिंताएँ हैं जिन्हें वह सर्जनात्मक प्रतिबद्धता के साथ प्रस्तुत करता है। सामयिक प्रश्नों पर निर्भीक टिप्पणी की गई है और हमें उद्धरणीय वाक्य मिलते हैं : 'धर्म में बहुत हुआ तो अकेले ही मुक्ति की बात हुई, बात तो तब है जब दूसरों का भी कुछ हो।' उपन्यासकार स्वयं 'नरेटर' नहीं है, पर उसकी चिंताएँ पात्रों, स्थितियों के माध्यम से व्यक्त हुई हैं : अंधी गली में फँसा देश, विदेश का बढ़ता मोह, उपभोक्तावादी दबाव, मूल्यहीन राजनीति आदि। पात्रों का सहारा लेकर वे अपनी बात कहते हैं और यह देखकर आश्चर्य होता है कि इन सबका निर्वाह कथा-प्रवाह में होता है। पात्रों की लंबी सूची है और कथाकार का प्रयत्न यह कि इनकी चारित्रिक रेखाएँ उभरें, वे कथा-धार में तैरते रहें।

पात्रों की एक से अधिक प्रकार की पीढ़ियाँ उपन्यास में हैं : सुराजियों के दल, सम्मिलित कुटुंब व्यवस्था, बुजुर्गों से लेकर नई पीढ़ी तक के लोग और अपने विशिष्ट मानवीय चरित्र के साथ कोठेवाली कमलाबाई। कमला के माध्यम से कथाकार ने नारी को अपनी सहानुभूति दी है। जो विवश परिस्थितियों में यहाँ आई है। चरित्र ऐसा कि वे राधे की पत्नी को 'भौजी' कहकर संबोधित करती हैं। दरअसल-मोविंद मिश्र पात्रों के माध्यम में भारतीय इतिहास के आधुनिक इतिवृत्त को पूरा करना चाहते हैं—बलिपंथी स्वतंत्रता संघर्ष से लेकर विचित्र वर्तमान परिदृश्य तक। नैतिकता, मूल्यवत्ता से चलकर कहानी टूटते-बिखरते मूल्य संसार और गहरे मोहभंग तक आती है। जोगेश्वरी सम्मिलित कुटुंब की मुखिया, बेटा राधे, फिर राजन और अंत में छोटू—इस प्रकार चार पीढ़ियाँ उपन्यास में हैं—योरोपीय 'सागा' की तरह। सन्नी गोवर्धन का गाँधीवादी आदर्श है और दूसरी ओर राजन की आधुनिक संतान है। बड़ा लड़का विदेश और छोटा अपने पिता को पुराने फैशन का कहकर, मदिरा-सेवन में उलझा। बेटी का जीवन भी सुखी नहीं। उपन्यास यथार्थ को तल्खी के साथ उभारता है। कथाधार में पात्रों को तैराते हुए गोविंद मिश्र उन्हें आकस्मिक ढंग से दृश्य से हटा देना आवश्यक नहीं समझते। पात्र अपनी छाप छोड़ते हैं, थोड़ी ही सही। कई बार नेपथ्य में उपस्थित रहते हैं और अवसर पाकर रंगमंच पर पुनः आ जाते हैं।

एक लंबे समय को कथा में बाँधना सरल नहीं होता और इसके लिए 'महाकाव्यात्मक उपन्यास' जैसे शब्दों का प्रयोग किया गया है। गोविंद मिश्र ने भारतीय समाज के बदलते परिदृश्य को अंकित करना चाहा है, जो कई बार वर्तमान संदर्भ में बेपहचान-सा लगता है। यहाँ लेखक अपनी संलग्नता के साथ उपस्थित है जिसे हम रचनाकार की चिंता कहते हैं। गोविंद मिश्र एक यशस्वी कथाकार हैं और उनके पास स्वयं को अभिव्यक्ति दे सकने की क्षमता है। भाषा के एक से अधिक स्तर उनकी सामर्थ्य के प्रमाण हैं। तत्सम भाषा के साथ बोलचाल की मुहावरेदानी का प्रयोग उपन्यास को पठनीय बनाता है और इसके साथ यात्रा करने में कठिनाई नहीं होती। गोविंद मिश्र के कथा-साहित्य का देशज चरित्र उनकी शक्ति है और पात्रों के विन्यास से लेकर भाषा-शिल्प तक में उसे देखा जा सकता है। आज जब उपन्यास के 'ठहराव' की बात की जाती है, तब 'पाँच आँगनों वाला घर' जैसी कृतियाँ हिंदी-कथा-साहित्य की नयी समृद्धि की सूचना देती हैं।

टूटते परिवार और बिखरते मनुष्य की करुण गाथा

चंद्रकांत बांदिवडेकर

गोविंद मिश्र के सातवें उपन्यास 'पाँच आँगनों वाला घर' का केंद्र बिंदु भारतीय मध्यवित्त वर्ग का घर है जिसका पिछले पचास वर्षों (1940-1990) में विघटन हुआ है। यह विघटन अपने समग्र परिवेश और संदर्भ के साथ चित्रमय रूप में प्रस्तुत किया गया है। गोविंद मिश्र का लेखकीय वैविध्य यह है कि वे मुख्यतः किसी भी स्थिति के भावनात्मक-संवेदनात्मक पक्ष को मद्देनजर रखते हैं और उस संवेदनात्मक अनुभव को कलात्मक संप्रेषणीयता देते समय जितना आवश्यक और अनिवार्य है उतना ही संदर्भ देते हैं। संदर्भ से अभिप्राय प्रसंग विशेष या व्यक्ति विशेष की सांस्कृतिक-राजनैतिक-सामाजिक स्थिति से है। इसका परिणाम यह होता है कि गोविंद मिश्र का उपन्यास जीवनानुभव की दृष्टि से रसवत्ता से संपृक्त रहकर पाठक की बौद्धिक जिज्ञासा को भी परितृप्त करता है और परिवेश की सुदृढ़ नींव पर उपस्थापित जीवनानुभव गहनता के साथ व्यापकता का भी उत्थान उपलब्ध करता है। गोविंद मिश्र के उपन्यास में ऐसी जटिलता नहीं होती कि पाठक की बौद्धिकता को चुनौतियाँ मिलती रहें और अनेकार्थों की गुंजाइश रहे। जो व्यामिश्रता में कमी है उसकी पूर्ति अनुभव की सघनता और व्यापकता से होती है। जीवनानुभव को वजन देने लायक भरपूर पृष्ठभूमि के बावजूद दर्शन की अमूर्तता को गोविंद मिश्र कभी नहीं छूते। इस दृष्टि से स्पष्टता, सहज संप्रेषणीयता और ठोसपन के साथ अपनी जीवनदृष्टि को वे जीवनानुभव के माध्यम से ही कलात्मक ढंग से प्रस्तुत करते हैं अर्थात कहीं भी अकलात्मक की रेखा को छूने नीचे नहीं उतरते। उपन्यास जैसी गद्यात्मक विधा में जहाँ कलाकार को वर्णन, विवरण, कथन का पर्याप्त उपयोग करना पड़ता है वहाँ यह कला-कर्म कठिन होता है। दास्तयोव्हस्की दर्जनों पंक्तियों में अपने चरित्रों के स्वभाव का विवरण देता है, प्रसंगों की जानकार एक इतिहासज्ञ की तरह देता है परंतु फिर भी वह सब कुछ जीवनानुभव की विराटता में अनिवार्य बन कर आता है। यह उपन्यासकार के लिए लगभग एक चुनौती सी होती है।

तीन भागों में विभाजित इस उपन्यास के प्रथम भाग में 1940 से 1950 के काल में एक परंपरागत बरगद जैसा फैला हुआ और जमीन में गहरे धँसा हुआ 'पाँच आँगनों वाला घर' चित्रांकित होता है। यह घर तेजी से खंडित होता अपनी क्षयावस्था में सामने

आता है। इसमें ढहते बड़े घर को सँभालने की कोशिश में लगे व्यक्तियों की व्यथा और सक्रियता का चित्रण है। दूसरे भाग में 1940 से 1975 के बीच 'पाँच आँगनों वाले घर' की पूरी विघटन कथा है अपनी समग्र परिवेशीय पृष्ठभूमि के साथ। बड़े घर के बँटवारे से घर ही विघटित नहीं हुआ है, मनुष्य का मन भी सिमटकर छोटा होता दिखाया गया है। तीसरे भाग में 1980 से 1990 का समय है जिसमें उस बड़े घर का एक छोटा परिवार भी खंड-खंड हो रहा है। घर एक व्यक्ति तक सिमट आया है। इसमें अपनी पाँच आँगनों वाले घर की सांस्कृतिक धरोहर से पूर्णतः अनजान व्यक्तियों की जीवन दशा का कारुणिक बोध कराया गया है। यह तीसरी पीढ़ी है जिसमें अत्यधिक आत्मकेंद्रित व्यक्ति समूचे भारतीय आध्यात्मिक परंपरा से वंचित हो कर, उपभोक्ता संस्कृति के बहकावे में अपनी अस्मिता खो केवल अपने भौतिक और ऐंद्रिय सुखों की तलाश में धुरी-हीन और दिशाहीन बनकर भटकने को बाध्य है। इस दिशाहीन दौड़ में वे ही लोग कुछ सार्थकता अनुभव करते दिखते हैं, जो पाँच आँगनों वाले घर के मूल्यवान संस्कार जैसे कि अंगोटने की जगह बाँटना, दूसरे के लिए त्याग में आनंद पाना, प्रेम और करुणा के संस्कार—इन्हें आंशिक रूप में ही सही स्वीकार कर जी रहे हैं। इस सार्थकता के संकेतों का कलात्मक रेखांकन उपन्यास के मूल आशय को वजन देता है।

चूंकि यह मुख्यतः मध्यवर्गीय जीवन-दशा का चित्रण है, चरित्र उसी मात्रा में हैं, जितनी में वे जीवनदशा को स्पष्टता दे सकते हैं। दूसरे शब्दों में 'पाँच आँगनों वाला घर ही यहाँ नायक है और मनुष्य-चरित्र उस घर की स्थिति गति या अवस्था को रेखांकित करने में सहायक हैं। लेकिन दूसरी ओर इस पूरी घर की कथा में मनुष्य जीवन के स्थायी और बदलते जीवन मूल्यों की स्थिति के सशक्त संकेत आद्योपान्त पिरोये हुए हैं। यह कथा पूरे भारतीय मध्य वर्ग के समाज का भी एक गझिन स्पर्श लेकर पाठक के मानसिक क्षितिज को विस्तार देता है। लेखक की प्रतिबद्धता निरी बौद्धिक नहीं है, वह अपनी समूची अंतरंगता से इन मूल्यों की स्थिति गति से जुड़ा हुआ है। जोगेश्वरी, शांतिदेवी, नइकीचाची, तवायफ कमलाबाई, राधेलाल, सन्नी, मोहन, भारतीय सांस्कृतिक परंपरा के स्वस्थ परिवाहक हैं तो बांके, रम्मो, बंटू, बिटटो, छोटू नयी उभरती व्यक्ति-केंद्रित, स्वार्थी, भौतिक सुख-सुविधा में ही जीने की आकांक्षी संस्कृति के शिकार हैं। राजन और भाभी ओमी इन दो के बीच मानसिक दृष्टि में पहले पक्ष के और परिस्थितिजन्य विवशता से दूसरे पक्ष की ओर खिंचे जा रहे ऊबडूब करने वाले व्यक्तित्व हैं। सभी के वैशिष्ट्यों की अलग-अलग पहचान को कलात्मक ढंग से रेखांकित करते हुए लेखक ने औपन्यासिक जीवनानुभव को विलक्षण संतुलित ढंग से आकार दिया है। जीवनानुभव के विविध अंगों को समन्वित करते समय सामान्यतः लेखक कहीं भी भावुकता, भड़कीलापन और अतिरेक को प्रश्रय नहीं देता। हो सकता है आक्रोश, तेजतर्रार विद्रोही स्वर और चमक दमक को सही प्रतिभा का लक्षण मानने वाले पाठक को यह धीमी गति, संयत अभिव्यक्ति और आत्मानुशासित स्वरावली रास न आए लेकिन परिपक्व मन को यह रचना निश्चय ही प्रभावित करेगी।

'पाँच आँगनों वाला घर भारतीय संस्कृति और परंपरा को निभाता है और काल के अनुसार मिलने वाले थपेड़ों आघातों को सहता हुआ खड़ा है। कैसा है यह घर? प्राचीन, विशालकाय मोटे तने और दूर तक फैली हुई जड़ों पर खड़ा, असंख्य डगालों का भार धारण किये दूर तक छाया देनेवाले बरगद के सान्निध्य में स्थित है 'पाँच आँगनों वाला घर'। अपने पुराचीन गौरव के अनुकूल सभी का आदर समेटे हुए इस बरगद से बच्चे भय भी खाते थे और इसकी छाया में आश्वस्त भाव से खेलते भी थे। भारतीय संस्कृति की छाया में पलने वाले समाज की तरह भय और आश्वस्ति को लेकर जीने वाले को बरगद छाया देता है। लम्बे-चौड़े पाँच आँगन वाले घर में अनगिनत कमरे हैं, यहाँ हर दिन चालीस लोगों का खाना बनता है, परिवार के सदस्य परंपराओं के अनुशासन में सुख से जी रहे हैं। इसमें रहने वाले लोग अपनी प्रवृत्ति और ज्ञापन के अनुसार काम कर रहे हैं, कुछ निकम्मे भी रह रहे हैं। संगीत की मजलिसें होती हैं, मुशायरे होते हैं, मुजरे होते हैं, संक्रान्ति, होली जैसे त्योहार एवं उत्सव आह्लादपूर्वक मनाये जाते हैं। यहाँ सब बच्चे सबके बच्चे बन कर जी रहे हैं। प्यार और सुरक्षा पा रहे हैं। पिता को भले ही मालूम हो कि उनके बच्चे कौन से हैं, बच्चों को मालूम नहीं रहता उनके पिता कौन हैं। बड़ों का लिहाज है तो छोटों को प्यार भी मिलता है। स्त्रियों के पुरुषों के साथ, स्त्रियों के स्त्रियों के साथ संबंध पारंपरिक नियमों के अनुसार बिना किसी चुभन के निभ रहे हैं। सबका एक साझा मंदिर है, सौर का घर है, चूल्हा एक है। खोमचे वाले से सभी बच्चों को सुबह एक ही प्रकार का नाश्ता मिलता है। हिंदू मुसलमानों के संबंध हार्दिक हैं और त्योहारों पर खाना भी साथ बैठ कर खाने में कोई कठिनाई नहीं है। ''एक दूसरे की कहरता का सम्मान था और एक-दूसरे की रस्मो-रिवाज में शामिल होने का चलन''। भविष्य की चिंता कभी-कभी उठती थी, अन्यथा ''लोग सिर्फ, बहे चले जा रहे थे।'' संबंधों में सहज आत्मीयता थी, लेनदेन की अकृत्रिम इच्छा थी, भाईचारे की भावना को वैयक्तिकता की अस्मिता के काँटों ने बिद्ध नहीं किया था, जीने और जीने देने की, दूसरे के साथ बाँट कर भोगने की, दूसरे के दुख में मनपूर्वक भागीदारी करने की, स्वार्थत्याग करते समय सहज स्वभाव से अकुंठित भाव से सक्रिय होने की शिक्षा पाँच आँगनों वाले घर में सहज विरासत में मिलती थी। इस घर की सांस्कृतिक विरासत ने आगे चल कर ढहती और लड़खड़ाती संस्कृति की दशा को विरोध-संबंध से पार्श्वभूमि देकर प्रभावशाली कर दिया है।

लेकिन इस घर को बाहर और भीतर से आघात सहन करने पड़ते ही हैं। भले घर की बेटी जोगेश्वरी ने अपने संपन्न मायके से आकर भी अपने ढहते ससुराल को अपनी प्रबंध कुशलता और स्नेह से संपन्न स्थिति में ला दिया। अपने गंजेड़ी और निष्क्रिय पति के बावजूद घर के सभी सदस्यों को जोड़ा ताकि सब थोड़ा-थोड़ा कमायें और साथ रहें, जोगेश्वरी ने पति की मृत्यु के बाद विधवापन को सहज रूप में ढोते हुए घर को अपने कौशल से सँभाला। अपने बड़े पुत्र राधेलाल की वकालत पर अधिकांश रूप में निर्भर

परिवार को बिखर जाने से बचाया, बाहर परिवार की प्रतिष्ठा को सुरक्षित रखा। लेकिन स्वतंत्रता संग्राम और महात्मा गाँधी की कांग्रेस ने राधेलाल को अपने पास खींच लिया। राधेलाल नेकदिल, कलाप्रिय, भावुक व्यक्ति थे। वे देश की पुकार को अनसुना कर आत्मकेंद्रित नहीं रह सके। आत्मकेंद्रित होना संयुक्त परिवार की संस्कृति ने उन्हें सिखाया ही नहीं था। राधेलाल को जोगेश्वरी अपने घर को ध्यान देने के लिए कहती है तो राधेलाल जवाब देते हैं...देश भी तो हमारा ही घर है, हमारा बड़ा घर। वहाँ जो हो रहा है, उसे अनदेखा हम नहीं कर सकते। उससे जुड़कर ही हम इस छोटे घर के हो सकते हैं। सच्ची तृप्ति हमें देशप्रेम से ही मिल सकती है, जैसे तुम्हें भगवान से जुड़कर मिलती है। ''एक प्रश्न मन में पैदा होता है। क्या स्वाधीनता के बाद मनुष्यों की पौध जो आत्मकेंद्रिता की ओर तेजी से जाने लगी तो उसका संबंध कहीं बड़े घर के टूटने से तो नहीं है? संभवतः गोविंद मिश्र का इशारा इस ओर है और अगर वह है तो वे एक गहरी समाजशास्त्रीय बात प्रस्तुत कर रहे हैं। जमीन से जुड़ते, वक्त की धारा से जुड़ने के प्रयास में राधेलाल स्वाधीनता संघर्ष में अपने को झोंक देते हैं जिससे घर के मजबूत आर्थिक आधार कमजोर होने लगते हैं। आंतरिक आघात, अन्य सदस्यों का कुछ कमजोर होना, अपने से अधिक कमजोर से गुस्सा करना इत्यादि कारण भी थे। जोगेश्वरी ने कुछ दिन काम चलाया परंतु उसके गिरते स्वास्थ्य और पोतों की पढ़ाई और नौकरी के लिए बाहर जाने से घर बिखर ही गया। बांके जैसे खुदगर्ज लड़ने ने तो बँटवारे के लिए जोरदार प्रयास किये। बड़ा घर बँट गया।

दूसरा भाग दीवारें (1960-1975) बड़े घर के बँटवारे के बाद सदस्यों में उग आयी दीवारों की करुण कथा है। स्वाधीनता के आसपास पैदा हुए राजन के विवाह के प्रसंग से दूसरा भाग प्रारंभ होता है क्योंकि बँटवारे के पहले संयुक्त परिवार में मनाया गया यह अंतिम उत्सव है, फिर ''बँटवारें में जहाँ तहाँ छोटी-बड़ी दीवारें उग आयी थीं''। ये दीवारे घर की थीं उसी तरह मन की भी थीं क्योंकि जो राजन के साथ खेले थे उनके और राजन के बीच एक दूरी उग आयी थी। मृत राधेलाल की दुखद स्मृतियों को ढोते हुए और उससे भी अधिक निकम्मा होने के कारण और छोटी-छोटी चोरियाँ करने की आदत के कारण लताड़े गए, उपेक्षित, घर से भागे सन्नी की याद को मन में सँजोये जोगेश्वरी उसकी प्रतीक्षा में दिन गुजार रही थी। ''एक तरफ चारपाई पर बिस्तर हमेशा लगा हुआ...सन्नी पता नहीं किस रात एकाएक आ जाए, जैसे पहले करता था।'' मोहन का नागपुर नौकरी के लिए जाना उस बड़े घर के लिए एक दुःस्वप्न था जिसको बहुत विवशता में जोगेश्वरी और शांतिदेवी ढो रही थीं। मोहन के नौकरी लगने पर राजन और श्याम का शिक्षा के लिए वहाँ जाना परिवार का और विखंडन था। राजन बड़े घर को अंतिम बार देख कर चला तो उसे लगा। ''फिर क्यों ऐसा लगता है कि कुछ बड़ा था जो पीछे छूट गया था।'' बड़े घर और परिवार की अनेक मधुर स्मृतियों को और उस सबमें निहित बड़प्पन के अंश को त्याग कर जाने का राजन को दुख है ''तर्क अपनी

जगह हैं, लेकिन सामने तो उसके बचपन का पाँच आँगनों वाला घर था, किसी बड़े बुजुर्ग के समान....जिसकी गोद में वह इधर से उधर होता था, बुजुर्ग प्यार से थपथपाते रहते।" राजन अपनी पत्नी रम्मो के बारे में कहता है "रम्मो रईस घर की तो है लेकिन बड़े घर की नहीं–" राजन सोच रहा था....रम्मो के घर में माँ-बाप सगे भाई-बहिन के अलावा कभी कोई रहा ही नहीं कि वह पाँच आँगनों वाले घर को समझ सके। पूरे उपन्यास की कहानी राजन की संवेदना के माध्यम से लिखी गयी है। राजन बड़े घर और बाद के अपने छोटे घर के बीच लगातार आंदोलित और पीड़ित रहता है, अपने गहरे लगाव के बावजूद रम्मो के धकियाने पर अपनी जड़ों से क्रमशः अलग होता जाता है और टूटन का दर्द भोगता है।

राजन का बड़ा भाई मोहन राजन और श्याम की पढ़ाई का बोझ उठाता है। उसकी पत्नी ओमी माँ की तरह राजन को प्यार करती है परंतु रम्मो के प्रभाव में राजन इनसे भी दूर होता हुआ केवल रम्मो की इच्छाएँ पूरी करने के लक्ष्य में अपना सारा आत्मिक सुख गँवा बैठता है। रम्मो के विशिष्ट स्वभाव के मूल में रही कुंठाओं का, अपने स्वभाव और विचारों के विरोध में रम्मो के आकर्षण में बँधे राजन के बेतहाशा आत्मकेंद्रित सुखवादी रास्ते पर दौड़ने के मूल में स्थित रम्मो की शक्ति का बड़ा सजीव चित्रण गोविंद मिश्र ने किया है। ओमी और उसकी बहन स्नेह से आंतरिक लगाव के रहते हुए भी रम्मो के आकर्षण में दौड़ने की राजन की विवशता का चित्रण एक अच्छे कलाकार के लिए चुनौती भरा विषय था और लड़के ने बड़ी शिद्दत से उसका चित्रण किया है। ओमी और रम्मो के बीच भयंकर विरोध भाव है। भाई और भाभी ओमी के प्रति राजन के प्यार और कृतज्ञता को रम्मो बड़ी चालाकी से काट देती है। बड़े घर के प्रति आकर्षण को अपनी जहर भरी नागर संस्कृति के रंगों से रम्मो पोंछ देती है। रम्मो राजन को अपने पीछे-पीछे ऐसे खींच ले आती है कि कानपुर में वर्षों बाद मिले लापता सन्नी चाचा को भावुकता में अपने साथ रहने का अनुरोध करने वाले राजन को भी तब छुटकारा सा मिला जब सन्नी चाचा खुद पहले ही दिन उनका घर छोड़ कर चले जाते हैं। राजन और सन्नी चाचा के बीच सम्मिलित परिवार और एकल परिवार के स्वरूप मूल्यों और संस्कारों पर जो बातें होती हैं वे समूचे औपन्यासिक अनुभव के मूल में विद्यमान होने से सहज स्वाभाविक लगती हैं। सन्नी चाचा एक सही बात पर उंगल रखते हैं–"दरअसल बड़े परिवार को ढूँढ़ना मुझे आ सका क्योंकि मैं बनारस वाले परिवार में पला था। थोड़ा-बहुत तुम ऐसा कर सकते हो, क्योंकि तुमने वह देखा है। तुम्हारे बच्चे...वे ऐसा कर सकेंगे...मुझे शक है।" सम्मिलित परिवार का एक अपना खास संस्कार था–हर व्यक्ति निःस्वार्थ बलिदान की भावना को खून में पालता था और वह भावना किसी भी बड़े स्वप्न के लिए खाद जैसी थी। वह संस्कार की हमारी मानसिकता से गायब हो गया। उपन्यास में इस बात को रेखांकित कर यहाँ एक बहुत महत्त्वपूर्ण तथ्य पर कह सकते हैं कि भारतीय मानसिकता के मर्म स्थल पर उँगली रखी गयी है।

इसीलिए यह उपन्यास मूल्य-दृष्टि की संपन्नता की ऊँची सीढ़ी पर विद्यमान है। उपर्युक्त संस्कार के विपरीत रम्मो के व्यक्तित्व में जो जीवितेष्णा है, वह जीवन को भरपूर जीने, बूँद-बूँद उसका रस निचोड़ने की बेचैनी में व्यक्त होती है। यही अकेले भोग की, न बाँटते हुए भोग की जीवितेष्णा रम्मो के तीनों बच्चों में बहती है, राजन को अपनी मूलधारा से काट कर अपने साथ बहा ले जाती है। राजन भीतर से कैसे धीरे-धीरे बदलता जा रहा था अपनी अंतरात्मा की कचोट के बावजूद इसका बड़ा ही प्रभावपूर्ण चित्र गोविंद मिश्र ने किया है जो एक तरह से प्रतीकात्मक भी है क्योंकि मध्यवर्ग की मानसिकता को शक्तिशाली ढंग से वह प्रतिबिंबित करती है। खतरनाक बात यह है कि यह मध्यवर्ग भारतीय मानस को बुरी तरह से प्रभावित कर रहा है। अपनी राह साफ करते हुए, जीवन मूल्यों की बलि देते हुए निर्मम दौड़ और होड़ आज भारतीय मध्यवर्ग के संस्कारों का एक सड़ियल हिस्सा बनता जा रहा है। इसीलिए यह उपन्यास न केवल मौजूदा मध्यवर्ग का बल्कि आज के समूचे समाज की मानसिकता का दस्तावेज बन गया है। राजन बदल रहा है—सन्नी चाचा के चले जाने के बाद की स्थिति का विवरण देखिए—"जहाँ प्रवचन हुआ था दौड़कर वहाँ पहुँचना, उपाध्याय जी के आवास का पता लगाना सन्नी चाचा को फिर से ढूँढ़ निकालना यह इच्छा तत्काल उठी पर उतनी ही तेजी से बैठ भी गयी। राजन को उल्टे मुक्ति का एहसास हुआ—कहने को वह कह गया था कि सन्नी चाचा उसके साथ रहे पर रम्मो के रुख को देखते हुए क्या यह संभव था? राजन रम्मो के कब्जे में है, उसके संकेतों पर जीवनचर्या को ढालता जा रहा है, सन्नी चाचा के पास होने में ऐसा लगता है जैसे बहते और साफ पानी के पास बैठे हो, लेकिन अंतर्मन की यह सफाई भी देखिए—"सन्नी चाचा के बहने को नहीं रोकना चाहिए। अच्छा यही है कि ऐसे ही फिर कभी मिलना हो तो पास बैठ लिया जाए—और बस। उतने कम समय के लिए ही सन्नी चाचा के साथ होने से कोई प्यास सी राजन के भीतर कुनमुनाने लगी थी।" यह वही मानसिक लहर है जो किसी दो नम्बर के पैसे वाले के मन में किसी साधु के सान्निध्य में बैठने पर होती है। राजन का अपनी अन्तरात्मा की कचोट को दबाना और अपने मन को समझाना ऐसे व्यक्ति की मानसिकता है जो बड़े घर में संस्कार पाकर भी प्रत्यक्ष आचरण में आत्मकेंद्रिता का रास्ता नहीं छोड़ पाता। गोविंद मिश्र ने अनेक प्रसंगों में राजन की यह छटपटाहट और अपने मन की उदात्तता को नोचते रहने की विवशता का बड़ा शक्तिशाली अंकन किया है। बंटू के अमेरिका जाने के बाद भी राजन यही करता है और गोविंद मिश्र लेखकीय स्तर पर टिप्पणी करते हैं—"राजन के साथ खास क्या हो रहा है।" (पृ. 222)

राजन और रम्मो की भ्रष्टाचार के रास्ते, आर्थिक संपन्नता की ओर दौड़ और मोहन और ओमी के निष्कलुष मूल्यधर्मी रास्ते पर चलना....इस अंतर के चलते दोनों के बीच मानसिक दरार पड़ जाती है। साथ ही साथ आज की होड़भरी जिंदगी में मोहन जैसे सदाचारी व्यक्ति को अंत में किस कठिनाई का सामना करना पड़ता है इसका भी

उपन्यास में संकेत है। मनुष्य केवल भोजन पर नहीं जीता उसे सिर पर एक छप्पर भी चाहिए और यह छप्परविहीन होने का भय मोहन जैसे दृढ़ चरित्र व्यक्ति को भी कुछ-कुछ विचलित करता है। समाज के चिंतकों को इस पर भी विचार करने की जरूरत है। मोहन और राजन के बीच की दूरी मूक किंतु सशक्त अभिव्यक्ति के साथ-साथ रम्मो और ओमी के बीच की ईर्ष्या, मान-अपमान की प्रचंड मुखर अभिव्यक्ति–इस तरह गोविंद मिश्र ने मनुष्य को अलगाने वाली दीवारों का बड़ा शक्तिपूर्ण ढंग से संकेत किया है। जीवन में बहुत कुछ है जो तर्क और विचार के परे होता है। आत्मकेंद्रित रम्मो बीमार शांतिदेवी (राजन की माँ) को भी अपने घर रखने को तैयार नहीं होती–''मैं अपने घर में मनहूसियत नहीं चाहती–चार दिन जिंदगी के हैं और उसे आहें-कराहें सुनने में काट दो। ऊँह!'' राजन हक्का बक्का रह गया अम्मा की बीमारी से मनहूसियत होगी? कोई बीमार हो, अपाहिज हो जाए तो अस्पताल में रहे, घर पर नहीं? अभी तो गनीमत है कि अम्मा के लिए मोहन भैया हैं, श्याम हैं–राजन इकलौता होता तो? एकदम पगलैट जो दादी अम्मा थी, उन्हें भी बनारस के घर ने स्थान दिया था–और कितने आदर के साथ। इन छोटे घरों/फ्लैटों में आकर हम वाकई छोटे हो गये। केवल अपने छोटे परिवार के कामों में ही, रम्मो के धकियाने पर ही सक्रियता अनुभव करने वाला राजन पूर्णतः एकल परिवार केंद्रित व्यक्ति बन जाता है। फिर भी बँटवारे में उसके हिस्से आये एक कमरे को नइकी चाची के लड़के को दे डालता है, रम्मो से छिपा कर। यही एक बड़े घर का स्मृति चिह्न राजन में शेष है। अपनी माँ के प्रति अनौपचारिकता निभाने का काम भी राजन से नहीं हो पाता–''एक वक्त होता है प्रेम का जब वह बीत गया तो चाहे जितना कोशिश करो–दूरियाँ ही हाथ लगना है। इससे अच्छा तो मिलने से बचा जाए ताकि पुराना कुछ तो रहे।'' अम्मा की मृत्यु के बाद राजन केवल अपने एकल परिवार और बच्चों के लिए जीवित है (बच्चे जो उपन्यास के तीसरे खंड में आत्मकेंद्रित की अंतिम हदें छूते हैं)–''दुःख हुआ कि अम्मा के जाने के बाद जिस संबंध पर राजन टिकने की सोच रहा था इतनी जल्दी चरमरा गया। रहेंगे तो सभी–उधर भैया भाभी, उधर राजन रम्मो इधर श्याम, बनारस में और लोग,–पर पुरानी दुनियां, बनारस के घर की दुनियां, वे भावनाएँ? अम्मा जैसे अपने साथ उस दुनिया का सारा कुछ समेटते हुए ले गयी थीं।'' राजन के साथ सिर्फ पत्नी रम्मो है जो उसे उसके सारे कारनामों को जानने की और जरूरत पड़ने पर उसे जेल में डलवाने की धमकी भी देती है। राजन की इस परिणति को कुछ विशेष भाव से कलात्मक संतुलन दिया है सन्नी और मोहन के सान्निध्य ने, मोहन की सुदृढ़ सदाचार-निष्ठा ने चूंकि दोनों में उस परिवार के संस्कार जीवित रहे हैं।

तीसरे खंड का शीर्षक है अंधी गली (1980-1990) जो मुख्यतः राजन के एकल परिवार के संपूर्णतः टूटने-बिखरने की कथा है। राजन और मोहन के बीच ऐसी दरार पैदा हुई है कि मोहन और ओमी बंबई आकर भी राजन के घर नहीं होटल में ठहरते हैं। राजन सोचता है ''जरूर रंजिश होगी पर क्या सिर्फ रंजिश है? उसे लगता है कुछ हुआ

है इस बीच—कुछ बड़ा, उनके घरों के बाहर—जिसने हवा ही बदल कर रख दी है, जिसने भैया भाभी और राजन को यूँ ला खड़ा किया—सब अपनी-अपनी तरफ़ एक हिचक में अटके हुए, राजन उन्हें, वे उसे लाचार सा तकते हुए।''

राजन की व्यथा के प्रति उसके तीनों बच्चे पूर्णतः उदासीन हैं। उनके लिए चाचा और चाची महज अभिप्राय शून्य नाम मात्र हैं, अंकल आण्टी! उनके लिए यह मम्मी पापा का मसला है—देयर प्रौब्लम! वैयक्तिकता की यह हद दर्जे की परिणति है जहाँ परिवार के समस्त सूत्र ही समाप्त हुए लगते हैं। राजन को लगता है—''कहाँ क्या गड़बड़ी हो गयी परवरिश में कि इन्हें संस्कार देना तो दूर, उन संस्कारों की बुनियादी दिमागी जानकारी भी नहीं दी जा सकी।'' और यह भी ''यह बहुत है की वे मम्मी पापा कि थोड़ी बहुत इज्जत करते हैं—तो वह शायद इसलिए कि पापा खर्च चलाते हैं और मम्मी घर चलाती हैं।'' कभी रम्मो ने गुस्से में ओमी से कहा था कि राजन की शिक्षा के लिए उन्होंने कितना खर्च किया, करें हिसाब, रम्मो एक-एक पाई चुका देगी। जीवन के ऋण को पैसे के बल पर चुकाने का रम्मो का यह अहंकार उसके अपने बच्चों में भी व्याप्त हो गया है, और अब रम्मो को भी इस विष-वृक्ष की जहरीली हवाएँ झेलनी पड़ती हैं। औपचारिकता निबाहने मोहन और ओमी राजन के घर आते हैं, तो रम्मो बहन की बीमारी का बहाना बनाकर पुणे चली जाती है और बच्चे पॉप म्यूजिक में या दूरदर्शन के कार्यक्रम में मस्त, चाचा-चाची की ओर से पूर्णतः उदासीन हैं। मोहन और राजन भी घर परिवार की बातों को टालकर देश-विदेश की बातों में अपनी आंतरिक असलियत को—एक-दूसरे के प्रति ठूँठ भाव-संसार को छिपाना चाहते हैं। सिकुड़ी हुई दुनिया का सूखापन, अजनबीपन राजन और भैया भाभी के बीच उग आया है। जिस रम्मो के लिए राजन ने सारी जिन्दगी झोंक दी और गलत तरीकों से धन अर्जित किया वही औरत उसे जेल भिजवाने की धमकी देनें से बाज नहीं आई। राजन को लगा—''जिसे खुशी समझ कर भोगते इठलाते रहे वह दरअसल गन्दगी से समझौता था। ऐसे रंगीन कपड़ों से जिन्दगी को ढँक कर रखते हैं हम।'' यह राजन को अन्दर से कुरेदने वाला अनुभव था परन्तु देर हो चुकी थी। ''विषाद ने चारों तरफ से लपेट लिया है राजन को। हाथ-पैर-सिर आँख...जैसे सब निर्जीव अलग-थलग पड़े हुए। कुछ नहीं जो उन्हें जोड़कर रख सके। जिस पर छप्पर टिकाया, वह मयानी ही घुन लगी निकली। कितने दिन छप्पर को गिरने से बचाया जा सकेगा—कितने दिन।'' आश्चर्य नहीं कि राजन को आने वाले हार्ट अटैक की यह पूर्व सूचना थी।

राजन का बेटा बंटू इंजिनियरिंग पढ़ता था। वह अमेरिका का सपना सँजोए हुए था और भारत आई एलिस के साथ अमेरिका चला जाता है। फिर वह अमेरिकन संस्कृति से ऐसा एकरूप होता है कि अवसरवाद के तहत एलिस से शादी करता है। बेरहमी से पुत्र को उसको सौंपकर ही वह न बहिन की शादी में आता है न राजन के हार्ट अटैक के बाद खतरनाक सर्जरी पर ही। परिवार यहाँ पूर्णतः खत्म होता है। और

वह व्यक्ति, आत्मकेंद्रित व्यक्ति भर रह जाता है—सुख-सुविधाओं में जीने वाला संस्कृति हीन, संवेदनाहीन मनुष्य, बिट्टो शादी करती है तो उसका एकमात्र लक्ष्य है सुखमय जिंदगी जीने के लिए एक स्थायी साधन की प्राप्ति। उसकी सोच है—"अगर शादी ही अंत है तो कैरियर, उसके लिए हाड़तोड़ मेहनतवाली पढ़ाई, पर्सेन्टेज, कम्पटीशन—यह सब क्यों करना। क्यों नहीं किसी ऐसे से शादी कर ली जाए, जिसके पास पैसा हो जो चीजें दे सकता हो, जिन्हें आखिर में कड़ी पढ़ाई कम्प्टीशन और कैरियर से हासिल करने की बात है। एक अच्छे स्तर का जीवन, ऐशोआराम।" बिट्टो वही करती है। सुख-सुविधाएँ, जो चीजें ससुराल में नहीं मिलतीं उन्हें पिता के घर से उठा-उठाकर ले आती है। उसकी दुनियादारी इस हद तक बढ़ जाती है कि पापा के हार्ट अटैक की खबर मिलते ही उसने रम्मो को लिखा कि पापा को अपनी विल कर देनी चाहिए ताकि उनके बच्चों में झगड़ा-झंझट न हो, वे वैसे ही रहें जैसे एक-एक छत के नीचे रहते थे। चलते-चलते उसने इशारा दे दिया कि 'विल' में उसे इसलिए न उपेक्षित किया जाए कि वह लड़की है, विवाहिता है या कि परायी है। लड़की की खुदगर्जी का यह रूप रम्मो के पारिवारिक संस्कारों का अधिकांश रूप में और बाहरी दुनिया की गति का आंतरिक रूप में परिणाम था।

'इंडिया' में रहने को बाध्य छोटू जिन लड़कों में रहता है वे रेस्तरांबाजी, रॉक म्यूजिक, शराब को आधुनिकता, परिपक्वता और स्वावलम्बी हो जाने की निशानी मानने वाले हैं। भविष्य के बारे में उदासीन हैं। वर्तमान को ऐंद्रिय सुख के प्राचुर्य से जीने के इच्छुक, समाज के प्रति पूर्णतः सरोकार हीन, अत्यधिक आत्मकेंद्रित, माँ और बाप को केवल सुविधाओं का साधन मानने वाले युवाओं की पीढ़ी का प्रतिनिधित्व करता है यह छोटू। उसके विवाह की स्थिति को देखकर पता चलता है कि यह युवक कितना मानवीय मूल्यों से अदीक्षित रह गया है। तर्क और विचार उसके लिए केवल अपनी वैयक्तिक स्वार्थपूर्ति के औजार हो गये हैं। राजन के सुख-दुख से मोहन और ओमी भी इतने उदासीन नहीं हुए हैं जितने उसके अपने तीनों बच्चे। पाँच आँगनों वाले घर के संस्कारों में पले राजन को एक भयावह यथार्थ का सामना करना पड़ता है—"राजन और रम्मो पर कौन सा शाप था—किसका? बड़ी अम्मा का....जो किसी के भी घर छोड़कर बाहर जाने के खिलाफ रहती थी, ओमी का—उसकी बहिन स्नेह का? राजन और रम्मो एक-दूसरे से कुछ कहते नहीं थे पर शापग्रस्त होने की पस्ती दोनों पर छायी होती। राजन सोचता कि एक बनारस का पाँच आँगनों वाला घर था—सबको अपने में बाँधे रहता, जो बाहर जाए उसे अपनी तरफ़ खींचता रहता जो लौटकर न भी आ पाते उनके भीतर वापस वहीं पहुँचने की कशिश तो बनी ही रहती। एक राजन का यह घर है, जो बाहर की तरफ फेंकता है सबको। छिटक कर इसके बाहर ही जाते हैं लोग। कोई केंद्र बिंदु नहीं जिसकी तरफ लौटने के लिए तकते हो वें।"

पाँच आँगनों वाले घर से आज जो घर का स्वरूप है उसका क्रमशः पतनशील

प्रारूप गोविंद मिश्र ने बहुत ही शक्तिपूर्ण ढंग से प्रस्तुत किया है जिसमें समाजविज्ञान, मनोविज्ञान, संस्कृति और मूल्य चिंतन कलात्मक रसायन में एक रूप होकर एक महत्त्वपूर्ण जीवनानुभव से गहन साक्षात्कार कराता है। भारतीय घर की यह स्थिति सर्वथा प्रातिनिधिक भले न हो, लेकिन जो वर्ग मूल्यों को प्रभावित करता है और सामाजिक जीवन की हलचल में केंद्रीय स्थान में रहता है उस मध्यवर्ग की स्थिति-गति का शक्तिपूर्ण संकेत यह परिवार चित्र अवश्य करता है, इसमें लेखक का दृष्टिकोण कहां व्यक्त होता है? यद्यपि यह बहुत जरूरी नहीं है कि वह स्पष्ट रूप में व्यक्त ही हो फिर भी यहां लेखक ने अपने को बचाया नहीं है। वह अपनी जीवन-दृष्टि को आरोपित नहीं करता न ही उसका एकांकी रूप प्रस्तुत करता है, पर लेखक की दृष्टि आद्योपांत कुछ पात्रों के माध्यम से व्यक्त हुई है। जोगेश्वरी, शांतिदेवी, ओमी (आंशिक रूप में) जिनमें आत्मकेंद्रीयता से अलग हटकर ममेतर से प्रेम, करुणा और स्वार्थ-त्याग के आधारमूल्यों पर जुड़ने की बात है। फिर विलक्षण कलात्मक ढंग से वह कमलाबाई के माध्यम से भी व्यक्त हुई है, गोवर्द्धन जो छोटे मोटे गांधी हैं, राधेलाल जो अपनी ऐशोआराम की जिंदगी देश के लिए समर्पित कर असमय मृत्यु का वरण करते हैं, सन्नी जो संगीत और अध्यात्म के रास्ते लोकसेवा की ओर आते हैं। ऐंद्रिय भोगवाद, अकेलापन, आत्मकेंद्रितता, उपभोक्तावादी जीवन दृष्टि, स्पर्धा पर आधारित जीवन व्यवहार, हिंसा और असत्य से भरा आचरण, अन्याय, शोषण इन सबके खिलाफ राधेलाल, गोवर्धन, सन्नी, मोहन अपने-अपने ढंग से आवाज उठाते हैं और अपनी सार्थकता की तलाश करते हैं। राजन को न माया मिली न राम क्योंकि उसने अपनी आत्मा के खिलाफ अपनी पत्नी की 'माया' में अपने छोटे परिवार के लिए ही सब कुछ किया।

उपन्यासकार की बड़ी शक्ति जीवनानुभव और जीवन-दृष्टि के अनुसार चरित्रों के निर्माण में होती है। गोविंद मिश्र इसमें माहिर कलाकार है।

'पाँच आँगनों वाले घर' को सँभालने और रख-रखाव में जिस कुशलता, अनुशासनप्रियता, सक्रियता, कर्मठता और व्यवस्था-कौशल की ज़रूरत है वह तो जोगेश्वरी में है ही, उसमें विभिन्न व्यक्तियों के स्वभाव को समझकर उनसे काम लेने की क्षमता भी है। राधेलाल का गृहस्थी में मन लगाये रखने के लिए जोगेश्वरी सुन्दर और स्वस्थ कमला बाई का मुजरा भी आयोजित करती है ताकि राधेलाल वैवाहिक जीवन और गृहस्थी में मन लगाकर वकालत करता रहे। राधेलाल का घर छोड़कर भूमिगत होने की स्थिति में भी यह धैर्यशील स्त्री दुखी होती है परंतु डरती नहीं और परिवार की प्रतिष्ठा तंगई के दिनों में भी बनाए रखती है। उसकी माँ का हृदय उपेक्षित, अपमानित सन्नी के प्रति अत्यधिक मृदु था और अंत तक वह सन्नी की याद में कराहती रही। राधेलाल की मृत्यु पर समूचे कार्य संपन्न होने तक वैयक्तिक दुख को एक ओर रख वह सक्रिय रही लेकिन सब निपटने पर दुखावेग को रोक नहीं पाई। शिव जी ने कंठ में विष रोक रखा उसी तरह जोगेश्वरी ने अपने दुख को कर्तव्य पर हावी नहीं होने दिया। उसकी तेजस्विता राधेलाल की खोज में आई पुलिस से निपटने में दिखती है।

गोविंद मिश्र के चरित्र चित्रण की कला का एक शक्तिशाली पहलू कमला बाई के विलक्षण चरित्र के रेखांकन में प्रकट होता है। कमला बाई पहली बार राधेलाल के घर पर आती है तो पहले मिलती है उसकी पत्नी शांति देवी से–इसमें अनावश्यक भय और शंका को दूर करने की युक्ति भी है और मानवीय सहज प्रेरणा भी। कमला बाई ने शांति देवी को ऐसे जीत लिया कि बाद में शांति देवी चाहती रही कि राधेलाल उसके पास जाएँ। कमला बाई में मनुष्य के मन को जानने की अद्भुत क्षमता है। वह खानदानी गाने वाली है। इसलिए अपनी शिष्या रति की ओर आकर्षित राधेलाल के जमाई को वह अपना दामाद कह कर उसको उसका पैसा लौटाती है। कमला बाई के वैयक्तिक जीवन के अंश को भी गोविंद मिश्र ने बड़ी नजाकत और हार्दिकता के साथ उभारा है। "दर्द की एक छोटी सी चकरी भीतर घूमने लगी.... वे आवाज।" कमला बाई के जीवन की रसमय परिपुष्टि एक इस वाक्य में ही कैसे उभर आती है बाजारू गायिका के जैसे निकृष्ट परिवेश में रहते हुए भी आभिजात्य और संयम के साथ खुशी से जिन्दगी एक ऊँचे स्तर पर कैसे जी जा सकती है इसका आदर्श कमला बाई है। उसकी मानवीयता की गरमाहट का सशक्त स्पर्श पाठक को तब होता है जब राधेलाल के लापता होने के बाद बड़े घर की प्रतिष्ठा खत्म होने के अवसर पर कमला बाई कुछ रुपये चुपके से शांति देवी को दे आती है। कमला बाई अंत तक शांति देवी से मिलती रही और अपने अनुभव की एक बहुत बड़ी बात उसने उससे कही, "भौजी–इस उमर में बस एक ही धर्म या ऋण रह जाता है–लंजर-पंजर होते शरीर का ऋण। बस, खोखले शरीर में सिमटता जाता है। जीवन जब तक इसे भी छोड़ निकल नहीं जाता। अच्छे-अच्छे साथी पति-पत्नी भी इस उमर में पहुँचकर अपनी अलग-अलग देह को ही जीते हैं, चाह कर भी कोई दूसरा दखल नहीं दे सकता–सो जाओ भौजी....मोह माया त्याग। तुम भाग्यवान हो कि तुम्हारे ऐसे लड़के हैं जो तुम्हें रखने को तैयार हैं।"–गोविंद मिश्र प्रसंगवश अनेक स्थानों पर जीवन विषयक कुछ भाष्य पात्रों के मुख से कराते रहते हैं–यह जीवन का सामंजस्य भाष्य (Wisdom) एक तरह से जीवन निरीक्षण और चिंतन का फल होता है। विशेषता यह है कि ये भाष्य इतनी सहज और सुगम भाषा में व्यक्त होते हैं कि असली हीरे की तरह कांतिमय रहते हैं।

उपन्यास का एक दिलचस्प चरित्र राजन की पत्नी रम्मो का है। लेखक ने रम्मो के बचपन और विवाह पूर्व युवावस्था का चित्रण करते हुए उसकी कुंठाओं, घुटन और क्लेश का संकेत किया है। रम्मो सदैव असुरक्षित महसूस करती रही और अधिकार करने की आकांक्षा से आवेष्टित है। उसने किस तरह राजन को उसके परिवार वालों से अलग किया, संपन्नता के लिए गलत काम करवाये, कैसे अपने सम्मोहक माया जाल से उसे अपना लगभग गुलाम सा बना लिया–इसका बड़ा संश्लिष्ट चित्र गोविंद मिश्र ने उपस्थित किया है। रम्मो के दो चेहरे हैं–एक परिवार वालों के लिए–निर्मम क्रूर, मुँहफट और दूसरा राजन के संगी साथियों के लिए–सदय, सहायक, सम्मोहक। रम्मो की

मूलभूत वृत्ति जीवितेष्णा है। जीवन का रस सब प्रकार से भरपूर भोगने की इच्छा, अपना स्तर ऊँचा करने के लिए किए गए कारनामों का सजीव चित्रण उपन्यासकार ने किया है। एक समय अपने परिवार में उन्मत्त साम्राज्ञी की भांति विचरने वाली रम्मो को अपने बच्चों के कारनामों के कारण आई गहरी उदासी झेलना पड़ती है। अंतिम दिनों बाजी हार चुकी रम्मो को अधिक अंतर्मुखी बनाया जाता तो चित्रण में और शक्ति पैदा होती। लेकिन रम्मो मूलतः बहिर्मुखी व्यक्तित्व है, संभवतः इसलिए लेखक ने इसे टाल दिया।

'पाँच आँगनों वाला घर' के बाद नायक के रूप में राजन को स्थान दिया जा सकता है, क्योंकि वह बड़े घर का साक्षी है, एकल परिवार का भोक्ता है और एकलपरिवार के व्यक्ति के दिल टूटने के दर्द का सहभागी है। वह सम्मिलित परिवार के अच्छे संस्कार पा चुका है परंतु उसके विभाजित होने की विवशता का भी शिकार है उसने मोहन ओमी के माध्यम से बड़े घर के बेटे और बेटी का सहयोग, सहायता और प्यार भी पाया है और रम्मो के वर्चस्व के कारण इनसे टूटने का गहरा दुख भी झेला है। वह सम्मिलित परिवार की आदर्श मूल्य श्रेणी का समर्थक है परंतु आचरण में आधुनिक, आत्मकेंद्रित हो जाता है। इस द्वंद्व की भयंकर यातना से वह गुजरता है। नयी पौध की सुविधाभोग आत्मकेंद्रितता का भरपूर प्रहार वह झेलता है। बड़े घर को श्रद्धालु सदस्य की तरह प्रेत योनि में उसका विश्वास है। क्योंकि मृत्यु के बाद अपने पिता को देखने, सुनने और उनके बताये गोपनीय कथ्य का साक्षी वह है। मायावती रम्मो के जाल में कभी छटपटाता हुआ, कभी उसमें सुख अनुभव करता हुआ राजन धीरे-धीरे बदलता जाता है। आदर्शों, रिश्तों के प्रति उसकी सक्रियता खत्म हो जाती है और वह केवल अपने एकल परिवार की सुख-सुविधा तक सिमट आता है। इच्छा होते हुए भी बीमार माँ को वह अपने घर ला नहीं सकता, सन्नी चाचा को साथ नहीं रख सकता। नइकी चाची के लड़के को अपने हिस्से के कमरे का दान करने के अतिरिक्त (वह भी रम्मो से छिपा कर) वह कुछ भी अपने लोगों के लिए नहीं कर सकता। उसे कभी भावुकता के दौरे आते हैं परंतु उन स्थितियों से निपटने पर वह मुक्ति की साँस लेता है। बड़े भाई मोहन और मातृवत भाभी ओमी और उसके बीच दीवार उग आती है। रम्मो और ओमी के संघर्ष और कटु वाक्-युद्ध में वह विवश दर्शक मात्र रह जाने को बाध्य है। अपने बच्चों से भी वह पूरी तरह से कट जाता है, बार-बार उनकी परवरिश में गलती होने का इजहार करता है। अपने खुद के बच्चों से इतना दूर हो जाता है कि खतरनाक हार्ट सर्जरी के अवसर पर भी उसके दोनों बेटे उसके पास नहीं आते। उसके जीवन के निरर्थक अस्तित्व का लेखकीय संकेत देखिए : ''सारंगी के वे स्वर उकसाते थे, निदांस में डूबे राजन को कुनमुनाते हुए जैसे वे कहते—''आओ यहाँ, खोलो हममें छिपे अर्थों को। वे अर्थ आज भी ओझल हैं। राजन ही भटक गया। क्या किया उसने अपनी जिंदगी का। फक्कड़ सधुक्कड़ मिजाज वाला आदमी बनिया बन गया। जिसे संसार भर में अपने को फैला देना था, ब्रह्मांड से भी स्वयं को जोड़ देना था, उसने स्वयं को कैद कर दिया एक छोटे परिवार में—रम्मो, बंटू, बिट्टो, छोटू...और आखिर में वे भी उसके न हुए।''

राजन के माध्यम से लेखक ने तीन पीढ़ियों के मूल्यों, संस्कारों, जीवन विधियों, आचरण सरणियों को देखा और उसके बीच फँसे राजन जैसे व्यक्ति की विडंबना और दुख को गहन स्तर पर प्रकट किया है। राजन का चरित्र तीन पीढ़ियों का अक्स अपने में अंकित करता है और एक तरह से आज के समय की कराह है वह। अच्छी रचना में चरित्र व्यक्ति के रूप में सशक्त रूप से रूपायित होकर भी प्रतीकात्मक अर्थवत्ता को समेटते चलते हैं—राजन ऐसा ही एक सशक्त चरित्र है।

पुरानी पीढ़ी के कई चरित्र हैं लेकिन लेखक रमा है सन्नी चाचा के चित्रण में। सन्नी चाचा का अनेक आयामी शक्तिशाली चित्र इस उपन्यास का एक कलात्मक ऊर्जा केंद्र भी बन गया है। दिखने या वैयक्तिक गुणों में साधारण सा वह व्यक्ति अपने जीवन की सार्थकता की तलाश में निकल पड़ता है। और भटकता है। खोज के बीच, भटकते हुए भी वह लगभग महान व्यक्तित्व बन जाता है। प्रेमचंद की 'रंगभूमि' का अंधा, वयस्क, सब प्रकार से दीन और अत्यंत मामूली आदमी उपन्यास के अंत में गाँधीवादी जीवन दृष्टि का प्रतीक बन जाता है। इसी तरह सन्नी है। सम्मिलित परिवार में रह कर और उसके समूचे मूल्यों और संस्कारों को अपने में सहज रूप से अर्जित कर भी यह व्यक्ति जीवन भर अकेला रहा परंतु उसका यह अकेलापन समृद्ध अर्थ से भरा हुआ था। कमाने, संचय करने से दूर रहे इस व्यक्ति ने जीवन का अर्थ पा लिया और अकिंचन अवस्था में भी उस अर्थ का रस पीकर अपनी फक्कड़ाना आनंद वृत्ति में रमता रहा। छुटपन में सन्नी बड़ों से तिरस्कृत पर बच्चों के प्यारे थे। उन्हें घर की छोटी-छोटी चीज चुराकर गायब कर देने और बेचने की आदत थी। वे धुन के पक्के थे। शुरू में सादगी में जीने का आनंद और अर्थ खोजा। कहाँ जाए, क्या करें, कौन-सा काम हाथ में ले?—यह भड़भड़ाहट अंत तक रही लेकिन इस चिंता ने उन्हें कभी हताश और निष्क्रिय नहीं किया। संगीत से उचटे सन्नी तो गंगा और विश्वनाथ की तरफ बह गये। फिर पुस्तकालय में जाने लगे और पता नहीं क्या-क्या पढ़ गये। घर से भागे और कुंभ की टोली में शामिल हो गये। वहाँ खट्टे-मीठे अनुभव मिले, असुविधाओं से भरा जीवन जिए। लेकिन सन्नी को इस नये जीवन में शारीरिक तकलीफ रत्ती भर भी नहीं हुई। मन का संसार जगमग था। फिर टोली छोड़कर अकेले हुए और एक सेठ के यहाँ नौकरी की। लेकिन मन में जो तलाश थी उसने उन्हें कभी एक खूँटे से बँधने नहीं दिया। वे सार्थक जीवन की तलाश में रहे। गाँधीजी के समग्रता वाले दृष्टिकोण को उन्होंने समझा—"गाँधी जी इस रिश्ते को समझते थे इसलिए वे देश, समाज, व्यक्ति, व्यक्ति की जीवन शैली—सब को साथ लेकर चलते थे। उनके लिए स्वतंत्रता का मतलब सिर्फ अंग्रेजों का जाना नहीं था। स्वदेशी, अहिंसा, अपनी भाषा, आश्रम, सत्याग्रह, आत्मशक्ति—कुछ भी देखो, वे अपने देश की चीजें ढूँढ़-ढूँढ़ कर निकाल रहे थे।" सन्नी और राजन के बीच जो संवाद हैं वह लेखक की विचारधारा को पकड़ने में मदद करता है। सन्नी को लगता है जीवन की गर्माहट वहीं है—आदमी आदमी के आंतरिक संबंधों में, संबंधों की प्रगाढ़ता

में। इसके बाहर जो है वह सूखा है। शान्ति, तटस्थता....एक तरह का भागना है। बड़ी-बड़ी बातें छलना है, भ्रम है। उपाध्याय जी के साथ उन्होंने भक्ति में अवगाहन को परखा, फिर राजनीति में सक्रिए हुए। प्रेरणा बाहर की नहीं भीतर की थी। गाँधी जी का प्रभाव! सन्नी को लगा कि वे इस कार्य में देर से उतरे, इसलिए उदास भी हुए। आपातकाल में विरोधी आवाज उठायी, भूमिगत हुए। मोहन से उनकी भेंट हुई। फिर पत्रकारिता में आए, मोहन ने सन्नी चाचा का साथ देना शुरू किया और अवकाश प्राप्ति के बाद ओमी के आग्रह और अनुरोध पर उत्पन्न होने वाली मोहांधता से उबर गये। मोहन को दिलासा देते हुए सन्नी ने कहा था, "तुम्हारे माध्यम से, चाहे जितने कमजोर ढंग से सही, प्रकृति का एक अभिप्राय पूरा हो रहा था और यही एक बात तुम्हारे छोटे से जीवन को बड़ा बना देती है। अगर तुम इस तरह सोचो तो आज के माहौल में अगर एक व्यक्ति भी मूल्यों को जीवन में उतार कर जीता है तो उस जैसे दस बारह के द्वारा यह तो होता ही है कि मूल्य रहते हैं नष्ट नहीं किए जा सकते।" आज के माहौल में जहाँ व्यक्ति सोचता है कि बाहर सड़ाँध है, षड्यंत्र है, भ्रष्टाचार है अतः वह अकेला क्या कर सकता है तब यह सत्य जीवन में आत्मिक ऊर्जा पैदा करता है।

सन्नी अंतर्मुखी भी हैं। वे मोहन से कहते हैं—"मैंने कोशिश क़ी...अब भी कर रहा हूँ लेकिन मेरे साथ दूसरी कमजोरी थी, मैं तपकर नहीं निकला जैसे तुम निकले थे। मेरी तरह अकेले रह कर प्रलोभनों से दूर रह लेना आसान है...बाबा हो जाना। गृहस्थ होकर, समाज में रहते हुए, पड़ोसियों, मित्रों, बीवी बच्चों के प्रभावों से बचते हुए प्रलोभनों से दूर रह लेना मुश्किल है और प्रलोभनों से जीवन प्रभावित कर बैठने के बाद फिर उबर आना यह और भी मुश्किल है जैसे राजन के लिए। वह तो बह जाने के बाद धारा के खिलाफ तैरते हुए वापस आना है। मेरे कहने का अगर बहुत प्रभाव नहीं होता है तो इसलिए कि मेरा अपना जीवन सपाट रहा है?" सन्नी का यह चिंतन समूचे उपन्यास की वैचारिकता और सकारात्मक दृष्टिकोण का संश्लिष्ट प्रकटीकरण है, इसलिए उसका स्वरूप उन्हीं के शब्दों में देखा जा सकता है—"पूर्वार्द्ध में तो उखड़ा-उखड़ा रहा लेकिन उत्तरार्द्ध में तालमेल कुल मिलाकर ठीक ही रहा, क्योंकि तब मैंने अपने से बाहर जुड़ना सीख लिया था। जीवन का यह अजीब रहस्य है कि खुशी, अपनी खुशी, अपना सुख—इस चक्कर में हम सभी होते हैं पर खुशी सिर्फ अपने लिए करने से कभी हासिल नहीं होती। दूसरे के लिए करने से ही मिलती है। मैंने जब से यह अभ्यास डाला कि अपने नहीं किसी और के लिए यह करना है—और उसमें उत्साह उतना ही बनाए रखना है जैसे अपने लिए कर रहे हों—तब से सुख शांति जैसे अपने सिरहाने ही बैठे रहे।" 'यह पाँच आँगनों वाला घर' के जीवित संस्कार हैं और भारतीय संस्कृति के प्रगतिशील मानवीय पहलू के उत्पाद हुए हैं।

मोहन अवाक् हो जाता है जब सन्नी चाचा नितांत बुनियादी जरूरतों की पूर्ति को भी आराम तलबी मानते हैं, अपने सगे भतीजे द्वारा उस पूर्ति की आशा का लालच।

मोहन को अपनी तुलना में सन्नी का जीवन भव्य और उदात्त लगा—तप कर निकला जीवन उनका नहीं सन्नी का है कि उन्हें वह नैतिक शक्ति प्राप्त है कि वे दैनंदिन जीवन की बुनियादी जरूरतों की पूर्ति को भी धत्ता बता सकते हैं : और वह भी उस उमर में जब उन्हें सचमूच किसी सहारे की जरूरत है। आक्षेप यह लिया जा सकता है कि यह तो मंतव्यों के माध्यम से चरित्र का निरूपण हुआ। ऐसा नहीं है। सक्रियता का अर्थ केवल बाहरी सक्रियता नहीं है। भीतरी ऊहापोह, आलोड़न उत्पीड़न, विलोड़न चिन्तन का ताप भी सूक्ष्म सक्रियता है और इसलिए यह निरूपण औपन्यासिक स्तर पर चढ़ना है। इस ताप के लिए प्रत्यक्ष जीवन की सक्रियता का जितना ईंधन चाहिए वह उपन्यासकार ने पहले दिया ही है। आधुनिकतम उपन्यास की अंतर्मुखी यात्रा का परिणाम यह है कि औपन्यासिक चरित्रों की सक्रियता अब दिमागी सक्रियता बनी है। मोहन निश्चय करता है कि "करेंगे कोई ऐसा ही काम जिसका लक्ष्य रुपये कमाना न हो।" और "सन्नी चाचा की लौ से मोहन की लौ लग गई। सन्नी का साथ उन्हें उस पथ पर तो रखेगा जिस पर वे अब तक जीते रहे और जिससे रपट कर नीचे गिरने वाले थे—करीब-करीब।"—सन्नी का जीवन यहाँ पूर्ण सार्थकता पा जाता है क्योंकि अपनी तरह एक व्यक्ति को उन्होंने सही रास्ते की ओर मोड़ा। सन्नी राजन को नहीं बचा पाये परन्तु मोहन को उन्होंने बचाया। "पाँच आँगनों वाला घर" के संस्कार के बारे में सन्नी की सोच ध्यातव्य है। "इन दिनों सन्नी अकसर अपने बनारस वाले घर के बारे में सोचने लग जाते हैं, जिसे वे छोड़ आये थे। उस घर की छोटी-छोटी बातें याद आती हैं। कैसे मामूली से मामूली काम, फालतू बातों के पीछे भी कोई न कोई मूल्य झलकता होता था। सन्नी का अतीत-मोह नहीं है यह। शायद वह समय ही ऐसा था जब करीब-करीब हर व्यक्ति का किसी न किसी तरीके से सरोकार किसी न किसी मूल्य से था, दूसरे उससे सहमत हों या नहीं। कहाँ से कहाँ आ पहुँचे हम। पूरी मूल्यहीनता को युग में प्रवेश कर गये। नैतिकता की बात उठाना ही आदर्शवाद हो गया...."

इस उपन्यास में कई अच्छे प्रसंग, अच्छे व्यक्ति, अच्छी बातें, अच्छी चीजें आई हैं। आज के समय की नजर से देखें तो वे आदर्शवादिता के अलग-अलग उदाहरण लगेंगे। हमारी नयी पीढ़ी यह जाने कि ऐसे भी लोग थे, ऐसी भी बातें थीं—एक उसी के लिए यह उपन्यास पढ़ा जा सकता है। इन सभी प्रसंगों व्यक्तियों और बातों के पार सन्नी है जो एक तरह से उपन्यास-—समाज की आत्मा है, यह महज संयोग नहीं है कि जोगेश्वरी, जिसके लिए—'पाँच आँगनों वाला घर' की सुरक्षा सबसे पहले है—वे मृत्यु पर्यंत सन्नी की प्रतीक्षा करती रहती हैं, उसका बिस्तर लगाये रहती हैं, उसकी सारंगी पोंछती रहती हैं।

गोविंद मिश्र संवेदनशील लेखक हैं और यह स्वाभाविक है कि उनके यहां घटनाओं और प्रसंगों की चित्रवत प्रस्तुति के साथ उनमें निहित रसात्मक बीजों का प्रस्फुटन उपन्यास की शक्ति का एक महत्त्वपूर्ण आयाम हो। रसवत्ता कलाकृति का एकमात्र मानदण्ड नहीं है परन्तु कलाकृति को कालजयी बनाने की दिशा में लेखक द्वारा प्रयोग

में लाया जाने वाला एक महत्वपूर्ण साधन अवश्य है। लेखक की परमानस प्रवेश की सिद्धि की क्षमता की पहचान भी वहाँ होती है और उपन्यास में तीव्रता का महत्त्वपूर्ण तत्त्व भी रसात्मक स्थल उत्पन्न करते हैं। उदाहरण के लिए मिस्टर स्मिथ का राजन को सजा देने का प्रसंग और उनके बाद राधेलाल की उग्र प्रतिक्रिया, कमला बाई का 'पाँच आँगनों वाला घर' में प्रथम प्रवेश और भौजी शांति देवी को जीत कर अपना बनाने का प्रसंग। वैसे कमला, बाई से संबंधित सारे प्रसंग सशक्त रसवत्ता की दृष्टि से प्रस्तुत उपन्यास की शक्ति का प्रमाण देते हैं। हेड मास्टर स्मिथ का वकील राधेलाल को उनके पकड़े जाने की खबर देना, राधेलाल की मृत्यु पर जोगेश्वरी का अपने दुख को दबोचकर सक्रिय होना और फिर रात को राधेलाल की याद में बिलख-बिलख कर रोना, रम्मो ओमी का झगड़ा और राजन की मानसिक पीड़ा, छोटे द्वारा राजन का कमरा कब्जे में करना और राजन का कोर्ट में केस करना और फिर कमरा उसे दे देना, राजन और छोटू—बाप बेटे का युद्ध—अनेक ऐसे प्रसंग हैं जहाँ तनाव पूरी नाटकीय शक्ति के साथ उभरा है—रसवन्ता के ये प्रसंग परंपरागत पारिभाषिक संकल्पनाओं में व्यवस्थापित करने की जरूरत नहीं है। सुधी पाठक को वे संवेदनात्मक धरातल पर बाँधे रखते हैं और पुनः पुनः उनका आस्वादन करने को मन चाहता है—इतना काफी है।

परिवार भारतीय समाज की धुरी है। उसे केंद्रबिंदु मानकर चलने वाला यह उपन्यास परोक्ष रूप से पूरे भारतीय समाज का आलोचनात्मक आकलन करता है। उपन्यास में 1940 से 1990 तक की राजनैतिक परिस्थिति को आवश्यक संदर्भ के रूप में प्रस्तुत किया गया है। लेखक इसके ब्यौरों में नहीं गया है। इसलिए कहीं भी यह उपन्यास ऐतिहासिक दस्तावेज का रूप धारण नहीं करता, कलात्मक कृति ही रहता है। भारतीय परंपराओं, संस्कारों, मूल्यों के सशक्त और कालजयी तत्त्व को स्पर्श करता हुआ वह मध्यम वर्गीय समाज की पचास वर्षों की बदलती मानसिकता का प्रभावपूर्ण चित्र प्रस्तुत करता है और पाठक में मूल्यों,. आचरण-धर्मों और जीवनविषयक अर्थों को तलाशने, परखने और स्वीकार करने की मानसिक ऊर्जा उत्पन्न करता है, उसे संवेदनात्मक चिंतन की भूमिका में ले जाता है। यही उपन्यास की उत्कृष्टता है और सफलता भी।

'पाँच आँगनोंवाला' : छटपटाती नैतिकता की कथा

डॉ. रामजी तिवारी

श्री गोविंद मिश्र बहुआयामी प्रतिभा के लब्ध-प्रतिष्ठ रचनाकार हैं। यात्रा-संस्मरण, निबंध, समीक्षा, कविता, बाल साहित्य जैसी अनेक विधाओं में आपने स्तरीय लेखन किया है किंतु कथा-साहित्य उनकी अपनी विधा है। अपनी कहानियों और अपने उपन्यासों से उन्होंने न केवल हिंदी साहित्य समृद्ध किया है अपितु अपने प्रातिभ सामर्थ्य, गहन संवेदनशीलता, व्यापक अनुभव विश्व और सचेतन रचनाशीलता से नूतन संभावनाओं से संपन्न अनेक आलक्षित क्षितिजों का संधान भी किया है। कथ्य और शिल्प की नवता और मौलिकता उपन्यास विधा में किए गए अभिनव प्रयोगों के आधार पर उन्हें उपन्यास विधा की नई परंपरा का उद्भावक भी कहा जा सकता है। उनके सभी उपन्यासों में कथ्य, संरचना और भाषा का अभिनव स्वरूप देखने को मिलता है। वे कभी भी अपने को दुहराते नहीं और प्रत्येक कृति में संस्कारशील मन की ध्येयधर्मी और सुरुचिपूर्ण अभिव्यक्ति का उदाहरण प्रस्तुत करते हैं। 'पाँच आँगनों वाला घर' गोविंद मिश्र की सातवीं औपन्यासिक कृति है।

'पाँच आँगनों वाला घर' गोविंद मिश्र की उपन्यास कला के चरम परिपाक को प्रस्तुत करने वाली कृति है। इसकी कथा सन् 1940 के आस-पास से आरंभ होकर 1990 तक के कालखंड तक फैली है। यह पचास वर्षों का कालखंड तीन पीढ़ियों के उत्थान-पतन और स्वतंत्रता संग्राम की मूल्यधर्मी अनाहत राष्ट्र निष्ठा से लेकर स्वतंत्र भारत की भ्रष्ट व्यवस्था में आत्यंतिक मोहभंग और मूल्यहीनता का काल है। इस काल-खंड में घटित सामाजिक, सांस्कृतिक, राजनैतिक और नैतिक परिवर्तन भी असाधारण रहे हैं। 'पाँच आँगनों वाला घर' इन पचास वर्षों का ऐसा प्रामाणिक इतिहास प्रस्तुत करता है जिसमें घटित घटनाओं पारिवेशिक परिवर्तनों के साथ ही उस समय की मानवीय सोच, कारणीय भूत स्थितियों, दारुण परिणामों और भावी संकेतों को भी गहरी संवेदनात्मक संसक्ति के साथ प्रस्तुत किया गया है। इस कालखंड में होनेवाले नैतिक और सांस्कृतिक ह्रास, उनके कारणों और परिणामों को अद्‌भुत कलात्मक संयम के साथ प्रस्तुत किया गया है।

संपूर्ण उपन्यास तीन भागों में विभाजित है। प्रथम भाग 'क्षेत्र' के अंतर्गत 1940 से 1950 तक के कालखंड की विशेषताओं का समावेश किया गया है। उपन्यास का आरंभ बनारस की एक ऐसी मनोरम प्रभात से होता है जिसमें निहित संगीत का स्वर, पक्षियों का कलरव, एक बड़े संयुक्त परिवार का परिवेश, कार्तिक स्नान की पवित्र सांस्कृतिक निष्ठा, गंगा स्तुति, तटों पर स्वर्णाभा बिखेरती गंगा की धवल धारा, वातावरण का उल्लास समवेत रूप से आह्लादकारी संभावना के प्रति आश्वस्त करता है। यह वह समय था जब संयुक्त परिवार प्रतिष्ठा का विषय था। इसलिए मुंशी राधेलाल की माँ जोगेश्वरी ने अपने समीपी व्यक्तियों को एकत्र करके बड़े परिश्रम से पाँच आँगनों वाला बड़ा घर बनाया जो पाँच आँगनों में विभाजित होकर भी एक ही घर था। इस घर के सौ व्यक्तियों का भोजन तो एक साथ बनता ही था साथ ही बीस-पचीस लोग बाहर के भी भी होते। बच्चों से लेकर बूढ़ों तक में कोई भेद-भाव नहीं था। इस घर में प्रेम, संगीत, उत्सव, सहयोग, एकता, त्याग, क्षमाशीलता, धैर्य, मूल्यनिष्ठा से मंडित शीलाचारिकी का इतना ऊँचा आदर्श था कि दरवाजे पर खड़ा बरगद का पेड़ भी परिवार के बुजुर्ग की भाँति सम्मानित था, घर के बच्चों के साथ पड़ोसियों के बच्चों को भी नाश्ता बाँटा जाता था। इतना ही नहीं सांप्रदायिक सौमनस्य इतना था कि राजन और मजीद ही नहीं घर के मुखिया मुंशी राधेलाल और शमीम भी एक साथ बैठकर भोजन करते थे चाहे वह राधेलाल के यहाँ की संक्रांति हो अथवा शमीम के यहाँ की ईद। "हिंदू-मुसलमान जैसे भेद उठते थे तो बुजुर्गों के मन में ही और वह भी बहुत मुलायमियत के साथ। एक-दूसरे की कट्टरता का सम्मान था और एक-दूसरे की रस्मोरिवाज में शामिल होने का चलन।"

इसी खंड में स्वतंत्रता संग्राम के समय जी का जनजीवन पर व्यापक प्रभाव, परिवार की छोटी सीमा से निकलकर राष्ट्र के बड़े परिवार की सुरक्षा के लिए सब कुछ अर्पित कर देने की भावना, अँग्रेजों की दमन नीति, भारतीय नेताओं का संकल्प, छात्र संगठनों का गठन, स्वतंत्रता आंदोलन की कार्यप्रणाली का यथार्थ चित्र प्रस्तुत किया गया है। देश-विभाजन, स्वतंत्रता-प्राप्ति के उत्सवों में गाँधीजी की अनुपस्थिति, गाँधीजी की हत्या, भारतीय नेताओं की अधिकार लिप्सा जैसे ऐतिहासिक संदर्भों को रेखांकित करते हुए मिश्र जी ने उनकी दारुण परिणतियों को बड़ी कलात्मक समृद्धि के साथ उभारा है। इसके साथ ही पुरानी पीढ़ी ने नई पीढ़ी को स्वतंत्रता का जो उपहार दिया उसके परिवर्तित स्वरूप का भी मार्मिक चित्रण किया गया है। अनुभवी गाँधीवादी गोवर्द्धन कहते हैं—"स्वतंत्रता के बाद लोगों के मिजाज बदल गए हैं। देखो तो ये लोग अपने पिता गाँधी को ही मार देते हैं। आदर्श की बातें अब कोई नहीं करता। बड़े परिवारवाली नस्ल पुरानी पीढ़ी और ही थी।" आत्म संयमी सुराजियों की जगह अब पनप आई थी 'अकर्मण्य हाँ में हाँ मिलानेवाली चमचों की नस्ल।' साथ ही संयुक्त परिवारों की सामूहिक सुरक्षा के स्थान पर व्यक्ति संबद्ध कर्म की सुरक्षा का आग्रह भी प्रबल होने लगा था। मिश्र जी ने यहाँ उस बिंदु को रेखांकित किया है जहाँ से परंपरा पोषित

सामाजिक संस्कृति का विचलन आरंभ होता है। यहीं से 'पाँच आँगनों वाला घर' अपनी समवेत सद्भावना और मूल्यधर्मी उदार संस्कृति के विशृंखलन का संकेत पाने लगता है। बाँके 'पाँच आँगनों वाले घर' को बाँटने के लिए हर प्रकार के षड्यंत्र करने लगा और पूरे परिवार को छाया देने वाला एक बड़ा वृक्ष ढह गया।

दूसरे खंड का शीर्षक है 'दीवारें' इसमें 1960 से 1975 तक के घटनाक्रम और पारिवेशिक परिवर्तन का समावेश है। 1950 से 1960 तक का कालखंड राष्ट्रीय और अंतर्राष्ट्रीय स्तर पर अनेक प्रकार की ऐसी घटनाएँ घटीं जिनका व्यापक प्रभाव पड़ा। सन् 1960 के पश्चात् हमारे देश में जनतांत्रिक व्यवस्था के प्रति मोहभंग की स्थिति आई। निष्ठावान समाजसेवी कार्यकर्ता बिलाने लगे और नेताओं की भीड़ दिल्ली की ओर बढ़ गई। सामूहिक संस्कृति वाले संयुक्त परिवार उपभोक्तावादी पश्चिमी संस्कृति के प्रभाव से आत्मकेंद्रित व्यक्तिनिष्ठा में संकुचित होने लगे। मुंशी राधेलाल और माँ जोगेश्वरी द्वारा तिनका-तिनका जोड़कर बनाया गया 'पाँच आँगनों वाला घर' भी विभाजित हो गया। अनेक दीवारें उग आयीं। लबालब प्रेम से भरे तालाब जैसा यह मुहल्लेनुमा घर तो टुकड़ों में बँटा ही लोगों की भावनाओं में भी गहरी दरारें पड़ गईं। राजन और रम्मो का विवाह इस घर का अंतिम सामूहिक उत्सव था।

मिश्र जी ने राजन और रम्मो की विपरीत स्वभाव वाली जोड़ी से अनेक औपन्यासिक आवश्यकताओं की पूर्ति की है। मध्यवर्ग की अतृप्त जीवेष्णा, आरंभिक जीवन की महत्वाकांक्षाओं और उनसे निर्मित मनोग्रंथियाँ, आनुवंशिक संस्कारों के प्रभावों, आत्मकेन्द्रिता के कारण निरंतर बढ़ती संवेदनशून्यता, विचारों की टकराहट से उत्पन्न अंतर्द्वंद्व, मूल्यनिष्ठा और मूल्यहीनता के संघर्ष और अंततः भोगवाद की ओर झुकते जाने और मूल्यों से विरत होते जाने की मध्यवर्गीय प्रवृत्ति का प्रभावपूर्ण चित्रण मिश्र जी ने इसी जोड़ी के माध्यम से किया है। राजन 'पाँच आँगनों वाले घर' में पला है। यह घर था 'किसी बड़े बुजुर्ग के समान....जिसकी गोद में वह इधर से उधर होता था, बुजुर्ग प्यार से थपथपाते रहते।' किंतु रम्मो रईस घर की होकर भी बड़े घर की नहीं थी। उसके नव धनाढ्य पिता के घर में 'माँ-बाप, सगे भाई-बहन के अलावा कभी कोई रहा ही नहीं।' इसलिए 'पाँच आँगनों वाले घर' के परस्पर प्रेम, शीलाचारिकी, शिष्टाचार, त्याग भावना, उदारता, सहयोग आदि से रम्मो का कोई परिचय नहीं था। वह जिंदगी के रस को एक-एक बूँद निचोड़ लेना चाहती थी किंतु राजन उसका पूरा सहयोग करते हुए भी अनुभव करता था कि बड़े घर को छोड़कर छोटे घर में आने से वह स्वयं भी छोटा हो गया है। बड़े घर की भव्यता कहीं दूर छूट गई है।' 'जैसे 'पाँच आँगनों वाला घर' उन सबकी झोली से गिर गया कहीं....।'

मुंशी राधेलाल की मृत्यु हो गई। सन्नी लापता हो गए। घर बँट गया। जोगेश्वरी भी इस आघात को अधिक दिन नहीं झेल पाईं। राधेलाल के लड़के मोहन, राजन और श्याम अलग-अलग शहरों में नौकरी करने लगे। राजन की माँ शांति देवी भी नहीं रहीं।

उनके निधन के साथ बनारस के पाँच आँगनों वाले घर से संबंध टूट गया। मोहन और राजन सगे भाई थे, दोनों एक ही तरह के पद पर काम करते लेकिन दोनों की जीवन-शैली नितांत भिन्न थी। मोहन सादगी पसंद, ईमानदार, मूल्यनिष्ठ, परिवार के प्रति उत्तरदायी थे उन्होंने अपनी ओमी को भी अनुकूल ढाल लिया था किन्तु राजन पत्नी रम्मो के मायाजाल में उलझ जाने के कारण भोगवादी हो गया। इन दो विपरीत मानसिकता के दंपतियों द्वारा मिश्र जी ने त्वरित गति परिवर्तित हो रहे मूल्यों को बड़े कलात्मक संयम के साथ प्रस्तुत किया है। वे स्वीकार करते हैं कि जब मोहन नौकरी पर तैनात हुआ तब देश में नैतिकता का वातावरण था पारिवारिक प्रेम दायित्व बोध भी था किंतु राजन के नौकरी में आने तक वातावरण बदल गया था। भोग का आकर्षण प्रभावी हो चुका था। यह प्रवृत्ति इतनी एकांगी और आत्मकेंद्रित थी कि रम्मो राजन की माँ की बीमारी को मनहूसियत मानती है, बीसों साल बाद मिले सन्नी चाचा को एक दिन भी अपने घर नहीं रखना चाहती, राजन के परिवार का कोई भी व्यक्ति उसकी स्वतंत्रता में बाधक है। वह राजन को भी परिवार से पूरी तरह काट देने का प्रयास करती है ताकि अपने छोटे परिवार में निर्विहनभाव से सुखभोग कर सके और अपने अधिकार को बाधित न होने दे। इस दृष्टि से वह राजन से भी कोई समझौता करने को तैयार न थी। बड़े घर के लोगों के संबंध को न तो वह समझती थी और न ही समझना चाहती थी। परिवार का अर्थ रम्मो के लिए था वह राजन और उसके बच्चे—बंटू, बिट्टो और छोटू। राजन भी कभी-कभी अपने तर्कों से इसी जीवन-शैली का समर्थन कर लेता है। यह परिवर्तित जीवन बोध परिवार तक ही सीमित नहीं था। इसी मनोवृत्ति का व्यापक विस्तार देश में भी हो रहा था।

सन् 1975 तक आते-आते राजनीति का क्षेत्र पूर्णतया दूषित हो गया था। राष्ट्रवाद के स्थान पर व्यक्तिवाद प्रबल हो उठा था। इलाहाबाद हाईकोर्ट ने प्रधान मंत्री के खिलाफ जब से फैसला दिया था तभी से सन्नी जैसे विवेकशील लोग सत्ता से चिपके रहने की प्रवृत्ति के विरोध में हो गए थे। नैतिकता का तकाजा था कि प्रधान मंत्री इस्तीफा दे देतीं किंतु उन्होंने सत्ता के मोह में ऐसा नहीं किया उल्टे यह घोषित किया गया कि जनता उन्हें पद पर बने रहने के लिए मजबूर कर रही है। 'कुल मिलाकर राष्ट्रीय स्तर पर प्रजा, प्रजातंत्र, संविधान और नैतिकता का मज़ाक उड़ाया जा रहा था।' संसद, न्यायालय और वास्तविक सत्ता को चुनौती देते हुए जनता के हितचिंतक पत्रकारों और विचारकों को—असामाजिक तत्व देशद्रोही माना जाने लगा। यह धारणा दृढ़ होने लगी कि 'सबसे बड़ा स्वार्थ—पैसा, शक्ति या पद है। एक नये मूल्य को पैदा किया गया, अब उसे नये सिक्के की तरह चलाया जा रहा है। गाँधीजी के साधन-शुचिता वाले सिद्धांत को भुला दिया गया। इस पाखंडपूर्ण निर्लज्जता दारुण परिणाम आनेवाली पीढ़ी के लिए भी अवश्यंभावी था। मिश्रजी ने इन सारी स्थितियों को गहरी संवेदना के साथ चित्रित किया है। सन्नी चाचा को केंद्र में रखकर उन्होंने तत्कालीन राजनैतिक हलचल

को, उसके कारणों को, व्यवस्था के भ्रष्ट स्वरूप को और उसके भावी परिणामों को बड़ी स्पष्टता से रेखांकित किया है। वे इस बात का भी संकेत करते हैं कि ये कुप्रवृत्तियाँ 'यही नहीं रुकेंगी आगे भी चलती रहेंगी। क्योंकि लोकप्रिय नेताओं के आचरण स्वाभाविक रूप से अनुकरणीय हो जाते हैं। सत्ता से चिपकी शासन-सत्ता ने इसी समय आपात्काल की घोषणा कर दी। मिश्र जी लिखते हैं "जब सन्नी स्टेशन पहुँचे तब तक यह जग जाहिर हो चुका था कि देश में आपातकाल की घोषणा हो चुकी है। जनतंत्र को ताक पर रख दिया गया है और व्यवस्था बनाए रखने के नाम पर प्रशासन ने तानाशाही का डंडा हाथ में उठा लिया है। देश में बिगड़ते नेतृत्व का पद-मोह इतना बढ़ा कि सब कुछ तहस-नहस करने में संकोच का अनुभव न हुआ। इस खंड में विभिन्न स्तरों पर मूल्यों के टूटने और न्यस्त स्वार्थों पर टिकी भोगवादी-संस्कृति की संकीर्णता के दंश से मिश्र जी मर्मांतक पीड़ा का अनुभव करते हैं और संवेदना के स्तर पर गहरे सरोकार के साथ व्यक्त करते हैं।"

तीसरा खंड 'अंधी गली' 1980 से 1990 तक की स्थितियों से संबद्ध है। यह तीसरी पीढ़ी के विशृंखलित होने का काल है। यहाँ तक आते-आते पश्चिम की भोगवादी संस्कृति पूरी तरह प्रभावी हो गई। पाँच आँगनों वाले घर की सामूहिक व्यवस्था, आत्मीय संबंध इस पीढ़ी के लिए अकल्पनीय हैं। इस पीढ़ी का सामान्य ज्ञान जितना भी हो पर कल्पना शक्ति शून्य है। घर परिवार, पास-पड़ोस, सगे-सबंधियों की कौन कहे यह पीढ़ी अपने माता-पिता को भी केवल इसलिए स्वीकार करती है कि 'पापा खर्च चलाते हैं और मम्मी घर चलाती है।' मध्यवर्गीय समाज में अँग्रेजी शिक्षा के प्रभाव से जिस अप-संस्कृति का प्रसार हुआ उसमें संपत्ति के प्रति मोह, विदेश जाने की तड़प, सिगरेट पीना, बियर पीना, रेस्तराँबाजी करना, रॉक सुनना, आधुनिकता, परिपक्वता और स्वावलंबी...माने पूरा आदमी हो जाने की निशानियाँ मानी जाती हैं।' शील, संकोच, मर्यादा, कृतज्ञता, त्याग, सेवा जैसे गुण इस पीढ़ी के लिए अपरिचित और कालबाह्य हैं। अपनी इच्छा के विपरीत होने पर माता-पिता के साथ भी शत्रुवत व्यवहार करना वे अपना सहज अधिकार मानते हैं। उनकी दृष्टि में पुराने सारे मूल्य, आदर्श और आचरण संबंधी सिद्धांत अतीत की वस्तुएँ हैं। उनके अपने समय में उनका कोई मूल्य नहीं है।

गोविंद मिश्र ने इस तीसरी पीढ़ी की धुरीहीनता और विकृति को राजन के बच्चों के माध्यम से दिखाया है। यह अनेक दृष्टियों से स्वाभाविक है। रम्मो की भोगवादी मनोवृत्ति उन्हें आनुवंशिक गुण के रूप में मिली है। रम्मो के निरंकुश स्वामित्व के कारण राजन का हस्तक्षेप संभव नहीं है। रम्मो और बच्चों की खुशी के लिए पर्याप्त धन का अर्जन राजन की विवशता है। राजन जिस वातावरण में रहता है वह भी मूल्यहीन उच्छृंखलता को ही बढ़ावा देता है। परिवार से कट जाने के कारण किसी बड़े बुजुर्ग का दबाव भी नहीं है। ऐसी स्थिति में बच्चों की अबाधित स्वच्छंदता स्वाभाविक है। राजन का बड़ा बेटा इन्जिनियरिंग की डिग्री लेकर एक अमेरिकन लड़की के साथ अमेरिका

चला जाता है। उसके लिए माता-पिता की सहमति अथवा इच्छा का कोई मूल्य नहीं है। वह अमेरिकन लड़की से विवाह करने की बात इसलिए नहीं सोचता कि वह उससे प्रेम करता है बल्कि इसलिए सोचता है कि उसकी सहायता से उसे अमेरिका जाने और वहाँ बसने का अवसर मिल रहा है। विवाह जैसी पवित्र संस्था को भी वह कैरियर के एक साधन के रूप में स्वीकार करता है। अपने भौतिक आग्रहों में वह इतना संवेदना शून्य हो जाता है कि भाई छोटू और बहन बिट्टों के विवाह में सम्मिलित होना भी आवश्यक नहीं मानता। पिता के ऑपरेशन के समय भी उसे भारत आने की चिंता नहीं होती जबकि रम्मो उसे राजन की मृत्यु की आशंका का भी स्पष्ट संकेत देती है। वह अपने पुत्र को भी बड़ी सहजता के साथ एलिस के साथ छोड़कर मुक्त हो जाता है। विवाह के बाद बेटी बिट्टो भी माता-पिता की संपत्ति को अपने घर खींचने में जुट जाती है। राजन को हार्ट अटैक आने पर वह अन्य बातों की अपेक्षा उसकी विल की चिंता करती है और रम्मो को स्मरण दिलाती है कि विल उसकी उपेक्षा नहीं होनी चाहिए। छोटू का विवाह उसकी सहमति से एक धनाढ्य परिवार की सुंदर लड़की से कर दिया जाता है किंतु उसकी विकृत रुचियों और उद्दंड स्वभाव के कारण लड़की से उसकी अनबन हो जाती है। माता-पिता के अनेक प्रयासों के बावजूद वह समझौता नहीं करता उल्टे माता-पिता से इस प्रकार अशोभनीय आचरण करने लगता है कि राजन को लगता है कि इस प्रकार की संतान से संतानहीन होना ही अच्छा है।

मिश्र जी इस पीढ़ी की केवल विकृति ही चित्रित नहीं करते। वे इसके मनोवैज्ञानिक कारणों की खोज भी करते हैं। विभिन्न संदर्भों में उन्होंने इस विकृति के कारणों का संकेत किया है जिनमें गलत परवरिश, अँग्रेजी शिक्षा, विदेशी संस्कृति का प्रभाव, पारंपरिक आदर्शों से अपरिचय, आत्मकेंद्रितता, मानवीय रिश्तों का बिखराव, मूल्यहीनता, कल्पनाशून्यता आदि प्रमुख हैं। भोग प्रधान हो उठा है और आज का व्यक्ति अपने संबंधों का व्यक्तिगत तरक्की के लिए सीढ़ी की तरह उपयोग करना चाहता है। अपने को यह पीढ़ी पूरी तरह स्वतंत्र रखना चाहती है क्योंकि पुराने किसी भी आदर्श या सिद्धांत में उसका विश्वास नहीं है। इस बिखराव का दुखद परिणाम यह भी था कि राजन और मोहन की पीढ़ी वाले संबंधों में भी दरारें पड़ गई थीं। इसका प्रमुख कारण था! जीवन के प्रति परिवर्तित दृष्टिकोण। बनारस के 'पाँच आँगनों वाले घर' में 'देश प्रेम, संगीत, कविता, प्रेम उत्सर्ग, कर्म, वैराग्य' सब कुछ सहजता से उपलब्ध था किंतु अब उनके स्थान पर भटकाव, नफरत, द्वेष और तृष्णा का साम्राज्य हो गया। बच्चों से ही नहीं राजन को रम्मो से भी आघात लगा। वह राजन को जेल भिजवाने की धमकी दे बैठी और राजन को लगा कि वह गंदगी से समझौता करता रहा है। विषाद की चरम अवस्था में उसे अनुभव होता है कि 'जिस पर छप्पर टिकाया वह मयानी ही घुन लगी निकली।'

राजनीति के क्षेत्र में भी यह कालखंड, स्वार्थ, संकीर्णता, बिखराव और अनैतिकता

का केंद्र बना रहा। मिश्र जी ने इस कालखंड की पतनशील और अराजक राजनीति और उसके सामाजिक दुष्परिणाम को बड़े प्रभावी ढंग से चित्रित किया है। सन्नी चाचा जैसे बहुत थोड़े लोग बचे थे जो आदर्शों पर पड़ी धूल को बुहारने के लिए उत्सुक थे। अखबार जो व्यापक सामाजिक यथार्थ के सच्चे गवाह होते हैं, अपनी नैतिकता को खोते जा रहे थे सन्नी पत्रकारों की नैतिकता को उद्‌बुद्ध करने के लिए जेहाद छेड़ा किंतु लोग उदासीन बने रहे। आपात्‌काल में सन्नी भी जेल में गए। जेल के जीवन से वे अनुभव समृद्ध हुए और आत्मसंयम के मूलमंत्र को आत्मसात किया। उन्होंने देखा कि आपात्‌काल के पश्चात जनता पार्टी प्रचंड बहुमत से शासन में आई किंतु पद लोलुपता के कारण अकाल विनाश को प्राप्त हुई। संजय गाँधी की दुर्घटना में हुई मृत्यु को भी बड़े नेता की भाँति प्रतिष्ठित किया गया। इंदिरा गाँधी पुनः प्रधान मंत्री बनी। इंदिरा गाँधी की हत्या को भी चुनाव में भुनाया गया। राजीव गाँधी से कुछ संभावनाएँ बनीं किंतु चाटुकारों ने उन्हें भी सीधी पटरी पर नहीं चलने दिया। प्रजा के कल्याण के लिए चुने गए लोग स्वयं भ्रष्टाचार की मिशाल बनने लगे। सन्नी अलग-अलग वर्गों के लोगों के बीच जाकर उन्हें नैतिकता के प्रति निष्ठावान बनाने का निश्चय करते हैं क्योंकि वे इस निर्णय पर पहुँचते हैं कि नैतिकता की प्रतिष्ठा के बिना किसी भी प्रकार का सुधार संभव नहीं है। सन्नी उन लोगों के प्रतीक हैं जो बहुविध विपरीतताओं के बीच भी अपना संकल्पशील अभियान जारी रखते हैं ऐसे लोगों का जीवन मूल्यों के संरक्षण और उनके आचरण के प्रति संकल्पित होता है। मोहन रिटायर हो गए। जमाने का ऐसा प्रभाव कि अवकाश प्राप्त करने के पश्चात मोहन को अपनी ईमानदारी पर पश्चात्ताप होने लगा। ओमी के व्यावहारिक आग्रहों पर वह फिसलने वाला ही था कि उसकी भेंट सन्नी चाचा से हो गई। सन्नी ने मोहन को सँभाल लिया। सन्नी को इस तथ्य से परिचित कराते हैं कि "कोई भी गलत आदमी सुख का भ्रम तो पाल सकता है लेकिन सुखी नहीं हो सकता।" वे आगे कहते हैं, "प्रकृति का कोई अभिप्राय रहा होगा तुम्हें गढ़ने में....हो सकता है कि तुम जैसों के माध्यम से वह नैतिकता चले पुश्त दर पुश्त।" मोहन सँभल जाता है और सन्नी का सहयोगी बन जाता है।

विश्वनाथ प्रताप सिंह के नेतृत्व में सन्नी ही नहीं पूरे देश को बड़ी आशा थी किंतु मंडल आयोग की सिफारिशों को लागू करने की घोषणा, आरक्षण को बढ़ाने की योजना, छात्रों का आंदोलन, जातिवाद को बढ़ावा, सांप्रदायिक विद्वेष, छात्रों के आत्मदाह की घटनाओं और विश्वनाथ प्रतापसिंह की अंतहीन चुप्पी से सन्नी बिलख उठे। यह सन्नी का ही नहीं पूरे राष्ट्र के मोहभंग का अवसर था। स्वतंत्र भारत के इतिहास में किसी नेता का इतनी जल्दी ऐसा उत्थान और पतन नहीं देखा गया था लेकिन कहानी एक नेता के उत्थान-पतन की नहीं एक सपने के टूटने की थी...सपना जिसे सन्नी ने देखा था, पूरे देश ने देखा था।

'पाँच आँगनों वाला घर' में एक ओर तो यह घर है जो एक ऐसे वटवृक्ष के

सान्निध्य में खड़ा है जिसकी जड़ें बहुत गहरे और बहुत दूर-दूर तक फैली हैं जो सबको अपनी ओर खींचता है सबकी सुविधा और सुरक्षा का ध्यान रखता है जो इस घर से दूर हैं वे भी उसके प्रेमल वातावरण को, उसकी भव्यता को, उसकी गरिमा आदर और ममता से स्मरण करते हैं। उसकी स्मृति मात्र से स्फूर्ति और उल्लास का बोध होता है। वह 'पाँच आँगनों वाला घर' संयुक्त परिवार की उदात्त संस्कृति को प्रतीकित करता है और छाया प्रदान करने वाला बटवृक्ष उस सनातन परंपरा का प्रतीक है अपनी व्यापक उदारता, आत्मीयता और मूल्यनिष्ठा के कारण सदैव समादृत होती रही है। दूसरी ओर सन् 1940 से 1990 तब का बाह्य परिवेश है जो निरन्तर पतन की ओर बढ़ता हुआ अराजक मूल्यहीनता की स्थिति को पहुँचता है। इसमें जो पात्र हैं वे अलग-अलग मनोवृत्तियों के प्रतिनिधि और प्रतीक हैं जो निरंतर भ्रष्ट होती व्यवस्था में अलग ढंग से अपनी भूमिकाएँ निभाते हैं उनके माध्यम से इस कालखंड की संपूर्ण सामाजिक, सांस्कृतिक, राजनीतिक स्थिति हमारे सामने सगुण साकार हो जाती है। राधेलाल और जोगेश्वरी के कुशल नेतृत्व और संरक्षण में पाँच आँगनों वाला घर जिस सामूहिक संस्कृति से बँधा था उसमें मामूली से मामूली काम फालतू बातों के पीछे भी कोई न कोई मूल्य झलकता होता था। ....शायद वह समय ऐसा था जब करीब-करीब हर व्यक्ति का किसी न किसी तरीके से सरोकार किसी न किसी मूल्य से था। वहाँ से चलकर हम मूल्यहीनता के युग में आ गए। गाँधी और तिलक इतिहास की पुस्तकों की वस्तु बन गए, नायक खलनायक बन गए और पूरा राष्ट्र इस भ्रष्ट व्यवस्था में मूल्यहीन होकर बिखर गया। 'पाँच आँगनों वाला घर' राष्ट्र का छोटा संस्करण है जो उदात्त जीवन-शैली की दीक्षा देकर मूल्यनिष्ठ बनाता है और राष्ट्र के विशाल क्षेत्र से जोड़ता है। उसका बिखरना एक संकुचित मनोवृत्ति का भी परिणाम है और राष्ट्र के विघटन का यही कारण है। मिश्र ने इस कृति में ऐतिहासिक चेतना से युक्त युगबोध का चित्र बड़े विश्वसनीय और आकर्षक ढंग से प्रस्तुत किया है।

गोविंद मिश्र जी मनुष्य की रचनात्मक संभावनाओं के सफल अन्वेषी हैं। 'पाँच आँगनों वाला घर' के पात्रों में उनकी इस मानवीय निष्ठा को भली प्रकार देखा जा सकता है। जोगेश्वरी अपनी कर्म निष्ठा, प्रबंध कौशल, दायित्व चेतना, ममत्व, सहारा, धैर्य, सांस्कृतिक निष्ठा की दृष्टि से भारतीय नारी का अद्वितीय उदाहरण प्रस्तुत करती हैं। उनके व्यक्तित्व में गंगा की पवित्रता है। मुंशी राधेलाल कर्मठ, सदाचारी, उदार, कला-प्रेमी और व्यापक दृष्टिकोण रखने वाले व्यक्ति हैं बाहर से कुछ विलासी दिखते हैं किंतु समग आने पर वे सब कुछ छोड़कर साहसपूर्वक स्वतंत्रता संग्राम में कूद पड़ते हैं और इसी में अपने जीवन की चरम सार्थकता मानते हैं। मोहन ईमानदार सरकारी अधिकारी है और अवकाश प्राप्त करने पर सन्नी के साथ देश सेवा में लग जाता है। शांति देवी, नइकी चाची और ओमी पर बड़े घर के उदात्त वातावरण की स्पष्ट छाप है। सन्नी आरंभ में कुछ निष्क्रिय और विपथ दिखाई पड़ते हैं। किसी सीमा में लांछित और

उपेक्षित भी हैं। किंतु सारंगी से शुरू होने वाला उनका जीवन संन्यास की सीढ़ियों से होता हुआ संघर्ष को ऐसा उदात्त भूमि पर पहुँच जाता है कि वे मूल्यनिष्ठ रचनात्मक कर्म चेतना के प्रेरक प्रतीक बन जाते हैं। राजन भी 'पाँच आँगनों वाले घर' में ही पला है। रम्मो के प्रभाव से वह परिवार से विमुख होने के लिए यह विवश होता है किंतु 'पाँच आँगनों वाला घर' उसे बार-बार स्मरण आता है। उससे जुड़ने की कशिश उसमें निरंतर बनी रहती है। यही कारण था कि उसने छोटे पर दायर किया मुकदमा बिना रम्मो को बताए उठा लिया और अपने हिस्से का कमरा उसे दे दिया। बाँके और रम्मो के विपरीत आचरण एक औपन्यासिक आवश्यकता की पूर्ति के लिए गढ़े गए हैं किंतु उनकी विपरीतता के भी मनोवैज्ञानिक कारण हैं। कमलाबाई पेशे से तवायफ हैं। कोठा चलाती हैं किंतु उनकी चरित्र निष्ठा, प्रेम, त्याग और मानवीय बोध हमारे मन में उनके प्रति आदर उत्पन्न करता है। अंग्रेज हेडमास्टर स्मिथ प्रशासन के दबाव में राजन को दंडित करते हैं किंतु मानवीय स्तर पर उससे क्षमा माँगते और राधेलाल की गिरफ्तारी की सूचना देने उनके घर चले जाते हैं। यह आश्चर्यजनक है किंतु मिश्र जी अँग्रेजों में भी एन्ड्रूज की संभावना से इंकार नहीं करना चाहते। गोवर्द्धन मन, वाणी और कर्म से गांधीवादी समाज सेवी हैं। बंटू, बिट्टो और छोटू, पारंपरिक मूल्यों से विच्छिन्न आत्मकेंद्रित मनोवृत्ति वाले, नई पीढ़ी के प्रतिनिधि हैं। किंतु उनके भी अपने तर्क हैं, अपनी मेधा है। उन्होंने 'पाँच आँगनों वाला घर' नहीं देखा है। वे परिवर्तित वातावरण और भिन्न प्रकार की परवरिश के परिणाम हैं।

संरचना की दृष्टि से 'पाँच आँगनों वाला घर' अपनी बनावट और बुनावट में अत्यंत सघन और संश्लिष्ट है। कथानक के विकास के लिए प्रसंगों का नियोजन इतने कौशल से किया गया है कि न तो कहीं स्फीति है और न ही बिखराव। कथानक और चरित्रों को पूर्ण विकास का अवसर मिला है। ऐतिहासिक प्रामाणिकता और औपन्यासिक कला की सिद्धि का मणि-कांचन योग इस कृति में विलक्षण परिपाक का उदाहरण प्रस्तुत करता है। प्रभावपूर्ण और आकर्षक रचनात्मक भाषा गोविंद मिश्र की अपनी सिद्धि है। कथा सूत्रों को कलात्मक ढंग से जोड़ने के लिए पूर्वदीप्ति शैली का सुंदर उपयोग किया गया है। टिप्पणियों द्वारा विचार-सूत्रों और प्रतिक्रियाओं को स्पष्ट करके प्रभावान्विति को पुष्ट किया गया है। इतने बड़े फलक को, इतनी पूर्णता के साथ केवल दो सौ बयासी पृष्ठों में समेटना केवल गोविंद मिश्र जैसे सिद्धहस्त उपन्यासकार के लिए ही संभव था। सार्थक बिंबों और प्रतीकों की अर्थछटाएँ इसे और प्रभावी बनाती हैं।

प्रभाव की दृष्टि से विचार करने पर कहा जा सकता है कि पूरा उपन्यास एक चुंबकीय आकर्षण से युक्त है। कथा सफल नियोजन और विकास क्रम पाठक को बाँधे रखता है। उसकी उदग्र उत्सुकता उत्तरोत्तर बढ़ती जाती है। पाठक तादात्म्य भाव से विभिन्न रसात्मक प्रसंगों का आस्वाद लेता है। विचार के धरातल पर पाठक अनुभव और ज्ञान समृद्ध होता चलता है। अपनी सूचनाओं और अनुभवों को वस्तुनिष्ठ और वैज्ञानिक

विश्लेषण के साक्ष्य की कसौटी पर कसता चलता है। हिंदी में ऐसा कोई उपन्यास मेरे देखने में नहीं आया जिसमें राजनीतिक घटनाओं को बाकायदा नाम लेकर स्पष्टता और यथातथ्यता से प्रस्तुत किया गया हो। और एक सधे हुए कलात्मक संयम के साथ उन्हें हमारे सामाजिक पतन के साथ जोड़ा गया हो। निर्भीकता की यह विशिष्टता इस उपन्यास को एक अलग की पाँत में खड़ा करती है। अंततः पाठक केवल अभिभूत ही नहीं होता अपितु राजनैतिक भ्रष्टता, सांस्कृतिक ह्रास और मानवीय पतन के बीच छटपटाती नैतिकता और मूल्यनिष्ठा के प्रति सचेतन और आस्थावान भी बनता है। इस प्रकार यह उपन्यास बहुत बड़े सामाजिक दायित्व की पूर्ति करता है। साथ एक संस्कारशील की सुसँस्कृत अभिरुचि को भी बनाए रखता है।

'पाँच आँगनों वाला घर' गोविंद मिश्र की एक ऐसी सफल रचना है जिसमें सन् 1940 से 1990 तक की राजनीतिक, सामाजिक, सांस्कृतिक, आर्थिक और नैतिक स्थितियों का संवेदना संपृक्ति के साथ सफल अभिव्यंजन हुआ है। इसमें बहुस्तरीय पतनशीलता के लेखक की चेतना संपृक्ति और सामाजिक संसक्ति भी प्रमाणित हुई है। तीन पीढ़ियों और पचास वर्षों के विकास या ह्रास क्रम को गहन संवेदना और कलात्मक सिद्धि के साथ इतिहास के प्रामाणिक परिप्रेक्ष्य में—प्रस्तुत करना—और वह इतने सूक्ष्म आकार में यह बहुत बड़ी चुनौती है जिसका निर्वाह गोविंद मिश्र ने बड़ी सफलता से किया है। यह उपन्यास हमें आज की भोगवादी आत्मकेंद्रित मानसिकता की दारुण परिणतियों के प्रति हमें आगाह भी करता है जिसके कारण आज की पीढ़ी अपनी जड़ से कटकर धुरीहीन जीवन की त्रासदी का अभिशाप भोग रही है। इन्हीं कारणों से मुझे लगता है कि गोविंद मिश्र श्रेष्ठ और सार्थक सृजन की अभिनव परंपरा के उद्भावक हैं।

त्रासदी भरा सफ़र

गोविंद मिश्र

नौकरी—वह भी प्रथम श्रेणी की—उसके बारे में मुझे मुगालता कभी नहीं रहा। प्रवेश लेते ही जो वितृष्णा हुई थी वह मेरे पहले उपन्यास—'वह/अपना चेहरा' में उतरी। 'निम्न चाकरी भीख निदान' बराबर याद रखा, लेकिन यहाँ ईमानदार रहना (मनसा, कर्मणा, दोनों), आत्म सम्मान बचाते हुए जीविकोपार्जन करना ही कितना कठिन है—यह ज्यों-ज्यों मैं नौकरी में आगे बढ़ता गया, त्यों-त्यों और ज्यादा उजागर होता चला गया। कई बार तबीयत होती थी कि स्वेच्छा सेवानिवृत्ति ले लूँ...लेकिन ख्याल आता था कि फिर रोटी का जुगाड़ कैसे होगा, कुछ और करने लायक हूँ नहीं अध्यापकी के सिवा... वहाँ भी अनुभव के अभाव में शायद ही कोई शिक्षा संस्था मुझे ले। तो जब तक पेंशन के हकदार नहीं हो जाते, चलते रहो। दिल्ली के बाहर अपने विभाग में इधर-उधर होता रहा। वहाँ फिर भी थोड़ी-सी जगह थी जहाँ आप विभाग, सरकार और देश के लिए कुछ कर सकते हैं, करने की सोच सकते हैं...प्रशासन के मध्यम स्तर पर काम करते हुए। जैसे ही मैं अपनी नौकरी के अंतिम पड़ाव पर, प्रशासन के उच्च स्तर में दिल्ली पहुंचा तो मंत्रालय के मंत्रियों और देश के सबसे ऊँचे अफसरों को देखकर हैरान रह गया, वितृष्णा चरम पर पहुँच गयी। नौकरी छोड़ देने का मन बनने लगा...पर तभी अग्रज साहित्यकार शैलेश मटियानी से अंतरंग बातचीत हुई। उनका कहना था कि नौकरी मैं क़दापि न छोड़ूँ, प्रशासन का सबसे ऊपरी तबका सबको देखने को नहीं मिलता, इसे देखना मेरे साहित्यकार के लिए जरूरी है, कौन जाने यह कोई अच्छी रचना का उपक्रम बन जाए।

शैलेश भाई की बात मान तो गया, लेकिन देखना भर कहाँ था वह, बहुत ही त्रासदी भरा सफ़र था। भारतीय प्रशासन की सबसे ऊपर की पंक्ति—बाहर से कैसी तिलस्म दुनिया, रौबदाब, चमक दमक वाली, परम शक्तिवान....लेकिन भीतर से उतनी ही खोखली, गिजगिज। इस दुनिया के नायक/खलनायक बाहर से समाज के लिए पीड़ा, सोच और कर्म में भयंकर व्यस्त, चुस्त-दुरुस्त, प्रभावशाली....लेकिन भीतर से इनके एकदम उलटे। देश और समाज तो सिर्फ उनकी जीभ उगलती है, दरअसल वे लगे होते हैं अपने क्षुद्र सरोकारों में। इसे चढ़ाना उसे गिराना, उसे खत्म करना, यह ऐंठना, वह लूटना....अपने अहं, सतही महत्त्व और अपने पद के प्रभुत्व के लिए कुछ भी कर

बैठना...चाहे वह समाज के लिए कितना ही हानिकारक क्यों न हो। करीब-करीब माफिया जैसे, खुँखार और भ्रष्ट। अच्छे भी मिलते हैं यहाँ इक्के-दुक्के, लेकिन सब हाशिये पर फिंके हुए। महत्त्व की किसी जगह अगर वे गलती से पहुँच गए तो तुरंत उन्हें हटा देने की मुहिम चालू हो जाती है। भेड़ियों के बीच छः महीने रहते हुए मैंने जो तनाव झेला उसका शतांश भी नौकरी के पिछले पैंतीस सालों में नहीं झेला था। साबुत निकल आया क्योंकि बचपन शुद्ध घी दूध के जमाने का था क्योंकि मैं साहित्य को समर्पित था। नहीं जानता कि साहित्य दूसरों में क्या और कितना करता है, मुझे उसने साफ बचा लिया। मैं तो निकल आया लेकिन देश का गला उनके शिकंजों में अब भी फँसा हुआ है, आगे मुझ जैसे कितने आग के इस दरिया से निकलने को मजबूर होंगे, भेड़िये देश और समाज को कब तक ऐसे ही धोखा देते रहेंगे—यह पीड़ा पीछे छूटी हुई थी, मेरी व्यक्तिगत पीड़ा की जगह। निदान...तंत्र के इस क्रूर व्यक्तित्व को बदला जा सकता है क्या...सरकार ही बड़ी चीज़ है, फिर सरकार-दर-सरकार चला आ रहा यह तंत्र—घिसा, घिनौना, अमानवीय-उस पर तो जुम्बिश भी नहीं होगी। फौरन बदला नहीं जा सकता तो क्या परिचित भी न कराया जाए लोगों को....चिलमन के पार जो है, मुखौटों के पार असल में जो ये लोग हैं।

जीवन में जो दुःख या पीड़ा हम झेलते हैं वह उतनी त्रासद नहीं होती क्योंकि दरमियान हम गुज़र भी रहे होते हैं लेकिन उन्हें लिखने की पीड़ा। फिर-फिर उन अप्रिय प्रसंगों को अपने ऊपर लाना, उस पीड़ा को बराबर भोगना....इसलिए जिंदगी में भोगी गयी पीड़ा से हजार गुना ज्यादा होती है सृजन की पीड़ा। सोच-सोच कर बचता रहा...क्यों उन महीनों को फिर से जिऊँ। किसी अच्छी चीज़ को उठाने के बजाय क्यों उन वाहियात प्रसंगों की जुगाली करने बैठूं?

भीतर एक दबाव बढ़ता गया—परिवर्तन या वैसे कुछ की भूमिका बने या नहीं, यह अपना कोई महत्त्वपूर्ण दस्तावेज जैसा भी नहीं जिसे पीछे छोड़ ही जाना हो, हर रोज़ घटने वाली चीज़ हैं, बड़ी-बड़ी बातें छोड़कर पाठकों को सिर्फ परिचित कराते चलूँ। वे जानें तो अपने प्रशासन के सबसे ऊपरी हिस्से को, उसकी बुनावट क्या है, इस तंत्र जाल के ताने-बाने कौन हैं—यहाँ सिर्फ राजनेता और बड़े अफसर भर नहीं हैं, यहाँ उद्योगपति, बड़े व्यापारी-छोटे व्यापारी, छोटे-बड़े पत्रकार, मंत्रियों के रिश्तेदार, छोटे-बड़े नेता, एक्टर...जाने कौन-कौन धँसे हुए हैं। व्यक्ति नहीं होते ये....इनके साँचे होते हैं, जिनमें पहले का व्यक्ति अपना सिर डाल देता है और यह बन जाता है। ये टाइप हैं, एक-सा रहने वाले, एक सा व्यवहार करने वाले। अगर लेखक इनको संवेदनात्मक स्पर्श देगा तो दरअसल जो वह कहना चाहता है उसकी धार ही चली जाएगी। इसलिए इन पात्रों का वैयक्तिक विकास दिखाने के बजाय सिर्फ इनकी टाइप प्रस्तुत कर देना। सब 'पावर' को अपनी-अपनी तरफ, अपने तरीके से खींचने में लगे हैं, वे कैसे 'पावर गेम्स' खेलते हैं, इस मकड़जाल में मनुष्य और देश कैसे फँसा हुआ है...। फैलते-फैलते बात जटिल होती

चली गई। तंत्र का चेहरा दिखाना भर नहीं, पीछे जो इस तंत्र की अपनी 'फिलौसॉफी' (!) है, उसमें भी प्रवेश करना। तब शिद्दत से लगा कि मुझे यह कहना चाहिए, मेरे अलावा और कौन यह कर सकेगा क्योंकि कौन यहाँ तक पहुँच पाता है, यह सब देख पाता है। वह मुकाम आ गया जहाँ यह साफ़ हो गया कि जब तक यह नहीं लिख लेता, मैं और कुछ नहीं लिख सकूँगा। स्वयं को मुक्त करने के लिए इसे लिख डालना जरूरी हो गया था।

फिर जिया वह समय....अपना पतन देखते हुए, उसे विश्लेषित करते हुए। वक्त-वक्त पर जो झटके मुझे दिए गए थे उनके पीछे क्या मकसद था, वे मिलकर कहाँ जुड़ते थे, तंत्र के किस चेहरे की सृष्टि करते थे और भी न जाने कितनी चीज़ों में जाना हुआ...बार-बार। उपन्यास का अंतिम रूप जब टाइप होकर आया तो दिल बैठ गया। जो भाषा मेरी पहचान थी, मेरी अपनी थी वही छोड़कर चली गई मुझे इस उपन्यास में। वल्लभ सिद्धार्थ और नवीन सागर (अब स्वर्गीय) ने पांडुलिपि को ध्यान से पढ़ा था, कुछ अध्याय प्रबुद्ध पाठकों को सुनाए थे। उनके सामने जब मैंने अपनी हताशा रखी तो वे उचक गए, बोले—भाषा परिवेश के अनुकूल इस हद तक ढल गई है कि वह है ही नहीं... नदारत है और यही उसकी शक्ति है। मैं सोचने लगा कि भाषा भी प्रकृति की शक्तियों में से एक है, जब अंतर्मन से कोई निर्झरी फूटती है तो उसका संवाहक बनने नदी की तरह प्रकट हो जाती है...वर्ना कोशिश करते रहो, कथ्य और भाषा का गुम्फन ही नहीं हो पाता।

बहसें चलेंगी, हर कृति पर चलती हैं। मैंने तो एक दिया जलाकर समाज के चेतना प्रवाह में छोड़ दिया। आलोचक, साहित्य के दीगर पेशेवर उनकी प्रतिक्रियाओं से ज़्यादा दिलचस्पी मुझे अ-लेखकों की प्रतिक्रियाओं में होती है जब एक मेडिकल डॉक्टर पढ़ता है, उससे छीनकर उसका पिता पढ़ता है...वे घर में बहस करते हैं। किताब का असली मकसद यहाँ पहुँचना है। मेरे अपने लेखकीय क्रम में यह रचना किस तरह आती है यह मैं नहीं सोचता। कभी पूर्वनियोजित लेखन नहीं किया। विज्ञान के इस युग में भी मानता हूँ कि कोई अदृश्य शक्ति है जो लिखा लेती है...मैं स्वयं को सिर्फ उसके हवाले करता हूँ। लिखना पूरी तरह अगर अपने हाथ की ही बात होती तो क्यों ऐसा होता कि अपने समय के सशक्त लेखक भी एक मुकाम पर पहुँचकर असहाय महसूस करने लगते हैं, लिखा ही नहीं जाता...वर्ना कौन लेखक है जो आजीवन लिखते नहीं रहना चाहता।

कहु रहीम कैसे निभै

शैलेश मटियानी

एक प्रसंग याद आ रहा है, 'फूल....इमारतें और बंदर' उपन्यास पढ़ने के बाद कि गोविंद ने कहा, 'अब यह नौकरी-वौकरी छोड़ने का मन बना रहा हूँ, शैलेश भाई! पूर्णकालिक लेखक बनना चाहता हूँ। बताया कि घुटन महसूस करने लगे हैं। मेरा कहना था कि अभी नौकरी कदापि नहीं छोड़िये; क्योंकि अब समाज में ज्यादा विचरण की उम्र नहीं रही। केवल लिखते रहने पर अंततः लेखक चुक जाता है। आपके पास अनुभवों की जो पूँजी है, वह इसी नौकरी की कड़ी है। तथा वहाँ गोविंद चीफ कमिश्नर आयकर, गुजरात थे और अहमदाबाद रहते थे। वहाँ से दिल्ली चले आये, तो आयकर बोर्ड के सदस्य के तौर पर और आयकर विभाग के सर्वोच्च पद बोर्ड के चेयरमैन बनने तक को समय मौजूद था। दिल्ली जाना हुआ, तो मिला और अनेक बातों के बीच गोविंद फिर कहने लगे, 'अब नौकरी छोड़ने का विचार बारंबार सामने आने लगा है। पेंशन पूरी मिलेगी ही। दिल्ली छोड़ दूँगा। कहीं किसी छोटी शांत जगह डेरा डालूँगा और लिखूँगा।

स्पष्ट था कि नौकरी के बीच भी लिखते रहने के बावजूद गोविंद को परितोष नहीं था। सरकारी उच्च पदों से स्वयं को लेखक के रूप में कहीं ज्यादा बड़ा गोविंद तभी से समझने लगे थे, जब बंबई में आयकर कमिश्नर थे। इस बार मुझे कुछ खुलकर कहना पड़ा, 'नौकरी छोड़ने की बात मन से पूरी तरह निकाल दीजिए; क्योंकि लेखक को अनुभवों के सिलसिले को अधबीच में कभी नहीं छोड़ना चाहिए। अवकाश ग्रहण करने बाद, यह नौकरी आपके लेखक के काम आएगी। अपना श्रेष्ठतम लेखन आप अपनी 30-35 सालों की नौकरी के अनुभवों के आधार पर ही कर पाएँगे।' गोविंद चुपचाप सुनते रहे।

आदमी की सबसे बड़ी थाती होती है, स्वभाव। परिस्थितियों के दबाव में सबसे गहरे दबाव पड़ते हैं स्वभाव पर ही। स्वभाव को किसी भी कीमत पर नहीं बदलने में जो समर्थ हो जाय, उससे ज्यादा सुखी कोई नहीं। 'फूल...इमारतें और बंदर' में गोविंद ने स्वयं का प्रत्यांतरण किया है, जोकि प्रत्येक लेखक करता है, चाहे विधा कोई हो।...और अपना स्वभाव बचाये रखने के लिए जो लेखक जितना कठिन संघर्ष करता है, केवल वही बड़ा लेखक बन भी पाता है। 'फूल...इमारतें और बंदर' के कथानायक मोहंती में

गोविंद ने अपने स्वभाव का एकदम पारदर्शी प्रत्यांतरण किया है, हालाँकि संपूर्ण रूप में नहीं; यह उपन्यास, शायद, शिल्प के स्तर पर भी बेजोड़ है। ऐसा संभव हुआ, तो इसलिए कि गोविंद क़ो विद्यार्थी जीवन से लेकर आयकर विभाग की नौकरी की अंतिम सीढ़ी तक लगातार-लगातार यह संघर्ष करना पड़ा है कि स्वभाव को नहीं छोड़ना है।

मनुष्य निश्छल उत्पन्न होता है। एक उम्र तक वह सच ही बोलता है और कहीं नैसर्गिकता की घुट्टी मिल गई, उसे और उसका आस्वाद भरपूर पा लिया, तो फिर स्वभाव जीवन-मरण के स्तर का सवाल बन जाता है। नैसर्गिकता का आस्वाद प्राणों तक में व्याप्त हो जाता है। मोहंती आयकर बोर्ड का सदस्य बनने तक में अपने स्वभाव में रहने में सफल रहे, लेकिन चेयरमैनी के स्तर पर स्वभाव के विरुद्ध भी चलने की अपरिहार्यता उन्हें निरंतर गहरे अंतर्द्वंद्वों में ले जाती है और इसी मोड़ पर गोविंद एक बड़े उपन्यासकार की-सी स्मृति और मेधा का ऐसा परिचय देते हैं कि पढ़नेवाला यदि लेखक हो, तो शायद उसे ये तीन मुहावरे इसके इर्द-गिर्द मँडराते अनुभव होने लगेंगे। 1. 'छठी का दूध याद दिला देना' 2. 'चारों खाने चित हो जाना', और 3. 'होश उड़ा देना'। सच्चे और पारदर्शी व्यक्तित्व वाले लेखक को ये मुहावरे याद भी आ गये, तो विचलित होगा नहीं।....लेकिन एक चुनौती तो यह उपन्यास प्रत्येक उपन्यासकार को है ही।

गोविंद मिश्र का पहला उपन्यास पढ़ा था—'वह अपना चेहरा' छोटा-सा उपन्यास था, लेकिन यह इंगित करता हुआ कि आगे और बेहतर उपन्यास लिखे जा सकते हैं इस लेखक के द्वारा।...फिर 'लाल-पीली जमीन' को मात्र एक तिहाई पढ़ने पर भी यह भविष्यवाणी कर दी थी कि गिरिराज किशोर और गोविंद मिश्र, ये अपनी पीढ़ी के सर्वश्रेष्ठ लेखक बनेंगे। खासतौर पर उपन्यासकार।

गोविंद ने अपने इस उपन्यास में अपनी पुरानी लीक से हटकर, देश की राजव्यवस्था के छल-छद्म और अनाचार तथा राजनेताओं के अनैतिक, असामाजिक और देशद्रोही चरित्र का उद्घाटन किया है। अद्भुत दक्षता से लिखे गये हैं 'फूल... इमारतें और बंदर' के वो दृश्य, जो राज्यव्यवस्था के कुटिल वेश्या जैसे स्वैराचार को प्रतिबिंबित करते हैं, लेकिन यहीं यह अनुभव होता है कि काश, उस दिशा में, गोविंद कुछ और आगे बढ़ते।

'फूल...इमारतें और बंदर' उपन्यास में काफी गहराई तक उपन्यास के केंद्रीय चरित्र मोहंती में स्वयं का प्रत्यांतरण किया है गोविंद ने, लेकिन यह सारी संभावनाओं को एकत्र करके लिखा गया उपन्यास बन नहीं पाया। फिर भी बहुत चकित करता है, लेखक की गहरी संवेदना और द्रष्टा के स्तर की मेधा का साक्षात्कार कराता है, लेकिन यह प्रभाव नहीं बना पाता कि 'फूल...इमारतें और बंदर' को लेकर कहा जा सके कि गोविंद मिश्र इसे और बेहतर लिख नहीं सकते थे। दो-तीन वर्षों का और अधिक अंतराल देने के बावजूद! हालाँकि इसका एक दूसरा पहलू भी है। दस साल लगाकर लिखा गया उपन्यास, सिर्फ पाँच-छः महीने में लिखे गये उपन्यास से कमजोर हो सकता है; क्योंकि

अनुभवों का दबाव समय के अंतराल को पाट देता है, जैसा कि 'फूल...इमारतें और बंदर' से भी आभास होता है। मुझे पता नहीं कि गोविंद ने इस उपन्यास को लिखने में कितनी अवधि लगाई है या कि दुबारा-तिबारा लिखा और संशोधित, परिवर्द्धित या संक्षिप्त किया या नहीं लेकिन उपन्यास पढ़ जाने पर हुआ कि गोविंद सोल्जेनित्सिन-जैसा उपन्यासकार बनते-बनते रह गये हैं। उपन्यास का सकारात्मक पक्ष यह है कि उपन्यास हमारी आज की राजव्यवस्था के एक मुख्य परिदृश्य को बेबाक तरीके से सामने रखता है, लेकिन राज्य व्यवस्था के सर्वोच्च शिखर को छूते हुए भी उपन्यास ऐसा नहीं बन पाया है कि लेखक राज्य व्यवस्था के कोप का पात्र बन जाय। उपन्यासकार व्यवस्था के द्वारा दी गई विचार और अभिव्यक्ति की स्वाधीनता के वृत्त के बाहर नहीं जाता है। उपन्यास को सीधे-सीधे चोटी के राजनेता भी पढ़ें, तो इतना आहत और विक्षुब्ध हो नहीं पायेंगे कि इस पर प्रतिबंध लगाये जाने की जरूरत अनुभव करें, हालाँकि इसमें प्रधानमंत्रियों के द्वारा भी घूस लिये जाने की बात कहने का जोखिम उठाया गया है, लेकिन कुछ इस तरह कि कोई घूस लेनेवाला प्रधानमंत्री इस उपन्यास को पढ़े, तो कुछ बेचैनी और विक्षोभ अनुभव करने के बावजूद, संतुलन खोएगा नहीं और यदि घूस नहीं लेनेवाला प्रधानमंत्री पढ़े, तो लेखक की सराहना करेगा जरूर। बड़े व्यक्तित्व वाला प्रधानमंत्री इसके लेखक को अपने यहाँ चाय पर भी बुला सकता है, बुलाया जाना चाहिए; क्योंकि यह उपन्यास राजनेताओं के लिए भी कसौटी है। इसमें देश की वर्तमान दशा और राष्ट्रीय हित-अहित के कारणों की ओर इंगित मौजूद है।

मेरी दृष्टि में 'फूल...इमारतें और बंदर' एक ऐसा उपन्यास है, जो ज्यादा-से-ज्यादा संख्या में पढ़ा जाय। प्रत्येक राजनेता इसे पढ़े और लेखक तो अवश्य ही। खासतौर पर नये लेखक। इन 14, 15 या 16 वर्षों में कुछ और भी उपन्यास पढ़े होते, तो मेरे लिए 'फूल...इमारतें और बंदर' पर लिखना कुछ आसान हो जाता, लेकिन इस तर्क से चलने में असमर्थ हूँ कि साहित्य के अध्ययन के मामले में डेढ़ गाँठ की हल्दीवाला पंसारी और स्कूली शिक्षा के मामले में भी केवल दसवीं तक की पढ़ाई और 'मासडिप्रेशन' तथा सिर की भीषण व्याधि के कारण कुछ भी व्यवस्थित ढंग से नहीं लिख पा रहे होने के कारण मुझे 'फूल...इमारतें और बंदर' उपन्यास पर लिखने से बचना चाहिए था, लेकिन ऐसे मौलिक, शिल्प और भाषा तथा कथावस्तु या चरित्र-चित्रण में गहरी महारतवाले किसी भी उपन्यास को पढ़कर उस पर लिखे बिना रह नहीं सकता अगर कि संभव हो पाये। प्रारब्ध ठीक नहीं निकला। ठीक उस समय विध्वंस, और फिर भीषण बीमारी के हवाले हो गया, जबकि पहले से बेहतर लिखने का समय आया था।

भीषण हताशा, अवसाद और विषाद कि अब परिवार के काम का भी नहीं रह गया और लिखना छोड़, पढ़कर समय व्यतीत करने का अवसर भी नहीं। सामने छाया की भाँति एकटक खड़ी आजीविका की समस्या और परिवार के विछिन्न हो चुके होने का मर्मांतक मनस्ताप। इस सबके बीच 'फूल...इमारतें और बंदर' उपन्यास आया, तो

108 पृष्ठ एक ही दिन में पढ़ गया और बाकी के पृष्ठ भी दो-तीन दिनों में पढ़ लिये। तय कर लिया कि इस उपन्यास पर एक लेखक की हैसियत से लिखना जरूर है। समस्त ज्ञानेन्द्रियों को अपने प्रति एकाग्र कर लेनेवाला है यह उपन्यास। जर्जर शरीर और लेखक के रूप में स्वयं को पूरी तरह बदल चुका अनुभव करने के बाद भी पहले पढ़ने और फिर लिखने को बाध्य कर देनेवाला।

प्रसन्नता, मुग्धता और रस, तीनों अतीत की वस्तु हो चुके। 13 अप्रैल, 1992 से आज तक कभी हँस नहीं पाया हूँ। लेकिन पढ़ने का मन बनाकर, इसे हाथों में लिया, तो बस, पढ़ता चला गया। गोविंद के साथ के कई प्रसंग स्मृति में उमड़ आये। एक यह भी कि 15-20 साल पहले गोविंद ने मुझे लिखा था—'शैलेश भाई, एक रचनाकार को राजनीति के चक्कर में नहीं पढ़ना चाहिए। उसे विचारक या दार्शनिक बनने की धुन से भी बचना चाहिए और अपनी सारी क्षमता केवल सृजनात्मक लेखन में लगानी चाहिए।'

'फूल...इमारतें और बंदर' में इन तीनों शर्तों का कहीं कुछ भी पता नहीं। सोल्जेनित्सिन का उदाहरण दिया गया है और मैंने सोल्जेनित्सिन के 'गुलाग द्वीप समूह' उपन्यास का प्रथम खंड पढ़ रखा है। उसमें सोल्जेनित्सिन के विचारक, चिंतक, दार्शनिक की गहरी भूमिका है। रूस की तत्कालीन निरंकुश राज्य व्यवस्था के प्रति गहरा विक्षोभ तथा सृजनात्मक साहित्य के आधारभूत तत्त्व ये सारे लक्षण एक साथ मौजूद हैं।

गोविंद को इस उपन्यास के साथ सोल्जेनित्सिन को उद्धृत करना पड़ गया, यह सामान्य परिवर्तन नहीं है। 'फूल...इमारतें और बंदर' उपन्यास कोई ऐसा उपन्यासकार लिख ही नहीं सकता, जो चिंतन, विचार, दर्शन और राजनीति से रिक्त हो। जो यह मानता नहीं हो कि एक बड़े लेखक में इन सब बातों का होना आवश्यक है। राज्य व्यवस्था से उसका गहरा सरोकार जरूरी है। चिंतक, विचारक, दार्शनिक और द्रष्टा की हैसियत से लिखनेवाला लेखक ही कोई बड़ी (क्लासिक) कृति दे सकता है। 'फूल... इमारतें और बंदर' द्रष्टा की हैसियत से लिखा गया है। इसके पात्र उन लोगों में से हैं, जो राजनीति के सत्ता केंद्र के इर्द-गिर्द लगातार और लगातार मँडराते रहते हैं। उपन्यास के प्रमुख पात्र मोहंती के नौकरी के अंतिम चरण में ये पात्र कुछ इस तरह मोहंती के पास पहुँचते हैं, जैसे उसके लिए ही उदित हुए हों और मोहंती को बार-बार ऐसे मोड़ों से गुजारते हैं कि रहीम का यह दोहा स्मरण हो आया कि—'कहु रहीम कैसे निभै केर-बेर को संग।'

303 डिमाई आकार के पृष्ठों का यह उपन्यास केवल एक प्रसंग के दायरे में लिखा गया है। कुछ इस तरह कि गोविंद को लंबे समय तक लिखने की कला आ गई है। बिना विस्तृत कथानक के उपन्यास नहीं लिख पानेवाले लेखकों को 'फूल...इमारतें और बंदर' को पाठ्य पुस्तक की तरह पढ़ना चाहिए; क्योंकि कैसे नितांत सीमित कथावस्तु के बावजूद अच्छा-खासा उपन्यास लिखा जा सकता है, इतना सबक देने में यह उपन्यास एक मानक की तरह है। इसकी कथावस्तु का दायरा अत्यंत सीमित है, लेकिन चूँकि यह

दायरा उपन्यास पढ़ लेने के बाद भी दूर तक जाता दिखाई देता है, इसलिए इस इंगित में भी समर्थ है कि प्रत्येक वस्तु का नेपथ्य बहुत बड़ा होता है, सवाल रह जाता है सिर्फ यह कि लेखक की स्मृति और मेधा का दायरा कितना है। मोहंती में गोविंद ने अपने पूरे जीवन का प्रत्यांतरण नहीं किया है, यह बात मैं इस आधार पर कह रहा हूँ कि उनसे मेरा भी वास्ता लगभग वैसा ही पड़ा है, जैसा इसके एक पात्र प्रमोद का। गोविंद से मिलना-जुलना काफी होता रहा और चर्चा हमेशा साहित्य और लेखकों की राजनीति की हुई। कई बार अपने घर पर भी टिकाया गोविंद ने। यह भी देखा कि चीफ कमिश्नर आयकर, गुजरात, नितांत सादे कुरते-पायजामे में बाजार से सब्जियाँ खरीद कर ला रहा है और एक संतति को अपनी आँखों के सामने ओझल होते देखने के बाद, उसका शेष सारा जीवन सादगी-भरा होता गया है। गोविंद को उनके सहायक कमिश्नर होने से लेकर कमिश्नर, फिर चीफ कमिश्नर और बोर्ड का सदस्य होते देखा है, और हमेशा यही पाया कि यह व्यक्ति अपने लेखक होने को इन सारे ऊँचे सरकारी पदों से बड़ा समझता रहा है और इसीलिए मेरे कई बहुत तीखे पत्रों के बाद भी लेखक का ही जैसा व्यवहार करता रहा है। लिखना सबसे जरूरी काम है, लेकिन नौकरी के उत्तरदायित्व भी पूरे निभाने हैं; क्योंकि जो व्यक्ति अपने दफ्तरी काम के प्रति गैर जिम्मेदार होगा, वह लेखन में भी गैर-जिम्मेदार साबित होगा जरूर; क्योंकि स्वभाव और चरित्र को बदलने का काम दोमुँहेपन की ओर ले जाता है। ऐसा व्यक्ति न नौकरी के प्रति ईमानदार हो सकता है, न लिखने के। ऐसे कई उदाहरण आयकर विभाग में भी मौजूद रहे हैं।

मोहंती का जीवन ठीक उसी तरह नेपथ्य में है, जैसा 'फूल...इमारतें और बंदर' उपन्यास के अन्य पात्रों का। पूरे उपन्यास को केवल एक प्रसंग के इर्द-गिर्द रखकर लिखा गया है। मोहंती आयकर बोर्ड (स्मृति क्षीण है, उपन्यास दुबारा पढ़ना तो दूर अब उलटना-पलटना भी नहीं है, और जहाँ तक स्मरण है, गोविंद ने मोहंती के विभाग को आयकर विभाग नहीं बताया है) का वरिष्ठतम सदस्य है और अब उसे विभाग का चेयरमैन बनना है। इस पद के लिए मोहंती पूरी तरह पात्र है, लेकिन जानता है कि उसके विभाग के मंत्री, गृहमंत्री और प्रधानमंत्री को उसका मातहत सदस्य माताप्रसाद अपनी ओर मोड़ ले, तो मोहंती की वरिष्ठता और बेदाग नौकरी के बावजूद, बोर्ड का चेयरमैन सदस्यों में से चौथे स्थान का अधिकारी माताप्रसाद बन सकता है। इस बिंदु पर ही उपन्यास प्रारम्भ होता है और फिर यह जद्दोजहद कि मोहंती को चेयरमैन बनाने के लिए क्या-क्या बातें जरूरी हैं। ठीक यहीं पर से मोहंती का अंतर्द्वंद्व, भी प्रारंभ होता है कि जब नौकरी के अब तक के सिलसिले में कभी 'लौबीइंग' नहीं कराई, तो अब क्यों आवश्यक हो गई है? नौकरी का सिर्फ एक साल बाकी रह गया, इसलिए चेयरमैन नहीं बनाये जाने पर त्यागपत्र भी दे दिया जा सकता है, लेकिन सवाल प्रतिष्ठा का है और हक का भी, इसलिए अपने स्वभाव को बिना ज्यादा बदले 'लौबीइंग' कराने में कोई हर्ज नहीं।

शुरुआत होती है रंजन स्वरूप से और सिलसिला प्रधानमंत्री के पुत्र ही नहीं, स्वयं प्रधानमंत्री तक पहुँच जाता है। एक-एक पात्र जैसे मंच के नेपथ्य में से बाहर प्रकट होता चला जाता है और बहुत जल्दी ही पता चल जाता है कि गोविंद की स्मृति और मेधा सामान्य नहीं। चरित्र-चित्रण में महारत लेखक के लिए आधारभूत शर्त है और कहना होगा कि इस मामले में बड़ा उपन्यासकार होने की शर्त को इस कौशल से निभाते चले जाने में सिद्ध हो चुके गोविंद कि आनेवाले दस वर्षों की अवधि में ही उनका स्थान एक शिखर उपन्यासकार के रूप में होगा। 'फूल...इमारतें और बंदर' में एक-एक चरित्र को इतनी दक्षता और महारत के साथ प्रस्तुत किया गया है कि चकित करता है। इस हद तक कि उपन्यास पूरा पढ़ते ही गोविंद को बधाई देने की उतावली अनुभव होने लगती है।

इसीलिए आग्रह किया कि इसे प्रत्येक लेखक को पढ़ना चाहिए, तब पता चलेगा कि लेखक सामने-सामने और देखते-देखते ही कैसे एक बड़े लेखक के रूप में स्थापित हो सकता है, आलोचकों और साथी लेखकों की घोर उपेक्षा के बाद भी। फिर से कहना चाहता हूँ कि पिछले चौदह-पन्द्रह वर्षों में केवल यही एक उपन्यास पढ़ पाया हूँ और इसे भी पूरा नहीं पढ़ पाता अगर कि यह प्रथम पृष्ठ से ही चकित करता नहीं। आज की राजनीति ने कैसे-कैसे चरित्रों की भरमार लगा दी है देश में, इसकी पूरी तो नहीं, लेकिन जितनी भी तस्वीर 'गोविंद' ने दिखाई है, वह चकित ही नहीं, बल्कि मुग्ध कर देने वाली है। कितना प्रतिश्रुत और तपस्वी होना पड़ता है लेखक को, तब जाकर कोई इतनी महत्त्वपूर्ण कृति अस्तित्व में आ पाती है।

जिसे अनुभवों की प्रामाणिकता कहा जाता है, उसकी चित्त तक चकित कर देनेवाली झिलमिल साफ देखी जा सकती है इस उपन्यास में। 'लाल फीताशाही' से करोड़ों लोग परिचित हैं, लेकिन सरकारी फाइलों की शतरंज की जो अभिभूत कर देने वाली क्षमता 'फूल...इमारतें और बंदर' में देखी जा सकती है, वह सोल्जेनित्सिन, दास्तोवस्की और दुर्गनेव की याद दिला सकती है। दास्तोव्स्की की एक ही कहानी पढ़ी थी, जो 160 पृष्ठ लंबी थी और फिर भी कहानी ही थी, लघु उपन्यास नहीं। उसमें एक कर्नल के क्लर्क के स्तर के घर में हो रहे विवाह के वृत्तांत विस्मय से अभिभूत कर देनेवाले थे। वैसी कोई कहानी हिंदी में पढ़ने में आई नहीं। 'फूल...इमारतें और बंदर' के वृत्तांत भी कुछ वैसी ही झलक देते हैं।...लेकिन जैसा पहले भी कहा, यह उपन्यास अपना पूरा समय लेकर आया नहीं है। बीच-बीच में लेखक के द्वारा आज के नैतिक पतन पर की गई टिप्पणियाँ जिस तरह और जैसी आती हैं, उपन्यास का कमजोर पक्ष लगती हैं, अन्यथा न जाने और कितना चकित करता यह उपन्यास। स्पष्ट अनुभव होता है कि गोविंद ने सोल्जेनित्सिन और दास्तोवस्की के जितना दबाव अभी झेला नहीं है। देश, काल और समाज एक अपनी भूमिका रखते हैं। भारतवर्ष सोवियत संघ नहीं। समय 1917 के बाद का नहीं और शासक स्तालिन नहीं है।

सोल्जेनित्सिन अब रूस लौट चुके हैं। वहाँ की वर्तमान सरकार असफल है या

नहीं, या कि वहाँ के नागरिक अब भीरु प्रकृति या आत्मतुष्ट नपुंसकता से ग्रस्त हैं या नहीं, पता नहीं अब सोल्जेनित्सिन इन सवालों में जायेंगे भी या नहीं। समय बदल चुका है।...लेकिन भारतवर्ष में अभी हाल यह है कि पेशेवर अपराधी भी विधान सभा या लोक सभा में पहुँचते चले जा रहे हैं। देश के हित के सारे सवाल हाशिये पर जा चुके हैं और धर्म, मजहब, जाति और क्षेत्र की राजनीति लोकतंत्र के लबादे से ढँके हुए है और अधिकांश लेखक इस या उस राजनीतिक पार्टी के साये में चले गये हैं। देश के नागरिकों की चेतना, आत्मतुष्टि और नपुंसकता का हाल यह है कि कोई इस सवाल की ओर झाँकने की जरूरत अनुभव नहीं कर रहा कि विदेशी भाषा में शासन सिर्फ गुलाम मुल्कों में ही हो सकता है। भाषा का सवाल सबसे बड़ा सवाल हुआ करता है, लेकिन यहाँ राष्ट्रपति महोदय मौजूद रहते हैं, लेकिन राष्ट्रभाषा का सवाल तहखाने में पहुँचाया जा चुका है और पूरे देश में एक भी परिवार ऐसा नहीं मिलेगा, जो अंग्रेजी माध्यम के स्कूलों में बच्चों को भर्ती कराने के लिए कान्वेंटों की हैसियत और अपनी औकात के अनुसार घूस देने को तैयार नहीं है। देश में ऐसे स्कूल केंद्र सरकार के कान्वेंटों में भी मौजूद हैं, जहाँ छात्र किसी भी भारतीय भाषा में पढ़ाई तो दूर, आपसी बातचीत भी नहीं कर सकते। भारतीय भाषा में बातचीत करते देखकर छात्रों को इतना जलील किया जाता है कि कई बच्चे आत्महत्या कर चुके हैं। दुनिया में भारतवर्ष जैसा संप्रभुता, संपन्न राष्ट्र नहीं, जहाँ कि ब्रिटिश हुकूमत से विरासत में मिली तथाकथित आजादी के बाद भी 'राष्ट्रगान' के रूप में जार्ज पंचम की स्तुति गाई जा रही है और देश के पाँच सौ से अधिक सांसद भी 'जय हे, जय हे, सम्राट जार्ज पंचम की जय है!' गा रहे हैं।

वाल्टन चेनिंग का कहना है–'किसी विदेशी भाषा का किसी स्वतंत्र राष्ट्र के कामकाज की भाषा और शिक्षा का माध्यम होना उस देश के सांस्कृतिक पतन का सूचक होता है।'

वाल्टर चेनिंग के तर्क से देखें, तो भारतवर्ष की तस्वीर क्या निकलेगी?

'फूल...इमारतें और बंदर' की चर्चा करने में कुछ बातों का उल्लेख इसलिए कि अभी बहुत से सवाल बाकी हैं और अगर किसी लेखक को सोल्जेनित्सिन जैसा लेखक हो सकने की आकांक्षा हो, तो संभावनाएँ मौजूद हैं। हमारी राज्य व्यवस्था बहुत लचीली है और इतनी समर्थ तथा व्यापक कि यहाँ का सोल्जेनित्सिन होने के लिए सोवियत संघ के सोल्जेनित्सिन से भी बड़ी मेधा जरूरी है। जीवन भी।

संवेदना और शिल्प के स्तर पर भी 'फूल...इमारतें और बंदर' इस बात का सूचक है कि पहले शिल्प निर्धारित करके तब लिखने से बड़ी कृति सम्भव नहीं; क्योंकि हर बड़ी कृति लेखक के भीतर शिल्प के समेत जगह बनाती है। इस उपन्यास की संरचना ऐसी है, जैसे लिखना शुरू किया गया हो और विराम उपन्यास के पूरा हो जाने पर ही लिया गया हो। एक बाक्य की-सी अद्‌भुत निरंतरता हैं इसमें। एकतरफापन भी नहीं। उपन्यास दो खंडों में बँटा हुआ है–'अवरोह' और 'आरोह'। 'अवरोह' में जीवन-भर

अपने स्वभाव की रक्षा करते आए मोहंती को कुछ इस तरह बताया गया है कि देखते ही बनता है। 'फूल...इमारतें और बंदर' में स्वयं का मोहंती में प्रत्यांतरण करने के बावजूद उपन्यास की शर्तों को पूरा करने के लिए बहुत-कुछ अतिरिक्त भी जोड़ दिया है और इतने कौशल से कि फाँक कहीं भी रह नहीं गई है। 'अवरोह' में मोहंती को चेयरमैन बनाने को की गई 'लौबीइंग' के वृत्तांत हैं और 'आरोह' में चेयरमैन बन चुकने के बाद के। वृत्तांत भरपूर दक्षता चाहते हैं और 'फूल...इमारतें और बंदर' में वृत्तांतों की जैसी सिद्धि दिखाई है गोविंद ने, पूरा भरोसा बँधता है कि यहाँ उनका पहला पड़ाव समाप्त होता है और आगे ऐसा बृहद् उपन्यास भी सम्भव है, जिसमें इस उपन्यास की-सी मुग्ध कर देनेवाली तन्मयता हो। साथ-साथ पढ़नेवाले को एक बड़े साक्षात्कार में ले जानेवाला।

मेरी दृष्टि में 'आरोह' खंड 'अवरोह' से उन्नीस ही है। समतोल नहीं। उपन्यास में प्रकरण उपशीर्षकों के रूप में बँटा हुआ है और बहुत ही सटीक ढंग से।

उपन्यास के अंत में जिस प्रकार अवकाशप्राप्त मोहंती को अपने नये ठिकाने में हरसिंगार और चंमेली के फूलों को प्रकृति की कृपा की भाँति एकटक देखते दिखाया गया है, वह आध्यात्मिकता का आभास कराता है। यह अकारण नहीं, बल्कि एक श्रेष्ठ कृति रच पाने के परितोष का सूचक है। एक प्रसंग छूट गया। 'नाचीज' शीर्षक के अंतर्गत एक सामान्य कर्मचारी प्रसाद की निश्छलता अत्यंत मर्मस्पर्शी स्तर पर दिखाई गई है। प्रसाद मोहंती के उदात्त व्यक्तित्व से मोहित हैं और निःस्वार्थ भाव से मोहंती की फाइल को आगे बढ़ा चुका है और मानना है कि एक अच्छा काम हो गया उसके हाथों से। सर्वोच्च न्यायालय तक मुकद्दमा लड़ने के दौर में कचहरी के मुंशी ने पैसा लेने से इनकार कर दिया था और कहा था आप लोग इतना बड़ा काम कर रहे हैं और मैं पैसा लूँगा आपसे। आदमी कहाँ नहीं है, अपने भीतर कहीं एक उज्ज्वलता लिये हुए। अपवाद रूप में ही सही।

हिंदी साहित्य के क्षेत्र में एक बड़ी उपलब्धि है यह उपन्यास। इसको पढ़ना पढ़ने के अनुभव से गुजरना है। मोहंती के उदाहरण से गोविंद ने इतना इंगित किया जरूर है कि देश में शासकों का स्वरूप अत्यंत घातक रूप से कँटीला है, और जो लोग ऊपर तक पहुँच नहीं रखते, वो सब कदलीवन की नियति में हैं। शासक धर्म, मजहब, जाति और क्षेत्रवाद की सुरा में मोदपूर्ण ढंग से झूम रहे हैं और कदलीवन विदीर्ण हो रहा है। यह ऐसा संबंध शासकों और शासितों के बीच कैसे और कब तक निभेगा, यह एक बहुत बड़ा यक्ष प्रश्न है।....और विडंबना है यह है कि शासक वर्ग बिना यक्षप्रश्नों का उत्तर दिये हुए ही सरोवर में सिर्फ पानी ही नहीं पी रहा, बल्कि उन्मुक्त रूप से नौकाविहार भी कर रहा है।

सोल्जेनित्सिन के द्वारा कहे गये के तर्क से देखें, तो किसी भी लेखक की प्रासंगिकता व्यवस्था के स्वैराचार में हस्तक्षेप करने में ही निर्भर है। सोल्जेनित्सिन या सार्त्र के स्तर पर न सही, अपनी क्षमता तक गोविंद ने हस्तक्षेप किया जरूर है।

'फूल...इमारतें और बंदर' उपन्यास के लेखक के हस्तक्षेप का दृष्टांत निश्चित रूप से है और इस बात का प्रमाण कि एक लेखक के रूप में गोविंद फिर हस्तक्षेप करेंगे जरूर और, शायद, अगली बार कुछ और गहराई तक। 'फूल...इमारतें और बंदर' में मौजूद राज्य व्यवस्था को दो-मुँहे चरित्र, अपनी कुछ सीमाओं के बावजूद, गोविंद मिश्र ने कुछ इस तरह—और पारदर्शी रूप में—उजागर किया है गोविंद ने कि पढ़नेवाला इसे अपनी अंतरात्मा तक अनुभव कर सके। समाज की विदीर्णता को देख सके। इस तरह 'फूल...इमारतें और बंदर' महाकवि रहीम के इस दोहे को पूरी तरह चरितार्थ करता है कि—

> कहु रहीम, कैसे निभै केर-बेर को संग।
> ते झूमत निज मोद में, इनके फाटत अंग।।

'फूल...इमारतें और बंदर' : भ्रष्ट तंत्र में डूबती मूल्यनिष्ठा

डॉ. रामजी तिवारी

श्री गोविंद मिश्र ऐसी विलक्षण प्रतिभा के कथाकार हैं जो अपने को कभी भी दुहराते नहीं। उनकी दो कृतियों को एक साथ रखकर यह कहना कठिन है कि ये एक ही व्यक्ति की रचनाएँ हैं। मिश्रजी अपनी प्रत्येक कृति में विशिष्ट अनुभव विश्व के उपस्थापन के लिए अनुकूल स्थापत्य का संधान करते हैं। या यों कहें कि उनकी संप्रेष्य वस्तु अपनी नवता के अनुरूप नूतन शिल्प का निर्माण कर लेती है। 'अपनी नई कृति 'फूल...इमारतें और बंदर' में मिश्र जी ने एक सर्वथा अनछुए विषय को नये शिल्प में ढालकर जिस प्रातिभ सामर्थ्य और नवनवोन्मेषशालिनी सृजनशीलता की.कलात्मक सिद्धि का परिचय दिया है वह उनकी प्रयोगशील रचनाधर्मिता का पुष्ट प्रमाण है। यह उपन्यास भारतीय प्रजातंत्र को शक्ति, सुरक्षा और गति देने के लिए उत्तरदायी सरकार और उसके सचिवालय के क्रिया-कलाप पर केंद्रित है। इस प्रशासनतंत्र में दो कोटियों के लोग होते हैं। इसमें एक वर्ग निर्वाचित जन प्रतिनिधियों का होता है जो जन-सेवा और राष्ट्र निष्ठा की शपथ लेकर सरकार के घटक तत्त्व बनते हैं। ये अस्थायी होते हैं किंतु प्रशासन की मुख्य सत्ता इन्हीं के पास होती है। इसी वर्ग के लोग प्रांतीय और राष्ट्रीय स्तर पर मुख्यमंत्री, प्रधानमंत्री और मंत्री बनते हैं। दूसरा वर्ग सचिवालय के उन नौकरशाहों का होता है जो अपनी विशिष्ट प्रतिभा के बल पर, प्रतियोगी परीक्षाओं में सफल होकर आते हैं और संविधान के प्रति निष्ठावान रहकर देश-सेवा का संकल्प लेते हैं। दोनों वर्गों का मूल्यनिष्ठ, कर्त्तव्यपरायण, श्रमशील विकासकामी, उदार, राष्ट्रसेवी और सिद्धांत प्रिय होना अनिवार्य है। परस्पर पूरक और एक लक्ष्य होने के कारण दोनों वर्गों का समन्वित होना आवश्यक है। किंतु हमारे युग की घोर त्रासदी है कि प्रशासन तंत्र के दोनों वर्गों के लोग लक्ष्यभ्रष्ट होकर स्वार्थ, शोषण, षड्यंत्र, ईर्ष्या, द्वेष, दंभ, प्रतिशोध, पाखंड जैसी निगतिगामी प्रवृत्तियों के केंद्र बन गए हैं। प्रशासन तंत्र का भ्रष्ट आचरण और इस अमानवीय तंत्र में छटपटाती मूल्यनिष्ठा आज की चिंता का मुख्य विषय है। मिश्र जी

स्वयं दीर्घ काल तक प्रशासन के महत्त्वपूर्ण अंग रहे हैं। उन्होंने इस पतनशील तंत्र की कुटिल प्रवृत्तियों को निकट से देखा और भोगा है। इसीलिए अपनी इस कृति में देश की दारुण त्रासदी का प्रत्ययकारी चित्रण कलात्मक संयम के साथ कर सके हैं।

मिश्र जी उपन्यास का आरंभ उस नासूर के यथार्थ परिचय से करते हैं जो अपनी नित्य बढ़ती विषाक्तता में लाइलाज हो गया है। वह नासूर है 'पावर' का मोह, असीम अधिकार की आकांक्षा। सेवा के लिए निर्वाचित या नियुक्त नेता और अफसर इसी अधिकार लिप्सा में अपने को खोदते हैं। आज के प्रशासक वर्ग की यह अनियंत्रित अधिकार-लिप्सा अपनी संकीर्णता और स्वार्थान्धता के कारण मुगलों और अँग्रेजों की क्रूरता को मात दे रही है। मंत्री या सचिव पद-प्राप्ति के पश्चात सर्वप्रथम अपने अधिकार क्षेत्र की वृद्धि करने का प्रयास करता है। स्वच्छ प्रशासन की अपेक्षा अपेन एकछत्र राज्य की अधिक चिंता होती है। बड़े-बड़े उद्योगपतियों को उपकृत करना, नियुक्तियाँ और तबादले करना, छोटे-छोटे कार्यों के लिए लोगों को हैरान करना, विरोधियों को ध्वस्त करना और मित्रों की इनाम बाँटना, परपीड़ा में आनंद भोग करना और इन सभी स्थितियों में अपने हर प्रकार के स्वार्थों की सिद्धि करना, अधिकारों के बल पर ही संभव होता है। स्वयं-सेवा की इस प्रवहमान प्रक्रिया में समाज सेवा और देश-सेवा का प्रश्न ही नहीं उठता। पावर का एक नशा भी होता है। इसके आवेश में मंत्री और अधिकारी अपनी अधिकार सीमा और समय सीमा को भूलकर, प्रतिक्रियात्मक उत्तेजना के प्रभाव में अवैधानिक और घातक फैसले लेने लगते हैं। उपन्यास में इस मनोवैज्ञानिक ग्रंथि का अनेक प्रसंगों में उद्‌घाटन हुआ है। मोहंती के मंत्री और सचिव डी. वी. इस प्रवृत्ति के यथार्थ उदाहरण हैं। पावर को बचाए रखने के लिए सुरक्षा का घेरा भी बनाना पड़ता है। प्रशासन की वर्तमान प्रणाली में स्वार्थी और समानधर्मा व्यक्तियों का घेरा अपने आप बन जाता है। परस्पर आदान-प्रदान की प्रणाली से उसे बनाए रखने की तत्परता बरतनी पड़ती। इस घेरे की एक मजबूत कड़ी है विभिन्न स्तरों और वर्गों के बिचौलियों का समूह। बिचौलिया आज अधिकारियों की आवश्यकता ही नहीं स्टेटस सिम्बल भी है। अधिकारियों का समीपी और मुँह लगा होने के कारण बिचौलिया स्वयं भी पावरफुल बन जाता है और अपनी स्वार्थ सिद्धि का हर संभव प्रयत्न करता है। इस उपन्यास में पृथ्वी सिंह, मोहित, नवीन, राहुल, दीनदयाल, रामन्ना, नारायण स्वामी, रतनकुमार जैसे पात्र अलग-अलग स्तरों पर बिचौलिए की भूमिका निभाते हैं। इनके क्रिया-कलाप से यह स्पष्ट कर दिया गया है कि वर्तमान शोषण और भ्रष्टाचार में इनकी महत्त्वपूर्ण भूमिका है। इन्हीं से पावर का सुरक्षा कवच बनता है।

उपन्यास में अनेक प्रसंगों के माध्यम से इस कटु यथार्थ को उद्‌घाटित किया गया है कि देश के बड़े-बड़े उद्योगपति, पैसे के बल पर प्रशासन तंत्र को खरीद लेते हैं। सरकार किसी भी पार्टी की बने ये उद्योगपति उसे अपनी गिरफ्त में ले लेते हैं। उद्योगपतियों द्वारा दिए गए प्रलोभन बड़े शक्तिशाली होते हैं। "उसके आगे सब नेता

लाचार होते हैं क्योंकि सबकी जरूरतें इतनी बढ़ गई हैं, फिर उन्हें उस समय के लिए चाहिए जब वे पावर में नहीं होंगे और वह समय कितना लंबा खिंचेगा—ईश्वर ही जाने।'' उद्योगपति अपने व्यापारिक हितों के लिए ''मनपसंद अधिकारियों की नियुक्ति चाहते हैं...नेताओं के आगे पैसे फेंकते हैं, फिर नेता गुलामों की तरह उनका कहा करते हैं।'' उद्योगपतियों की सदाबहार सत्ता के संबंध में लेखक की टिप्पणी है कि, ''उद्योगपति मंत्रियों और अफसरों की अपनी कंपनियों का कर्मचारी समझते हैं। बड़े उद्योगपतियों के लिए ये इमारतें (सचिवालय) अपरोक्ष रूप से उनके अपने ही कार्यालय हैं, जहाँ वे स्वयं भले न बैठते हों पर उनके आदमी बैठते हैं। हुकूमत उनकी ही चलती है।'' उपन्यास में नवीनचंद और मोहित इसी भूमिका में अनेक बार प्रस्तुत किए गए हैं।

गोपीकृष्ण मोहंती एक विशिष्ट विभाग के उच्च अधिकारी हैं। और वरीयता के क्रम में बोर्ड के अध्यक्ष पद के प्रत्याशी हैं। सुदीर्घकाल तक प्रशासनिक सेवा में रहने के बावजूद उनमें नैतिकता, कर्त्तव्यपरायणता, मूल्यनिष्ठा, मानवीय संवेदना और स्वाभिमान के तत्त्व विद्यमान हैं। यही उनकी त्रासदी है। वे अपने सहकर्मियों की भाँति न तो ऊपर वालों की चाटुकारिता कर पाते हैं और न ही नीचे वालों को आतंकित। प्रशासन की काजल-कोठरी में पैंतीस वर्षों तक रहने पर भी कोई काली रेखा उनका स्पर्श नहीं कर पायी। किंतु अध्यक्ष पद के प्रसंग में उन्हें एक अकल्पित व्यूह में डाल दिया। उन्हें पद का लोभ नहीं है किंतु प्राप्य को प्राप्त करने की न्याय-निष्ठा और सहज प्राप्य के न प्राप्त होने पर समाज के प्रवाद का भय उन्हें अवश्य है। यह भी कि जब इतनी ऊँचाई तक पहुँच गए तो अध्यक्ष भी क्यों न बनें। किंतु इतना सरल नहीं था। वरीयताक्रम में चौथे क्रमांक पर होने पर भी मायाप्रसाद अध्यक्षता के लिए दाँव-पेंच लगा रहे थे। और भी लोग प्रत्याशी हो सकते थे। 'निवर्तमान अध्यक्ष' अपने एक्सटेंशन के लिए प्रयत्नशील थे। मोहंती द्वंद्व में पड़ गये। लोगों से मिलना, लोगों के सुझाव पर चलना, न चाहकर भी लोगों की आवभगति करना, मोहंती की विवशता बन गई। मोहंती के लिए मिलने का सिलसिला निरंतर एक सीढ़ी पतन की ओर जाना था। लोगों से पद की याचना करना मृत्यु के समान थी। उन्हें दिन में अनेक बार इस मृत्यु का वरण करना पड़ता था। संकल्पों विकल्पों के इस भयानक द्वंद्व में मोहंती बार-बार आत्मग्लानि से ग्रस्त होते हैं। उन्हें लगता है कि बीच बाजार में उनकी नीलामी है, घोड़े की भाँति हिनहिनाने के लिए उन्हें विवश किया जा रहा है या घोड़े की भाँति दौड़ाकर उन पर दाँव लगाया जा रहा है या बैल की भाँति किसी दिशा में चलने के लिए विवश किया जा रहा है। फिल्मी सितारे अविनाश कपूर से लेकर प्रधानमंत्री तक से उन्हें मिलने की जुगाड़ लगानी पड़ी तब कहीं वे अध्यक्ष की कुर्सी तक पहुँच पाए। मोहंती की यह मानसिक यातना सीढ़ी दर सीढ़ी भ्रष्ट तंत्र में छटपटाती मूल्यनिष्ठा का मार्मिक आख्यान करती है। मोहंती एक व्यक्ति हैं और उन थोड़े से लोगों का प्रतिनिधि भी जो आज की भ्रष्ट व्यवस्था में अपनी ईमानदारी और संवेदनशीलता के कारण पराजय और प्रतिरोध का अभिशाप भोगते हैं।

मोहंती के अनुषंग से मिश्रजी ने प्रशासन की एक और दुर्बल प्रवृत्ति को बड़े कौशल से आलोकित किया है। अपेक्षित अर्हताओं की पूर्ति और वरीयताक्रम में प्रथम होने के कारण मोहंती का अध्यक्ष होना सरल और स्वाभाविक है। यह पद बड़ा है। उनका विभाग महत्त्वपूर्ण है, इसलिए अनेक क्षेत्रों के लोग 'श्रेय लेने के लिए मोहंती के शुभचिंतक बन जाते हैं। मोहंती स्वयं उनकी अहेतुकी कृपा पर चकित होते हैं। उन्हें अच्छा भी लगता है। राजनीति की धुरी पृथ्वीसिंह, सचिव समरसिंह, पत्रकार दीनदयाल, व्यापारी मोहित और नवीनचन्द, सहकारी रंजन स्वरूप, प्रधानमंत्री के बेटे रतनकुमार, फिल्मी कलाकार अविनाश कपूर जैसे सभी लोग मोहंती से निकट संबंध स्थापित करना चाहते हैं, उसे अपना आदमी बनाना चाहते हैं। मोहित तो कीमती भेंट भी देने लगता है। किंतु मोहंती के अध्यक्ष बन जाने पर सभी का मोह भंग होता है। मोहंती उनके स्वार्थ साधन में सहायक नहीं हो पाते। इनके स्वार्थों की कोई सीमा नहीं और मोहन्ती की आत्मा इतनी बिकी नहीं है कि इनके कहने से सब कुछ करते जायँ। परिणामस्वरूप मोहंती अकेले पड़ गए और अध्यक्ष पद से उनका तबादला करके सचिव बना दिया गया। यह तबादला यद्यपि पदोन्नति थी किंतु सचमुच उन्हें हटाया गया था। वर्तमान प्रशासन प्रणाली में मोहंती की ही त्रासदी उन सभी ईमानदार अधिकारियों की है जो अपने काम से काम रखना चाहते हैं। उपन्यास में सचिव रामचंद्रन, मंत्री गीताकृष्णन, कर्मचारी प्रसाद इसी कोटि के व्यक्ति हैं किंतु कोई उन्हें घास नहीं डालता। प्रसाद मोहंती की फाइल पर प्रधान मंत्री के हस्ताक्षर करा लेता है और तीन करोड़ रुपयों की थैली से हमला करने वाले व्यापारियों से मोहंती को बचा लेता है। वह भी केवल इसलिए कि अनेक बुरे कार्यों के साथ एक अच्छा कार्य करने की उसकी आंतरिक इच्छा है। ऐसे यदि अपवाद स्वरूप ही मिलते हैं।

उपन्यास देश के भ्रष्ट नेतृत्व का बार-बार पर्दाफाश करता है। प्रदेश स्तर से लेकर केंद्र तक का नेतृत्व पूरी तरह भ्रष्ट हो चुका है। विधायक और संसद सदस्य "विशुद्ध अवसरवाद में या पैसे के लिए सरकार गिराते या बनाते हैं।" नेताओं का कोई चरित्र नहीं। मोहंत अनुभव करते हैं, "ये हर दूसरे मिनट बदल जाते हैं जैसे गिरगिट अपना रंग बदलता है। इस काइयांपन को ये राजनीतिक सूझ-बूझ, चतुराई कहते हैं। इन नेताओं ने भ्रष्टाचार को सामाजिक स्वीकृति प्रदान कर उसे जीवन-शैली का अंग मान लिया है। मोहंती का मंत्री उनसे स्पष्ट शब्दों में पूछता है—"किसका नाम अच्छा है आज के समय में, बताइए?" वह भ्रष्ट महिला अधिकारी को संरक्षण ही नहीं देता उसे पदोन्नति भी दिला देता है। मोहंती अनुभव करते हैं कि "राजनेता का चरित्र या कि जीवन आज कुछ इस किस्म का हो गया है, वह अच्छे-से-अच्छे मौके या अच्छी से अच्छी बातों पर भी गोबर बिखेर देता है। इन लोगों की जिंदगी इतनी गंदी हो चुकी है कि थोड़े बहुत साफ-सुथरे क्षण इनके जीवन में आते भी हैं। वे भी आते ही गंदे हो जाते हैं।' राजनेताओं के लिए मान सम्मान का भी कोई प्रश्न नहीं है क्योंकि वे ऐसे चिकने घड़े

हैं जिन पर कुछ ठहरता ही नहीं। अपने स्वार्थ के लिए देश के भविष्य को, उसकी मान-मर्यादा को, नियम-कानून को, सिद्धांत और चरित्र को दाँव पर लगा देना साधारण बात है। मोहंती नेताओं की विवेकशून्य रुग्ण मानसिकता को ही वर्तमान जंगलराज्य का कारण मानते हैं। विधायक, मुख्यमंत्री, सांसद, मंत्री, प्रधानमंत्री अधिकारी सभी इस रुग्ण मानसिकता के शिकार हो रहे हैं। व्यक्ति व्यक्ति न रहकर केवल पद बन गया और आदमी होने की जगह किसी का आदमी बनने के लिए विवश है। देश और देश की जनता से इन्हें कुछ भी लेना-देना नहीं है। देश के लिए ये काले अंग्रेज ज्यादा खतरनाक सिद्ध हो रहे हैं।

उपन्यासकार व्यापक स्तर पर फैले प्रशासनिक प्रदूषण के कारणों की खोज करता है। उपन्यासकार के अनुसार पूँजीपतियों के हाथ में कठपुतली की भाँति खेलनेवाले, भ्रष्टाचार में आकंठ डूबे, देश-द्रोही नेताओं और मंत्रियों से तो कोई उम्मीद करना बेकार है। उनके लिए देश चरागाह है जिसे वे स्वयं चरते और अपने लोगों से चराते रहेंगे। किंतु बड़े-बड़े पदों पर नियुक्त अधिकारी तो उच्च शिक्षा प्राप्त व्यक्तित्व हैं। अपने महाविद्यालयों और विश्वविद्यालयों में वे टापर और गोल्डमेडलिस्ट रहे हैं। उनकी शिक्षा ने उनमें दृढ़ चरित्र का निर्माण क्यों नहीं किया? यही लोग तो प्रशासन के मेरुदंड हैं। सरकारें बनती-बिगड़ती हैं, नेता लोग आते-जाते रहते हैं किंतु नियमित प्रशासन तो इन्हीं से चलता है। दुर्भाग्य यह है कि स्वतंत्रता प्राप्ति के पश्चात की आइ. ए. एस. की नस्ल मंत्रियों को प्रसन्न करने के लिए व्यक्तित्व और विवेक से शून्य होकर, श्वानवृत्ति से गुलामों और तवायफों जैसा आचरण करने लगी है। पद की रक्षा में उनका कद समाप्त हो गया। नौकरी से प्राप्त सुविधाओं की आसक्ति में बेजुबान होकर अफसर केवल मंत्रियों के मन की कहता और करता है। वह मंत्रियों की लताड़ खाता है और मातहतों पर बंदरों की तरह खौखियाता है। इन अफसरों के दोमुँहे चरित्र पर की गई डी. वी. की पत्नी की प्रतिक्रियात्मक टिप्पणी अत्यंत सार्थक है। डी. वी. से उनकी पत्नी कहती है—"मैंने तुम्हें और तुम्हारे साथियों को खूब देखा है। तुम दो तरीकों का ही चलना जानते हो—मंत्री नहीं हुआ तो कंधे पीछे सीना आगे की तरफ फुलाए हुए; मंत्री आ गया तो कंधे आगे को सीना भीतर की तरफ पिचका हुआ।" यह टिप्पणी अफसरों का यथार्थ चित्र प्रस्तुत करती है। अफसरों की ढुलमुल प्रवृत्ति का परिणाम यह है कि पूरे सचिवालय में साबुत आदमी कोई नहीं बचा है। सारे मानवीय संबंध स्वार्थों और पदों में सीमित हो गए हैं। मंत्रियों, अफसरों और उद्योगपतियों के त्रिकोण में मानव सुलभ, करुणा, प्रेम, त्याग, राष्ट्र-निष्ठा, कर्त्तव्यपरायणता जैसे उदात्त गुण तिरोहित हो गए हैं। परिणाम यह हुआ है कि पूरी व्यवस्था से सड़ाँध की गंध आती है और सचिवालय कैंसर अस्पताल से बदतर दिखाई पड़ते है। मोहंती की दृष्टि में सरकार एक ऐसी अदृश्य चीज है जो मंत्री की धुन को पूरा करने के लिए जो भी करें वह जायज है।

उपन्यासकार का विश्वास है कि इस रुग्ण व्यवस्था का उपचार अफसरों की

चारित्रिक दृढ़ता और संकल्पशक्ति से संभव है। उन्हें ही अपनी दृढ़ता से मंत्रियों और नेताओं को भी नियंत्रित करना होगा। उन्हीं की चिंतनपरक और विवेकी पहल से परिवर्तन की दिशाएँ आलोकित हो सकती हैं किंतु इसके लिए 'निम्नचाकरी' की जीवन का सबकुछ मानने वाले और भौतिक सुख-सुविधाओं में लिप्त होकर अपनी अस्मिता और दायित्व चेतना के प्रति उदासीन अफसरों को देश-सेवा का संकल्प लेना होगा, मंत्री-सेवा का नहीं। उच्च अधिकारियों को समझना होगा कि जिन चीजों के लिए लालच है वे ही कुछ नहीं हैं? और भी कि उनकी प्रतिबद्धता संविधान के प्रति है, किसी व्यक्ति के प्रति नहीं। मोहंती कहता है—"काफी कुछ हो सकता है अगर सब अफसर अपने छोटे-छोटे लालचों को छोड़, इन नेताओं की मनमानी करने, उसका माध्यम बनने से मना कर दें।" अपने कर्तव्य को ठीक-ठीक पहचाने। यहीं से बदलाव का सिलसिला शुरू होगा। इससे ऐसा वातावरण बनेगा जिसमें पूरनमल जैसे उद्धृत, अशिष्ट, अपराधी और असंसदीय भाषा में धमकियाँ देनेवाले नेता भी अनुशासित होंगे। मोहंती निर्णायक शब्दों में कहते हैं, "जिस पहल की बात मैं कर रहा हूँ वह मैं अपने आप से शुरू करूँगा.... अभी समझ में आया तो अभी से।" मोहंती का विश्वास है कि सरकार में अच्छे लोग अभी भी हैं और उन्हीं के कारण सरकार चल रही है।

मोहंती वर्तमान भ्रष्ट व्यवस्था के अंग हैं। वे स्थितियों के भोक्ता हैं, उससे जूझते हैं और उबर न पाने की पीड़ा से छटपटाते हैं। हर प्रकार की भ्रष्टताओं के वे प्रत्यक्षदर्शी हैं। उनके अभिशाप को उनके पिता के अतिरिक्त कोई भी ठीक-ठीक नहीं समझ पाता। न चाहने पर भी वे पतन की ओर ढकेले जाते हैं और उस दिशा में न जाने पर तथाकथित हितैषियों के कोपभाजन बनते हैं। मोहंती का मनोवैज्ञानिक संत्रास और उसके साथ जुड़े आनुषंगिक प्रसंग व्यवस्था की करालता को स्पष्ट कर देते हैं। मोहंती की डायरी उनके आत्ममंथन का सारभूत निष्कर्ष है। इसी में भ्रष्ट व्यवस्था के कारणों और परिणामों का वस्तुनिष्ठ विश्लेषण किया गया है। विभिन्न अनुषंगों से राजनीतिकरण की प्रक्रिया में जीवन मूल्यों की उपेक्षा, चुनावों की राजनीति, खरीदफरोख्त, भ्रष्ट नेताओं की दंभी प्रवृत्ति, बिचौलियों के मायाजाल, गठबंधन सरकारों की स्थिति, गठबंधन सरकार में नौकरशाही की स्वच्छंदता, शोषण की प्रणालियों, पूँजीपतियों के हस्तक्षेप, कुर्सी को बचाने के लिए किसी भी स्तर पर उतरने की आकुलता, भाई-भतीजावाद, परस्पर ईर्ष्या-द्वेष, प्रतिशोध भावना आदि को बड़े कौशल से रेखांकित किया गया है। संपूर्ण विमर्श के बाद मोहंती रेखांकित करते हैं कि, "राजनीति में सब हो सकता है, हमेशा चलने वाले हर हाल में ईमानदार रहनेवाला आत्मीय संबंध नहीं बन सकता।" राजनीति की दुनिया ऐसी है जहाँ हर व्यक्ति हरपल दूसरे को काटने में लगा रहता है। इसी में इतनी शक्ति व्यय हो जाती है कि देश-हित की बात सोचने का अवकाश ही नहीं मिलता। देश में ही नहीं विदेशों में भी हम अपनी कलहप्रियता के लिए बदनाम हैं।

मिश्रजी कृति की फलश्रुति में आस्तिक आस्थावाला आध्यात्मिक समाधान प्रस्तुत

करते हैं। भारतीय परंपरा में इसे प्रेरणास्पद और शक्तिदायक माना जाता है। कर्म-फल सिद्धांत में फल की अपेक्षा कर्म को वरीयता दी गई है। मोहंती सारे संघर्षों के बावजूद संतुष्ट हो जाते हैं। उनका विश्वास है कि यदि ईश्वर ने कुछ बुरे क्षण प्रस्तुत किए तो बहुत से अच्छे अवसर भी दिए। वे यह भी देखते हैं कि प्रकृति प्रकोप अथवा दैवी न्याय से उनके मंत्री सड़क पर आ जाते हैं। डी. वी. अपमानित होकर विदा होते हैं। मायाप्रसाद अपनी सारी चतुराई के बावजूद उपहास के पात्र बनते हैं। हजार कोशिश के बावजूद प्रधानमंत्री को हटना पड़ता है। नियति के इस खेल से मोहंती की आस्था और दृढ़ होती है। वे संतोषपूर्वक जीवन की रचनात्मक दिशा का अनुसरण करते हैं। प्रकृति, प्रारब्ध और ईश्वर में आस्था होने से मनुष्य का मनोबल और आत्मविश्वास दृढ़ और सात्विक बनता है।

शिल्प की दृष्टि से इस उपन्यास में कुछ साहसिक प्रयोग किए गए हैं। संप्रेष्य वस्तु, घटनाओं के क्रमिक विकास से नहीं, घटनाओं के कोलाज से संप्रेषित की गई है। अवरोह, आरोह और आ-गमन शीर्षक से किया गया खंड विभाजन काल सापेक्ष न होकर किया सापेक्ष है। 'अवरोह' में मोहंती की वह पतनशील सोच है जिसमें वे परिवेश के दबाव में विवश होकर गिरते जाते हैं। आरोह में दलदल में फँसे मोहंती के भीतर बगावत की बू पैदा होने लगती है। यद्यपि यह बगावत वैचारिक धरातल पर होती है। 'आ-गमन' वस्तुतः संपूर्ण विमर्श और कटु अनुभूतियों का उपसंहार है जिसमें मोहंती अवकाश ग्रहण करके एक छोटे कस्बे में शांतिपूर्ण और सार्थक जीवन की शुरुआत करते हैं। ये खंड उपशीर्षकों में विभाजित हैं जो परिवेश की जटिलता के विभिन्न आयामों को अभिव्यक्त करते हैं। इसकी बनावट और बुनावट अत्यंत सघन है। जटिल अनुभूतियों की अभिव्यक्ति के लिए प्रतीकों का उपयोग बड़े प्रभावपूर्ण ढंग से किया गया है। नासूर, शतरंज, दलदल, लाल इमारतें, चूहा, बिल्ली जैसे उपशीर्षक प्रतीकात्मक हैं। पुस्तक के शीर्षक में फूल स्वार्थपूर्ण संबंधों की प्रदर्शनप्रियता और चाटुकारिता का, बंदर अफसरों की नाटकीय अवसरवादी प्रवृत्ति का तथा इमारतें उस क्रूर जड़ व्यवस्था की प्रतीक हैं जिसमें पहुँचते ही व्यक्ति व्यक्तित्व खोकर मुहरा बन जाता है कुछ अति सूक्ष्म प्रतीक भी हैं। प्रधानमंत्री को "सारे राजनीतिक हो हल्ले के नीचे अक्सर एक बच्चे के रोने की हल्की आवाज सुनाई देती है जैसे मलबे के नीचे कोई बच्चा कराह रहा हो, निकलने की कोशिश कर रहा हो।" यह करुण कराह विपन्न और मूल्यभ्रष्ट राष्ट्रीय अस्मिता की है जिसके क्रंदन को न केवल अनसुना किया जाता है अपितु प्रदूषित मलबों से दबाने का प्रयत्न भी निरंतर होता रहा है। प्रधानमंत्री और उनके साथी भी मलबे के ढेर ही हैं। प्रधानमंत्री और उनके साथियों का विकास की दिशा में मलबा बनकर लद जाना भयानक त्रासदी है। इस प्रकार के सूक्ष्म प्रतीक उपन्यास में अन्यत्र भी हैं। उपन्यास की भाषा, सहज बोल के स्तर किंतु मुहावरेदार और संप्रेषणक्षम है। मिश्रजी की भाषा प्रयोग-क्षमता ऐसी है कि 'लटकंत विद्या, रिगमरोल, फूँ फाँ, हाँ हूँ, अगड़म-बगड़म, चख-चख, जैसे असंख्य

शब्द हैं जो प्रयोग कौशल से अभिव्यक्ति को धारदार बनाते हैं। भाषा सरल होने पर भी भावों और विचारों के अनुसार बिंबात्मक और अलंकारिक बन गई है। उपन्यास में कथा-कथन, डायरी, पूर्वदीप्ति, प्रश्नोत्तर, संवाद, निबंध, व्यंग्य जैसी अनेक अभिव्यक्ति शैलियों का प्रयोग किया गया है। शिल्प की दृष्टि से यह उपन्यास नई दिशा का प्रस्थान बिंदु है। इसकी सी घटनाएँ सत्य घटनाओं पर आधारित हैं, इसके प्रायः सभी पात्र अपनी वास्तविक स्थिति में पहचाने जा सकते हैं। भ्रष्ट व्यवस्था से लेकर ग्लोबलाइजेशन की चिंता तक को अनुभव के ठोस आधारों पर व्यक्त किया गया है। इस प्रकार के बौद्धिक उद्वेलन, ऊर्जस्वित आवेग और तल्खी भरे अनुभव की अभिव्यक्ति के लिए यह शिल्प एक उपलब्धि है।

कुछ समीक्षकों की राय में इस उपन्यास का नायक एक दुर्बल व्यक्तित्व है इसलिए अपेक्षित प्रभाव नहीं छोड़ पाता। बौद्धिक वर्चस्व के कारण उपन्यास नीरस हो गया जिससे उसकी पठनीयता बाधित होती है। उपन्यास में उन संभावनाओं की उपेक्षा की गयी जिनसे उपन्यास को वस्तु और शिल्प के स्तर पर समृद्ध किया जा सकता है। इन आक्षेपों के आलोक में पहली बात तो यह कि मोहंती उपन्यास का नायक है ही नहीं। नायक के लिए अपेक्षित शक्ति, शौर्य, साहस, संकल्प, जुझारूवृत्ति, लोकस्वीकृति जैसी कोई विशेषता मोहंती में नहीं है। इस उपन्यास का नायक परिवेश है जो एक क्षण में व्यक्ति को सभी का भाग्यविधाता और असीम शक्ति से संपन्न बना देता है और दूसरे क्षण दीन-हीन बनाकर सड़क पर खड़ा कर देता है। इसी परिवेश के आतंक और प्रभाव से लोग करणीय अकरणीय का विवेक खोकर निर्णयहीन मानसिक दासता को स्वीकार कर लेते हैं। मोहंती तो उसके भुक्तभोगी विश्लेषक हैं। वे कथानायक केवल इस अर्थ में हैं कि घटनाएँ उसके आस-पास घूमती हैं। मोहंती यदि इस्तीफा देकर व्यवस्था के विरुद्ध क्रांति छेड़ देते तो वे इस परिवेश की उपज न होकर अकल्पित अपवाद से प्रतीत होते। उपन्यास को सरस बनाने की संभावना थी। कुछ प्रणय-प्रसंगों की सृष्टि सहज संभव थी, कुछ हास्य प्रसंग जोड़े जा सकते थे, कुछ प्राकृतिक बिंबों से काव्यात्मकता उत्पन्न की जा सकती थी, कुछ नाट्य तत्त्वों के आधार पर मंचीय व्यवस्था दी जा सकती थी। किंतु इन सभी उपक्रमों में नग्न सत्य का सीधा साक्षात्कार निश्चय ही बाधित होता। रचना सरस होती उद्देश्य पराजित होता। इतनी छूट तो रचनाकार को देनी ही होगी कि वह अपने मंतव्य को पाठक तक पहुँचा सके।

उपन्यास में लेखक की आत्मस्थापननीति और निरंतर उपस्थिति भी अपनी तल्खी विश्लेषण प्रणाली के कारण शुष्कता का कारण बनती है। किंतु यदि उसी को प्रतिपाद्य बना लिया जाय तो उससे बचा कैसे जा सकता है। नवता सृजन का नित्य धम्र है। वस्तु और शिल्प की नूतन उद्भावना यथार्थ सृजन-प्रेरणा का परिणाम है। परिवर्तित देश, काल और वातावरण में रचना धर्म परिवर्तित होता है। रचनागत परिवर्तन के साथ पाठकीय अभिरुचि का नूतन संस्कार आवश्यक है। यह संस्कार सार्थक कृतियों की

नवता से ही संभव होता है। हमारा विश्वास है कि 'फूल...इमारतें और बन्दर' रसधर्मी रंजन की अपेक्षा यथार्थ जीवन के विवेक शासित बौद्धिक चैतन्य से समृद्ध करेगा, अपने समय के यथार्थबोध कर्त्तव्य निर्धारण में सहायक होगा। इस कृति से समसामयिक शुभाशुभ यथार्थ को तर्क संगत ऐतिहासिक प्रमाणों के साथ औपन्यासिक कृति बनाने की ध्येयधर्मी स्वस्थ परंपरा का विकास होगा।

तंत्र के मायाजाल में आदमी बने रहने का संघर्ष

शशिकला राय

'मुझसे बेहतर लोग वे जिनकी रीढ़ की हड्डी और ज्यादा मजबूत है, वे और कारगर विरोध कर सकते हैं। दरअसल विरोध भी नहीं है यह, अपनी जमीन पहचानकर उस पर दृढ़ता से खड़ा रहना है...जैसे समुद्र की लौटती लहर के साथ जब पैरों के नीचे की रेती तेजी से बही जा रही हो, उस वक्त अपने पैर मजबूती से जमीन में गँपाए रखना।

'अगर दुबारा यही जीवन अध्याय मुझे जीने को मिले तो मैं क्या यही सब करूँगा जो किया।....अध्यक्ष पद पाने के लिए मैं इस हद तक नीचे नहीं जाना चाहूँगा।'

(इसी उपन्यास से)

ये उद्‌गार हैं, प्रशासन विभाग के उच्च अधिकारी मोहंती के जिसने कभी अपनी प्रखर मेधा को देश के हित में लगाने का संकल्प लिया, लेकिन सारी उम्र लड़ाई, भीतर की अच्छाई और बाहर की व्यावहारिकता से ही चलती रही। अंततः अवसाद, कटु अनुभूतियाँ और पश्चात्ताप ही उसके हाथ लगा। आदमी भी तो नहीं रह पाया वह। अध्यक्ष पद पर बैठने के लिए वह वे सब हथकंडे अपनाता चला जाता है जो उस जैसा कोई अधिकारी बिना कुछ सोचे हुए अपनाता। फर्क है तो यह कि अपना वह पतन मोहंती देखता है, पल-पल महसूस करता है। यह उपन्यास का प्रथम भाग 'अवरोह' है दूसरे भाग 'आरोह' में पद पाने के बाद वह अपने पतन को थामने का प्रयत्न करता है। सच्चाई और नैतिकता को पकड़ता है जिसके चलते मंत्री और उच्च अधिकारियों के कोप का भाजन बनता है और उनके षड्‌यंत्रों का शिकार बनता है। तीसरे भाग 'आ-गमन' में वह अपने मूल चरित्र की ओर लौटता है।

उपन्यास के केंद्र में है 'सचिवालय' और उसके भीतर घटने वाली तमाम वे घटनाएँ जो देश की प्रगति के आड़े आती हैं। सचिवालय एक ऐसी इमारत, एक ऐसा कारखाना, जहाँ देश की सर्वाधिक प्रखर मेधाओं का एकत्रीकरण होता है। इनका जीवन देशहित में लगने के बजाय अपने लिए लग जाता है। अपना पद और अपना सुख (भौतिक सुविधाएँ) ही सर्वोपरि हो जाता है। सचिवालय के प्रत्येक विभाग के ऊपर मंत्री है। जिसके लिए अपने मातहतों की शिक्षा और योग्यता से ज्यादा जरूरी है कि वे उसका आदमी बनकर रहें। किसी का आदमी अर्थात् अपने आका के सोच-विचार और गलत

कार्य को अंजाम देने का चिरागी जिन या रोबोट। न चाहते हुए भी किसी का आदमी बन जाना। मोहंती की यही पीड़ा है। साधारण लोभ से न उबर पाने की विवशता, उस अफसरी की विवशता है जिसकी झूठी शान बनाए रखने में प्रत्येक अफसर की गुर्राहट, रिरियाहट और घिघियाहट में बदल जाती है। मोहंती सरकारी विभाग में सीनियर अफसर हैं और उन्हें अपनी वरिष्ठता के आधार पर, अपने विभाग का अध्यक्ष होना है। इसी पदोन्नति के बहाने उपन्यासकार समूचे देश की भ्रष्ट व्यवस्था का—राजनीति, फिल्म, व्यापारी, प्रेस मीडिया, नेता, अफसरशाही की दुनिया के आपसी संबंध, दाँवपेंच, षड्यंत्र, साँठ-गाँठ, स्वार्थ, अनीति, दुराचार, अन्याय, चाटुकारिता आदि के नारकीय सड़ांध का ऐसा खुलासा करता है कि पाठक हतप्रभ हो जाता है। मूल्यहीन प्रवृत्तियों के धड़धड़ाते चले आते इस क्रम को मोहंती थामने की कोशिश करता है, अपनी नैतिकता की रोशनी में काम करने की कोशिश करता है—जो उसे करने नहीं दिया जाता। प्रशासनिक व्यवस्था के नाम पर फैलने वाली अराजकता के खिलाफ उपन्यासकार के मन में घोर आक्रोश है।

मोहंती के अध्यक्ष बनने की प्रक्रिया में विभिन्न लोग मोहंती के करीब आते हैं। अलग-अलग वर्ग के लोग मोहंती के हितैषी बनकर उभरते हैं। इसमें मोहित जैसा व्यापारी, पृथ्वी सिंह जैसा नेता, प्रमोद, दीनदयाल जैसे पत्रकार, अविनाश कपूर जैसी फिल्मी हस्ती और समर सिंह जैसे सचिव स्तर तक के लोग मोहंती का काम कराने के लिए सक्रिय हैं। मोहंती से एकाध मुलाकात के बाद ही ये सारे लोग आत्मीय होने का दिखावा भी करते हैं। परंतु ये वो बिरादरी है जिनकी नजर देश के उच्चतम पदों पर रहने वाले अधिकारियों पर लगी रहती है कि उनको साथ मिलाकर देश को कैसे दुहा जा सकता है। वैसे मोहंती आदमी तो नेक है, ईमानदार। आत्मा और मन की द्वंद्वात्मक वाणी को साफ-साफ सुन सकता है परंतु पद के दीमक ने मोहंती को भीतर से चाटना शुरू कर दिया है। दिक्कत तो यही है कि मोहंती भी पदलिप्सा में पड़कर इन्हीं साँप-बिच्छुओं के बीच उन्हीं की तरह मुक्त होकर घूम रहा है। यद्यपि उसकी आत्मा कचोटती है, आत्मा की मार मोहंती को बेचैन किए रहती है। प्रकृति ने उसे जैसा बनाया वैसा ही बना रहना चाहता है, अपने को बचा पाने के लिए ही निरंतर एक ऐसे आदमी की तलाश में वह लगा रहता है, जिससे बिना किसी स्वार्थ के संबंध बनाया जा सके। मोहंती असफल रहता है। क्योंकि यह दुनिया है—दीनदयाल, मोहित, समर, प्रमोद प्रसाद, अविनाश, रतनकुमार, रंजन, नवीन, डी. वी., माया प्रसाद जैसे लोगों की, जहां संबंध कपड़ों की तरह होता है। जरूरत पड़ने पर पहन लिया फिर तहाकर रख दिया ताकि जरूरत पड़ने पर फिर पहना जा सके। मोहंती का दर्द है कि भारत जैसा देश भी केवल बाज़ार होकर रह गया। यहाँ हर चीज उपभोग की है। उपभोग के अनुरूप ही उसका महत्त्व और कीमत है।

मोहंती अपनी पैंतीस साल की बेदाग सर्विस, साजिश के तहत लांछित होते देखता

है। अध्यक्ष पद के लिए प्रधानमंत्री से लेकर अनेक बड़े अधिकारियों तक से ऐसी बेचारगी से मिलता है जैसे जीवन का सबसे बड़ा लक्ष्य केवल अध्यक्ष बनना ही हो। हर विशिष्ट आदमी मोहंती को अपना आदमी बनाना चाहता है। मोहंती के पद का संबंध प्रशासन और सरकार से है, निरंतर उसी तंत्र से जुड़े रहने के कारण वह उसकी खामियों और खूबियों से (खूबियाँ जो कि बची ही नहीं हैं।) परिचित है। उसी के माध्यम से लेखक ने भारतीय राजनीति के मकड़जाल के एक-एक धागे को स्पष्ट और सीधी तरह विश्लेषित करके पाठक के समक्ष रख दिया है। नेताओं और राजनीतिक दलों की उठापटक देखकर मोहंती को लगता है आखिर देश के बारे में सोचने के लिए इन बेचारों के पास समय ही कब मिल पाता है? लेखक की व्यथा है कि—सचिवालय, प्रशासन, राजनीति, सारा तंत्र देश संचालन और व्यवस्था के नाम पर देश के साथ फूहड़ मजाक करता है। उपन्यासकार इस सत्य के उद्घाटन के लिए एक भी काल्पनिक पात्र का सृजन नहीं करता, बल्कि देश के विभिन्न क्षेत्रों में टुच्चे स्वार्थों में लिप्त बड़े-बड़े लोगों की साफ तस्वीरें सामने रखता है, जिन्हें नजर पड़ते ही पहचाना जा सकता है। प्रधानमंत्री जो कि किसान पुत्र होकर भी गद्दी पर बैठते ही कुर्सी बचाओ मुहिम में लिप्त होकर शिवसेना के सुपरमैन से फिल्मी सुपरमैन के घर पर मुलाकात करता है। सांसदों की खरीद-फरोख्त, राजनीति की गंदगी, पतन के चरम तक पहुँचे नेता व मंत्री के सारे हथकंडों का खुलासा होते ही पाठक के समक्ष दो बातें बड़ी शिद्दत से उभरती हैं, जिसके पीछे पूरा देश सक्रिय है। 'कुर्सी से गिराओ' और कुर्सी बचाओ। पूरा देश इसी के पीछे भाग रहा है। यही आज का मूल्य है और यही हमारा प्रगतिशीलता। इन्हीं स्थितियों से उपन्यासकार संक्षुब्ध है।

मिश्र का नया उपन्यास 'फूल, इमारतें और बन्दर' अलग पृष्ठभूमि पर आधारित है। इस विषय को अभी तक समग्रता के साथ किसी भी विधा के माध्यम से नहीं देखा गया है। यह उपन्यास यद्यपि अपने सर्जक की ही देन है परंतु इस कृति से गुजरते हुए यह महसूस होता है कि उपन्यासकार कितना बेबस है। सारे चरित्र स्वयमेव अपनी दिशा निर्धारित कर लेते हैं। पहली नजर या बाहरी तौर पर सपाट या परगपरागत ढंग से चलता हुआ दिखाई देता यह उपन्यास वास्तव में इस प्रयोगधर्मिता के दौर की सारी परंपराओं को छोड़कर अलग जमीन पर खड़ा है, जहाँ चमत्कार से चौंका देना उद्देश्य नहीं है उसका। कथा नहीं है परंतु कथ्य है। सृजन में चरित्र नहीं है लेकिन वर्णन में चित्रण है। (किए गए चित्रण के आधार पर देशकाल में व्याप्त इन प्रवृत्तियों के व्यक्तियों की शिनाख्त हो जाती है) स्त्री पात्रों की संख्या न के बराबर है। प्रत्यक्ष रूप से मीनू पति के कैरियर को आगे बढ़ाने में सहायता करने के लिए लोगों से आत्मीय रिश्ते बनाती हुई नजर आती है। यह सीढ़ी (मीनू) एक प्रवृत्ति के रूप में उभरकर सामने आती है। मोहंती की पत्नी यदा-कदा यूँ ही झलक जाती है परंतु उसका चित्रण नहीं है। अप्रत्यक्ष रूप से एक स्त्री (जो कि भ्रष्ट अधिकारी है) का संकेत है। भ्रष्टाचार का पूरा ब्योरा है, अपनी

प्रामाणिकता के साथ परंतु व्यभिचार का चित्रण नहीं है क्योंकि अकारण को कारण नहीं बनाया गया है। विज्ञापन में स्त्री की अनिवार्यता, व्यावसायिक मानसिकता का परिचायक है। अतः व्यावसायिक मानसिकता से साहित्य की दूरी और अंतर को खूब पहचाना जा सकता है, इस उपन्यास में।

सच्चाई के निर्वाह की प्रतिबद्धता का कठोर संकल्प लिए उपन्यास कई बार पठनीयता में रोचकता और भावों की मृदुता को बाधित करता है। अपनी सज्जनता के बावजूद इसी निष्क्रियता से मोहंती अंत तक नहीं उबर पाता है। उपन्यासकार अपने कथानायक से विद्रोह करवा सकता था। कम से कम इस्तीफा तो दिलवा ही सकता था, परंतु इतनी भी कल्पना की गुंजाइश उपन्यास में न दिखी, लेखक को। उपन्यास में असीम संभावनाओं के बावजूद उपन्यासकार नायक-नायिका के चित्रण के प्रलोभन से बचा है। मोहंती अंत तक हीरो नहीं हो पाता। वह असफल ही रहता है परंतु मोहंती वह जगह ढूंढ़ निकालता है जहाँ से स्वच्छ प्रशासन, परंपरा और मूल्यनिष्ठा का प्रारंभ किया जा सकता है। राष्ट्र की सबसे बड़ी और भयावह समस्या (भ्रष्टाचार के दैत्य) के निदान की यह छोटी मगर दृढ़ चेष्टा है। इतनी ठोस सोच के बावजूद मोहंती यह पहल क्यों नहीं कर पाता? क्यों उसी पद ने मोहंती के भीतर की सारी मानवीय ऊर्जा को सोख लिया? मोहंती की सारी लड़ाई इस तंत्र के मायाजाल में फँसकर आदमी बने और बचे रहने के लिए ही होती रही। मोहंती इनका-उनका आदमी होने से बचना चाहता है। वह केवल संविधान का आदमी होना चाहता है। इस ऊर्ध्वमुखी चेतना के बाद भी मोहंती ने केवल अपनी ही बेहतरी की (भौतिक सुविधाओं की), समाज की नहीं की जो कि उसका कर्तव्य था।

मोहंती बर्बाद (मूल्यों के पतन) होने के बाद सुधरने की दिशा में चलऩा चाहता है। ईश्वरीय न्याय में दृढ़ आस्था है उसकी। व्यक्ति सत्ता से ऊपर विधाता की सत्ता है जो घूमते समय के चक्र में सभी के दुष्कर्मों का दंड स्वयं निर्धारित करती है। प्रकृति सारे षड्यंत्रों की लीला खामोशी से देखती है फिर एक दिन उन्हें व्यावहारिक पतन की ओर ढकेल देती है। (आत्मिक पतन तो उनका हुआ ही रहता है।) हम देखते हैं कि इस अवरोह में सत्तासीन सरकार गिरती है। मोहंती का मंत्री हटता है। मायाप्रसाद सारी तिकड़मों के बावजूद सचिवालय से बिना अध्यक्ष बने, नौकरी में बिना विस्तार पाए बाहर कर दिए जाते हैं। डी. वी. जैसे अधिकारी जो मोहंती जैसों के भविष्य के सूत्रधार बने घूमते थे, मोहंती की तरह ही सचिवालय से जाने के लिए बाध्य कर दिये जाते हैं। 'आ-गमन' वाले खंड में इस नियति-न्याय को दिखाने के पीछे उपन्यासकार का आशय यही है कि अधिकारियों (मोहंती जैसों को भी शामिल करते हुए) को बताया जाय कि जो लालच में प्राप्तियों के चक्कर में पड़े रहते हैं, खुद को इस तरह से जलील करवाते हैं, देश को छोड़ अपने ही स्वार्थों की तुष्टि में लगे रहते हैं। उन्हें भी क्या मिलता है आखिर? तुम किस चीज के खातिर अपने को इतना गिरा रहे हो?

अफ़सरों की नाभिनाल सचिवालय में गड़ी होती है। इसे बंदरों के प्रतीक से स्पष्ट

किया गया है। जैसे मृत्यु के पश्चात भी अफसर बंदरों के रूप में जाकर इस सचिवालय से चिपके रहते हैं। मृत्यु के पश्चात क्या जीते जी ही इनमें बंदरों की पूँछ उगने लगती है। स्वयं मोहंती भी अपनी उगती हुई पूंछ को महसूस करता है और इसी से बचना चाहता है।

यह उपन्यास उपन्यासकार की कटु अनुभूतियों का यथार्थपरक दस्तावेज है। इसमें राष्ट्र की बेहतरी की राह पर चलने की पहल न कर पाने का घोर अवसाद है, कराह और पीड़ा है, हृदय का रिसता हुआ नासूर है। अपनी गलतियों और कमियों के अपराध बोध से झुके ग्लानि ग्रस्त मोहंती के जीवन का पूरा लेखा-जोखा है। पढ़े-लिखे मनुष्यों में नैतिकता और मूल्यों के प्रति आस्था का होना अनिवार्य है, परन्तु वह हो कैसे? इसी राह के संधान की पूरी प्रक्रिया ही सर्जनात्मक कृति के रूप में रूपांतरित हो गई है। उपन्यास हो सकता था रोचक और संघर्ष पहुँच सकते थे चरम पर। मोहंती को दिखाया जा सकता था थामते हुए मशाल। एक तरफ मोहंती और प्रसाद जैसे लोग तो दूसरी ओर मीनू जैसी शोख सुन्दर स्त्री। भ्रष्टाचार को और खोलने के उद्देश्य से ही सुंदर स्त्रियों और मांसलता का अंकन उपन्यास में किया जा सकता था पर उपन्यासकार इन सारे प्रलोभनों से बचा, विरोध आदि दिखाकर आदर्शवाद के फेर में नहीं पड़ा—शायद इसीलिए कि नज़र तंत्र के खोखलेपन पर ही स्थिर रहे—तंत्र जिसका हिस्सा मोहन्ती, प्रमोद और प्रसाद जैसे पात्र भी हैं। इसीलिए अच्छाई से सटा हुआ (जुड़ा हुआ) प्रसाद भी मोहंती के घर दूसरों की नज़र बचाकर जाता है। तंत्र के इन बड़े-बड़े लोगों के जीवन का रंगीन पक्ष भी जरूर होगा लेकिन लेखक उसमें भी जाने से बचा। अगर उपन्यास में यह सब होता तब वह विषैले यथार्थ को इतनी प्रामाणिकता से प्रस्तुत कर पाता? उपन्यास कई जगह शुष्क होने लगता है। कभी-कभी लगता है कि लेखक अपनी भड़ास निकाल रहा है....सब कुछ सूखा, उपन्यास अपनी रौ में बहता चला जाता है। पठनीयता के प्रवाह को बाधित करते हुए भी। यह शुष्कता उपन्यासकार की विवशता भी हो सकती है। वैरना इतनी कोमल अनुभूतियों, भिन्न-भिन्न तरल काव्यात्मक भाषाओं में अपने भावुक संवेगों के साथ बहने वाला लेखक अचानक ऊबड़-खाबड़ पथरीली ज़मीन पर हठात् क्यों खड़ा हो जाता है।

भावों और उद्देश्यों की उदात्तता के कारण विशुद्ध साहित्यिक निकष पर उपन्यास की कमियाँ गौण लगती हैं जैसे—मोहंती के अलावा किसी भी चरित्र को उभारा नहीं गया; उसके अलावा पात्रों को संवेदनात्मकता से छुआ नहीं गया आदि। चरित्र चित्रण इसलिए नहीं है कि इसके सभी पात्र विभिन्न वर्गों के प्रतिनिधि हैं और वर्गों का चरित्र जाना-पहचाना है। पात्र व्यक्ति नहीं है टाइप हैं। उनके चरित्र 'फिक्सड' हैं, उन्हें अगर संवेदना का स्पर्श दिया जाता तो उपन्यास का जो कथ्य है उसी में धार न रहती। इसीलिए उपन्यास में इस तरह की कमियाँ स्वयं नजरअंदाज हो जाती हैं। संपूर्ण उपन्यास में परिस्थितियाँ (देश काल वातावरण) ही प्रधान है। तंत्र ही उसका नायक या खलनायक है।

इस उपन्यास की भाषा आकर्षित करती है, इसलिए कि वह अलग से नहीं है। कथ्य के इतने अनुरूप-हल्का व्यंग्यात्मक पुट लिए, जैसे कथ्य ने ही उसे गढ़ा है। मर्म की अर्थवत्ता लिए वह सामयिक परिवेश, प्रशासकों की टुच्ची हरकतों और प्रशासन के ऊपरी तंत्र के रेशे-रेशे को उजागर करती चलती है। भाषा अपने सीधेपन में भी न जाने कितने प्रतीकों और प्रहारधर्मी अभिव्यक्तियों का सामर्थ्य समेटे हुए है।

पूरा उपन्यास पढ़ने के बाद एक कराह और व्यथा भीतर छूट जाती है—ये हैं वे लोग जिनके कंधों पर हमने देश को धर दिया है। मोहंती की पीड़ा देखिए—'इस सारे हो हल्ले के नीचे उन्हें अक्सर एक बच्चे के रोने की आवाज सुनाई देती है....जैसे मलबे के नीचे दबा कोई छोटा बच्चा कराह रहा हो, निकलने की कोशिश कर रहा हो।'

इस मलबे के नीचे दबी राष्ट्रीय अस्मिता की करुण कराह ही हमारा वर्तमान है। इससे उबरकर मूल्यधर्मी रचनात्मक दिशा का संधान ही उपन्यासकार की प्रमुख चिंता है।

अपना आदमी बनने की कथा

अवनिजेश अवस्थी

'फूल इमारतें और बंदर' पढ़ने के पश्चात् सबसे पहली प्रतिक्रिया तो यही होती है कि उपन्यास की जैसी चर्चा होनी चाहिए थी, वैसी हुई नहीं—कारण संभवतः यही रहा हो कि आज चारों तरफ स्त्री-विमर्श और दलित-विमर्श की जो 'होड़' लगी है, उसमें यह उपन्यास उस रूप में कतई फिट नहीं बैठता। उस पर एक सच्चाई और है कि उपन्यासकार गोविंद मिश्र न तो खेमेबाज हैं और न ही किसी 'नामी-गिरामी' आलोचक के 'अपने' रचनाकार—इसलिए अपने समाज और उसकी व्यवस्था जिसे न जाने किस खुशफहमी में अब तक लोकतांत्रिक गणराज्य कहते जा रहे हैं—उसका कच्चा चिट्ठा खोल के सामने रख देता है यह उपन्यास। सच्चाई तो यह है कि यह सिर्फ एक उपन्यास भर नहीं है बल्कि एक ऐसे प्रशासनिक अधिकारी का ज़िन्दगीनामा है जो इस तंत्र के दलदल में निरंतर धँसते जाने को इस कदर अभिशप्त है कि उस पर ठीक से गुस्सा भी नहीं आता, तिलमिलाकर सिर्फ दया की जा सकती है। इस भ्रष्ट व्यवस्था का आलम यह है कि एक प्रशासनिक अधिकारी को अपनी योग्यता और वरिष्ठता के दम पर जो पदोन्नति एकदम स्वाभाविक रूप में मिल जानी चाहिए, उसी पद को प्राप्त करने के लिए उसे सिर्फ हील हुज्जत ही नहीं करनी पड़ती, दो टके के नेताओं और उनके बेशर्म चंपुओं और चमचों के सामने खीसें निपोरे-हाथ-बाँधे जहाँ-तहाँ, जब-तब अपमानित होने के लिए भी तैयार रहना पड़ता है। लोकतंत्र में जिसमें जनता का प्रतिनिधि होने के नाते राजनेता सर्वोच्च (अगर सत्तासीन है तो सर्वोत्तम भी) होता है—इस सड़-गल चुकी व्यवस्था के लिए पूरी तरह से अकेले जिम्मेदार हैं जो वरिष्ठ से वरिष्ठ और योग्य से योग्य अधिकारी से भी सिर्फ 'जी मंत्री जी' के अलावा कुछ और सुनना ही नहीं चाहता। प्रशासनिक सेवा में आते ही आदमी को 'बैल' बनाने की जो कवायद शुरू होती है उसका अंदाज़ा उसे सेवानिवृत्त होने के बाद पता चलता है—"छत्तीस वर्ष पहले नौकरी का जो जुआ इस बैल पर रखा गया था वह आखिर उतर गया। जुए को गर्दन पर रखे बैल चलता रहा....एक बने बनाए रास्ते पर गाड़ी को खचोरता। कभी अंधा चलता, कभी थूथन और सींग मटकाकर चलता, कभी पुट्ठे पर कोंच, पीठ पर छड़ी की मार झेलता चलता...भागता। छत्तीस वर्ष दो महीनों के बाद जुआ उतरा है। तो गर्दन पर घिसाब उछला हुआ है, पुट्ठे पर कोंच खाते-खाते खाल उधड़ी दीखती है।"

स्वतंत्रता के पश्चात भारतवर्ष ने जिस संवैधानिक व्यवस्था को अपनाया है उसको अगर कम से कम शब्दों में समझना हो तो वह है—'नेताओं और नौकरशाहों का निर्लज्ज नेक्सस।' यही नेक्सस इतने सालों से देश को 'चला' रहा है—नाम अलग-अलग होने के कारण उन्हें व्यक्तिवाचक संज्ञा के खाते में चाहे डाल दिया जाए वर्ना सच्चाई यही है कि ये सभी 'जातिवाचक' ही हैं। इसी 'नेक्सस' की असलियत की एक-एक परत उधेड़ता चलता है यह उपन्यास। गोविंद मिश्र स्वयं एक अधिकारी रहे हैं, इसलिए इस उपन्यास में उनका अनुभव खूब काम आया है, इस अनुभव ने उनकी इस रचना को असरदार तो बनाया ही है, एक वैधता भी प्रदान कर दी है जिससे उनके अंदाजे-बयां में एक ऐसी वास्तविकता का आभास होने लगता है कि उन्हें संभवतः अगले संस्करण में यह घोषणा करनी पड़े कि उपन्यास के सभी पात्र कल्पित हैं।

गोविंद 'स्लो पेस' के कथाकार हैं जो कभी-कभी उनकी कमजोरी के रूप में भी गिनाया जाता है, लेकिन यही 'स्लो पेस' इस उपन्यास की सबसे बड़ी खूबी है—आग एक बार में धधक कर जल कर खत्म नहीं हो जाती, धीरे-धीरे सुलगती है, जिसमें लपट नहीं है, सिर्फ धुआँ ही धुआँ है—'मोहंती को बोर्ड का अध्यक्ष बन जाना है कि नहीं—एक बार में ही फैसला नहीं हो जाता, कभी लगता है कि बस बन गए कि फिर कहीं से ऐसा संकेत आता है कि मोहंती पहले से बड़ा समझौता करने को तैयार हो जाते हैं। दरअसल कथा-सूत्र इतना-सा है कि गोपी कृष्ण मोहंती नाम के एक उच्च अधिकारी हैं और नियम-कानून और ईमानदारी के हिसाब से उन्हें अपने बोर्ड का अध्यक्ष बन ही जाना चाहिए—इससे पहले कि उनकी फाइल पर हाँ या ना हो उनके इर्द-गिर्द एक-एक करके इस तरह लोग इकट्ठे होते जाते हैं जो उन्हें पूरी तरह अपने चंगुल में फँसा लेते हैं, इनमें हीरों के व्यापारी मोहित और प्रधानमंत्री के पुत्र से लेकर 'छुटभैये' नेता पृथ्वीसिंह, फिल्म स्टार अविनाश कपूर, उद्योगपति नवीनचंद्र, पत्रकार दीनदयाल, ज्योतिषी, केबिनेट सचिव समर सिंह, प्रधानमंत्री का पार्टनर रमन्ना और वे सब जो सत्ता के गलियारों में दलाली करते करते घूमते हैं। मोहंती को लगता है कि वे एक फुटबाल हो गए हैं जो इनमें से किसी की किक से किसी के पाँवों में पहुँच जाते हैं तो कभी किसी के पाँवों में। मोहंती कभी-कभी यह सोचते भी हैं कि आखिर ऐसी अध्यक्षी लेकर क्या करूँगा लेकिन उनके ये 'हितैषी' उन्हें चैन से बैठने नहीं देते और उन्हें अचानक लगता है कि वे रेसर्स के घोड़े हो गए हैं—उनके लिए मोहंती आदमी नहीं घोड़ा थे, उन्हें हाँककर, यहाँ तक कि हंटर लगाकर दौड़ाना था....घुड़दौड़ में दाँव लगाने की लत जो पड़ी हुई थी उनकी। कमाल कि आदमी को अपनी इज्जत बचाए रखने के लिए घोड़ा बनना जरूरी हो गया था। घोड़ा रेस में दौड़ेगा, किनारे खड़े लोग उसे उकसाएँगे, ललकारेंगे....कुछ लोग दाँव भी लगाएँगे। शुरू में मोहंती तटस्थ थे। अब ज्यों-ज्यों लड़ाई गहराती जा रही थी उन्हें पता नहीं क्या-क्या दिखाई देने लगा था, यह पद पाना जीवन-मरण का प्रश्न बनता जा रहा था। उपन्यास के शिल्प की यह खूबी है कि जीवन-मरण का यह प्रश्न सिर्फ कथानायक-मोहंती

तक के लिए ही नहीं रह जाता बल्कि पाठक स्वयं इस संघर्ष का एक हिस्सा बन जाता है, बिल्कुल मोहंती की ही भाँति। आखिरकार मोहंती को यह लगने लगता है कि सरकार में पद तो नीलाम होते हैं, जो सबसे ऊँची बोली लगाता है, पद वही हथिया लेता है—'छोड़ो भाई, अब उसका मुकाबला मैं कैसे कर सकता हूँ। तीन करोड़ की काट है चार करोड़। वह कहाँ से आएगा, और मेरी तरफ से कोई खड़ा होता है तो उधर से कोई खड़ा हो कर साढ़े-चार करोड़ कर देगा...जैसे अध्यक्ष पद की नीलामी हो रही है...और मैं भी बोली में शामिल हूँ। क्या मजेदार बात है। पुलिस थानों की बोली लगती है—यह तो सुना था, अब इन ऊँचे पदों की भी.... ।' और मोहंती ने भी बोली लगा ही दी, सबसे ऊँची बोली—सीधे प्रधानमंत्री के दरबार में ही—'मुझे अपना ही आदमी समझें' रुक-रुक कर वे कह ही गए आखिर। प्रधानमंत्री जैसे जाग पड़े....मुस्कुराने लगे....ऐसा लगता था जैसे उनके लिए वे शब्द मिसरी के ढेले थे। उधर वे कान में पहुँचे, इधर मुँह में मिठास घुलने लगी। वे जैसे एकाएक मोहंती को पहचान गए। सारे मसले को समझ गए। उन्होंने फटाफट यह भी तय कर लिया कि उन्हें क्या करना है।

मोहंती को आखिरकार पद तो मिल गया, लेकिन उसके बाद ही उन्हें अहसास हुआ कि वे तो 'रबर-स्टैम्प' भर हैं—उन तमाम दलालों के जिन्होंने उन पर दाँव लगाया था। पद पर पहुँचने के बाद ही उन्हें यह कचोटने लगता है कि वे सारे दलाल जो उनकी मित्रता के नाम पर उनको इस पद पर पहुँचाना चाहते थे, वे सब तो 'पद' के मित्र थे, इसीलिए अंत में उन्हें सब कुछ निस्सार लगता है, एकदम निस्सार—'अवकाश प्राप्ति के दिन सब यों पुँछ गया जैसे कोई बच्चा स्लेट पर खड़िया से लिखी एक लाइन को एक उँगली से हलके से पोंछ देता है—वे सब पदनाम, वे तथाकथित बड़े प्रशासनिक काम जिन पर कभी-कभी मैं डींगें मार लेता था।' इस निस्सारता का हाल यह है कि उन्हें इस पद तक पहुँचने के लिए एक ही वाक्य रटाया गया 'सर मैं आपका ही आदमी हूँ' और पद पर पहुँचने के बाद वे स्वयं अपने भी न रहे।

पिछले दिनों यह चर्चा खूब रही कि उपन्यास फिर से साहित्यिक परिदृश्य के केंद्र में आ गया है—यह सच भी है, लेकिन इतने विरल कथा-सूत्र पर इतना दमदार उपन्यास होने के बावजूद भी 'फूल इमारतें और बंदर' किसी भी विमर्श में अपेक्षाकृत अलक्षित ही रहा—कहीं इस उपन्यास की कथा का सच, साहित्य की दुनिया का सच भी तो नहीं है।

शासकीय तंत्र के तिलिस्म का पर्दाफाश

उर्मिला शिरीष

उपन्यास के फ्लैप पर छपा सोल्जेनित्सिन का यह कथन (उन्होंने नोबेल पुरस्कार लेते समय अपने भाषण में कहा था) ''अगर लेखक नहीं तो दूसरे कौन अपने यहाँ की असफल सरकारों को अपराधी ठहराएँगे और लेखकों के अलावा कौन अपने समाज को उसके भीरूताजन्य अपमान अथवा आत्मतुष्ट नपुंसकता के लिए दोषी ठहराएगा।'' इस उपन्यास की आत्मा के उस सत्य को उजागर करता है जो किसी भी कालखंड, किसी भी देश तथा समाज के ऊपर लागू हो सकता है। गोविंद मिश्र का यह आठवाँ उपन्यास 'फूल, इमारतें और बंदर' उपर्युक्त अर्थ में अपने समय से जुड़ा है। भारत के केंद्र में गठबंधन सरकार की स्थापना का समय लेकिन उपन्यास की दृष्टि इस समय को लांघती है क्योंकि इस उपन्यास का लक्ष्य अपने समय का दस्तावेज न बनकर तंत्र के ऊपरी हिस्से के खोखलेपन को उजागर करना है। इसी तरह उपन्यास देशबद्ध जरूर है पर वर्गचरित्रों को जिस तरह उजागर किया गया है तो वह किसी भी देश का सत्य हो सकता है। समय और देश के पार उपन्यास जीवन के उन शाश्वत मानव-मूल्यों से भी टकराता है, उनके परिप्रेक्ष्य में भ्रष्ट व्यवस्था तथा तंत्र की करतूतों को देखता है जो इस उपन्यास को अपने देश और काल की सीमा के पार ले जाते हैं। उपन्यास आज के यथार्थ की बात करते हुए भी एक बृहत्तर धरातल पर खड़ा हो जाता है।

गोविंद मिश्र ने अपने को किसी भी उपन्यास में दोहराया नहीं है। 'वह अपना चेहरा' से लेकर इस उपन्यास तक की लंबी यांत्रा के दौरान वे हर बार नया परिवेश नयी भावभूमि लेकर आए हैं। प्रस्तुत उपन्यास की कथा को उसके विशेष अर्थ एवं संदर्भों से जोड़ने के लिए तीन भागों में विभाजित किया गया है। पहला भाग है 'अवरोह' जिसमें बाहरी दृष्टि से देखा जाए तो कथा के मुख्य पात्र मोहंती का उत्थान होता है। बहुप्रतीक्षित महत्वाकांक्षी पद को प्राप्त करने में वह सफल हो जाता है लेकिन नैतिक रूप से वह नीचे जाता है। इस कामयाबी और नैतिक पतन के बीच के द्वंद्व और पीड़ा को लेखक ने 'मोहंती की डायरी' के पृष्ठों में व्यक्त किया है। दूसरा भाग 'आरोह' जिसमें उस पद के छूटने की प्रक्रिया चलती रहती है और पद छूट भी जाता है लेकिन उसके साथ-साथ मोहंती का नैतिक उत्थान होता चलता है। अधोतल पर पहुंच मोहंती उन

तमाम चक्रव्यूहों को तोड़कर ऊपर आ जाता है। तीसरा भाग—'आ-गमन' है, जो दूसरे पात्रों का गमन और मोहंती का आगमन है—नियति न्याय, कि आखिर में जो लोग या अधिकारी उस तमाम व्यवस्था के जाल में थे, जिनके जीवन का ध्येय ही वहाँ 'जुड़े' रहना, विशिष्ट होना या पद का फायदा उठाना था—उनका क्या हश्र होता है।

उपन्यास की मुख्य कथा केंद्रित है सरकार के ऊपरी तंत्र पर। उस तंत्र पर जिसे नेता, अधिकारी, उद्योगपति, पत्रकार तथा उनके इर्द-गिर्द घूमने वाले लोग बनाते हैं। ऐसा लगता है कि उपन्यासकार का मूल उद्देश्य तंत्र के इस ऊपरी हिस्से की पेचीदगियों, उलझनों तथा वहाँ काम करने वाले लोगों की मनोवृत्ति को उभारना था जो बड़ी जगहों, बड़े पदों पर बैठकर नाचीज़ों में, छोटे-छोटे दाँव-पेंचों में उलझे रहते हैं। यह कितनी कड़वी सच्चाई है कि जो इतने महत्त्वपूर्ण पदों पर बैठे हुए लोग हैं हमारे शीर्षस्थ, जिनके हाथ में पूरा देश है देश की नीतियां हैं, वे कैसे छोटे-छोटी चीजों तथा स्वार्थों में उलझकर स्वयं का तथा देश के लोगों का वक्त बर्बाद करते हैं। वे जनता की उम्मीदों से बेखबर, स्वयं की खबर रखने में लगे रहते हैं। पहले अध्याय 'नासूर' में प्रशासकीय सिस्टम का बाकायदा परिचय दिया गया है ऐतिहासिक परिप्रेक्ष्य में। मुख्य समस्या है कि हर कोई 'पावर' अपनी तरफ खींचना चाहता है। 'पावर' माने किसी को भी नुकसान पहुँचाने की शक्ति। इसको अपने तक खींचने, इस्तेमाल करने, उसे अपने पास बनाए रखने में ही सब लगे हुए हैं। नेता से अफसर खींच लेना चाहता है, पत्रकार इन दोनों से और इन सबको अपरोक्ष रूप में उद्योगपति वश में कर लेना चाहता है। वह चाहता है कि सारी व्यवस्था उसके द्वारा चले।

उपन्यास में कुछ खास शब्दों तथा मुद्राओं का प्रयोग करके लेखक ने पात्रों को वैयक्तिक चरित्र उजागर करने के बजाय उनका वर्गीय चरित्र दर्शाया है। छोटा अफसर (रंजन) को 'प्यादा' कहा गया है। वह 'लॉबींग' पर जोर देता है। एक छोटा व्यापारी 'वजीर' है सीधा दौड़ जाने वाला। वह अपने संपर्कों द्वारा बड़ा व्यापारी बनना चाहता है। उसे एक रहस्यमयी बीमारी है। एकाएक उसका वजन घटने लगता है और फिर एकाएक ठीक होने लगता है। तमाम तरह की तिकड़में दिमाग में रखे हुए वह दुबला होता चला जाता है लेकिन मजे की बात यह है कि वो उनके बगैर रह भी नहीं पाता। 'ताज' के एक रेस्तरां में बैठकर वह वहीं से अपना खेल खेलता है। महत्त्वपूर्ण लोगों को वहीं से इकट्ठा कर काम पर लगाता है। तीसरा चरित्र हाथी (पृथ्वी सिंह) है जो राजनीति में 'शार्टकट' अपनाकर मात्र अपने वजन से एकाएक राजनीतिक परिदृश्य में महत्वपूर्ण हो जाना चाहता है। 'ऊँट' सिनेमा का सुपर हीरो है जो ऊंट की थूथन उठाकर दौड़ता है सीधा सिर्फ अपना फायदा और नुकसान पर निगाह रखते हुए। ढाई घर उचकता हुआ घोड़ा दीनदयाल है जो पेशे से पत्रकार है। उसके पास नयी-नयी चालें, नये फिकरे हैं जैसे—'नेम्र ड्रापिंग' हवा बाँधना। उसके अनुसार आदमी वो नहीं है जो कि सचमुच वह होता है बल्कि वो है जो अखबार यानी कि वह उसे दिखाता है। पत्रकारिता की असली

भूमिका छोड़कर वह पत्रकारिता के उस पक्ष से चिपका हुआ है जिससे रुपए बनते हैं। एक तरह से पत्रकार के रूप में वह दलाल का काम करता है। दूसरे खंड में मोहंती का मंत्री, सचिव, सर्वोच्च अधिकारी, प्रधानमंत्री के आसपास चिपके लोगों के चरित्र आते हैं—जो वर्ग चरित्रों के विविध नमूने पेश करते हैं। डी. वी. (दिग्विजय सिंह) के मार्फत उपन्यासकार ने प्रशासक वर्ग के सर्वोच्च पद पर बैठे व्यक्ति का चित्रण किया है 'आदमी और लिपस्टिक' अध्याय में, जहाँ वो मंत्री के सामने तो एकदम नतमस्तक रहता है लेकिन बाकी सब पर गुर्राता है और अपनी 'पावर' का पूरा इस्तेमाल करता है। इन सबको मिलाकर उपन्यासकार ने तंत्र के ऊपरी जाल का आंतरिक हिस्सा दर्शाया है जो एक तिलिस्म है। जटिल है, बाहर से रहस्यमय है क्योंकि सभी बड़ी-बड़ी मुद्राएँ बनाए रखते हैं लेकिन जिनके भीतर का कुछ पता नहीं चलता। वे हर समय अपना रूप-रंग तथा व्यवहार बदलते रहते हैं। इस तिलिस्म का इस तरह पर्दाफाश इतने प्रामाणिक ढंगसे हिंदी साहित्य में पहली बार हुआ है क्योंकि इस तिलिस्म के भीतर तक पहुँचने, उसे इस तरह जानने का मौका हर किसी को नहीं मिलता। मौका मिलता है तो उसे उजागर करने का साहस नहीं होता।

उपन्यास की एक और महत्त्वपूर्ण बात कि मुख्य पात्र मोहंती जो स्वयं इस तंत्र का हिस्सा है उतना ही पतित, गलीज़ तथा लालची है जितने कि और लोग। फर्क सिर्फ यह है कि उसमें 'कुछ' जीवित है इसलिए वो जहाँ दूसरों की तरह महत्त्वाकांक्षी है, समझौते करते चलता है वहीं वो अपने पतन को लगातार देखता भी है और एक बिंदु पर आकर चाहे जितना हल्का प्रतिरोध हो उससे शुरुआत करता है। उस भ्रष्ट तंत्र को बदलने आदि की बड़ी भूमिका न निभाते हुए भी कम से कम सच बोलने का साहस करता है। वापस अपने स्वभाव पर लौट आता है। एक मनुष्य की तरह मनुष्य की छोटी-मोटी आवश्यकताओं भर से निर्वाह करने के लिए खुद को तैयार करके वो किसी को हटा नहीं पाता। यहाँ तक कि इस्तीफा भी नहीं दे पाता लेकिन अपनी शर्तों पर विभाग छोड़ने में कामयाब होता है। छोटे व्यक्ति का छोटा विद्रोह एकदम मानवीय। मोहंती का अंतर्द्वंद्व पीड़ा....छटपटाहट....सत्य का साक्षात्कार डायरी के पृष्ठों में बहुत तीव्रता से उभरकर आता है—भावनाओं से भरा हुआ, इसलिए आदर्शवादी न होकर ईमानदार।

उपन्यास का एक महत्त्वपूर्ण अंश वह है जहाँ एक ईमानदार पत्रकार प्रमोद और मोहंती चर्चा करते हैं कि आखिर तंत्र के इस चरित्र को कैसे बदला जाए। नेता तो बदलेंगे नहीं। जो उभरकर आता है वह यह है कि मुख्य जिम्मेदारी सर्वोच्च अधिकारियों की है जो अपने समय के मेधावी छात्र थे जो तंत्र में सबसे ज्यादा पढ़े-लिखे बुद्धिमान हैं, प्रशासकीय कार्यों में सबसे अहम भूमिका उन्हीं की होती है और उन्हें ही नीचे वाले सब लोग देखते और उनका अनुकरण करते हैं। मोहंती का मानना है कि शुरुआत इन्हीं अधिकारियों से होनी होगी। वहाँ भी उन्हें ज्यादा कुछ नहीं करना, सिर्फ अपनी रीढ़ की हड्डी का ध्यान कर सीधे खड़े रहना है और छुटपुट फायदों के लिए नेताओं के आगे बिछ नहीं जाना है।

शिकायत हो सकती है कि सत्ता को केंद्र में बनाकर लिखा गया यह उपन्यास सिर्फ तंत्र के ऊपरी हिस्से को ही उभांरता है। सत्ता का वह आतंक इसमें लक्षित क्यों नहीं होता जो आम आदमी के जीवन से जुड़ा होता है। यह हो सकता था अगर आम आदमी के वर्ग का भी कोई चरित्र पिसता हुआ दिखाया जाता। लेकिन यहाँ तो पिसते हैं मोहंती जो सामान्य से बहुत ऊँचे पद पर हैं, एक उच्च अधिकारी हैं और वे भी एक तुच्छ प्राप्ति के लिए अध्यक्ष पद के लिए जूझ रहे हैं। लेकिन यही तो तंत्र की इस श्रेणी का खोखलापन है कि मोहंती जैसे भी तुच्छ लक्ष्य के पीछे लगे हुए हैं। एक नहीं पचासों स्थितियों में यह उजागर हुआ है कि कितनी छोटी और तुच्छ चीजों के लिए तंत्र की ऊँची पंक्ति पर बैठे ये लोग देश का और अपने जीवन का कीमती समय तथा ऊर्जा जाया करते रहते हैं। इससे लगता है कि उपन्यासकार का सर्जनात्मक आशय, शायद यही है। कितनी पीड़ा भरी व्यंग्यात्मक चोट है वहाँ, जहाँ मोहंती को एक महत्त्वपूर्ण बातचीत के लिए विदेश में भारत के प्रतिनिधि के बतौर भेजा जाता है जहाँ वे भारत की तरफ से बात करेंगे, बड़े-बड़े अहम फैसले लेंगे लेकिन ऐन उसी वक्त यहाँ देश में उनको उखाड़ने की साजिश, चालबाजी उन्हीं लोगों द्वारा की जा रही है, जिन्होंने उन्हें विदेश के लिए नामित किया है और मोहंती को यह जानकारी है। नेताओं की दिलचस्पी इसमें नहीं है कि विदेश में क्या अहम् फैसले लिए जाएँगे, बल्कि इसमें है कि उधर मोहंती विदेश जाएँ इधर उनका पत्ता साफ कर दिया जाए। इनकी जगह किसी और को बिठा दिया जाए। उस वक्त मोहंती के यह महसूसने में कितनी पीड़ा है कि ठीक तब जब देश के प्रतिनिधि के रूप में जा रहे अधिकारी का मन आत्मविश्वास से भरा होना चाहिए, हमारे नेता उनका सारा आत्मविश्वास सोख लेते हैं। उस स्थल पर उपन्यासकार अपनी पीड़ा देश के खिलाड़ियों के मार्फत व्यक्त करता है कि इतना बड़ा देश और हम किसी खेल में आगे नहीं आ पाते। तो सत्ता का आतंक दिखाने की चूक वाली शिकायत वैसी ही लगती है जैसे एक तस्वीर से ये शिकायत करना कि इसमें नदी क्यों नहीं दिखाई गई। उपन्यासकार का उद्देश्य वह है ही नहीं। उद्देश्य तो सिर्फ इतना है कि सत्ता के ऊपरी तंत्र को, ऊपरी तंत्र को चलाने वाले लोगों के छिछोरेपन को, उनके तुच्छ लक्ष्यों, चेष्टाओं, उनकी भौंड़ी हरकतें दिखाना।

यहाँ तक कि प्रधानमंत्री भी आखिर में जाकर अपने घर के मंदिर में एक संगमरमर की मस्जिद और वर्जिन मेरी की मूर्ति रखकर अपना 'सेक्यूलरिज़्म' प्रतिपादित करने की सोचता है। माथे का अपना टीका और धुँधला कर लेना चाहता है। बड़े लोगों की ये तुच्छ और हास्यास्पद हरकतें। यहाँ एक बात जो रेखांकित की जा सकती है वह यह कि इसी तुच्छता और हास्यास्पदता के अनुरूप पूरे उपन्यास की भाषा भी व्यंग्यात्मक पुट लिए हुए है। यह भाषा वह नहीं है जो गोविंद मिश्र की अपनी भाषा है, जिसके लिए वे जाने जाते हैं। उपन्यास के कथ्य ने अपने अनुरूप भाषा गढ़ ली है। अलग से भाषा की उपस्थिति ही नहीं दिखती और यह जैसे उपन्यासकार के बावजूद हो गया है।

उपन्यास में विभिन्न अध्यायों के शीर्षक हैं : 'गोलियों का खेल', 'चूहा-बिल्ली', 'आदमी और लिपस्टिक', 'आपका आदमी', 'बगावत की बू' (जो मुगल इतिहास में एक भयानक चीज मानी जाती थी) 'ढीला पेंट और भिंडी का ढेर', 'गुफाओं में संत' आदि। भाषा का एक व्यंग्यात्मक रूप देखिए–''जिस इमारत में मोहंती को बैठना था वहाँ के लोगों के आगे-पीछे इर्द-गिर्द बंदर बराबर घूमते रहते हैं। ये बंदर बड़े ही निडर बेधड़क हैं। कुछ लोगों का मानना है/था कि ये बंदर पिछले जन्म के सेक्रेटरी, अंडर सेक्रेटरी आदि थे। उन बेचारों की आत्माएँ सचिवालय यहाँ की फाइलों, फाइलों पर पूर्वजन्म में लिखी गई उनकी टिप्पणियों इन सबसे इस कदर बँधी हुई थी कि वे इस जन्म में भी सचिवालय के इर्द-गिर्द डोलते रहते।'' (पृ. 133) इस व्यंग्य के नीचे जगह-जगह पर लेखक की पीड़ा भी प्रकट होती है। जैसे 'अर्द्धरात्रि के आदेश' अध्याय में 'उस नाटकीय झटकेबाजी के दौरान भी मोहंती को थोड़ी-सी हँसी आ गई। जिस सरकार के पास रात के इस वक्त करने को यही सब चीजें बची हों वह देश के लिए क्या करेगी।' यह शिकायत होती है कि इतने बड़े उपन्यास में सिर्फ एक ही पात्र है जो चरित्र के रूप में उभरता है वो है मोहंती। बाकी सब 'टाइप' हैं। यहाँ भी लगता है कि तंत्र के इस ऊपरी हिस्से में व्यक्ति या 'इंडिविजुअल' होते ही नहीं। सबके लिए साँचे तय हैं जिनमें कहीं से आया कोई भी व्यक्ति फिट हो जाता है। अगर ये सारे चरित्र 'टाइप्ड' न बनाए गए होते तो उपन्यास संभवतः एक खास समय का दस्तावेज बनकर रह जाता।

उपन्यास में आए एक तरह के 'छिछोरापन' ये 'दाँव-पेंच' सभी को मालूम हैं। लेकिन मालूम दरअसल नहीं हैं। आभास भर है। 'छिछोरेपन' के वे ब्यौरे के इस उपन्यास में आये हैं; अधिकांश पाठकों के लिए नये होंगे, उन्हें नयी जानकारी मिलेगी और इस उपन्यास में जानकारी भर नहीं है। यहाँ मनुष्य उसकी व्यथा, उसके सपने हैं। मोहंती की भीतरी व्यथा को पग-पग पर उभरती डायरी के पृष्ठों में तंत्र को रेशे दर रेशे विश्लेषित करते हुए भी उपन्यासकार इस तंत्र में ही कैद एक मनुष्य के आत्मिक पतन और उत्थान की कहानी भी कहता है।

यहाँ इस बिंदु पर आकर वह उस तात्कालिक यथार्थ को लाँघता है जो भारत के परिप्रेक्ष्य में तात्कालिक नहीं है। पिछले पचास वर्षों से सार्वकालिक सा हो गया है। उपन्यास में जबरदस्त पठनीयता है। वे लोग जो तंत्र के इस पक्ष से वाकिफ नहीं हैं वे भी इसे रोचकता के साथ पढ़ सकते हैं। हाँ एक बड़ी कमी ये जरूर उभरती है कि अंतिम खंड 'आ-गमन' में उपन्यासकार ने विभिन्न पात्रों या वर्गों का प्रतिनिधित्व करने वालों को कुछ ज्यादा ही तेजी से उनकी नियति की तरफ घसीटा है। यह खंड इसलिए बहुत छोटा रह गया है। भले ही उपन्यास और ज्यादा फैलता अगर गोविंद मिश्र नियति न्याय की तरफ विभिन्न पात्रों को धीरे-धीरे और क्रमशः ले जाते। एक कमी और खटकती है। गोविंद मिश्र के पाठक जानते हैं कि उन्होंने पिछले उपन्यासों में कितने सशक्त नारी पात्रों की सृष्टि की है। इस उपन्यास में नारियां नहीं के बराबर हैं। क्या यह अच्छा नहीं

होता कि कुछ वैसे पात्रों की सृष्टि करके कुछ सुंदर दिखाकर विपरोक्ष रूप से गोविंद मिश्र तंत्र वाले इस यथार्थ को और सशक्त रूप से उभार सकते। शायद कडुवाहट लेखक को इतना दूर तक खींच ले गई कि सौंदर्य की कहीं जगह ही नहीं है या तंत्र का यह मायाजाल है भी पूरी तरह से सौंदर्यविहीन। गोविंद मिश्र के लिए यह तो नहीं कहा जा सकता कि वे घोर यथार्थपरक दिखने की जिद में यह कर गए। हाँ, यह हो सकता है कि अपनी संवेदना का वह पक्ष गोविंद मिश्र ने अपनी अगली रचना के लिए थोड़ा मुक्त छोड़ दिया हो।

कहानी-संसार

कहानी लिखने का सिद्धांत और गोविंद मिश्र की कहानियाँ

शैलेश मटियानी

लेखक पर लिखना, शायद, उसकी किताबों पर लिखने से ज्यादा कठिन है। फिर एक लेखक की हैसियत से लिखना तो और भी कठिन। कहें कि लगभग धर्मसंकट के आस-पास की कठिनाई, तो भी, बात, शायद, ज्यादा असंगत नहीं होगी। तुला थामने का अच्छा-खासा अभ्यास होते भी, यहाँ लेखक को एक बिलकुल नये अनुभव से गुजरना होता है, क्योंकि मामला अपना नहीं। इस तथ्य को लेखक आलोचक से कम नहीं जानता कि तराजू पर सिर्फ बाट-बटखरों ही नहीं, बल्कि इरादे का भी वजन पड़ता है।

हर उस लेखक के पास सोच-विचार और अनुभव ही नहीं, बल्कि लेखन को भी छानते-बीनते, उलटते-पलटते और तौलते चलने का एक लंबा अभ्यास होता है, जिसे कि रचना सतत प्रवाह की वस्तु और उत्स को पकड़ने की व्याकुलता हो। जो कुछ हाथ आ गया, इससे कहीं अधिक और चकित करने की हद तक मूल्यवान कहीं अन्यत्र है। कहीं क्या, वहीं, जहाँ कि अंजलि लगाकर सोते का-सा जल इकट्ठा करते चले आना हुआ है।...और हर बार यह कौतूहल कि अब की बार कुछ भिन्न!

पानी का मिट्टी को इकट्ठा करते जाना कितना विलक्षण और चकित करने वाला हो सकता है, इसका कुछ अंदाजा तब बिलकुल लगाया जा सकता है, जबकि हम लेखक की संवेदना और उसके अनुभवों के ताल-मेल की प्रक्रिया को कुछ ध्यान से देख सकें। संचय और संचित के सृजन की दोहरी प्रक्रिया लेखक को आलोचक का-सा अवकाश या अभ्यास कभी नहीं दे सकती, क्योंकि दोनों का क्षेत्र भिन्न है। आलोचक को किसी लेखक या उसकी किताबों पर लिखने में अपने से मिलान करते—या कहें कि आईने में खुद को देखते—चलने की कोई जरूरत नहीं होती, जबकि लेखक को इससे बचत नहीं, क्योंकि जिन आधारों पर वह दूसरे लेखक पर लिखने जा रहा हो, इनसे उसे खुद हर बार बिलकुल नये सिरे से, और साथ-साथ, गुजरना होगा, क्योंकि उसके पास अपने सोचे-विचारे और लिखे को परखते चलने का अभ्यास तो होता है, लेकिन दूसरों का नहीं। इस दृष्टि से देखें, तो लेखक का किसी दूसरे लेखक पर लिखने से बचना, शायद, तब तक जरूरी दिखेगा, जब तक कि इरादा, इस बहाने, एक पंथ, दो काज न हो।

लेखक का लेखक पर लिखना आलोचक के लिखने से थोड़ा अलग किस्म का होने से इसका एक अपना महत्त्व हो सकता है। दूसरे, रचना के बुनियादी सरोकारों के मामले में दूपरदू की स्थिति से, उससे कुछ भिन्न ढंग से सोचने, विचारने और अनुभव करने का अवसर मिल सकता है, जो कि अपने तक सीमित था। पाठक या आलोचक को यह संकट नहीं। इन्हें लेखक से लेखक की ही भाँति नहीं टकराना होता।

हर लेखक, स्वयं में, एक पाठक और आलोचक भी होता जरूर है, क्योंकि वह लिखता ही नहीं, पढ़ता और जाँचता भी है।...किंतु, फिर भी, प्रकृति से ही लेखक की भाँति का पाठक और आलोचक होने से, उसके पढ़ने और जाँचने की प्रक्रिया भिन्न होगी जरूर और तब तय है कि परिणाम भी अगर ऐसा नहीं, तो फिर लेखक के लेखक पर लिखने का वह बुनियादी आधार ही घपले में पड़ जाएगा, जिसके तहत कि वह एक पंथ, दो काज का दावेदार हो सकता था।

लेखक के किसी दूसरे लेखक पर लिखे से अगर पाठक और आलोचक से कुछ भिन्न, बल्कि कहें कि कुछ और ज्यादा साफ, तस्वीर नहीं बनती हो, तब बेहतर होगा कि नहीं लिखे। गोविंद मिश्र पर लिखते यह संकट कितनी गहराई तक अनुभव हुआ, यह बताना जरूरी लगा है। जरूरी इस अर्थ में भी कि अभ्यास नहीं, किंतु वांछा जरूर कि लिखा जाए। खास तौर से उन लेखकों पर, जिससे अपनी समझ को बेहतर बनाने की संभावना दिखती हो।

लिखना सचमुच कितना कठिन है, इतना समझते भी बहुत वक्त लग जाता है। तब उन लेखकों पर लिखने बैठना जहाँ एक संकट, वहीं एक संभावना भी अनुभव होना स्वाभाविक होगा, जिन पर लिखते हुए लिखने की कठिनाइयों को कुछ और ज्यादा नजदीक से देखा जा सके। खास तौर पर अपने लिए अब यह जरूरी जान पड़ने लगा कि लिखने के उन बुनियादी पाठों से गुजरा जाए, जो आगे चलकर लिखने को एक यात्रा बना देते हैं। इसके लिए आवश्यक है उन लेखकों को थोड़ा ध्यान से देखना, जो लिखते चल रहे हों। जिनका लिखना एक अदृश्य समुद्र की तरफ निकलती नदी या अज्ञात क्षितिज की ओर जाते रास्ते की-सी निरंतरता का आभास देता हो। तब उन्हें समझने में भी बिलकुल सहायता मिल सकेगी, जिनका कि दम फूल चुका। पहले जिनका हाँफना हमारे कानों तक पहुँचता रहा हो, और इसके बाद बाद सन्नाटा।

जो एक ही यात्रा में हों, उनका एक-दूसरे से बेखबर या बेसरोकार चलना, शायद, ठीक नहीं। काम जोखिम का है, लेकिन इतना ही जरूरी भी। खास तौर पर आज की परिस्थितियों में, जबकि तयशुदा प्रतिमानों के पोस्टर उस हर दीवार पर चिपकाये जा चुके हों, जहाँ कि लेखक की नजर को आज नहीं, तो कल और कल नहीं, तो परसों पड़ना ही है।

अपना इरादा ऐसे लेखकों को लेकर बना, जिन्होंने कि लिखा ही नहीं, बल्कि लिखने के सिद्धांतों पर भी बातें की हैं। जैनेन्द्र, अज्ञेय, मुक्तिबोध, नरेश मेहता, नामवर सिंह, निर्मल वर्मा, राजेन्द्र यादव, गिरिराज किशोर से लेकर गोविंद मिश्र तक अनेक नाम

ध्यान में आते रहे हैं। संयोग कि शुरुआत गोविंद मिश्र से हो रही है और इसका कारण है 'वरणांजलि'। अच्छी लगी कहानियों की एक शृंखला है स्मृति में, लेकिन चौंकाने, बल्कि कहूँ कि चकित करने वाली कहानियों की संख्या थोड़ी है।

अब यहाँ पहले तो इस सच्चाई को मान लिया जाये कि पढ़ा ज्यादा नहीं। समझ भी कम है। इसके बाद कहूँगा कि 'उसने कहा था', 'कफन', 'काँकड़ा का तेली' 'सिरपंचमी का सगुन', 'टूटना', 'पटरियाँ' और 'कितनी बार' आदि अनेक कहानियों के साथ—या बाद—'वरणांजलि' का जिक्र इसलिए कि इसने भी चकित किया। चकित इस अर्थ में भी कि यह एक तरह से कहानी नहीं भी है—और दूसरी तरह से, एक भीतर तक कँपकँपा देने वाली कहानी! इस कोटि की रचनाएँ किसी लेखक और उस विधा की क्षमता और संभावनाओं के क्षितिज बताने वाली होती हैं। इस तरह की रचनाओं में पानी को सतह पर ही नहीं, तल तक देखा जा सकता है। घटिन के रचना (या कि अनुभूति के सृजनात्मक अनुभव) में बदलने की प्रक्रिया संवेदन के औसत पर कैसे निर्भर होती है, ध्यान को इतनी दूर तक ले जाने की क्षमता विरली ही रचनाओं में होती है।

पाठक या आलोचक के लिए किसी भी लेखक की उस रचना को अपेक्षाकृत ध्यान से देखना जरूरी है, जो कि उनके संवेदनतंत्र के व्यास और क्षेत्रफल ही नहीं, बल्कि घनत्व का भी औसत दर्शाती हो, क्योंकि लेखक के सारे मानसून इसी पर टिके होते हैं। घटित की प्रतिक्रिया सब पर होती है, लेकिन इसके रचना की हद तक जाने के सारे उपक्रम सिर्फ लिखने वाले के संवेदनतंत्र की धुरी पर चलते हैं। अपने प्रत्येक अनुभव (और इसकी मिट्टी ही नहीं, बल्कि गिट्टी तक) की वह खुद के संवेदनतंत्र के चाक पर घुमाकर ही जाँचता है। पानी और मिट्टी यहीं इकट्ठा होते हैं। संवेदन और वस्तु का सारा पारस्परिक संक्रमण और अंतर्लयन इसी मुकाम पर घटित होता है। जल में कुंभ और कुंभ में जल के होने के इलहाम की जगह यही है। लेखक की इस भीतरी दुनिया की आबोहवा और बनावट की तरफ ध्यान खींचने वाली रचनाओं को बहुत ही ध्यान से देखना जरूरी है, जो कि हमें सहसा ही चकित करती हैं। चकित करती हैं कि इस झिलमिल का उत्स कहाँ है।

प्रभावित करने वाली रचनाएँ अनेक हो सकती हैं, लेकिन चकित करने वाली रचनाएँ अपेक्षाकृत विरल। गोविंद मिश्र पर लिखने का मन बनाने में 'वरणांजलि' की जो भूमिका रही है, इसे कुछ सामने रख पाने की कोशिश में ही इतनी बातें कह गया, लेकिन अब, आगे का सिलसिला बनाये रखने के लिए, 'शुरुआत' कहानी का जिक्र करूँगा, जो कि इस संग्रह की पहल कहानी है।

उन दिनों हमें लोग—यानी मेरे साथ बटरोही और अमर गोस्वामी—'विकल्प' के कथा-विशेषांक की तैयारी में जुटे थे। कर्म की प्रकृति और उसके दाय कितनी दूर तक काम करते हैं, उतनी गहराई में पहली बार अनुभव हुआ। खास तौर से पत्रिका के संपादन-प्रकाशन के मामले में। कागज इस शर्त पर उधार मिला था कि छपे फर्मे कागज

वालों के यहाँ पहुँचते जाएँ। कह सकते हैं कि भयानक साधनहीनता के दिन थे वे और विशेषांक की जो रूप-रेखा हम लोगों के भीतर थी, वह पर्वताकार प्रतीत होती थी। इसी से हुआ कि नाराजियाँ मोल लेकर भी, जहाँ तक बन पड़े, भरसक कोशिश लेखक की बेहतर रचना पाने की ही रहे। विशेष रूप से नयी पीढ़ी के लेखकों के मामले में। यह 1967-68 की बात है और तब गोविंद को वहीं रखा जा सकता था।

उन दिनों आधुनिकता के फैशन की कहानियों के प्रचलन का दबाव गोविंद पर (भी) काफी था और 'विकल्प' के लिए जो कहानी भेजी, वह इसी फैशन के इर्द-गिर्द चक्कर काटती थी। दूसरी बेहतर कहानी भेजने के अनुरोध के साथ इसे वापस लौटाया गया, तो गोविंद का कुछ तुरंता और टालू प्रकार का-सा उत्तर आया कि अब दूसरी कहानी लिखना तो जल्दी संभव होगा ही नहीं, इसलिए उनकी कहानी जानी हो, तो लौटायी गयी कहानी को ही, संशोधित करके, दुबारा भेज दें।

वह बहुत गरज का वक्त था। पत्रिका से अपनी नाल जुड़ी अनुभव होती थी, किंतु गोविंद का जवाब इतना औपचारिक और लापरवाही-भरा था कि लिखना पड़ा, उसी कहानी के संशोधनों से ठीक-होने की कोई गुंजाइश दिखती नहीं। दूसरी, नयी कहानी लिखकर भेजें, क्योंकि हम लोग बहुत मन से चाहते हैं कि विशेषांक में उनकी बेहतर कहानी ही जाए।

लेखक, खास तौर पर स्थापित पत्रिकाओं में वर्षों से छपते चले आ रहे लेखक, को इस तरह का जवाब कितना खिजा और बदले में कैसे दोटूक इनकार भी आ सकता है, इसका अनुभव बिलकुल था, लेकिन फिर भी जोखिम उठाया गया।

गोविंद ने कुछ ही दिनों के बाद नयी कहानी भेजी और कहानी का शीर्षक था—शुरुआत!

गोविंद की गोविंद जाने, मुझे उनमें कहानी लिखने की क्षमता की आश्वस्ति पहली बार इसी कहानी से बँधी थी। इससे पहले की उनकी, सभी तो नहीं, कुछ कहानियाँ पढ़ी थीं, और वह अंग्रेजी के 'सो-सो' के दर्जे की ही जान पड़ी थीं। लेखक में घटना, वस्तु अथवा चरित्र को जो भाषा और शिल्प से भी पहले संवेदन के धरातल पर गहरे पकड़ने की कोशिश रचना की सबसे जरूरी शर्त है, उसकी एक बहुत ही संक्षिप्त, लेकिन इतनी ही साफ और प्रामाणिक झलक (कम-से-कम मुझे) पहली बार इस कहानी में ही मिली थी और इस एक वाक्य ने स्मृति को जाने कितने दिनों तक बाँधे रखा—'मैंने उनको एक जगह इकट्ठा किया और उस गट्ठर में एक तरह से इसे भी बाँधा।'

कहानी गाँव से पढ़ने को शहर लाये गये बच्चे के शहर में अफसरवर्ग के बच्चों के बीच अजनबी पड़ गये होने की धुरी पर केंद्रित है और इसका अंत होता है, एक हमउम्र लड़की के उससे फूलों के बारे में बातें करने, और इसी बीच अपनी 'बर्थडे' पर घर बुलाये जाने पर उस बच्चे में घटित हुए उस परिवर्तन से, जो उसे उन सारे बच्चों के गोल से भी जोड़ देता है, जिनके बीच वह जाने कहाँ, किनके साथ आ पड़े होने की-सी

दूरी, उदासी और असंलग्नता अनुभव करता चला आ रहा था। बच्चों को इकट्ठा करने और इस तरह उनके बीच खुद के बच्चे को भी शामिल करने में उनका गट्ठर बाँध रहे होने की-सी अनुभूति ऊपर उद्धृत वाक्य में कुछ इतनी कलात्मक दक्षता के साथ अंतर्ग्रथित जान पड़ती है, जिसे मुहावरे में नब्ज पर हाथ रखना कहा जाता है। इसे कोई लेखक कहीं ज्यादा गहराई से अनुभव कर सकता है कि उसे लिखे को धड़कनों की तरह सुन रहे होने का अहसास कब होता है, और कि कब भाषा कथ्य से इतना समरस हो जाती है कि एक भी शब्द को हटाया जाए, तो वह भित्ति में से खींच ली गयी ईंट की-सी रिक्ति उत्पन्न कर दे। या कहें कि सही-सलामत दाँत के उखाड़ लिये गये होने का-सा खालीपन!

लेखक की इस भाँति की दक्षता में संवेदना और स्मृति की भूमिका कितने गहरे काम करती है, इसको बहुत ध्यान देने पर ही समझा जा सकता है, क्योंकि इसी दक्षता के बूते वह भाषा को दूब में बदलने का काम करता है और तब उसकी जड़ें मिट्टी से समरस होती जाती हैं। जाहिर है कि हर लेखक को दूब पढ़ने वालों के भीतर जमानी होती है।

भाषा का इस तरह का लाघवपूर्ण इस्तेमाल बहुत कम लेखकों में मिलता है, जहाँ शब्दों को इधर-उधर करना, दूब उखाड़ना बन जाए। भाषा को कथ्य से समरस कर देने की यह सिद्धि ही किसी लेखक को आगे कभी रास्ते में आने वाले रेगिस्तान को भी पार करने का सामर्थ्य देती है। वस्तु (कथ्य) और भाषा के बीच के अंतराल को अनुपस्थित कर देने की यह कला ही, रचना में, हमारे निमित्त अनुभव की उस अनाविलता को उजागर कर देती है, जो सिर्फ तभी पकड़ में आती है, जबकि अंतर्वस्तु और भाषा इस हद तक एकमएक हो जाएँ कि पृथकता खत्म हो चुकी हो।

भाषा का ऐसा कला की हद तक सधा हुआ इस्तेमाल आज गोविंद की अनेकों कहानियों में मिल जाएगा, लेकिन मेरे लिए उस समय तक में यह पहली झलक थी, जिसने मन में कुछ ऐसी खनक उत्पन्न की कि यह लेखक चलेगा। उन दिनों भी लेखकों पर भविष्यवाणियाँ करने—और आलोचक में घोड़ा छाँटने की तमीज होने का तर्क देने—के लिए निकट के कुछ मित्रों में बदनाम ही था। गिरिराज किशोर, बटरोही और इस मामले में इस खोजी रमेशचंद्र शाह के साथ अक्सर उस तरह की वार्ता हुआ करती थी, जिसे रेस के मैदान में की बातचीत का दर्जा दिया जा सकता है। वह नयी पीढ़ी के लेखकों में से ज्ञानरंजन, दूधनाथ सिंह और काशीनाथ सिंह के कहानी की चर्चा के केंद्र में होने का वक्त था। 'काला रजिस्टर' थामे रवींद्र कालिया भी उसी कतार में दिखते थे, लेकिन रमेश भाई का दाँव प्रयाग शुक्ल पर ज्यादा लगा करता था। अपना मत भिन्न था। मुझे प्रयाग में कथावाचकों का-सा ढाँचा ही नजर नहीं आता था। इसमें कोई शक नहीं कि साहित्य की समझ के मामले में, ज्यादा-से-ज्यादा रमेश भाई के पासंग की ही हैसियत थी—आज भी इसमें कुछ फर्क नहीं—लेकिन एक खत था और भविष्य बाँचने से बाज आता नहीं था।

आज भी कह सकता हूँ कि 'शुरुआत' ही वह कहानी है, जिसने गोविंद मिश्र की तरफ ध्यान इतनी दूर तक खींचा कि निगाह लगी रही। एक कुतूहल कि देखें, यह लेखक कितनी दूर तक जाता है! अपना अनुभव यही रहा कि जब तक पानी में नीचे तक झाँककर, वहाँ उपस्थित को भी पकड़ने की बेचैनी नहीं, जब तक लेखक को उस अनंत का आभास कठिन है, जो उसे समुद्र में कर देता है। समुद्र में, जहाँ कि सवाल उसके कितनी दूर और कितने नीचे तक होने का नहीं, बल्कि खुद की पहुँच का रह जाता है। जहाँ से कि अनहद की हदें शुरू होती हैं। जिस मुकाम पर से कि जीवन में घटित हुआ अथवा दिखा, 'लिखो, हमें लिखो' पुकारता-सा अनुभव होता है। जहाँ, जिस मुकाम पर लेखक 'द्वासुपर्णा सयुजा सखाया' के साक्षात्कार तक पहुँचता है, जिसके बाद कि कम-से-कम इतना तो साफ-साफ अनुभव होता जाता है कि लिख भी वही सकता है, जो कि देख सकता है। छोटी-से-छोटी हलचल को भी द्रष्टा की-सी आँख से। तितली के उड़ने तक में परियों की उड़ान का-सा विस्तार और सौंदर्य!...और दोपहर के तपते सूरज तक का समीकरण बिठा सकता हो आदमी के गुस्से में तमतमाये चेहरे के साथ। स्थिति ही नहीं, बल्कि संवेदन के हिसाब से भी वस्तु का अनुपात तय करने की प्रकृति ही लेखक को लेखक बनाती है।

शब्दों से जब चाहा, उड़नखटोला तैयार कर लेना और जब जरूरी लगे, तब बैलगाड़ी के रास्ते ही नहीं, बल्कि उसमें जुते बैलों की किस्मत और बैलगाड़ी में बैठे लोगों के हिसाब से भी आवाज कर रहे होने को ऐसे बाँध लेना, जैसे कि जाने कब से कब तक बैलगाड़ी लेखक के कानों से सटी-सटी चलती रही हो—कल्पना और यथार्थ, अप्रत्यक्ष अथवा प्रत्यक्ष दोनों को अनुभव के समतोल (तत्सम) भाषा में बाँधने की जिजीविषा ही किसी लेखक में उस मोड़ का सूचक होती है, जहाँ वह एक नयी शुरुआत करता है। वस्तु के वजन का ही शब्द रखने की शुरुआत! इस संदर्भ में 'शुरुआत' के बाद, 'कचकौंध' और 'वरणांजलि' कहानियों के ये दो उद्धरण बात को कुछ ज्यादा स्पष्ट कर सकेंगे।

(1) 'घंटियाँ खनखनाईं और चकों का खप्प-खप्प सुनायी पड़ा तो पंडित जी ने देहरी पर ही उकड़ूँ होकर बाहर झाँका—इस झिरी में कौन है, जो अपने साथ-साथ बैलों की भी दशा कर रहा है।....गर्मियों में बैलगाड़ियों की खुरची हुई धूल ही है, जो बरसात में गीले आटे की तरह चिपचिपाती है। बैलों के खुर एक बार जो गँपे, तो मुश्किल से ऊपर निकलते हैं...कब कौन बैलगाड़ी कर्ण का रथ हो जाए, नहीं पता।

'रामासरे था, हाट से लौट रथा था'—(कचकौंध की प्रारंभिक पंक्तियाँ)

(2) तुम कैसे अचानक स्वयं को हम सबसे काटकर अनंत में उड़ गये हो... ओ छोटे ईश्वर! अपनी आत्मा न सही, उसकी छाया भी न सही, उसकी सेंक ही मेरे भीतर छोड़ते जाओ।

ऐसे सबकुछ समाप्त करके तुम नहीं जा सकते। ('वरणांजलि' का अंतिम अंश।)

इन उद्धरणों को कहानियों के पूरे वितान से जोड़कर देखने पर इतना निस्संकोच कहा जा सकता है कि गोविंद को इतना बिलकुल पता है कि भाषा का काम क्या है। 'कचकौंध' में जैसे वह बैलगाड़ी को शब्दों से जोत और हाँक रहे होने की-सी अनुगूँज उत्पन्न करते दिखायी पड़ते हैं, वही 'वरणांजलि' के जाने कितने अंश हैं, जिनमें संवेदना को सूई और भाषा को तागा बनाकर प्राणों की विदीर्णता को टाँके लगाये गये होने की-सी मर्मस्पर्शिता पढ़ने वाले को जड़ीभूत कर दे सकती है।

गोविंद का कहना है : 'मेरे लिए भाषा अलग से नहीं आती। वह परिवेश के उस टुकड़े से या फिर भाव-वेग से इतनी जुड़ी होती है कि उसका अपना अलग कोई अस्तित्व ही नहीं दिखता।'—('मेरी प्रिय कहानियाँ' संग्रह की भूमिका, पृ. 10)

इसमें इतना जोड़ देने में, शायद, कुछ हर्ज नहीं होगा कि भाषा किसी भी लेखक को—या कि उसके लिए—अलग से नहीं आती। गलत या सही आ सकती है। कथ्य से अलग भाषा संभव नहीं। लेखक का कथ्य और उसकी भाषा, ये हमेशा समतोल होंगे। भाषा से छूट गया कथ्य या कथ्य से छिटकी भाषा, दोनों ही रचना की समान क्षति करते हैं।

कुछ भी पूरी तरह स्वच्छंद नहीं, क्योंकि छंद स्वयं निबद्ध है। भाषा ही क्यों, नदी तक, कहीं भी जमीन के साथ ही आती और जाती है तथा उसकी चाल (वेग) भी जमीन की ढाल पर ही निर्भर होती है। भाषा इस नियम से बाहर नहीं। उसके सारे उपक्रम आदमी से बँधे हैं और आदमी के भीतर पृथ्वी से कम जमीन नहीं, इसका सबूत साहित्य खुद है, क्योंकि साहित्य, अपने सार रूप में, 'लिखा गया मनुष्य' ही है।

यहीं, बिलकुल गलत करार दिये जाने के जोखिम को मोल लेते हुए भी, इतना बिलकुल कहना चाहूँगा कि जहाँ तक मेरी समझ का सवाल है, गोविंद मिश्र अपनी पीढ़ी के, शायद सबसे महत्त्वपूर्ण कहानीकार हैं, क्योंकि भाषा और कथ्य, दोनों धरातलों पर उनके यहाँ अपेक्षाकृत ज्यादा विस्तार है। बल्कि कहना तो यहाँ तक चाहूँगा कि अपनी पीढ़ी में भाषा और संवेदना के स्तर पर प्रेमचंद के सबसे निकट गोविंद दिखायी पड़ते हैं।

संवेदना और भाषा के बल पर मनुष्य की बिल्कुल भीतरी सरहदों में सिमटी पड़ी सदाशयता या उज्ज्वलता को हथेली पर के आँवले की तरह सामने कर देने की ठीक वैसी ही व्यग्रता गोविंद की भी अधिकांश कहानियों में हैं, जैसी प्रेमचंद में। अलबत्ता, इसमें कोई संदेह नहीं कि गोविंद में 'आत्माराम', 'बड़े घर की बेटी', 'अलग्योझा', 'मंत्र' या 'नमक का दरोगा' की परंपरा तो बिलकुल झलकती है, लेकिन 'पूस की रात', 'ठाकुर का कुआं' या 'कफन' वाली बात नहीं है। और इस एक बात का नहीं होना ही संवेदन की एक गहरी अंतर्धारा के बावजूद, गोविंद के वहाँ तक पहुँचने में रुकावट का कारण बन सकता है, जहाँ तक कि प्रेमचंद 'गोदान' में। अन्यथा जमीन, विरासत और परंपरागत मूल्यवोध से लगाव के मामले में भी गोविंद में बहुत-कुछ ऐसा है, जो जैनेंद्र, अज्ञेय या

निर्मल वर्मा की जगह, प्रेमचंद की याद ज्यादा दिलाता है, क्योंकि गोविंद जिस दक्षता से मनोजगत, वैसे ही जमीन में उपस्थित को भी कहानियों में बाँधते जरूर हैं।

जहाँ तक मैं समझ पाया हूँ, साहित्य संबंधी गोविंद के कई-एक खुद के ऐसे वक्तव्यों के बावजूद, जो कि उन्हें जैनेंद्र, अज्ञेय या निर्मल की तरह के सोच से जुड़ा अनुभव करा सकते हैं, गोविंद को अध्यात्म, प्रयोग या कला अथवा अस्तित्ववादी लेखकों में शुमार नहीं किया जा सकेगा, क्योंकि अस्तित्व के कोमल तंतुओं की झिलमिल चाहे जितनी, लेकिन वाद गोविंद की उस प्रकार की कहानियों में कहीं नहीं है, जिनका कि उल्लेख किया गया।

यह ठीक कि चेतना और वस्तु के द्वंद्व की वैसी टकराहट गोविंद में नहीं, जो भौतिकता या यथार्थवादी लेखन की पहचान बतायी जाती है, लेकिन ऐसा निरा चेतनावाद भी नहीं, जो निर्मल की कहानियों में (विचार के स्तर पर पश्चिम से पूर्व की तरफ वापसी के बावजूद) यहाँ की जमीन से 'डेढ़ इंच ऊपर' उठा हुआ ही दिखता है।

आदमी की पकड़ में जो-कुछ आ जाए, 'वस्तु' हो जाना उसकी नियति है, फिर वह आत्मा, परमात्मा या परा-अपरा चेतना ही क्यों न हो; क्योंकि अस्तित्व, किसी भी रूप में, किसी वस्तु का ही हो सकता है। इसलिए मनुष्य के मामले में गुणात्मकता की दृष्टि से देखा जाए, तो वस्तुवाद, दरअसल, अस्तित्ववाद का ही दूसरा पहलू साबित होकर रहेगा, क्योंकि अस्तित्व स्वयं एक वस्तु ही है। बाह्य जगत हो कि मनोजगत, दोनों में से किसी का भी जितना हिस्सा आदमी की पकड़ में आ जाए, वह वस्तु के सिवा कुछ नहीं।

गोविंद का लिखना जो आज भी जारी है, और वह भी बड़ी संभावनाओं की झलक देता हुआ, इसका बहुत कुछ कारण, शायद, यही है कि जहाँ तक कहानियों का सवाल है, कलावाद और वस्तुवाद, दोनों के खतरे से वह बचे रह सके हैं और इसमें, शायद, सबसे बड़ा हिस्सा उनकी संवेदना की उस बनावट का ही है, जिसके बारे में यह कहने का जोखिम फिर मोल लेने में भी कोई हर्ज नहीं कि प्रेमचंद याद आते है।

'शुरुआत' से 'वरणांजलि' तक आते गोविंद मिश्र को देखना सचमुच गहरी दिलचस्पी का विषय रहा है मेरे निकट और आज कह सकता हूँ कि 'वरणांजलि' पढ़ने पर कहीं शून्य में उछाल दिया गया-सा हो गया और अभी भी पाँव जमीन पर ठीक से लग नहीं पाये हैं। एक लेखक के दूसरे लेखक पर लिखने का जो मुख्य आकर्षण हो सकता है, वह इसी में है कि लिखने का जो अनुभव और अभ्यास हमने साधा है, सोच, विचार और संवेदन की जिन सरणियों से हमारा गुजरना हुआ है—इसे जरा उससे भी मिलाकर देखा जाए, जो बगल में ही बहती नदी की-सी गूँज उत्पन्न करता चल रहा है।...और इसे मान लेने में शायद, किसी को आपत्ति न होगी कि एक कालखंड में लिखते वे सभी लेखक इस अनुगूँज को साफ-साफ सुन सकते हैं, जिनकी साथ चलते लोगों तक आँख ही नहीं जाती हो, बल्कि जिन्हें बाकायदे अहसास हो कि दूसरे भी चल रहे हैं।...और कि धरती को सब बराबर हैं। उसे किसी को रास्ता अलग से नहीं देना है।

हर लेखक को यहाँ जितना भी आगे निकलना है, खुद की लिखत के बूते। कागज पर हाथ जमा नहीं, तो लेखक के पैरों के नीचे की जमीन को खिसकते वक्त नहीं लगना।

जिनको लिखते-छपते पचीस साल होने को आये, उन कहानीकारों पर ध्यान दें, तो जिनका लिखना अभी भी जारी है, उनमें काशीनाथ सिंह, गिरिराज किशोर, रमेश उपाध्याय और गोविंद मिश्र के नाम ही अभी भी लिख रहे लेखकों की कतार में दिखेंगे। इस पीढ़ी के सबसे अधिक चर्चित दो नाम—ज्ञानरंजन और दूधनाथ सिंह—उल्लेख भर को रह गये हैं। कहानियाँ लिखने का इनका सिलसिला ठीक उस वक्त एकाएक खत्म हो गया, जब इनकी संभावनाएँ सबसे बड़ी आँकी जा रही थीं। मार्क्सवादी विचारधारा से आलोक प्राप्त हुए होने की उद्घोषणाओं के साथ ही इनका कहानियाँ लिखने का काम खत्म क्यों हो गया, इस बात को इनके सिवा—या इनसे बेहतर—कोई नहीं जानता। यहाँ उनका जिक्र इसलिए कि कहानी लिखने की दोनों में ही एक अद्भुत-सी प्रतिभा थी और विचार के स्तर पर मार्क्सवाद के सिद्धांतों को अपनाने के बाद कदाचित् ये कहानी-लेखन के क्षेत्र में भी अपनी सक्रियता बनाये रखते, तो इसके दो लाभ निश्चित रूप से होते।

गिरिराज, काशीनाथ सिंह, गोविंद मिश्र, रमेश उपाध्याय तथा रवींद्र कालिया आदि जो इनके बिलकुल साथ के लेखक थे, इन्हें एक चुनौती बनी रहती। बिलकुल अगल-बगल चलते हुओं का अहसास वातावरण में घुला होना एक स्फूर्ति तो देता ही है। दूसरे, विचारधारा के आलोक में लिखी खुद की कहानियों से ज्ञानरंजन और दूधनाथ सिंह, गिरिराज किशोर और गोविंद मिश्र-जैसे साथी कहानीकारों को मिलान करते चलने का अवसर दे सकते थे कि सिद्धांतों के आधार पर लिखी गयी कहानियाँ कैसे कहानी लिखने के उन सिद्धांतों को भी बहुत दूर तक प्रभावित कर सकती हैं, जो विचारधारा की जगह संवेदना और अनुभवों को केंद्र में रखकर लिखने का तर्क निर्मित करते हैं। या कहें कि जो राजनैतिक विचार दर्शन की जगह साहित्य के बुनियादी आधारों पर ज्यादा वजन देते हैं। गोविंद मिश्र की कहानियों पर लिखते वक्त यह उल्लेख इसलिए जरूरी है कि उनकी अधिकांश कहानियाँ किसी सैद्धांतिक विचार की जगह अनुभव और संवेदना की धुरी पर टिकी हैं और ऐसा क्यों है, इसका तर्क भी उनके पास बाकायदे मौजूद है।

'शुरुआत', 'कचकौंध', 'पगला बाबा', 'एक बूँद उलझी', 'मायकल लोबो', 'अर्थ-ओझल', 'संध्या-नाद' आदि से लेकर 'वरणांजलि' तक की गोविंद की कथा-यात्रा उनमें, विचार की जगह, संवेदन की सघनता और गहराई के उत्तरोत्तर बढ़ते गये होने का आभास ही कराती है। और चूँकि उनकी लगभग सारी अच्छी कहानियाँ उनके कहानी लिखने के सिद्धांतों की कसौटी पर काफी हद तक खरी उतरती हैं, इसलिए उनकी कहानियों पर लिखते में इस जिक्र को अप्रासंगिक नहीं कहा जा सकेगा कि ध्यान से देखें तो वही लेखक ज्यादा दूर तक रचनाशील दिखायी पड़ेंगे, जिनके लिखने के सिद्धांत और रचना की प्रकृति के बीच चौड़ी दरार नहीं हो। जो खुद के लिखे का तर्क, राजनीति के सिद्धांतों की जगह, सीधे साहित्य और समाज के सनातन रिश्तों में खोजते चलते हों।

अब आएँ थोड़ा लिखने का सिद्धांत गढ़ने, या कहें कि लिखने के बुनियादी सारतत्वों की अपनी पहचान बताने, एक प्रसंग पर; क्योंकि किसी भी लेखक के साहित्य को उन सूत्रों को थामते हुए ज्यादा दूर तक समझा जा सकता है, जिन्हें कि उसने खुद तैयार किया हो। और इस पूरे इरादे में कि अगर हम बंद पृष्ठों को अपने ढंग और अपनी समझ से खोल-खोलकर देख रहे हैं, तो जरा इन खुले पन्नों को भी ध्यान से देख लें, जो कि खुद लेखक ने हमारे सामने रख दिये हैं। किसी हद तक इस अप्रत्यक्ष किस्म के दावे के साथ कि उसके लिखने का शास्त्र यह है और उसे ठीक-ठीक समझने को स्वयं के (पाठ-मीमांसा के) उपकरणों का इससे मिलान करके देखना जरूरी होगा।

खुद के लिखे—या साहित्य—के शास्त्र को बखानने की यह पहल या प्रवृत्ति सबमें नहीं होती और यह कतई जरूरी नहीं कि कोई लेखक अलग से भी बताये कि उसका साँचा क्या है; क्योंकि प्रत्येक कृति अपने ढाँचे से ही इतना साफ बता देती है कि लेखक का साँचा क्या है....। लेकिन हम यह भी आग्रह नहीं रख सकते कि लेखक को ऐसा नहीं करना चाहिए। लिखने का शास्त्र गढ़ने वाला लेखक कम-से-कम इतना तो कर ही देता है कि हम, पाठक या आलोचक की हैसियत से, उसके लिखे को खुद उसके थमाये सूत्रों की रोशनी में भी देख लें। यह भी कि उसका बताया हुआ साहित्य हमारी समझ को बेहतर बनाता भी है, या कि नहीं। और तब यदि लगे कि इससे बेहतर समझ तो हम खुद रखते हैं, तो लेखक को साहित्य के शास्त्र के बारे में नासमझ कहने की छूट हमें भी बिलकुल होगी। इतना स्वीकार करते कोई संकोच नहीं कि गोविंद की 'शुरुआत' और 'वरणांजलि' इन दो कहानियों ही नहीं, बल्कि उनकी कहानी विधा अथवा साहित्य संबंधी टिप्पणियों ने कम-से-कम मुझे तो यह अवसर बिलकुल दिया कि कहानी संबंधी अपनी समझ को जरा इनसे भी ठीक वैसे ही टकराकर देख लिया जाए, जिसे सिक्के (से सिक्के) को बजाकर देखना कहा जाता है।

गोविंद कथा-साहित्य को लेकर परिभाषाएँ देने की हदों तक भी जाते जरूर हैं, भले ही कहें कि लेखक का सोच-विचार भी उसकी रचनाओं में ही जज्ब होकर सामने आना चाहिए। यानी कि साहित्य के मामले में बहुत वैचारिक या सैद्धांतिक किस्म की बहसों की कोई ज्यादा प्रासंगिकता होती नहीं। इसके बावजूद उनके कुछ कथन द्रष्टव्य होंगे।

(1) 'जंगल का आवारा फैलाव...उसमें कहीं दिखायी देती, कहीं खो जाती...फिर झलकती, कहीं टूटती, कहीं फिर आ जुड़ती कोई पगडंडी....मेरे ख्याल से यही रचना होती है—सर्जनात्मक ऊर्जा का कन्फ्यूजन और उसमें अस्पष्ट-सी एक रेखा। दोनों ही चाहिए। जी हाँ, 'कन्फ्यूज़न' भी। (बहुत साफ सोच वाले व्यक्ति साहित्यकार नहीं हो पाते)। कहानी से जो हम कहना चाहते हैं, वह पगडंडी—जितना स्पष्ट होना चाहिए...न कम, न ज्यादा। पगडंडी को ज्यादा साफ किया तो सड़क बना देंगे। हममें से कुछ करते भी हैं....हमेशा चौड़ी सड़क, एक-सी। कहते हैं, जरूरी है समाज के बदलाव के लिए उसी पर से पाठकों (भेड़ों) को हाँकना होगा, वर्ना जंगल में खो जाएँगे वे...उनमें अक्ल कहाँ,

सारी अक्ल तो साहित्यकारों के पास-है! (पश्चिम से आयातित!) पर पगडंडी नदारद हुई तो भी रचना कहाँ....?'

—'कथाभूमि' पृ. 40

(2) 'कहानी या उपन्यास देश की बेकारी, गरीबी दूर कर सकते हैं या कि भारत-जैसे समाज में कोई क्रांति ला सकते हैं...इस तरह के दावों में छोटे या बड़े रूप में शामिल होना सिर्फ आत्म-प्रवंचना है। फिर भी साहित्य का दायित्व तो है....मेरे विचार से वह है सच्चाई, और न्याय की बराबर पक्षधरता करना...और इस हैसियत से हर साहित्यकार स्वयं को चाहे-अनचाहे, हमेशा ही उस वर्ग के साथ पाएगा, जिसके साथ अन्याय हो रहा है। उसकी आवाज हमेशा ही झूठ और अन्याय के खिलाफ निकलेगी। लेखक की यह वह नियति है, जो उसके लेखन-कर्म से जुड़े होने-मात्र से ही पैदा हो जाती है।'

—'मुझे घर ले चलो', पृ. 196

(3) 'अक्सर महसूस किया है कि रचना भी लेखक के व्यक्तित्व पर अपना असर छोड़ती है....अक्सर इस हद तक कि एक बड़ी रचना के बाद लेखक वही पुराना व्यक्ति नहीं रह जाता। ऐसा शायद इसलिए होता है कि वे प्रसंग, जिन्होंने कभी लेखक के व्यक्ति को झकझोरा था, उनकी रचना में उतरते समय और भी गहरी जाँच-पड़ताल होती है....यह वह बिंदु है, जहाँ जीवन का एक निहायत व्यक्तिगत टुकड़ा, एक बड़ी ही निजी कहानी पब्लिक प्रॉपर्टी बनने को प्रस्तुत होती है...जहाँ व्यक्ति की जीवनधारा सामूहिक नदी में मिलती है।'

—'मुझे घर ले चलो', पृ. 195

(4) 'रचना पूरी होते ही लेखक से अलग एक अपना स्वतंत्र व्यक्तित्व हासिल कर लेती है....जैसे कोई चिड़िया पर उगते ही आसमान में उड़ जाती है।'

'मेरी प्रिय कहानियाँ' : भूमिका

(5) 'लघुता का वरण, अहंकार का त्याग...यह हमारे 'एथौस' का एक महत्त्वपूर्ण अंग है, जबकि व्यक्ति का महत्त्व, उसके इर्द-गिर्द बुना अहंकार, जो विज्ञान के रास्ते आज हमें यहाँ तक लाया है कि एक कदम आगे, बस, पागलपन ही है...ये सब पुनरुत्थान (पश्चिम) के बीजमंत्र थे। मैं अपने 'एथौस' का ही तो हो सकूँगा। ये पचहत्तरवीं वर्षगाँठ, ये षष्टिपूर्ति...ये पुरस्कार...ये सम्मान....ये सब मुझे अपने भावजगत् के बाहर की चीज़ें लगती हैं। प्रकृति की हर चीज ही तो कुछ-न-कुछ दे रही है—संभवतः मेरी रचनाओं से ज्यादा महत्त्वपूर्ण। वहाँ तो कोई स्वयं को सम्मानित नहीं करता। आदमी ने भाषा क्या आविष्कृत कर ली, स्वयं को गौरवान्वित करने का कोई मौका नहीं चूकता वह।'

—'कथाभूमि', पृ.-12-13

(6) 'समकालीन कथा-साहित्य में आज के आदमी की घूम-फिरकर एक ही तस्वीर नजर आती है, भयंकर दोहराव दिखायी देता है—एक की कहानी दूसरे लेखक-जैसी बोलती नजर आती है—जैसे लेखक टाइपराइटर हो गया है—ऐसा लगता है कि यथार्थ

नये लेखक तक स्वाभाविक ढंग से नहीं आता, उस पर लाद दिया जाता है—हम उसे इस लायक ही नहीं होने देते कि वह अपने प्रतिमान स्वयं ढूँढ़े—और वे प्रतिमान उसकी जीवन की खोज से उपजें—क्रमशः उपजें। खूँटे कथालेखन में हमने गाड़ रखे हैं, उन्हें फेंका जाए, ऐसा माहौल पैदा हो कि हर लेखक अपने अनुभव और संवेदना की लकीर पर चलें।'

यहाँ, संग्रह की भूमिका के कलेवर में, न कुछ ज्यादा उद्धरण देने की गुंजाइश होगी, और न इनके विश्लेषण की। ये कुछ उद्धरण कहानियाँ पढ़ने वालों को लेखक के खुद के तर्कों से अवगत कराने-भर को दिये गये हैं। जहाँ तक कहानी लिखने के सिद्धांतों का सवाल है, फिलहाल, इस प्रसंग में यहाँ इतना ही कि उर्दू अभी पूरी तरह आते में गोविंद को भी वक्त लगेगा जरूर, क्योंकि कथा की विधा मनुष्य को संवेदना से पकड़ने की जो सहूलियत देती है, वैसी सिद्धांत में बाँधने की नहीं। यह भी कि किसी एक तरफ को थोड़ा अधिक आग्रह ही पूर्वग्रह उपजाता है। और इस दृष्टि से देखें, तो 'खाक इतिहास' इस खतरे की तरफ इंगित करने वाली कहानी है।

शिल्प और संवेदन, दोनों मामलों में काफी सधी होते भी 'खाक इतिहास' विश्वसनीयता उत्पन्न करने में विफल है, तो इसलिए कि इसमें कथ्य पर विचार हावी है। मानव (इतिहास) के प्रति बर्बरता की जो प्रतिच्छाया (या प्रेतच्छाया?) गोविंद ने मार्क्सवादी राज्यव्यवस्थाओं में दिखानी चाही है, इससे कहीं भयावह रूप में वह पूँजीवादी राज्यव्यवस्थाओं में मौजूद है, क्योंकि इतिहास अथवा संस्कृति के नैतिक तंतुओं को खाक में मिलाने का काम यहाँ कुछ कम नहीं। जाहिर है कि यह एकतरफा विचार से भ्रमित कहानी है और इसी से संवेदन के धरातल पर भी जितनी दूर तक इस कहानी को ले जाया गया है, वहाँ विश्वास की धूल-भर उत्पन्न हुई है और धूल तथा खाक में कुछ बहुत ज्यादा फर्क, शायद, होता नहीं। कहने का मतलब कि एकतरफापन हर हाल में रचना की क्षति करता है। यह थोड़ा अफसोस की बात है कि गोविंद के कहानी लेखन संबंधी वक्तव्यों में इस खतरे की तरफ ध्यान नहीं दिखता।

फिर भी इतना तो निस्संकोच कहा जा सकता है कि गोविंद के इस प्रकार के लेखन में पाठक, आलोचक और लेखक, तीनों के काम की कुछ बातें जरूर मिल जाएँगी, क्योंकि उन्होंने बातों को सिर्फ सैद्धांतिक टुकड़ों में ही नहीं, रचनाओं में भी उतारा है।

भूमिका के अंतिम हिस्से में, सिर्फ 'वरणांजलि' कहानी पर बात करनी है, क्योंकि 'अनभ्यासे विषम शास्त्रम्' का ध्यान होते भी, किसी लेखक पर इस तरह से लिखने का कारण यही कहानी रही है।

यहाँ पहले 'वरणांजलि' से एक उद्धरण—'मैं तुम्हें बड़ा करने इस नगर में ले आया था, जहाँ कल्पना और जीवन को सीमित कर देने के लिए कटिबद्ध भीमकाय इमारतें जैसे पग-पग पर खड़ी हैं। बच्चों को पालने, बड़ा करने के लिए किसी महानगर से भयानक और कौन-सा स्थान हो सकता है? तुम्हें आदमी बनाने के लिए मेरे हाथों में

सौंपा गया एक साँचा भी था, जिसमें मैं तुम्हें बिठाकर देखता और प्रसन्न होता था कि तुम सज रहे हो धीरे-धीरे—तुम्हें मैनर्स आना चाहिए, अंग्रेजी बोलना आना चाहिए, जिसका तुम्हारी आयु से कोई अनुपात नहीं बैठे, ऐसी पुस्तकों का भार उठाना चाहिए, छात्रालय में दिन-पर-दिन बैठे-बैठे, सुनते-सुनते बिताना आना चाहिए, साइकिल चलाना आना चाहिए, घुड़सवारी आना, तैरना आना चाहिए—अर्थात् क्या नहीं है, जो नहीं आना चाहिए—तुम्हें अच्छा लगे या नहीं।'—'वरणांजलि'

उपरोक्त उद्धरण को थोड़ा 'शुरुआत' कहानी से मिलाकर देखा जाए। क्या 'वरणांजलि' में ठीक वही बच्चा उपस्थित नहीं, जो 'शुरुआत' में हमउम्र बच्ची से फूलों पर बातें करता, अपने अजनबी होने से थोड़ा उबर आया था? क्या वह वही 'शुरुआत' का महानगर में पढ़ाने को लाया गया बच्चा नहीं, जो 'वरणांजलि' में निरभ्र आकाश में चमकी विद्युत रेखा की तरह पिता के देखते-देखते सदैव को अनुपस्थित हो गया?

संवेदना कैसे अनुभव के किसी एक ही सिलसिले को श्रृंखला का-सा रूप दे देती है, ये दो कहानियाँ—'शुरुआत' और 'वरणांजलि'—इसका एक अद्भुत उदाहरण हैं। अनुभव की लगभग इसी भाँति कि श्रृंखला निर्मल वर्मा में मिलती है, जहाँ परिवार से छिटकने की त्रासदी का सिलसिला उनकी कुछ आरंभिक कहानियों से लेकर, लगभग तीन दशक बाद की कहानी 'कव्वे और काला पानी' तक चला आया है।

'वरणांजलि' को लेकर फिर दोहराना चाहूँगा कि यह चकित करने वाली कहानी है। यह अपने बाहरी ढाँचे में जितनी इकहरी, भीतरी व्याप्ति में उतनी ही गहरी रचना है। आदमी को वे आघात सबसे भारी होते हैं, जो सीधे उसकी प्राणसत्ता पर पड़ते और उसे आँधी-तूफान में जड़ तक काँप उठे वृक्ष की-सी दशा में कर देते हैं।

किसी भी रचना की अर्थवत्ता एक इस बात में निहित होती है कि वह हमारे भीतर कितनी दूर तक हलचल मचा और कितने-कितने बिंबों, प्रतीकों और स्मृतियों की जरूरत अनुभव करा सकती है। तय है कि लेखक स्वयं के साथ, सामने अथवा जानकारी में घटित को ही रचना का आधार बना सकता है, लेकिन रचना की प्रासंगिकता तय होती है इससे कि वह हमारे साथ, अथवा हमारे संज्ञान के दायरे में, घटित को बता पाती है, या नहीं। 'वरणांजलि' पढ़ते में असंभव है कि भीतर तक सिहरन और सन्नाटा न भर उठे, क्योंकि यह ओझल को शब्दों में बाँधने का परिणाम है।

हम सब इतना अनुभव से जानते हैं कि ऐसे आघात ही संवेदना का सबसे बड़ा संकट सिद्ध होते हैं, जो सीधे प्राणों को विदीर्ण करते हों। जहाँ हम स्वयं के आखेट हो गये होने की-सी त्रासदी में जकड़ जाएँ। जहाँ शब्द आघात को भूलने का साधन चाहे जितना, लेकिन निदान नहीं बन पाते। 'वरणांजलि' में पुत्र का पिता के देखते-देखते ओझल हो जाना, उस पर बिना बादलों के वज्र के गिर पड़ने से कम त्रासदायी नहीं है।...और लेखक से बेहतर कौन जानेगा कि वज्र कितना कठोर होता है। 'वरणांजलि' कोमल से कठोर के निदान की रचना है। भाषा का इसमें श्लोक की कोटि का इस्तेमाल

उस प्रत्येक लेखक को स्तब्ध कर सकता है, जिसने अकस्मात को शब्दों में बाँधने की कोशिश की हो।

सबको जगह चाहिए। वज्र को भी। 'वरणांजलि' वज्रपात को सिर्फ झेलने नहीं, बल्कि उसे स्वयं के भीतर जगह देने की रचना है। संवेदना की परिधि के बड़े होने से वज्र कहीं भीतर ही समा गया है और अगर हम इस कहानी में क्रमशः सघन होते जाते सन्नाटे को तोड़कर देखना चाहें, तो वहाँ से वज्र की-सी मर्मांतक कठोर आवाज फूटेगी जरूर!

वज्र को वेदना से झेलने की करुणा के कारण, विष को अमृत करने की-सी दीप्ति है इसमें। यह विषाद के अँधेरे को ही चलने-भर को पर्याप्त उजाले में बदले जा रहे होने का-सा आभास देती कहानी है।

'कफन' की सारी सिद्धि घीसू और माधो के बुधिया को मृत्यु से बचाने के संघर्ष में परास्तता की धुरी पर टिकी है। अन्यत्र अपने एक लेख में यदि 'वरणांजलि' के प्रसंग में 'कफन' का जिक्र किया—और इसका परिणाम भुगता—तो इस धारणा में ही कि यह भी मृत्यु, या कहें कि काल से संग्राम की कहानी है। यह बात दीगर है कि जहाँ 'कफन' में काल का दूसरा पक्ष, समाज सीधे चाक्षुष यथार्थ में उपस्थित है, वहाँ 'वरणांजलि' नियति से टकराहट की रचना है।

अलाव में भुनते आलुओं पर भी उतनी ही चौकन्नी नजर, जितनी बुधिया की प्राणांतक कराहों पर, 'कफन' में यह ग्लानि पानी में घुला नमक हो गयी है। बच्चे को उसकी प्रकृति के विरुद्ध ले जाने का परिणाम भुगत रहे होने की ग्लानि का दंश 'वरणांजलि' में भी कम नहीं। जाहिर है कि जैसे 'कफन' प्रेमचंद, तैसे ही 'वरणांजलि' गोविंद के साथ घटित की कहानी है, लेकिन जहाँ तक अनुभव को कला की अचूक सिद्धि तक ले जाकर रचना में देने का प्रश्न है, 'कफन' 'वरणांजलि' से भारी पड़ती है, तो इसलिए नहीं कि 'वरणांजलि' में समाज अनुपस्थित है। कारण, शायद, समय की कमी है।

अनुभव को उसका पूरा समय दिये गये होने के मामले में 'कफन' जहाँ तक हिंदी कहानी का सवाल है, एक लगभग बेजोड़ कहानी है, जबकि 'वरणांजलि' में काल का चक्र पूरा न हुआ होना साफ झलक जाता है, जिसके परिणामस्वरूप 'वरणांजलि' में पिता को पुत्र के देखते-देखते ओझल हुए होने की प्राणांतक वेदना से उदित करुणा का चित्र खुद उपस्थित करना पड़ा है। जब दशा का इतना विदग्ध कर देने वाला चित्र उकेर दिया गया, तब क्या यह तय करनें का जिम्मा पढ़ने वालों पर छोड़ देना बुरा होता कि 'वरणांजलि' के पिता की दिशा क्या होगी?

'वरणांजलि' के कारण गोविंद के साथ पंजों के बल उझककर ही खड़ा हो सकने की प्रतीति के चलते, कैसे कहूँ कि उन्हें काल का ध्यान नहीं रहा। और यह कि देश और काल, दोनों कला के भी उतने ही अपरिहार्य अंग हैं। सोचता हूँ, 'वरणांजलि' में संवेदना और काल का भी समतोल अंतर्ग्रथन हो पाता, तो यह 'कफन' की भाँति, उतनी ही गहरी

सामाजिक प्रासंगिकता की भी रचना बन जाती, क्योंकि संतति समाज का सबसे कोमल और मूल अंग है और 'वरणांजलि' में किसी व्यक्ति नहीं, बल्कि आदमी के बच्चे के ओझल हो गये होने की अनुगूँज है। फिर भी 'वरणांजलि' अनेक अर्थों में एक अविस्मरणीय कहानी है, क्योंकि जैसा कि प्रारंभ में ही संकेत किया, यह कहानी नहीं होने और अत्यंत ही महत्त्वपूर्ण कहानी होने, इन दोनों प्रत्ययों को साथ-साथ साधने वाली कहानी है और इस कोटि की विरल रचनाएँ जहाँ एक तरफ किसी विधा के सामर्थ्य का आभास देती हैं, वहीं दूसरी ओर, यह भी बताती हैं कि लेखक की संवेदना का व्यास क्या है। अपनी तरफ से 'वरणांजलि' को उस कोटि की रचनाओं में रखना चाहूँगा, जो पढ़ने वाले के भीतर एक उज्ज्वलता भर देती हैं।

जगह-जगह अनुभव के समतोल भाषा के कारण यह अनुभूति की तत्सम अभिव्यक्ति की रचना बन गयी है, जबकि यही काम सबसे कठिन है, क्योंकि भाषा को अनुभूति का परिधान बनाने की दक्षता तभी आ पाती है, जब लेखक को रचना का अंग-अग ठीक वैसे ही दिखने लगे, जैसे माँ को अपने बच्चे का। सृष्टि का वेदना के वरण से क्या ताल्लुक हो सकता है और वह कौन-सी वस्तु है, जो किसी कहानीकार को कलावाद, प्रयोगवाद, अस्तित्ववाद या वस्तुवाद के भूल-भुलैयों में भरमाने की जगह, आदमी को उसकी पूरी व्याप्ति में लिखने की दृष्टि दे सकती है—'वरणांजलि' को इस दृष्टि से पढ़ना एक अनुभव से गुजरना होगा।

इसलिए भी कि करुणा और करुणाविगलन के बीच के फर्क को पहचानने की सावधानी कितनी जरूरी हो सकती है, यह सबक भी इससे जरूर मिल सकता है। 'वरणांजलि' में काल से ही जूझते भी काल का पक्ष ही थोड़ा चूक गये होने का संकेत इसी अहसास में कि विगलन में समय का विवेक नहीं रहता। दुख को भी पूरा समय चाहिए। 'वरणांजलि' में समय थोड़ा कम मिला है। इसी से जो काल कहता सुनायी पड़ता, उसे भी लेखक ने कह डाला है। क्या कहना है, रचना की इससे भी बड़ी कसौटी है यह कि उसमें क्या नहीं कहना है। लेखक अगर पढ़ने वालों के कहने का जिम्मा भी खुद भी उठाना चाहे, तो रचना उतने ही अंश में छोटी पड़ जाती है, क्योंकि रचना की व्याप्ति जितना लिखे, उससे कम पढ़े जाने से नहीं बँधी होती।

लेखक की पहचान में वह रचना सबसे महत्त्वपूर्ण भूमिका रखती है, जो कि उसकी संवेदना का माप बताती हो, क्योंकि लेखक का सारा दारोमदार उसके संवेदन पर ही टिका होता है। वह नियति से ही तुला-राशि है और संवेदना ही वह तुला है, जिस पर वह राई से लेकर पर्वत तक को तौलता है। जाहिर है कि तौल वही सकता है, जो पहले झेल सके। 'वरणांजलि' इतना आभास बिल्कुल देती है कि उसके लेखक की संवेदनक्षमता का औसत क्या है। संतति-बिछोह की यह, शायद श्रेष्ठतम कहानी है हिंदी में। इसमें माता-पिता के भीतर की कँपकँपी को जैसे भाषा में ज्यों-का-त्यों उतार दिया गया है। इसमें विषाद को, पहले पूरा भार उठाकर, तब कहा गया है। अनुभूति को उसकी तीव्रता

और सघनता में अभिव्यक्त करने की दृष्टि से यह कहानी किसी भी लेखक को ठिठकाकर रख सकती है, लेकिन ठीक इसी हद पर अनुभूति में डूबने का खतरा भी सिर उठाता जरूर है।

अनुभूति जब ऊँचे पर्वत से झरते प्रपात का-सा रूप लेती और हमें स्वयं में समोने लगती है, तब हम आत्मविह्वलता के उस महाज्वर की चपेट में होते हैं, जहाँ सामान्य ज्यादा ठहर नहीं पाता और संत वापस नहीं लौटना चाहता। भावाकुलता से भावसमाधि तक की यह सरणि सबसे पार नहीं होती। काव्य का मूल उत्स संवेदना की इसी महासरणि में है, जो कि जितना उतरिये, उतना ही अपार होती जाती है। दार्शनिक को यह संकट नहीं व्यापता, क्योंकि वह अंतरात्मा और दिमाग के बीच संतुलन साधने में विश्वास रखता है, जबकि रचना में अनुभूति विचार का बंध नहीं चाहती। जहाँ तक अनुभूति का प्रवाह, वहाँ तक भाषा की गति हो, तभी लेखक अनुभव के उस मुकाम तक पहुँचता है, जहाँ भाषा को अनुभव से अलग करके देखना आदमी के शरीर पर की त्वचा को पृथक् करना हो जाए। 'वरणांजलि' भाषा और अनुभूति के समीकरण की दृष्टि से भी एक महत्त्वपूर्ण रचना है, क्योंकि इसमें जहाँ-जहाँ लेखक पिता में घुल गया है, वहाँ भाषा को पृथक् करना असंभव है; जहाँ लेखक पिता से फासले पर, वहीं उसके झोल साफ नजर आ जाते हैं।

'वरणांजलि' में बच्चे की अकालमृत्यु को 'छूटे हुए बाण' के प्रतीक से बाँधने की कोशिश है। रचना भी छूटा हुआ बाण है। लेखक के गर्भ से निकल आने के बाद रचना विकसित नहीं होती। उसे अपने सारे अंग-प्रत्यंग वहीं पूरे कर लेने होते हैं। इससे पहले प्रकट होना रचना के हक में नहीं। 'वरणांजलि' को पूरा समय नहीं मिला होने से उसमें एकाध जगह लेखक को खुद उपस्थित होना पड़ा है, जबकि रचना की कसौटी लेखक की उपस्थिति को ओझल कर सकने में है। 'कफन' में प्रेमचंद घीसू, माधो और बुधिया ही नहीं, बल्कि कहानी के पूरे वितान से इतनी दूर खड़े हैं कि वहाँ तक सबकी नजर नहीं जा सकती। लेखक की उपस्थिति पाठक को बाधक होती है। इससे रचना से तादात्म्य में विघ्न पड़ता है।

गोविंद ने एक जगह रचना के साथ, या कहें कि उसके परिणाम के तौर पर, लेखक में परिवर्तन घटित होने की बात भी कही है। 'वरणांजलि' इसकी पूरी गवाही देती है। कम रचनाएँ होती हैं, जिनके तार लेखक के अतीत से लेकर भविष्य तक जाते हों। जिनमें उपस्थित की रोशनी लेखक के रचनाकर्म के पूरे फलक तक जाती हो। 'वरणांजलि' इसी कोटि की रचना है। गोविंद की 'सिर्फ इतनी रोशनी' कहानी, उदाहरण के तौर पर देखी जा सकती है।

लेकिन 'वरणांजलि' एक अर्थ में खतरे का निशान भी है, क्योंकि इसका एक झोंका आध्यात्मिक विगलन की दिशा में भी जाता साफ दिखायी पड़ता है और विगलन लेखक के हक में नहीं, क्योंकि इससे संतुलन गड़बड़ाता है। वैचारिक-सैद्धांतिक हो कि

आध्यात्मिक, विगलन लेखक को अनुभूति में रमने—अथवा इसी में तृप्ति अनुभव करने—की मनोदशा में ले जाता है, जबकि लेखक का रास्ता अनुभूति और अभिव्यक्ति के सातत्य का है। अनुभूति का निदान खोजना लेखक के काम की वस्तु नहीं। ईश्वर की भी सत्ता लेखक को वहीं तक हो सकती है, जहाँ तक वह अभिव्यक्ति की चुनौती खड़ी करता हो। अभिव्यक्ति की चुनौती से मुक्त करने वाली अनुभूति, फिर चाहे वह मार्क्सवाद की हो या अध्यात्म (वाद) की, लेखक का रास्ता छेंक सकती है।

लिखने का सिद्धांत तभी तक कारगर हो सकता है, जब तक कि छाया की तरह साथ चले। मुँह-सामने अड़ते ही वह भूत बन जाता है। गोविंद की कहानियाँ इस दृष्टि से भी बहस की जमीन तैयार कर सकती हैं कि कहानी लिखने के संघबद्ध सिद्धांतों की बाड़ अब खेत को खाने के मुकाम पर आ पहुँची है। ऐसे में, कहानी के लिखे जाने में सिद्धांत और संवेदना की भूमिका के सवाल पर बहस के मामले में भी गोविंद की अनेकानेक कहानियों का एक अपना महत्त्व हो सकता है, क्योंकि ये, सिद्धांत की टेक की जगह, संवेदना के सातत्य का उदाहरण हैं।

गोविंद मिश्र की कहानियों में ऊर्ध्वगामी चेतना

डॉ. माधुरी छेड़ा

गोविंद मिश्र की कथा-चेतना प्रारंभ में तत्कालीन स्थितियों के प्रति अपने समकालीन कथाकारों के समान ही विद्रोह व नकार की मुद्रा और यथास्थितियों के चित्रण में उद्घाटित होती है; पर उनके अंतिम दो कथा-संकलनों—'खाक इतिहास' और 'पगला बाबा' की कहानियाँ तर्क व विचार-प्रेरित भूमिकाओं का अतिक्रमण करती हुई विद्रोह व नकार की सतही भूमिका से ऊपर उठती हुई, व्यक्तित्व का विघटन करने वाली शक्तियों के विरुद्ध मानवीय ऊर्जा की स्थापना करती हुई, ऊर्ध्वगामी चेतना के संवेदनात्मक बिंब में अपना रूपाकार ग्रहण करती हैं। ये कहानियाँ भारतीय दर्शन व अध्यात्म चेतना के प्रति लेखक के रुझान का धुँधला-सा संकेत भी देती है।

कहानियों का विश्लेषण करने से पूर्व हम यह देखना चाहेंगे कि किस वैचारिक भूमिका के अंतर्गत लेखक की संवेदना में परिवर्तन हो रहा था।

गोविंद मिश्र साहित्य को सामाजिक परिवर्तन के शस्त्र के रूप में स्वीकार नहीं कर पाते। हालाँकि 'खाक इतिहास' संकलन में आयी कहानियों से पूर्व तक की कहानियों का प्रमुख स्वर निश्चित रूप से यथास्थिति के उद्घाटन का ही रहा है। पर अपनी विचार-प्रक्रिया में लेखक समकालीन लेखन के प्रति गहरी चिंता व्यक्त करता हुआ दिखायी देता है। 'धाँसू' संकलन में अधिकांश कहानियाँ राजनीतिक चेतना के प्रभावांतर्गत लिखी हैं, पर फिर भी अपने सोचने की प्रक्रिया में साहित्यकार की प्रतिबद्धता के विषय में लेखक का कथन है : "लेखक हमेशा खुद को कष्ट झेलते, पिसते, दुःख सहते वर्ग के साथ ही पाएगा। यह उसकी नियति है, जैसे कि सत्य, न्याय, ईमानदारी का पक्षधर होने के अलावा कोई और चारा नहीं है।"[1]

लेकिन कहानियों के राजनीतिक होने के कारण को भी स्पष्ट करते हैं :

"....थोड़ा सही यह हो सकता है कि यह जमाना वह रहा जब राजनीति दूसरी सभी चीज़ों पर रौंदती हुई चढ़ बैठी थी। शायद असल और बुनियादी बात वह आक्रोश है, हर स्थिति में जिसकी टकराहट कहीं-न-कहीं, उस चीज से हुई जो 'राजनीति' शब्द में रूढ़िबद्ध हो चुकी है।"[2]

यहाँ 'आक्रोश' शब्द को पकड़ना होगा जो उस दौर के लेखकीय तेवर को समझने

में सहायता दे सकता है। अपनी सोच में कुछ ऊपर उठ चुकने के बावजूद रचना-प्रक्रिया के स्तर पर कहानियों में विरोध, आक्रोश और व्यंग्य प्रकट हुए हैं। कमोबेश यही बात 'खुद के खिलाफ' व 'अपाहिज' कथा-संकलनों में दिखायी देती है। अपनी सोच में वे जिस पड़ाव पर हैं, वह उनकी रचना-प्रक्रिया में ध्वनित नहीं हो पाया है। साहित्य में एकमात्र यथार्थवाद के चित्रण का ही जो हठाग्रह किया जाता रहा है, वे उसका समर्थन नहीं करते। यथार्थ की एकांगी धारणा व उसके तहत लेखक को एक ही लकीर पर चलाने की जिद का अस्वीकार करते हुए वे कहते हैं : ''सामाजिक विसंगतियों का पर्दाफाश लेखक नहीं करेगा तो कौन करेगा? पर मुझे यह जोर देकर कहने की जरूरत है कि जिन मूल्यों के लिए हम अंततः उन विसंगतियों को उभार रहे हैं, उन मूल्यों की ओट न होने दें। गढ़े हुए प्रतिमानों के प्रचार से नये लेखक के लिए ऐसी स्थिति पैदा न करें कि वह अपनी तलाश ही छोड़ बैठे।''[3]

यहाँ तक ऐसा लगता है कि लेखक विरोधी शक्तियों के साथ संघर्ष में लथपथ है। पर इसके बाद क्रमशः वह हमें इन सबसे ऊपर उठाकर और ऊँचे धरातल पर ले चलता है। लेखकीय चिंता के विषय कुछ और होते जा रहे हैं। समकालीन यथार्थ, सामाजिक व राजनीतिक सत्ता की शक्तियाँ, इन सबसे अपने-आपको ऊपर उठाते हुए लेखक इतिहास, धर्म, ईश्वर, व्यक्ति के भीतर उपस्थिति शक्ति-स्रोत, साहित्य और कला के संसार में पहुँच जाता है। साहित्य के सूक्ष्म लक्ष्य को स्वीकारते हुए गोविंद मिश्र कहते हैं : ''हमें यह स्वीकार कर लेना चाहिए कि साहित्य के कोई ठोस लक्ष्य नहीं हो सकते... लेकिन सूक्ष्म लक्ष्य भी कम अहम नहीं हैं; क्योंकि ये जीवन को विस्तार देते हैं, उसे भौतिक तक ही सीमित नहीं रह जाने देते।''[4]

अपने परिवर्तित दृष्टिकोण का संकेत देते हुए वे कहते हैं : ''इधर यथार्थवाद की लकीर पर ही पर्दाफाशी लेखन को तूल दिया जाने लगा है, वह चाहे किसी विचारधारा के तहत हो या न हो, मैंने भी कुछ ऐसी कहानियाँ लिखीं लेकिन फिर मुझे लगा कि अगर हम यथार्थवाद की लगाम खींचकर नहीं रखते तो लेखन नाराजग और घृणा की अभिव्यक्ति मात्र होकर रह जायेगा।''[5]

संकट के समय में व्यक्ति को सहारा दे पाने के रूप में वे साहित्य के लक्ष्य को स्वीकार करते हैं। साहित्य को सामाजिक परिवर्तन का हथियार जैसी छोटी चीजों के रूप में अस्वीकृत करते हुए वे कहते हैं : ''मुझे लगता है कि साहित्य का असली स्वर तात्कालिकता का नहीं, शाश्वतता का है और तुरंत समाज परिवर्तन आदि के प्रलोभन में पड़कर साहित्य को अपनी यह विशिष्टता नहीं खोनी चाहिए।''[6]

लेखक की नैतिकता को वे ठेठ उस ऋषि-परंपरा तक ले जाना चाहते हैं जहाँ वे राजाओं को समझाया करते थे। यदि लेखक इस भूमि तक पहुँच जाता है तो वहाँ एक ओर उसकी नैतिकता रचनाओं में शक्ति बनकर उतरती है, वहीं दूसरी ओर उसका जीवन समाज व प्रकृति की संपत्ति बन जाता है। स्वयं अपने लेखन को भी वे इस विराट

यज्ञ में अपने हिस्से की समिधा के रूप में देखते हैं। इसीलिए वे अपने लेखन को यातनाओं के चित्रण तक सीमित रखना न चाहकर संभावनापूर्ण दिशाओं की ओर ले जाना चाहते हैं : ''मेरा अपना लेखन भी 'मैं' से शुरू हुआ, समाज तक उठा....और यहाँ भी इन दिनों की तकलीफों का अफसाना....कि कुछ समय पहले मुझे लगा कि जो 'तोड़ता' है, उसकी बजाय उसकी बात क्यों नहीं जो 'जोड़ता' है—मुझे बाहर के व्यक्ति से, समाज से, प्रकृति से....और प्रेम, सौंदर्य, आस्था जैसी चीजें मुझे फिर से मिल गयीं। वे मुझे चिरंतन महत्त्व की लगीं। वहाँ पहुँचकर लगा कि लिखना तो दरअसल अब शुरू हुआ है।''[7]

गोविंद मिश्र के चिंतन में एक महत्त्वपूर्ण मुद्दा यातना-संबंधी उनके विचारों को लेकर भी है। उनके अनुसार मनुष्य-जीवन के साथ कष्ट के जुड़े होने का सिलसिला अनवरत है। यदि एक तरह की तकलीफें खत्म हो जाएँगी तो दूसरी तरह की उग आएँगी। साहित्य यातना समाप्त करने का शस्त्र नहीं है बल्कि तकलीफों में भी अपने-आपको बचाये रखने की मानवीय शक्ति के उद्‌घाटन में साहित्य का लक्ष्य निहित है।

दुःख-संबंधी गोविंद मिश्र के चिंतन के परिप्रेक्ष्य में कुछ अन्य चिंतक-लेखकों के विचारों को देखना अप्रासंगिक न होगा। हिंदी के कथाकार जैनेंद्र ने इस बात पर बल दिया था कि सामाजिक विकास तभी संभव है जब लोग दूसरों को कष्ट देने के बजाय स्वेच्छा से कष्ट सहने को तैयार हों। ठीक यही बात सोल्जेनित्सिन के चिंतन में भी दिखायी देती है, जब वे कहते हैं—विपदाएँ व तकलीफें व्यक्ति के अंतर्जीवन को गहरा करती हई उसके आत्मिक उत्थान का कारण बनती हैं। चेखव के अनुसार : ''मनुष्य के काम में प्रसिद्धि व गरिमा के भी बजाय अधिक महत्त्वपूर्ण दुःख को सहने की कुव्वत में और दुःखों को सहते हुए भी आस्था बनाये रखने में है।''

गोविंद मिश्र के साहित्य-संबंधी चिंतन में तीन मुद्दे महत्त्वपूर्ण हैं—साहित्य का लक्ष्य ठोस नतीजों पर पहुँचने में नहीं, सूक्ष्म स्तर पर वे स्वीकार करते हैं। दूसरे, यथार्थवाद के नाम पर साहित्य में मनुष्य के बदसूरत, नकारात्मक व विद्रोही चेहरे को प्रस्तुत करने का समर्थन न करके, उसके स्थान पर जीवन के स्वीकारात्मक मूल्यों, प्रकृति, प्रेम, सौंदर्य व आस्था के उद्‌घाटन पर बल देते हैं व तीसरा महत्त्वपूर्ण मुद्दा उनके द्वारा तकलीफ के स्वैच्छिक वरण का है।

ऐसा नहीं है कि इन मुद्दों को हमने उनकी कहानियों के परीक्षण का मानदंड मान लिया है। दो कारणों से हमने इस लेखकीय सोच को प्रारंभ में प्रस्तुत करना चाहा है।

एक तो यह कि लेखक यदि अपनी सोच में ऊपर उठता है तो उसका यह ऊपर उठना उसकी संवेदना को प्रभावित कर कैसे उसकी सृजन-प्रक्रिया को प्रभावित करता है। दूसरे, कहानियों में लेखक की संवेदना के सत्य तक पहुँचने में उसकी चिंतन-प्रक्रिया से हमें सहायता मिल सकती है।

जैसा कि हमने महसूस किया व स्वयं लेखक ने भी स्वीकार किया है, उनके 'अपाहिज' संकलन तक की कहानियाँ अन्य समकालीन कथाकारों की सामूहिक धारा में बहते हुए लिखी कहानियों के रूप में ही सामने आती हैं। जहाँ जीवन के अँधेरे पक्ष को, मनुष्य की विवशता व हताशा को, समकालीन राजनीति के भ्रष्ट-तंत्र व उसके प्रति व्यक्ति के आक्रोश व घृणा को अभिव्यक्त किया है। अतः हम उन कहानियों की चर्चा में न जाकर अपनी बात उन कहानियों से शुरू करेंगे जहाँ लेखकीय संवेदना में परिवर्तन का स्वर लक्षित होता है।

भौतिक संपन्नता की निरर्थकता को महसूस करते हुए गोविंद मिश्र की संवेदना जीवन के उच्चतम मूल्यों के प्रति आस्था, प्रकृति के साथ मनुष्य के संवाद व बावजूद जानलेवा संकटों के प्रकृति के प्रति मनुष्य के प्रेम व आकर्षण की अभिव्यक्ति, रिश्तों का अतिक्रमण करते हुए रिश्तों के चोलों के पीछे छिपे मनुष्य के चेहरे की प्रस्तुति, स्वेच्छा से वरण की हुई लघुता में व्यक्ति के बड़प्पन, यातनाओं के वरण की स्वीकृति व प्रभु के प्रति संबोधन में अभिव्यक्त हुई है।

भौतिक संपन्नता की निरर्थकता से बौखलाये हुए 'एक बूँद उलझी' के इंस्पेक्टर के शब्दों में भौतिक प्रगति की सीमाएँ बड़ी आर्द्रता से अभिव्यक्त होती हैं : "हाँ, कुछ छिन गया....जो बचा, वह मना हो गया, तुम अच्छे रहे यार....ऐसे ही सीधे-सादे रहना, ये कूदें....ऊँची, लंबी....कुछ नहीं मिलता।"[8]

सभ्यता की यात्रा में व्यक्ति आज उस मोड़ पर खड़ा है जहाँ अपने 'होने' का सत्य भी उसे भर नहीं पाता। इस संदिग्धता को पाटने के लिए औसत व्यक्ति उपभोक्ता संस्कृति की उन चीजों की तरफ ताकता है जिसकी नींव कहीं पुख्ता नहीं है। इसीलिए बहुत जल्द उसका सारा आल-जाल व्यर्थ हो उठता है। ऐसा कोई स्थान नहीं जहाँ वह गौरवान्वित महसूस कर सके। धर्म, राष्ट्र, समाज—इनसे संबंधित संकल्पनाएँ, सारे मिथ, अपनी गरिमा व वजन खो चुके हैं। सभ्यता की लंबी यात्रा में जैसे मनुष्य के सभी मुख्य अंग घिस चुके हैं। अपने अपंग व्यक्तित्व को लिये वह उपस्थित है। अपने समाज-परिवार के सम्मुख इस कमी को ऐश्वर्य के साधनों से पूरा करने की कोशिश करता हुआ (एक बूँद उलझी)। लेकिन जिन्दगी को जीत पाने के मनुष्य के ये सारे हथियार भोथरे साबित हुए हैं। रोशनी की तलाश, जाहिर है, कहीं दूसरी जगह ही होती होगी। पर इन कहानियों का मनुष्य इस पराजय के सम्मुख नतमस्तक नहीं है। लेखक पीड़ा के बयान तक ही स्वयं को सीमित नहीं रखता। ये कहानियाँ मनुष्य को मिलने वाली यातना से ऊपर उठकर मानवीय संवेदना, गरिमा और व्यक्ति को जीने की शक्ति देने वाले किसी आंतरिक उत्स को छूती हैं। 'खाक इतिहास' की मारिया अंतर्राष्ट्रीय कम्यूनिज्म क बर्बरता का इस कदर शिकार बनती है कि उसका सब कुछ खो जाता है—भाई, माता-पिता, प्रेमी और अब अकेली मारिया अंधी औरतों को पढ़ाती है। पर आज भी वह मुस्कराती है, प्रकृति की खूबसूरती की बात करती है। मारिया जैसे लोग केवल संघर्ष

और संघर्ष के बाद नकारात्मकता के बिंदु पर खड़े लोग नहीं हैं। इन संघर्षों में से गुजरकर निकलते हैं और उसके दूसरे सिरे पर खड़े मिलते हैं—मुलायम, मासूम, मुस्कराते हुए : "उदासी के चिह्न तब उसके चेहरे पर दूर-दूर तक नहीं थे। समय दरियाई लहरों की तरह उसे पलट-पलटकर थपेड़े मारता रहा और वह नहायी चट्टान की तरह और भी चमकती हुई मेरे सामने खड़ी थी। इतिहास, जो उसे झार-झार करने आया था, जैसे स्वयं खाक हो गया था, और वह अब भी थी....प्रेम से ओतप्रोत, कोमल, मानवीय।"[9]

'आल्हखंड' और 'खाक इतिहास' कहानियाँ तो हमें सीधे-सीधे इतिहास के रास्ते पर घुमाती हैं—युद्ध, मनुष्य पर ढाये जाने वाले जुल्म, बलिदानों का व्यर्थ हो जाना और मोह-भंग। इतिहास की ताकत के सम्मुख आदमी टूटता चला जाता है। पर साथ ही वह कहीं अटूट भी है। 'आल्हखंड' के स्वतंत्रता-सेनानी और 'खाक इतिहास' की मारिया के पास तकलीफें व ताकत एक साथ हैं। लेखकीय संवेदना सतही प्रश्नों व उलझनों को काटकर और भीतर और गहरे उतरती है—उस ऊर्जा तक जहाँ स्वतंत्रता सेनानी अपने कंधे पर लगी गोली को खेल की गोली की तरह दिखाता है। उसे अफसोस इस बात का है कि वह सौ साल देर से पैदा हुआ और उस स्तर का बलिदान नहीं दे सका जो उससे पहली पीढ़ी के लोग दे गये। क्या इस कहानी ने स्वतंत्रता-संग्राम के रूबरू मनुष्य को, उसकी नियति को बड़ा नहीं बना दिया है? यहाँ स्वाधीनता की गरिमा से नहीं, व्यक्ति की गरिमा से साक्षात्कार होता है। 'फाँस' कहानी के नौजवान चोर आर्थिक विपन्नता और चोरी की मजबूरी के बावजूद देहाती भौजी के निश्छल प्रेम के सम्मुख निरस्त हो जाते हैं और उल्टे अपनी जेब कटाकर जाते हैं। ये कहानियाँ सामयिकता की धारा से छनकर निकले व्यक्तियों की कहानियाँ हैं। सब-कुछ बीत चुकने के बाद भी बचे रह गये मनुष्य की कहानियाँ।

ये कहानियाँ मानो एक वृत्त के दो सिरों को जोड़ने वाली कड़ी है; जिससे मनुष्य से चलकर मनुष्य तक पहुँचने का वृत्त पूरा होता है। खोये हुए मनुष्य के फिर से लौट आने की कहानियाँ! ये उपकहानियाँ, आज के मनुष्य की उस मुख्य कहानी की जब झार-झार करने आये इतिहास के आक्रमण से बचकर, बाहर निकलकर जैसे वह अपने व्यक्तित्व की परतों के नीचे दबी शक्ति को फिर से टटोल रहा हो। उस उत्स की खोज जो उसे यातना व पीड़ा सहने की शक्ति दे सके। उसी की मुद्रा विरोध में खड़ी सारी ताकतों से निरपेक्ष संत की मुद्रा है—वैरागी साधु-संत की नहीं, संसारी संत जिसे बाहर की ताकतें छू नहीं पातीं। जो उसके आसपास से बह जाती है। झंझावातों के बीच भी खड़े रहने की अपनी इस शक्ति की पहचान में मनुष्य लग गया है।

इमोशनल तत्त्व और व्यक्ति-व्यक्ति के बीच प्यार की ऊष्मा इन कहानियों से मिलती है। ऐसा लगता है कि लेखक को लोगों से प्यार है। और यही प्यार का तत्त्व उनके पात्रों में भी मिलता है। प्यार करने, इमोशनल हो पाने की कुव्वत ही शायद उनके पात्रों की ताकत बन जाती है। 'अर्धवृत्त' की पत्नी, 'सिर्फ इतनी रोशनी' के पापा, 'अर्थ

ओझल' के पंडित दीनदयाल, 'मायकल लोबो' का मायकल अपनी संवेदनशील हो पाने की, प्यार कर पाने की क्षमता को बचाये हुए है। ऐसा लगता है, जैसे ये पात्र समय की अधीनता स्वीकार नहीं करते। अपने समय में रहते हुए भी जैसे वे उसके बाहर खड़े हुए हैं। वे स्वाधीन हैं, समयाधीन नहीं। स्व की अधीनता में वे रिश्तों के यथार्थ को भी लाँघ जाते हैं। अपने समकालीन यथार्थ या परिवेश से यह मुक्ति धुँधले रूप में उजागर होती है। 'अर्धवृत्त' की पत्नी प्रारंभ में सौतिया-डाह की पीड़ा से छटपटाती है। फिर एक ऐसा पड़ाव आता है जहाँ ये सारी बातें व्यर्थ जान पड़ती हैं। 'पत्नी' का चोला कहीं छूट जाता है और एक मनुष्य की तरह वे सौत की पीड़ा के प्रति भी संवेदनशील हो उठती हैं। 'सिर्फ इतनी रोशनी' में बेटी माँ का ब्याह करवाती है। कैंसर से पीड़ित बेटी को देखने के लिए सौतेला बाप जन्म देने वाले बाप को मनाने जाता है। ज्यों-ज्यों बेटी बीमारी में घुलती जाती, यह माँ का पति कुछ का कुछ हो जाता है। प्रेममूर्ति पापा....उसके भी आगे मनुष्य के भीतर का आलोक—समूची बाहरी पहचानें झर चुकी हैं, सौतेला बाप व सौतेली बेटी इनमें से कुछ शेष नहीं है...सिर्फ 'पापा' वह भी जन्म देने वाला नहीं, अँधेरों के बीच आलोक देने वाले पापा! "सामने खड़ा यह इंसान, जिसे जिंदगी ने अपने से दूर-दूर ही रखा। सहसा उन्हें लगता है कि वे फूकी हो गयी है....वही नजरें, जिनसे उस बच्ची ने इस आदमी के भीतर का आलोक बहुत पहले देख लिया था...।"[10]

'रोशनी', 'आलोक', 'प्रकाश', 'सुंदर इंसान'—ये सारे शब्द, खास कर रोशनी का अर्थ देनेवाले शब्द बार-बार आये हैं—कहानियों में। और 'पापा' जैसे व्यक्ति का सृजन—यानी गोविंद मिश्र केवल यथास्थिति के वर्णन में संतुष्ट नहीं होते। उनकी कहानियों में इन स्थितियों से ऊपर उठने की कोशिश सतत दिखायी देती है। 'मायकल लोबो' में भी एक शराबी के ट्रेजिक अंत पर कहानी खत्म नहीं होती बल्कि मायकल ऊपर उठने की कोशिश करता है। वह एक शराबी जिसे कुछ नहीं बाँध पाता। लेकिन एक रोज उसकी बेटी रूथ का वाक्य : "पापा, मैं कब तक आपको इस तरह उठाती रहूँगी।"[11] उसे जीवन के दूसरे रास्ते ले चलता है। वह शराबियों में शराब की लत छुड़ाने, उन्हें ईश्वर की ओर मोड़ने का काम हाथ में लेता है। मायकल लोबो एक व्यक्ति के पतन के निम्नतम स्तर पर पहुँचकर फिर ऊपर उठने, उठकर करीब-करीब संतत्व तक पहुँचने की विलक्षण कहानी है....गहरी संवेदनात्मकता से लिखी हुई। बेटी के उपर्युक्त वाक्य पर लेखक की यह टिप्पणी देखिए : "वे शब्द...स्वर में कैसी वेदना....जहाँ तकलीफ का बाँध चटकने को आ जाता है। रूथ बोल चुकी, पर वे शब्द फिर भी बोलते रहे। उनके पीछे बड़ी ही रहस्यमय गूँज थी...जैसे दूर किसी गिरजे के घंटों की आवाज संगीत में छनती हुई चली आ रही हो। अनुगूँज सिर्फ आवाज की ही नहीं, अर्थ की भी...अर्थ जो रोशनी बन आसपास फैल रहा था, फैलकर बज रहा था। आवाज, अर्थ और रोशनी के फर्क खत्म हो गये थे। घर, सीढ़ियों, बरामदा, छप्पर, बेटी और वह... इनकी अलग-अलग पहचानें नदारत थीं। सिर्फ रोशनी थी—रोशन में उतराते गूँज के

टुकड़े वहीं-कहीं पर कहीं नहीं...कैसा अद्भुत था वह प्रकाश...एक छोटी-सी जागना में ही जागना जहाँ बड़ी होगी वहाँ?''[12]

'अर्थ ओझल' के पंडित दीनदयाल व 'पगला बाबा' के पगला बाबा स्वेच्छा से वरण की हुई अकिंचनता और तकलीफों के बीच जीते हैं। पंडित दीनदयाल अपने छात्रों की बेहतरी के लिए अपने संपूर्ण व्यक्तित्व सहित पूर्णतः समर्पित एक शिक्षक, जो पत्नी व पुत्र की घृणा सहने के मूल्य पर भी अपने कर्म से डिगते नहीं। उनके व्यक्तित्व का यह 'सत्य' उनकी मृत्यु के कई वर्षों बाद उनके एक छात्र के माध्यम से उनके पुत्र पर उजागर होता है। पंडित दीनदयाल भले ही दिवंगत हों, पर सत्य अब भी है। उनकी संवेदना का 'सत्य' उनके छात्रों में जीवित है, जो उनके जीवित पुत्र की मुक्ति बन जाता है और 'पगला बाबा' भौतिकता के त्याग व स्वेच्छा से वरण की हुई लघुता के द्वारा बड़ा बनने की कहानी। पगला बाबा आये थे बनारस—अपने गाँव के एक रईस के नौकर के रूप में। इच्छा जगी कि नौकर हों तो क्यों न बाबा विश्वनाथ के...तो मंदिर में डेरा डाल दिया। मंदिर भी छूट गया व अपने जीवन की अर्थवत्ता ढूँढ़ने के क्रम में वे जहाँ कहीं दिखायी दीं, मृत-देहों को मणिकर्णिका घाट में दाह देने के कर्म में लग गये....फिर नशे की तरह वही काम, उसी का रंग चोले पर चढ़ गया। बीमार होने से याद आता है कि बाबा विश्वनाथ के दर्शन के लिए भी फुर्सत नहीं मिली। जिसके पास कुछ नहीं, वह कितना बड़ा आदमी होता है! निकृष्ट कर्म कितना बड़ा कर्म हो जाता है और धर्म के भी कितना ऊपर कर्म...बाहर से जो व्यक्ति फालतू लगता है, वही समाज के लिए बेहद उपयोगी सिद्ध होता है व उसका जीवन अत्यंत अर्थपूर्ण हो उठता है। पंडित दीनदयाल या पगला बाबा द्वारा कष्ट सहते जाना उनकी दुर्बलता नहीं है बल्कि अंदर की ओर लौटकर अधिक सबल होना है। यहाँ यह उद्धरण अप्रासंगिक नहीं होगा : ''सोल्जेनित्सिन के 'इवा...एक दिन' और 'प्रथम मंडल' में यातना-शिविरों का जो चित्रण है, वह मनुष्य का अधःपतन दिखाने के लिए ही नहीं, अमानवीय स्थितियों में बिना इच्छा-शक्ति खोये मनुष्य की तरह जीने के आदमी के प्रयत्न को, गौरव देने के लिए भी है—इस भाव से प्रेरित सोल्जेनित्सिन के पात्र 'अतिजीविता के नायक' (हीरोज आफ सर्वाइवल) बन गये हैं।''[13]

ऐसा लगता है कि गोविंद मिश्र का लक्ष्य मनुष्य की उस संवेदना को पकड़ना और रेखांकित करना है जो प्रकृति ने मनुष्य को दी थी पर जिसे आज के आदमी ने धुँधला डाला है। विशुद्ध मनुष्य की संवेदना, भौतिक सुविधाओं से दूर विपन्न पगला बाबा गुट्ठी भर हड्डियों का एक ढाँचा, एक मानव शरीर, उसका समाज व परिवार तो दूर, लेखक ने उसके कपड़े भी उतार लिये हैं। शरीर में एक ही चेतना, एक ही संवेदना स्पंदित होती रहती है—कर्म, अपने हिस्से का कर्म।

पगला बाबा, मायकल लोबो, मास्टर दीनदयाल—इन पात्रों के सामने ऐसा तो नहीं है कि कोई दुविधा ही नहीं है। पर जो रास्ता वे एक बार पकड़ लेते हैं तो फिर प्रश्न,

बाधाएँ व कठिनाइयाँ उनके व्यक्तित्व के सरल-काठिन्य के आगे छोटे पड़ जाते हैं। हालाँकि अपनी-अपनी जीवन-स्थितियों में ये पात्र अभावों में रह रहे हैं—वंचित, रिक्त विपन्न लोग—पर जैसे ये आधुनिकता के संकट के सम्मुख मनुष्य के संभावनापूर्ण संयोजन का प्रस्तुत करते हैं। मनुष्य के व्यक्तित्व का खोया हुआ आलोक मानो पुनः इनमें मिल रहा हो।

गोविंद मिश्र की ये कहानियाँ भारतीय मानस की बुनावट के उत्स पर पुनर्विचार के लिए प्रेरित करती हैं। ये नहीं कि इनकी कहानियों में बौने, कमजोर व भ्रष्ट तंत्र के मारे मनुष्य नहीं हैं। पर इन मनुष्यों ने अपने-आपको बेबसी की सीमाओं में बद्ध नहीं कर लिया है। उन सीमाओं का अतिक्रमण किया है व ऊपर की ओर उठते गये हैं। अवरोध की दीवार को यथार्थ के नाम पर स्वीकार नहीं लिया है।

मनुष्य जीवन को नयी अर्थवत्ता देने के लिए नवोत्थान के दौरान धर्म-निरपेक्ष सामाजिक, राजनीतिक, आर्थिक चिंतन की नयी दिशा का सूत्रपात किया गया। आधुनिक युग में मनुष्य-जीवन के प्रश्नों का हल जिस मुख्य शक्ति में खोजा गया है, वह है संगठन की शक्ति। विभिन्न सामाजिक, धार्मिक व राजनीतिक संगठन व यूनियनें इस आस्था के साथ स्थापित की जाती हैं किनसे मनुष्य की समस्याओं के हल मिल जाएँगे व शोषितों तथा पीड़ितों की सहायता की जा सकेगी। पर अब तक संगठन शक्ति की निरर्थकता भी सामने आ चुकी है। यूँ ये संगठन तथाकथित आर्थिक स्थितियों में भी कोई बदलाव नहीं ला पाये हैं। पर यहाँ एक दूसरा प्रश्न उठता है। क्या यह संपूर्ण सत्य है कि अर्थ-प्राप्ति व दैहिक-भौतिक सुख ही मनुष्य-जीवन का मुख्य लक्ष्य है तो उस बेचैनी का क्या जवाब है जो पेट भर जाने व दैहिक-भौतिक सुखों की अति के बाद भी बची रह जाती है? पगला बाबा, आल्हखंड के स्वतंत्रता-सेनानी, मायकल लोबो, पंडित दीनदयाल, ये सब भौतिक समस्याओं के विरोधी नहीं हैं। न वे किन्हीं संगठनों के साथ हैं। समस्याओं के सह-अस्तित्व में ये चरित्र अपना मुक्ति-मार्ग जिस शक्ति में ढूँढ़ते हैं, वह शक्ति है कर्म की शक्ति। यह सब कर्म से जीवन के लक्ष्य को साधते हैं। यानी कि जिंदगी का लक्ष्य दुःखों के दूर होने में नहीं, कहीं और उसकी खोज। अपनी शक्ति को अपने जीवन की विरोधी स्थितियों से जूझने में गँवाने के बजाय किसी और के लिए विसर्जित करने में लगा देना। इस विसर्जन व तकलीफ सहने के बाद मन जिस भूमि पर पहुँचता है, मन का खालीपन जिस अनुभूति से भर उठता है, उसके सम्मुख आर्थिक अभावों की तेज धार क्रमशः भोथरी होते-होते उस बिंदु पर पहुँचती है जहाँ ये अभाव मनुष्य की चेतना से बाहर ही रह जाते हैं। अपने-आपको विसर्जित करते जाने के क्रम में किसी ऐसी बड़ी उपलब्धि की ओर बढ़ना जो दुःखों की उपस्थिति को भी निरर्थक कर दे। उनका होना व न होना बराबर हो जाये—निरर्थक, अप्रासंगिक। यानी वे हैं अपनी जगह, पर उनमें हमें प्रभावित करने की ताकत नहीं है।

'मायकल लोबो' व 'पगला बाबा' जैसी कहानियों में भारतीय आध्यात्मिक संवेदना

की धुँधली-सी तस्वीर दिखायी देती है। पगला बाबा में बनारस का परिवेश व सब कुछ त्यागते जाने की स्थिति व मायकल लोबो तो सीधे-सीधे प्रभु को संबोधित करता हुआ सत्य की ओर ले जाने की प्रार्थना करता है। ऐसा लगता है कि अपने चिंतन-क्रम में गोविंद मिश्र अपनी रचना-प्रक्रिया के अंतर्गत भी धीमे-धीमे अध्यात्म व दर्शन के निकट होते जा रहे हैं। उनके अंतिम दो कथा-संकलनों (खाक इतिहास व पगला बाबा) तथा उपन्यास (धीर समीरे) पढ़कर लगता है कि उनकी कथा-चेतना भारतीय चिंतन की उन मान्यताओं के निकट पड़ती है जहाँ मूल्यों की दृष्टि से मनुष्य की चेतना के उच्चतम रूप को आध्यात्मिक मनोवृत्ति में स्वीकार किया गया है। आधुनिक मनुष्य के संकट का अनुकूल जवाब कहीं भारतीय दर्शन में मिलने की संभावना व इस आधुनिक मनुष्य तथा उसके संसार के कला व साहित्य के द्वारा ही बचाव की संभावना—ये दो गहरी आस्थाएँ उनके भीतर कहीं मौजूद हैं।

सोल्जेनित्सिन की उक्ति है : "कला को हम अपनी मिल्कियत कहते हैं। उसे गलत इस्तेमाल से दूषित भी करते हैं। पर इन सब प्रयासों से कला स्वतः दूषित नहीं होती और न ही अपने असली स्वरूप से स्खलित ही होती है। ऐसे हर मौके पर और ऐसे हर इस्तेमाल के दौरान वह हमें अपने अंतरंग प्रकाश का एक अंश देती है।"[14] इसी कथन की व्याख्या में गोविंद मिश्र कला के अर्थ व उसकी प्रासंगिकता को विश्लेषत करते हैं। इस विश्लेषण के परिप्रेक्ष्य में उनकी ऊर्ध्वगामी चेतना की उपस्थिति की संगति को देखा जा सकता है। यातना व पीड़ा-भरे क्षणों में साहित्यकार के भीतर यह रोशनी चमक उठती है। इस रोशनी की उपस्थिति में लेखक अपने-आपको मनुष्य की संकुचित मनोवृत्ति के दायरे से कुछ ऊपर उठा हुआ महसूस करता है। उसकी संवेदना अधिक आर्द्र होती जाती है। यानी कष्टों से घिरे व्यक्ति से सहानुभूति ही नहीं, प्रेम भी होने लगता है व जीवन के नकारात्मक स्वर में परिवर्तन आता है। रोशनी का एक अंश यानी एक ऐसी दृष्टि जो सामने दिखायी देती है, उसके भी पार देखने की शक्ति "ऐसा आँजती है कला आँखों को कि पहाड़ के सपाटपन पत्थर, कालेपन के पार, उसके भीतर क्या मणियाँ, क्या रत्न छिपे हुए हैं, ये भी दिखने लगें। शायद यही है कला का प्रकाश।"[15]

संदर्भ

1. लेखकीय सोच; 'धाँसू' (कहानी संकलन), गोविंद मिश्र, पृ. 7-8
2. वही।
3. समकालीन कथा-साहित्य और आज का आदमी, 'अपाहिज' (कहानी संकलन), गोविंद मिश्र, पृ. 13-14
4. लेखन से समाज परिवर्तन, 'मुझे घर ले चलो' (कहानी संकलन), गोविंद मिश्र, पृ. 187
5. वही।
6. वही, पृ. 190

7. भूमिका : 'मुझे घर ले चलो' गोविंद मिश्र।
8. एक बूँद उलझी; 'पगला बाबा' (कहानी संकलन), गोविंद मिश्र, पृ. 9
9. खाक इतिहास; 'खाक इतिहास' (कहानी संकलन), गोविंद मिश्र, पृ. 102
10. सिर्फ इतनी रोशनी, 'पगला बाबा' (कहानी संकलन), गोविंद मिश्र, पृ. 38
11. मायकल लोबो; 'पगला बाबा' (कहानी संकलन), गोविंद मिश्र, पृ. 38
12. वही, पृ. 38-39
13. प्रवर्तन द्वितीय, 'मानववाद और साहित्य', नवल किशोर, पृ. 100-101
14. सुंदरता संसार को बचायेगी; विमर्श; गोविंद मिश्र, पृ. 7, भारत किरण; मार्च 1988
15. वही।

गोविंद मिश्र की कहानियों में नाटकीय तत्त्व

विमल लाठ

गोविंद जी की 'फाँस' कहानी सारिका में छपी थीं। बुंदेलखंडी किसी गाँव का बिलकुल सीधा-सा चित्रण, एक मड़ैया और उसके भीतर अपने बच्चे के साथ एक गृहिणी, भारतीय नारी का सहज स्वाभाविक रूप। घर का मर्द काम से बाहर है, शाम के झुटपुटे में दो नौजवान चोर घर में बैठते हैं और उसे झाँसा देकर घर का मालमत्ता उड़ा ले जाना चाहते हैं। एक अपने काम में लगता है और दूसरा उसे बातों में फाँस लेना चाहता है। बातों की फाँस उलटी पड़ती है और गाँव की वह भोली नारी उसके नैहर के गाँव के होने का झाँसा देने वाले नौजवान को सचमुच ही भाई बनाकर उसे स्नेह की फाँस में जकड़ लेती है। अपनी ही जेब से 'भानजे' के लिए मिठाई के पैसे देकर चोर विदा होते हैं। संवादों में बुंदेलखंडी बोली का मीठा प्रयोग, असरदार। 'कछु चाउने हतो का? सुनो है सहर में कभी पूरो ई नहीं पड़त' 'पलटू पूछत, मम्मा फीर कबे अइहौं?'

नाटकों से मेरा पिछले पैंतीस वर्षों का संबंध है। मंचन करने योग्य नाटकों की खोज रोजमर्रा का हिस्सा बन चुकी है। और निर्देशकों की बात नहीं जानता, मेरे साथ अक्सर ऐसा हुआ है जो भी नाटक पहली बार पढ़ने पर अपने दृश्यबिंबों सहित आकर मुझे घेर लेता है, उसे मैं मंच पर स्थापित करना चाहता हूँ, अक्सर करता भी हूँ। अधिकांश नाटक ऐसा असर नहीं डालते और उन्हें बहुत लोगों के आग्रह-अनुग्रह के बावजूद छोड़ देना होता है। 'नाटकीयता' शब्द से भले ही अस्वाभाविता-जैसी कोई ध्वनि आती हो पर जहाँ कथ्य या शिल्प में स्वाभाविकता नहीं होती, वहाँ नाटकीयता आरोपित लगती है या आरोपित की जाती है। यह ऐसा कटु सत्य है जिसे स्वीकारना बहुत से लेखकों-निर्देशकों को गवारा नहीं होता। नाटकों के साथ-साथ उपन्यासों और कहानियों को पढ़ते वक्त भी कुछ ऐसी कृतियाँ अपने दृश्य-बिंबों को लेकर आ खड़ी होती हैं जिनसे बाहर निकलना असंभव हो जाता है। इन्हें आप इन कृतियों का नाटकीय तत्त्व कह लें या कुछ और, वे हावी हो जाती हैं। यह स्थिति अक्सर नहीं आती, यदा-कदा ही पैदा होती है, किंतु गोविंद जी की कहानियों ने अक्सर मेरे सामने ये स्थितियाँ पैदा की हैं। 'फाँस' की चर्चा ऊपर हुई है, मुझे इसमें नाटकीयता ढूँढ़नी नहीं पड़ी, यह तो स्वमेव एक स्वाभाविक नाटक था जिसे बिना किसी रद्दोबदल के एक सूत्रधार के माध्यम से

उसके चरित्रों में झाँकने की ललक पैदा कर रहा था। सन् 1983 में* आयोजित राष्ट्रीय-स्तर के कथा-समारोह में अनामिका के इस कथा-मंचन को बेहद लोकप्रियता मिली।

गोविंद जी को व्यक्ति के नाते से जानने-समझने का मुझे सौभाग्य मिला है। उनकी संवेदना एक भावुक कवि-हृदय की तरह संवाहक है और यही संवेदना उनकी कहानियों में ऊपर से आरोपित नहीं होती, भीतर से उगती है। इसका प्रमाण है उनका कहानी-संग्रह—'पगला बाबा'। आप एक सिरे से सारी कहानियाँ पढ़ जाइए, यद्यपि उनका कैनवास बहुत फैला हुआ है, ये सारी कहानियाँ एक सूत्र में बँधी हैं और यह सूत्र है—मनुष्य का मनुष्य के प्रति प्रेम, एक ऐसा प्रेम जो याचना नहीं करता, इनकी कहानियों के चरित्रों की गहराइयों में केंचुल मारे छिपा बैठा होता है और जैसे-जैसे कहानियाँ खुलती हैं, एक ऐसा क्लाइमेक्स आता है जब यह दूसरे को डँस लेता है और इस प्रेम का मारा पानी भी नहीं माँगता, वहीं घायल होकर उसके पाश में बँध जाता है। बाबा विश्वनाथ की नगरी काशी के प्रांगण में उभरी 'पगला बाबा' कहानी का नायक स्वेच्छा से डोम कर्म को स्वीकार करता है। जिसका कोई नहीं, उसका 'पगला बाबा'। दिनभर अपनी ठिलिया पर नगरी के इस छोर से उस छोर तक लावारिस लाशों को ढोता है, बदले में कुछ नहीं चाहता। बीमार है, बुखार से तड़प रहा है, फिर भी कुक्कुर की आवाज सुनकर उठ खड़ा होता है : "किसकी बारी आयी बाबा भोलेनाथ?" छिद्दू मिठ्या उसे सर्द फुटपाथ से उठाकर अपनी कोठरी के भीतर ले जाना चाहता है, पगला बाबा कहता है, "अरे छिदुआ, हम ठहरे बनारस के राजा। तोहरी ई कोठरी में समइवे का रे? उ देख, हमरा रथ खड़ा हो, ए ही पर गंगा मैया के पास ले जा। हम निकल जाईं त ई रथ के रग्घू के टाल के नीचे जौन छुटका चबूतरा हो न—उहैं छोड़ दिहे...उहें हमार महतारी ई हमरे हाथ में थमौले रहलीं....."। बाबा अपनी जगह लेट गये और आँखें मूँद लीं। छिद्दू पास-पड़ोस में खबर करने दौड़ गया। थोड़ी देर में बाबा की आँखें फिर खुलीं। "भिनसार वे पड़े हैं...? वे तो काशी मुक्ति की भीख माँगने नहीं आये थे? उठ ...पग्गल! उठ...तत्...तत्...चल...। हड़बड़ाकर वे उठे, दूल्हेवाली मौर सिर पर रखी और ठिलिया ढिनकाते चल पड़े पुत्तन की गली की ओर, जहाँ से रात कुत्ते के रोने की आवाज आती रही थी।" तकनीकी दृष्टि से वर्णनात्मक होते-होते हुए भी स्वाभाविक नाटकीय तत्त्व अत्यंत प्रबंल है।

इसी तरह इनके इस संग्रह की अन्य कहानियाँ—अर्द्धवृत्त, अर्थओझल, गुरुजी, आदेश और प्रतिमोह—मनुष्य के आंतरिक प्रेम और विश्वास की भित्तियाँ हैं और स्वाभाविक संरचना के कारण भरपूर नाटकीय भी। 'अर्द्धवृत्त' सौतिया डाह की कहानी है पर अंत उसका होता है ईर्ष्या की अग्नि के शमन से और सौत के आंतरिक सौंदर्य की पहचान से।

---

* भारतीय संस्कृति संसद द्वारा।

'अर्थओझल' मनुष्य को विश्वास की उस ऊँचाई पर खड़ा कर देने वाली कहानी है जिसकी ओर सिर्फ अपनी गर्दन पीछे की ओर झुकाकर देखना मात्र ही संभव है, उस गुरु की पवित्रता और निष्ठा की पराकाष्ठा है जिसने जीते-जी कभी भी दूसरों की गलतफहमियों को दूर करने की कोशिश में अपना कीमती वक्त गँवाना उचित नहीं समझा। 'आदेश' कहानी का नायक सरकारी अफसर होते हुए भी यह समझता है कि तबादला क्या है : ''बस मल्लीताल से तल्लीताल और तल्लीताल से मल्लीताल'', क्यों वह किसी मातहत के सपनों को तोड़ने का मोहरा बने? आखिर स्वयं उसने भी तो अपनी संतान के लिए सपने देखे थे, तो क्यों नहीं वह भी देखे जो उसका मातहत है? ''अच्छा-अच्छा, ठीक है, जाओ, लड़के के फाइनल तक हल्दवानी में ही बने रहो। मगर, देखो... रणजीत अपने आदेश बदलता नहीं है 'आर्डर बुड स्टैंड', यह आदेश रहेगा, सिर्फ इस पर अमल एक साल बाद होगा। अब तुम जा सकते हो।''

'गुरुजी' कहानी का नायक एक कच्ची नौकरी में लगा सरकारी मुलाजिम है और कुछ नहीं चाहता, बस इतना चाहता है कि कोई उसकी सिफारिश को आगे बढ़ा दे। किसी ने कुछ भी कर दिया तो उसे भगवान का आशीर्वाद माननेवाला। ''कार्तिकेय जी बहुत अच्छे आदमी हैं।'' अपनी मुलाकात के बारे में बताने के बाद उसने कहा।—''तुम्हें कैसे पता?''—''मैंने जब कहा कि मेरा काम तो हो जाएगा न, तो बोले कि काम कराने और न करानेवाला तो भगवान है।''—''तो इससे वह अच्छा आदमी हो गया?'' मुझे हँसी आ गयी, ''उल्टे इसका मतलब तो यह हुआ कि वह कुछ नहीं करेगा। तुम बार-बार भगवान की बात करते हो, तो करवा डालो न अपने भगवान से!''—''अब गुरुजी, मेरे इस छोटे-से काम के लिए भगवान अवतार तो लेंगे नहीं। वे करा तो रहे हैं। अब देखिए, आप तक पहुँचा दिया, फिर कार्तिकेय जी तक। वहाँ हिंदी टाइपिस्ट की जगह भी निकली है...।'' लेखक की संवेदना स्पष्ट है : ''अगर हम सिर्फ अपने दरवाजे-खिड़कियाँ खुले रखें, जो आना चाहता है उसे भीतर आने दें, बहुत न सही तो अपने हिस्से का थोड़ा कुछ ही करते जाएँ—मैं उसे कार्तिकेय के पास ठेल दूँ। कार्तिकेय अर्जी लगवाकर ढकेल दे। उसके आगे कोई और। फिर कोई और....इस सबका ताना-बाना बनेगा वही क्या भगवान की मदद का आकार नहीं ले लेगा?''—''गुरुजी वह मुझे कहता था....पर सीखऩा मुझे था....उससे।''

इस संग्रह की एक और कहानी से पागलपन की बात और खुलती है। पागल वही है जिसका किसी और के लिए प्रेम या दीवानापन मानवीय संवेदना की मान ली गयी सरहदों को पार कर जाए। 'प्रतिमोह' कहानी का नायक जीवन के कठोर संघर्षों से गुजरा हुआ एक ऐसा प्रौढ़ है जो बंबई शहर की फुटपाथों पर सुबह चाय का स्टाल लगाता है और उसी खोली में रातें भी काटता है, दिन में घरेलू नौकर का काम कर आता है। पार्क बनाने के लिए वह उस जगह से म्युनिसिपैलिटी द्वारा उखाड़ा जाता है, नौकरी भी छूटती है, फिर समुंदर के किनारे झुग्गी डालता है, कबाड़ी का धंधा शुरू करता है। एक अकेले

के लिए भी पेट पालने का कठोर संघर्ष। तभी एक छोटा-सा दस बरस का लड़का अपनी छोटी-सी संदूकची लिये उसकी कबाड़ी की दुकाननुमा झुग्गी में एक दिन के लिए बौक्स रखने का आग्रह करने आ पहुँचता है। स्पष्ट है कि छोकरा घर से भाग आया है, बंबई का भी नहीं है। अपनी ब्रंबइया जुबान में वह छोकरे को बुरी तरह डाँटता है : "बक्सा क्या, तुम्हारा रूमाल भी नहीं रखने का। हमारा कुछ भीच कब्भी कोई रखा? आदमी की औलाद ने हमकूँ क्या दिया, तो कोई मतलब नहीं हमकूँ भी आदमी नाम का चिड़िया से। चलो फूटो यहाँ से! एक बैठने का जागा बनाया, उसको भीच गिरवाना माँगता तू!... अपुन को कोई लफड़ा नहीं होना।" छोकरा भी इसी उम्र में जमाने का मारा हुआ है, वह मौन जिद करता है, बौक्स रख लिया जाता है। छोकरा दिन-दिन-भर गायब रहता है, क्या खाता है, कहाँ रहता है, इसे कुछ नहीं मालूम, पर रात को वह सोने जरूर आ जाता है। फिर वह ज्यादा गायब रहने लगता है, इसे चिंता सताने लगती है। एक बार आठ दिन बाद जब छोकरा लौटता है, थका-हारा, ढीला-ढाला, कुछ पूछो तो बोलता नहीं, रोनी सूरत, पर रोना नहीं आ रहा क्योंकि आसपास कोई करीबी नहीं। अब इस स्थिति को मानव की संवेदना कहें या नाटकीयता: "छोकरे को उस तरह देखते हुए इसके पेट में एकाएक एक गड्ढा-सा उग आया, ऊपर को हाँऊ हाँऊ करता हुआ...कोई दवा नहीं जो भीतर घुस जाए, उस गड्ढे को भर दे? मरोड़-पर-मरोड़ उठ रही थी, जैसे पेट की नसों को कोई गीले कपड़ों की तरह निचोड़ रहा हो। और नहीं सहा गया तो वह छोकरे पर बरस पड़ा—अबे बोलता काये कूँ नईं! खाना कितना दिन से नईं मिला? काम नईं करेगा तो खाने को कहाँ से मिलेगा? एक जगा रोता पड़ा रहेगा तो क्या तेरा बाप बैठा इधरीच जो खाना तेरे मुँह में डाल जाएगा...चल तेरे को कूँ आज ग्रांट रोड क पूरी थाली खिलायेगा...क्या! पेट भर खाने का...साला, अपुन को दो दिन का पगार जमा हो गया। बौक्स यहीं होना अब, झोंपड़े में अपुन दो आ जायेंगा....कोई फिकिर नहीं होना।" पगला बाबा संग्रह की 'पगला बाबा', 'आदेश' और 'प्रतिमोह' तथा उनकी अन्यत्र प्रकाशित दो और कहानियाँ—'रामसजीवन की माँ' तथा 'आदमियत'—इन पाँच कहानियों की एकसूत्रता को केंद्रित कर 'पगला बाबा' नाम से ही मैंने नाटक की संरचना की और 'अनामिका' के अंतर्गत उसे प्रस्तुत भी किया सन् 1987 में। कई प्रदर्शन हुए और नाटक में पाँच कहानियों के भिन्न-भिन्न पात्रों और स्थलों के बावजूद पूरा नाटक एक संपूर्ण नाटक का एहसास और आनंद देने में सफल रहा। यह कथ्य की संप्रेषणीयता और सहज स्वाभाविक शिल्प का सम्मिलित प्रयोग था। हमारे सभी कलाकारों ने इस नाट्यरूप के अंतर्निहित पागलपन को आत्मसात किया था और अपना सर्वश्रेष्ठ इसे दिया था। निर्देशक के रूप में भी इस नाटक को साकार करने एवं अभिनेता के रूप में 'प्रतिमोह' के नायक की संवेदना को जीने का मेरा सुखद अनुभव इन कहानियों के लेखक के प्रति आदर का भाव पैदा करता है।

गोविंद जी की बहुत-सी कहानियों का मंचन या नाट्यरूप अभी तक नहीं हुआ है,

फिर भी उनमें नाटकीय तत्त्वों की कमी नहीं है अर्थात् उनकी संवेदनशीलता और संप्रेषणीयता उजागर है। 'मुझे घर ले चलो' संग्रह से इसी नाम की कहानी का नायक एक ऐसा चरित्र है जिसके लिए सहानुभूति अपने-आप पैदा होती है। लिफ्टमैन की कच्ची नौकरी छूट गयी है, शादी के लायक लड़की घर पर है, पत्नी कर्जा लेकर उसको अस्पताल में दाखिल करती है, वह मृत्यु-शैया पर पड़ा बड़बड़ा रहा है : "मेरे कपड़े ले आओ। मैं घर जाऊँगा, मुझे यहाँ अच्छा नहीं लगता। अगर तुम नहीं ले गयीं तो इन्हीं कपड़ों में चला जाऊँगा...यहाँ बहुत ठंड है। मुझे नौकरी पर जाना है। पहले तुम्हारा उधार चुकाऊँगा, फिर रत्ना की शादी के लिए जोड़ूँगा...।" सपना देखता है कि कंपनी की गाड़ी उसे लेने आयी है, कंपनी खुल गयी है। इसी बिंब को लिये हुए उन्हीं कपड़ों में वह दूसरे लोक को चला जाता है। यथार्थ और सपनों का एक मायाजाल इस कहानी की विशेषता है। 'खुद के खिलाफ' कहानी (संग्रह भी इसी नाम का) की नायिका औरत के विभिन्न रूपों को प्रकट करती है। अपरिपक्व प्रेमिका, ब्याहता पत्नी और वेश्या के रूपों में वह पुरुष के स्वार्थी स्वरूप का खुलासा करती है : "प्यार जो खुद एक आदर्श है, वह स्वार्थी बंदों के बूते की चीज़ नहीं। उनके लिए तो यह ताज़ा चीज़ को हथियाने का हथकंडा है।"

इसी संग्रह की एक और कहानी 'शापग्रस्त' विदेश में बसे भारतीयों के टूटते जीवन-मूल्यों और विडंबनाओं की तस्वीर है। यहाँ जो आर्थिक टूटन की पीड़ा है, वह विदेश में मूल्यों के शापग्रस्त होने की पीड़ा बन जाती है। लेखक ने एक विदेशी आप्रवासी की इसी पीड़ा को शब्द दिये हैं। कहा जा सकता है कि नाटकीय स्थितियों का मनःस्थितियों में चित्रण। रीता पति को छोड़कर चली गयी है किसी गोरे से सफेद-सफेद बच्चों की माँ बनने की कामना लिये हुए, किंतु पति अभी भी प्रतीक्षा करता है : "क्या मैं भी यहीं रुक जाऊँ हुज़ूर....हो सकता है, रीता और बच्चे कभी वापस आ जाएँ। उम्मीद तो रखी जा सकती है न, हिंदुस्तान की दूरी पर पहुँचकर तो एकदम नहीं.... लेकिन उम्मीद भी क्या सिर्फ दिल बहलाने की बात ही नहीं होगी....बड़े होते ही लड़के-लड़की के लिए गर्लफ्रैंड और बॉयफ्रैंड होंगे...वे रीता को भी छोड़ देंगे। रीता एक के बाद दूसरे, दूसरे के बाद तीसरे आदमी की सेवा करती हुई बुढ़ा जाएगी—और बूढ़ा आदमी यहाँ कूड़ाखाने में फेंक दिया जाता है—रुकूँ भी, तो क्या तब तक यहाँ का मौसम मुझे खा नहीं चुका होगा...?"

'गिद्ध' कहानी एक अविवाहित, पर बड़ी होती जाती, लड़की की व्यथा-कथा है। माता-पिता की गिद्ध आँखें उसकी सच्चरित्रता का प्रमाणपत्र हैं पर समाज में कोढ़ की तरह उग आये नेतानुमा घूसखोरों और दलालों की गिद्ध आँखें तो उसके यौवन पर हैं, वह कहाँ बचकर जाए। कहानी में आज की सड़क का यथार्थ छलकता है।

'धाँसू' कहानी-संग्रह की कहानियाँ अधिकतर राजनीति के खेल को शब्द-चित्रों में खेलती हैं। 'धाँसू' और 'गोबरगनेस' कहानियाँ राजनीति के खेल के दो किनारे हैं। एक

का नेता वाकई धाँसू है अर्थात् पका हुआ राजनीतिज्ञ जो अपनी गोटी बिठाना और किस कुर्सी पर बैठना है, यह जानता है। दूसरा गोबरगनेस पार्टी में अपनी 'इमेज' नहीं बना पाता। राजनीति ही जिनके जीवन की खुराक है, वे इन कहानियों के धाँसू और गोबरगनेस को रोज ही सरकारी—अर्द्धसरकारी—पार्टीवाली ऑफिसों में निकलते-घुसते देखते होंगे। साधारण पाठक के लिए 'धाँसू' कहानी-संग्रह के पात्र मुँह में एक कसैला-सा स्वाद छोड़ते हैं—क्या इसी आदमी के लिए भारत की स्वाधीनता की लड़ाई लड़ी गयी थी, शहीदों ने फाँसी के फंदों को चूमा था? केवल राजनीति ही नहीं, समाज के दूसरे हिस्सों में भी जहाँ फफोले सड़ रहे हैं, उन पर भी गोविंद जी का यह कहानी-संग्रह मीठे व्यंग्य के माध्यम से प्रहार करता है। जहाँ इस तरह के पात्रों की 'स्वाभाविक' जीवन-यात्रा किस्सागोई हो, वहाँ नाटकीयता तो होती ही है।

राजनीति की बात छोड़ दें, तो सामान्य सीधे-सादे व्यक्ति के जीवन को बहुत अंदर तक झाँककर देख लेने की क्षमता भी गोविंद जी की कहानियों में है। उनकी चार कहानियों का एक और सूत्रबद्ध कोलॉज तैयार करने की कोशिश की गयी है—कचकौंध, घेरे, निरस्त और संध्यानाद। गाँव के प्राइमरी स्कूल के हेडमास्टर—पंडित जी। लड़का दिल्ली शहर में, पत्नी किसी कस्बे में, घर पर अकेले, ध्वस्त-सी झोंपड़ी, वर्षा का कीचड़ चारों ओर। प्रधान उन्हें समझा-बुझाकर लड़के के पास दिल्ली भेज देता है जो उनके लिए बिलकुल नया अनुभव है। पहले बड़े खुश हैं, फिर बीमार पड़कर अस्पताल में भर्ती होते हैं, तो लगता है, जेल में हैं। वापस गाँव की ओर भागते हैं, वहाँ उनका मातहत मास्टर हेडमास्टर बना बैठा है। पंडित जी की सारी दौड़धूप बेकार होती है, प्रांत की राजधानी का चक्कर भी बेकार, पत्नी भी कामकाजी महिला है, पति के लिए घरेलू धंधे का समय उसके पास नहीं है, वे वापस लड़के के पास दिल्ली चले जाते हैं। पार्क में, प्रवचनों में व्यस्त हो जाते हैं, पर धीरे-धीरे वह बेकार लगने लगता है। पुनः पत्नी के पास जाते हैं और अपने को महत्त्वपूर्ण बनाने की कोशिश करते हैं और यहीं फिर झगड़ा शुरू होता है। पत्नी से यह आश्वासन लेकर कि रिटायर होकर दोनों साथ ही रहेंगे, वे फिर दिल्ली चले जाते हैं। बुढ़ापे में पति-पत्नी दोनों लड़के के पास रहते हैं पर बुढ़ापे का खोखलापन उन्हें आ घेरता है। चाहते हैं, पत्नी का प्यार, पर लड़के-बच्चों के आगे चलती नहीं, यहाँ तक कि उनकी पत्नी कहाँ रहे, कहाँ सोये, इसका अधिकार भी उनका अपना नहीं रह जाता। मरण में तीन दिनों के लिए गयी पत्नी के सात दिनों में भी न लौटने पर झूठा तार देकर बुलवाते हैं और अपनी दुर्गत करवाते हैं। अर्थहीन जीवन के खोखलेपन को ये कहानियाँ प्रकट करती हैं। फिर भी अंत में आस्था के साथ समाप्त होती हैं कि जीवन मिल-जुलकर दोनों गाँव में जी लेंगे।

गोविंद जी का लेखन मूलभूत रूप में आस्था का लेखन है। जीवन को भरपूर जीने की आस्था उनके चरित्रों में घुली हुई है। उनके लेखन में जीवन में आनेवाले उतार-चढ़ाव एवं विडंबनाएँ कहानी की स्थितियों के अनुरूप स्वाभाविक रूप में उभरती हैं और

नाटकीयता पैदा करती हैं, किंतु उनका नायक या नायिका जीवन से पलायनवादी रुख नहीं अपनाता, अंत तक संघर्ष करता है। मनुष्य का मनुष्य के लिए प्रेम और पागलपन, यह उनके परवर्ती लेखन का मूल स्वर है। जहाँ मूल्यहीनता और पारस्परिक अविश्वास समाज में हावी हो रहे हैं, गोविंद जी की कहानियाँ अपने स्वाभाविक नाटकीय तत्त्वों के साथ आस्था का निर्माण करनेवाली हैं।

गोविंद मिश्र का कहानी-शिल्प और संवेदन का स्वदेशीपन

रमेश दवे

देवीशंकर अवस्थी ने अपनी पुस्तक 'नयी कहानी—संदर्भ और प्रकृति' में विपिन कुमार अग्रवाल के जरिए 'कहानी को वर्णन का सृजन' माना है। शैलेश मटियानी और अधिक व्यापक होते हुए मानते हैं कि साहित्य अपने सार रूप में 'लिखा गया मनुष्य' ही है। गोविंद मिश्र की कहानी को इन दो संदर्भों में वर्णन का सृजन माना जाए या कहानी में लिखा गया मनुष्य—था दोनों ही? वर्णन का सृजन जहाँ शिल्प है, वहीं 'लिखा गया मनुष्य' संवेदना कहानी और उसके बाद नयी कहानी हिन्दी कथा-साहित्य में आलोचना के अपने मापदंड के साथ नहीं आई और यहाँ तक कि एफ. आर. लीविस जैसे आलोचक ने भी काव्य के मापदंडों से ही कहानी को भी देखा। कथा अपने कथ्य, अपनी वस्तु, अपनी अनुभूतियों, भाषा, शिल्प और संवेदन में काव्य के सौंदर्यमूलक तत्त्वों से कितनी भी जाँची-परखी जाए, व़ह अंततः अपने समग्र में जीवन है, जीवनगत है और इसलिए मनुष्य, परिवेश, अनुभव और घटनाएँ सब कुछ कहानी में जीवन की तरह आते हैं। गोविंद मिश्र इसलिए अपनी कहानी को जीवन बनाने के प्रति अधिक सचेत हैं। उनकी कहानी में जिस प्रकार मनुष्य अपनी संभावनाओं के साथ सतत अन्वेषित होता है, उसी तरह भाषा भी अपनी संभावनाएँ स्वयं खोजती चलती है। सायास प्रयासों का वे ऐसा कोई भाषाजाल खड़ा नहीं करते, जिसमें कहानी खो जाए, संवेदना खो जाए और वह जीवन ही लुप्त हो जाए, जो उनकी रचना का अभीष्ट है।

गोविंद मिश्र के कथा-मानस की एक और विशेषता यह है कि वे अपने कथ्य में कितने भी मुखर हो जाएँ मगर तथ्य की उपेक्षा नहीं करते। वे प्रतिबद्ध कथाकारों की किसी कतार में शामिल नहीं होते, तो स्वयंबद्ध कथाकारों के अहं का भी अंग नहीं बनते। उनके लिए यदि प्रेमचंद, जैनेन्द्र, यशपाल, अज्ञेय अपनी पूर्वज पीढ़ी की इतिहास-संज्ञा हैं, जो राजेन्द्र यादव, कमलेश्वर, अमरकांत, रवीन्द्र कालिया आदि की समकालीनता से टकराकर वे उनकी भी अवमानना नहीं करते। वे आधुनिक होते हैं, तो आधुनिकता से अपनी आस्था का सौदा नहीं करते। उनके पास परिवेश और प्रकृति की

जो स्वदेशी काया है, उसे वे आधुनिकता के नाम पर किसी पर्यावरण विज्ञान की अतिमानवी माया को भी समर्पित नहीं करते। इसलिए उनकी वस्तु या उनका कथ्य स्थानीय हो; ग्रामीण, आंचलिक या नागरी हो, पात्र इतिहास-जनित हो या परिवेश-जनित ये कभी अपने स्वदेशी संवेदन-तत्व से पृथक नहीं होते। यही वजह है कि शैलेश मटियानी उन्हें गलत कहे जाने तक की जोखिम उठाने वाले एक ऐसा कथाकार मानते हैं, जिसके पास सोच की ईमानदारी है, और सोच की बेलाग मुखरता भी।

गोविंद मिश्र गत तीन दशकों में सर्वाधिक कथा और उपन्यास लिखने वाले कथाकारों में से हैं। इसलिए वे सतत शब्द और जीवन के बीच अपने को गतिशील बनाए रखते हैं। वे ऐसे मोहबंध भी अपने लिए नहीं रचते कि आलोचना के निष्कर्षों पर उन्हें कोई जैनेन्द्र की तरह मनोयोगी कहे या प्रेमचंद की तरह चेतना का जनयोगी। उनके लिए जैनेंद्र, प्रेमचंद, यशपाल, अज्ञेय, निराला सभी इतिहास अवश्य हैं, लेकिन आदर्श नहीं, प्रेरणा अवश्य हैं, लेकिन मानक नहीं। इसलिए जिस प्रकार का जीवन गोविंद मिश्र की कहानियों में संवेदित या स्पंदित होता है, वह अपने पूर्ववर्ती कथाकारों या समकालीनों की कथावस्तुओं का दोहराव नहीं है और न कहीं भाषा किसी के प्रभाव से आक्षेपित है।

गोविंद मिश्र ने अपनी कथा का शिल्प मुख्य रूप से संप्रेषण के शिल्प के रूप में आजमाया है। 'वरणांजलि' जैसी कहानी में कई बार उनकी दार्शनिक मुद्राएं उभरती तो हैं, लेकिन कुछ वाक्यों की सार्वभौमिकता रच कर वे पुनः अपने कथालोक में ही आ जाते हैं, जहाँ उन्हें मनुष्यगत पीड़ाओं के बीच ही कथा का निर्वाह करना है। कथा-आलोचना के काव्य आलोचना की तरह कोई शास्त्र-सम्मत मानदंड तो निर्धारित नहीं किए जा सके, किंतु कथा को भी अपने सृजन की विराटता में काफी हद तक एक प्रकार की काव्य प्रणाली ही मान लिया जाए। कहानी, नयी कहानी, अकहानी आदि के जितने भी रूपक हिन्दी कथा में पश्चिम के रास्ते से प्रविष्ट हुए, उनसे कभी कहानी को फार्म, कभी कांटेण्ट तो कभी संवेदनात्मक भावुकता के आधार पर स्वीकारा या नकारा गया। हिंदी में कुछ इस तरह के प्रयोग भी हुए और उत्तर-आधुनिकता तक आते-आते कथा में समय, स्मृति, अबकाश और इतिहास आदि की एक बड़ी बहस उठ खड़ी हुई। समाजशास्त्रीय, आर्थिक और वैज्ञानिकता के साथ आधुनिकता बनाम उत्तर-आधुनिकता के संवाद शुरू हुए। राजनीति, मनोविज्ञान और मानव विज्ञान के हस्तक्षेप बढ़े और भाषा में अपरिचित शब्दावली, नये-नये उपसर्ग और प्रत्यय प्रचलित हुए। इतने सारे दबाव हैं, गोविंद मिश्र ने अपनी कथा में अपनी ही सहजता को सुरक्षित रखा। इसलिए उनका कथा शिल्प भाषा की संरचना खंडित नहीं करता, व्याकरण का अतिक्रमण नहीं करता और शब्द को निःशब्द नहीं होने देता। हिंदी में लगभग ऐसा ही काम निर्मल वर्मा और राजी सेठ ने भी किया है।

आधुनिक कहानी या नयी कहानी जैसा कोई फारमेट हमारे पास था नहीं। या तो हमारे पास आख्यान, महा-आख्यान या महाकाव्य थे, या वे जातक-कथाएँ, लोक कथाएँ

आदि जिनकी प्रकृति अंग्रेजी साहित्य के फेबल या पेरेबल जैसी थी। जब हिंदी कहानी में पश्चिमी शॉर्ट-स्टोरी का फॉर्म या फॉरमेट अपनाया गया, तो यह तो तय है कि वह कैसा भी रहा हो मगर उससे हिंदी कहानी को नया अस्तित्व, नई अस्मिता और नया रूप मिला। यहाँ तक कि उसके पश्चिमी होने की मान्यता भी इस प्रकार तिरोहित हो गई कि हिंदी कथा की उत्कृष्ट-सर्जना ने स्वयं अपना रूप निर्धारित और विकसित कर लिया। यही वजह है कि हम प्रेमचंद, जैनेंद्र से लेकर गोविंद मिश्र तक किसी भी कहानी या कहानीकार को किसी फॉरमेट के तहत न पढ़ कर उसकी अपनी नितांत निजी विशिष्टताओं और वैयक्तिकताओं में पढ़ते हैं। गोविंद मिश्र को पढ़ते समय कभी लगता है कि वे 'फांस' जैसी कहानी में एक अत्यंत ही अविश्वसनीय कथावस्तु में देशज, निहायत आंचलिक और आत्मीय किस्म का विश्वास रचते हैं, तो 'वरंणाजलि' की मार्मिकता व्याकुल आघातों के साथ हमारी प्राणसत्ता पर हावी हो जाती है।

गोविंद मिश्र पर शैलेश मटियानी प्रेमचंद की परंपरा की झलक कुछ कहानियों में पाते हैं, लेकिन यह बड़ी बात है कि प्रेमचंद की महान कहानी 'कफन', 'पूस की रात' और 'ठाकुर का कुआँ' से गोविंद मिश्र को बिलकुल मुक्त मानते हैं। संभवतया 'नमक का दारोगा' या वैसी ही अन्य कहानियाँ गोविंद मिश्र के स्कूली दौर में पढ़ी गई कहानियों के प्रभाव का परिणाम हों और ऐसा प्रारंभिक दौर में कहानी लिखते समय बहुत स्वाभाविक भी होता है, लेकिन गोविंद मिश्र जैसे-जैसे कथा के रूप, उसकी वस्तु, उसके वर्णन और विवरण में विविधता का शिल्प अपनाते हैं, वैसे ही उनके कथाकार का अपना वैशिष्ट्य अपनी वैयक्तिकता प्रकट होने लगती है। इसी प्रकार 'खाक इतिहास' में लुडविख का इतिहास रचने और विदेशी परिवेश में मारिया जैसे चरित्र का चेकोस्लोवाकिया के समूचे पहाड़ी और झील के मोहक सौंदर्य के बीच जमीन कुरेदना बहुत सहज है, कथा में संस्मरणात्मक स्मृति का सुंदर संयोजन और विसर्जन भी है, लेकिन जिन्हें निर्मल वर्मा का उपन्यास 'वे दिन' याद है, या जो 'परिन्दे' कहानी के परिवेश से आच्छन्न हैं, उनके लिए यह कहना आसान होगा कि 'खाक इतिहास' जैसी कहानी में निर्मल वर्मा का प्रभाव देखा जा सकता है।

गोविंद मिश्र की कथा-संवेदना अनेक-आयामी है। 'आल्ह खंड' जैसी कहानी पढ़ कर यह नहीं लगता कि किसी आल्हा-ऊदल की कथा पढ़ी जा रही है, लेकिन वहां इतिहास-वस्तु कथावस्तु में गुंफित होकर जिस प्रकार अपना ही कथा-परिवेश खड़ा करती है, इससे गोविंद मिश्र के शिल्प की यह विशेषता भी जाहिर होती है कि वे कितनी निस्संगता के साथ स्थूल तथ्यों की सूक्ष्म बुनावट करते हैं।

कथा चूंकि एक प्रकार की जीवन-वस्तु है, इसलिए उसका मनुष्य में घटित होते रहना स्वाभाविक है। यदि मनुष्य का एक पक्ष किसी मार्मिक संवेदन के जरिए करुणा जगाता है, तो दूसरा पक्ष मनुष्य में मनुष्य का व्यंग्य भी खोजा करता है। कई बार ऐसा होता है कि किसी कथाकार के पास करुणा, व्यथा, पीड़ा और तमाम सामाजिक-सरोकार

अपने संपूर्ण यथार्थ में आते हैं, और कथा से उनका रूपांतरण जीवन में हो जाता है। इस प्रकार कथा एक प्रकार का मर्म-राग बन जाती है, लेकिन जब कथा का यही मर्म यथार्थों से टकराता है और उनके अंदर के अंतर्द्वंद्व बाहर लाता है, तो व्यंग्य के स्वर मुखर होने लगते हैं। 'आँसू' कहानी गोविंद मिश्र के राग के बजाय विराग की कथा है, क्योंकि व्यंग्य अपनी प्रकृति में विरागात्मक ही होता है।

गोविंद मिश्र का कथा वैविध्य दिखाई तो देता है 'शुरुआत' और करुण कथा 'वरणांजलि' के बीच रचे गए दो एक जैसी संवेदना के अलग-अलग चित्रों में, 'पगला बाबा' और 'धाँसू' के बीच की दो अलग-अलग मनोभूमियों में, 'माइकल लोबो' और 'खाक इतिहास' के कथ्यगत विचलनों में, 'फांस' और 'एक बूँद उलझी' के विलोम में, लेकिन कई बार ऐसा लगता है कि जैसे गोविंद मिश्र ब्यौरों से बच कर कथावस्तु का आकार सीमित कर देते हैं। वर्णन, ब्यौरे से बच कर कथावस्तु अनेक बार विस्तार की मांग करती है, लेकिन कथाकार कभी-कभी अनावश्यक संक्षिप्तताओं का शिल्प अपना कर कथा को किसी उत्कर्ष तक ले जाने की उतावली दिखाते हैं। 'खाक इतिहास' में जिन ब्यौरों को गोविंद मिश्र जितने व्यापक होकर रचते हैं, उतने 'फाँस' में या 'अर्थ ओझल' में क्यों नहीं दे पाते, जबकि 'अर्थ ओझल' जैसी कहानी के पास तो ऐसी संभावनाएं भी थीं?

गोविंद मिश्र में कहीं न कहीं यह अंतर-भाव भी काम करता है कि उन्हें पढ़कर कोई यह न कह दे कि यहाँ वे प्रेमचंद जैसे हैं और यहाँ रेणु या निर्मल वर्मा जैसे। ऐसा गोविंद मिश्र के बारे में यदि कहा जाता है, तो वह एक प्रकार का वेल्यू जजमेंट या फतवा होगा क्योंकि गोविंद मिश्र ने हर बार स्वयं अपने ही वस्तु चयन में यह सावधानी रखी है कि उनकी कहानी कहीं भी किसी की प्रतिध्वनि नहीं लगे। इतना अवश्य है कि जिस प्रकार गोविंद मिश्र वस्तु-वैविध्य का चयन करते हैं उतना वैविध्य या विचलन शिल्प या भाषा के स्तर पर नहीं कर पाते।

गोविंद मिश्र को डॉ. चंद्रकांत बांदिवडेकर ने शैली की दृष्टि से शब्द की मितव्ययता का कथाकार और दृक-बिम्बों का कुशल चितेरा माना है। गोविंद मिश्र का कथा-संसार उनके उपन्यासों में अधिक व्यापक बहुकोणीय हुआ है और उपन्यासों को लेकर जितनी विशद चर्चा की जा सकती है, उसकी तुलना में कहानी कथाकार को अपने सृजन की चुनौती अधिक देती है, और इस कारण कहानी को लेकर कलात्मक उन्मेष को वस्तुनिष्ठ होकर परखना होता है, साथ ही वह संश्लिष्टता भी जरूरी है जो किसी कथा को वस्तु, कथ्य, शिल्प, भाषा, घटना, पात्र आदि सभी आधार पर घनीभूत करती है। गोविंद मिश्र कहानी का न कोई रहस्य-लोक रचते हैं और न कथानकों की बोझिलता का चयन करते हैं। प्रभाव तो किसी के भी किसी में पाए जा सकते हैं, किंतु कथा को उसके सृजन के स्तर पर देखना ही वास्तविक काव्य-न्याय है।

कथा जीवन-सम्पृक्त होने से उसके विषयों की वस्तु भी जीवन से आती है। उसमें

व्यक्ति भी होता है, समाज भी, पीड़ा भी होती है, आनंद भी, समरसता भी होती है और प्रतिकूलताएँ एवं विलोम भी। कई बार ऐसा लगता है कि गोविंद मिश्र अपने स्वभाव के विपरीत जाकर कथा को लाउड कर देते हैं, या सपाट भी बना देते हैं। 'धाँसू' कहानी यदि अपने व्यंग्य को अधिक संश्लिष्ट करती तो अधिक प्रभावी हो सकती थी। गोविंद मिश्र की कथा चेतना मूल रूप से बौद्धिक के साथ-साथ देशज चेतना है। इसलिए वे एक प्रकार से विचार-स्वायत्त कथाकार हैं। पूर्ववर्ती प्रेमचंद, अज्ञेय, जैनेंद्र, यशपाल, इलाचंद्र जोशी, अमृतलाल नागर आदि सब उनका कथा-मानस तैयार भले ही करते हों, लेकिन उन्हें डिक्टेट नहीं करते। इसी तरह राजेन्द्र यादव की आक्रोश-मुद्रा, कमलेश्वर की चेतनागत सामाजिकता, मोहन राकेश की ऐतिहासिक जन-मानसिकता, दूधनाथ सिंह, काशीनाथ सिंह, ज्ञानरंजन आदि की प्रतिबद्ध वैचारिक आस्था और अपने तमाम समकालीनों के आंदोलनों, दशकों और कहानी के अकहानी, सचेतन कहानी आदि नामों से जुड़े आयामों से गोविंद मिश्र ठीक वैसे ही पृथक दिखाई देते हैं, जैसे निर्मल वर्मा, कृष्णा सोबती, राजी सेठ, प्रियंवद एवं उषा प्रियंवदा आदि लगते हैं।

पृथकता में भी गोविंद मिश्र यह अहसास अपने पूरे कथा-सृजन से करा देते हैं कि उनकी उपस्थिति को नकारा नहीं जा सकता, फिर चाहे वह कहानी को लेकर किसी भी किस्म की चर्चा क्यों नहीं हो। यदि प्रेमचंद और जैनेंद्र को लेकर चर्चा होती है, तो भी गोविंद मिश्र का उल्लेख आवश्यक है, धर्मवीर भारती, राजेन्द्र यादव और कमलेश्वर पर बहस होती है तो भी उनका संदर्भ जरूरी है। वे एक साथ अज्ञेय, निर्मल वर्मा, नरेश मेहता के साथ भी रखे जा सकते हैं और अपने समकालीनों में रवीन्द्र कालिया, शानी, ममता कालिया आदि से लेकर उदय प्रकाश, रमेश बक्षी और शिवमूर्ति तक भी चर्चा के केंद्र में आ सकते हैं। गोविंद मिश्र की यही बहुवचनीय स्वीकृति साबित करती है कि कथा सृजन के माध्यम से जिस आत्मअभिव्यक्ति, आत्म-प्रेरित और स्वायत्त सृजन-मेधा को गोविंद मिश्र ने प्रकट किया है, उससे वे आधुनिक हिंदी कहानी में अपना स्थान स्वयं रचते हैं।

कथा-आलोचना में अब काम तो काफी होने लगा है, लेकिन कथा को संदर्भ, सरोकारों, चिंताओं, समस्याओं आदि के साथ जाहिर करने की शैली अब अधिक नवाचारों की अपेक्षा करती है। गोविंद मिश्र में वह नवाचारात्मक दृष्टि है। इसका यह अर्थ नहीं कि वे मनोहर श्याम जोशी या सुरेन्द्र वर्मा की तरह कोई उत्तर-आधुनिकतावादी प्रयोग करें, किंतु जब उत्तर-आधुनिकतावादी धारणाएँ इतिहास को चुनौती दे रही हैं, समय और अवकाश के बीच एक नया विचार-केंद्र रच रहीं हैं, और भाषा जब विश्व-भाषाओं के मंडीकृत संस्करणों से नये शब्द-आवेश अपना रही है, ऐसे में गोविंद मिश्र के सर्जक से यह उम्मीद तो की ही जानी चाहिए कि अपने सहज स्वदेशीपन में वे चैन से न बैठे। गोविंद मिश्र के पास भारतीयता की गाँधी चेतना भी है, बुंदेली आंचलिकता का ग्राम्य कथालोक भी और कलात्मक अभिव्यक्ति की कुशलता भी। उनके

कहानी-पाठ जिस बौद्धिक आतुरता को आमंत्रित करते हैं, उससे उन्हें चाहिए कि वे निर्मल वर्मा की तरह कथा के शब्द-संधान में और अधिक गहराई तक जाएँ।

कई बार लगता है कि गोविंद कहानी में किसी प्रकार की वाचिकता रचने के प्रति उत्सुक हैं, जैसा 'फाँस' जैसी कहानी से जाहिर भी होता है। यह एक अच्छे कथा-सृजन का गुण हो सकता है लेकिन आज जिस प्रकार से पाठ या टैक्स्ट को लेकर भाषा और शिल्प की जब परख होने लगी है, तब गोविंद मिश्र को अपना एक शैली-विज्ञान भी रचना होगा, ताकि शब्द के अर्थगत तनाव, कथा की संरचना में भाषा की भूमिका, कथा की वस्तु में कथात्मकता के तत्त्व आदि को लेकर गंभीर बहस की जा सके।

गोविंद मिश्र हमारे समय के महत्त्वपूर्ण कथाकार तो हैं ही, साथ ही जनबोली, हिंदी, संस्कृत, अंग्रेजी आदि भाषाओं की गहरी समझ के कारण वे अपनी कथा कृतियों में किसी भी प्रकार की शब्द-स्फीति से ग्रस्त नहीं हैं। किसी भी कथा का संश्लिष्ट होना यदि उसकी कलात्मक सफलता है, तो उसका सार्थक होना उसकी सामाजिक और पाठगत सफलता है। गोविंद मिश्र ने 'वरणांजलि', 'पगला बाबा', 'शुरुआत' और 'फाँस' जैसी कहानियों के जरिए ऐसी ही सफलता अर्जित की है। उनका सृजनात्मक सातत्य और कथात्मक-उन्मेष भावी कथा सृजन के उन्नयन की आश्वस्ति है।

'नये-पुराने माँ-बाप' : अंतरंगता की ललक और नियति

सुधीर चंद्र

एक ऐसे व्यक्ति की दृष्टि में, जिसका हिंदी साहित्य जगत से 'आउट साइडर' का संबंध है, आज की बढ़ती हुई संकीर्ण गुटबंदी और उधार ली हुई बंजर बौद्धिकता के समय में गोविंद मिश्र जैसे कहानीकार का एक विशेष महत्त्व बन जाता है। गोविंद की आँख अपने अंदर और चारों तरफ तेजी से बदलते दृश्यों में से उन स्थितियों को पकड़ने की कोशिश करती है जो व्यक्ति के आंतरिक व सामाजिक यथार्थ के स्थायित्व व परिवर्तन दोनों को बाँध सके और मानना पड़ेगा कि उसके पास आँख भी है और पकड़ भी। उसका माध्यम है सीधी, सरल, लगभग बोलचाल की भाषा।

पर स्थितियों का चित्रण मात्र वर्णन भी हो सकता है और विश्लेषण भी। कहानीकार उनको तटस्थ भाव से देख सकता है या भावावेग के साथ उनसे टकरा सकता है। गोविंद का प्रयत्न रहता है स्थितियों को तटस्थतापूर्वक वर्णित किया जाए। ऐसा नहीं कि इस प्रयत्न में उसे पूरी सफलता मिलती है या इस तरह की सफलता संभव भी है। चाहे-अनचाहे उसकी अपनी प्रतिक्रियाएँ उसकी कहानियों में जहाँ-तहाँ उभर आती हैं—कहीं कोई आर्द्र भाव, कहीं क्रूरता, कहीं उबासी, कहीं छटपटाहट तो कहीं निश्चेष्टता। परिणामस्वरूप कहानियाँ विभिन्न 'मूडों' में विभिन्न मानवीय स्थितियों को चित्रित करती हैं। उन कहानियों में तत्कालीन समाज के विभिन्न वर्ग आते हैं, बच्चों से वृद्ध तक हर अवस्था के लोग आते हैं, विभिन्न संबंध के संदर्भ में—और वह है पति-पत्नी संबंध, और जो थोड़ा-बहुत वह आता है तो पत्नी एक मौन आततायी के रूप में होती है। एक संवेदनशील कहानीकार में इस तरह की संवेदनहीनता आसानी से समझ में नहीं आती।

· · ·

प्रस्तुत संग्रह की अंतिम कहानी है नये पुराने माँ-बाप। यह गोविंद की प्रथम प्रकाशित रचना है और काफी भावुकतापूर्ण भी। एक उभरते हुए, संभवतः असफल प्रेम संबंध की छाया में एक बच्ची का सौतेली माँ के आने से उत्पन्न दर्द इसकी कथावस्तु है। पर लगता है, कहानी का आधारभूत दया-भाव बच्चों के लिए उतना नहीं है जितना

प्रेमियों के लिए है। इससे कहीं हटकर हैं शुरुआत और चुगलखोर, जिनमें वास्तव में बच्चे केंद्र-बिंदु बनकर आते हैं। दोनों ही संश्लिष्ट स्थितियों की कहानियाँ हैं और दो भिन्न परिस्थितियों में दो भिन्न वर्गों के बच्चों के महानगरी दिल्ली में मानवीय पुनः स्थापन की समस्या को बड़े बारीक ढंग से चित्रित करती है। अंतर केवल इतना है कि कर्जन रोड फ्लैट्स में आया हुआ सरकारी अफसर का बच्चा अंततोगत्वा मैत्री स्थापित कर लेता है, जबकि लोदी कॉलोनी में क्लर्की की बस्ती में काम करने वाला छोटा नौकर इस नये संसार में सारी कोशिशों के बावजूद अपना स्थान नहीं ढूँढ़ पाता।

आधुनिक सभ्यता में व्यक्ति का निरंतर अवमूल्यन और अपनी प्रतिष्ठा को बनाये रखने के लिए किये जाने वाले इसके प्रयत्नों की लगभग निश्चित पराजय किसी-न-किसी रूप में गोविंद की कहानियों में उभरती है। जिहाद से विशेष रूप से यह समस्या उभरकर आती है। संभवतः प्रस्तुत संग्रह में अकारण ही इसको प्रथम स्थान नहीं मिला। विश्वविद्यालय के अपेक्षाकृत सुरक्षित वातावरण में अपने आदर्शवाद को पालने-पोसने के बाद 'वह' इस विश्वास से सरकारी अफसर बना है कि अपने घिनौने समाज की गंदगी से समझौता न करके उसका समूल नाश करेगा। पर धीरे-धीरे जिहाद की आक्रामकता बुझने लगती है और साथ-ही-साथ सूखने लगता है उसका आदर्शवाद। यह दूसरी बात है कि पग-पग पराजय की तरफ खिंचता हुआ भी वह अपने अंदर जिहाद का भ्रम बनाये रखता है : शायद इसलिए कि समझौते का एहसास उसे अपने-आपसे नफरत करने के लिए मजबूर न कर दे। अपने स्वार्थ और 'मिशन' के लगातार टकराव में हर बार 'वह' आहुति 'मिशन' के किसी अंश को ही देता है, पर इस चतुराई से कि इस सत्य से साक्षात्कार टलता रहे। और अगर जिहाद की स्थिति के विपरीत, आँकड़े का ओवरसियर इस वैयक्तिक जिहाद को सचमुच चलाये भी रखता है तो वर्तमान व्यवस्था को बनाये रखने के लिए बनाया गया कानून, जिसका न्याय से कोई संबंध नहीं है, उसको अदालत के कठघरे में ले जाकर तोड़ देता है। प्रश्न केवल यह होता है कि कौन कितना ढीठ है।

एक बार शुरू होने के बाद यह समझौता—चाहे व्यक्ति इस यथार्थ को पहचाने या अनदेखा करे—न जाने कितने तरीकों से आदमी से बदला लेता है। एक जहर फैलता है जो मारता नहीं, या शायद मारता है, पर अपने ही अंदाज से और धीरे-धीरे। दोस्त, अवमूल्यन, सीधा...दूर तक सीधा, बाँध, ढलान तथा घाव ऐसी स्थितियों की कहानियाँ हैं जिनमें व्यक्ति का व्यक्ति से संबंध होता जा रहा है, यद्यपि इस संबंध की चाह अब भी बनी हुई है। व्यक्ति की व्यक्ति से संबंध की चाह और उसको पाने या बनाये रखने की निरंतर बढ़ती अयोग्यता मानो आज के आदमी की नियति बन गये हैं।

इस संदर्भ में आजीवीकरण विशेष रूप से सशक्त बन पड़ी है। हो सकता है, इस कहानी का इस प्रकार से विवेचन स्वयं गोविंद को भी स्वीकार्य न हो, पर मेरी समझ में इस कहानी के कुत्तों की स्थूल व्याख्या न करके उनको सांकेतिक मानकर ही इसके

वास्तविक मर्म को समझा जा सकता है। यदि ऐसा करना सही है तो, आजीवीकरण उस 'आकांक्षा' को प्रस्तुत करती है जो समस्त भयावह मानसिक प्रतिबंध के बावजूद आदमी में बनी रहती है। पागल, विद्रोही, जीनियस सभी तो जैसे व्यक्ति की बुझती हुई गरिमा को, भविष्य में ही सही, एक नयी लौ मिल जाने का आश्वासन देते हैं : एक आश्वासन जो इसलिए भी आश्वस्त करता है कि आज भी कुछ लोग झुंड में रहते हुए उनके प्रति सहानुभूति और आदर रखते हैं जो समाजीकरण के चक्र में अमानवीय नहीं हुए।

'अंतःपुर' : युग से जुड़ी मानसिकता

सुधीर चंद्र

आज के आदमी की त्रासदी, लगता है, एक अनिवार्य विडंबना से जुड़ी हुई है—अपने से अलग किसी दूसरे से अंतरंगता स्थापित करने की अदमनीय इच्छा, और ऐसी अंतरंगता स्थापित करने तथा बनाये रखने की योग्यता का निरंतर ह्रास। यह विडंबना अनिवार्य शायद इसलिए हो जाती है कि अंतरंगता की इच्छा तो विशुद्ध रूप से नैसर्गिक है जबकि इसके लिए आवश्यक योग्यता की सीमाएँ बाहरी संसार की अनेक शक्तियों द्वारा न जाने कितने स्थूल और सूक्ष्म तरीकों से निर्धारित होती हैं। अतएव, गोविंद मिश्र का यह मानना बड़ा स्वाभाविक लगता है कि उनका इष्ट कथ्य से भी आगे उस मानसिकता को अपने सारे उलझाव के साथ प्रस्तुत करने का रहा है जो कहीं से हमारे युग से जुड़ी हुई है और जिसकी मात्र एक झलक हम किसी स्थिति विशेष में देख पाते हैं।

प्रस्तुत संग्रह की दस में से सात कहानियों में इस थीम को विभिन्न परिस्थितियों के माध्यम से टटोला गया है। इनमें से एक है 'गलत नंबर', जो ऊपर से चुटकियाँ लेते हुए इस थीम पर—अंतरंगता की ललक की अनिवार्य विनिर्मिति पर—एक गंभीर वक्तव्य देती-सी जान पड़ती है। हर नंबर जैसे गलत नंबर है, और अगर कुछ समय के लिए लगे भी कि वह गलत नहीं है तो वह 'कैजुएल्टी' है। कहानी काफी 'सिनिकल' है। पर सच्चाई से परे नहीं। इसी स्थायी भाव की अभिव्यक्ति बाकी कहानियों में दूसरे मूडों में हुई है। 'अ-परिचय' में एक ठंडी, निर्मम, उबासी है। 'झपट्टा' का मूड 'गलत नंबर' व 'अ-परिचय' के मूडों के बीच तैरता रहता है।

यह सिर्फ संयोग की बात नहीं लगती कि ये तीनों कहानियाँ जवान या अधेड़ व्यक्तियों की कहानियाँ हैं और एक गहरा असंतोष उत्पन्न करती हैं, मानो कोई आवश्यक कोना उद्‌घाटित होने से रह गया हो। विशेष रूप से इसलिए कि इसी थीम से संबंधित अन्य चार कहानियाँ जो बच्चों और बूढ़ों पर लिखी गयी हैं, बहुत सूक्ष्म और प्रभावशाली बन पड़ी हैं। यह भी ध्यान देने योग्य बात है कि इन कहानियों का मूड पूर्व चर्चित तीन कहानियों से भिन्न है—एक कोमल, किंतु तटस्थ, करुणा से संपृक्त है।

'पड़ाव' का आठ-नौ साल का लड़का देर तक पाठक को 'हांट' करता रहता है। शांत, मौन इस बच्चे पर उसके पिता की छाया कुछ विचित्र आततायी ढंग से मँडराती

रहती है। अपने पिता के साथ उसे कुछ घंटों के लिए एक नये परिवार में जाना पड़ता है। बहुत लंबा लगने वाला झिझक के छोटे अंतराल के बाद उसका परिवार के बच्चों के साथ मेल हो जाता है। कुछ घंटों रहने वाला यह संबंध शीघ्र ही गहराई ग्रहण कर लेता है और भावों का वैविध्य भी। इससे भिन्न संबंध है बच्चे के पिता और परिवार के मुखिया का। हल्का और औपचारिक, बावजूद इसके कि ये दोनों व्यक्ति पहले भी मिलते रहे हैं और भविष्य में भी मिलते रहेंगे। एक तीसरे स्तर पर चलता है एक इकतरफा संबंध। परिवार के मुखिया का नवागंतुक बच्चे के साथ। इस रहस्यमय बच्चे के प्रति सहानुभूति उन्हें आक्रांत-सा कर देती है। और 'पड़ाव' की समाप्ति पर :

> ''पहली बार अपनी तरफ आते हुए मैंने उसकी आँखों को देखा—करुणा का अथाह सागर था वहाँ, जमा हुआ दर्द जो मैंने पहले कहीं और नहीं देखा था... दर्द की कसी हुई डूबती रेखाएँ....नीचे और नीचे...आठ साल के किसी बच्चे की आँखों का विस्तार इतना बड़ा हो सकता है, मैंने कभी कल्पना भी नहीं की थी।''

× × ×

> ''मैंने उसके पिता को विदा किया...जबकि वे जल्दी ही फिर इधर आने वाले थे। उसका कोई साथी उसे विदा करने नहीं आया....जबकि वह शायद ही अब कभी इधर आये, उन्हें शायद यह भी ख्याल नहीं था कि वह जा रहा है। उसके होने ने भले ही उनके खेल में फर्क डाला हो, उसके न होने से कोई फर्क नहीं पड़ रहा था।''

× × ×

> ''मैंने उसका गाल थपथपाया और जान-बूझकर उसके बालों से आँखों को मूँद लिया। फिर मैं उसकी आँखों में झाँकता, इतनी हिम्मत मुझमें नहीं थी।''

बच्चों पर गोविंद ने पहले भी लिखा है। उनके प्रथम कहानी-संग्रह में प्रकाशित 'शुरुआत' व 'चुगलखोर' की याद सहज ही आ जाती है। पर प्रस्तुत संग्रह की एक विशेषता यह है कि इसमें मानवीय संबंधों के उत्तरोत्तर अवमूल्यन का चित्रण बूढ़ों को लेकर उसी मार्मिक तटस्थता के साथ किया गया है जो गोविंद के लेखन को बगैर ड्रामाई बनाये स्मरणीय बनाती है। 'घेरे' और 'खंडित' में हमारा साक्षात्कार ऐसे बूढ़ों से होता है जो मौत का इंतजार कर रहे हैं, जिनकी मौत का इंतजार किया जा रहा है, पर जो निर्विकार होने का भाव देते हुए भी नये मानवीय संबंधों की मरीचिका के लोभ से उबर नहीं पाते।

मरीचिका तो मरीचिका है, चाहे वे जवानी के हों, चाहे बुढ़ापे के, 'घेरे' अंततोगत्वा 'कैजुएल्टी' बन ही जाते हैं। संबंध सब खंडित होते हैं। साथ ही व्यक्ति भी। निजात तो वस एक बार मिलती है।

पर सबसे अलग उभकर आती है 'कचकौंध'। हमारी आज की जिंदगी के तमाम पहलुओं को व्यक्ति से जोड़कर उनके अंतसंबंधों में पेश करने वाली यह कहानी शिल्प,

शैली और कथ्य की दृष्टि से आधुनिक हिंदी कथा साहित्य की एक उपलब्धि है। इसमें तत्कालीन भारतीय जीवन—वैयक्तिक, पारिवारिक, सामाजिक एवं राजनीतिक—के यथार्थ को एक बूढ़े ग्रामीण स्कूल मास्टर के दृष्टिकोण से प्रस्तुत किया गया है। एक विशाल 'स्वीप' में टूटने का वह क्रम उभरकर आता है जो हमारे जीवन का अंग बन गया है—चाहे हम महानगर में हों, चाहे कस्बे में—यह बनता जा रहा है। यह बहुत महत्त्वपूर्ण बात है कि कहानी का दृष्टिकोण वृद्ध अध्यापक का दृष्टिकोण है। स्पष्ट ही लेखक इस दृष्टिकोण से स्वयं सहमत नहीं है, विशेषतः इसलिए कि अध्यापक लेखक की पीढ़ी पर नाना प्रकार के लांछन लगाता है। यह तथ्य भी उतना ही महत्त्वपूर्ण है कि वृद्ध अध्यापक द्वारा की गयी हमारे जीवन की आलोचना का मूल आधार तो स्वीकार किया जा सकता है पर उसका विस्तृतीकरण अध्यापक के दृष्टिकोण विशेष पर आधारित है और सर्वमान्य नहीं हो सकता।

हमारे जीवन के बहुस्तरीय 'कन्फ़्यूज़न' को व्यक्त करने का यह बड़ा ही सशक्त—साहित्येतर भाषा में कहें तो वैज्ञानिक—तरीका गोविंद ने 'कचकौंध' में अपनाया है। इसका एक आधारभूत तर्क है। यदि मूलरूप से स्वीकार्य होने पर भी स्कूल मास्टर की आलोचना अपने विस्तार में सिर्फ निजी तौर पर सत्य है तो हम में से किसी के विस्तृतीकरण की मान्यता सिर्फ निजी हो सकती है।

यदि यथार्थ की पकड़ और 'कन्फ़्यूज़न' फँस कर अनिश्चितता का आभास हमारे अहसास में निहित है तो 'कचकौंध' आम आदमी की जिंदगी का मार्मिक और विश्वसनीय दस्तावेज है। ये दोनों तत्त्व प्रस्तुत संग्रह की अंतिम कहानी 'अंतःपुर' में भी उभरकर आते हैं जहाँ सामाजिक-राजनीतिक लक्षणों को लेकर पैदा हुआ मतभेद परस्पर-विरोधी निदानों के टकराव का रूप धारण कर लेता है।

अर्थ देने को बच रहता है नेतिवाद जो एक स्तर पर नकारते हुए भी एक दूसरे स्तर पर व्यक्ति की गरिमा और इच्छाशक्ति को उद्घोषित भी करता है। गोविंद मिश्र के प्रथम कहानी-संग्रह में 'आजीवीकरण' इस उद्घोष का प्रतीक थी। किंतु प्रस्तुत संग्रह में 'चींटियाँ' और 'अपाहिज' जो वास्तव में न ही कुछ नकारती हैं और न ही कुछ स्थापित करती हैं। लगता है, जैसे तत्कालीन साहित्यिक नारों की गूँज, भूले-भटके ही सही, संवेदनशील से संवेदनशील लेखक की रचना में भी प्रतिध्वनित हो जाती है। परिणामस्वरूप, व्यक्ति और समाज की संश्लिष्ट और परोक्ष पारस्परिकता को अनेकानेक गहन स्तरों पर चित्रित करने वाला गोविंद मिश्र भी प्रतिबद्धता और सार्थकता के दबाव में 'चींटियाँ' और 'अपाहिज' जैसी चलताऊ 'जनवादी' कहानियाँ लिख देता है। किंतु समाज में होने वाले अन्याय या अत्याचार पर साहित्यिक औपचारिकता के नाते क्रोध-प्रदर्शन न प्रतिबद्धता का पर्याय है और न ही सार्थकता का।

इस संग्रह के संदर्भ में गोविंद मिश्र ने अपने कहानी-लेखन के अगले दौर की बात की है। उन्होंने यह भी लिखा है कि जो 'मैं आज सोचता हूँ....मैं नहीं सोचता कि मैं यही सोचता रहूँगा।'

समीक्षक तो आशा ही कर सकता है। यदि 'आजीवीकरण' गोविंद के पहले दौर की कहानियों का प्रतिनिधित्व करती है (या 'जिहाद' और 'आँकड़े' भी), और आज का दौर एक तरफ 'कचकौंध' तथा दूसरी तरफ 'चींटियाँ', 'अपाहिज' के बीच झूल रहा है, तो उनका अगला दौर 'आजीवीकरण' और 'कचकौंध' की दिशा में विकास करे, 'चींटियाँ' व 'अपाहिज' की दिशा में नहीं। पर, पुनः समीक्षक तो मात्र आशा कर सकता है।

'अंतःपुर' : युग से जुड़ी मानसिकता की कहानियाँ

वीरेंद्र सक्सेना

डी. एच. लारेंस ने अपने एक उपन्यास में कहा है कि जब हम फूल का विश्लेषण करते हैं तो फूल को, उसकी पूर्णता को, और उसके मूल सौंदर्य को नष्ट कर देते हैं, फूल चला जाता है और उसके स्थान पर सिर्फ विश्लेषणजन्य, शुष्क ज्ञान रह जाता है। कुछ इसी तरह की बात गोविंद मिश्र भी अपने नये कहानी-संग्रह 'अंतःपुर' की भूमिका में कहते हैं—आदमी का कितना बड़ा नुकसान उन वैज्ञानिकों के किया है जिन्होंने आदमी की किसी मनोवस्था को किसी खास शब्दावली में बाँधने की कोशिश की है। क्या वह सिर्फ इतना ही कुछ होता है?...मुश्किल यह है कि इस बात को शायद कुछ चंद लोग जो लेखक हैं, वे ही महसूस करते होंगे। साहित्य की मीमांसा करने वाले शायद इसे लेखकीय संवेदना कहेंगे जो वस्तु की अपनी पूर्णता और सौंदर्य को विश्लेषणजन्य उसके अंगों-उपांगों के विवेचन का अंतर स्पष्ट करती है। अच्छे लेखन के लिए यह तथाकथित लेखकीय संवेदना बहुत जरूरी है। गोविंद मिश्र में यह संवेदना है, इससे इनकार नहीं किया जा सकता। लेकिन अपने लेखक के व्यक्तित्व को झुठलाने या नकारने और अपने-आपको 'आम' (साधारण) आदमी के बराबर लाने के संदर्भ में, वह इस लेखकीय संवेदना की एक विरोधी और चौंकाने वाली बात, कुछ पहले ही, कहते हैं। ''संवेदना भी उस गहराई की अब कहाँ है जैसी वह तब थी जब मैं लेखक नहीं था।'' यदि लेखक न होने पर ही प्रखर संवेदना होती हो तो 'लेखकीय संवेदना' शब्द अपने-आपमें एक विरोधाभास होगा। हो सकता है, उनका यह कहना ठीक हो कि जिंदगी ने उन्हें ठस बना दिया है और उनका लेखक (आम आदमी से अलग) उनके 'अच्छे लेखन' का दुश्मन सिद्ध हुआ है। लेकिन यदि इस संग्रह की कहानियाँ प्रमाण हैं, तो उन्होंने अपनी पहले की कहानियों की तुलना में संवेदना के नये आयाम प्राप्त किये हैं।

भूमिका के अंत में गोविंद मिश्र ने स्पष्ट किया है कि कहानी-लेखन के इस दौर में उनका उद्देश्य कहीं से, युग से जुड़ी हुई मानसिकता को, उसके सारे उलझाव के साथ प्रस्तुत करने का रहा है। इस दृष्टि से वह काफी सफल रहे हैं क्योंकि लगभग सभी कहानियों में उन्होंने इस मानसिकता को अलग-अलग रूपों में, उलझाव के विभिन्न स्तरों पर पकड़ा है, प्रस्तुत किया है। वे न सिर्फ एक विशेष वर्ग (संभ्रांत, अभिजात, मध्य,

उच्च-मध्य वर्ग) की मानसिकता को अत्यंत सफलतापूर्वक चित्रित कर सके हैं बल्कि जहाँ-जहाँ वह वर्ग उच्चवर्ग या निम्नवर्ग के संपर्क में आता है वहाँ वर्ग संघर्ष तो नहीं लेकिन वर्गों के पारस्परिक संबंधों-व्यवहारों, क्रिया-प्रतिक्रियाओं को भी अपनी पूरी वास्तविकता में, पूरी संवेदना से चित्रित कर सके हैं। फिर साधारण आदमी या आम आदमी तक पहुँचने की उनकी कोशिश कुछ समझ में नहीं आती। आम आदमी की कहानी या उसके आसपास की कहानी या समांतर कहानी या समानांतर कहानी या ऐसे तमाम आंदोलनों के बाजवूद, सच्चाई यही है कि अच्छी और उल्लेखनीय साहित्यिक रचना सामान्यतया साधारण या आम आदमी पर नहीं होती। (जिंदगी के समान ही साहित्य में भी आम आदमी का कुछ विशेष महत्त्व नहीं है, सिवाय उन अवसरों के जब उसकी गिनती का हवाला किया जाता हो, या उसके बारे में कुछ नारे उछालकर जनता या अपने आपको धोखा देना हो) यदि होती भी हैं तो उसकी सफलता के मूल में उस आदमी के भी कुछ असाधारण या विशेष पहलू होते हैं, उसके व्यक्तित्व, चरित्र या व्यवहार के वे पक्ष होते हैं जो मात्र सामान्य या अनुल्लेखनीय न हों। यदि 'आम' बात कही जाए तो वह कहानी नहीं बन सकेगी, बनेगी तो भी विशेष या उल्लेखनीय नहीं होगी। गोविंद मिश्र जिस वर्ग और जिस परिवेश से भली-भाँति परिचित हैं, उसकी कहानियाँ वह सहज ही बहुत सफलता से लिख रहे हैं। अभी तक वह कहानी से संबंधित वाद-विवादों से अलग रहे हैं। अच्छा हो यदि, बिना किसी कम्प्लेक्स या मानसिक ग्रंथि के बिना आम आदमी से माफी के शुक्रगुजार हुए वह इसी प्रकार लिखते रहें और इस समय प्रचलित रौ में न बहें।

विश्वसाहित्य की उल्लेखनीय कृतियों को देखें तो आम आदमी पर आधारित कथाएँ शायद उँगलियों पर गिनने लायक हों।

मनःस्थिति का सफल चित्रण तो लगभग सभी कहानियों में हुआ है, फिर भी शुद्ध और सार्थक चित्रण की दृष्टि से 'अपरिचय', 'पड़ाव', 'खंडित' और 'झपट्टा' विशेष उल्लेखनीय हैं। 'पड़ाव' में अतिरिक्त सहानुभूति और सहृदयता से बाल मनःस्थिति के कुछ पक्षों को उजागर किया गया है। 'घेरे' भी इसी श्रेणी में आ सकती थी लेकिन उसमें लेखक अवकाश प्राप्त व्यक्तियों की मनःस्थिति से दो गुटों की प्रतियोगिता में अधिक उलझ जाता है, वह भी अपनी दृष्टि से अच्छी कहानी है।

'अंतःपुर' में प्लाट और घटनाएँ और 'कचकौंध' में गाँव का वातावरण, शुद्ध मनःस्थिति पर हावी हो गया है। मनोदशा के चितेरे के लिए इन सब बातों—सिद्धांतों, बहसों, आंदोलनों और संघर्षों में उलझना एक अनावश्यक ऐयाशी है—उसे तो इनका मात्र उतना ही प्रयोग करना है जितना मानसिकता के उद्घाटन के लिए जरूरी है। 'अंतःपुर' में लेखक इससे बहुत आगे बढ़कर एक राजनीतिक मसीहा का पार्ट ले लेता है और उसमें भी वह विशेष सफल नहीं होता क्योंकि सिद्धांत प्रतिपादित करना उसका लक्ष्य कभी भी नहीं था। इस कमजोरी के बावजूद, 'अंतःपुर' एक सशक्त कहानी है।

किंतु वह मानसिकता की कहानी नहीं कही जा सकती, तथाकथित राजनीतिक सैद्धांतिक पक्षों की लड़ाई और तटस्थता मानसिक चित्रण दो अलग-अलग चीजें हैं। गोविंद मिश्र में दोनों के चित्रण की क्षमता है, लेकिन यह तो मानना ही पड़ेगा कि घटनाओं के चित्रण या दो पक्षों का संघर्ष चित्रित करना किसी मानसिकता को चित्रित करने से कहीं अधिक आसान है। जहाँ-जहाँ लेखक ने तटस्थ भाव से मानसिकता का चित्रण किया है, विवादों और उपदेशों में अपनी ओर से दिये गये विश्लेषणों में नहीं उलझा है, वहाँ वह बहुत सफल रहा है जैसे उदाहरण के लिए 'झपट्टा' है।

संग्रह की दो अत्यंत मार्मिक कहानियाँ हैं 'अपाहिज' और 'चींटियाँ'। यह लेखक की ममता का प्रमाण है कि निम्नमध्यवर्ग की करुण परिस्थितियों का चित्रण करते हुए भी वह नवधनाढ्य शक्तिशाली वर्गों पर व्यंग्य कर सकता है और उससे कहानी का प्रभाव कम नहीं होता।

'गलत नंबर' अपने ढंग की एक अनूठी कहानी है, हल्की-फुल्की, मनोरंजक और प्रभावी। इसमें मनःस्थितियों का चित्रण की काफी अच्छा हुआ है।

गोविंद मिश्र सक्षम कथाकार हैं। उनकी दृष्टि पैनी है, तकनीक और शैली चुस्त-दुरुस्त है और भाषा अत्यंत सशक्त और प्रभावी है। केवल चलती हुई मुहावरेदार और सशक्त भाषा के लिए ही उनकी कहानियाँ अच्छी तरह पढ़ी जा सकती हैं, मानसिकता के विभिन्न उलझावों का चित्रण उन्हें विशिष्ट बना देता है।

'अंतःपुर'* की कहानियाँ

निर्मल वर्मा

मुझे...पहले तो मैं यह कह दूँ...गोविंद मिश्र की इन कहानियों को पढ़कर मैं बहुत ही गहरे स्तर पर प्रभावित हुआ हूँ...मैंने पहले की कहानियाँ तो नहीं पढ़ीं, इसलिए मेरे लिए बहुत मुश्किल है कि मैं किसी प्रकार उनकी तुलना कर सकूँ...लेकिन शायद ही कोई ऐसा कहानी-संग्रह पिछले वर्षों में मैंने पढ़ा हो जिसमें कोई भी कहानी ऐसी जान पड़े जो निरुद्देश्य है या जिसमें किसी प्रकार का मैनरिज़्म है जो अधिकांश नये लेखकों की कहानियों में दिखायी देता है और जिसका इनके लेखन में पूर्णतया अभाव है....

एक अजीब किस्म की 'इनोसेंस' ने मुझे आकर्षित किया, जो इनकी कहानियों में मिलता है, हर कहानी में जो इन्जर्ड चीज़ होती है, जो आहत होती है वह—एक ऐसा व्यक्ति, व्यक्तित्व या उसकी संवेदना है जो....जिसके बारे में....उस व्यक्ति या उसके यथार्थ के बारे में...न तो हम अधिक जानते हैं और न ही गोविंद मिश्र उसके बारे में अधिक कहते भी हैं लेकिन आहत होने की जो भावना है वह जिस संवेदना के साथ आती है, वैसा दूसरे कहानीकारों में बहुत कम दिखायी पड़ता है।

दूसरी बात जो बहुत अच्छी...मुझे ज्यादा महत्त्वपूर्ण जान पड़ी कि गोविंद मिश्र शायद पहले लेखक हैं जिन्होंने अपनी कहानियों में एक व्यक्तिगत स्तर पर, वैयक्तिक अनुभव के स्तर पर राजनीतिक मुहावरे को—एक्ज़िसटेंशियल लेवल पर, आइडियोलोजिकल लेवल पर नहीं—और जब मैं एक्ज़िसटेंशियल शब्द इस्तेमाल कर रहा हूँ तो फ़िलासौफी के अर्थ में नहीं, बल्कि एक्ज़िसटेंस, साधारण जीने के स्तर पर....उसी अभिप्राय में ही इस्तेमाल कर रहा हूँ जिस एक्ज़िसटेंशियल स्तर पर हमारी राजनीति किस प्रकार वैयक्तिक भावनाओं में लिपट कर आती है, बिना किसी आग्रह, बिना किसी मतवाद के, बिना किसी आइडियोलोजी के....यह मुझे चीज़ असाधारण-सी जान पड़ी है क्योंकि यह काफी मुश्किल चीज़ है...और इसके पीछे....इसका कारण जो मुझे नज़र आता है...वह गोविंद मिश्र की अजीब कोल्ड, डिटैच्ड निस्संगता है जिसकी ओर सुधीर ने भी इशारा किया है, मैं समझता हूँ कि जहाँ राजनीति एक इंडस्ट्री बन जाती है—और हमारे देश में राजनीति बहुत-कुछ एक इंडस्ट्री के रूप में रह रही है—उसे उठाया गया है—वह किस

* अंतःपुर की गोष्ठी पर।

प्रकार व्यक्तियों को आक्रांत करती है....क्योंकि अगर कोई शूमेकर हो, मैनूफैक्चरर हो, साबुन बनाने वाला हो...हम उसके खास ब्यौरे जब तक मालूम न करें तब तक हमें उसके जीवन में कोई दिलचस्पी नहीं होती लेकिन राजनीति के दो पहलू होते हैं—एक उसका अपना स्वार्थ होता है और एक दूसरा पहलू होता है जिसके आधार पर वह जनता के संपर्क में आती है...जिस तरह बैंक के दो पहलू होते हैं...एक अंदरूनी और एक काउंटर वाला जहाँ पब्लिक के संपर्क में आया जाता है, बिल्कुल उसी तरह से राजनीति के ये पहलू...गोविंद मिश्र ने उसे एक ऐसे स्तर पर उजागर करने की कोशिश की है जहाँ पर. ..अजित जी से सहमत होना बहुत मुश्किल है कि केवल ऐसा जान पड़ता है कि शिकायतनामा है। 'कचकौंध' में एक बूढ़े मास्टर के माध्यम से समूची राजनीति की विडंबना, उसकी पेचीदगियाँ और यह सब एक बहुत ही साधारण स्तर पर...जिसमें कि भाषा का बहुत गहरा योग है, हालाँकि मैं समझता नहीं हूँ, जिस भाषा का गोविंद मिश्र ने 'कचकौंध' में प्रयोग किया है, लेकिन मुझे कहीं भी वे शब्द अड़चन जान पड़े हों, किसी तरह का औब्सटैकिल जान पड़े हों....ऐसा नहीं है। एक बहाव में आते हैं और आदमी बहाव में इस तरह बहता है कि कुछ शब्द समझ में न भी आयें लेकिन गोविंद मिश्र उस मास्टर साहब की जिंदगी के जिस पहलू और जिस त्रास को दिखाते हैं वहाँ भाषा का एक बहुत ही पावरफुल कांट्रीब्यूशन है, इस समूचे कहानी-संग्रह में मुझे यह लगा।

अंत में मैं एक बात कहना चाहता हूँ जो सुधीर ने कहा है कि गोविंद मिश्र के ज्यादा सफल पात्र हैं—बच्चे और बूढ़े, लेकिन इसका कारण क्या है...कारण—और इसके बारे में मैं सोचता रहा हूँ—गोविंद जी वहाँ असफल रहे हैं, जहाँ उन्होंने इंडिविजूयल्स को पोट्रे किया है। वहाँ बहुत सफल रहे हैं, जहाँ उन्होंने 'टाइप्स' को लिया है और हर टाइप...जब मैं टाइप शब्द का इस्तेमाल करता हूँ तो निंदा के अर्थ में नहीं। टाइप वह चीज़ होती है....जिसमें कि एक व्यक्ति प्रवृत्तियों का प्रतिनिधित्व तो करता ही है, लेकिन एक इंस्ट्रयूमेंट और एक माध्यम के तौर पर नहीं बल्कि अपनी इंडिविजूयल आइडियोलोजीकल व इक्सैंट्रिसिटीज़ के स्तर पर....इसलिए एक व्यक्ति एक यूनिवर्सल ट्रूथ का प्रतिनिधि भी बन जाता है लेकिन अपने वैयक्तिक ईडियोसीनक्रेसीज़ के स्तर पर। वहाँ पर जहाँ इन्होंने ऐसे व्यक्तियों को अपने पात्रों के रूप में चुना है, चाहे वह मास्टर साहब यों या 'अपाहिज' में के मलिक साहब हों, वहाँ पर हम यह भूल जाते हैं...हमें गोविंद मिश्र के पात्र ज्यादा दिनों तक याद नहीं रहते, लेकिन वे पात्र जिस तरह के टाइप्स....जो एक खास तरह के पैराडौक्सोज़ और विडंबना को व्यक्त करते हैं, वह बहुत गहरे तौर पर हमें प्रभावित करते हैं....लेकिन जहाँ कहीं इन्होंने इंडिविजूयल्स को लिया है....और मैं यहाँ एक छोटा-सा उदाहरण देता हूँ....एक ही कहानी में जहाँ शुरू का भाग उनका सार्थक है क्योंकि वह टाइप है और कहाँ अंतिम भाग नकली, कृत्रिम और असंतोषजनक है जहाँ उन्होंने एक महानगर के एक लड़की और एक आदमी को लिया है; इस कहानी में ये

दोनों ही चीज़ें स्पष्ट रूप से सामने आती हैं। **मैंने इसका मार्क** किया है... एक आदमी है, जिसको बचपन से उन्होंने लिया है, बड़ा मार्मिक है...मतलब....मंदिर में एक लड़का एक लड़की को प्रेम-पत्र दे देता है...उसका असर उस लड़की पर क्या होता है, यह जरा देखिए :

"बिट्टी नाटी थी, चेहरे पर चेचक के दबे हुए दाग भी थे....लेकिन थी गोरी और गसी हुई....एकदम गुट्टी लगती थी। वह उस पत्र को ऐसे पी गयी कि डकार भी न ली। पास आना तो दूर, उसने खेलना-कूदना भी बंद कर दिया। वह साड़ी पहनने लगी और अब सिर्फ बड़ों के साथ रहती थी। बाकू को दिखती भी थी तो किसी बुलव्वन में झुंड भर औरतों के साथ...एक खामोश छोटी-सी छाया। उदासी ने कहीं उसकी चुलबुलाहट को जकड़ लिया था, जैसे उसका छोटा-सा शरीर पाँच-गजिया धोती में जा फँसा था। बाकू को देखकर वह और भी गंभीर हो जाती। करीब-करीब मर गयी थी, ज़िन्दा थी तो सिर्फ उस आदमी के इंतजार में, जिसके साथ उसके माँ-बाप दस सालों में या जब भी शादी पक्की करने वाले थे।"

छः-सात वाक्यों में उस छोटी-सी लड़की का इतना सजीव...और इतना रिमार्केबल इमेज सामने आता है। कुछ पन्नों के बाद महानगर की लड़की जो सेक्रेटरी है उसका वार्तालाप है...जो बिल्कुल माया या मनोहर कहानियों का वार्तालाप जान पड़ता है....। एक ही कहानी में, छोटी लड़की का कोई व्यक्तित्व नहीं है, वह गाँव की छोटी लड़की टाइप है जो कि...जिसकी ओर एक इशारा करने-भर से ही एक सजीव इमेज आ जाती है और गोविंद मिश्र इस लिहाज से बहुत रेलेवेंट डिटेल्स को चुनते हैं हालाँकि कभी-कभी जैसे 'कचकौंध' कहानी में वे डिटेल्स के चुनने में कुछ लालच भी कर जाते हैं। लेकिन उनकी बैस्ट कहानियों में सिर्फ उन रेलेवेंट डिटेल्स को चुनते हैं...जो उस टाइप की विशेषता है।

मैं समझता हूँ कि इस संग्रह में ऐसी असंतोषजनक कहानियाँ वे ही कहानियाँ हैं जहाँ महासागर में इंडिविजूयल कांशसनेस वाले पात्र हैं, वे कहानियाँ मुझे ज्यादा प्रभावित नहीं कर पायीं, लेकिन गोविंद मिश्र ने जहाँ छोटे गाँव, कस्बे के टिपिकल करैक्टर्स को लिया है और उनके जरिये हमारी राजनीति और सामाजिक विडंबनाओं को उद्घाटित करने की कोशिश की है, वहाँ वह बहुत ज्यादा सफल रहे हैं।

'धाँसू' : मानवीय संबंधों के अवमूल्यन की कहानियाँ

सुधीर चंद्र

'धाँसू' संग्रह की अधिकांश कहानियाँ गोविंद मिश्र के लेखन में एक नये दौर की द्योतक हैं, यद्यपि इनमें से कुछ का मूड पिछले दौर से प्रभावित लगता है। 'धाँसू' से पूर्व प्रकाशित 'अंतःपुर' कहानी-संग्रह में गोविंद मिश्र का इष्ट था—कथ्य से भी आगे उस मानसिकता को अपने सारे उलझाव के साथ प्रस्तुत करने का...जो कहीं से हमारे युग से जुड़ी हुई है और जिसकी मात्र एक झलक हम किसी स्थिति-विशेष में देख पाते हैं।

'धाँसू' की दस कहानियों में शायद 'पैंतालिस अंश का कोण' और 'झूला' इसी क्रम में आती हैं। बल्कि सिर्फ 'झूला' ही पूरी तरह से उपर्युक्त इष्ट के साथ न्याय करती है। इस कहानी में मानवीय संबंधों में हो रहे उत्तरोत्तर अवमूल्यन का चित्रण पहले जैसी मार्मिक तटस्थता से किया गया है।

पर 'धाँसू' की दूसरी कहानियों में मानवीय संबंधों से अधिक व्यक्ति और स्थितियों के संबंध उभरकर आते हैं। यह संबंध किसी व्यक्ति-विशेष के न होकर हमारे समाज में जहाँ-तहाँ फैले टाइप हो चुके संबंध अधिक हैं। इस टाइप की जो टकराहट स्थितियों में होती है, उनसे समाज में व्याप्त विकृतियाँ बार-बार उभरकर आती हैं, जो विशेषकर, बेईमानी और भ्रष्टाचार और इनसे त्रस्त आम आदमी की बेबसी उभारते हैं...यहाँ तक कि विशुद्ध राजनीति के क्षेत्र में काम कर रहे एक अपेक्षाकृत ईमानदार आदमी की बेबसी (गोबरगनेस) भी। यह एक ऐसी बेबसी है जो कभी-कभार किसी नाटकीय किंतु प्रभावहीन प्रतिशोध में परिणति के अलावा किसी दूसरी राहत के परे है ('स्वरलहरी')।

'धाँसू' में मार्मिक तटस्थता का स्थान लेता दिखता है—निर्मम व्यंग्य। मानवीय अंतस की पीड़ा और व्यवस्था में दबे उसके नाना स्रोतों को उद्‌घाटित करने के प्रयत्न में एक अनिश्चितता का एहसास निहित-सा था। इस विषयगत अनिवार्य अनिश्चितता से हटकर गोविंद मिश्र अब अपने जटिल यथार्थ को कहीं अधिक स्पष्टता से देख पा रहे हैं...कम-से-कम उनका ऐसा विश्वास इन कहानियों में दिखायी पड़ता है। कारण उनकी

यह मान्यता कि 'हमारे रोज-ब-रोज जीवन पर कहर ढाने वाली' मूल शक्ति है राजनीति, जो अपने-आप में एक संस्था है, जीवन-प्रणाली है, जिसके अपने कायदे-कानून हैं और जो समाज को मरोड़ते समय उस रूप में नहीं आती जिसमें वह धंधे के रूप में होती है।

'बहुधंधीय' इसी दिशा में एक प्रयास है, पर इसकी संभावनाएँ पूरी तरह से निखरकर आती हैं 'धाँसू' में। यह कहानी भारतीय जीवन के हर क्षेत्र में उपस्थित उन बिचौलियों को लेकर लिखी गयी है, जो सत्ता और सामाजिक अन्याय, अनाचार और उत्पीड़न के बीच व्यवस्थापक स्थायित्व का पोषण करते हैं। भाषा और शिल्प की दृष्टि से अनोखा प्रभाव उत्पन्न करने वाली कहानी अपने-आपमें एक मुकाम है हिंदी सैटायर में। उदाहरणार्थ प्रस्तुत हैं कुछ अंश। 'धाँसू' का प्रारंभिक परिचय :

> ''बचपन में वह दौड़ता ही रहता होगा। बैठता भी होगा तो उचक-उचक पड़ता होगा, सीलिंग की तरफ, जैसे कुछ नोचकर ले आना चाहता हो।''
>
> × × ×
>
> ''और यह तो वह साफ मानता है कि वह ऊपर-नीचे जाने वाले झूलों में कभी नहीं बैठा, क्योकि उसे नीचे जाना पसंद नहीं आता था, हॉकी-फुटबॉल भी नहीं खेला क्योंकि उसमें आगे बढ़कर फिर पीछे आना था....अब तीसरी उम्र के उतार पर भी वह तितली-सा फड़फड़ाता ही रहता है जैसे उसके अंदर कोई राक्षस बैठा है जिसे हर वक्त कुछ-कुछ चाहिए....कोई काम, कोई ऐसा काम जिससे लगे कि वह लगातार ऊपर जा रहा है, तरक्की कर रहा है।''

विषय के अनुसार सशक्त शैली और शिल्प के अलावा 'धाँसू' हमारी राजनीति में हुए तथाकथित क्रांतिकारी परिवर्तन का भी पर्दाफाश करती है। आपात्काल के तुरंत बाद प्रकाशित यह कहानी उस समय का मोहभंजक चित्र उपस्थित करती है :

> ''चुनाव के अंधड़ के फौरन बाद जैसे चंदबरदाई के पद के लिए मारामारी चालू हुई....बंदे वही थे जो कल तक उधर का गुणगान करते थे। एकाएक अब दूसरी तरफ मुँह बाये भागे जा रहे थे...जैसे कि वे कब के भूखे थे और तत्काल ही कोई मंत्री उनके मुँह में न गया तो वे पगला जाएँगे....तेजी से एक घेरा नये मंत्रियों के चारों तरफ लपेट-कस रहा था जिससे कि वह तबका भूल जाएँ, जहाँ से वे आये थे, फूलमालाओं से सिर ही नहीं उठा सकें, कभी उठायें भी तो सिर्फ उन्हें ही देखें, जिनसे वे घिरे थे...जनता से संपर्क बनाये रखने के नाम पर उन्हीं के आयोजनों में जा-जाकर संतुष्ट रहें, उन्हीं के घर भरने में व्यस्त रहें जो उनकी तारीफें गाते थे...जनता की सेवा के लिए हमेशा की तरह भाषण पर्याप्त थे।''

और मौके की तत्काल पकड़ धाँसू को है :

> ''उसने आँखें मलकर सामने देखा—कुछ नहीं हुआ था...तेज दौड़ में आगे निकला हुआ खरगोश सिर्फ आराम करने लगा था....।''

अपने इस दर्दनाक यथार्थ से गोविंद मिश्र ने 'धाँसू' में हँसते-हँसते साक्षात्कार

किया और करवाया है। पर इसके पीछे है जबरदस्त आक्रोश, विवश यंत्रणा की अनुभूति जो उनके 'लेखकीय सोच' में दूसरे ही स्वर में मुखर हो उठती है : ''मेरा असली ताल्लुक तो उस राजनीति से है जो आदमी को मारती है...और वहाँ हर दल की मार एक-सी है।''

यह प्रश्न उठाया जा सकता है कि जहाँ यंत्रणा को व्यक्ति विशेष के बजाय इस तरह टाइप से जोड़कर उठाया जाता है, वहाँ क्या वह उतनी ही मार्मिक रह पाती है?...कभी-कभी दोनों चीजों को एकसाथ भी रखा जा सकता है...और वह भी मानवीय स्तर पर....जैसे कि 'सिलसिला' कहानी में गोविंद मिश्र ने करने की कोशिश की है। पर इस विवश यंत्रणा का दहला देने वाला चित्रण हुआ है 'जनतंत्र' में। यह गोविंद मिश्र के किसी दौर-विशेष की कहानी नहीं है। यह एक ऐसी कहानी है जिस तक चरम प्रेरणा के किसी क्षण में कोई लेखक कभी-कभी ही उठ पाता है। पर प्रेरणा उसकी वही है—संश्लिष्ट यथार्थ के संपूर्ण उलझावों को पकड़ने की। यह एक ऐसी प्रेरणा है जिसे काफ्का और सोल्जेनित्सिन की अलग लगती दुनियाओं की एक सामान्य मानवीय यंत्रणानियति कहते डर लगता है।

परिणामतः यहाँ एक विशिष्ट सामाजिक-ऐतिहासिक संदर्भ में व्यक्त आम आदमी के दर्द को साहित्य की शाश्वतता प्राप्त हो गयी है। 'जनतंत्र' उस 'अद्वैत' की कहानी है जो व्यक्ति के अंतस और व्यवस्था के द्वैत से उत्पन्न होता है, जिसे कहानी 'मैं और वे' में साफ-साफ पहचाना जा सकता है। यह अद्वैत ही वह है जो देश और काल के परिवेश में यंत्रणा भोगता है...और इस कहानी में यह यंत्रणा ह्यूमर में व्यक्त होकर और भी गहन हो जाती है :

> ''वे कहते हैं कि तुम्हारा दिमाग खराब है, कोठियों से नीचे बात ही नहीं करते। सोचते-सोचते ही खराब हुआ है। मैं कहता हूँ, मनुष्य चिंतनशील प्राणी है—दर्जा पाँच की किताब में लिखा है। वे ही मेरे बारे में इतना क्यों सोचते हैं? डॉक्टर साहब कहते हैं, तुम्हें सोचना नहीं चाहिए। अब गालियाँ वे दें, हर वक्त बात भी वे करें, मेरी कोई सुने नहीं और मैं सोचूँ भी नहीं? भई, चलता-फिरता हूँ तो कुछ तो करूँगा सही!''

'खुद के खिलाफ' : कहानी में मूल्य टूटने का दर्द

डॉ. पुष्पपाल सिंह

समकालीन कहानी-लेखन में कुछ नाम ऐसे हैं जिनकी कहानियों से गुजरना हमेशा एक सुखद प्रतीति और कहानी के प्रति एक आश्वस्ति देता है। गोविंद मिश्र भी समकालीन कहानी में ऐसा ही आश्वस्तिबोधक नाम है। 'खुद के खिलाफ' इनका ताजा कहानी-संग्रह है। गोविंद मिश्र के कहानीकार के पास एक समृद्ध अनुभव-जगत है जिसका वर्णन वे अपनी कहानियों में महज अखबारी रिपोर्टिंग के समान नहीं करते, अपितु उस घटनाक्रम को रचनात्मक स्तर पर जीते हैं। इस प्रक्रिया में वे जीवन-मूल्यों को उठाते हैं जिससे कहानी का घटनाक्रम, स्थितियाँ, गौण पड़ जाती हैं और कहानीकार जीवन-मूल्यों की सार्थक तलाश की कोशिश करता है। यही कारण है कि 'खुद के खिलाफ' की अधिकांश कहानियाँ जीवन-मूल्यों के टूटने के दर्द से सराबोर हैं। इन कहानियों में 'खुद के खिलाफ' की विमला, 'शापग्रस्त' का आदमी और रीता, 'निरस्त' का बूढ़ा बाप, 'गिद्ध' की लड़की, 'हमदर्दी' का घायल नौजवान, 'कहानी नहीं....' का गाइड, 'जंग' की माँ तथा बेटी—सभी पात्र मूल्यों के टूटने की व्यथा से पीड़ित हैं। इसके साथ ही इन कहानियों की अंतर्धारा भ्रष्ट व्यवस्था की नकाब उघाड़ना भी है।

'खुद के खिलाफ' इस संग्रह की अत्यंत सशक्त कथा है जिसमें विमला प्रेम की असफलता में किस हद तक नीचे गिरती है, यह तो दर्शाया ही गया है, किंतु लेखक उन स्थितियों को भी सामने लाता है जिनसे विमला अपने वर्तमान नाबदान तक पहुँची है। इससे वह पाठकीय सहानुभूति भी अर्जित कर पाती है और यहीं लेखक 'विवाह' और 'प्रेम' के परंपरागत प्रस्थापित नैतिक मानों को खुलकर चुनौती देता है। उन मानों को जो पुरुष ने अपनी ही दृष्टि में बनाये हैं। कहानी की विमला का यह सवाल : "तुम्हें औरत में कोमलता चाहिए...यह चाहिए, वह चाहिए। कभी यह भी सोचा कि औरतों को भी तुममें कुछ चाहिए?" न केवल कथा-नायक को निरुत्तर कर देता है, अपितु हमारी समाज-व्यवस्था पर भी एक प्रश्नचिह्न टाँग देता है। विमला आज भी सब कुछ छोड़कर जाने को तत्पर है किंतु पुरुष उसे अपनाने का साहस और मानसिकता नहीं जुटा पाता, क्योंकि वह भी उसी 'पारंपरिक किस्म' के परिवार और 'कट्टरता से जकड़ा हुआ है,' 'जहाँ नैतिकता संबंधी मान्यताएँ छुआछूत की बराबरी पर ही होती हैं।' इसके अतिरिक्त

कहानी महानगरीय बेमुरव्वत पर भी व्यंग्य करती है, ''बड़ा बेमुरव्वत शहर है यह। जिसे पकड़ना हो, फौरन पकड़ लो। वर्ना लोग खो जाते हैं...फिर ढूँढ़ते रहिए ताजिंदगी (पृ.10) 'शापग्रस्त' का नायक लंदन में अपनी बीवी और बेटे को गँवाकर टूट गया है। वह ेचता था कि उसकी बीवी को मुहब्बत चाहिए 'पर वह लंदन के बाजार चाहती थी।' भारतीय परिवार, नारी, जब पश्चिम के मुक्त समाज के जीवन-मूल्यों से टकराते हैं तो अधि ाकांशतः उनकी यही दशा होती है जो 'रीता' और उसके बच्चों की है। उस मुक्त नारी-समाज में हिंदुस्तान के पारंपरिक समाज से छुटकारा पायी नारियाँ भी मुक्ति की नयी-नयी सुध लेती हुई नये मुल्ला के समान 'ज्यादा ही जोश' में रहती हैं। अपने जीवन-मूल्यों के टूटने से कथा-नायक शापग्रस्त स्थिति में है। 'निरस्त' का कथ्य गोविंद मिश्र के कथाकार की प्रिय भूमि है जिसमें कहानी का पिता अपने समस्त जीवन-मूल्यों को बदला हुआ पाकर परेशान है। वृद्धावस्था पर लिखी गयी यह कहानी गोविंद मिश्र की ही 'कचकौंध' की स्मृति अनायास करा देती है। फिर भी इस कहानी में 'कचकौंध' की स्थितियों का दुहराव नहीं है, यद्यपि उसका पर्याप्त अवसर यहाँ था। 'गिद्ध' का कथ्य नया नहीं है, इस जमीन पर हिंदी में बहुत-सी कहानियाँ लिखी गयी हैं। कहानीकार अपने कौशल से चिरपरिचित कथ्य पर भी अच्छी कहानी बुन सका है किंतु कहानी के अंतिम दो अनुच्छेद 'ऊपर गिद्ध बैठे थे...' से बाद का समस्त अंश, कहानी पर बहुत भारी पड़ता है और पूर्ण रूप से अनावश्यक है। 'गिद्ध' प्रतीक को खोखले के प्रयत्न में ये अनुच्छेद कहानी को कमजोर अंत प्रदान कर उसकी प्रभावान्विति में बाधक सिद्ध होते हैं। 'हमदर्दी' कहानी बेकार नौजवान की स्थिति का चित्रण करते हुए एक प्रश्न समाज-नियंताओं के सामने छोड़ देती है...''अपने पैरों पर खड़े होने की सुविधा चाहिए...दे सकते हो क्या?'' (पृ. 72) और साथ ही यह प्रशासनिक व्यवस्था की भ्रष्टता को भी बेनकाब करती है, जहाँ 'आवश्यक कार्यवाही' का अर्थ होता है 'कोई कार्यवाही नहीं।' कथाकार व्यवस्थागत भ्रष्टता के राई-रत्ती को जानता हुआ जब भी अवसर मिलता है, अपनी प्रत्येक कहानी में उसको उघाड़ने का भरपूर प्रयत्न करता है। 'हमदर्दी' में 'कैजुअल नौकरी' क्यों ईजाद की गयी है, इसकी पोल खोली गयी है। 'प्रभामंडल' में योगियों के 'स्टेटस' को लेकर व्यंग्य है। ''आज 'ए' क्लास का योगी वह है जिसके पास अपना 'हैलीकाप्टर' है।'' यह कहानी बाबाओं के गुरुडम की अच्छी खबर लेती है।

'जंग' भी 'खुद के खिलाफ' की एक बहुत अच्छी कहानी है, यद्यपि इसका कथ्य वृद्धावस्था का जीवन ही है किंतु रमा की माँ समाज का एक अत्यंत विशिष्ट और विरला चरित्र है। माँ इतनी स्वार्थी भी हो सकती है कि बेटी के लिए तनिक भी माया-ममता न रखे और उसके मूल में यह कारण हो कि बाप से ज्यादा जुड़ी हुई थी वह, जिसे (माँ) पूरी हिकारत से देखा करती थी। इस प्रकार यह चरित्र अपनी विशिष्टता में एक मनोवैज्ञानिक आधार भी लिये हुए है। रमा की माँ का जो हश्र कहानी का अंत होते-होते दिखाया गया है, वही वृद्धावस्था की बेबसी है।

'किस कीमत पर', 'ज्वालामुखी' तथा 'अलग-अलग समय' कहानियाँ मूल्य-स्तर पर कुछ सवाल उठाकर भी कोई विशेष प्रभाव पाठक पर नहीं छोड़ पाती हैं, ये अन्य कहानियों की तुलना में गोविंद मिश्र की कमजोर कहानियाँ हैं।

शिल्प और भाषा के स्तर पर 'खुद के खिलाफ' की कहानियाँ बहुत चुस्त और चाक-चौबंद हैं। केवल एक अभाव की ओर यहाँ संकेत करना आवश्यक है। 'निरस्त' जैसी कहानियों में, जहाँ पात्र गाँव की जमीन से सीधे जुड़े हुए हैं और वे अपने जीवन, परिवेश को कहानी में पूरी तरह साक्षात् करते हैं, कहीं-कहीं भाषा के ऐसे क्षेत्रीय मुहावरे और बिंब हैं जो बाँदा की जमीन से दूर के लोगों के लिए भारी पड़ जाते हैं, सहज ही आत्मसात् नहीं हो पाते हैं, यथा 'जब भैंसिया पल्हानी तो पड़वै आयी भवानी' (पृ. 38)। यद्यपि ऐसे प्रयोग अधिक नहीं हैं, किंतु इनसे सुविधापूर्वक बचा जा सकता था।

समग्रतः, 'खुद के खिलाफ' की कहानियाँ कथ्य और शिल्प दोनों स्तरों पर प्रभावित करती हुई अपने समय और परिवेश पर जागरूक लेखकीय प्रतिक्रियाएँ हैं।

'खुद के खिलाफ' : अतीत का हस्तक्षेप

डॉ. प्रभाकर श्रोत्रिय

धारा से अलग पड़ जाने वाले लेखक को आज बड़े असमंजस में जीना पड़ रहा है, क्योंकि गंभीर लेखन को व्यापक सामाजिक स्वीकृति नहीं है (यह तीखी बात है और खतरनाक भी, मगर दुर्भाग्य से सही है) नतीजे में विभिन्न लेखक समुदायों या शक्ति-केंद्रो की स्वीकृति-अस्वीकृति से उसकी जगह निर्धारित होती है, जिन्हें रचना के अतिरिक्त भी कुछ 'और' चाहिए होता है। यह 'और' कभी-कभी रचना से अधिक महत्त्वपूर्ण हो उठता है। 'और' लेखक को बहुत कुछ देता है—धन-मान, मूल्यांकन, महत्त्व, स्वीकार वगैरह। गोविंद मिश्र को यह नहीं चाहिए होगा, तभी अपनी रचना पर उसका विश्वास बना हुआ है, तभी उसमें रचना बनी हुई है।

गोविंद मिश्र के लेखक को करीब से जानने की कोशिश करता हूँ। वह भीड़ में अकेला हो गया है। वह अकेले में काफी घिरा हुआ है। उसका लिबास बेफिक्र सैलानी जैसा है, मगर सचमुच सैर करते हुए वह कहीं गुम हो जाता है। उसकी आँखों की पहली परत में कोई एक शातिर बैठा लगता है, लेकिन एक पर्दा हटाते ही वहाँ वीरानी जमी हुई है। आसपास को, साहित्यिक बहस-मुबाहिसे को छूते हुए एक असमंजस का भाव उसमें पढ़ा जा सकता है; परंतु अपनी राह तो अपनी है। उसे छोड़कर वह रचनाकार कहाँ रहेगा जो अलग नाक-नक्श वाला आत्म-रूप रचने पर आमादा हो। मगर बार-बार अपने को खनने की ओर शोधने की जरूरत से वह इन्कार नहीं कर सकता। अन्वेषण की लगातार जारी प्रक्रिया मुझे लेखक के लिए बहुत स्वाभाविक लगती है, क्योंकि दूसरों की खोज पर अपना मुलम्मा चढ़ा देना, खुद खोदने और रचने से कम मुश्किल होता है—क्योंकि यह रचने और भोगने की दोहरी पीड़ा है। वह हर रचना को पहली रचना की तरह त्रासदायी बनाती है। नतीजे में लेखन का अव्यस्त नहीं बन पाता कि कोई घोषित कर सके कि लेखक का पक्ष अमुक है, कि फलाँ पैटर्न है, कि फलाँ जीवन-दर्शन है। इस जानमारी से बचने का सबसे आसान तरीका यह होता है कि उस लेखक को नकली, अवांछित और दृष्टिहीन घोषित कर दिया जाए।

रचना को एक छोर से पकड़कर किसी निश्चित परिणति पर पहुँचा पाने में एक सृजनशील लेखक को कठिनाई होती है, क्योंकि वह कारण-कार्य की प्रक्रिया में कई बार

उलट-फेर देखता है। इस कठिनाई का सामना गोविंद मिश्र को उपन्यासों में ज्यादा करना पड़ा है, क्योंकि वस्तु और चरित्र बनते-बनते कोई और शक्ल लेने के लिए लेखक से झगड़ते हैं और वह उनके प्रति तानाशाही नहीं बरत पाता। आपा-धापी वाली इस गृहस्थी को सम्हालते हुए वह खुद बिखर जाता है। बमुश्किल तमाम जब सृष्टि और स्रष्टा के लिए बीच के रिश्ते सघन होते हैं तब जाकर कृति एक दिशा पाने योग्य बनती है। इस अंतःप्रक्रिया को खोजने के दौर में, शुरू में गोविंद मिश्र अपने पाठक को उदास करते हैं। लेकिन बाद में वह संवाद में शरीक हो जाता है। 'हुजूर दरबार' में पाठक को साथ लेने की जल्दी में लेखक ने थोड़ी दिलचस्प वारदात कराना चाही, लेकिन 'सृष्टि' ने उसे अपने में फिर उलझा लिया और वह देर तक पाठक सहित उसका सूत्र थामने को भटकता रहा। संभवतः गोविंद मिश्र जैसे कथाकार के सामने उपन्यास का धुँधला चित्र तो होता होगा, लेकिन कोई स्पष्ट आयोजना नहीं। मनोवैज्ञानिक संसार में अपना सच या वस्तु और पात्र का सच पाने के लिए अन्वेषणशील लेखक कभी इतना बड़ा सुयोजित फलक बना भी नहीं सकता। संभव है, परिपक्व दृश्यानुभव उसमें घटना-खंडों के रूप में उभरते हों जिन्हें अनवरत प्रयत्नों से वह अन्वित करता हो।

लेकिन कहानी उसके सामने समग्र दीप्ति के रूप में उभरती है, और तब यह भी सुविधा होती है कि सबसे पहले उसके मर्मतम छोर को थामे और शिल्प को भी बीच धार से ही उठाए, ऐसी स्थिति में क्या बचता है? बहुत महीन रेशे काढ़ना, खूबसूरत रंग भरना, घटना-खंडों और व्यक्तित्व-रूपों को चमकाना, आदि। नतीजे में गोविंद की कहानी का शिल्प बहुत जानदार, गठा हुआ और कहीं अप्रत्याशित विस्मय का आघात देता है। उदाहरण के लिए 'शापग्रस्त' की यह शुरुआत ही कितनी दमदार है जो आगे की तल्खियों के लिए मजबूत गिरफ्त का काम देती है :

> "यह मुल्क रहने लायक नहीं हुजूर...जहाँ जाइए अपमान....क्योंकि आपकी चमड़ी काली है, क्योंकि आप वही लोग हैं जो अपने ही देश में सिर्फ तीसरे दर्जे में चलने लायक थे...ये कमीने कभी नहीं भूल सकते कि इन्होंने हिंदुस्तान में सौ साल से भी ज्यादा हुकूमत की है...."

चरित्र के रेशों को अलग करते या अलग करके गूँथते हुए अधिक तन्मय, शायद लेखक तभी हो पाता है जब वस्तु का एक परिपक्व बोध उसे इसके लिए अवकाश देता है। 'गिद्ध' की पात्री 'वह' अपने माँ-बाप के बोझ से लदी-फदी है, उसका जीवन 'निज' का रह ही नहीं गया है, वह जैसे घर की नौकरी के लिए बाहर की नौकरी का एक वृत्त बनाती है और खुद घिर जाती है :

> "बोझ तो वह साफ-साफ देख सकती है, छू नहीं पाती, तो नीचे दबे अपने अस्तित्व को...खुद को ढूँढ़ना शुरू करती है कि क्या वह भी कहीं है, या सिर्फ बीजी-बाऊजी की उस जरूरतों से भरी दुनिया में वह भी एक चीज है जरूरत की? अगर वह है तो कहाँ है...क्या है उसका अपना, सिर्फ उसका? एक अदद

नौकरी—बस? वह भी कितनी? नौकरी एक दूसरा छोर है, जैसे कि एक बीजी-बाऊजी वाला है...और इन दोनों के बीच वह नटी-सी, इस छोर से उस छोर, उस छोर से उस छोर तक। कोई और जगह नहीं उसके लिए...चलते-चलते छटपटा उठती है और छटपटाहट को देखने के लिए फिर चलने लगती है।''

मजबूरी, बोझ और व्याकुलता पूरी व्यंजक कशीदाकारी और रूपात्मक सन्निधियों के साथ यहाँ मौजूद हैं—शायद इसलिए कि चरित्र और वस्तु लेखक की पूरी पकड़ में है। अगर न होती तो, सामाजिक उत्तरदायित्वों का सवाल उठाकर हम इस संरचना की खूबी को निरस्त कर सकते थे। कह सकते थे कि यह बाज़ीगरी के अलावा कुछ नहीं है, क्योंकि अंततः किसी इकलौती लड़की का अपने माँ-बाप के प्रति भी कोई दायित्व होता है या नहीं? क्या लेखक व्यक्तित्व को स्वार्थ-केंद्रित बनाने की पहल कर रहा है? अगर कर रहा है तो उसकी खूबसूरत संरचना के मानी व्यक्तिवादी मनोविज्ञान की ऐकांतिक पक्षधरता है जो समाज से धीरे और परस्पर झेलते-झिलते लोगों के लिए बेमानी है। यह सवाल मैं इस कहानी से पूछता हूँ और कहानी जवाब देती है कि लड़की कहीं भी अपने कर्त्तव्य में कोताही नहीं करती, यहाँ तक कि माँ-बाप की घोर स्वार्थपरता के हाथों अपने सुख ही नहीं, अस्मिता के तहस-नहस हो जाने पर भी नहीं! ऐसी हालत में अगर हम व्यक्ति से उसके सामाजिक कर्त्तव्यों के बारे में कैफियत लेते हैं तो समाज और परिवार से भी तो पूछ लें कि वह व्यक्ति के सही वैयक्तिक अधिकार की रक्षा किस हद तक कर रहा है? अगर माँ-बाप, घर में भी दूसरे ढंग से वही भूमिका निभाते हैं, जो नेता उसके साथ अकेले कमरे में तो व्यक्ति अपने सारे उत्तरदायित्व और सही सामाजिक कर्म के बावजूद अपने को सिर्फ चौतरफा-गिद्धों से घिरा ही तो पाएगा। ऐसी हालत में भी क्या यह समाज से कटकर अकेले व्यक्ति के रूप में जिंदा रहने को उकसाने वाली कहानी बनती है? आधुनिकता की फैशन में परिवार के ध्वंस की कहानी बनती है? उल्टे यह एक स्तर पर आगाह करती है कि अगर पिछली पीढ़ी किसी हद तक उत्सर्ग करने या नयी पीढ़ी को समझने की कोशिश नहीं करेगी, तो वृद्ध अंततः यतीम हो जाएँगे और संबंध के वे सारे सूत्र टूट जायेंगे, जो हम इस कहानी की या 'जग' की अगली परिणति के रूप में 'निरस्त' में देखते हैं, क्योंकि मनोविज्ञान बिलकुल व्यक्ति में घिरकर ही नहीं रहता, वह सामाजिक मनोविज्ञान में बदल कर संक्रमित होता है। अगर स्त्री इन शोषणों के तहत 'अपने खिलाफ' की 'विमला', 'जंग' की 'रमा', 'ज्वालामुखी' की 'सावित्री', 'शापग्रस्त' की 'रीता', 'अलग-अलग समय' की 'वह' बन जाए तो क्या गलत होगा? इन कथाओं के संदर्भ, और रंग-भेद जुदा-जुदा हैं, परंतु सामाजिक और पारिवारिक जीवन में आधुनिकता के सही-गलत मिश्रणों से, स्वार्थों की नयी विसंगतियों से, एकाधिकार की क्रूर मानसिकता से ये सारे ध्वंस हुए हैं। और ये कहानियाँ अंततः सामाजिक ध्वंस की चिंता मूलक आकृतियाँ बनाती हैं—ध्वंस के चटखारे लेने की कोशिश यहाँ कतई नहीं है।

लेकिन इसका एक दूसरा पक्ष भी है। मसलन 'खुद के खिलाफ' की कहानियाँ ज्यादातर अवसाद से घिरी हैं। इसका कारण यह है कि लेखक वस्तु या पात्र को परिणाम दुख की जमीन से उठाता है। (क्योंकि वह उसे प्रभाव की सबसे उर्वर जमीन दिखती है) और उस पीड़ा के कारणों को पश्चचित्रों के सहारे विलेषित करता है। वह कारण से शुरू करके परिणाम तक नहीं आता, परिणाम से शुरू करके कारण तक पहुँचता है। तब सिवा पोस्टमार्टम के आप क्या कर सकते हैं? अगर चीज़ों को उस जगह से उठाया जाए जहाँ कल्पना, अवधारणा और सर्जनात्मक प्रतिभा से कोई दूसरा रंग, कोई दूसरा नतीजा दिया जा सके तब कहानी का रूप शायद दूसरा हो। लेकिन जहाँ कहानी खत्म होने पर ही शुरू होती हो, वहाँ केवल अतीत का दर्पण बच रहता है। इस प्रवृत्ति से गोविंद मिश्र जहाँ हटते हैं, वहाँ वे नया आयाम भी रचते हैं। मसलन 'ज्वालामुखी' में जहाँ लेखक कथ्य को ऐसी जगह से उठाता, जहाँ से चलकर वह सावित्री को उस जगह पहुँचा सका है; हाँ, वह पति के अत्याचारों के निषेध में तनकर खड़ी हो सकी है, वर्तमान के आगे भी जहाँ उनका भविष्य बचा हुआ है। शोषण के खिलाफ नारी के प्रतिकार की यह कहानी हमें यह इशारा देती है कि लेखक अपनी सृष्टि को स्वाभाविक तौर पर विकसित करने के लिए किस सिरे से उठाये, क्योंकि रचना को जिस जगह से उठाया जाता है, उससे पूरी प्रक्रिया तो प्रभावित होती है। इस नाते मुझे लगता है कि चरम ट्रैजिक क्षण से कहानी उठाने पर वह बहुत तेजी से बाँधती तो है, लेकिन लेखक के सर्जनात्मक अधिकार का बहुत बड़ा हिस्सा छीन भी लेती है। नतीजे में वह अपनी पूरी शक्ति विगत इतिहास की तार्किक बारीकियाँ रचने और परिणाम के प्रभाव को घनीभूत करने में ही लगा देता है। इसलिए यह शैली लेखक और पाठक की दिलचस्पी के हित में चाहे जितनी हो; वह सृजनोन्मेष, तर्कसम्मत अवधारणा के विकास की दृष्टि से उतनी सार्थक (और वांछित भी) प्रतीत नहीं होती, क्योंकि सृजन के दौर में विकास और परिवर्तन की संभावनाओं को सीमित करती है। पश्चचित्र (फ्लैशबैक) वैसे भी आज पुरानी पद्धति हो गयी है—शायद बहुत इस्तेमाल की वजह से। लेकिन मैं इसका किसी लेखक की रचना-पद्धति पर आद्यंत छा जाना इसलिए भी खतरनाक समझता हूँ कि यह महज उल्टी गिनती गिनने की तरह है।

गोविंद मिश्र की कहानियों पर बात करते हुए इस तरफ इशारा करना मुझे जरूरी लगा, क्योंकि यह मुद्दा स्वयं उनकी कहानियों की रचना-प्रक्रिया से संबंधित है। लेखक-विकास अपने ढंग से होता है और समाज के व्यक्ति को, समय को, देखने के उसके कोण, प्रतीक और अभिप्राय अलग होते हैं। ऐसी विविधता की समष्टि से ही कोई साहित्य व्यापक और समृद्ध होता है। अब अगर मैं गोविंद मिश्र की कहानी को इसलिए अग रख दूँ कि उसमें निर्धारित प्रगतिशील अवधारणाएँ नहीं हैं, उसमें किसान-मजूर, अर्थतंत्र, शोषण के निर्धारित प्रकार, क्रांति का शंखनाद नहीं है, तो उनके सिलसिले में यह सब गलत होगा। कथा-संसार से मैं पूछूँगा कि जो संसार रचा गया है—क्या यथार्थ

है? रचना का सामाजिक और मानवीय अर्थ क्या है? वह हमें किसी स्तर पर उन्मोचित करती है या विकृतियों में जकड़ती है? और अंत में यह कि उसे लेखक कितनी परिपक्वता से प्रस्तुत कर सका है?

खुद के खिलाफ की कहानियाँ, ज्यादातर पीढ़ियों के द्वंद्व की कहानियाँ हैं। वर्तमान में अतीत के; आधुनिक जीवन में फैशन और कृत्रिम आधुनिकता के हस्तक्षेप की कहानियाँ हैं; ये परिवार, पति-पत्नी के परस्पर शोषण और कहीं-कहीं व्यक्ति के रागात्मक अस्वीकारों की कहानियाँ हैं, लेकिन अपने पूरे पैटर्न में वे इनके प्रति निषेध की, व्यंग्य की, बीभत्सता उभारती कहानियाँ हैं।

इन कहानियों में धृष्टता या कुंठा को विध्यात्मक हैसियत नहीं मिली है, यहाँ इनका प्रतिरोध है, प्रतिकार है। मैं यहाँ कहना चाहता हूँ कि आधुनिकता के जिस रूप को बुद्धिजीवी, मध्य या उच्चमध्य वर्ग ने अपनाया है, वह खंडित है और सार्थक मानवीय मूल्य को छिन्न-भिन्न करता है। ये कहानियाँ पुरानी और नयी पीढ़ी के बीच एक संगत सौजन्य और हार्दिकता की माँग करती हैं—ये हस्तक्षेप रचती नहीं, हस्तक्षेप के अनौचित्य पर कटाक्ष करती हैं और कहीं-कहीं प्रत्यक्ष आक्रमण भी करती हैं। स्त्री का पुरुष द्वारा या पुरुष का स्त्री द्वारा या बूढ़ों का युवाओं द्वारा या युवकों का वृद्धों के द्वारा—यानी तमाम तरह के शोषण के विरोध में हैं। क्या ये शोषण के ऐसे प्रकार नहीं हैं जिनके विरोध में एक सही लेखन को होना चाहिए? गोविंद मिश्र इन सवालों का एक संजीदा कलम से स्पर्श करते हैं। इन कहानियों का परिवेश संभवतः हमें बहुत सामान्य नहीं भी लग सकता है, मगर इसका यह अर्थ नहीं है कि यह परिवेश नकली है या ये मनःस्थितियाँ आरोपित हैं, उल्टे वे तो यह बताती हैं कि हम वास्तव में किस असामान्य और विकृत परिवेश में जी रहे हैं—खुद एक नकली ज़िंदगी? क्या इस जिंदगी के प्रति आगाह करता हुआ लेखक उसे रचना में उतारने से बच सकता है? हाँ, अगर वह उसे उचित ठहराता हो, या उससे कथारस और बतरस रचता हो, जैसा मनोहर श्याम जोशी वगैरह जब-तब करते रहते हैं—तब निश्चित ही वह एक घिनौनी और निरर्थक दुनिया होगी। लेकिन गोविंद मिश्र की ये कथा सृष्टियाँ भीतरी कष्ट से जन्मी हैं—यह निश्चित तौर पर इसलिए कहा जा सकता है कि वह पाठक में प्रतिबिंबित होता है।

कहानी की शक्ति उसकी प्रतीकात्मकता में होती है जो कारण या पात्र के अनुपस्थित हो जाने पर भी पाठक के मन में प्रभाव के रूप में बनी रहती है। वह भीतर निहित अवांछनों को काटती भी है। आधुनिकता के कृत्रिम उपादानों के खिलाफ गोविंद मिश्र की ये कहानियाँ ऐसे ही प्रतीकार्थ रचती हैं।

'खाक इतिहास' : मानवीय आस्था का संसार

चित्तरंजन मिश्र

गोविंद मिश्र का रचना-संसार चेतन मानवीय अस्तित्व के भीतर व्याप्त आस्था से संचालित लेखक का रचना-संसार है, जो किसी भी तथ्य को, किसी भी सत्य को अंतिम मानकर नहीं चलता। बीसवीं शताब्दी की मनुष्यता के साथ जो खतरे अपरिहार्य रूप से लगे हुए हैं, उन खतरों और उनसे जुड़े हुए ज्यादा-से-ज्यादा प्रश्नों को पाठकों के सामने उपस्थित कर देने में अपने पूर्वाग्रहों को बाधा न बनने देने की दुर्लभ तटस्थता गोविंद मिश्र के कहानी-संग्रह 'खाक इतिहास' की कहानियों में दिखलायी पड़ती है। लेखक की वैचारिक क्षमता और सर्वथा भिन्न अर्थ में उसकी प्रतिबद्धता ने सोच के नये आयामों को उद्घाटित किया है।

प्रारंभ में ही लेखक 'इतिहास : अनिश्चित आयाम का अहसास' शीर्षक लंबी भूमिका में अनेक जटिल प्रश्नों का जो एक खास किस्म के प्रचार-तंत्र के कारण महत्त्वपूर्ण हो गये हैं—और गहराई से विश्लेषण-परीक्षण करता है तथा स्पष्ट करता है कि सामाजिक यथार्थ की संकल्पना एक अधूरी स्थिति है जो जीवन को न केवल अधूरे ढंग से देखने को विवश करती है बल्कि उस दृष्टि को ही अंतिम मान लेने का दंभ भी उत्पन्न कर देती है। लेखक इस निष्कर्ष के आस-पास मँडराता है कि मनुष्य एक रेडीमेड सवालों के रेडीमेड उत्तरों से नहीं जाना जा सकता, वह इतिहास के काल-प्रवाह के साथ समकालीनता के सत्य से संतुलन कायम करता है और सारी बाधाओं को तोड़ता हुआ आगे निकल जाता है। इतिहास और मनुष्य की चेतना को समानांतर विकासमान गतिशील सत्ता के रूप में स्वीकार करते हुए उसके संचालन में किसी अदृश्य सत्ता की उपस्थिति एवं बड़ी आस्था से जुड़ने का अवलंबन प्राप्त करती है मनुष्य को। इस सत्ता की रहस्यमय उपस्थिति का विश्लेषण करते हुए लेखक 'इतिहास' शब्द की कोशगत अवधारणा को उलट-पुलटकर रखता है और तार्किक निष्कर्षों से पाठक को सहमत कराता है।

इस भूमिका की चर्चा इसलिए आवश्यक थी कि यह भूमिका गोविंद मिश्र के अपने रचना-संसार में व्याप्त गुत्थियों और सामाजिक यथार्थ के पक्षधर आलोचकों द्वारा उठायी गयी तमाम आपत्तियों के साथ लेखक के समूचे रचना-संसार को पलायनवादी या

अराजकतावादी करार देने की फतवेबाजी के विरुद्ध एक जैनुइन लेखक की आत्मस्वीकृति भी है, और अपने लेखन का तर्कशास्त्र भी। इस अनिश्चित आयाम का एहसास 'खाक इतिहास' की कहानियों को एक नया रंग भी देता है, जो 'फाँस' और 'उल्कापात' जैसी कहानियों में अपना रचनात्मक तेवर दिखाता है।

कुल दस कहानियों का यह संकलन न केवल तथ्य की दृष्टि से विविधता-भरा है अपितु शिल्प की ताजगी और प्रौढ़ता से हिंदी कहानी के फार्मूलाबद्ध होते जाने के आसन्न खतरे को थोड़ा दूर भी करता है। लेखक की स्वीकृति गौरतलब है कि ''चीजों का नकाब उतारने के नाम पर, समकालीन समाज के दुर्गुणों को गिनाते रहने तक ही अगर हम साहित्य को सीमित कर देना चाहते हैं तो हम समकालीनता के केवल उस तत्त्व को हाथ में उठाये हुए हैं जो तुच्छ है, बह जाने वाला है। इसमें ही अपना जुझारूपन देखना कुछ-कुछ वैसा ही दयनीय है जैसे कोई ज्यादा शराब पीने में अपनी मर्दानगी देखता है।'' पर ध्यातव्य है कि इस स्वीकृति से लेखक ने सातवें दशक के कहानीकारों की तरह प्रायः महानगरीय बोध और उसमें टूटते-बनते प्रेम संबंधों तथा सेक्स के फ्रस्ट्रेशन से अपनी रचनाभूमि तलाशने की छूट नहीं ली है अपितु उन प्रश्नों से टकराने की हिम्मत जुटाने की प्रेरणा ली है जिनकी वजह से समकालीन सामाजिक जीवन अपनी पारंपरिक मूल्यवत्ता से कटते जाने के लिए अभिशप्त हो गया है।

'संध्यानाद' इस संकलन की विशिष्ट कहानी है जो पीढ़ियों के अपने अंतर्द्वंद्व और पति तथा पत्नी के बीच ढलती हुई उम्र के साथ सोच में भी बढ़ते जा रहे फासले को सूक्ष्म मनोविश्लेषण के आधार पर स्पष्ट करती है। दोनों ही अपनी-अपनी नजर में छूट गये जीवन को और तेजी से पकड़ने में व्यस्त हैं; पर जो छूटा है, वह दोनों का अलग-अलग है।

वैयक्तिक यथार्थ और सामाजिक यथार्थ को एक-दूसरे के समानांतर रख पाने में समर्थ लेखक का अभीष्ट शायद यह रहा है कि हर व्यक्ति का सत्य, जिसे पाने के लिए या पाते हुए वह जीना चाहता है, अलग-अलग होता है। इस अलगाव के बावजूद दोनों के भीतर एक-दूसरे के प्रति जो मोह है वह बाहर से चाहे जिस तरह दिखायी दे रहा हो, उनके भीतर एक जीवन-रस है जो दोनों को एक-दूसरे से बाँधे हुए है, और हर कदम पर सूखता हुआ दिखायी देने वाला यह जीवन-रस दरअसल कभी नहीं सूखता। ''नहीं तूँ ऐसे छोड़कर नहीं जा सकती। जिंदगी में साथ-साथ क्या नहीं देखा। चालीस बरस का साथ। अब चलती बिरियाँ सब कुछ खत्म नहीं कर सकती। लड़का-बहू के कहे-सुने में न आ—इनके लिए हम आदमी नहीं, चीज हैं—समझने की कोशिश कर। हमें अपनी जगह से उखाड़कर लाचार बना डाला इन्होंने, अब एक-दूसरे से भी काट रहे हैं—अलग करने के चक्कर में हैं।''—(पृ. 22)। पूर्ववर्ती पीढ़ी का अपनी परवर्ती पीढ़ी के प्रति यह अविश्वास अकारण नहीं है। अन्य कहानियों में भी यह तथ्य साफ हुआ है कि सभ्यता के यांत्रिक दबाव और वस्तुवादी उपभोक्ता संस्कृति के परिप्रेक्ष्य में बदलते जा रहे आदमी

के सोचने का तरीका नितांत स्वार्थी और उपयोगिता भरा है। धीरे-धीरे हम ऐसी संस्कृति के नियामक होते जाने के लिए अभिशप्त हैं, जो शुष्क, संवेदनशून्य और दूसरे को उतना ही स्वीकार करती है जितने से स्वार्थ सिद्ध होता हो। इससे अलग किसी की किसी के लिए कोई जरूरत नहीं—जैसे सब एक-दूसरे के लिए बनाये गये पुर्जे हैं—जिनका अलग-अलग कोई अस्तित्व ही नहीं बन पाता। ''एक झटके से इतिहास जैसे मेरे सामने खुल गया। कौमें क्रमशः कैसी बौनी होती हैं—यह मुझे साफ-साफ दिखायी दे रहा था। उनके बगल में बैठे हुए तब मुझे ऐसा लगा, जैसे मेरे पास अपने होने के किसी एहसास की जगह सिर्फ पुराने विदेशी कपड़ों का लिबास था, अपनी गंधाती चिकनई से मुझे और भी छोटा करता हुआ।''—('आल्हखंड', पृ. 32) अतीत, परंपरा, अपने समय के और अपनी धरती के साथ भावनात्मक रूप से जुड़े हुए लोगों के सामने कैसे हमारी पीढ़ी अचानक नंगी हो जाती है, और बगलें झाँककर अपने बचाव का तर्क पैदा करने की चेष्टा करती है। अनेक कहानियों में इस तथ्य की तरफ रचनात्मक भाषा और सधे हुए शिल्प के साथ लेखक ने इशारा किया है।

'आवाज—खुलती हुई' कहानी में बालमनोविज्ञान की सूक्ष्म पकड़ से लेखक की गहरी अंतर्दृष्टि का परिचय मिलता है। एक बालक को अपनी स्वतंत्रता के मूल्य पर कुछ भी नहीं चाहिए। महानगरीय बोध के अनभ्यस्त बालक के वहाँ होने पर, उसके भीतर जो रिक्तता पैदा हो जाती है उसकी सार्थक अभिव्यक्ति इस कहानी में है। उन्मुक्त प्राकृतिक वातावरण मनुष्य के सहज विकास को इसी यांत्रिक सभ्यता ने 'बिगड़ जाना', एवं नौकरी के लिए कट-छँटकर नौकरी की पागल दौड़ में शामिल हो जाने को 'बन जाना' मानने को विवश किया है। ''वह नौकरी जिसके मिल भी जाने पर एक कमरे-घर की तलाश में ही आधी जिंदगी निकल जाती है।''

'फाँस', 'वरणांजलि' और 'खाक इतिहास' अपने-अपने ढंग की महत्त्वपूर्ण कहानियाँ हैं जो कुछ नये प्रश्नों से टकराकर उनको और सफाई से उपस्थित करती हैं। यह भी ध्यान जाने लायक तथ्य है कि लेखक सिर्फ प्रश्न उपस्थित कर पाता है, उनके समाधान की दिशा में कोई संकेत नहीं करता या नहीं कर पाता। पर प्रश्न को ठीक से समझ लेना, समस्या को ठीक से पहचान लेना, उसके उत्तर या समाधान की दिशा में प्रारंभिक स्तर पर सबसे सार्थक प्रयास होता है। एक लेखक या कलाकार इसके सिवा और कुछ ज्यादा करने का दंभ नहीं पाल सकता।

'खाक इतिहास' की कहानियों में जो प्रश्न उपस्थित किये गये हैं, जो समस्याएँ उठायी गयी हैं, उन प्रश्नों और समस्याओं से ही कहानियाँ महत्त्वपूर्ण नहीं होतीं, यदि उनके रेखांकन में आवश्यक शिल्पगत सतर्कता न बरती गयी होती। इन छोटे परंतु महत्त्व की दृष्टि से वड़े तथ्यों से पाठक को संवेदनशील ढंग से परिचित कराने के लिए कहानी के स्थापत्य को एक विशिष्ट रूप भी दिया गया है। साथ ही यह तथ्य बयानबाजी के स्तर पर नहीं बल्कि कहानी के स्थापत्य में निहित रचनात्मक तनाव से निःसृत होने

के कारण अधिक विश्वसनीय बना है। कुछ ऐसे स्थल अवश्य हैं जहाँ लेखक कहानी में हस्तक्षेप करते हुए संवादों को एक निश्चित दिशा में मोड़ देता है, स्वाभाविकता बाधित होती है और सपाटबयानी लगती है, पर ऐसे स्थल कम हैं। भाषा के प्रयोग और बिंबों की रचना में लेखक अत्यंत सतर्क और सफल कहा जा सकता है। उसने जिन दृश्यों और स्थितियों की रचना की है, वे बेहद प्रभावकर हैं, अपनी आस्तिक चेतना के चलते संवाद में पैनेपन और तीक्ष्णता के कारण इन कहानियों की सामर्थ्य बढ़ जाती है तथा कथ्य एक व्यवस्थित शिल्प में सँवार दिये जाने के कारण अधिक सघन हो जाता है।

'खाक इतिहास' : मानवीय लगाव में रची-बसी रचनाएँ

राजकुमार गौतम

पिछले दो दशकों में गोविंद मिश्र का नाम हिंदी कथा लेखन के सिलसिले में खासा सक्रिय रहा है। उन्होंने उपन्यास, यात्रावृत्त और छिटपुट आलोचनात्मक लेखन बराबर किया है और कहानियाँ तो पर्याप्त लिखी ही हैं। संभवतः अभिव्यक्ति के स्तर पर, विधागत विलास को इन्होंने कभी सायास तरीके पर अपने लेखक के आत्म को आधार मानकर जाँचा-परखा नहीं है और इसीलिए उनकी इमेज कहानीकार या उपन्यासकार के बीच अभी भी कहीं झूलती लगती है। लेखक के यात्रा-वृत्तांत 'धुंध-भरी सुर्खी' और 'दरख्तों के पार... शाम' को पढ़कर एक असलियत ज़रूर खुलती है और वह है उनकी इतिहास में रुचि। इतिहास की आत्मा में बसे दुःख की खोजबीन करना और उसमें घटित बूढ़ी स्मृतियों के स्लाइड्स देखना। उनके लेखक तक आते-आते तकलीफ और नियति के ये स्लाइड्स ठेठ व्यक्ति चरित्रों पर केंद्रित हो जाते हैं। प्रसंगतः लेखक के नवीनतम कहानी-संग्रह 'खाक इतिहास' में संकलित सभी दस कहानियों के विषय में कहा जा सकता है कि ये विगत और आगत समय की सरल तथा मानवीय-लगाव में रची-बसी रचनाएँ हैं।

इतिहास की अराजकता और इतिहास-दृष्टि को जिस चौकन्नेपन से लेखक ने इन कहानियों में देखा-परखा है, वह पाठक के मन पर बोझ नहीं डालता; बल्कि मानवीय धरातल पर उसको उत्तेजित करता है। यदि इतिहास से मानवीय पक्षों के विरुद्ध जानेवाली असहमतियों को उजागर करना सजग प्रगतिशीलता समझी जा सकती है, तो ये कहानियाँ निश्चित ही समकालीन साहित्य की उपलब्धि हैं; नहीं तो तथाकथित आधुनिकतावादी रचनाओं के संदर्भ में, जहाँ चिंतन की बाँहें कच्ची-पक्की विचारधाराओं के कारण स्वयं में ही कहीं संदेहास्पद हो चुकी हैं, ये कहानियाँ 'समय से हटी होने के कारण' महज 'प्रतिक्रियावादी' भी लग सकती है। हाँ, यह अवश्य है कि इन कहानियों को पढ़ते हुए बराबर यह लगता रहा कि इन्हें पाठकों की अपेक्षा श्रोताओं की आवश्यकता अधिक है। पता नहीं, यह इनके भीतर से गायब कहानीपन की ऊब के

कारण है या शुद्ध साहित्यिक महत्त्व से आगे बढ़ जाने की लेखकीय सफलता के कारण। इनकी मौलिक सच्चाई को यदि लेखक के ही शब्दों में कहें, तो इतिहास से छूटा हुआ वर्तमान क्षण भी विकृत रूप में प्रदूषित हो चुका है : ''अगर हमारे मष्तिष्क ने हमें बेईमान नहीं बना दिया है (क्योंकि आज हमें प्रदूषित करनेवाली सबसे भयंकर चीज हमारा मस्तिष्क ही है...अक्ल!) तो हम देखेंगे कि समकालीन से हमारी टकराहट में हर पल हमारा साथ एक अदृश्य शक्ति देती रहती है।'' ('भूमिका' से)

मान लिया जा सकता है कि वर्तमान तो मात्र इतिहास के रिएक्शन का साक्ष्य होता है। इसी साक्ष्य का सहारा लेकर अंडमान में बसकर रह गये एक स्वतंत्रता-सेनानी का अपने 'घर' लौटने पर यह प्रासंगिक अभियोग देखा जा सकता है : ''भाई-बहनों को इस जानकारी से, कि मैं जिंदा था...थोड़ी दिलचस्पी हुई। बहुत से साथी नहीं मिल पाये। जो मिल सके, वे अपनी बेहतरी में व्यस्त थे। उन्होंने मुझे सलाह दी कि मैं भी स्वतंत्रता-सेनानी के कागज भर दूँ। पेंशन मिल जाएगी। मुझे लगा, मैं अपने स्वतंत्र देश में नहीं, एक बाजार में पहुँच गया था...जहाँ हर चीज के दाम थे, तकलीफों के भी, जहाँ हर चीज रुपया तय करता था...चुनाव और सरकार बनाना भी। हमारी हर लड़ाई का एक मुकम्मिल मुद्दा यह होता कि हर एक आदमी को आदमी जैसी इज्जत मिले, न्याय मिले। अगर वही न हुआ, तो जैसे तब, वैसे अब। काले धन जैसी चीजों को क्या सिर्फ इसीलिए माफ किया जा सकता है कि हम स्वतंत्र हैं, प्रजातंत्र है...।'' ('आल्हखंड')

देश की सीमा तोड़कर, दूसरी तथा आधुनिक सुख-सुविधाओं से भरी-पूरी व्यवस्थावाले देशों में भी 'आदमी' की हालत लगभग यही है। हिटलर द्वारा जनित मानवीयता का प्रतिलोम 'खाक इतिहास' कहानी के माध्यम से विचारणीय मुद्दा यही हो उठता है। अभी-अभी के गुजरे इतिहास के बीच से टोही गयी ये कहानियाँ विस्तृत अर्थों में साहित्यिक उपलब्धि मानी जा सकती हैं।

संग्रह की दूसरी कहानियाँ 'आवाज खुलती हुई', 'उल्कापात', 'फाँस', 'मुझे घर ले चलो' तथा 'संध्यानाद' अपेक्षाकृत अधिक 'कहानीमय' रचनाएँ हैं। नितांत मानवीय संवेदनों को टकटकाती और उन्हें व्यावहारिक स्तर पर परिभाषित करते हुए इन कहानियों का रिश्ता लेखक ने इधर घर कर गये संप्रेषण के अंधे-अंधे अंतरालों के बीच से उपजाया है। मानसिक रूप से बहिष्कृत हो जाने पर, किसी भी हिमायती का जिंदगी से खारिज हो जाना, कहानीकार को पीड़ित करता है और इसकी सहायता में वह 'संध्यानाद' या 'फाँस' जैसी कहानी लिखता है। इस मुस्तैदी का अनुशासन तथा किस्सों के अंबार कहानीकार के पास हैं और तकनीकी कुशलता यह भी कि भावुकता पिरोकर इन लक्ष्यों को लापरवाही से बिल्कुल नहीं लिया गया है। इन कहानियों में विज्ञापनों जैसी चक-दमक भले ही न हो, लेकिन इनमें व्यक्त वैधानिक निष्कपटता लंबे समय तक अपने महत्त्व को हथियाये रखने में निस्संदेह सक्षम है।

'सड़ाँध' तथा 'उल्कापात' आत्मसंघर्ष के रुझान पर टिकी दो कहानियाँ हैं। इन

कहानियों में व्यक्त मध्यवर्गीय अंतर्विरोधों को सामान्य अर्थों के साथ नारी की नुमाइंदगी की सीमाओं में भी देखा जा सकता है। 'आनेवाली सुबह' में जातिगत घटकों को तोड़कर मानवता मात्र के अंतर्विरोधों को स्पष्ट किया गया है। संग्रह की एक अन्य कहानी 'वरणांजलि' जीवन की आध्यात्मिक दर्शनावली पर एक सांस्कृतिक समीक्षा है, जो मृत्यु की आलोचना को सारवस्तु के अनिवार्यतः स्तर पर देखती है। भीनी-भीनी भावुकता में रची गयी यह कहानी मृत्यु पर साहित्यिक शोध नहीं, बल्कि अंधविश्वास की तरफ जाती एक तरतीबवार जीवन-दृष्टि ही है।

इन कहानियों के विषय में यह और कहा जा सकता है कि लेखक का आग्रह भाषा, शिल्प या रूप से अधिक आतंकित या उद्विग्न नहीं है। रिश्तों का पारंपरिक रूप तोड़ने, विजिट या अनुभव-खंड से गुजरी किसी भी घटना को कहानी बना देने, या इतिहास के लफड़ों में फँस जाने जैसी किसी भी स्थिति को लेखक कहानी के लिए पराया नहीं मानता है।

‘खाक इतिहास’ : एक लेखक की बदलती दुनिया

संजय खाती

‘खाक इतिहास’ से गोविंद मिश्र के लेखन या लेखकीय दृष्टिकोण में एक बड़े फर्क की शुरुआत नजर आती है। यथार्थ को देखने के नाम पर केवल जिंदगी के अँधेरों को टटोलने की आदत पर एतराज कोई नयी बात नहीं है, लेकिन जब एक जिंदा लेखक इस पर गंभीरता से सोच रहा होता है तो यह महान अकादमिक बहस नहीं रह जाती, चौंकाने वाली और उत्सुकता जगाने वाली बात बन जाती है। वह जो सोच रहा होता है वह उसके लेखन में घटता हुआ दिखने लगता है और तब उसको आसानी से नजरअंदाज नहीं किया जा सकता। बहुत-से दूसरे लेखकों की तरह गोविंद मिश्र को भी यथार्थ के नाम पर यह कानापन खटका होगा। ‘खाक इतिहास’ से वे यथार्थ को उसके दोनों पहलुओं के साथ पूरेपन में पकड़ने की कोशिश शुरू करते हैं। इसे एक जारी प्रक्रिया कहा जाना चाहिए, क्योंकि कला के स्तर पर लेखक की राह पूरी नहीं बनी है। उनकी कहानियों के अगले संग्रहों में हम उनको नयी राह पर कहाँ पहुँचा हुआ देखने की उम्मीद कर सकते हैं।

‘इतिहास—अनिश्चित आयाम का अहसास’ नाम से लेखक ने चार पृष्ठों में बेहद दार्शनिक भाषा में जो भूमिका लिखी है, उसका मतलब यह निकलता है कि जिंदगी का कुरूप और घृणित पहलू ही साहित्य का एकमात्र आधार नहीं है। वह जो सकारात्मक है और इतिहास के क्रूर बहाव के खिलाफ इंसानियत को टिकाये रखता है, वह भी साहित्य का हिस्सा होना चाहिए। इससे आगे जाकर लेखक यह मानता दीखता है कि वही साहित्य अमर होगा जो इंसानियत के इन जिंदा रुखों से जुड़ा होगा।

“जब अपने भीतर रास्ते ढूँढ़ने की बात कही जाती है तो दरअसल वह खुद को बाहर से जोड़ने से पैदा हुई शक्ति ही होती हैं...इतिहास सचमुच में जबर्दस्त घटनाएँ नहीं, बल्कि एक व्यक्ति के भीतर बैठी हुई झेलने की यह शक्ति है...साहित्यकार का काम यथार्थ की दुहाई देते हुए, बहाव में अपनी गर्दन डुबो देना नहीं, बल्कि शरीर बहाव में रखते हुए सिर ऊपर रख दूर तक देखने का है...समकालीन समाज के दुर्गुणों को गिनाते रहने तक ही अगर हम साहित्य को सीमित कर देना चाहते हैं तो हम समकालीनता के केवल उस तत्त्व को हाथ में उठाये हुए हैं जो तुच्छ है, बह जाने वाला है।”

हमारे समय के एक अच्छे लेखक के चिंतन में आया यह फर्क उसे आशावाद की ओर मोड़ता है। उनका दर्शन कुछ-कुछ अध्यात्म के करीब चला जाता है लेकिन ऐन खतरे की सीमा पर वे इसे इतिहास-बोध से जोड़ देते हैं और अधिक वैज्ञानिक तरीके से पेश करने की कोशिश करते हैं।

यह एक लंबी प्रक्रिया है और इसे झट से लेखन में पूरी तरह उतर जाता देखने की कल्पना बेकार है। उसमें अभी समय लगेगा। यही कारण है कि इस संग्रह की कुछ कहानियों में यह आशावाद (या इसे और जो नाम दें) बड़े अटपटे ढंग से चिपकाया हुआ लगने लगता है। लेखक कहानी को अपने हिसाब से मोड़ने की जबर्दस्त गलती करता है। हमारे कई जनवादी लेखक कहानी को इस तरह चलाते हैं कि आखिरी पंक्तियों तक नायक के हाथ में एक अदद लाल झंडा या दास कैपिटल प्रकट हो जाए। वैसी ही हास्यास्पद यह कोशिश भी हो जाती है।

अगर यह नयी चिंतन-धारा वास्तव में इतनी प्रबल है कि लेखक को गहरे तक मथ रही है तो धीरे-धीरे यह सारी चीजों को एक तर्क-संगत क्रम में ढाल लेगी। तब आशावाद की कहानियाँ बिना बनावट के सामने आएँगी। हालाँकि लेखक ने वैचारिक तर्क पेश कर दिया है लेकिन कला के स्तरों पर उस प्रक्रिया को अभी पूरा होना है।

किताब में दस कहानियाँ हैं। कुछ ऐसी हैं जो इस नये दौर की नहीं हैं लेकिन कुल मिलाकर करके यथार्थ के एक पूरे चक्र को पूरा करती हैं। क्रूर यथार्थ की ऐसी कहानियाँ हैं—'संध्यानाद' और 'मुझे घर ले चलो।' 'आल्हखंड', 'फाँस', 'वरणांजलि', 'आवाज खुलती हुई' और 'खाक इतिहास' ऐसी कहानियाँ हैं जहाँ जीवन की सुनहरी आशा अपने-आप मुस्कराती हुई दीखती है। दूसरी ओर 'सड़ाँध' और 'आनेवाली सुबह' में लेखक अपने उसी पूर्वाग्रह के बोझ से कहानी को तोड़ रहा है।

'खाक इतिहास' पर कोई फैसला देना खतरे से खाली नहीं है। क्योंकि यह प्रयोग के दौरान, तैयार हुई किताब है, प्रयोग के परिणाम नहीं वरन् प्रयोगों का परिचय। शायद यह लेखक की दूसरों के या खुद के खिलाफ एक चुनौती है। इस चुनौती को वह कैसे पेश कर पाएगा, यह अभी से कैसे जाना जा सकता है? 'खाक इतिहास' केवल एक इशारा है और तब केवल इंतजार किया जा सकता है।

‘खाक इतिहास’ : खाक बनते इतिहास का ममत्व-बोध

डॉ. पुष्पपाल सिंह

गोविंद मिश्र के कहानीकार को विगत, गाँव और कस्बे के अतीत हुए चरित्र, बुरी तरह हांट करते हैं। उन स्थितियों और पात्रों के माध्यम से वे आधुनिक जीवन-स्थितियों में परिवर्तित मूल्य-दृष्टि की बात बहुत कुशलता से करते हैं। इस कथ्य पर उनकी बहुत खूबसूरत कहानी ‘कचकौंध’ थी। इसी इतिहास-बोध की एक विशेष कोण से प्रस्तुति ‘खाक इतिहास’ की दस कहानियों में होती है। ‘संध्यानाद’, ‘आल्हखंड’, ‘मुझे घर ले चलो’, ‘सड़ांध’, ‘आने वाली सुबह’, ‘आवाज खुलती हुई’, ‘फांस’, ‘उल्कापात’, ‘वरणांजलि’, ‘खाक इतिहास’—ये सभी कहानियाँ मानवीय मूल्यों सामाजिक सरोकारों की चिंता से गहरी संपृक्ति रखती हैं।

इनमें लेखक की कलम घर के आँगन-अँतरों (संध्यानाद) से लेकर अंडमान द्वीप के जीवन (आल्हखंड) में जमीन से जुड़ने के बेदर्द और ‘खाक इतिहास’ में चैकोस्लोवाकिया की राजधानी प्राहा में मानवीय स्वतंत्रता तथा अभिव्यक्ति के संकट के सवालों पर गहराई से विचार करती है। ‘मुझे घर ले चलो’ कहानी व्यवस्था में व्याप्त भ्रष्टता की कलई बड़ी गंभीरता से खोलती है। बदली जीवन-स्थितियों में मानवीय रिश्तों और आत्मीय संबंधों में जो भारी बदलाव आये हैं, उनका जायजा ‘सड़ांध’ और ‘आवाज खुलती हुई’ जैसी कहानियों में किया गया है। इस प्रकार इन कहानियों का कथ्य अत्यंत वैविध्यपूर्ण है।

इस संग्रह की कहानियों में मैं ‘वरणांजलि’ की विशेष चर्चा करना चाहूँगा। वैयक्तिक सुख-दुःख की अनुभूति किस प्रकार एक सुंदर कलात्मक अनुभव में रूपांतरित हो सकती है, इसका बहुत ही सुंदर उदाहरण बन पड़ी है यह कहानी। जिस प्रकार निराला कविता में ‘सरोज-स्मृति’ दे गये, उसी प्रकार गोविंद मिश्र की ‘वरणांजलि’ उनके पुत्र-शोक के व्यक्तिगत दुःख पर एक सशक्त रचना है। कहानी कहीं-कहीं काव्यात्मक स्तर पर उतरकर अत्यंत भाव-प्रवण हो जाती है किंतु वह उसकी कथात्मक संवेदना को क्षत नहीं करतीं।

इन सभी कहानियों की एक अंतर्धारा (अंडर करेंट) है; वह है महानगरीय जीवन से ऊबा व्यक्ति। प्रायः प्रत्येक कहानी में गोविंद मिश्र इसकी अभिव्यक्ति का अवसर निकाल लेते हैं। पूर्ण व्यक्तिगत स्तर पर लिखी गयी कहानी 'वरणांजलि' में भी यह कथन : ''मैं तुम्हें बड़ा करने इस महानगर में ले आया था...बच्चों को पालने, बड़ा करने के लिए किसी महानगर से भयानक और कौन-सा स्थान हो सकता है!'' इस प्रकार ये कहानियाँ कहीं हमें हमारे भरे-पूरे जीवन के खालीपन का भी अहसास शिद्दत से दे जाती हैं। यह कहानी-संग्रह निश्चय ही गोविंद मिश्र के कहानीकार के कद को बड़ा करता है।

'पगला बाबा' : मानवीय गर्माहट की खोज

चंद्रकांत बांदिवडेकर

'लाल-पीली जमीन' और 'हुजूर दरबार' जैसी महत्त्वपूर्ण रचनाओं, जो मनुष्य को अँधेरे बंद रास्तों और भयावह गलियों में ले जाती हैं, के बाद 'तुम्हारी रोशनी में' जैसे एक अलग कोमल मानवीय राग अलापने वाली रचना गोविंद भाई के नये रूप की पहचान देती है और 'पगला बाबा' की छोटी-बड़ी कुल दस कहानियाँ इसको निश्चयपूर्वक प्रमाणित करती हैं, कि गोविंद मिश्र जीवन की नरक यातना को भोग चुकने के बाद चोला त्यागकर जीवन की आलोकमयी मर्मस्पर्शी संवेदना को, वैसे प्रसंगों और व्यक्तित्वों को भी देखने के लिए कटिबद्ध हुए हैं। जीवन में दुःख है, पीड़ा है, त्रास है, यह तो अब तक बहुत कहा जा चुका है, इस संत्रासभरी जिंदगी में भी अभी मानवीयता शेष है, जिजीविषा है, प्यार का स्पंदन है, आदर्श का उफान है और मूल्यों की चेतना है। मनुष्य अँधेरी सुरंग में रहकर भी किरण की तलाश में उन्मुख जीव है, यह बताने में पहल करनेवाली कहानियाँ गोविंद मिश्र लिख रहे हैं। थोड़ा हास्यास्पद बनने का खतरा लेकर भी कहना चाहूँगा कि गोविंद मिश्र कलाकार और संत सदृश स्वभाव का समन्वय करने के रास्ते पर गतिशील हुए हैं। (यह भारत के लिए नया रास्ता बिलकुल ही नहीं है परंतु बीच के कुछ व्यामोह के बाद महत्त्वपूर्ण अवश्य बनता है। मैं पुनः कहना चाहूँगा कि मैं गोविंद मिश्र को संत बनाकर नहीं देख रहा हूँ, मैं भारतीय परंपरा के संदर्भ में बात कर रहा हूँ जो बीच में पूर्णतः नहीं लेकिन कुछ उखड़ी अवश्य थी) गोविंद भाई के एकवक्तव्य की याद ताजा हो जाती है। वे कहा करते हैं कि कला के माध्यम से व्यथा को प्रभावपूर्ण ढंग से संप्रेषित करने के लिए लेखक को स्वयं बड़ी मात्रा में व्यथा को पीना और पचाना आवश्यक है। और तब कहीं उसका बहुत छोटा-सा हिस्सा वह दूसरों तक पहुँचा सकता है। कुछ मतभिन्नता के बावजूद मैं इसमें निहित सत्य के अंश को स्वीकार करता हूँ। मुझे लगता है कि बहुत-से लेखक यह मानने लगे हैं कि अच्छा लेखन करने के लिए, मनुष्य का पहले अच्छा होना जरूरी है—संत-स्वभाव में आखिर और क्या होता है सिवा एक अच्छा आदमी बनने की प्रक्रिया के।

गोविंद मिश्र उन लेखकों में से हैं जो मनुष्य के मन का गहरा अंधकार देखने के बावजूद (देखिए उनके उपन्यास 'लाल-पीली जमीन', 'हुजूर दरबार') उसी अंधकार को

चरम स्वाद नहीं मानते क्योंकि यह मानना अर्धसत्य भी है और मानवीय सृजनशीलता को अनदेखा करते हुए पलायन के अँधेरे में अपने को लुप्त करना है, इसीलिए गोविंद भाई की कहानियों में मनुष्य की आत्मा की रोशनी बराबर झाँकती रहती है और आश्वस्त करती है कि सब कुछ समाप्त नहीं हुआ है। 'सिर्फ इतनी रोशनी' में तीनों प्रमुख पात्रों की आत्मा कहानी के पूरे वृत्त को आलोकित करती है। यह कहानी मृत्यु का तीक्ष्ण तीर हृदय में लिये हुए भी जीवन की सुंदरता को देखने और प्यार को जीने का अहसास कराती है। अँधेरे को देखने के लिए थोड़ी-सी रोशनी देनेवाली यह कहानी मनुष्य के जीवन पर विलक्षण भाष्य करती है—कहानी के अनुभव की भाषा में, जरा भी इधर-उधर न फिसलते हुए।

'मायकल लोबो' ऐसे व्यक्ति की व्यथा की गाथा है जो पतन की चरम सीमा तक अँधेरे गहरे तल तक जा पहुँचा था कि एक किरण उसकी आत्मा को छू गयी। शराब से धुत मायकल को घर में लाते समय उसकी लड़की ने कहा : "पापा, मैं कब तक आपको इस तरह उठाती रहूँगी।" इन्हीं शब्दों की धुरी पर पूरी कथा की गति और नियति टिकी हुई है। किसी और के हाथ में पड़कर यह हृदय-परिवर्तन की तीस-चालीस वर्ष पुरानी कहानी बन जाती लेकिन यहाँ यह व्यक्तित्वांतरण की कहानी बन गयी है। एक वाक्य के सहारे व्यक्तित्वांतरण का प्रयास एक छोटे उत्तोलक से बहुत बड़ा वजनी पत्थर उल्टा देना है। लेकिन गोविंद मिश्र ने अधिकांश रूप में इसे सफल बनाया है। एक सीमा के बाद सभी धर्मों का मर्म एक ही है, प्रभु के साक्षात्कार का रहस्य एक ही है—मनुष्य में ईश्वर को देखना। लोबो की यह कहानी इस सत्य का सशक्त स्पर्श कराती है। यह अनुभव की जाति ही अलग है और उसे लोबो के व्यक्तित्वांतरण के माध्यम से कलात्मक स्तर पर प्रतीतिपूर्ण ढंग से अभिव्यक्त करना एक सधे हुए, मँजे हुए कलाकार का ही काम है। लेकिन इस तरह के अनुभवों के संप्रेषण के लिए कलाकार से अधिक कुछ होना आवश्यक है—लेखकीय व्यक्तित्व की आत्मिक क्षमता। यह क्षमता मध्ययुग में संतों और भक्तों में थी। आधुनिक युग में यह विरल है। कलाकार और संत की यह एकमेकता मुझे इस अनुभव में दिखी।

गोविंद मिश्र हिंदू हैं, आस्तिक हैं और अपनी कहानी के लिए ऐसा कच्चा मसाला इकट्ठा करते रहते हैं जिस पर आज के आधुनिक वातावरण में कम दृष्टि जाती है—जाती भी है तो व्यंग्यात्मक नज़रिये से, घृणा और प्रक्षोभ के तेवर में। गोविंद मिश्र वहाँ करुणा और कसकती व्यथा की आँख से देखते हैं। उनका हिंदू मन रिच्युअल में नहीं अटकता और आत्मिक उदारता का बड़ा संबल लेकर चलता है, उनके हिंदूपने में उनका कलाकार कभी सीमित नहीं होता (वैसे हिंदूपन ने कलाओं के विकास में अपने को उत्कट रूप में संप्रेषित किया है, यह तथ्य भारतीय कलाओं के इतिहास में स्पष्ट है।) धार्मिक रिच्युअल्स की तरफ कलाकार की निस्संगता से देखकर उनके भीतर की तहें टटोलना और उसमें आवृत्त सत्य को ऊपर लाना गोविंद मिश्र का एक महत्त्वपूर्ण कार्य

है। 'पगला बाबा' में इसके सशक्त दर्शन होते हैं। यह एक अकेले, निस्सहाय और अकिंचन व्यक्ति के जीवन के अर्थ की खोज है, गोविंद मिश्र कहानी के बीच केंद्रीय बीज को पाठक की हथेली पर रख देते हैं। (और चूँकि इस बीज को आगे-पीछे विकसित किया गया है, यह केवल तात्पर्य नहीं लगता—यह अनुभव का निचोड़ अवश्य है परंतु अनुभव की समग्रता को ओट भी नहीं होने देता) : ''उस शाम जैसे उन्हें अपना धर्म मिल गया था—जिसका कोई नहीं, उसका सब कोई। संसार-यात्रा का छोटा-सा भाग जहाँ व्यक्ति अशक्त हो जाता है....मात्र निस्पद देह...वहाँ उसे आगे की तरफ ठेल देना, पंचभूत पंचतत्त्वों को सौंप देना। वे पगला बाबा हो गये। कहाँ के थे, क्या नाम था, कौन जाति...धर्म...सब 'पगला' में डूब गया।''

गोविंद मिश्र को मनुष्य में छिपे देवत्व की महानता की टोह लेने का अभ्यास है। आज जब मनुष्य की सरेआम निगतगामी प्रवृत्तियों को उभारना ही साहित्य के समकालीन होने का, सही होने का एक भ्रम सत्य के पहनावे में प्रतिष्ठा प्राप्त कर रहा है, गोविंद मिश्र की 'अर्थ ओझल' कहानी अधिक महत्त्वपूर्ण लगती है। यह सही है कि आज के जीवन में ऐसे व्यक्तियों को खोजना पड़ता है लेकिन जनजीवन के प्रतिनिधि के नाम पर ऐसे व्यक्तियों की उपेक्षा भी साहित्यिक मिडियाक्रिटी का लक्षण है। एक दूसरी बात भी इस कहानी को पढ़ते समय महसूस होती है। इधर पाँच-छह वर्षों में फिर से पिता के साथ आत्मीयता के स्तर पर जुड़ने का प्रयास कविता और कहानी में दिख रहा है। यह अनुभव की प्रौढ़ता का ही लक्षण है। लेकिन गोविंद भाई की कहानी एक अलग स्तर पर भी प्रभावित करती है। अपने ही पिता के जीवन का ओझल अर्थ पुत्र की समझ में आता है और वर्षों की नाराजगी, चिढ़, उदासीनता और शुष्कता क्षणभर में खत्म होती है। जिससे उनके शिष्य के प्रति संदेह से उत्पन्न नफरत का भाव है, उससे बड़े भाई का रिश्ता जुड़ने का अमूल्य क्षण प्राप्त होता है। आज के टूटते रिश्तों में यह भावनात्मक स्तर पर स्मृति के आलेख के स्तर पर जुड़ने और घनिष्ठ होने की अधिक मानवीय बन जाने की यह कथा हमारे लिए मूल्यवान बन गयी है। जीवन में अपने लिए कुछ सार्थकता की सप्रयोजनता को लेकर जीनेवाले मनुष्यों की कर्मठता का उद्‌घाटन करने में गोविंद मिश्र विशेष रस लेते हैं। एक मूल्य चेतना रखकर जीनेवाले शिक्षक एक आलोक वृत्त निर्मित करते हैं : ''लेकिन आज साफ-साफ दिखता है कि एक साधारण से अध्यापक के छोटे-से वृत्त में कैसे वह आदमी इतने स्वाभाविक ढंग से एक पूरे का पूरा दर्शन पिराये हुए था, और केवल सिद्धांत नहीं, वह उस दर्शन को जी रहा था....निःशब्द, उसके तनाव संतोष को अकेले भोगता हुआ''—''शुरू में निंदा, ताने, उपहास....बाद में भयंकर उपेक्षा...इन सबको चुपचाप झेलते हुए पिता चले गये। कौन जाने यह भी उनके दर्शन में रहा हो कि अपने को सही जताने में शक्ति व्यर्थ ही जाया न की जाय।'' गोविंद मिश्र ने इस व्यक्तित्व को अपनी कला से जीवंत रूप में सामने रखा है।

ऐसा नहीं है कि गोविंद भाई की सहानुभूति मध्यवर्ग तक सीमित है। वे मानवीय

गर्माहट का अस्तित्व झोंपड़पट्टी में रहनेवालों में भी देखते हैं। एक खास ढंग की हिंदी जो बंबई में विकसित हो रही है, जगदंबा प्रसाद दीक्षित, चित्रा मुद्गल की कथाओं में जिसकी समृद्ध उपयोजना है, 'प्रतिमोह' कहानी में प्रयुक्त हुई है। इसके कारण समूची कहानी में वातावरण का स्पर्श ही नहीं, एक भीतरी आत्मीयता पैदा हुई है। झोंपड़पट्टी और आलीशान इमारतों के बीच चल रहे मानवीय-अमानवीय व्यवहार का यह रूप, एक करुणार्द्र दृष्टि से अंकित आक्रोश के अभाव में कम प्रभावपूर्ण नहीं बनता। असल में मूल में चाहिए मानवीय गर्माहट के प्रति लगाव। यह गोविंद भाई में पूरा-पूरा है। बिखरती, अकेली पड़ती यहाँ तक कि कड़वाहट महसूस करती जिंदगी में भी दूसरे को सहारा देने की कितनी आंतरिक व्याकुलता रहती है इसका मर्मस्पर्शी चित्र है—'प्रतिमोह।'

जिजीविषा की खोज, प्रेम के स्रोतों की खोज, संघर्ष में मानवीयता की खोज गोविंद भाई की कहानी का केंद्रीय राग है जो 'गुरुजी' जैसी छोटी कहानी में करुणापूरित लहजे में व्यक्त होता है या 'आदेश' जैसी कहानी में कुछ हास्य का नर्म स्वर लेकर व्यक्त होता है। 'सुनंदो की खोली' में निम्न मध्यवर्गीय बंबई की ठहराव-भरी जिंदगी का चित्र है। स्थान की कमी और अभाव के कारण ठहरे हुए जल की तरह बदबू देती जिंदगी में भी अपनत्व के पतले धागों की खोज गोविंद भाई करते हैं। एक पूरी लंबी और चौड़ी जिंदगी की यथावतता को चित्रमय बनाकर प्रभावपूर्ण बना देने की शक्ति इस कलाकार में है, इसीलिए कहानी का आकार छोटा परंतु कसाव भरपूर रहता है। 'अर्धवृत्त' में पति-पत्नी और उपपत्नी के संबंधों की कहानी भी उपपत्नी के व्यक्तित्व पर अनोखा प्रकाश डालती है और उस आलोक में पत्नी का व्यक्तित्व भी अनोखे रंग में सामने आता है।

ऐसा नहीं है कि गोविंद भाई आज की स्थितियों के काले यथार्थ को नहीं उघाड़ सकते। जिंदगी के उलझने और उजड़ने की कथा भी वे लिखते हैं—'एक बूँद उलझी' एक पूरी आक्रामक सभ्यता पर भरपूर वार करनेवाली यह कहानी फिर भी अपने-आपमें एक आँसू की छोटी-सी बूँद, उलझी हुई बूँद का अस्तित्व अंकित किये बिना नहीं रहती।

अँधेरे की सुरंग में आलोक की पतली किरणों की खोज करनेवाली, मानवीय गरिमा और गर्माहट से अभिभूत करानेवाली और परंपरा की चैतन्यमय ऊर्जा की ये कहानियाँ हिंदी में महत्त्वपूर्ण मानी जानी चाहिए।

'पगला बाबा' : हृदय के रस में डूबी कहानियाँ

गोविंद प्रसाद सिंह

प्रस्तुत संकलन गोविंद मिश्र की कहानियों का नवीनतम संग्रह है। यह लेखक की उत्तरोत्तर विकसित होने वाली सर्जनात्मकता का एक अच्छा उदाहरण है। इसकी प्रत्येक कहानी वस्तुगत यथार्थ का एक ऐसा अंतःविषयी बिंब है जो रचना की बुनावट या टेक्सचर से धीरे-धीरे उभार लेता हुआ भावना-संस्कार में सजीव हो उठता है। पात्र, घटना एवं परिवेश के ताने-बाने पीछे छूट जाते हैं। हाथ आती है एक संवेदनामात्र जो नायक-नायिका का पाथेय बनती है और पाठक को भी बहुत दूर तक साथ लिये चलती है। इतनी दूर तक कि वह कुछ सोचने पर विवश हो जाता है। उदाहरण के लिए 'पगला बाबा' जिसके ऊपर संग्रह का नामकरण हुआ, अपने-आपमें पूरे समाज पर व्यंग्य है। भिक्षा-वृत्ति से, जो उन्हें मिलता है उसका वे कफन खरीदते हैं और मुक्ति की तलाश में काशी आकर मरनेवालों के उपेक्षित शवों को अपनी ढिलिया पर ढोने का काम करते हैं, मणिकर्णिका घाट पर एक का दाह-संस्कार करके लौटते हैं तो रात के अँधेरे में फिर किसी गली से कुत्ते के रोने की आवाज आने लगती है। यह संकेत होता है उस टिपिकल मिशनरी के लिए कि दूसरा उपेक्षित शव ढोये जाने के लिए मरकर तैयार है। रुग्ण अवस्था में भी उन्हें यह काम करने का उत्साह है। व्यंग्य का तीखापन पूरी व्यवस्था के प्रति निंदा-भावना को संवेद्य बनाता है। इसका वाहन घटना नहीं, समस्त परिस्थिति परिवेश के बिंब-प्रतिबिंब की संप्रेषण क्षमता है। 'प्रतिमोह' में नायक का नाम देने की भी जरूरत नहीं रही। वहाँ वह सिर्फ सर्वनाम हैं। उससे जो कटूक्तियाँ एकालाप में बाहर आती हैं उन्हें व्यवस्था का यथार्थ घोषित करने के लिए विदूषक माध्यम की जरूरत है। वही तो यह कह सकता है : "कैसा है यह आदमी का जात! कौआ भी अपनी के लिए तड़फता-मरता, पर ये साला आदमी—रहने को एक झोंपड़ी कहीं डाला कि जब उसका तबीयत आया ताश के घर का माफिक फू-से उड़ा देने का। काम माँगो तो बोलेगा कि तुम्हारा उमर खलास हो गया—अरे तुम साला हमेशा जवान ही बना रहेगा क्या? बोलता, जमीन क्या तुम्हारे बाप की है? हाँ-हाँ, बाप की तो है ही,—तुम हो जिसने नकली कब्जा बिठाया, दरिया भी तुम्हीं लाया था क्या?" (पृ. 29)। विदूषक को यह कहने की छूट है। लेकिन करने की सिर्फ इतनी कि झोंपड़पट्टी टाटा कंपनी के पार्क के लिए उजाड़ी गयी

तो समुद्र से किनारे लगे टूटे-फूटे कबाड़ को इकट्ठा किया और वहीं कबाड़ी की दुकान का धंधा शुरू किया। लेकिन मोह का कारण ये चीजें नहीं रहीं। चिंता उसे उस लड़के की सताने लगी जिसका बक्सा उसने कुछ दिन के लिए बड़ी मिन्नतों के बाद रखा था। वह लौटा नहीं तो उसके लिए वही विकल हो गया। जब कहीं काम न मिला तो भूखा-प्यास लौट आया। अब जाए तो कहाँ जाए! लेकिन उस विदूषक के दिल में तो जगह थी। फिर उसे कहीं नहीं जाने दिया। गरीब, शोषित, उपेक्षित एवं असहाय के पास वह मानवीय सरोकार है जो टाटा कंपनी के लिए झोंपड़ी उजाड़कर पार्क बनानेवालों के पास नहीं है। सच यह है कि जिनके पास सत्तावान होने के अन्य साधन नहीं होते, वे अपनी संवेदना से काम चला लेते हैं और अपनी आयु के लंबी होने के मोह में जीते रहते हैं। यदि यह एक रोशनी है तो वह 'सिर्फ इतनी रोशनी' की दूरी में भी दिखायी देती है। वह माँ का विवाह कराकर सौतिया बाप से प्रकृत पिता जैसा स्नेह पाकर एक दिन चली गयी। पाया उसने उतना नहीं, जितना दे गयी। यह स्नेहशीलता निम्न वर्ग की थाती नहीं, वरन् धनी भी अंततः उसी में शरण पाता है। ऊपर की आमदनीवाले हर प्रकार से संपन्न एक संपदा से ऊबकर 'एक बूँद उलझी' का विनय वात्सल्य भाव में सराबोर हुआ तुष्टि पाता है। 'मायकल लोबो' एक स्त्री पर शराबी पति के क्रूर व्यवहार का मुकदमा हाथ लेता है और स्वयं शराब पीना छोड़ देता है। और 'अर्द्धवृत्त' की रतिका मरते दम अपना सब-कुछ प्रेमी की विवाहिता को दे जाती है और अपने पुत्र तक को उसमें हिस्सा नहीं दे जाती। पुत्र मामा के यहाँ रह लेगा। प्रेमी की संपत्ति में उसका कैसा हिस्सा?

कुल मिलाकर प्रस्तुत संग्रह में दस कहानियाँ हैं। और सबकी-सब हृदय के रस में डूबी हैं। वैयक्तिक जीवन का उनमें सार है, क्योंकि वे सहृदयता में मानवीय आदर्श प्रस्तुत करती हैं। और कुछ इस प्रकार प्रस्तुत करती हैं कि पाठक को लगता है कि जैसे आत्मा के सत्य को उसने ही स्वयं 'डिस्कवर' किया है। कहानी की बुनावट उसे उस बिंदु तक ले जाने वाली है। रचना-कौशल इन कहानियों में प्रत्येक शब्द व वाक्य में निहित है। भाषा का पात्रानुकूल झटपटापन एवं व्याकरण के नियमों से अछूता शब्द-विन्यास उसकी शक्ति है। जैसे, "किस्मत का बात कि ओइच दिन पारिक बनाने में मजूरी लगाया। शाम को मजूरी मिला तो छोकरे को भी खिला दिया—पाव रोटी और पटाटा बड़ा...तेरे पैसे तार में डलवाया, उसका होना—और कुछ नहीं।" (पृ. 32)

इस संग्रह की सभी कहानियाँ सुपाठ्य हैं। भाषा-शिल्प और कथ्य की दृष्टि से अपनी अलग पहचान कराती हैं। यह एक संग्रहणीय संकलन है।

'पगला बाबा' : मूल्यविषयक रोशनी से भरपूर कहानियाँ

गजानन चौहान

समर्थ भाषा, शिल्प की चतुराई के कारण गोविंद मिश्र की कहानियों में ताजगी महसूस की जाती है। 'खाक इतिहास', 'अपाहिज' के बाद प्रकाशित 'पगला बाबा' उनका नौवाँ कहानी-संग्रह है जो समकालीन जीवन का चित्र होते हुए भी मूल्यविषयक रोशनी से भरपूर है।

इस संग्रह में कुल दस कहानियाँ हैं। 'एक बूँद उलझी' इस संग्रह की प्रथम कहानी है। यह मध्यम वर्ग के एक ऐसे इंस्पेक्टर की कहानी है जो मस्ती को ही जीने की सार्थकता मानता रहा और सोचता रहा कि पैसे से ही जिंदगी में फर्क पड़ता है। परिणामतः एक सिलसिला-सा उसके जीवन में शुरू होता है—अनेकों को दबाकर पैसे ऐंठना, शराब की लत, चीजों की खरीद, बच्चों की ऊँची पोशाक, पत्नी को 'फारवर्ड' नाना, क्लब का जीवन, परस्पर संदेह और पति-पत्नी की अनबन, एक-दूसरे से अलग होना, आदि। और जब सचमुच पत्नी अपने बच्चों समेत इंस्पेक्टर से अलग हुई तो उसके जीवन में ऐसी रिक्तता आयी कि उसकी जड़ें ही हिल गयीं। कहानी के अंत तक आते-आते यह बोध गहरा हो जाता है कि पत्नी और बच्चों से जुड़े रहने के लिए पैसे का सहारा ही पर्याप्त नहीं होता। योग्य सावधानी न बरतने पर पैसा ही वह वजह बनता है जिससे वे छूट जाते हैं। उनका छूटना मर्मांतक पीड़ा देता है। पश्चात्ताप भोगना पड़ता है। कहानी-नायक की मृत्यु के पूर्व उसकी आँख की एक उलझी बूँद उसके इसी पश्चात्ताप की ओर संकेत करती है।

काशी में आयी मृत्यु को स्वर्ग-प्राप्ति का उपाय माननेवाले हिंदुओं की मानसिकता को उजागर करती हुई 'पगला बाबा' कहानी विशुद्ध, निरपेक्ष लोकसेवा के श्रेष्ठ मानवीय कार्य को आत्मीय समर्थन देती है। इसमें एक ऐसे बूढ़े का शब्दांकन किया गया है जो गाँव के दादा भैया के साथ काशी में इसी उद्देश्य से पहुँचा था कि वहाँ मृत्यु होगी तो स्वर्ग-प्राप्ति होगी। लेकिन जल्द ही उसे यह विश्वास फालतू प्रतीत होने लगा। वह अनाथों, निराश्रितों के शव दाह-कार्य में जुट गया। यह कहानी एकसाथ हिंदू मन की

पारंपरिक आस्था और उसमें निहित फालतूपन के प्रति निषेध आक्रोश रहित विरोध की कहानी है। इसमें लेखक ने सकारात्मक, विशुद्ध मानवीय सेवागत क्रियाशीलता का परिमाण प्रस्तुत किया है।

तृतीय कहानी 'अर्द्धवृत्त' का परिवेश पारिवारिक होते हुए भी हमें एक अलग अनुभव से जोड़ देता है। आनंद और सुखी दांपत्य जीवन में परस्त्री के आगमन पर बौखलाती, क्रुद्ध होती, आक्रोश करती और सौत को मार-पीटकर अपमानित करने की इच्छा से प्रेरित एक ब्याहता स्त्री का यथार्थ और सूक्ष्म अंकन इस कहानी में किया गया है। फिर भी कहानी ने अंत में जो नयी दिशा ग्रहण कर ली है वह अपने ढंग की अलग दिशा है। अपना मकान और जमा रुपये अपने पुत्र के बजाय ब्याहता के पुत्र के नाम करनेवाली सौत सौत-संबंधी हमारी धारणा को धक्का दे देती है। यह दुर्मिल परंतु विलक्षण मानवीय स्निग्धता ही एक निर्मल धारा होती है जिसमें छोटा-बड़ा, ब्याहता-सौता, मित्र-शत्रु के भेद डूब जाते हैं।

संग्रह की चौथी कहानी 'प्रतिमोह' बंबई की झोंपड़पट्टी के जीवन को रूबरू बनाती है। बंबई में बाहर से आनेवालों की भीड़, निवास का अभाव, बढ़ती झोंपड़पट्टियाँ, अधिकारियों द्वारा उनको उखाड़ना, गरीब कबाड़ियों द्वारा उनका पुनः बनना आदि नित्य की बातें होती हैं। अपमान-अवहेलना से युक्त कष्टप्रद जीवन में भी जब एक दीन कबाड़ी के हृदय के कपाट खुलते हैं तब हम निश्चय ही मानवीय स्नेह के अस्तित्व को लेकर समाश्वासित हो जाते हैं। इस कहानी का गरीब कबाड़ी देहात से आये उस अपरिचित, बेमकान छोकरे को, जिसका छोटा-सा बक्सा रख लेने में भी वह नाराज हुआ था, अपनी छोटी, तंग जगह झोंपड़ी में आश्रय देता है। परिस्थितिजन्य खीज, झिड़क के बावजूद मानव-हृदय से निःसृत प्रेम, मोह के दर्शन से पाठकों को एक अलग रोशनी के दर्शन होने लगते हैं।

पाँचवीं कहानी 'मायकल लोबो' एक वकील की कहानी है जिसमें स्वभाव और आचरण विषयक परिवर्तन के सोपान स्पष्टतः दृष्टिगोचर होते हैं। लोबो की शराब छोड़ने की हर प्रतिज्ञा व्यर्थ गयी परंतु एक रात अपनी लड़की के मुँह से निकले शब्दों—'पापा, मैं कब तक आपको इस तरह उठाती रहूँगी?'—से उसकी आँखें खुलीं। प्रेम, टीस, खीज, आक्रोश के मिश्रण से युक्त उन शब्दों से अर्थ की जो अनुगूँज निकलती रही, उसने लोबो के मन को भीतर तक झकझोर डाला। वह शराब छोड़ देता है। उसके जीवन में हुआ परिवर्तन यहीं तक रुकता नहीं। वह हफ्ते में एक बार चर्च के निकट पहुँचकर शराब-पीड़ितों की बातें सुनकर उनके घृणित, अपमानित जीवन के कष्टों को दूर करने का प्रयास करता है।

'सुनंदो की खोली' में बंबई के 'चाल' जीवन की बारीकियों को अंकित किया गया है। महानगर बंबई में 'चाल' का अपना अलग वैशिष्ट्य होता है। 'चाल' वहाँ उस इमारत को कहते हैं जिसकी कई मंजिलें और हर मंजिल पर कई कमरे होते हैं। एक-एक

कमरे में एक-एक परिवार रहता है। ऐसे कमरे को 'खोली' कहा जाता है। बंबई में खोली का होना विशेष गौरव का विषय माना जाता है। तभी तो उसमें रहनेवाले उससे अलग होने की बात ही नहीं सोचते, भले ही उस अपर्याप्त, तंग जगह में उनकी भरी जवानी आशा, उत्साही उमंग के अभाव में कुंठाग्रस्त रूप में क्यों न बीते। ऐसे जीवन में न कला की पूछताछ होती है, न उसका योग्य मूल्यांकन। कितना ही भरी जवानियाँ 'खोली' के कुंठापूर्ण वातावरण से ग्रस्त, पराश्रित हो तिल-तिल घुटकर मिट जाती हैं।

'आदेश' कार्यालय के एक बाबू की कहानी है जो अपने तबादले को अजीब ढंग से एक साल तक स्थगित करवा लेता है। तबादले के आदेश से उत्पन्न बेचैनी, तबादले को रद्द करने के लिए किये जानेवाले विविध उपाय, अधिकारियों के प्रतिष्ठा संबंधी बदलते मान-मूल्य, परीक्षकों को पटाकर अंक पाने की रीति आदि कई पहलू इस कहानी के साथ जुड़े हुए हैं। बाबू अपनी बात को सीधे रूप में स्पष्ट न कर, दूर का रास्ता अवलंबित कर जो बहकी-बहकी बातें करता है, उससे इस कहानी में विलक्षण कौतूहल विकसित हुआ है। यह कहना अनुचित नहीं होगा कि कौतूहल की यह नूतन पद्धति ही इसकी मौलिकता का प्रमुख कारण है।

'गुरुजी' में बंबई महानगर में नौकरी की खोज में निरंतर आते मानव प्रवाह से उत्पन्न स्थिति को रूपायित किया गया है। इस छोटी-सी कहानी में फैली बातों में से जो एक क्रम बन सकता है, वह संक्षेप में इस प्रकार का है—नौकरी की खोज में कष्टप्रद संघर्षों को सहना, अनेकों के साथ संबंध-स्थापना के लिए दौड़-धूप करना, असफलता में भी आशा के सूत्र से आगे बढ़ना और इस पूरी स्थिति को भगवान की कृपा मान उसके प्रति अडिग आस्था रखते हुए चलते रहना। भगवान के प्रति आस्था से ही तो अनेकों का आत्मविश्वास बढ़ता है।

'सिर्फ इतनी रोशनी' सौतेले पिता के स्नेह को उजागर करती है। एक तलाक-प्राप्ति स्त्री (जो ब्राह्मणी थी) और उसकी लड़की को यह पिता (जो स्वयं मुसलमान था) जो अनुपम स्नेह देता है, उसमें धर्म, जाति, सगा-सौतेला की सीमा-रेखा को समाप्त कर देने की क्षमता है।

'अर्थ ओझल' इस संग्रह की अंतिम कहानी है। यह उस प्राध्यापक की कहानी है जो परिवार को दुर्लक्षित कर अपने तेज विद्यार्थियों की बौद्धिक उन्नति के लिए रात-दिन पढ़ाता रहा, लेकिन समाज एवं परिवार द्वारा गलतफहमी के कारण योग्य मूल्यांकन के अभाव में भयंकर उपेक्षा का शिकार बन चल बसता है। परिवार की परिधि को बृहत्तर आयाम देनेवालों के व्यक्तित्व की ऊँचाई बर्दाश्त न होने से अपने लोगों द्वारा ही ऐसे आदमी मारे जाते हैं, इस बात का गहरा अहसास प्रस्तुत कहानी के अंत में व्यक्त किया गया है।

'पगला बाबा' की प्रायः प्रत्येक कहानी में किसी-न-किसी मूल्यात्मक आदर्श की ओर संकेत किया गया है। हर कहानी में प्रमुख पात्र के बाह्य व्यक्तित्व का वर्णनात्मक

शैली में परिचय प्रस्तुत किया गया है जिससे पाठकों के रंग, रूप एवं वेशभूषा संबंधी कल्पना नहीं करनी पड़ती है। पात्रों के अंतरंग परिचय के लिए कहानीकार ने दो प्रणालियाँ अपनायी हैं—एक, लेखक घटना-प्रसंगों के द्वारा पात्रों के स्वभाव को अभिव्यक्ति देता है, दूसरे, लेखक की प्रतिक्रियाएँ भी पात्रों की परिचायक बनती हैं।

जो आधुनिक काल की महिमा मानकर मानवीय मूल्यों एवं आदर्शों को निरंतर लुप्त होते हुए दिखाने में ही अपनी कला का चरमोत्कर्ष स्वीकारते हैं; उन कहानीकारों की कृतियों से 'पगला बाबा' की कहानियाँ भिन्न एवं विशिष्ट प्रतीत होती हैं। इन कहानियों में आदर्शों के बावत मानव जीवन के कलंकित सूरत मात्र को उकेरा नहीं गया है। आकार में छोटी परंतु प्रभाव में भारी पड़ने वाली इन हृदयस्पर्शी कहानियों में कथन-शैली की सजीवता, सहजता का अभाव भी नहीं है। फिर भी यह कहना अनिवार्य हो जाता है कि इन कहानियों का प्रभाव शिल्पगत कम और कथ्य की रोशनी का अधिक है। यह रोशनी घृणा, आक्रोश, क्रोध, निराशा, उदासीनता, उपेक्षा, ईर्ष्या, लोभ के गहन अंधकार में से प्रेम, स्नेह, त्याग, दया, करुणा के रूप में प्रस्फुटित होती है। मूल्यों के प्रति मंद पड़ती आस्था इस रोशनी के आधार से ही पुष्ट होने लगती है। निराशा में भी आशा जगने लगती है। 'पगला बाबा' के लेखक के पास वह दृष्टि है जो यथार्थ के नाम पर केवल विद्रूप को नहीं देखती अपितु विद्रूपता में छिपे आस्था के कण ढूँढ़ती है। कला का काम गिराना नहीं, उठाना होता है। अगर इसे मानतुला माना जाय तो 'पगला बाबा' की कहानियों को इधर की उत्कृष्ट कहानियों के रूप में अलग से रेखांकित करना होगा।

हवाबाज़ : जीवन-तत्त्व की व्याख्या

डॉ. पुष्पपाल सिंह

अर्से-से लिख रहे वरिष्ठ लेखकों से यह अपेक्षा रहती ही है और रहनी चाहिए कि वे जीवन को 'संपन्नता' की ओर ले जाने के लिए अपने जिए हुए जीवन का कुछ सारतत्त्व अपने पाठक को दे सकें। यही कलाकार का जीवन-दर्शन होता है और यही उसके भोगे जीवन की, जीवन के तत्त्व की, व्याख्या! यही कारण है कि कृष्णा सोबती की 'ऐ लड़की' कहानी ने इसीलिए आकर्षित किया था क्योंकि उसमें नारी के जीवन-तत्त्व की अद्भुत व्याख्या थी। गोविंद मिश्र के कहानी संग्रह, 'हवाबाज़' संकलन की भी यही विशिष्टता है कि उसमें एक जीवन-दर्शन है, जीवन-तत्त्व की वह व्याख्या जो लेखन और वयस दोनों में ही प्रौढ़ता प्राप्त कर लेने के बाद ही संभव है। जीवन के सच को उघाड़ते हुए ये कहानियाँ सच को सोच में बदल डालने की गंभीर प्रक्रिया से गुजरती हैं। इस रूप में इन्हें जीवन-तत्व के निचोड़ की कहानियाँ भी कहा जा सकता है।

अपने इस नौवें संग्रह 'हवाबाज़' (1988) से पूर्व गोविंद मिश्र ने 'कचकौंध', 'खुद के खिलाफ', 'अंतःपुर', 'वरणांजलि', 'धाँसू', 'सुनंदो की खोली' जैसी अविस्मरणीय कहानियाँ देकर हिंदी कहानी को समृद्ध किया है। प्रस्तुत संग्रह की कहानियों की विशेषता यह है कि यदि एक ओर ये मूल्यों के क्षरण और संबंधों की ऊष्मा के शेष हो जाने की पीड़ा को अभिव्यक्ति देती हैं तो दूसरी ओर इन कहानियों के माध्यम से तीन-तीन पीढ़ियों के समय में घटित सामाजिक-आर्थिक परिवर्तनों को भी गहरी अंतर्दृष्टि से लक्षित किया गया है।

एक वह पीढ़ी जिसका प्रतिनिधि स्वयं लेखक और उसके माध्यम से आया कथा-नायक है, एक उसके आगे की पीढ़ी और एक उभरते पूर्व की पीढ़ी। काल-समय किस रूप में व्यतीत बन रहा है, यह इन कहानियों की मुख्य चिंता है। निर्मम और बलवान 'काल' किस तरह बीत रहा है और हम उसके सामने कैसे लाचार से खड़े हैं, यह 'हवाबाज़' संग्रह की अधिकांश कहानियों का सरोकार है, यही कारण है कि ऐसे वाक्यांश कई कहानियों में बार-बार आए हैं—"या कि बस यह काल है जो निशा को उस तरफ़ घसीट रहा है..." (पगडंडी, पृ. 53) "धूल में तिरता दिख पड़ता है, एक कालखंड, कटी पतंग-सा, कलथइयाँ खाता चला जा रहा है आगे-आगे...! कमबख्त!" (कोना, पृ. 109)

'हवाबाज़' संग्रह की कहानियों में लेखकीय चिंता यह है कि ''ज़िंदगी जो जीना है, उसे हम भूलते जा रहे हैं, उलझे ज्यादा रहते हैं। तुमने एक बात नोट की है...अब कम लोग ठहाके मारकर हँसते दिखाई देते हैं। कम लोग मस्ती में गाना गुनगुनाते दिखते हैं। हम यह सब भूलते जा रहे हैं।'' (साथ-साथ, पृ. 67)। निरंतर बढ़ती जा रही, तीव्रतर होती जा रही, भौतिकवादी दृष्टि और उपभोक्तावाद ने मानवीय संबंधों के समीकरण किस प्रकार परिवर्तित करके रख दिए हैं, यह इन कहानियों में गंभीरता से लक्षित किया गया है। आकस्मिक नहीं है यह कि 'हवाबाज़' संग्रह की ग्यारह कहानियों में से छह कहानियाँ—'युद्ध', 'जुड़ाव', 'पगडंडी', 'इजाज़त नहीं', 'कोना' तथा 'बेबस' पिता-पुत्र-पुत्री, संबंधों की दरकन-टूटन और पीढ़ियों के अंतराल के बोध पर हैं। 'साथ-साथ' भी संबंधों-मित्रता के क्षरण की कहानी है। इस प्रकार इन सात कहानियों में लेखकीय चिंता मनुष्य के 'मनुष्यत्व' को बचाने की चिंता है। पिता-पुत्र/बहू के संबंधों में टूटन का यह कथ्य हिंदी कहानी के लिए भी नया नहीं है, गोविंद मिश्र के कथाकार के लिए भी नया नहीं है। इस कथ्य पर उन्होंने 'कचकौंध' जैसी बेहतरीन कहानियाँ दी हैं किंतु यहाँ इन कहानियों की विशिष्टता वृत्तांत को नए रूप में रचने में है, सारी बदलती हुई भौतिकता के बीच स्थितियों को समेटा गया है। एक प्रकार से यह छहों कहानियाँ पिता के प्रति विद्रोह-भाव की कहानियां हैं, प्रत्येक पीढ़ी का पुत्र किसी न किसी वाजिब या ग़ैर-वाजिब कारण से पिता के प्रति विद्रोह कर रहा है या कहें पिता की पीढ़ी अपनी संतान से किसी भी रूप में संतुष्ट नहीं हो पा रही है। यही कारण है कि 'युद्ध' के पिता को लगता है कि ''जंग मेरे और मेरे लड़के के बीच नहीं, मेरे और मेरे पिता के बीच चल रही है। मेरा पिता मुझसे बदला ले रहा है।'' (पृ. 15)। मुझे लगता है कि पिता-पुत्र संबंधों की इन कहानियों में गोविंद मिश्र का 'व्यक्तिगत' अनुभव भी सर्वोपरि रूप में पात्रों का सृजन करता है, इसलिए 'कचकौंध' से लेकर 'युद्ध' तथा 'हवाबाज़' की अन्य उपर्युक्त निर्दिष्ट कहानियों तक एक ही पिता के व्यक्तित्व का पसारा है।

कभी लगता है कि इन सारी कहानियों में एक ही वृद्ध है, जो अपना बाह्य कलेवर बदलकर, व्यक्तित्व बदलकर नहीं, बार-बार इन कहानियों में आता है। कभी 'कचकौंध' के पिता के रूप में, कभी युद्ध के वृद्ध रूप यों तो कभी 'बेबसी' के पिता के रूप में। एक अभिशप्त पिता है वह, जिसके पुत्र के पास सब कुछ होते हुए भी उसके भाग्य में 'सुख सिरजूयो ही नाहिं।' किंतु गोविंद मिश्र के कहानीकार का कौशल यह है कि वह प्रत्येक कहानी में वृत्तांत को इस रूप में रचता है कि कहीं भी उसमें दुहराव अथवा पठनीयता की दृष्टि से ऊब नहीं आ पाती है। युग के नए-नए प्रश्न वृत्तांत के बीच में अनुस्यूत हैं।

'युद्ध' में वर्तमान पीढ़ी के पुत्र के लिए पत्नी के 'चयन'—'वरण' की समस्या है जिसके माध्यम से कहानी में कई समस्याएँ उठाई गई हैं। पहली पीढ़ी को विवाह जैसे महत्त्वपूर्ण विषय पर बिलकुल पूछा ही नहीं जाता था और 'युद्ध' का पुत्र प्रत्येक लड़की

को अस्वीकृति दे रहा है। इकलौते लड़के की इच्छा के आगे झुकने की नियति लिए माँ-बाप सोचते हैं कि आखिर उस समाज में, जिसमें पश्चिम जैसी 'डेटिंग' की सुविधाएँ उपलब्ध नहीं हैं लड़का किसी लड़की को कितना-भर जान सकेगा। किंतु पिता को कहीं लेश भी है क्योंकि जीवन-साथी के विषय में उसकी कोई राय जब उसके पिता ने नहीं ली थी तो उसने स्वयं को 'पंख कटे पक्षी' की तरह पाया था जबकि आज उसे लगता है कि "यह मेरा लड़का दरअसल मैं हूँ...बाईस साल आगे पैदा हुआ मैं? जो मैं नहीं कर सका, वह यह मेरा नया जन्म कर रहा है।" कम-से-कम वह अपने पिता के आगे 'पतंग की तरह कट' कर गिर नहीं जाता है। किंतु कहानी 'युद्ध' इस समस्या का आदर्शीकृत समाधान भी अपने अंत की इंगिति में कर देती है। कहानी का पिता, पुत्र को उसके 'ज़ीवन के मामले में' स्वतंत्रता देने का पक्षपाती हो जाता है—'जैसी भी जिंदगी तुम अपने लिए चाहते हो, उसकी शुरुआत वहाँ करो।" किंतु कहानी के पिता का दर्द पूरी कहानी में एक अंतर्धारा की तरह व्याप्त हैं—कहीं उसकी पीड़ा का बिंदु यह है कि आज की पीढ़ी ने जीवन से 'फिलॉसफी' को पूरी तरह खारिज कर रखा है, कहीं उसे यह पीड़ा कचोटती है कि इकलौते पुत्र से वार्तालाप भी बंद हो कर संवाद के सारे पुल ही टूट जाते हैं। कहीं यह पीड़ा है कि 'पैसा' ही आज की पीढ़ी के लिए सर्वस्व हो गया है और सबसे बड़ी पीड़ा यह कि उनका इकलौता पुत्र जीवन के महत्त्वपूर्ण फैसले में उन्हें पूरी तरह हाशिए पर रख रहा है। सभी दृष्टियों से 'युद्ध' इस कथ्य पर हिंदी की बेजोड़ कहानियों में से एक है।

'जुड़ाव' कहानी में अस्सी की अवस्था को छूती माँ को कस्बे के घर से शहर ले जाने आया बेटा नंदू है, जो माँ की इस चेष्टा से परेशान है कि वह इस घर की ईंट-ईंट और हर 'कूड़े-कबाड़' से एक जीवित जुड़ाव रखती है। वस्तुतः इस कहानी के माध्यम से एक पूरी पीढ़ी के कस्बे से शहर के स्थानांतरण की पीड़ा और हमारी सामाजिक-आर्थिक स्थितियों में आए बदलाव को लक्षित किया जा सकता है। 'पगडंडी' कहानी के तथ्य और भी चौंकाने वाले और तकलीफ़देह हैं, जिसमें बेटी माँ-बाप की शिकायत पुलिस स्टेशन में लिखाने जाती है। माँ-बाप और पुत्री भरे-पूरे, आर्थिक दृष्टि से समृद्ध परिवार में तीन प्राणी और "पहाड़-सा दुःख ऊपर था...उन तीनों के। उनके जीवन में सब कुछ था पर कुछ नहीं था।" माँ-बाप की चिंता यह है कि "कहाँ कमी रह गई उसकी परवरिश में" कि "लाड़-प्यार से पाली गई अपनी बच्ची को अपनी आंखों के सामने धीरे-धीरे कॉलगर्ल बनते देख रहे हैं—देखे जा रहे हैं, कुछ नहीं कर सकते।" महानगरीय ज़िंदगी का एक दारुण सत्य कहानी में उजागर होता है। 'इजाज़त नहीं' के पिता कैलाश बाबू की पीड़ा भी यही है कि "उनके भाग्य की विडंबना ही कहिए कि जिसका योगदान कितने नवयुवकों के जीवन को सँवारने में रहा, उनके अपने लड़के ही कायदे के न निकल सके।"

बड़े बेटे को डॉक्टर बनाने में उन्होंने सर्वस्व होम दिया किंतु अब वह छोटे की

परवरिश में, नौकरी लगाने में कोई मदद नहीं करता। उन्हें लगता है कि "बूढ़ा होने की इजाजत ज़िंदगी उन्हें नहीं देती"—इसीलिए पुनः वे 'डंड-बैठक' लगाकर ज़िंदगी को अथ से प्रारंभ करना चाहते हैं या कहें यही उनकी नियति है। "बेटों की नालायकी, असफलता बाप के माथे पर आकार क्यों चिपक जाती है।" पूरी कहानी पीढ़ियों के अंतराल के दर्द को शिद्दत से महसूस कराती है। 'कोना' के वृद्ध की चिंता भी यही है कि उसे ज़िंदगी अपने हिसाब से, थोड़ी-बहुत अपनी स्वतंत्रता को बरकरार रखते हुए, जीने की इजाजत क्यों नहीं मिल पाती है। 'बेबस' कहानी इसी कथ्य को और गहरे जा कर परखती है, जिसमें पिछले पीढ़ी के दक़ियानूसी ख़्यालों की ख़बर भी ली जाती है। इस कहानी की विशेषता यह है कि कथाकार ने अपना कैमरा इस रूप में स्थिर किया है कि दोनों पक्षों पिता-पक्ष और पुत्र तथा पुत्रवधू पक्ष के चित्र यथावत् रूप में आ सकें दोनों की दृष्टियों का पूर्ण तटस्थ चित्रण! कहानी में कथ्य की अंतर्धारा यह भी है कि किस प्रकार पूर्ववर्ती पीढ़ी ने समाज में स्त्री को लगभग पशु की स्थिति में ट्रीट किया था। 'केअर टेकर' कहानी में भी पिता-पुत्र हैं किंतु यह एक बहुत ही कमज़ोर और भर्ती की कहानी बनकर रह गई है।

पीढ़ियों के अंतराल के पीड़ा-बोध से अलग इस संग्रह में दो कहानियों का रंग बिलकुल अलग है। 'हवाबाज़' कहानी गोविंद मिश्र की 'धाँसू' कहानी की स्मृति कराती हुई प्रशासन-तंत्र की भ्रष्टता की कलई खोलती है। आज हिंदी कहानी में राजनीति और प्रशासनिक भ्रष्टाचार पर हज़ारों कहानियाँ आई हैं किंतु इनमें वे ही कहानियां अपना रेखांकन करा सकी हैं जिनमें अनुभव का ऐसा दायरा आता है जो सामान्य आदमी के परिचित संसार का हिस्सा नहीं हैं और जिसे जान कर हम न केवल भौंचक रह जाते हैं अपितु अपने देश और समाज की स्थिति पर सोचने को विवश होते हैं। किसी वरिष्ठ अधिकारी (आई. ए. एस. या आई. आर. एस.) को भी, सत्ता के गलियारों में चलते खेल के चलते अपने लिए एक उपयुक्त आवास एलॉट कराने की जो मशकत करनी पड़ती है, उसका भुक्तभोगी अनुभव गोविंद मिश्र (स्वयं रिटायर्ड वरिष्ठ आई. आर. एस. अधिकारी) ही प्रस्तुत कर सकते थे। कहानी में व्यंग्य के कौशल से देश की सर्वोच्च प्रशासनिक संस्था (सचिवालय) में चल रहे अफसरशाही के तौर-तरीकों को उघाड़ा गया है। 'अफसरों के कारनामों पर लगातार नज़र रखते हुए', 'बंदरों की सेना', दिल्ली में 'अपने लोगों के शासन' के बाद हर चीज़ में 'सोर्स' और 'रिसोर्स' की 'फोर्स', फाइलों पर टीपी जाने वाली टिप्पणियाँ, मंत्रियों के पी. ए. लोगों की फ़ौज की कार्रवाइयाँ आदि के माध्यम से कहानी उच्च-स्तरीय प्रशासनिक ढाँचे में व्याप गए प्रदूषण की ख़बर लेती है।

प्रेम-कथाओं के प्रायः अकाल के दौर में 'कैंपस' एक उपलब्धिपूर्ण कहानी है। आधुनिक जीवन-स्थितियों के सवाल कई-कई कोणों से उठाती हुई यह कहानी दाम्पत्य-संबंधों को पुनःपरिभाषित करने का भी कार्य करती है। क्या 'विवाह संस्था' नारी की सारी स्वतंत्रता, उसके विकास की सारी संभावनाओं को लील ले जाने का नाम है, या नारी

एक साथ ही अपने दाम्पत्य और प्रेम-संबंधों का निर्वाह कर सकने में सक्षम है, क्या पति के संबंध के रहते हुए अन्य सारे संबंध—जिनमें मित्रता और प्रेम भी एक है—समाप्त हो जाने चाहिए आदि सवालों पर विमर्श करती कहानी यह निष्कर्ष प्रस्तुत करती हैं कि मंद-मंद हवा घर के भीतर से, भीतर रहने वालों के भीतर से गुज़रती बहती रहे।

'हवाबाज़' संग्रह की कहानियों की भाषा-शैली भी अपने कथ्य के अनुरूप गहरे रुचाव की प्रतीति देती है। अपने इस कथन के विश्लेषण का अवसर आलेख की संक्षिप्ति में नहीं है किंतु इस संक्षिप्त उद्धरण से बात साफ़ होगी—''वह तनतनाता हुआ उठा, गुस्से में मिसमिसाता, हाथ कुछ पकड़ने को छटपटाते, जैसे उस समय उसके हाथ में अगर कुछ आ जाता तो वह तड़ से फेंक कर मुझ पर मारता। गुस्से में भुनर-भुनर करता हुआ वह अपने कमरे में चला गया—और भड़ से किवाड़ मार कर दरवाज़ा बंद किया...जैसे वह किवाड़ नहीं था, मैं था।'' इस प्रकार सभी दृष्टियों से 'हवाबाज़' वरिष्ठ पीढ़ी के एक महत्त्वपूर्ण कथाकार का अपेक्षा के अनुरूप महत्त्वपूर्ण संग्रह है।

हवाबाज : कहानी की नयी परिभाषा की जरूरत

डॉ. विजेन्द्र नारायण सिंह

'हवाबाज़' गोविंद मिश्र का नया कहानी संग्रह है। ये भारतीय मनुष्य की यातना की कहानियाँ हैं। ये छोटी बातों की बड़ी कहानियाँ हैं। जिंदगी को गढ़नेवाले छोटे-छोटे मसले गल्प बन गये हैं। हमारे समाज में तरह-तरह की, छोटी-छोटी दुखती रगें हैं। कहानीकार किसी एक दुखती रग पर हाथ रख देता है और कहानी बुन जाती है। गोविंद मिश्र का काम्य है मरणशील की दुखती रग पर हाथ रख देना और जब वे किसी की दुखती रग पर हाथ रख देते हैं तब हमें लगता है कि वे हमारी ही दुखती रग पर हाथ रख रहे हैं। अतः 'इजाजत नहीं' के कैलाश बाबू हों या 'कोना' का रतन, गोविंद मिश्र असल में आम आदमी के दुख के कहानीकार हैं।

इस संग्रह में कुल ग्यारह कहानियाँ है। 'हवाबाज' में नौकरशाही, टुच्चापन, कमीनेपन और घपले का आख्यान है। यह भारतीय नेता और नौकरशाही की साँठगाँठ की जिंदगी की कहानी है। यह अंदर की तसवीर है, अंदर के आदमी द्वारा खींची गयी। इस कारण प्रामाणिक और विश्वसनीय है। पहली कहानी 'युद्ध' में पीढ़ियों का संघर्ष है। बेटा जीवन रचने में खुद्दारी चाहता है पर खुद्दारी का सामर्थ्य नहीं है। उसके हर नकार में आधुनिकता की विडंबना है पर अलग घर बसाने की बात आती है तो हथियार डाल देता है। नयी पीढ़ी की पुंसत्वहीनता इस कहानी से उभरकर आती है। 'जुड़ाव' कहानी में बहुत ही कोमल संवेदनशीलता में घर से जुड़ाव, भीतों से जुड़ाव, वस्तुतः मनुष्यता की प्रत्येक अर्थमयता से जुड़ाव है। कभी जो यह घोंसला बनाया था, कोई उसे तोड़ना नहीं चाहता। यह जीवन से गहन संपृक्ति की कहानी है और गोविंद मिश्र ने यह कहानी छोटे-छोटे टुकड़ों से, कोलॉज से गढ़ी है। 'इजाजत नहीं' में कैलाश बाबू को बेटे के निकम्मेपन का दर्द है। बेटा कामचोर है और जिंदगी के संघर्ष से भागता है। वह केवल बाप की कमाई पर ऐश करना चाहता है। जीवन की असफलताओं ने 'केयर टेकर' को क्रूर बना दिया है। युवावस्था की पहली लहर में उसके बहुत अरमान थे पर सब सपने ध्वस्त हो गये। इसीलिए वह शराब में धुत्त रहता है और बेरहमी से बेटे को मारता है। इस कहानी की क्रूरता के नीचे है एक कैरियरिस्ट की करुण विफलता। पूरी कहानी पर विषाद गुँजलक मार कर बैठा है।

इस संग्रह में 'कोना और कैंपस' दो भिन्न प्रकार की कहानियाँ हैं। 'कोना' स्निग्ध प्रेम की कहानी है। इसमें वैसा ही स्निग्ध प्रेम है जैसा विमल मिश्र के 'साहब-बीवी और गुलाम' में, 'उसने कहा था' में या रेणु की 'तीसरी कसम' में। किशोरावस्था में कहीं मन का एक कोना स्निग्धता से छू गया और वह याद अंत तक बनी रही। रतन उमा के बेटे को अपने घर पर रखकर पढ़ाना चाहता है पर उसकी पत्नी और बेटे इसके खिलाफ हैं। इस विवशता से घुलघुलकर वह मर जाता है स्निग्धता वही है पर समय बदल जाने से लहना सिंह की तरह वीरत्व का रूप नहीं उभरता है। 'कैंपस' संकलन की अंतिम पर सबसे लंबी कहानी है। इस कहानी की समस्या 'घर-बाहर' की समस्या है। यह समस्या सबसे पहले रवीन्द्रनाथ ठाकुर ने उठायी थी। नारी जब तक घर के भीतर है तब तक छोटा-सा छंद है। जब वह बाहर होने लगती है तब वह महानद बन जाती है और उससे पुरुष के मनोविज्ञान को धक्का पहुँचता है। अविनाश अपनी पत्नी निशा की हर निजता को तरजीह देता है, शांतनु से उसके साथ और पत्र-विनिमय को भी स्वीकार कर लेता है पर जब वह शांतनु से मिलने उसके नगर जाकर गेस्ट-हाउस में ठहरने के लिए प्रस्थान करती है तब वह एकाएक उबल पड़ता है। उसके भीतर का गुबार फूट पड़ता है। निशा का अविनाश से मिलने जाना तो स्थगित हो गया पर वह आकांक्षा बनी रही—बाहर होने की आकांक्षा कहानीकार प्रतीक रूप से सैर करने के लिए जब वह कैंपस से बाहर निकलती है तब उस आकांक्षा की पूर्ति का वर्णन यों करता है; 'चहारदीवारी पारकर उसने खुला रास्ता पकड़ लिया, कुछ दूर चलकर पीछे देखा—कैंपस हरे-हरे झुरमुट में कहीं खो गया था। सिर्फ चहारदीवारी के ऊपर की दीवार दीख पड़ती थी—पुख़्ता और सख़्त। धूप, हवा चाहिए'—जरूरी है कि मंद मंद हवा घर के भीतर से, भीतर रहने वालों के भीतर से गुजरती बहती रहे, न यही कि हवा रोक दी जाए, न यही कि वह अंधड़ बन जाए। इस कहानी में घर-बाहर के संतुलन की तलाश है।

स्पष्ट ही ये मध्यवर्ग की कहानियाँ हैं। अधिकतर नौकरीपेशा मध्यवर्ग के लोग हैं जो या तो कार्यालय में काम करते हैं या अध्यापक आदि हैं। शिक्षाजन्य नौकरी से जो उनकी कमाई है उससे उन्होंने अपने परिवार से अलग निजता स्थापित कर ली है। इस निजता के अपने स्वार्थ हैं जो परंपरा से टकराते हैं और उनसे तनाव उत्पन्न होते हैं। हर व्यक्ति को अपना अलग कोना चाहिए और अलग कोना बनाने के लिए वह युद्धरत है। इसी तनाव पर ये कहानियाँ रची गयी हैं। इस तनाव के अपने उत्सव हैं, अपनी करुणा है। ये उत्सव और करुणा जब एक ही बिंदु पर टकरा जाते हैं तब सबसे अच्छी कहानियों की रचना होती है। गोविंद मिश्र इस तनाव की रचना बहुत दक्षता से करते हैं। एलेन-टेट ने कविता की रचना में तनाव-सिद्धांत का प्रतिपादन किया था पर इस तनाव-सिद्धांत का प्रसार गल्प आदि के क्षेत्रों में भी देखा जा सकता है।

गोविंद मिश्र दैनंदिन जीवन से पात्र और प्लाट उठाकर गल्प गढ़ लेते हैं। ये कहानियाँ इतनी विश्वसनीय और प्रामाणिक लगती हैं कि उनके गल्प होने का एहसास

ही नहीं होता। साधारणता से वे जन्म'लेती हैं और विश्वसनीयता में रूपान्तरित हो जाती हैं। कोई एक घटना, कोई एक प्रसंग, कोई एक तकलीफ, जीवन की कोई गलत आदत, मन का कोई गुबार, कोई गहरी असफलता कहानी बन जाती है। गोविंद मिश्र न तो किसी हामिद की रचना करते हैं और न बूढ़ी काकी की, यानी पुराने कहानीकारों की तरह अमर चरित्रों की रचना करना उनका काम्य नहीं है। कहानीकार में मध्यवर्गीय मनोविज्ञान की गहरी पकड़ है। वे मन में उठनेवाले बुदबुद को पहचानते और रेखांकित करते हैं। इस क्रम में वे पात्रों और स्थितियों का जाल बुनते हैं। पिता और पुत्र का तनाव, पति और पत्नी का तनाव, दो मित्रों के बीच का तनाव—ये सब बुदबुद की भाँति उठते हैं। यह नहीं कि गोविंद मिश्र में वीरत्व की वांछा नहीं है पर जिस वर्ग की वे कहानियाँ लिख रहे हैं उस वर्ग में वीरत्व की संभावना ही नहीं है।

इन कहानियों में कोई चरमोत्कर्ष (क्लाइमेक्स) नहीं आता है। ऐसा नहीं है कि घटनाएँ नीचे से उठती हुई शिखर पर पहुँचती हों और फिर ढलान शुरू हो जाती है। कहीं कोई संकट-स्थिति का भी समय नहीं आता है। अपवाद है तो 'कैंपस' नामक कहानी जिसमें संकट का मुहूर्त्त आता है। ऐसा घटना प्रधान कहानियों में होता है जैसा कि मोपासां या ओ. हेनरी की कहानियों में होता है। इन कहानियों की गति सोते के प्रवाह की तरह है—सुस्थिर और मंथर और इस प्रवाह में बस कहीं-कहीं बुलबुले उठते हैं। ये मध्यवर्ग की कहानियाँ हैं और जैसा कि हम कह चुके हैं कि उस वर्ग का कोई वीरत्व नहीं होता है। जिस वर्ग में वीरत्व होता है उस वर्ग की कहानियों में घटनाओं का उतार-चढ़ाव मिलता है पर वीरत्वहीन वर्ग में इस प्रकार की संभावना है ही नहीं। इसलिए ये कहानियाँ दूसरे प्रकार की कहानियाँ है। और ये नये सिरे से परिभाषित होने की अपेक्षा रखती हैं। 'हवाबाज' की कहानियाँ गोविंद मिश्र के विकसनशील कहानीकार का एक और अगला पड़ाव है।

हवाबाज : जीवन की खोज-यात्रा पर कोलंबस

मधु कांकरिया

बतौर श्री जैनेन्द्र....जो साहित्य सबसे ऊँचे दर्जे का है, वह विद्वान के लिए भी उतना ही सुंदर है, जितना—जन साधारण के लिये। फिर भी उसमें इतनी गूढ़ता है कि उसकी सच्चाई का अंत नहीं है—किंतु वह हृदय की चीज़ जरूर है। अनायास नहीं होगा, गोविंद मिश्र के नौवें कहानी संग्रह 'हवाबाज' से गुज़रते हुए उपरोक्त पंक्तियों का जेहन में कौंध जाना।

यायावर कथाशिल्पी के रचना-संसार में समाज की धड़कन के साथ-साथ जीवन के विविध रंग हैं, ठौर-ठौर का अनुभव है। जीवन की खोज में जीवन के तल तक गोता लगाकर ऊपर लाया गया जीवन-दर्शन है। दिशा-दिशा की ओर घड़ी की सूई के समान घूमती हुई एक व्यापक-तीक्ष्ण और सूक्ष्म-दृष्टि है जिसके द्वारा लेखक टाइम और स्पेस से विराट में देखने के पूर्व अपने इर्द-गिर्द बहते संसार में देखता है। यही कारण है कि —यहाँ व्यक्तिगत पीड़ा एवं क्षरण होते संबंधों की तकलीफ के ताप को आत्मसात करते हुए लेखक उन्हें सार्वभौमिक एवं सर्वकालिक बना देता है। मानवीय नियति के अंतहीन एवं बहुअर्थी आयाम खोलते हुए भी लेखक की सर्वोपरि चिंता है—"जिंदगी जो जीना है, उसे हम भूलते जा रहे हैं, उलझे ज्यादा रहते हैं। तुमने एक बात नोट की—अब कम लोग ठहाके मारकर हँसते दिखाई देते हैं—" (साथ-साथ, पृष्ठ 67)

कहानी 'युद्ध' आधुनिकता की चकाचौंध में भ्रमित दिशाहीन नई पीढ़ी की कहानी है जिसने दर्शन को तो जीवन से खारिज कर ही दिया है और अब बुजुर्गों को भी कर रही है। जिन्हें न जीवन की सही समझ है और न ही स्वतंत्रता और स्वाभिमान का सही चिंतन—"वह क्या करे! यह उसकी पीढ़ी की त्रासदी है कि अपने माँ-बाप की मर्जी से विवाह करने में खुद्दारी पर चोट आती है और पश्चिम की डेटिंग जैसी सुविधाएँ हमारे समाज में अभी तक उतरी नहीं हैं कि जिसके रास्ते लड़के-लड़कियाँ अपने मन के साथी ढूंढ़ सकें। बीच में कहीं फँसे हैं बेचारे।"

कहानी का पिता पुत्र के विद्रोही तेवर में कहीं अपने पिता के जीन्स पाता है तो कहीं अपना ही प्रतिरूप और पुत्र के विद्रोह में कहीं न कहीं उसे अपना बाईस वर्ष पूर्व का दमित विद्रोह भी नज़र आता है। पिता-पुत्र के अंतःसंबंध पर लिखी तीन पीढ़ियों को

समेटती एक अद्भुत कहानी। पुत्र के लिए पिता का दर्द और क्षमा भाव—''सिर्फ इसलिए कि मेरे अहं को ठेस पहुँचाई गई है, मैं उस धर्म से विचलित नहीं होऊँगा—जो प्रकृति ने पिता के लिए तय किया है।''

पीढ़ियों के अंतराल बोध और संबंधों के दरकने की यही पीड़ा महानगरीय त्रासदी के साथ कुछ और गहरे तक उभरकर आती है 'पगडंडी' में। वहाँ पिता बेबस से अपनी ही पुत्री को कालगर्ल बनते देख रहे हैं। वह पुत्री जिसके लिए अंश-अंश दोनों ने स्वयं को स्वाहा किया—''जैसे संपूर्ण दिनचर्या ही बच्चों के इर्द-गिर्द थी।''

वही पुत्री पुलिस स्टेशन जाती है माँ-बाप की शिकायत लिखवाने।

कहाँ कमी रह गई उसकी परवरिश में—या कि बस यह काल है जो निशा को उस तरफ घसीट रहा है...

प्रश्न...इस पीढ़ी के प्रत्येक महानगरीय पिता का।

एक साथ कई धरातलों पर खड़ी है कहानी 'बेबस'। पीढ़ियों का अंतराल। भावशून्यता के घेरे में जीते दो पति-पत्नी। मध्य युग की याद ताजा करता एक पूरा वह कालखंड वहाँ स्त्री को व्यक्तिगत दासी समझ उस पर मालिकाना रोब गाँठा जाता रहा था, वह भी जिजीविषा से भरपूर उस स्त्री पर जो घर और बाहर दोनों मोर्चों को सँभाल रही थी। कहानी में आग कम आँसू ज्यादा हैं क्योंकि यही उस समय का यथार्थ था...एक परम्परागत-भारतीय नारी का जिसके जीवन के शब्दकोश में सिर्फ एक ही शब्द था 'देना'।

जब बवंडर शांत हुआ था तब अम्मा एक कोने में बैठी खूब रो रही थीं, उन्हें रुक-रुककर हिचकियाँ आती थीं। मैं सामने बैठा था, लाचार....पास में जलती एक ढिबरी। मैं अम्मा से पूछ बैठा था—''अम्मा बाबू कब मरेंगे वे मुझे देखती रह गई थीं।''

अपने छोटे से वृत्त में पूरा जीवन दर्शन समेटे एक अलग से रेखांकित करने योग्य कहानी है 'जुड़ाव' जहाँ अंत में साहित्य और दर्शन मिल जाते हैं, जहाँ काल की निर्ममता के आगे विवश दो अस्सी वर्षीय पति-पत्नी हैं, जिनका दर्द है उस कस्बे से दाना-पानी उठ जाना, जहाँ दुःख-सुख का इतना लंबा सफर तय किया। उस कस्बे से जुड़ाव का अंतिम तंतु वह मकान है जिसे दोनों ने पसीना-पसीना बहाकर ईंट-ईंट जोड़कर बनाया था। वृद्धा को सब कुछ उठाकर शहर में पुत्र के यहाँ जाना है, लेकिन फिर भी किसी न किसी बहाने वह मकान का बेचना टाल रही है...और उन्हीं उदास क्षणों में, वृद्ध पति के साथ हुए अनायास संवाद में कुछ ऐसा संवाद निकल आता है कि वृद्धा के मन में जीवन के प्रति कुछ विराट सा...बोधिसत्व सा कुछ जाग जाता है...'इस बस्ती के बच्चे भी तो मेरे बच्चे हैं। जिस किसी के जनमने में मेरी माँ...उनके बाद, में पहुँच जाया करते थे, उन्हीं में से तो कोई रहेगा—इस घर में....'

''नन्ना खँडहर नहीं होगा यह घर, विश्वास रखो।''

आत्मीय संबंधों के ठंडे पड़ते जाने की पीड़ा व्यक्त हुई है 'साथ-साथ' में। एक सुदीर्घ अंतराल के पश्चात मिलते हैं दो दोस्त लेकिन मुलाकात में वह अंतरंगता नहीं, वह

उष्णता नहीं। कथावाचक चेष्टा, इतने अंतराल के बाद मिले दोस्त को अपने अंतरंग वृत्त में खींचने की, पर व्यर्थ क्योंकि जिंदगी की घिस-घिस और काम-से-काम रखने की एवं काम-निकलवाने की मानसिकता अंतरंगता की अंतर्धारा को सुखा देती है—"हम दोनों दोस्त नहीं, यहाँ तक कि मनुष्य भी नहीं, पेशेवर लोग थे। वह पेशेवर जुगाड़ बैठानेवाला और मैं चिकने पहलवान की तरह सफाई से निकल जाने वाला।"। जीवन का यही सिकुड़ापन बेजोड़ ढंग से परिलक्षित होता है, 'कोना' में जहाँ पूरा जीवन परिवार के लिए अंश अंश आत्मसात करने वाला परिवार का मुखिया—जीवन संध्या में इस कटु यथार्थ से टकराता है कि जीवन की सिकुड़ी परिधि में परिवार की ऐसी दबोच कि जीवन में कहीं कोई खाली कोना ही नहीं बच पाया जहाँ वह अपने मन, अपने ढंग, अपने हृदय की उदारता के साथ जी सके। कहानी का एक आत्म संवाद—"मैं बचा रह सका क्योंकि मैंने कबके हथियार डाल दिये थे। खुद को बैल बना डालो तो कोई बखेड़ा नहीं होगा...."

दारुण परिस्थितियों में भी जीवन की लौ को बुझाने की इजाजत नहीं देने वाली कहानी है 'इजाजत नहीं'। ताउम्र सततकर्मी, हरेक के सुख-दुख में एकाकार होने वाले कैलाश बाबू जीवन संध्या में अपनी निकम्मी 'फटे कपड़े की तरह पड़ी। पैरासाइट मार्का भावी पीढ़ी को देखकर हताशा एवं मोहभंगता की अवस्था तक पहुँचते जरूर हैं पर टूटते नहीं हैं—"उन्होंने देखा बाँहों की मांसपेशियाँ अभी उतनी ढीली नहीं हुई हैं। दमखम है, अब भी। वे चलेंगे। डंड-बैठक फिर से शुरू करनी होगी। बूढ़ा होने की इजाजत जिंदगी उन्हें नहीं देती।"

गोविंद मिश्र के भीतर छिपा कोलंबस जीवन की खोज-यात्रा पर नित्य नवीन कथा-भूमियों को तलाशता रहता है। संग्रह की दो कहानियाँ 'उपचार' एवं 'हवाबाज' ऐसी ही सर्वथा नयी कथाभूमि पर खड़ी नये परिवेश की ताजगी ली हुई कहानियाँ हैं। 'उपचार' में कस्बे के इकलौते सर्जन के पास एक ही समय आतंकवादियों की गोलियों से लहुलूहान दो व्यक्ति एक नवयुवक और एक अधेड़ लाए जाते हैं। सर्जन का अंतर्द्वंद्व, किसका ऑपरेशन—पहले किया जाय, नौजवान—जिसकी आँखों में जीवन की भूख लौ की तरह कौंधती पर जिसके बचने की उम्मीद अपेक्षाकृत कम या वह अधेड़ जिसके बचने की संभावना कहीं ज्यादा आखिरकार... सर्जन का अपना मानवीय विवेक...पहले चेष्टा उसके लिए, जिसके बचने की आशा शत-प्रतिशत और तब तक—अधेड़ के ऑपरेशन तक—युवक दम तोड़ चुका होता है। उसको बचा नहीं पाने की आत्म चुभन लिये सर्जन का उसी गाँव की ओर निकल पड़ना, और मंगल की जड़ विधवा को देख आत्मा का हाहाकार—"एक जलियाँवाला बाग हुआ था तो भारत भर में क्रन्दन मच गया था और यहाँ रोज जलियाँवाला बाग हो रहे हैं, डॉक्टर शरीर में उगे रोग का इलाज कर सकता है, जब आदमी आदमी को इस तरह मारने लगे तो इसका इलाज डॉक्टर है क्या?"

लेखक के निजी अनुभवों के तानों-बानों से बुनी कहानी 'हवाबाज' उन तिकड़मी और गोटी पिटाऊ अफसरशाही हवाबाजों का जीवंत दस्तावेज है जिसका तार सत्ता और

शक्ति के ऊँचे पायदानों से जुड़ा है और जो दुर्भाग्य से आज का युग सत्य है, जो आज के शिव हैं। उच्च सरकारी अफसर होने के बावजूद सरकारी मकान के आबंटन के लिए जिनके समक्ष कथावाचक् को बार-बार मात खानी पड़ती है—"मैं हारा हुआ जनरल लौट पड़ा। मेरा चौतरफा-आक्रमण एक नाचीज़ टुकड़ी ने नाकामयाब कर दिया था। प्यादों की मैंने गणना नहीं की। शतरंज में प्यादों को ऐसे ही पहले नहीं मारा जाता है।

निःशेष संवेदनाएँ और भीतर का शून्य जब शराब, अकेलापन, असफलता और चित्त की पाशविकता से जुड़ जाए तो ऐसों की छत्रछाया में बचपना उगता-बढ़ता नहीं वरन् बाँझ हो जाता है। 'केयर टेकर' का बारह वर्षीय चौकीदार वह बुढ़ाया बच्चा है जिसकी सारी संभावनाएँ, सपने दम तोड़ चुके होते हैं।

स्त्री-पुरुष और विवाहेतर संबंधों पर एक साथ कई कोणों से रोशनी फेंकती अद्भुत कहानी 'कैंपस' प्रश्न उठाती हैं 'लेकिन यह कैसे संभव है कि एक ही व्यक्ति में सब कुछ समाहित हो, एक पूरी जिंदगी को जो कुछ मिले वह एक व्यक्ति के माध्यम से ही मिले' या 'क्या कोई करार जीवन से बड़ा हो सकता है? सवाल है कि कोई करार जीवनेच्छा को बुझा रहा है या प्रदीप्त कर रहा है...' पर क्या जीवन का गणित इतना सरल है कि पति और प्रेमी दोनों में से एक का चुनाव किया जाए, "क्या पूरा पानी ही अभीष्ट है?" अंत में कहानी का निकष—"न यही कि हवा रोक दी जाए, न यही कि वह अंधड़ बन जाए—"

अलग से अध्ययन की माँग करती भाषा का तेवर कथ्य के अनुरूप, चपल-चुस्त, कहीं-कहीं कविता के सन्निकट—"गहरी उदासी उनमें बर्फ की तरह जमी हुई, रोशनी की लौ नहीं वहाँ, जमी बर्फ से उठता धुआँ है।"

कला के भीतरी आलोक से आलोकित ये कहानियाँ यथार्थ में गहरे धँसे होने के बावजूद अँधेरे में एक और अँधेरा और चीख में जुड़ती एक और चीख भर नहीं है। घटनाओं के पार किसी दार्शनिक एवं भावनात्मक तथ्य को व्यक्त करतीं ये कहानियाँ उन्नत जीवन दृष्टि विकसित करती, अन्तर्जीवन को उज्ज्वलता से भरती, जीवन के विराट से साक्षात्कार कराती विलक्षण कहानियाँ हैं—अविस्मरणीय हैं।

हवाबाज़ : दुखती रगों पर उँगली

अवनिजेश अवस्थी

कथा आंदोलनों के विधान में बँधकर लिखने वाले कथाकारों में नहीं हैं गोविंद मिश्र। वे लिखते हैं—आंदोलनों और नारों की परवाह किए बिना। इसीलिए उनके खाते में आज सात उपन्यासों और दस कहानी संग्रहों के अलावा यात्रावृत्त और निबंध किसी एक लीक का लेखन न होकर सही अर्थों में एक रचनाकार की रचनाधर्मिता की सचाइयों को ही रेखांकित करते हैं। 'हवाबाज़' में संकलित कहानियाँ हमारी ज़िंदगी का ही बड़ा ही खूबसूरत बयान हैं।

लगभग सभी कहानियाँ रिटायर हो चुके या रिटायर होने के करीब के मध्यवर्गीय व्यक्ति के इर्दगिर्द की कहानियाँ हैं, जो चाहते न चाहते हुए भी इसी दफ्तरी व्यवस्था के शिकार हुए हैं, उसके अंग बने हैं। इन सबकी अपनी एक विशिष्ट पीड़ा है, जो गुम चोट की तरह बाहर से तो कहीं दिखाई नहीं देती लेकिन अंदर ही अंदर व्यक्ति को एक पल भी चैन से नहीं बैठने देती, गोविंद मिश्र ने इस 'गुम चोट' की दुखती रगों पर बखूबी उँगली रखी है, जहाँ पाठक कहीं तो हल्की चुभन महसूस करने लगता है, तो कहीं इस दर्द की पीड़ा को अनुभव करता हुआ स्तब्ध रह जाता है।

'पगडंडी' के 'रिटायर्ड' समर के परिवार में लेखक ही नहीं प्रवेश करता है, बल्कि पाठक भी साथ-साथ पहुँचता है, जो उसकी बेटी निशा को बैठाकर समझाना चाहता है, डाँटना चाहता है, हमदर्दी जताना चाहता है, लेकिन अंततः स्थितियाँ कुछ ऐसी बनती हैं कि वह निशा के माँ-बाप की तरह खुद को असहाय अनुभव करने लगता है, क्योंकि निशा न जाने कब कहानी से निकलकर पाठक की अपनी कोई 'करीबी' बन जाती है। 'इजाजत नहीं' के रिटायर्ड पोस्टमास्टर कैलाश बाबू का दर्द कहानी खत्म होते-होते समूचे मध्यवर्ग के भविष्य के प्रति उस भय में बदल जाता है, जिसमें वह ताउम्र जीता है।

नौकरीपेशा वर्ग की तमाम उम्र सरकारी मकान अलॉट करवाने ट्रांसफर करवाने, बच्चों को सेट्ल करने की तिकड़मों में गुज़र जाती है। जिस 'मानुस जनम' को अमोल कहकर रटाया जाता रहा, वह पूरा का पूरा जन्म चापलूसी और सिफारिश से शुरू होकर तिकड़मों तक ही में बीत जाता है। हर सुबह एक नई तिकड़म से शुरू होती है और शाम होते-होते एक-एक कर इन सभी की हवा निकल जाती है—और 'हवाबाज़' के लेखक की तरह पाठक भी सिर्फ एक सरकारी मकान के लिए तिलमिलाकर रह जाता है।

लेकिन इस दुनिया के दर्द सिर्फ दफ्तरी ही नहीं हैं, घर भी एक पिटी-पिटाई व्यवस्था ही बन चुका है। जो हालत कैम्पस में निशा की है, उससे कम बदतर हालत उससे एक पीढ़ी पुरानी 'बेबस' की माँ की नहीं है, जो उस ज़माने में अपने पति से ज्यादा पढ़ी-लिखी और कामकाजी होने के बावजूद दिन भर पति की गालियाँ सुनने के लिए ही जी रही है। हालाँकि निशा का अकेलापन कहीं उसका 'वैयक्तिक' अकेलापन ज्यादा है। लेकिन फिर भी वह इस दुनिया में घर की खिड़की-दरवाज़ों में अपने को कैद पाती है तो वह भी इस पढ़ी-लिखी कामकाजी महिलाओं का 'वर्ग' बनी खड़ी दिखाई देती है।

इन कहानियों में कहीं भी भाषा की जादूगरी दिखाने की कोशिश नहीं की गई है। इन कहानियों का कथ्य उन्हें इसकी इजाजत भी नहीं देता। लेकिन यह भी सच है कि जितनी सच्ची 'कहानी' इन कहानियों की है, उतना ही सच्चा इनका निर्वाह भी। लेखक चाहता तो स्थितियों को और अधिक विद्रूप बना सकता था, जिसमें वह निस्संदेह समर्थ भी है, लेकिन अगर उसने यह कोशिश नहीं की तो इसीलिए कि वह जानता है कि ये आम आदमियों की कहानियाँ हैं जिनकी भाषा-बोली भी उसी व्यवस्था का एक हिस्सा होती हैं, क्योंकि ये कहानियाँ तो "उन व्यक्तियों की (हैं) जो इस संसार से गुज़रे पर जिनके नक्शेकदम हवा में खिंची लकीरों की तरह गुम हो गए या हो जाएंगे।"

'कफ़न' और 'वरणांजलि'

शैलेश मटियानी

प्रिय कपिल,

'कफ़न' को अभी कुछ ही वर्ष पहले पढ़ा—पहली बार! जब यह चेतना ही नहीं, चर्बी तक को कुरेदती जान पड़ी तो ध्यान देना जरूरी हुआ। अभी और ज्यादा ध्यान देने की जरूरत महसूस होती है। महाकाव्यात्मक संवेदना की पहचान ही यह है कि हमें देश, काल और समाज के विस्तारों की तरफ उछाल दे। आदमी का देश, काल तथा समाजबोध उसकी संवेदना के आयामों से जुड़ा है। जब 'वरणांजलि' पढ़कर भी मनोदशा विचित्र हुई और खुद को थिर रख पाना कठिन—तब इसके कारणों पर भी जाने की जरूरत आ पड़ी। कैसी भी गहरी हलचल कभी ज्यादा दूर या देर तक बरकरार नहीं रह सकती, अगर पीछे जीवन का गहरा अनुभव मौजूद नहीं हो।

'वरणांजलि' संतति-बिछोह का वृत्तांत-मात्र नहीं। संतति का एकाएक आँखों के सामने-सामने ओझल होना, कितनी दूर तक संवेदन-तंत्र को गहरे संघात देता है—'वरणांजलि' इस गहरे त्रासद अनुभव की रचना है। श्रेष्ठ रचना संवेदन के धरातल पर के संघर्षों को प्रतिबिंबित करती और प्रतिकूल के विरुद्ध जूझने की जिजीविषा की गवाही देती है। 'वरणांजलि' अपने गहरे अर्थ में, एक समरगाथा है। ओझल होते को काल के दाढ़ों में से वापस खींचने का मर्मांतक संघर्ष इसके शब्द-शब्द में बोलता है।

'कफ़न' भी एक समर है। काल के गाल में समा रही बुधिया ने जो एक त्रासद शून्य उपस्थित कर दिया है। उपलों की राख में भुनते आलुओं से लेकर कफ़न को उघाये पैसों की दारू पी जाने तक का सारा हाल-चाल, बुधिया को बचा सकने में असमर्थ होने का हाल-चाल है। 'कफ़न' जितनी दूर हमें घीसू-माधो-बुधिया के वृत्तांत, इससे कहीं ज्यादा दूर तक इसके आलोक में जरा खुद के हाल-चाल, सोच-विचार और चरित्र को जाँच लेने की जरूरत में ले जाता है। पत्थर भी सिर्फ उतनी ही दूर तक जाता, ठहरता और मार करता है, जितनी शक्ति से फिंका हो। शब्द पत्थर से बड़ी चीज़ है। लेखक का अनुभव शब्द के अभिज्ञान से जुड़ा होता है। जितना गहरा शब्द वेदना के संघात उत्पन्न करते हैं, तोप और बम तक नहीं कर सकते। काल की परिधियों को सबसे ज्यादा शब्द पार करता है और शब्द का वजन तय होता है, संवेदना से! 'कफ़न' और

'वरणांजलि' संवेदना के धरातल पर लड़े गये समर की कहानियाँ हैं। दोनों ही संवेदनतंत्र पर गहरे संघात की उपज हैं।

वाल्मीकि की शब्द-सिद्धि के पीछे क्रौंचवध की महावेदना का संघात है, व्याध के वाण की मारकता नहीं। कोई भी संघात उतना ही गहरा शब्द उत्पन्न करता है, जितनी दूर तक उसने हमें बेधा है। शब्द का वजन तय होता है इससे कि कितनी दूर तक उसने हममें जगह घेरी और कितने काल तक वह हमारे ही भीतर गूँजता रह गया। शब्द जब लिखावट के पार तक जाता है, हममें भी संवेदनात्मक हलचल उत्पन्न करता है। जिसमें शब्द की यह तमीज नहीं हो, उसमें रचना की तमीज असंभव है।

आपने यह भी आरोप लगाया है कि मटियानी वस्तु को निमित्त और संवेदना को कारक तत्त्व मानते हैं। जी हाँ, ऐसा ही है। क्रौंच-मिथुन या व्याध का आखेट निमित्त (यानी वस्तुमात्र) हैं। बर्बरता और हत्याओं से हमारा भी साक्षात्कार होता है, लेकिन चूँकि हमारे संवेदन का वृत्त चुल्लू-भर, इसलिए प्रतिक्रिया भी उथली ही होती है। वाल्मीकि की संवेदना का माप 'रामायण' है और 'रामायण' की वस्तु पर न जाने कितनों ने जोर मारा, लेकिन फिर वैसी ही महाकाव्यात्मक सृष्टि सिर्फ तुलसीदास कर पाये हैं। वाल्मीकि और तुलसीदास जब समुद्र कहते हैं, तब समुद्र सामने होता है। यही शब्दसिद्धि है।

संवेदना जितनी गहरी, स्मृति और दृष्टि भी उतनी ही व्यापक होगी। उतनी ही दूर तक व्यक्ति घटित के कारणों पर सोच-विचार में भी समर्थ होगा। वाल्मीकि की संवेदना का व्यास बड़ा होने से ही क्रौंचवध की वेदना उन्हें उन तमाम आखेटों की स्मृति में भी ले जाती है, जो उन्होंने देखे-सुने ही नहीं, स्वयं भी किये। दुर्दांत दस्यु से पृथ्वी पर के सार्वभौमिक-सार्वकालिक आदि महाकाव्यकार तक की उनकी यात्रा, सिर्फ भौतिक-वैज्ञानिक-ऐतिहासिक वस्तुओं की ही नहीं, बल्कि अपने संवेदनतंत्र के आदि से अंत तक के अवगाहन की यात्रा है, इसीलिए उनकी वाणी में से प्रकट हुए 'शब्द' का नाद आज तक विद्यमान है। और, शायद, जब तक सृष्टि रहेगी, तब तक गूँजता सुनायी पड़ेगा।...शब्द गूँजता है उतना ही, जितना उसके पीछे संवेदना का बल हो।

कहीं तुरंत यह वैचारिक फतवा देने नहीं बैठ जाइयेगा कि पहले तो सिर्फ 'कफ़न' तक ही जाने की हिमाकत थी, अब 'रामायण' शुरू हो गया। बताना यह था कि 'वरणांजलि' ने कफ़न और क्रौंचवध की स्मृतियों तक दौड़ा लिया। कोई रचना हमारे संवेदनतंत्र में कब, और क्यों कितना संघात कर सकती है—इस बात को 'वरणांजलि' भी स्मृति में ले आती है। अब यह बात दीगर कि किसकी स्मृति में। जिसकी वैचारिक पीठिका जितनी ठोस, उसकी संवेदना भी उतनी ही ठस जरूर होगी, अगर कि वह विचार को संवेदना से बड़ी वस्तु मानने के मुगालतों में मस्त और विचार में संवेदना की भूमिका के अभिज्ञान से शून्य हो। लेखक और आलोचक, दोनों को जानना जरूरी है कि रचना सिद्धांतों की पोटली से नहीं चलती। उसका सीधा संबंध आदमी की करवट से है। सिद्धांत आदमी की करवट से बड़ी वस्तु नहीं; क्योंकि वह भी तभी अस्तित्व में आता

है, जब आदमी ने करवट बदली हो। और आदमी सिर्फ दायीं, या सिर्फ बायीं नहीं, दोनों करवटें बदलता! साहित्य में आदमी को एक ही करवट की इजाजत से बाँधना, उसे ऊँट से बदतर बनाना है।

रचना पाठ की वस्तु, और पाठ का यह तर्क है कि तब तक जारी रहे, जब तक कि मंतव्य पूरा नहीं हो जाय। 'वरणांजलि' पर, अभी कुछ और समय गुजरने पर, एक विस्तृत लेख अलग से लिखने की बात मन में होने से, फिलहाल अभी यहाँ सिर्फ इतना ही कि इससे पिंड छूटना कठिन हुआ, तो सोचा कि पिंड को कुरेदती वस्तु को एक ही झटके में दूर फेंककर मुक्त हो जाने की वैचारिक समझदारी में कुछ नहीं रखा; क्योंकि इसी खब्त में बहुत-से लोग खुद को कुरेदती संवेदना और चेतना को ही दूर झाड़ फेंकते हैं।

'वरणांजलि' संतति-बिछोह (यानी वस्तु) के निमित्त से बताती है कि—आदमी की संवेदना का वृत्त कितनी दूर तक जाता है। उसमें की बच्चू-टमाटरन-गनेशन की झाँकियाँ हमें, लेखक के बेटे की नहीं, अपने बच्चों की आकृतियों-स्मृतियों में ले जाती हैं। जिन्होंने संतान को संपूर्ण आकुलता-व्याकुलता में प्यार किया हो, यह रचना उनके स्मृति-तंत्र को कितना आंदोलित कर सकती है, इसका एक उदाहरण बंधु अंबिका सिंह वर्मा की बात से देना चाहूँगा। अंबिका साहित्य के खासे-अच्छे समझदार पाठक हैं और कभी आलोचना लिखने में भी उनकी रुचि रही है। उनका कहना था, ऐसा नहीं कि पहले अपने माता-पिता का आदर या बच्चों को प्यार नहीं करते थे, लेकिन इस कहानी को पढ़ने के बाद इसकी और ज्यादा जरूरत अनुभव होने लगी। अभी कुछ ही दिन पूर्व पिता के निधन की सूचना वाले पत्र में अपनी व्यथा जिन शब्दों में उन्होंने व्यक्त की है, लगा कि जैसे इनमें 'वरणांजलि' पढ़ने के अनुभव का स्पर्श भी है।

रचना कितने अमूर्त स्तरों पर इशारे, सोच-विचार और व्यवहार की दुनिया को प्रभावित करती है, इसे बहुत ध्यान देकर ही ठीक-ठीक जाना जा सकता है। 'वरणांजलि' को 'कफ़न' के बाद पढ़ा। बेसाख्ता 'कफ़न' की याद आयी, इसे पढ़ने के अनुभव से गुजरते में, तो खटका-सा हुआ कि ऐसा क्यों? क्योंकि वस्तु के स्तर पर तो ये बिलकुल ही अलग-अलग छोर की कहानियाँ हैं? एक में 'कफ़न' का उगाहा चंदा पेट में उँडेलने की त्रासदी है—दूसरी में पिता पीछे छूट गये कपड़े-खिलौनों को अनाथालय में दे रहा है। लेकिन इतना तो तय है कि कहीं-न-कहीं, कुछ-न-कुछ हुए बिना रचनाएँ स्मृति में साथ-साथ कौंधती नहीं। अब इतना कह सकता हूँ कि एक समानता यह कि दोनों के पीछे जीवन के बहुत ही गहरे अनुभवों की दाब है। सहज मानवीय त्रुटियों के बहुत ही त्रासद परिणामों की दोनों कहानियों में ही एक लंबी अनुगूँज है। संवेदन का वृत्त दोनों लेखकों में बड़ा होने से ही कहानियों में इतनी व्यापक अनुगूँज है।

आपने कहीं 'सर्वहारा संस्कृति' का राग भी अलापा है, इसी टिप्पणी में। क्या और कहाँ होती है, यह सर्वहारा संस्कृति? पूरे समाज की संस्कृति से बिलकुल अलग कहीं शून्य में कहाँ हुआ करता है इसका अस्तित्व? जबकि शून्य तक पृथिवी से अलग नहीं.

बल्कि अविच्छिन्न रूप से आबद्ध है। 'वरणांजलि' से एक बात मस्तिष्क में कौंधती है। अगर किसी तरह सर्वहारा समूहों में संतति के प्रति 'वरणांजलि' के ही स्तर का अनुराग उत्पन्न हो जाए, तो सारी सर्वग्रासी राज्य-व्यवस्थाओं की चूलें खड़खड़ाते कुछ ज्यादा वक्त नहीं लगे। आदमी खुद की संतति को अपनी संपूर्ण आकुलता में प्यार करता हो, तभी दूसरों का भी ध्यान आता है। 'वरणांजलि' हमें यहाँ तक ले जाती है।

जो रचनाएँ हमें अपनी स्मृति, संवेदना और अनुभूतियों के विस्तार में ले जाती हों, उन्हें हिकारत की नजर से देखना ठीक नहीं। यह खुद के संवेदनजड़ होने का सबूत देना है। 'वरणांजलि' रचना के कुछ बुनियादी सारतत्त्वों की तरफ इशारा करने वाली रचना है। निकोलाई दोब्रोल्युवोव द्वारा इंगित सारतत्त्व (सचाई) भी उनमें से एक है। इस कहानी को पढ़ना पढ़ने के एक अविस्मरणीय अनुभव से गुजरना है। किंतु तुलना की ही दृष्टि से देखें तो यह 'कफ़न' जितनी श्रेष्ठ कहानी खुद मेरी दृष्टि में नहीं, क्योंकि इसमें 'कफ़न' के जैसा कलात्मक संतुलन नहीं। इसमें के कथन 'मुझे संपूर्ण प्रकृति में तुम्हारे अस्तित्व की अनुभूति हो। सब बच्चों में तुम्हारी मुस्कान की प्रतीति' में 'सर्वहारा' बच्चों की मुस्कान का निषेध नहीं, लेकिन कला की दृष्टि से असंतुलन जरूर है। यह आश्वासन 'वरणांजलि' के पूरे रचना-वितान में से ही आना चाहिए कि इसमें जो पिता है, ऐसा ही करेगा। क्योंकि संवेदना की जिन अटल हलचलों से वह गुजर चुका, वहाँ सिर्फ यही संभव हो सकना चाहिए। काश कि यह रचना काल के अपेक्षाकृत बड़े वृत्त को पार करके आयी होती। रचना भी छूटा बाण है। जितनी रची, रच गयी, दुबारा संधान कठिन है। 'कफ़न' अपना पूरा समय लेकर उत्पन्न हुई कहानी, लेकिन 'वरणांजलि' में एक कँपकँपी है।

फिर भी मुझे अपनी समझ से हिंदी की सिर्फ पाँच कहानियाँ चुननी हों, तो 'वरणांजलि' रखते संकोच नहीं होगा; क्योंकि यह उल्कापात को रचना में बदलने का करिश्मा है। इसमें आदमी की वेदना का अतल उजागर हुआ है। आकस्मिक संघात की भी एक आग होती है और आदमी, प्रायः झुलसकर रह जाता है। उसके ओने-कोने सूख जाते हैं। उसकी आब जाती रहती है। 'वरणांजलि' अपनी प्राणसत्ता के सारे ओने-कोने बचा रखने की कहानी है।

जो आकस्मिक आघात को खुद के पार निकल जाने देते हैं, वो अलग—और वो अलग, जो इसे बाहर फूट निकलने का रास्ता नहीं देते, पूरी मार झेलते हैं। इसके बिना उन्हें निस्तार भी नहीं, क्योंकि जिनमें प्रेम, इसे खो बैठने का सन्नाटा भी उतना ही गहरा होता है। 'वरणांजलि' के पीछे इसी सन्नाटे का नाद है। जिस रचना में आँखों से ओझल होते को शब्द से रोक रखने की क्षमता झिलमिलाती हो, वह कभी सामान्य नहीं होगी। लेखक की इस क्षमता की गवाही देते हैं उसके शब्द! 'वरणांजलि' इसी शब्द-सिद्धि की रचना है। शब्दबिद्ध उल्का की कौंध आद्यंत व्याप्त है इसमें। यह हमें चक्रवर्ती दशरथ के 'राम राम कहि, राम कहि, राम-राम कहि राम' के महाविषाद तक ले उड़ती है। यह अनुभूति के उच्चतर माप की रचना है।

आखिर लेखक का काम क्या है? लेखक का काम है, अनुभव को उस मुकाम तक ले जाकर व्यक्त करना, जहाँ वह हमारे जीवन-सत्यों का प्रतिबिंब जान पड़े। वास्तविकता को इतना पारदर्शी बना देना कि हम भी साफ-साफ देख सकें। अर्जित को सबके निमित्त उजागर कर देना। लेखक का काम साहित्य में विचारधारात्मक तत्त्वों की चिप्पियाँ चिपकाना या आदमी को दो गोलार्द्धों में बाँटना नहीं है। लेखक का काम है, आदमी को उसकी पूरी सैर करा देना! उसे बता देना कि भीतर का दोआबा कहाँ-कहाँ तक जाता है। 'वरणांजलि' बताती है कि संतति-बिछोह की चोट कितनी दूर तक जाती है।

बहुत कम रचनाएँ होती हैं, जिनमें लेखक के अनुभव तथा संवेदन का उच्चतर औसत, यानी उसका पूरा आपा बोलता है, जिनमें लेखक के सारे अर्जित की कौंध हो और जो हमें स्मृति के आखिरी कोनों तक दौड़ा लें। वरणांजलि ऐसी ही रचना है। इसमें शब्दों के पार तक का सन्नाटा गूँजता है, क्योंकि यह बहुत गहरे सन्नाटे को पार करके काई रचता है। अनुभूत की तत्सम् अभिव्यक्ति के मामले में यह हमको हमारी औकात बताने वाली कहानी है।

वरणांजलि : गद्य में एक शोकगीति

डॉ. पुष्पपाल सिंह

—"तुम चले गये, क्षण की तरह। पीछे छूट गया मैं, अग्निशलाकाओं से घिरा, प्रतिपल जलते रहने को शापित।"

—"काल-खंड की इस घड़ी में जब तुम एक के बाद एक दूसरे आकाश को पार करते हुए पता नहीं किस लोक में पहुँच रहे होंगे...मैं यहीं....आकंठ पाशों के आबद्ध, न जीवित, न मृत ही वरन् दोनों के बीच प्रति पल झूलते रहने को अभिशप्त...तुम्हें न बचा पाने की अपनी असमर्थता से भागता हुआ, तुम्हारी हर पहचान मिटाने का प्रयत्न कर रहा हूँ।"

—"पहले मैं तुम्हारा संरक्षक था, अब तुम मेरे संरक्षक हो, हर पल मुझे शरण दिये रह सकते हो।"

—"मुझे संपूर्ण प्रकृति में तुम्हारे अस्तित्व की अनुभूति हो, सब बच्चों में तुम्हारी मुस्कान की प्रतीति। सब जीवों में तुम्हारी आकृति देखकर मैं उन्हें करुणा दूँ। जीवन शेष...अपूर्णता की वेदना से व्याकुल रहे, साथ ही तुम्हारी स्मृति में इतना स्थिर भी कि तुच्छता ऊपर से बह-बह जाए, जैसे पहाड़ के ऊपर से धुंध।"

हिंदी में शोकगीति की परंपरा अधिक प्रचलन में नहीं है। व्यक्तिगत शोक के काव्य-संवेदना के धरातल पर प्रस्तुत करना एक चुनौतीपूर्ण सृजन है। प्रथम तो इसके लिए उस हादसे से उबरने के लिए एक अंतराल, समय के मलहम की जरूरत होती है जब स्मृतियों के सघन आच्छादन में से निकल प्रियजन, आत्मीय के बिछोह को बर्दाश्त करने की शक्ति, धैर्य धारण करने की शक्ति विकसित हो चुकी होती है। भावनाओं के तरल प्रवेग में तो इस हादसे पर कलम उठाने की हिम्मत ही नहीं हो सकती है। अपनी भावुकता, मानसिक आवेग को किसी प्रकार नियंत्रित कर सृजन में उतरना और इस प्रक्रिया में पुनः वही जुड़ाव, उन्हीं स्मृतियों को बटोरना एक कठिन सृजन-प्रक्रिया है यह। संसार के दैवी तापों में सर्वाधिक कष्टकर पुत्र/पुत्री शोक है। हिंदी में तीन ऐसे महत् प्रयत्न शोकगीति के रूप में हुए हैं, प्रथम महाकवि 'निराला' की 'सरोज-समृति' के रूप में, दूसरा गोविंद मिश्र की कहानी 'वरणांजलि' में और तीसरा देवेन्द्र की कहानी 'क्षमा करो हे वत्स' के रूप में। 'सरोज-स्मृति' तो काव्य में एक क्लासिक ही है। गोविंद मिश्र

और देवेन्द्र की कहानियाँ भी अपनी-अपनी जगह श्रेष्ठ और स्मरणीय हैं। दोनों ने पुत्र-शोक में जो अपनी व्यथा कहानी के शब्दों में दी है, उसकी तुलना करना न मेरा अभीष्ट है और इस प्रकार तुलना करना किसी भी दृष्टि से उचित भी नहीं कहा जा सकता। फिलहाल चर्चा 'वरणांजलि' की।

मैं इस कहानी का प्रशंसक हूँ, इस शोकगीति के कलात्मक रूप पर बार-बार रीझा हूँ। गोविंद मिश्र जी ढेर से परिचय में हैं, दिल्ली, बम्बई, अहमदाबाद तथा भोपाल में कई बार उनसे भेंट और आत्मीयता में बातें हुई हैं। उनकी बहुत-सी कहानियों-उपन्यासों पर चर्चा हुई है किंतु मेरी कभी हिम्मत नहीं पड़ी कि जागतिक धंधों में भूले या दबे शोक के जख़्म को मैं चर्चा से फिर हरा कर दूँ!! इस रचना में गोविंद मिश्र अपनी भावुकलता के धरातल पर कवि हो उठते हैं, गद्य में कविता का प्रवेग आ जाता है। उनका शोक किसी भी पितृ-हृदय को उद्वेलित कर देता है, इसलिए मैं 'वरणांजलि' को गद्य में एक शोकगीति कहता हूँ।

'वरणांजलि' उस आधुनिक समय पर भी कटाक्ष करती है जिसमें माँ-बाप अपने बच्चों पर अपनी इच्छाएँ लाद कर उन्हें आधुनिक दुनिया में क्या कुछ बनाने की दौड़-धूप कर उन्हें गला-काट प्रतियोगिता में झोंक देते हैं। बच्चे की रुचि, सामर्थ्य और मानसिक रुझान का बिलकुल ध्यान न कर कुंभकार के समान उनके कच्चे मन से घड़े को जबर्दस्ती ठोक-पीट, पीट-पीट कर अपनी इच्छाओं का रूपाकार देने की चेष्टा में लगे रहते हैं, भले ही इस क्रम में वह कच्चा कुंभ टूट-फूट ही क्यों न जाए।

पुत्र-शोक से आहत कहानीकार जैसे ही शब्दों में अपने को सहेजने का यत्न करता है, वह स्मृति-वन में उतरता चला जाता है, गहरे और गहरे। कभी उसे अजंता की गुफाओं की यात्रा की स्मृति हो आती है, फोटो में बेटे को आगे और अपने को पीछे देख कर लेखक को प्रतीति होती है कि बचपन से ही तुम आगे रहते थे। बच्चों का बोलना, बोलने की बाल सुलभ चपलताएँ सभी पिता देखते हैं, पहले बच्चे का बोलने में अवरोध मानना और जब बोलते हैं तो निर्झर के धारा-प्रवाह प्रवेग के समान किंतु उसे गोविंद मिश्र ये शब्द देते हैं, ''इधर तुम इतना बोलते थे कि हम झुंझलाते रहते कि कोई दस वर्ष का बालक इतना नहीं बोलता होगा।'' फिर लिफ्ट में बच्चे का हर बटन को दबाना, बस में एक सीट से दूसरी और दूसरी से तीसरी पर छलाँग लगाना और बच्चे के सवाल-दर-सवाल और प्रश्न तो तुम्हारे चुकते ही न थे, तुम कुछ न कुछ पूछते ही रहते। तुम्हारी शक्तियाँ सीमित थीं, पर हर पल तुम उनके पार जाने के प्रयत्न में होते थे...पूरा सोते तक नहीं थे।'' लेखक ने अपने पुत्र के बचपन का यह रेखांकन कर सारे बच्चों के भरे-पूरे शैशव को चित्रित कर दिया है।

गीति में जो भावों का उद्वेलन और प्रवेग होता है, उसमें दूसरों को डुबोने की जो काव्यात्मक संवेदना होती है, वह यहाँ सहज ही देखी जा सकती है। साहित्यिक हलकों में सब जानते हैं कि गोविंद मिश्र के किशोर पुत्र का स्वर्गवास तरण-ताल की दुर्घटना में

हुआ था। इस दुर्घटना से पूर्व की स्मृतियों में डूबा लेखक ध्यान करता है कि उसके पुत्र ने इतनी सारी यात्राएँ इतनी जल्दी कहीं इसीलिए तो पूरी नहीं कर लीं कि उसे जाने की जल्दी थी। जिस तेज़ी से तुमने हिमालय, मरुस्थल और सागर के दर्शन कर लिए, वायुयान में उड़ लिए...पानी के जहान में यात्रा कर ली। बैलगाड़ी और ताँगे सभी में बैठ लिए। ये सब स्मृतियाँ और इनके बीच से दिवंगत पुत्र से भावात्मक संलाप लगती है कि शोक-गीति–'सम्बोधन गीति' ('ओड') में परिवर्तित होती चली जाती है, "तुम मेरे पथबंधु बन गए। बेंत की छड़ी ले कर तुम्हारा आगे-आगे चलना, जहाँ गए, वहीं की टोपी सिर पर डालना और वहाँ की मिट्‌टी से खेलना...तुम्हारी देखादेखी मैं भी यह सब करने लगा।' बच्चे के लिए अपने बचपन का लौटना भी एक अनुभूति ही है। पिता को याद आता है पुत्र के साथ देखा विज्ञान चल-चित्र जिसमें दो हजार पचास में पृथ्वी का क्या रूप होगा, दिखाया गया था। इस चित्र को देखकर प्रश्नों की जो बौछार बच्चे ने की, उसके जाने के बाद, उसकी मेधा का ध्यान और तीव्रता से अभिशप्त पिता को आता है।

आज हम बच्चे के पालन-पोषण को ले कर एक ऐसी लीक ('रट') पर चल पड़े हैं जिससे निस्तार का कोई मार्ग नज़र नहीं आता। अस्वाभाविक नहीं लगता विदेश में भी बैठे हुए नयी पीढ़ी के कितने ही नौजवानों से जब यह सुनने को मिलता है, 'बेस्ट टेलेट्स ऑर जनरैली स्कूल ड्रॉप आउट्स।' हम बच्चों को लायक–बहुत-बहुत लायक बनाने के लिए महानगरों का रुख कर रहे हैं किंतु कहानीकार का निश्चित मत है, "बच्चों को पालने, बड़ा करने के लिए किसी महानगर से भयानक और कौन-सा स्थान हो सकता है? तुम्हें आदमी बनाने के लिए मेरे हाथों में सौंपा गया एक साँचा भी था।" यह बना-बनाया साँचा है क्या–एक यूरोपीय मॉडल, एक इंग्लिश पैटर्न। बहुत बड़े-बड़े रईसजादों ने तो किसी समय इस काम के लिए ब्रिटिश, एंग्लो-इंडियन या किसी भी यूरोपीय मूल की मैट्रनस रखी थीं। पिता की इच्छा थी, "तुम्हें मैनर्स आना चाहिए, अंग्रेज़ी बोलना आना चाहिए, जिसका तुम्हारी आयु से कोई अनुपात नहीं बैठे ऐसी पुस्तकों का भार उठाना आना चाहिए। छात्रालय में रहना आना चाहिए, साइकिल चलाना आना चाहिए, घुड़सवारी आना चाहिए, तैरना आना चाहिए..." अर्थात क्या नहीं है, जो नहीं आना चाहिए....तुम्हें अच्छा लगे या नहीं।" यह है आधुनिक जीवन की विसंगति और विद्रूप कि हम बढ़िया शिक्षा के नाम पर बच्चे के बचपन को मार कर अपनी इच्छाओं-महत्वाकांक्षाओं का वाहक रेस का घोड़ा बना देना चाहते हैं (याद की जा सकती है संजीव की कहानी 'ब्लैक-होल')! माँ-बाप ने कभी जानने की चेष्टा नहीं की कि बच्चा इसमें से किसको मन से आत्मसात कर रहा है और किसे बेमन से। बच्चा विवशता में पिता के 'हर प्रयत्न में' अनमना-सा जुड़ा रहा। उस बच्चे के इस दुनिया छोड़ने के बाद के साहित्यकार मानस को ध्यान आता है कि "इस बार छात्रालय खुलने से पूर्व तुमने अपने एक मित्र को पत्र में लिखा भी था....फिर वही पढ़ाई, बोरियत"–उसे क्यों ध्यान नहीं हो पाया, "कि तुम जैसा कोई साँचे में बैठने का विरोध भी कर सकता

है...।'' किंतु यह सब तो सब कुछ समाप्त हो जाने के बाद के 'आफटर थाट्स' हैं जो निष्प्रयोजन हैं। कितनी बड़ी कचोट एक पिता के दिवंगत पुत्र के प्रति हो सकती है कि क्यों उसने उसके बचपन को मार कर अपनी इच्छाओं को इतनी बुरी तरह उस पर लाद दिया था।

गोविंद मिश्र अब उस हादसे का चित्रण करते हैं जिसमें उनका पुत्र चला गया। 'तुम्हें तैरना अब भी नहीं आता था किंतु मैं पिता के दायित्व से पीड़ित था।' इसलिए बच्चे के यह कहने पर भी कि 'पूल' में पानी गहरा है, पिता ने प्रतिवाद कर दिया कि किनारे पर अधिक गहरा नहीं है। उस दिन बच्चे के सिर में हल्का-सा दर्द था किंतु बहन को ताल (पूल) में उतरता देख उसका भी मन हो आया। वह किनारे पर ही था और रबड़ लगाए हुए था, पिता को बहन की चिंता तो हो सकती थी कि उसने एक दिन पहले ही तैरना सीखा था...पर हुआ उल्टा!! ''मात्र तीन-चार मिनट। मैं भीतर कमरे में कपड़े पहन रहा था कि तुम्हारी बहन दौड़ी हुई आयी। बताया कि तुम अचेत हो गए हो।'' आस-पास के लोग जो भी प्राथमिक या अंतिम उपाय हो सकता था, कर रहे थे। पुत्र को अपने सामने मौत के मुँह में यूँ चले जाना देखते, भौतिक दृष्टि से सब कुछ कर सक पाने की सामर्थ्य से युक्त पिता की कितनी बड़ी बेबसी है कि वह कुछ भी, कुछ भी, न कर पाने की बेबसी लिए हुए निश्चेष्ट-सा खड़ा है, ''तुम संज्ञाहीन थे। मैं तुम्हारी हल्की-सी उह सुनने को लालायित, लाचार-सा पीछे खड़ा हो गया था। मेरी आर्तध्वनि तुम्हें जगाने के लिए रह-रह उठती थी...तुम मेरी पुकार से दूर होते चले गए...—''वे अब जिसका उपचार कर रहे थे, वह तुम नहीं थे।''

आत्म-ग्लानि में इस भाव की अनुभूति कि कहीं इस मृत्यु में कारक मैं ही हूँ, पिता के लिए कितनी पीड़ादायक स्थिति हो सकती है इसे शब्दों के इस आर्त-क्रंदन में देखा जा सकता है, ''तुम चले गये, बाण की तरह। पीछे छूट गया मैं, अग्निशलाकाओं से घिरा, प्रतिपल जलते रहने को शापित।'' उसे बार-बार ग्लानि होती है कि क्यों वह अपने पुत्र को एक 'पूर्ण मनुष्य बनाने' की दुर्हठीली चाह में लगा हुआ था। सिर-दर्द होते हुए भी उन्होंने बच्चे को घर क्यों नहीं छोड़ दिया, जब सब लोग अस्पताल ले जाने को रोक रहे थे तो क्यों नहीं उसने अपने अधिकार का प्रयोग कर उन्हें बरजा, ये ही सारे प्रश्न-शंकाएँ और कुछ न कर पाने की लाचारी पिता को खाए-खाए जा रही थी। वह आत्म-प्रतारण की दारुणता को झेलता फूट रहा है, ''मैंने तुम्हें मार डाला...मैं बधिक हूँ. ..बधिक अग्निशलाकाएँ! मुझे जल दो...मुझसे यह अपेक्षा क्योंकि मैं तुम्हारी रक्षा करता, क्या मात्र इसलिए कि मैं तुम्हारे पार्थिव शरीर का जनक था? क्या सचमुच मैं तुम्हारी रक्षा कर सकता था, तब, जबकि देव ही तुम्हारी रक्षा करने को प्रस्तुत नहीं थे?''

तर्पण का जल-दान पुत्र ही करे तभी श्रेयस्कर लगता है किंतु यदि पिता को पुत्र का यह जल-तर्पण करना पड़े तो भीषण अभिशाप!! यही दारुण दुख गोविंद मिश्र को झेलना पड़ा। प्रिय पुत्र की स्मृतियाँ नित्य की वस्तुओं के संसर्ग में आकर उन्हें घेरें न,

इसीलिए उसकी सब वस्तुएँ–वस्त्र, पुस्तकें, बस्ता, खेल-कूद का सामान, आदि अनाथालय को दे दी गयीं। स्मृति-चित्र छिपा दिए। 'ताकि स्मृति-दंश न बींधे।' दस गात्र आदि प्रेतयोनि विमुक्ति के साधन मनुष्य ने अपनी सुरक्षा के लिए ईज़ाद किए हैं, ''इन दिनों सूतक को शरीर से चिपकाये हुए जैसे मैं केवल दूर करने में लगा हुआ था–स्वयं से, इस लोक से दूर–तुम चले जाओ...हम मर्त्यलोकवासी यहाँ अपने-आपको इसी तरह सुरक्षित रखा करते हैं।''

जाने वाला चला जाता है किंतु जिन्हें रोने-कलपने और इस शोक को झेलने के लिए छोड़ जाता है ऐसे असमय-प्रयाण पर माँ-बाप की दशा सर्वाधिक शोचनीय हो उठती है। उनका जीवन प्रति-पल जिस व्यथा को ढोता है, उसकी थाह पाना कठिन ही है। गोविंद मिश्र अपनी इसी दशा को शब्द देते हैं, ''तुम चले गए होंगे न जाने किन लोकों में मैं यहीं....आकंठ पाशों से आबद्ध, न जीवित, न मृत ही वरन् दोनों के बीच प्रतिपल झूलते रहने को अभिशप्त...तुम्हें न बचा पाने की अपनी असमर्थता से भागता हुआ तुम्हारी हर पहचान मिटाने का प्रयत्न कर रहा हूँ। न तुम होंगे, न मुझे अपनी अशक्तता का आभास ही होगा.... ।''

व्यक्ति को अपने कर्मक्षेत्र में कोल्हू के बैल की तरह जुतना पड़ता ही है, कभी-कभी गहरे गम को भूल कर बेबसी-सी हँसी भी हँसने का प्रयत्न करते हैं जिसे लेखक ने 'कभी-कभी चहचहान अपने फेफड़ों में भरने का प्रयत्न' कह कर अपने मनोभाव को बड़ी सटीक अभिव्यक्ति दी है। जागतिक क्रिया-कलापों से उचटता मन जब कभी इधर-उधर होता है, झट अपने प्रिय आत्मीय का ध्यान हो आता है, ''सचेतन की पकड़ तनिक शिथिल हुई नहीं कि भीतर कुछ बहने लगता है....लगातार रिसता कोई घाव। कभी-कभी उठते-बैठते, बोलते हँसते हुए ही भीतर शून्य की एक भँवर आकार ग्रहण करती है, अलग ही एक निःश्वास बाहर आता है–हे राम! हम फिर वही पिटे-पिटे से निकल आते हैं....जैसे धूल बुरक-बुरक कर खूब पीटा गया हो।'' नहीं लगता कि इस मनःस्थिति को इनसे अधिक मार्मिक शब्दों में अभिव्यक्ति दी जा सकती हो। हृदय की बेबसी और जीवन की निस्सारता शब्द-प्रति-शब्द में अभिव्यक्त हो रही है।

जो परिजन पीछे छूट जाते हैं उनकी स्थिति न जीने में रह जाती है और न मरने में, यह जीवित ही मृत की स्थिति और बेबसी है। यहाँ भी बहुत एकदम बड़ी हो जाती है, जैसे उसका बचपन बीत गया, माँ में एक असाध्य रोग प्रवेश कर गया और मैं (लेखक)....अवस्था से पूर्व ही जरा में 'उतर' जाता है। वस्तुतः 'बाहर से तुम्हारे जाने का दुख दिखता है कि वह सचमुच अपने यहाँ रहने का दुख है।' उसे दशरथ का ध्यान आता है जिन्होंने पुत्र-शोक में प्राण त्याग दिए थे, उसे क्षोभ है कि वह इच्छानुसार शरीर भी नहीं त्याग सकता है। उसे लगता है कि 'तृष्णाओं की सम्राज्ञी–जीवितेष्णा का दास' है।

ये लोग–गोविंद मिश्र सपरिवार–बाहर जा रहे हैं जिससे मन बदल जाए, मानो वे उस हवा से कटना चाहते हों जिसमें उसकी स्मृतियाँ रची-बसी हैं, वे उन स्थानों पर जाते

हैं, उन स्टेशनों पर जाते हैं, जहाँ बच्चे के साथ गए थे पर वहाँ जा कर भी वे उसी की स्मृतियों के वन में उतरते चले जाते हैं। प्रिय के चले जाने पर उसकी स्मृतियाँ रात-दिन घेरे रहती हैं। इसलिए विभिन्न रूपों में हमें वह स्वप्न में भी दिखाई देता है। मानव-मन की बड़ी स्वाभाविक स्थिति है यह!! तभी गोविंद मिश्र को भी अपना बेटा एक दिव्य मूर्ति-सा स्वप्न में दिखाई देता है–तुम्हारा उन्नत मस्तक, कपाल....शरीर के अनुपात से विशाल, केश पर उछले दो भौंरे, अजंता की मूर्तियों पर अलिखित जैसे तुम्हारे दीर्घ विस्फारित चक्षु, छोटे बुद्ध जैसे बड़े-बड़े कान, तुम्हारी कृशकाया के स्थान पर स्वच्छ, सुंदर एवं पुष्ट शरीर, तापों से परे, दिव्य लोक से प्रदीप्त पैर इस दिव्य रूपधारी पुत्र से स्वप्न का आत्मीय संलाप, दिल को बराबर आगे चलने का संकेत–सब कुछ कहानीकार की मनःस्थिति को रूपायित करते हैं।

प्रिय के चले जाने पर शोक विह्वल अवस्था में उसके हर जगह उपस्थित होने की प्रतीति स्मृतियों के द्वारा ही होती है। इसीलिए गोविंद मिश्र को अपने पुत्र की बाल-क्रीड़ाएँ, लीलाएँ भुलाए नहीं भूलतीं। सृष्टि के सारे क्रिया-कलाप में उसका एहसास अनुभव कर मिश्र जी बार-बार उसके ध्यान में डूबते हैं, "तुम आस-पास नहीं हो पर...अनंत आकाश में तुम, उमड़ते बादलों में तुम, वायु के झोंकों में घुले-मिले तुम, सागर की जल-राशि में तुम...इतने बड़े थे तुम, जबकि मैं तुम्हें मात्र तीन फुट का एक शरीर आँकता रहा?" ऐसा लगता है कि प्रत्येक समय इन स्मृतियों के संरक्षण में रहता पिता जो कभी पुत्र का संरक्षक था आज उसे अपना 'संरक्षक' पाता है।

लोग अपने प्रियजन को पुनः इसी जन्म में या अगले जन्म में किसी न किसी रूप में पाने की कामना प्रायः ही करते हैं। किंतु गोविंद मिश्र ऐसा कहने की हिम्मत भी नहीं जुटा पा रहे हैं, क्योंकि उन्हें लगता है कि, "कष्ट के अतिरिक्त हमने तुम्हें दिया ही क्या–जो तुम फिर आओगे।" उन्हें लगता है कि उसके जाने में उनके भीतर का ईश्वर ही निकलकर चला गया है। इसीलिए वे कामना करते हैं कि 'तुम मेरी आत्मा में प्रवेश कर जाओ।' जिससे मुझसे कुछ श्रेष्ठ करा सको। 'तुम अपनी आत्मा की प्रतिच्छाया मेरी जीवात्मा पर छोड़ जाओ।' जिससे 'मुझे संपूर्ण प्रकृति में तुम्हारे अस्तित्व की अनुभूति हो, सब बच्चों में तुम्हारी मुस्कान की प्रतीति। सब जीवों में तुम्हारी आकृति देखकर मैं उन्हें करुणा दूँ। जीवन शेष...अपूर्णता की वेदना से व्याकुल रहे, साथ ही तुम्हारी स्मृति में इतना स्थिर भी कि तुच्छता ऊपर से बह-बह जाए; जैसे पहाड़ के ऊपर से धुंध!!' वह अपनी प्रत्येक श्वास को पुत्र की आत्मा के संपर्क से संसार के लिए अर्थपूर्ण बना लेना चाहता है। व्यक्तिगत शोक, अपूरणीय क्षति, का यह उदात्तीकरण शब्द-साधना के द्वारा ही संभव हुआ है। पुत्र के प्रति वह शोकगीति, यह शोक-सम्बोधन (ओड) गद्य में जिस काव्यात्मक संवेदन और तरलता से संभव हुई है वह अपने पाठक को भिगोती भी हैं, भावनाओं का उदात्तीकरण भी करती है और हिंदी में अपनी प्रकार की ही गद्य-रचना होने की प्रतीति भी देती है।

वरणांजलि : एक प्रार्थना

शैलेश मटियानी

जीवन के दो ही शिखर सारतत्व हैं—आह्लाद या विषाद! साहित्य के भी! बाकी की समस्त अनुभूतियों, या अनुभवों की सरणियां इन्हीं दो के बीच की सागरतरंग हैं, छोर दो ही हैं—आह्लाद और विषाद—सागर के दो किनारों की भाँति।

जब किताब का सवाल इस रूप में सामने आये—किसने व्याकुल किया ज्यादा तो जाहिर है ध्यान फिर इसी तरफ जाएगा कि कितना और कहाँ तक तरंगित किया हमें उसने?

मनुष्य प्रकृति से तत्सम है, कुछ भी ऐसा नहीं, जो प्रकृति में हो, मनुष्य में नहीं, सागर हो कि पर्वत, फूल हो कि धूल—मनुष्य में ही सब हैं, क्योंकि कुछ भी मनुष्य से ही संभव है। किताब, या किरदार की एक ही कसौटी हो सकती है, उसने हममें क्या घटित किया। यहाँ विस्तृति की गुंजाइश नहीं और मिथकों से ले कर मिट्टी के माधों तक की आदमी की व्याप्ति को ध्यान में रखे बिना, किसी किताब या किरदार पर लिखना समुद्र का फोटो खींचना ही हो सकता है और फोटो में सिर्फ छाया ही आ सकती है, अंतर्वस्तु के लिए तो फिर अवधारणाओं में ही जाना होगा।

सागर की कोई भी तरंग अपने में सीमित नहीं होती। एक ही उछाल प्रत्येक तक जाती है। प्रकृति के तत्सम होने से आदमी भी अपवाद नहीं। गोविंद मिश्र की प्रतिनिधि कहानियों में संकलित 'वरणांजलि' कहानी के 'भइयन या गणेशन या मुन्नन या गुड्डन' का जिक्र करने को होते ही भीतर एक ज्वार-सा उठता है। लिखनेवाले को वह हर वस्तु, और वह हर बात, चुनौती है, जो उससे भाषा में नहीं बाँधी जा सके। जिसको जाने कितनी बार और कितनी भाँति कह चुकने पर भी लगे कि नहीं, संभव हो नहीं पाया। जितना बाँधा, उससे अधिक रह गया। कह सकता हूँ कि अपने आज तक के लेखक जीवन में कभी किसी एक कहानी ने मुझे इतना उद्वेलित नहीं रखा जितना 'वरणांजलि' ने। जाने कितने वर्ष हो चुके लेकिन यह आज भी वैसा ही व्याकुलता उत्पन्न करती है।

जाने कितनी बार लिख चुका इस कहानी पर, लेकिन हर बार यही हुआ कि जैसे यह फिर वापस लौट जाती है। सागर की तरंग के सागर में ही संभव हो सकने की भांति, जबकि लेखक का चित्त भी सागर से होड़ लेना चाहता जरूर है, क्योंकि आकार में न सही, प्रकार में मनुष्य का चित्त भी सागर से कम नहीं, सवाल रह जाता है सिर्फ यह कि किसके चित्त की बात है।

मनुष्य को वही वस्तु चुनौती दे सकती है, जो उसे इंगित करे कि तुमसे ज्यादा यहाँ है 'वरणांजलि' से आज भी टकराते होने का, शायद, यही कारण हो।

रचना वही मूल्यवान है, जिसमें हम लेखक को उसकी अधिकतम गहराई से देख सकें! देख सकें कि उसकी व्यास-रेखा कहाँ तक जाती है। कोई भी लेखक जीवन भर सिर्फ इस एक बात के लिए जूझता रह जाता है कि मनुष्य को उसकी अधिकतम व्याप्ति में लिख सके, ऐसे पात्रों को रच सके, जो बता सकें कि आदमी की अंतरात्मा की दीप्ति और उसके विषाद की परिधि कहाँ तक जाती है।

'वरणांजलि' कहानी का जिक्र जब प्रेमचंद की 'कफन' कहानी के प्रसंग में किया, तो अनेक तथाकथित वामपंथी लेखक मित्रों ने मुँह बना लिया। 'वरणांजलि' जैसी प्रतिक्रियावादी या कि गलदश्रु भावुकता की कहानी को 'कफ़न' से जोड़ना, शायद सिवा एक हिमाकत और बेवकूफी के कुछ नहीं लगा उन्हें, लेकिन अगर मुझे हिंदी की पाँच कहानियों को चुनना हो, तो 'वरणांजलि' उनसे एक जरूर होगी।

रचना में सबसे कठिन है—अनुभूति के समतोल भाषा!—लेखक की कसौटी सिर्फ एक है—अनुभूति या अनुभव को उसकी व्याप्ति में इस तरह बाँध लेना कि लगे, शब्द और अनुभूति एक हो ऐसा संभव हो सके, इस निमित्त कोई लेखक जीवन-भर तपता है। उसके सारे रचनाकर्म के पीछे जीवन के वही अनुभव नेपथ्य का काम करते हैं, जिन्हें वह चंद्रमा की भाँति साथ चलता अनुभव करता हो। जिन्हें वह जितना भाषा में बाँधे, उतने ही और फासले पर दिखाई दे।

हिंदी कहानी में यह संघर्ष निर्मल वर्मा में देखा जा सकता है। उनकी जाने कितनी कहानियाँ एक ही अनुभव को अनेक प्रकार से लिखने की कोशिश है। 'वरणांजलि' इस अर्थ में एक महाकाव्यात्मक संवेदना की कहानी है कि यह लेखक में से श्लोक की तरह प्रकट हुई-सी अनुभव होती है। प्राणांतक शोक—इससे कम में 'वरणांजलि' संभव नहीं, जैसे कि अंतरात्मा के बिलकुल भीतरी छोर तक पैठी ग्लानि के बिना 'कफ़न' असंभव है।

'वरणांजलि' एक किशोर की ऐसी आकस्मिक दिवंगति की कहानी है जिसकी वज्र की जैसी मार पिता को भी ठीक वैसी है प्राणांतक चपेट में ले लेती है, जिसमें कि मनुष्य नष्ट हो जाता है। जिसके बाद बच रहने की ग्लानि अंतरात्मा को विदीर्ण करती है। जिसके बाद पुरुषार्थ नष्ट हो जाता है।

काल की करालता से जूझने की कहानी है—'वरणांजलि'। काल के आगे कितना असमर्थ है मनुष्य और उसकी सारी व्याकुलताएँ काल को कैसे अपदार्थ हैं। असंबोध्य चाहे नहीं, लेकिन अभेद्य जरूर हो जाता है काल, जबकि उसका वज्र की तरह का टूटना हमें भीतर-ही-भीतर चीथ डाले। काल के ऐसे दारुण आघात को सिर्फ वही चुनौती दे सकता है, जिसकी संवेदना की व्यासरेखा बड़ी हो। जिसकी आत्मा पर वज्र गिरे, तो फिर बाहर निकलने को जगह नहीं पा सके। जो वज्र को कह सके कि पड़ गये हो यहाँ, तो या अब हम नहीं और या तुम नहीं। जो दिखा सके कि वज्र का गिरना उसे और कितना कोमल कर गया।

'वरणांजलि' ऐसी ही अनाविल अनुभूति का दस्तावेज है।

'वरणांजलि' को पढ़ना आसान नहीं। इसे पढ़ते में वज्र का संघात अपने तक भी आता हुआ-सा अनुभव नहीं हो, तो तय है कि पढ़ना नहीं आया। मनुष्य को लिखना और पढ़ना, दोनों ही, समान रूप से कठिन हैं। साहित्य सिद्धांत के चौखटों की वस्तु नहीं। आदमी के अपार होने से, साहित्य भी सिर्फ उसको ही गहरे तक झकझोर सकता है, जिसमें आदमी की तमीज हो, जिसे कुछ अनुभव हो कि आदमी के आह्लाद और विषाद की तरंगें कितनी दूर तक जा सकती हैं। 'वरणांजलि' इसी अर्थ में सागर-तरंग है।

'वरणांजलि' का 'भइयन' जैसे मनुष्य-मात्र की संतति का प्रतीक बन गया है; क्योंकि उसमें जो पिता है, उसकी चिंता सिर्फ पुत्र-शोक नहीं, बल्कि जैसे काल की पूरी मार से निबटने की है। वह पुत्र को अपने से बाहर जाने नहीं देना चाहता। वह उसे अपने में ही समो लेना चाहता है। वह जैसे उसे काल की पहुँच से छीन लाना चाहता है, लेकिन काल कहाँ नहीं है। जहाँ विगत, वहीं वर्तमान और आगत को भी स्थान होगा। यानी रहना अंततः सभी को काल में ही है; क्योंकि काल के बिना जगह भी नहीं। काव्य काल के इस विवेक में से ही उत्पन्न होता है कि समय मनुष्य से अविच्छिन है। आह्लाद या विषाद, जितनी देर और दूर और गहरे तक किसी लेखक में व्याकुलता उत्पन्न करें, उतनी ही अनुगूँज उत्पन्न करती है उसकी भाषा भी; क्योंकि काल के गहरे और व्यापक वृत्त में ही शब्द की अनुगूँज भी व्यापक हो सकती है। 'वरणांजलि' में इस अनुगूँज को स्पष्ट सुना जा सकता है।

'भइयन' को काल से बचाने में जैसे लेखक ने अपना सारा अर्जित दाँव पर लगा दिया है। काल का यह दूपरदू का साक्षात्कार ही किसी लेखक को सृजन की उस व्यासरेखा तक ले जाता है। जहाँ शोक भी श्लोक बन जाए। जहाँ रचना हम पर लेखक का उपकार हो जाए।

'वरणांजलि' की कुछ पंक्तियाँ इस प्रकार हैं—'तुम चले गये, वाण की तरह! पीछे छूट गया मैं, अग्निशलाकाओं से घिरा, प्रतिपल जलते रहने को शापित!'

'जल मुझे चाहिए—जो मैं तुम्हें दे रहा हूँ, जैसे कि प्यासी आत्मा मेरी नहीं, तुम्हारी हो, कैसे उलटे विधान! तुम्हारे लिए रखा जल-कलश आज सागर को अर्पित कर दिया। विशाल जलराशि में एक कलश भर जल गिरा, गिरते ही तिरोहित हो गया। लहरें पृथ्वी की ओर आती थीं—एक-पर-एक—पृथ्वी के उस भाग को सींच कर लौट जाती थीं, जहाँ कुछ पल पहले जल-कलश था। एक लहर टूट कर पुनः उसी जलराशि में जहाँ कहीं उसने लहर का रूप धारण किया था। कितनी थोड़ी देर का खेल!

'काल-खंड की इस घड़ी जब तुम एक के बाद दूसरे आकाश को पार करते हुए, पता नहीं किस लोक में पहुँच रहे होगे—मैं यहीं, आकंठ पाशों से आबद्ध, न जीवित, न मृत ही वरन् दोनों के बीच प्रति पल झूलते रहने को अभिशप्त—तुम्हें न बचा पाने की अपनी असमर्थता से भागता हुआ, तुम्हारी हर पहचान मिटाने का प्रयत्न कर रहा हूँ। न तुम होगे, न मुझे अपनी अशक्तता का आभास ही होगा...।'

'तुम कैसे अचानक स्वयं को हम सबसे काट कर अनंत में उड़ गये हो—ओ छोटे ईश्वर! अपनी आत्मा न सही, उसकी छाया भी न सही, उसकी सेंक ही मेरे भीतर छोड़ते जाओ।''

'ऐसे सब-कुछ समाप्त करके तुम नहीं जा सकते।'

ये कुछ पंक्तियाँ हैं और 'वरणांजलि' में अधिकांश पंक्तियाँ ऐसी ही, यानी एक-सी हैं, जहाँ-जहाँ विषाद को सृजन की जगह व्याख्यान बनाने की त्रुटि नहीं है, वहाँ-वहाँ प्रत्येक पंक्ति जैसे प्रार्थना का छंद है।

'वरणांजलि' पर पूरी एक किताब लिखी जा सकती है; क्योंकि यह सृजन के आधारभूत सारतत्वों की तमीज करानेवाली कहानी है। इसमें कुछ कच्चापन भी है, क्योंकि जैसा कि पहले भी लिखा, यह 'कफ़न' की तरह अपना पूरा समय ले कर नहीं आयी है। लेकिन फिर भी यह एक महाकाव्यात्मक संवेदना की रचना है; क्योंकि यह हममें भी ठीक वैसी ही व्याकुलता उत्पन्न करने में समर्थ है, जिससे कि लेखक गुजरा है।

यहाँ, अखबार के कॉलम की सीमा को देखते, बस, एक प्रसंग का जिक्र।

पत्नी 'नर्सिंग होम' में भर्ती थीं। पित्ताशय की पथरी का 'ऑपरेशन' होना था और स्वास्थ्य पहले ही बहुत गिर चुका था, संयोग कि इसी बीच 'वरणांजलि' पर लिखने को इसे फिर पढ़ना जरूरी हुआ और फिर वैसी ही व्याकुलता के हवाले कर दिया इसने जब हम मृत्यु के मुहाने पर हों, उसकी पदचाप सुनाई पड़ती हो हमें, अपने इर्द-गिर्द, तब ही जाना जा सकता है उसकी चपेट में आये हुए के विषाद को भी।

'वरणांजलि' में पिता और पुत्र साथ चल रहे हैं कि इतने में ही काल का चीलझपट्टा पड़ता है और पिता के देखते-देखते मृत्यु पुत्र को ले उड़ती है। पिता जमीन पर बिजूके की भाँति खड़ा देखता रह जाता है।

—मृत्यु के क्रूर और मभेद्य पंजों में दबे-दबे एक-एक क्षणांश में आँखों की पहुँच से ओझल होते जाते पुत्र को...

पिता, संसार के प्रत्येक पिता, की प्राणांतक चीत्कार को सुना जा सकता है 'वरणांजलि' में—अपने को नष्ट होने से बचाने का यह भीषण संघर्ष 'वरणांजलि' की उद्धृत पंक्तियों में देखा जा सकता है—यह भी कि महाकाव्यात्मक संवेदना की कैसी गहरी झिलमिल इन पंक्तियों में विद्यमान है। एक ही नहीं, प्रत्येक पिता, बल्कि कहें कि प्रत्येक मनुष्य के निभित्त!

व्यासरेखा उस व्यक्ति की ही बड़ी हो सकती है, जिसने कि काल के संघात झेले हों, जिसने काल और संवेदना की अनेकानेक सरणियों को पार किया हो। 'वरणांजलि' का 'भइयन' अगर 'एक छोटे ईश्वर' की जैसी झिलमिल उत्पन्न करता अनुभव होता है, तो इसलिए ही कि लेखन ने उसे ओझल नहीं होने दिया है। जब वह नहीं रह गया, तब ही जैसे वह सबके निमित्त हो गया है; क्योंकि वह हममें से प्रत्येक में स्थित उस करुणा और व्याकुलता का प्रतिमान-सा बन गया है, जिसकी व्याप्ति मुन्नन को एक छोटे परमेश्वन तक ले जा सकती है।

इस टिप्पणी को लिखने से ठीक पहले, नयी पीढ़ी के अत्यंत ही संवेदनशील कवि वीरेन डंगवाल का एक पोस्टकार्ड आया, जिसकी कुछ पंक्तियाँ इस प्रकार हैं–

"शैलेश दा, मेरे एक पुराने प्रिय मित्र का बेटा मर गया है–मोटर से दब कर दोनों माँ-बाप बेहाल हैं अब तक, हालाँकि कुछ दिन हो गये। 'वरणांजलि' के बारे में आपसे बात होती थी, आज कई बार याद आयी।"

और अब अगर कोई मुझसे पूछे कि इस किरदार, यानी 'भइयन उर्फ महादेवन, उर्फ गणेशन, उर्फ परमेश्वन' से मेरा क्या रिश्ता या वास्ता है, तो इतना ही कहूँगा कि पत्नी को जब ऑपरेशन-कक्ष में ले जाने लगे, तब भी जाने क्यों यही हुआ कि–ओ, छोटे ईश्वर, रक्षा करना!

'वरणांजलि'–जैसे अपने-आप में एक प्रार्थना है–और, शायद, इसीलिए है इसमें प्रार्थना की वैसी अनुगूँज भी, जो हमारी अंतरात्मा तक को आलोकित कर देती है। रचना कहाँ जा कर अंधकार और आलोक को लगभग एक-समान कर देती है, इसकी एक अचूक गवाही है, 'वरणांजलि' क्योंकि यह अपने-आपमें संवेदना का एक मापदंड है। यह हमें बताती है कि दुख हमसे भी ज्यादा सहा जा चुका है।

विविधा

भीड़ से झाँकता चेहरा : गोविंद मिश्र के निबंध

गणेश शुक्ल

समाज में विखंडन और सांस्कृतिक ह्रास की स्थिति में संभवतया सबसे पहले जिस दुखती रग पर हाथ रखा जाता है वह साहित्य होता है। वे रचनाधर्मी जो लेखन में एक नैरंतर्य बनाये रखते हैं तथा लेखन का उद्देश्य कहीं अपने भीतर बहती परंपरा और संस्कृति की धारा का पोषण मानते हैं, उनका लेखन से लगाव गहरा होता है। वे लेखन को एक व्यवसाय या यश-प्राप्ति का साधन न मानकर समर्पण भाव से लेखन करते हैं। हिंदी के उन विरले लेखकों में सहज ही मानस पर श्री गोविंद मिश्र का नाम उभर आता है। पिछले तीस वर्षों से लेखन से गहराई से जुड़े मिश्र जी ने 'लाल-पीली ज़मीन' जैसे यशस्वी उपन्यास से लेकर सद्यःप्रकाशित उपन्यास 'धीरे-समीरे' तक छह उपन्यास, लगभग सत्तर कहानियाँ, यात्रावृत्त, निबंध-संग्रह आदि के रूप में करीब अढाई दर्जन ग्रंथ हिंदी पाठकों को दिये हैं। कचकौंध, खाक इतिहास, फाँस, मायकल लोबो तथा 1985 में प्रकाशित कहानी संग्रह में संकलित 'पगला बाबा' जैसी कहानियों की रचना की है जो लंबे अर्से तक हिंदी पाठकों को मानवीयता का पृष्ठपोषण करते मूल्यों की उष्णता देती रहेंगी।

हिंदी का लेखक आज अपना संबल उन वादों में से किसी एक का होकर पाने लगा है जो कुकुरमुत्ते की तरह छाये हैं जिनसे रचनाधर्मिता की कम, राजुनीति के सँकेरे घेरे में बहुत नाले की बदबू का एहसास ज्यादा होने लगा है। यही कारण है कि रचनाकार मेंसाहित्य के मूल बिंदुओं पर विचार मंथन का क्रम एक सहज प्रक्रिया की तरह चलना चाहिए था, वह यदि थम नहीं गया है तब उसका प्रवाह जरूर कम हो गया है। कभी-कभार ही समीक्षा के नये क्षितिज हमें चमकते दिखते हैं अन्यथा अकादमीय आलोचना चारों ओर है। श्री गोविंद मिश्र के उपन्यासों एवं कहानियों के साथ 1985 में प्रकाशित 'साहित्य का संदर्भ' तथा 1987 में प्रकाशित निबंध-संग्रह 'कथाभूमि' साहित्य के यक्ष प्रश्नों से सीधे-सीधे जुड़ी चिंता से संबंधित निबंधों के संग्रह हैं जिनकी अन्विति सांस्कृतिक ह्रास से उत्पन्न एक रचनाकार की चिंता है। गोविंद मिश्र की कहानियों, उपन्यासों यहाँ तक कि यात्रावृत्तों में भी जो बिंदु बार-बार उपस्थित होते हैं, वे हैं मानवीयता और परंपरा। 'साहित्य का संदर्भ' ग्रंथ भी लेखक की इसी चिंता से हमें अवगत कराता है। सर्जना, कथा-दिशा, संदर्भ खंडों में बँटा यह ग्रंथ पंद्रह निबंधों का

संकलन है। लेखक ने भूमिका देकर अपने को और स्पष्ट करने का प्रयत्न किया है : "ईश्वर....जीवन...मनुष्य की तरह साहित्य का भी विस्तार अनंत है...थोड़ा कुछ वह जो हम समझ पाते हैं, पर बहुत कुछ वह जो समझ से परे है जिसका आभास हो जाता है कभी-कभी। हमारी अनुभूति कहीं-कहीं से उसे छू लेती है और फिर हम उसे व्याख्यायित करने की कोशिश करते हैं। मुझे साहित्य की सीमाओं में बाँधने के प्रयास बचकाने लगते हैं। हर देश और हर युग में ऐसे प्रयास किये गये पर ईश्वर, जीवन, मनुष्य की तरह साहित्य पर अंतिम रूप से भी कभी कुछ नहीं कहा जा सका। लेखक भी प्रवाह का एक कतरा है—अनंतता के प्रवाह का एक दीप, जिसे कोई भ्रम नहीं है कि उसका प्रकाश कितनी दूर फैलेगा। भारतीय मानस की बुनावट जिन रेशों से निर्मित हुई है उसमें समर्पण भाव का रेशा हमेशा मुख्य रहा है।" गोविंद जी इसी समर्पण-भावना के साथ रचनारत हैं। संग्रह में संकलित प्रथम निबंध 'लेखक और समाज परिवर्तन' में लेखक की चिंता का मुख्य बिंदु वह औद्योगिक एवं महाजनी संस्कृति है जिसके प्रदूषण को लेकर हिंदी का लेखक ही क्यों, प्रत्येक भाषा में लिख रहे रचनाधर्मी चिंतित रहे हैं। उपभोक्ता संस्कृति ने सुरसा के मुख की तरह हमें फँसा रखा है तथा हम उसके मुँह में खड़े नीचे-ऊपर के नुकीले दाँतों के बीच पिस जाने की यंत्रणा के संक्रमण काल में असहाय-से महसूस करने लगे हैं। साठोत्तरी पीढ़ी में व्यक्त, लेखक, समाज तथा साहित्य के बीच के रिश्तों में उपभोक्ता संस्कृति प्रमुख बाधा के रूप में खड़ी हो गयी है। शनैः-शनैः एक ओर जहाँ पोरों पर गिनने लायक अच्छे उपन्यास और कहानियों की रचना हो रही है, वहीं दूसरी ओर मीडिया के प्रचार तंत्र के माध्यम से एक नये किस्म के मशीनी लेखन का भी उदय हुआ है। लेखन का मूल बिंदु कहीं दलगत और कहीं एक निश्चित विचारधारा का पृष्ठपोषण करने में समाहित तथा संकुचित होकर रह गया है। साहित्य देश को मजबूत सांस्कृतिक आधार प्रदान करता है। वह व्यक्ति को सीधे क्रांति की आग में नहीं झोंकता बल्कि उसमें उस सामर्थ्य का विकास करता है जहाँ वह सिर उठाकर प्रश्न पूछने लगे। साहित्य का प्रभाव मूलतः नैतिक, धीमा एवं स्थायी होता है। श्री मिश्र का समकालीन लेखन से असंतोष साफ-साफ उभकर सामने आता है। उनके अनुसार आज का लेखन वह सम्बल प्रदान नहीं कर पा रहा जिसकी अपेक्षा साहित्य से की जाती है। मुख्य कारण यही है कि वर्तमान लेखन जीवन के कुरूप पर ही ज्यादा ध्यान देता है। साहित्य का असली स्वर तात्कालिकता का नहीं वरन् शाश्वतता का होता है और इसी कारण लेखक को तात्कालिक प्रभाव के उद्देश्य को सामने रखकर ही लेखन-कार्य में संलग्न नहीं होना चाहिए।

'लेखक की जमीन' हिंदी के प्रसिद्ध विद्वान डॉ. लोठार लुटूसे से हाई डिलबर्ग-जर्मनी में हुई श्री मिश्र की 'रचना-प्रक्रिया' के मूल बिंदु को व्याख्यायित करती एक लंबी बातचीत है जिसमें रचना-प्रक्रिया पर गहराई से विचार किया गया है। यह निबंध पहले 'नया प्रतीक' में प्रकाशित हो गया था तथा पुनः इस पुस्तक में संकलित किया गया है। हिंदी-लेखन प्रेमचंद एवं जैनेंद्र जी का हमेशा से ऋणी है। संभवतया इन दो साहित्यकारों

ने हिंदी मानस को जितनी तीव्रता से प्रभावित किया है उस तरह दूसरों ने नहीं किया। हिंदी का प्रत्येक लेखक प्रेमचंद पर बात करना तथा लिखना चाहता रहा है। मिश्र जी ने भी 'प्रेमचंद और हमारा बौनापन' निबंध में प्रेमचंद के इस व्यापक प्रभाव की चर्चा की है। प्रेमचंद का इस्तेमाल साहित्य के अलग-अलग खेमों के नंबरदारों ने अपनी-अपनी विचारधारा के पोषण के लिए किया है। गोविंद मिश्र ने इस निबंध में कुछ मूल तथ्यों को उजागर किया है। उदाहरणार्थ, प्रेमचंद अपने समकालीन राजनैतिक आंदोलन से प्रायः दूर ही रहे तथा सरकारी ताने-बाने के भीतर 'सब डिप्टी इंस्पेक्टर ऑफ स्कूल्स' की नौकरी भी काफी समय तक करते रहे। प्रेमचंद की लेखन के प्रति जो प्रतिबद्धता थी, वही उनकी मूलशक्ति थी। यही कारण था कि समाज-परिवर्तन का उनका रास्ता हृदय-परिवर्तन कर रास्ता था। वे यह मानने को तैयार नहीं थे कि बिना चरित्र में बदलाव आये परिवर्तन स्थायी रूप ले सकता है।

'आज की कहानी : एक सर्वेक्षण' लेख में गोविंद मिश्र ने कहानी में निरंतर आते गये बदलाव पर विचार करते हुए जैनेंद्र जी की रचना-प्रक्रिया और हिंदी कहानी के विकास में उनके योगदान की विस्तार से चर्चा की है। जैनेंद्र जी ने कहानी में 'तनाव' का श्रीगणेश किया, हालाँकि यह तनाव गुलेरी जी की 'उसने कहा था' तथा प्रसाद जी की कुछ कहानियों में मानसिक संघर्ष के रूप में आया है, पर जैनेंद्र के यहाँ यह संघर्ष वातावरण, चरित्र-चित्रण जैसे कहानी के और अंगों को दाबता हुआ उठता दिखता है। हर कहानी तनाव को लेकर घूमती है। श्री मिश्र यह मानते हैं कि जैनेंद्र का कहानी-संसार कल्पना एवं यथार्थ का एक मिश्रण है जिसमें व्यापकता है। जैनेंद्र की परंपरा में अज्ञेय की कहानियों की जाँच-परख हमेशा से की जाती रही है। यशपाल के लेखन पर भी लेखक की टिप्पणी उत्सुकता को जगाती है। जैनेंद्र, अज्ञेय और यशपाल—तीनों में एक सामान्य बात कहानीकार के साथ-साथ चिंतक होने की प्रवृत्ति का पाया जाना है। यही कारण है कि अक्सर हिंदी में प्रेमचंद एवं जैनेंद्र को जिन दो विचारों में विभाजित किया जाता रहा है, उसे विद्वान 'जन और मन' में बाँटते आये हैं। प्रेमचंद एक ओर जहाँ साहित्य में 'जन' के व्यापक स्वरूप की चर्चा करते रहे थे, वहीं दूसरी ओर जैनेंद्र जी ने मन में उठती तरंगों का श्रीगणेश कहानी में किया। श्री मिश्र ने जैनेंद्र के बाद नयी कहानी और फिर साठोत्तरी कहानीकारों की चर्चा की है। दरअसल यह लेख हमें समकालीन हिंदी कहानी के इतिहास से परिचित कराता है तथा व्यापक फलक पर हिंदी कहानी के विकास का मूल्यांकन करता है। वर्तमान में लिखी जा रही कहानियों पर लेखक के विचार कुछ गंभीर साहित्यिक प्रश्नों को उठाते हैं, जैसे परिवेश और वैयक्तिकता के मूल बिंदु। 'आज की कहानी : एक सर्वेक्षण' निश्चित ही हिंदी कहानी की समझ के लिए पढ़ा जाना आवश्यक है। समकालीन मानसिकता तथा उससे उठते प्रश्नों पर विस्तार से विचार के लिए हिंदी कहानी के परिप्रेक्ष्य में जाने का श्री मिश्र का आग्रह एक सजग लेखक की चिंता को प्रमाणित करता है। नई लेखकों में जो एक चिंताहीन एवं

वर्जनाहीन मुद्रा का निर्माण हुआ है, उसके समकक्ष एक ऐसे लेखक की चिंता जो पिछले तीस वर्षों से शांत, विवाद से परे लेखन-कर्म में तल्लीन हो, वह सहज ही हमें अपनी प्रामाणिकता (जैनुइननैस) से बाँधती है। श्री मिश्र की यह चिंता किसी एक कैंपीय विचारधारा की उपज नहीं है बल्कि एक ऐसे रचनाकार की चिंता है जो समग्रता में देखने का आदी है। यह चिंता सभी ईमानदार रचनाधर्मियों की चिंता होगी। 'समकालीन कथा-साहित्य और आज का आदमी' निबंध में आम आदमी के नारे पर विचार किया गया है तथा यथार्थ के प्रति पैदा हुए अतिरिक्त आग्रह के पीछे छिपे कारणों की जाँच-पड़ताल की गयी है। साम्यवादी व्यवस्था के तंग घेरे में लिखे जा रहे साहित्य के पीछे की मानसिकता के प्रति खीज लेख में स्पष्ट प्रतीत होती है। लेखक का यह निश्चित विश्वास है कि साहित्य किसी भी तरह समाज से कटी हुई चीज बनकर नहीं रह सकता लेकिन समाज की नयी-नयी आवश्यकताएँ और व्यक्ति एवं समाज के अविच्छिन्न रिश्तों के नये-नये कोण लेखक से सावधानी की माँग निरंतर करता है, यानी प्रत्येक कथा को विशेष विचारधारा जैसी एक ही परिणति देना—यह समर्पण उचित नहीं है। लेखक की निजता की छाप कहानी पर होना ही चाहिए। श्री मिश्र के इस अभिमत पर यहाँ यह परिचर्चा की जा सकती है। लेखक का एक भावलोक तो होता है परंतु सामूहिक रूप में समग्रता में वह एक दिशाक्रम की आवाज के रूप में भी आ सकता है, एक युग सत्य का रूप ले सकता है। खेमेबाजी अवश्य एक उलझी साहित्यिक-राजनैतिक स्थिति का निर्माण करती है जहाँ आम आदमी भी खो जाता है। आम आदमी की स्थिति की चिंता गोविंद मिश्र की चिंता है। "एक गलती हमने अंग्रेजियत को ओढ़कर की जिसकी अंकल-आंटी कल्चर में हमारे मध्यवर्ग का खोखलापन लगातार बजता रहता है। दूसरी गलती हम करेंगे, अगर आदमी को सिर्फ पेट मानकर चलेंगे।" आवश्यकता इसकी है कि जिन मूल्यों के लिए हम अंततः विसंगतियों को उभार रहे हैं, उन मूल्यों को ओट न होने दें। इन मूल्यों की खोज ही रचनाधर्मिता का मुख्य स्वर होना चाहिए।

अगले लेख 'हिंदी उपन्यास : जातीय संभावनाएँ' में लेखक ने उपन्यास की विकास-यात्रा की खोज करते हुए पुनः यथार्थवाद पर विस्तार से विचार किया है। यथार्थवाद के नाम पर रचना-संसार के निरंतर छोटा होते जाने पर लेखक की चिंता प्रासंगिक है। श्री मिश्र का मानना है कि प्रेमचंद की पीढ़ी के पश्चात् हिंदी में उपन्यास-लेखन लगातार दबता गया है। जितनी सक्रियता से कहानी विधा का विकास हुआ, उसकी तुलना में उपन्यास थोड़ा उपेक्षित ही रहा। उपन्यास का कलेवर छोटा किया गया, लघु उपन्यास, उपन्यासिका जैसे शब्द प्रचलित किये गये। बड़े कैनवस को लेकर लिखे जानेवाले उपन्यास में जिस सतर्कता एवं धैर्य की आवश्यकता होती है, वह भी बहुत लेखकों के पास नहीं होता। उस धैर्य को अपने अंदर विकसित करने का धैर्य अक्सर इस व्यस्त माहौल में लेखक कायम नहीं रख पाता। श्री मिश्र जी ने जो कारण बताये हैं, उसके अलावा और भी हो सकते हैं क्योंकि समाज बहुआयामी है और उससे

उपजी समस्याएँ भी बहुआयामी रूप लेती हैं पर एक कारण धैर्य की कमी वह तो लेखक के हिस्से में आ ही जाती है। बहुकोणीय सामाजिक यथार्थ को उसके पूरेपन के साथ उठा पाने के साहस की कमी एक मुख्य कारण है जिसमें अक्सर लेखक उस समूचे यथार्थ को खंडों में विभाजित कर एक खंड को अपने लेखन का विषय बनाता है। इसी को आजकल उपन्यासिका का नाम दिया गया है।

श्री निर्मल वर्मा के निबंध 'उपन्यास की मृत्यु और उसका पुनर्जन्म' के बहाने निर्मल जी के लेखन पर विचार किया गया है। निर्मल वर्मा पर यह आरोप लगता रहा है कि उनके उपन्यासों और कहानियों में विदेशी मानस का दबाव है। उनमें एक तरह के ही चित्र एक सधी-सधाई भाषा के साथ उपस्थित होते रहे हैं। कुछ मायनों में ये आरोप सही भी रहे हैं पर श्री मिश्र के अनुसार निर्मल जी का मन मूलतः एक भारतीय का मन है जो उन्हें भारतीय सांस्कृतिक परंपरा की तरफ बराबर ढकेलता है। इस निबंध में हिंदी उपन्यास पर पश्चिमी उपन्यासों के प्रभाव का चित्रण भी किया गया है।

ग्रंथ के अंतिम खंड जिसे 'रचना' नाम दिया गया है, उसमें भीष्म साहनी, निर्मल वर्मा, महेंद्र भल्ला, कृष्णा सोबती एवं राजी सेठ के उपन्यासों एवं कहानी-संग्रहों के माध्यम से इन लेखक-लेखिकाओं की रचनाधर्मिता पर उपयोगी बातें की गयी हैं। 'ऐतिहासिकता और मानवीयता के बीच' निबंध में भीष्म साहनी के प्रसिद्ध उपन्यास 'तमस' के माध्यम से उपन्यास के 'फैलाव और पसराव' की चर्चा की गयी है। श्री मिश्र 'तमस' को एक अच्छा उपन्यास मानते हैं। वह भी मानते हैं कि 'तमस' की पृष्ठ संख्या के आधार पर बृहद् उपन्यास में उसे शामिल न भी किया जा सके परंतु उसका 'फैलाव एवं पसराव' तथा कथा की विशालता उसे इसी श्रेणी में लाती है। श्री मिश्र इसके हिस्सों को 'गठन और सघनता' के अभाव में स्वतंत्र कहानियों के रूप में ज्यादा पठनीय मानते हैं। एकान्विति का अभाव उन्हें उपन्यास में खटकता है तथा सूत्रबद्धता की कमी उपन्यास में दृष्टिगोचर होती है। गठन की दृष्टि से उन्हें उपन्यास का प्रथम खंड सबल दिखता है। 'तमस' एक व्यापक संदर्भ को लेकर चलता है। उपन्यास में लेखक का राजनीतिक सोच भी स्पष्ट झलकता है। यह लेख 'तमस' के दूरदर्शन के पर्दे पर आने से पहले ही लिखा एवं छपा है। तमस के प्रदर्शन के पहले ही भारत के राजनीतिक दलों के प्रतिनिधियों ने भीष्म साहनी के राजनीतिक सोच पर गंभीर प्रश्न उठाये थे जिनकी व्यापक प्रतिक्रिया हुई थी। एक व्यापक फलक की समस्याओं को 'तमस' में समाहित किया गया है और निश्चित है कि समस्याओं का यह बृहदीकरण उपन्यास के गठन और कसाव को प्रभावित तो करता ही है। 'तमस' में जिस कालखंड को उठाया गया है वह बेहद परिचित कालखंड भी है और साथ ही साथ विवादास्पद भी। निश्चित है कि इस व्यापक स्तर के विषय पर लिखते समय कुछ-न-कुछ छूट जाना स्वाभाविक-सा ही है। यही कारण है कि श्री मिश्र जब उपन्यास में राजनीतिक पृष्ठभूमि की कमी पाते हैं तब वह चौंकाने वाली बात नहीं होती।

'भोगे हुए यथार्थ की सीमाएँ' निबंध में महेंद्र भल्ला के उपन्यास 'दूसरी तरफ' की

चर्चा है। श्री मिश्र की स्थापना है कि सिर्फ अपने भोगे अनुभवों को ज्यों-का-त्यों रख देने मात्र से ही कोई कृति साहित्य नहीं हो जाती। यथार्थ का भोगना लेखक की शक्ति बनने की बजाय सीमा भी बन सकता है। विशेष रूप से तब, जब लेखक को स्वयं से मोह हो और वह अपने अनुभवों को उपन्यास में लाने को लालची हो जाए।

एक संक्षिप्त निबंध 'जीने की तकलीफ : भारतीय परिवेश' में राजी सेठ के दो कहानी-संग्रहों 'अंधे मोड़ से आगे' और 'तीसरी हथेली' में संगृहीत कहानियों की विवेचना है। राजी सेठ को महत्त्वपूर्ण लेखिका माना जाता है। उनके तीन कहानी-संग्रह (तीसरा कहानी संग्रह 'यात्रामुक्त' जो 1987 में प्रकाशित हुआ) तथा एक उपन्यास 'तत्-सम' आ चुके हैं। कम लिखकर भी महत्वपूर्ण लिखना राजी सेठ के लेखन की विशेषता है। राजी का जीवन से सरोकार एकदम सीधा है। उनके पात्र समाज के वे पात्र हैं जिन्हें 'जीने की तकलीफ' है। उनकी बुनियादी समस्याएँ हैं। उनका परिवेश परिचित परिवेश है। राजी के पात्र जीवन की समस्याओं के प्रति सचेत एवं गंभीर हैं। श्री मिश्र राजी सेठ में संवेदना प्रचुर मात्रा में पाते हैं। उनके शब्दों में : ''राजी सेठ में संवेदना प्रचुर मात्रा में है—वह एक गुण जो विरल होता जा रहा है—लेकिन अक्सर यह कई जलधाराओं का रूप लेकर समझ की ढलानों पर बहने को आतुर दिखती है—संवेदना और समझ का यह गुंथन जिस संश्लिष्ट किस्म की भाषा में उभतरा है—यह राजी के हर दूसरे वाक्य में दिखायी देता है।''

गोविंद मिश्र का 1987 में प्रकाशित निबंध संग्रह—'कथाभूमि' उनके 'साहित्य का संदर्भ' निबंध-संग्रह से प्रथमतः तो इस मायने में भिन्न है कि उसमें अतीत से संबंधित व्यक्तिगत निबंध हैं जिसमें लेखक ने अपने उन गाँवों एवं कस्बों के परिचित वातावरण को याद किया है, जहाँ वह अपने प्रारंभिक जीवन में था। इन निबंधों को लेखक ने 'परिचय, दृष्टिकोण, प्रतिक्रिया, स्मरण एवं प्रार्थना'—पाँच खंडों में बाँटा है। इन खंडों के भीतर फिर रचनाक्रम का ध्यान रखा गया है। 'परिचय' खंड में समाहित लेख लेखक के परिचित स्थानों, विशेषकर बाँदा में बिताये गये समय की स्मृतियाँ हैं, अपने सपने हैं। बुंदेलखंड की माटी से रचे-पचे अपने अंतरंग क्षणों की स्मृति है जिसने लेखक को जीवन को विस्तार से देख सकने का आधार प्रदान किया है। हर लेखक अपने बाल्यकाल के परिचित परिवेश से जीवन-भर शक्ति एवं ऊर्जा ग्रहण करता है। आंग्ल साहित्य में चॉल्स डिकेन्स एवं मार्कट्वेन का साहित्य तो उन्हीं स्मृतियों का एक जीता-जागता संसार हमारे समक्ष उपस्थित करके पाठक को अभिभूत कर देता है। विश्व के प्रत्येक देश में यह साहित्य उस देश की संस्कृति को पोषण करने वाला एक निर्णायक तत्त्व रहा है। यह साहित्य का सबसे प्रमाणीभूत प्रमाण रहता है जहाँ स्मृतियाँ और स्मृतियों की ईमानदारी लेखक को अजेयता प्रदान करती हुई उसे कालजयी बनाती है। कथा-भूमि के प्रथम खंड 'परिचय' में समाहित निबंध हमें लेखक के उसी संसार की ओर ले जाते हैं। प्रथम निबंध 'वह ऋजुता' लेखक के जीवन के उस खंड से प्रारंभ होती है जहाँ 1954 में पंद्रह वर्ष की आयु में इंटरमीडियेट में अध्ययन करते हुए लेखक ने अपनी पहली कहानियाँ लिखी थीं।

कथाभूमि जैसा लेखन पहले प्यार की पुलक भरा जैसा होता है। लेखक अपने भीतर एक नये तथा संवेदनशील आदमी को सिर उठाते देखता है। अपने भीतर वह महसूस करता है कि कुछ है जो बाहर आना चाहता है, जो उठ रहा है। ऊर्ध्वगामी वह लहर उसे हल्का बनाये दे रही है। एक लहर व्याप्त वात्सल्य की भावना उसे आसपास के दुख के साथ क्रमशः एकाकार करती जा रही है। संवेदनशीलता और करुणा उसमें माधुर्य और प्रेम पैदा कर रही है। लेखक का यही रूप है जिसके माध्यम से वह एक नयी सृष्टि को जन्म देता है, लेखक को ब्रह्मा के समकक्ष बिठाता है जिससे संसार अभिभूत होता हुआ सृष्टि या कि साहित्य के जन्मने का महोत्सव मनाता है। यही रूप ऐसी रचनाओं को जन्म देता है जिनमें पाठक अपने परिचित संसार को पाता है।

गोविंद मिश्र कहते हैं : ''रचना के पीछे मनुष्य की अमर होने, अपने को बचाये रखने की आकांक्षा नहीं बल्कि स्वयं को समाप्त कर देने की आकांक्षा ज्यादा रहती है।'' भीतर के जीव को बाहर लाने की आकांक्षा एक माँ की तरह जो एक शिशु के माध्यम से स्वयं को अजर-अमर करने की भावना से प्रेरित नहीं होती बल्कि अपने भीतर की घुमड़ती सृष्टि को बाहर लाने के सहज स्वभाव से अनुप्राणित होती है। मुश्किल यही है कि साहित्यकार का यह मूल स्वभाव बहुत दिनों तक नहीं रहता। जल्दी ही लेखकों का एक बड़ा भाग भ्रमों में फँसकर अपने आसपास एक प्रभामंडल का निर्माण करने लगता है। यह प्रभामंडल उसे जीवन की सच्चाइयों से दूर करने लगता है। क्रमशः लेखक तिरोहित होता जाता है तथा वह भ्रम का भूत लेखक का चेहरा बन जाता है। यह स्खलन लेखक की अनुभूति के संसार को नष्ट कर देता है तथा एक मायावी संसार को रचकर उसकी रचनाधर्मिता को भोथरा कर देता है, इसलिए अधिकांश लेखन आज शब्दजाल है। उन शब्दों की देह में आत्मा का निवास ही नहीं है। वह लेखक जो अपने अहं को नष्ट करके इस 'मायावी सृष्टि' के ऐश्वर्य से अपने-आपको पृथक् करके जीवन से अपनी रचनाधर्मिता को जोड़े रखता है, वह कालजयी साहित्य रचने में समर्थ होता है। कथाभूमि ऐसे ही साहित्यकार की आकांक्षा से अनुप्राणित है। रचनाधर्मिता की पवित्रता को यहाँ पग-पग पर महसूस किया गया है।

मिश्र जी ने अपने बचपन का स्मरण 'कथाभूमि-बाँदा' लेख में किया है। झाँसी से मानिकपुर जाने वाली रेलवे लाइन बुंदेलखंड के हृदयस्थल से गुजरती है। अतर्रा, जहाँ लेखक की जन्म हुआ और चरखारी जहाँ लेखक के प्रारंभिक दस वर्ष व्यतीत हुए, इसी रेलवे लाइन में आने वाले स्टेशन हैं। लेखक ने चार वर्ष बाँदा में भी व्यतीत किये हैं। इन स्थानों की सहज स्मृति लेखक को आज भी ऊष्मा से भर देती है लेकिन लेखक को दुःख है कि औद्योगीकरण संस्कृति और जनसंख्या की वृद्धि ने बाँदा के जीवन को भी प्रभावित किया है। मानवीयता, सौहार्द और वे नैतिक मूल्य जो व्यक्ति के जीवन को अर्थवत्ता प्रदान करते थे, धीरे-धीरे तिरोहित होते जा रहे हैं। इस लेख में बाँदा का एक सजीव चित्र है जिसमें साँस लेते, सोचते, बोलते पात्रों का एक संसार है। अवस्थी

धर्मशाला के बगल में गुप्ता जी की दुकान है। सुबह तीन बजे उठकर स्टेशन जाकर कड़क चाय पीकर नींद दूर भगाने की बजाय चाय पीकर पुनः नींद के आगोश में पहुँचने वाला घनश्याम है। देवेंद्रनाथ खरे जैसे समर्पित शिक्षक हैं। एक जीवंत संसार है। ठंड, कुहासे, गर्मी की चादर ओढ़े मौसम है। गली में उठते धूप और धूल के गुब्बारे हैं तथा मिट्टी के तेल से जलती ढिबरी की बत्ती का धुआँ है : मीठी खुशबू की तरह सामने खड़ी सोंधी गंध वाली बाल बिखेरे लड़की है जो चलचित्र की तरह सामने आती और फिर स्मृतियों के समुंदर में डूबती चली जाती है। पूरा शहर जैसे लेखक का अपना है। कस्बाई जीवन के ये छोटे-छोटे सुखद रूप महानगरीय सभ्यता में आज खोते जा रहे हैं। लेखक को यह आधुनिकता कहीं से एक बड़े भ्रम की तरह दिखती है। उसे आज का बाँदा उदास दिखता है। मैं सोचता हूँ, बाँदा क्या, सभी जगहों के साथ आज ऐसा हो गया है? इस लेख का एक मकसद यह भी है कि ये बस्तियाँ जो पहले थीं, उनका वह रूप वे सुरक्षित रख पाएँगी या नहीं।

लेखक की मानसिक बुनावट और संस्कारों का एक सजीव चित्रण 'अपने पात्रों के भीतर' में है। लेखक अपनी नानी के माध्यम से संघर्षशीला पुरानी पीढ़ी का स्मरण करता है। रोटी के लिए किये जा रहे संघर्ष और वह भी बिना शालीनता खोये, यह जीवन का एक नया ही रूप हमारे सामने रखता है।

कथाभूमि के दूसरे खंड 'दृष्टिकोण' का धरातल 'परिचय' से अलग है। इस खंड में 'समकालीन आलोचना' तथा 'सारिका-कथा प्रतियोगिता-प्रसंग—एक, दो, तीन चार' (जिसमें लेखक 'सारिका' पत्रिका द्वारा आयोजित कथा प्रतियोगिता के निर्णायक मंडल का एक सदस्य रहा है।) पर व्यक्त किये गये विचार-खंड हैं। इसी खंड में बुंदेली के महाकवि ईसुरी, कवि वीरेंद्र मिश्र, कविवर मैथिलीशरण गुप्त एवं श्री रवींद्रनाथ टैगोर की कहानियों की चर्चा है। यह खंड महत्त्वपूर्ण इस कारण है क्योंकि इसमें लेखक ने समकालीन आलोचना एवं आज लिखी जा रही नवोदित कहानीकारों की कहानियों के परिवेश, स्वर और केंद्र बिन्दुओं पर अपने स्पष्ट विचार व्यक्त किये हैं।

लेखक एक साथ सृष्टिकर्ता एवं आलोचक दोनों होता है। लेखन से अपनी तल्लीनता गहराने के लिए एवं अपने भीतर बैठे आलोचक को संस्कारित करने के लिए वह बाहर के आलोचक के विचारों से परिचय चाहता है। गोविंद मिश्र के अनुसार अधिकांश हिंदी लेखक आज कुंठाग्रस्त हैं। वे अपनी आपसी उखाड़-पछाड़ में ज्यादा एवं रचनाधर्मिता की ईमानदारी को बरकरार बनाये रखने में कम संलग्न हैं। उनकी एक निगाह लिखने पर और दूसरी याचना-भरी निगाह उन सरकारी प्रतिष्ठानों या सरकारी प्रतिष्ठानों से जुड़े शक्ति केंद्र बने अफसरों (जिनमें से कई को यह भ्रम है कि वे महान लेखक भी हैं क्योंकि उनके आसपास घिरा एक चापलूस वर्ग उन्हें हमेशा उनके महान होने की याद दिलाता रहता है) की ओर लगी रहती है। यही कारण है कि आज का लेखक भाषा का संस्कार एवं परिष्कार भी नहीं करता दिखता बल्कि प्रचलित फैशन की

तरह इस्तेमाल में आने वाले शब्दों को ही प्रयोग में लाते दिखता है। वह व्यर्थ के परिश्रम में पड़ना ही नहीं चाहता। उसका उद्देश्य हमेशा प्रकाशित होते रहते अपने लेखन को देखना होता है, आज जो आलोचक हैं उनमें कई यह मानते हैं कि परंपरा, धर्म, संस्कृति से परहेज करना चाहिए। उनके लिए इस तरह की रचनाओं के आकलन का एक ही निकष है कि रचना के मूल में पहुँचे बगैर ही लेखक को परंपरावादी कहकर हाथ झाड़ लेना। ऐसे आलोचक कम हैं जो पूर्वाग्रहों से मुक्त रहकर रचना का अध्ययन करें और अपने निष्कर्ष दें। वे यह भूल जाते हैं कि जिस पश्चिम के साहित्य को ये आलोचक अपना मापदंड बनाते हैं उसी पश्चिम का सारा अच्छा स्तरीय साहित्य परंपरा और सांस्कृतिक प्रवाह के द्वंद्व की उपज है। किसी भी देश का साहित्य अपनी सांस्कृतिक धारा से हटकर आधारविहीन हो जाएगा।

सारिका कथा-प्रतियोगिता के निर्णायक मंडल के सदस्य के नाते समकालीन कहानियों पर व्यक्त की गयी लेखक की टिप्पणियों में कहानी-लेखन संबंधी कई बारीक बातें कही गयी हैं जो नये लेखकों के लिए उपयोगी हो सकती हैं हालाँकि श्री मिश्र का मानना है कि इस क्षेत्र में हर एक को अपनी राह स्वयं ढूँढ़नी पड़ती है और सारा जीवन ही लिखना सीखते रहना है।

जनतांत्रिक कवि मैथिलीशरण गुप्त में श्री मिश्र ने स्वर्गीय गुप्त जी के दो प्रमुख काव्यगुणों पर संक्षिप्त टिप्पणी की है। प्रथम तो कविवर मैथिलीशरण ने बुंदेली की काव्यपरंपरा के प्रति श्रद्धा बनाये रखते हुए खड़ी बोली को अपनी काव्यभाषा के रूप में चुना तथा काव्यरचना के माध्यम से खड़ी बोली को काव्य-भाषा के रूप में मान्यता दिलायी। खड़ी बोली को प्रथमतः काव्यभाषा बन सकने की सामर्थ्यवान भाषा के रूप में भी माना जाना कठिन लग रहा था क्योंकि कोमल भावों को व्यक्त कर सकने की क्षमता खड़ी बोली से ज्यादा कहीं अवधी एवं ब्रजभाषा में थी तथा उन्हें काव्यभाषा के रूप में मान्यता भी प्राप्त थी। स्वर्गीय मैथिलीशरण गुप्त ने न सिर्फ खड़ीबोली को काव्यभाषा के रूप में चुना वरन् मधुर भावों की व्यंजना उसके माध्यम से की जा सकती है, इसे अपने काव्य-ग्रंथों के माध्यम से सिद्ध भी किया। दूसरी ओर बुंदेलखंडी के ओज और शक्ति का लाभ उठाने के स्थान पर उन्होंने सरलता से भाव प्रकट करने को प्राथमिकता दी। अपने जीवन की सहजता को उन्होंने काव्य की सहजता के साथ जोड़कर व्यक्ति एवं कृति में एक सामंजस्य पैदा किया। जीवनभर वे यश और पुरस्कार के राजपथ से दूर रहकर कंटकाकीर्ण जनपथ पर चलने को तरजीह देते रहे। यही कारण है कि जैसे-जैसे दिन बीतते जाते हैं, स्वर्गीय मैथिलीशरण जी का काव्य ज्यादा सारपूर्ण और पठनीय होता जा रहा है। इसी खंड का अंतिम लेख गुरुवर रवींद्रनाथ टैगोर की कहानियों के विस्तार को समझने का एक अच्छा प्रयत्न है।

'प्रतिक्रिया' नामक तीसरे खंड में उनके समकालीन बृहद् परिवेश पर लेखक की प्रतिक्रियाएँ हैं। इसमें इंग्लैंड में भारतीयों की स्थिति, हृदय फिर जाग उठे, बुद्धि की यह

जहरीली गैस एवं महाविनाश के घेरे में आदमी—ये लेख हैं। अंतिम दो लेख एक ही स्वर के हैं। पहले में गैस त्रासदी का परिप्रेक्ष्य है तो दूसरे में मनुष्य के आसन्न महाविनाश का। भोपाल की त्रासदी ने न सिर्फ भारत वरन् विश्व के प्रत्येक देश के बुद्धिजीवियों के दिमाग को झकझोर दिया था और रूस के चेर्नोबिल परमाणु संयंत्र में हुई दुर्घटना ने मानव जगत के समक्ष यह स्पष्ट कर दिया कि एक विकसित देश में भी इस तरह की दुर्घटनाओं से बचा नहीं जा सकता। आज आदमी प्रतिस्पर्द्धा की जिस अंधी दौड़ में शामिल है, वह भविष्य में कब हमें विनाश के अँधेरे तल में ला पटकेगी—कुछ कहा नहीं जा सकता। पृथ्वी के ऊपर लिपटे ओजोन का घेरा पृथ्वी पर मानव जीवन बनाये रखने के लिए अत्यंत आवश्यक है लेकिन हमारी प्रगति इस घेरे में ही सूराख करती जा रही है।

'महाविनाश के घेरे में आदमी' में लेखक की चिंता आज की स्थितियों में आदमी को बचाये रखने की है। ये दोनों ही लेख इस बात का प्रमाण हैं कि आज का संवेदनशील लेखक केवल अपने संकीर्ण भावजगत में ही नहीं विचरता। श्री मिश्र की दृष्टि दूर तक जाती है जैसी कि लेखक की जानी चाहिए।

कथाभूमि का अगला खंड 'स्मरण' नाम से है जिसमें श्री मिश्र ने इलाहाबाद विश्वविद्यालय के अध्ययन के काल-खंड में अपने गुरुओं के प्रति अपनी भावना का प्रकटीकरण इलाहाबाद एक, दो, तीन शीर्षक में समाहित लेखों के माध्यम से किया है। आज के विश्वविद्यालयों की स्थिति किसी से छिपी नहीं है लेकिन साठ के दशक तक स्थिति सुखकर थी। मूर्धन्य विद्वानों से विश्वविद्यालयों की पहचान बनती थी। इलाहाबाद विश्वविद्यालय हमेशा से विद्वानों का गढ़ रहा है। श्री मिश्र ने आंग्ल साहित्य में स्नातकोत्तर उपाधि इसी विश्वविद्यालय से ली है। यही कारण है कि उन्होंने आंग्ल-भाषा के महान शिक्षक प्रोफेसर देव तथा उद्‌भट विद्वान डॉ. फ़िराक़ को श्रद्धासुमन अर्पित किये हैं तथा साठ के दशक के शैक्षणिक जगत की स्मृति को ताजा कर दिया है।

'भवानी प्रसाद मिश्र : पंछी की उड़ान' निबंध में लेखक ने कविवर श्री भवानी प्रसाद मिश्र के व्यक्तित्व की सहजता तथा उससे उपजी उनके काव्य की सहज प्रवृत्तियों पर प्रकाश डाला है। भवानी भाई कवियों की उस पीढ़ी के प्रतिनिधि कवि थे जिनका जीवन ही कविता थी। एक गहरी तल्लीनता तथा बाहर से दिखती उदासीनता के भीतर चलते रहते विचारों के ज्वार का नाम ही थे भवानी भाई। उनकी मृत्यु नरसिंहपुर में हुई तथा मृत्यु के कुछ क्षणों पहले तक उन्होंने वह तल्लीनता नहीं खोयी। वे निरंतर अर्थवान शब्दों की खोज में लगे रहे। अपने कस्बाई परिवेश से उन्हें दिल्ली जैसे महानगर में रहकर भी प्यार बना रहा। परिचित व्यक्ति कितने भी अंतराल के बाद उन्हें मिला हो, कभी भी उसने यह महसूस नहीं किया कि समय के इस अंतराल ने उनके घुमड़ते प्यार में कहीं से भी दरार पैदा की है। प्रस्तुत लेख स्वर्गीय भवानी भाई के प्रति व्यक्त एवं भावभीनी श्रद्धांजलि है तथा पठनीय है। गोविंद मिश्र के रचना-संसार में कविता के प्रति उदासीनता नहीं है। वे साहित्य को समग्रता में लेते हैं, यह लेख इस बात का प्रमाण है।

अंतिम लेख 'सप्तर्षि का वह आलोक' आत्मकथात्मक है तथा 1959 में श्री मिश्र द्वारा किये गये जीवन-संघर्ष का दस्तावेज है, जब वे अपनी जन्मभूमि अतर्रा के डिग्री कॉलेज में अस्थायी रूप से आंग्ल-भाषा का अध्यापन कर रहे थे तथा साथ-ही-साथ कम्पटीशन के लिए भी तैयारी में लगे थे। एक परिचित और प्रेममय वातावरण को समेटे यह लेख कस्बाई निश्छलता को प्रकट करता है तथा इस रूप में पठनीय है कि परिचित वातावरण का प्रभाव श्री मिश्र के मस्तिष्क में उसी सूक्ष्मता के साथ ताजा है एवं वर्तमान में भी वे उस वातावरण की स्मृति की सुबास को अपने में सँजोये हैं।

कथाभूमि का अंतिम खंड 'प्रार्थना' शीर्षक से है जिसमें 'इन दिनों' के नाम से तीन पृष्ठीय केवल एक लेख है। लेखक ने ईमानदारी से आज के समाज में बढ़ती भावहीनता और मानव-नियति की चर्चा की है। इस बढ़ती आपाधापी और प्रतिस्पर्द्धा के युग में लगता है, सभी कोई एक निरुद्देश्य लक्ष्यहीन दौड़ में शामिल है। सिर्फ भागने के लिए भागना–एवं उसमें भी प्रथम आने की प्रतियोगिता–लगता है, कामू की अभिव्यक्ति कि ''मानव आज सिसिफस की तरह निरुद्देश्य अँधेरे में एक पाषाणखंड को पर्वतशिखर तक ले जाकर उसे पुनः लुढ़काकर और इस तरह बारंबार उसे ढोने के लिए विवश है–यही मानव-नियति है, एक उद्देश्यहीनता की स्थिति–बस।''

लगता है, यह कथन आज की स्थिति में ज्यादा प्रभावी समझ में आने लगा है। आज भी मन नहीं करता कि इससे सहमत हुआ जाए। मानव एक सुंदर रचना है। बहुत कुछ सुंदर और शीतल अभी भी मानवजाति के पास है। गहन अंधकार में एक छोटा दीया भी सुखद होता है। श्री मिश्र का लेखन हमें आश्वस्त करता है क्योंकि उनके जैसा लेखन अपनी आस्था एवं अस्मिता की रक्षा करने के लिए हमें सन्नद्ध करता है। जो सुंदर है, उसे बचाये रखने को प्रेरित करता है। उनका साहित्य जैसे भीड़ में से झाँकता एक परिचित चेहरा है जिस तक जा पहुँचने की सहज प्यास हममें जाग उठती है।

मिश्र जी के निबंध बहुरूपी हैं। 'लेखन और समाज-परिवर्तन' जैसे निबंध सीधे साहित्य के यक्ष प्रश्नों से जुड़े हैं। उनके निबंध मसलन 'महाविनाश के घेरे में आदमी' तथा भोपाल की गैस-त्रासदी पर निबंध परिवेश पर प्रतिक्रियास्वरूप लिखे गये हैं। सारिका कथाप्रतियोगिता के निर्णायक मंडल के सदस्य के रूप में दी गयी साहित्यिक टिप्पणियाँ नये लिखने वालों के लिए उपयोगी सुझाव के रूप में स्तुत्य हैं। ये टिप्पणियाँ साहित्य के गंभीर प्रश्नों पर बड़े सुलझे विचार सामने रखती हैं।

'कथाभूमि' के अधिकांश आलेख व्यक्तिगत निबंध हैं। ये निबंध मिश्र जी के समस्त लिखे हुए को और स्पष्ट करते हैं तथा उनके मूल विचारों तक पहुँच सकने की सामर्थ्य का विकास करते हैं। उनके निबंधों में 'ललित निबंधों' की कमी खटकती है। निबंधों का यह रूप उनके निबंधों में नहीं है। लगता है कि श्री मिश्र का निबंध-लेखन प्रतिक्रिया के रूप में सामने आता है। प्रतिक्रिया उनसे निबंध लिखाती है। यही कारण है कि उनके लेखन में ललित निबंध का रूप नहीं दिखायी देता है।

नाना मूडों और भावों के बीच पनपता एक अनुभव

सुधीर चंद्र

'धुंध-भरी सुर्खी' में गोविंद मिश्र के ब्रिटेन प्रवास और यूरोप की यात्रा का लेखा-जोखा है। पहली बार विदेश जाना एक अनोखा अनुभव होता है, पहली बार प्यार करने की तरह। दूसरे की पहचान के सहारे या उसी के साथ-साथ अपनी पहचान। नाना मूडों और भावों के बीच पनपता है एक अनुभव। सम्मोहन, आश्चर्य, आनंद, करुणा, क्रोध, वितृष्णा आदि के बीच निरंतर स्थापित होते संबंधों का वैविध्य अतीत और वर्तमान के जटिल अंतःसंबंधों को उद्‌घाटित करता चलता है। ऐसे अंतःसंबंध जो ऐतिहासिक विरासत के रूप में हमारे मानस को—हमारे अवचेतन को—अनिवार्यतः प्रभावित करते रहे हैं। चाहने पर भी जिनसे निजात मिल नहीं पाती। मिलती है तो केवल उस अंश में, संभवतः जिस अंश में हम इस प्रभाव के स्वरूप को पहचान पाते हैं। इस पहचान में बहुत सहायक होता है अपने से हटकर अपने को देखना; देख के बाहर जाकर विदेश की तुलना में अपने देश को देखना-परखना। उन्नीसवीं सदी के अंतिम दौर में कुछ इसी तरह गांधीजी ने अपने देश और सभ्यता को समझा था। हमारे अपने समय में जेम्स बाल्डविन को अपनी अस्मिता और अपने अमरीकी निर्यात का आभास हुआ था फ्रांस जाकर।

पर आवश्यक नहीं कि अपने से हटकर अपनी पहचान हो ही जाए। वैसे ही जैसे आवश्यक नहीं कि तीन दशकों तक राजनीतिक स्वाधीनता का उपभोग करने के पश्चात् भी कोई भूतपूर्व उपनिवेश औपनिवेशीय मानस के प्रभाव से मुक्त हो ही जाए। विशेष रूप से तब जबकि मानसिक स्वायत्तता का प्रश्न तथाकथित विकासशील देशों में व्याप्त विकसित देशों के प्रति मोह से जुड़ा हो। यह मोह अब मात्र मोह न रहकर एक सशक्त मिथक का रूप ले चुका है। 'धुंध-भरी सुर्खी' का महत्त्व इस बात में है कि इस मिथक से मुक्ति की प्रक्रिया का बड़ा सहज वर्णन भारतीय अफसरशाही और साहित्य के एक संवेदनशील प्रतिनिधि ने अपने नाना अनुभवों के आधार पर इस पुस्तक में किया है।

गोविंद मिश्र मूल रूप से एक कहानीकार हैं, ऐसे कहानीकार जो व्यक्ति के अंतर्जगत और बाहर के समाज के बहुस्तरीय पारस्परिक संबंध को उद्‌घाटित करना चाहते हैं। पश्चिम में हो रहे मानवीय जीवन के उत्तरोत्तर विघटन और अवमूल्यन के बारे

में व्यक्त उपरोक्त निचोड़ किसी सांस्कृतिक पूर्वाग्रह से प्रेरित साधारणीकरण नहीं है। यह निचोड़ वास्तविक मानवीय स्थितियों के मर्मस्पर्शी अनुभवों पर आधारित है।

धुंध-भरी सुर्खी में दिये गये इन स्थितियों के शब्द चित्र बड़े ही कारुणिक हैं। इनमें से दो वर्णनों के आधार पर गोविंद मिश्र दो कहानियाँ भी लिख चुके हैं। ग्लासगो में मिले एक लंगड़े भिखारी (पृ. 105-07), यार्क में मिली शैला हस्बैंड और उनकी जवान पुत्री लायला (पृ. 83-86), और 'इंगलिस्तान में बसे अपने इन भाई-बंधुओं' के विशेष रूप से दयनीय प्रतिनिधि 'भाईजान' (पृ. 58-61) के सजीव वर्णनों में से उभरकर आता है निष्कर्ष के रूप में यह निचोड़।

संभव है कि 'विकास' और 'आधुनिकीकरण' के मिथक से टक्कर लेना इतिहास की दौड़ में जान-बूझकर असफलता का वरण करना हो। पर यदि मानव गरिमा के साथ जीना चाहता है—शायद यदि वह मात्र जीना ही चाहता है—तो इस मिथक के विकल्प को साकार करना ही पड़ेगा। ऐसे विकल्प में ही आदमी की आशा निहित है, चाहे यह विकल्प 'रोमांटिक' ही क्यों न लगे।

गोविंद मिश्र ने आधुनिकीकरण की तार्किक परिणति को देखा ही है, साथ ही साथ उस विघटन को भी देखा है जो ब्रिटेन में आर्थिक कठिनाइयों, रंगभेद और राष्ट्रीयता की समस्याओं के फलस्वरूप हो रहा है। स्वाभाविक ही है कि इस विघटन के संदर्भ में उनकी सहानुभूति इंग्लैंड के साथ न होकर स्कॉटलैंड और वेलसा के साथ है। भाषा, साहित्य और संस्कृति के सहारे इन क्षेत्रों में स्थानीय राष्ट्रीयता का जो पुनरुत्थान हो रहा है, उसका भविष्य कितना ही अनिश्चित क्यों न हो, उसकी बढ़ती हुई शक्ति को नकारा नहीं जा सकता।

'धुंध-भरी सुर्खी' का सबसे आकर्षक और सफल हिस्सा वेल्स से संबंधित है। आश्चर्य होता, यदि ऐसा न होता। वैसे ऐसा भी नहीं है कि गोविंद मिश्र को विविध रोगों से ग्रस्त इंग्लैंड में कोई अच्छाई ही नजर न आयी हो। अफसरशाही से जीविका कमाने वाले गोविंद इंग्लैंड और भारत की अपनी बिरादरी की तुलना करते हुए लिखते हैं :

"ब्रिटेन में किसी कर्मचारी या अधिकारी को होशियारी से पैसा बनाने की लत नहीं है—उन्हें पैसा चाहिए तो वे माँग लेंगे...टिप्स या किसी और जरिये से। लेकिन हिन्दुस्तानी हर काम को इस तरह से ऐंठना चाहता है जिससे कि कुछ पैसे चू पड़ें। अगर यह नहीं तो कम-से-कम उसकी अपनी महत्ता स्थापित हो जाए। यहाँ का कर्मचारी सेवक है जबकि हिंदुस्तान का कर्मचारी मालिक। मजाक सबसे बड़ा यह है कि हमारे दफ्तरों का सिस्टम इंग्लैंड की ही विरासत है।" (पृ. 169-70)

समाज और लोगों के अतिरिक्त 'धुंध भरी सुर्खी' में अनेक स्थानों के भी वर्णन हैं। पर स्टटफर्ड-अपआन-एवन के अतिरिक्त प्रायः स्थानों के वर्णन सजीव नहीं बन पड़े हैं।

धुंध-भरी सुर्खी

राजेश जैन

यात्रा-वृत्तांत की सीरीज में एक ताजा पुस्तक हाथ में लगी गोविंद मिश्र की 'धुंध-भरी सुर्खी'। अपने तीन माह के पश्चिम प्रवास के दौरान गोविंद मिश्र ने जो अनुभव लिये, उन्हें बड़ी सफाई और संवेदना से पुस्तक में समेटा है। मूलतः गोविंद मिश्र कहानी और उपन्यास-लेखक हैं और इधर आठवें दशक में हिंदी में उन्होंने अपनी एक अलग पहचान भी बना ली है। पुस्तक की प्रस्तुति में यही विशेषता है कि उसमें कथा-तत्त्वों की भरमार है...फिर यह जानकारी होने पर कि यह सामग्री काल्पनिक नहीं, अपितु वास्तविक है तो उसको महसूसने का सबब और भी तीव्र हो जाता है।

शैली भी अनौपचारिक है और कहीं-कहीं शब्दों का प्रयोग निहायत बेतकल्लुफी के साथ भाषाई बंधनों को ठेंगा दिखाते हुए हुआ है। इससे एक आत्मीय सुरसुरी भी होती है।

इंग्लैंड-प्रवास पर काफी लिखा गया है—काफी लोगों ने लिखा है। फिर भारत और इंग्लैंड के बीच जो इतिहासगत कड़ी रही है, वह भी आसानी से नहीं छूटती, इसलिए अब भी हिंदुस्तानियों और अंग्रेज़ों के बीच परस्पर एक आभिजात्य है। गोविंद मिश्र भी इस पूर्वाग्रह से मुक्त नहीं। किंतु यह भी साफ है कि कोई भी पुरानी चीज तब नयी हो जाती है, जबकि इसके बारे में व्याख्या करने वाले की अपनी दृष्टि हो। हर आदमी अपनी दृष्टि रखता है और उस चीज को अपनी दृष्टि से देखकर एक और सर्वथा नयी दृष्टि का सृजन करता है। लेखक इस मामले में काफी सफल हो पाया है....पाठकों के लिए काफी मसाला क्रिएट कर सका है।

लेखक स्वयं स्वीकारता है कि किसी देश की जड़ को समझने के लिए उसके अंदर उतरना जरूरी है। वक्त भी लगता है...उनकी दिलचस्पी उस जड़ की तलाश में थी...जहाँ कहीं उससे टकराया...वहीं अंश पढ़ने में रोमांच पैदा करते हैं...कहीं-कहीं जहाँ सिर्फ पर्यटन शैली गें रथानों का किताबी वितरण है, तहाँ पुस्तक उखड़ती और घिसटती-सी लगती है...फिर भी उसका अपना औचित्य है।

मोटे तौर पर मूल्यांकन किया जाए तो पुस्तक की विशेषता है—सामयिक स्तर पर दो संस्कृतियों का तुलनात्मक अध्ययन। ऐसा लगता है, लेखक अपने साथ भारतीय संस्कारों की तस्वीर लेकर उन्हें विदेशियों से मिलाता रहा है। जहाँ कहीं भी लेखक को

कोई विदेशी अनुभव या व्यक्ति मिला, वह झट उसके समांतर भारत की स्थिति की बात सोचने लगता। यह एक बाल सुलभ सहज प्रवृत्ति है, जो गंभीर एवं बौद्धिक मामलों में भी लुभावनी लगती है।

कहीं-कहीं तो लेखक को निष्कर्ष एकदम चौंका देते हैं। ऊपर से दिखता है कि पश्चिम में स्वतंत्रता है, पर जब लेखक टिप्पणी करता है कि 'विवाहित जोड़ों को हमारे यहाँ उनके यहाँ के विवाहित जोड़ों से कहीं अधिक स्वतंत्रता है' तो आभास होता है कि लेखक की पैनी दृष्टि बहुत-से ढँके हुए सत्यों तक पहुँच सकी है, वहाँ विवाह बमुश्किल सफल होते हैं, अतः उसकी सुरक्षा के लिए जेनुइन जोड़ों को अतिरिक्त और कभी-कभी नाटकीय सतर्कता बरतनी पड़ती है।

लेखक का निष्कर्ष कि पश्चिम में सुर्खी तो है, लेकिन वह आयी हुई आँखों की, मिचमिची और रक्ताभ सुर्खी हे, मार्मिक लगता है। पुस्तक का यह काव्यात्मक निचोड़ प्रभावित करता है। पुस्तक पठनीय है—कथात्मक एवं काव्यात्मक दृष्टि से भी।

दो कौमों को समझने की एक बौद्धिक कोशिश

बलराम

'धुंध-भरी सुर्खी' गोविंद मिश्र की यूरोप-यात्रा का रोचक वृत्तांत है, जिसमें हिन्दुस्तानी और अंग्रेज कौमों को तुलनात्मक ढंग से समझने की कोशिश की गयी है। इसे पढ़ते हुए न जाने क्यों मुझे मोहन राकेश का यात्रावृत्तांत 'आखिरी चट्टान तक' बार-बार याद आया और मैं 'धुध-भरी सुर्खी' से उसकी तुलना करता रहा, खास कर इसलिए भी कि अपने उपन्यास 'लाल-पीली जमीन' से गोविंद मिश्र हिंदी के उन लेखकों की श्रेणी में आ गये हैं, जिनकी कृतियों के मूल्यांकन में निर्ममता की जरूरत है। पहले ही स्वीकार कर लूँ कि इस यात्रावृत्त में लेखक का बार-बार यह कहना या कहने का प्रयास करना कि देखो, मैं दो कौमों को समझने की कोशिश कर रहा हूँ, मुझे वैसा ही लगता रहा, जैसे कि कोई पहलवान अखाड़े में कूदने से पहले तो दंड-बैठक करके दर्शकों को आतंकित करे ही, प्रतिद्वंद्वी पहलवान से लड़ते-लड़ते भी अचानक अखाड़े से बाहर होकर फिर कुछ दंड-बैठक लगाये और थोड़ी देर बाद फिर भिड़ जाए।

यह सच है कि गोविंद मिश्र की भिड़ंत अंग्रेजों जैसी जबर्दस्त कौमों से थी और वह उनसे बड़ी कुशलता से लड़े, पर शायद अपनी ही किसी कमजोरी के तहत पूरी पुस्तक में वह एक अनावश्यक बौद्धिक व्यायाम करते रहे, जिसके बिना भी यह यात्रावृत्त महत्त्वपूर्ण और मेरी नजर में तो कुछ ज्यादा ही महत्त्वपूर्ण, सहज और सुग्राह्य होता। इस बौद्धिक व्यायाम से किताब की स्वाभाविक गति बार-बार अवरुद्ध हुई है।

पुस्तक का प्रारंभ ज्योतिषी की भविष्यवाणी के गलत साबित होने से होता है और हिन्दुस्तानी कौम की एक जहनियत को उजागर करता हुआ वृत्त को आगे बढ़ा देता है—पटना के एक ज्योतिषी ने कहा था कि मैं 68 वर्ष तक जीऊँगा, तरक्की करूँगा, लिखने में प्रसिद्धि पाऊँगा...सब कुछ करूँगा मगर....विदेश-यात्रा का जोग नहीं बनता...लेकिन ज्योतिष को झूठा करता हुआ लंदन जाने के लिए (मैं) पालम आ ही पहुँचा। 'मैं' मित्रों को बताता है कि भविष्यवाणी तो दूसरी ही है, तो वे कहते : ''भाई, कर्मों से भाग्य बदल भी जाता है...रेखाएँ बदलती भी तो रहती हैं...'' लचीली विचारधारा और तर्कबाजी में हम भारतीयों का जवाब नहीं।

'मैं' भारत की रेलगाड़ियों के बारे में सोच रहा था जहाँ एक स्टेशन से दूसरे

स्टेशन तक पहुँचते-पहुँचते दो अजनबी आदमी घर का सारा हाल-चाल, यहाँ तक कि यह भी जान लेते हैं कि उनके अपनी पत्नियों के साथ संबंध कैसे हैं...और यहाँ (इंग्लैंड में) जैसे सबके मुँह पर ताला लटका हुआ है...अंग्रेज एक बंद कौम है। और यहाँ गप मारने की वह लत भी नहीं है, जो हम हिंदुस्तानियों में होती है। इस तरह अपने में बूँद-बूँद व्यक्ति जहाँ एक तरफ स्वार्थी होते चले जाते हैं, वहाँ दूसरी तरफ जिंदगी का कितना कुछ खो भी देते हैं!

हमारे यहाँ बुढ़ापे में प्रेम की आँच देने वाले नाती-पोते हैं। इन बेचारों के यहाँ क्या है?...मजे की बात यह है कि यहाँ का आदमी थोड़ा-सा भी तनाव नहीं सह सकता, बड़ी जल्दी बौखला जाता है।

भारत जैसी आत्मीयता और उसके बाद हमेशा का बिछोह और वैराग्य यहाँ नहीं है। हमारे यहाँ दोनों ही स्थितियाँ जैसे अति पर हैं और इस तरह हम एक खास अंतरंगता के स्तर पर जीते भी हैं, जबकि यहाँ तटस्थता है।

हिंदुस्तानी कौम की अच्छाइयाँ ही नहीं बताते गोविंद, वह अंग्रेज कौम की भी अच्छी बातों की तारीफ करते हैं—यहाँ अफसर के मानी एक ऐसा आदमी नहीं है, जिसके पास चपरासियों की फौज हो। यहाँ का समाज एक खुला समाज है, हिंदुस्तान जैसे बंधन नहीं हैं, लेकिन वेश्याओं के तौर-तरीके सब जगह एक-से होते हैं।

यही तो इंग्लैंड की बड़ी मारू चीज है। आलोचना से डरते नहीं, इसलिए कुछ छिपाने की कशमकश भी नहीं। यहाँ जनमत बहुत महत्त्वपूर्ण है, जिसके आगे सरकार को भी झुकना पड़ता है।

ब्रिटेन में किसी कर्मचारी या अधिकारी को होशियारी से पैसा बनाने की लत नहीं है। उन्हें पैसा चाहिए, तो माँग लेंगे, टिप्स या किसी और जरिये से, लेकिन हिंदुस्तानी हर काम को इस तरह से ऐंठना चाहता है, जिससे कि कुछ पैसे चू पड़ें। अगर यह नहीं तो कम से कम उसकी अपनी महत्ता स्थापित हो जाए....यहाँ का कर्मचारी सेवक है, जबकि हिंदुस्तान का कर्मचारी मालिक। मजाक सबसे बड़ा यह है कि हमारे दफ्तरों का सिस्टम इंग्लैंड की विरासत है।

अंग्रेज अपने व्यक्तिगत मामलों में तो जरूर बनिया है, लेकिन जहाँ दूसरों के मामलों या सार्वजनिक मामलों की बात होती है, वह बड़ा ही निस्संग रवैया अपना लेता है। हिंदुस्तानी की निस्संगता और दार्शनिकता सिर्फ अपने मामलों को लेकर है। जब दूसरों के या सार्वजनिक मामलों की बात आती है, तब वह निहायत दकियानूस बन जाता है।

ये और ऐसे अनेक स्थलों पर गोविंद मिश्र ने अपनी इस किताब में हिंदुस्तानी और अंग्रेज कौमों का बड़ी पैनी दृष्टि से विश्लेषण किया है। इतने कम समय में किसी एक गाँव को भी समझ पाना संभव नहीं है, यहाँ मुठभेड़ पूरी एक कौम से थी। और गोविंद मिश्र ने जितना समझा, वह पर्याप्त ही नहीं, सीमाओं के हिसाब से बहुत ज्यादा है।

अपनी कहानियों और उपन्यासों में वह अपनी भाषा और शैली को काफी माँज चुके हैं, अतः इस पर कोई आपत्ति नहीं उठायी जा सकती। एक ऐसी कौम और संस्कृति से गोविंद का संवेदनशील व्यक्ति टकराया है जिसके भय और मोह की गिरफ्त से औसत हिंदुस्तानी छूट नहीं पाता है। हो सकता है, इस गिरफ्त से अपने को मुक्त दिखाने की सायास कोशिश ही गोविंद की वह कमजोरी रही हो, जिसका जिक्र किया गया है। बावजूद इसके 'धुंध-भरी सुर्खी' को पढ़कर पाठक अपने भीतर कुछ ऐसा जुड़ गया जरूर महसूस करता है, जो इससे पहले उसमें नहीं था।

अंग्रेजों के वतन में एक हिंदुस्तानी

मृणाल पांडे

"अपने बारे में इस बात को लेकर मैं हमेशा साफ रहा हूँ कि मुझ पर स्टेटस की चिकनाइ न कभी चढ़ पायी है और शायद न कभी चढ़ सकेगी....फिर भी, विदेश जाने की वाकइ बहुत इच्छा थी...इंग्लैंड जाते समय उस देश के बारे में अजीब कल्पनाएँ मन में उठती हैं—एक जमाने में दुनिया के बहुत बड़े हिस्से का भाग्य विधाता—गोरे और सुंदर व्यक्तियों का देश....प्रजातंत्र की डींग हाँकने वाला देश....।"

इन और कतिपय अन्य इच्छाओं, पूर्वाग्रहों के साथ (जो कुछ आगे धीमे-धीमे खुलती हैं) गोविंद मिश्र का यात्रा-वृत्तांत शुरू होता है जो उनके ब्रिटिश काउंसिल के प्रशिक्षण कोर्स के अंतर्गत बिताये तीन महीने के इंग्लैंड प्रवास को (और वापसी दौर में पेरिस तथा इम्सटर्डम में बिताये कुछ दिनों को भी) नापता है।

गोविंद मिश्र के पास यात्रा-वृत्त लिखने के लिए भाषा और शैलीगत समृद्धि काफी है। अपने उपन्यासों और कहानियों के संसार में पैनाई हुई दृष्टि और लेखकीय प्रौढ़ता से उपजा एक सरल अंदाज भी। इसी से कुछ रुकता, कुछ भटकता, कुछ लौटता यह यात्रा-वृत्त रोचक और पठनीय होने के साथ-साथ एक बेगाने परिवेश से अधिक उस परिवेश में यकायक जा पैठे हिंदुस्तानी की आत्मा से रोचक साक्षात्कार कराता है, जो कुछ स्तंभित, कुछ घबराया व कुछ-कुछ खीजा हुआ है और इस खीज से बार-बार अपने मूल परिवेश और संस्कृति की नर्म गोद में जा घुसने को तत्पर है। एक एकदम बेगानी संस्कृति से टकराकर झन्नाना और झन्नाकर अपनी परंपरा की तुलनात्मक परख और खोज हर संवेदनशील जलावतन हिंदुस्तानी के लिए अपनी अस्मिता बचाये रखने का एक मात्र रास्ता है। कम-से-कम अपनी नजरों में तो—और प्रायः इस मनोवैज्ञानिक प्रक्रिया का पहला सोपान हर विदेशी चीज के प्रति शंका और जुगुप्समय होता है।

"जो यह तत्त्व है, जिसके अभाव में हम सामान्य नहीं रह पाते, वही है शायद जो असली हिंदुस्तानी है और जो हिंदुस्तान में हमें अपनी दरिद्रता और असंपन्नता दोनों हालातों में भी एक पूरेपन में जीने का संतोष बराबर देता रहता है, जो हमें बदहवास नहीं होने देता....व्हिस्की में तैरते ये हिंदुस्तानी बड़े ही दयनीय लगे अपने पैसे के बावजूद ये कितने गरीब हैं...घिन छूटती है—सूट डाटकर ऐसी शान से सोफे पर बैठते हैं जैसे शिक्षा और अक्ल बस उन तक आकर चुक गयी।"

जाहिर है कि अपने मुल्क और उसकी परंपरा को 'जस्टीफाई' करने की इस अथक दौड़ में विवरण प्रायः अनावश्यक रूप से आक्रामक या अतर्कसंगत या एक हद तक तर्कहीन से प्रतीत होने लगते हैं। पर यह बात चाहे नैतिक मानदंडों के परिप्रेक्ष्य में गलत लगे, यात्रा-वृत्त को यही एक ऐसी घरेलू तथा भोली सहजता देती है, जो कि इस पूरे यात्रा-वृत्त की खास अंडरटोन है—एक तरफ से अँधेरे में सीटी बजाते हुए अपने अचेतन भयों से छुट्टी पाने का प्रयास या अपनी खाल बचा ले जाने और अपनी परंपरा की श्रेष्ठता सिद्ध करने की सरल मर्मस्पर्शी मानवीय चेष्टा। यात्रा-वृत्त का 'मैं' ज्ञानरंजन के कथानायकों की तरह कई जगह भदेस लगने की हद तक स्पष्टवादी और उघड़ा हुआ है :

"हमें टॉयलेट की तलाश थी और एक जिद जैसी भी, कि ऐसा टॉयलेट मिले जहाँ पैसे न लगते हों। पेरिस में यह एक बड़ी दिक्कत थी। यूँ चूना थोड़ा ही लगता है लेकिन हिंदुस्तानी, जिसे अपने देश में यह सुविधा हर जगह मिली हुई है, उसे पैसे देकर टॉयलेट इस्तेमाल करना बड़ा नागवार गुजरता है। बतौर प्रयोग पहले मुझे ऊपर भेजा गया। टॉयलेट में एक तरफ पैसा इकट्ठा करने वाला था, लेकिन नाक की सीध में फर्राता हुआ बाहर निकल आया। महिला से पैसे...या कुछ भी बचाना काफी मुश्किल काम है यहाँ....।"

काफी रोचक होता यदि अपने पर या अपने संस्कारों पर बेलाग हँस पाने और अपनी पहली प्रतिक्रिया को तुरंत बिना उलझे व्यक्त कर पाने की यह रौ पूरी किताब में बरकरार रहती—गोविंद मिश्र की भाषा में एक स्पष्ट 'हिंदुस्तानियत' है जो सीधे उनके संस्कारों और एक मध्यवर्गीय पढ़े-लिखे हिंदुस्तानी के मानस से निकलती है जिसका इंग्लैंड से परिचय 'इंग्लिश लिटरेचर' (जैसाकि वह हमारे विश्वविद्यालयों में पिछले असंख्य दशकों से पढ़ाया जाता रहा है) की मार्फत हुआ हो। पर बीच-बीच में लगता है कि हमारी पारंपरिक धरोहर का पी. आर. ओ. बनने की सदिच्छा एक रचनात्मक लेखक के सत्यनिष्ठ आत्मालोचन पर हावी हो जाती है। नतीजतन एक तो वृत्तांत (शायद अनचाहे ही) एक बहुत सामान्यीकृत फलसफे और सतही आलोचनात्मक फतवों में भटकने लगता है।

"इस दिखावे और घमंड पर मुझे हँसी आयी। कोई ताज्जुब की बात नहीं कि साहित्य की इतनी अच्छी परंपरा होते हुए भी अंग्रेजी का सामयिक लेखक आज कहीं नहीं है।"

× × ×

"अंग्रेज़ एक बंद कौम है और यहाँ गप्प मारने की वह लत भी नहीं जो हम हिंदुस्तानियों में होती है। इस तरह अपने में बूँद-बूँद व्यक्ति जहाँ एक तरफ स्वार्थी होते चले जाते हैं, वहाँ दूसरी तरफ जिंदगी का कितना कुछ खोते भी हैं।"

दूसरे, हर वस्तु हर घटना को लेखक अपने-आपमें पूर्ण या उस स्थान विशेष की परंपरा से जोड़कर देखने की बजाय एक तुलनात्मक दृष्टि से देखने लगता है :

(एम्सूटर्डम)...''पटाखों में भी वह विविधता नहीं थी जो हमारे यहाँ होती है...।''

(इंग्लैंड) ''हमारे यहाँ बुढ़ापे में प्रेम की आँच देने वाले नाती-पोते हैं। इन बेचारों के यहाँ क्या है?''

यूँ जाहिर है कि एक बेगाने परिवेश में पहली प्रतिक्रिया तुलनात्मक रूप से उस नयेपन को आँकने की ही होती है। पर लेखक की रचनात्मक निष्ठा का तकाजा है कि तुलनात्मक परख के साथ-साथ वह हाशिए पर एक बड़ी जगह छोड़ता जाए, उन वाक्यों, व्यक्तियों और सामाजिक संदर्भों के प्रति, जो कि लेखक की निगाह के आगे से उस एक अल्प प्रवास के दौरान नहीं गुजरे होंगे। आकार में छोटा होने के बावजूद इंग्लैंड की हमारे देश की ही भाँति एक बहुत पुरानी संस्कृतिधारा है, जिसने उसके निवासियों की आत्मा को गढ़ा है, और इसी से जो एक छोटे अर्से में ऐसे देश को हम देख पाते हैं उसकी गहन, विराट अस्मिता का नन्हा-सा अंशभर है। साथ ही पिछले सत्तर वालों में युद्ध तथा युद्धोत्तरकालीन उसके (और अन्य योरोपीय राष्ट्रों के भी) जो अनुभव रहे आये हैं, उनसे भी सामान्य भारतीय बड़ी हद तक अपरिचित है। तीन महीने का समय एक समूची जाति तो क्या (अपने यहाँ भी) एक मुहल्ले तक को समझ पाने के लिए अपर्याप्त है, वह भी तब लेखक तकरीबन पूरे वक्त एक शहर से दूसरे की यात्रा कर रहा हो—अचानक, अपर्याप्त प्रमाणों और तात्कालिक संदेह की रौ में दिये गये उपर्युक्त कुछ बयान लेखकीय नजरिये की विश्वसनीयता घटाते हैं। विशेषकर उस वक्त, जबकि एक ही विषय पर उसकी दो तरह की प्रतिक्रियाएँ देखने को मिलती हैं।

''दरअसल अंग्रेज जितना धैर्य रख सकता है, उतना आम हिंदुस्तानी के बूते की बात नहीं।'' (पृ. 5)

''मजे की बात यह है कि यहाँ का आदमी थोड़ा-सा भी तनाव नहीं सह सकता, बड़ी जल्दी बौखला पड़ता है। झेलने की शक्ति एकदम नहीं के बराबर है।'' (पृ. 85)

वैसे जहाँ पर दृष्टि का पैनापन और पकड़ दुरुस्त है वहाँ पर हिंदुस्तानी और अंग्रेज दोनों जातियों का रोचक विश्लेषण हो पाया है।

अंग्रेज अपने व्यक्तिगत मामलों में तो जरूर बनिया है, लेकिन जहाँ दूसरे के मामले या सार्वजनिक मामलों की बात होती है, वह एक बड़ा ही निस्संग रवैया अपना लेता है। हिंदुस्तानी की निस्संगता और दार्शनिकता सिर्फ अपने मामलों को लेकर है। जब दूसरे के या सार्वजनिक मामलों पर बात आती है तब वह निहायत दकियानूस बन जाता है।

दरअसल इंग्लैंड और हिंदुस्तान का यह प्यार और नफरत का दोहरा रिश्ता हमारी एक ऐसी ऐतिहासिक विरासत है जिससे न अभी हम पूरी तरह मुक्त हो सकते हैं, न ही वे। इसी से साहित्य से लेकर राजनीति का जिस भी क्षेत्र में हम उनकी नब्ज पर हाथ रखें, एक विशेष रवैया हमारा रहता है। शायद अधिक लंबे अर्से का प्रवास इस दुतरफे संशय में कुछ फाँक डाल पाता, पर कहीं कुछ तब भी रह ही जाता है जो आँख की किरकिरी की तरह गड़ता रह जाता है, और रह-रहकर टीसता है। यह बात गोविंद मिश्र ने शुरू में ही जा पकड़ी है।

''जाति में बुनियादी कोई चीज जरूर होती है, इतिहास कहीं-न-कहीं हम पर जरूर लदा रहता है। अंग्रेज शायद यह कभी नहीं भूल सकते कि उन्होंने हिंदुस्तानियों पर इतने सालों तक राज्य किया है....न ही हिंदुस्तानी भूल सकता है...इस गोरे वेटर से काम लेने की मेरी जिद के पीछे भी शायद इतिहास था...।''

और बीच-बीच में उभरकर आते स्पष्ट आत्मस्वीकृति के क्षण अपने सारे पूर्वग्रहों, कुतर्कों और जिदों के बावजूद यात्रा-वृत्त को एक मानवीय ऊष्मा वह सहजता देते हैं, जिससे एक द्रुत यात्रा की तालिका एक सरस रचनात्मक कहानी बनती जाती है।

गुंबदों से उतरकर जीवन में धँसने की यात्रा

ओमप्रकाश सिंह

यात्रा-संस्मरण लिखने में एक बड़ा जोखिम रहता है। जहाँ की मिट्टी के पंचतत्त्वों से आप वाकिफ हों और जहाँ के जन-जीवन को आप उनकी भाषा में समझ सकें, उनमें बोल-बतिया कर कुछ गहरे धँस सकें, वहाँ तक तो सब ठीक रहता है, लेकिन जैसे ही दृष्टि एक ऐसे अनजाने क्षेत्र में गुजरती हैं, जहाँ का ज्ञान आपके पास सिर्फ इतिहास के पॉकेट बुक संस्करणों से हो, जहाँ आपके पास सही मार्गदर्शक न हों और जहाँ के लोगों से बोल-बतिया सकने का माध्यम आपके पास न हो, सब कुछ कुल चंद दिनों में देख-सुन लेना हो तो यात्रा-वृत्त गाइड-बुक्स का पुनर्आख्यान भर बनकर रह जाता है। ऐसे में न लेखक का मन भरता है और न पाठक का। लगता है कि आप किसी शहर में नहीं, किसी जमीन में नहीं, किसी देश में नहीं, उस देश की मीनारों और चोटियों और शीर्षों पर बेवजह दौड़ते रहे हैं, और नीचे वह सब कुछ छूट गया है, जो जीवन था।

ऐसे में यदि कोई यात्रा-वृत्त अपनी संपूर्ण जिज्ञासा के साथ इन गुंबदों से उतरकर जीवन में धँसने की चेष्टा करें और इन इतिहास बिंदुओं, जन-जीवन और अपने संवेदनशील अंतर्मन की मुक्त अंतःक्रिया होने दे, तो वह महत्त्वपूर्ण इतिवृत्त बन जाता है। गोविंद मिश्र का यह यात्रा-वृत्त एक ऐसी ही अंतःक्रिया की उपज है।

यह यात्रा-वृत्त है 'इंडियन काउंसिल ऑफ कल्चरल रिलेशंस' द्वारा निर्धारित यूरोपीय दौरे का और देश है पश्चिम जर्मनी, आस्ट्रिया, चेकोस्लोवाकिया और हंगरी—और बीच में है पूर्वी जर्मनी का एक झरोखा-दृश्य। गोविंद जी ने अपनी प्रस्तावना में एक बड़ी कसौटी तय की है कि यात्री मन खाली कटोरे-सा होना चाहिए। लबालब भरने को तैयार।

हमारे यहाँ लगभग हर व्यक्ति में यूरोप को लेकर मिथकीय धारणाएँ हैं—महिलाहीन होती महिलाएँ, शराब के नशे में खोते पुरुष, बच्चों से बचते दंपति, काले महायुद्धों की काँपती परछाईं, मानव के निरंतर अकेले होते द्वीप आदि-आदि को लेकर—और गोविंद जी इन्हीं अवधारणाओं पर वहाँ के जीवन को, कभी-कभी तो अपने-आपको दोहराने की हद तक, कसते चले जाते हैं। किताब खत्म हो जाती है, इन्हीं कसौटियों में—और तब आप सहसा चकित रह जाते हैं कि अरे, बिना किसी दावे के, बिना किसी मार के, सारे मिथक धराशायी कैसे हो गये...!

यात्रा-वृत्त एक विवेकशील सुसंस्कृत भारतीय की, समूची पश्चिमी संस्कृति पर खोजपूर्ण टिप्पणी के रूप में उभरता है। शुरुआत पश्चिम जर्मनी से हुई है—और अंत हुआ है हंगरी से। दौरा इस मामले में भी एक उपलब्धि है कि आदमी घुसे तो ठेठ पूँजीवादियों के बीच से और निकले लाल चौगड्डों के बाहर से। तो दोनों चीजों के मिलान की नियति तो बेचारे दर्शक को स्वतः सौंप दी जाती है। ऊपर से गोविंद मिश्र ठहरे बीच के आदमी (इसकी उद्घोषणा भी वे बीच-बीच में करते चलते हैं—मार्क्सवाद ने शायद हर गैर मार्क्सवादी के लिए यह नियति तय कर दी है)। न तो कम्युनिस्ट और न पूँजीवादी, इसीलिए यह मिलान कहीं और अधिक निखकर सामने आया है—और कभी-कभी तो इस बात की पुष्टि भी करता है कि हम अपने-आप में पुनरावर्तन करें, अपनी संस्कृति के गौरव-बिंदुओं को पहचानें।

इस यात्रा में जाने कितने ऐसे अनुरूप प्रसंग हैं जो मन को गहरे कचोटते हैं। बानगी के लिए एक चेक महिला बरबोरा का एक प्रसंग द्वितीय विश्वयुद्ध की त्रासदी उसे विस्थापित करती है। सत्ताईस साल का जवान भाई मारा जाता है। पति कम्युनिस्ट नहीं था, इसलिए उसे नौकरी खोनी पड़ी। और बाद में मृत्यु का वरण करना पड़ा। एक बच्ची थी, वह भी चल बसी। पति के मरने के बाद एक ने विवाह का प्रस्ताव किया—लेकिन वह कम्युनिस्ट था, और उसका मन पति के किसी हत्यारे को स्वीकार नहीं कर पाता। और पत्नी की वही गुनगुनाहट, जो उसने आत्मीयता के किन्हीं क्षणों में उसे सौंपी थी :

तुम सोलह की थीं।
जब मैं तुमसे मिला था।
पुराने झरने की स्वप्निल बयार में।
पहली बार। गाँव की सुंदर-सी अनछुई परी....

वही उसके जीवन का आधार साबित होती है।

परिशिष्ट

परिशिष्ट-1

सम्माननीय साहित्यकारों के कुछ पत्र

1

मेरठ छावनी
20 जुलाई

प्रिय भाई गोविंद जी,

पत्र के लिए आभार। मैं खुद ही लिखने जा रहा था। बात यह रही कि मैंने रात ही आपका उपन्यास (वह/अपना चेहरा) ख़त्म किया। बड़ी खूबसूरत किताब लगी। उसमें आपका 'स्वाभाविक' और 'उन्मुक्त' व्यक्तित्व बेहद झलकता है। कथा और शिल्प में कसाव है। और उपमाएँ तो बेहद ताजी, spontaneous और instinctive हैं। कहीं-कहीं तो कवि हो गये हैं। जनाब!

कुछ पोर्शन तो बुरी तरह छू गये। वे हम सबकी कथा कहते हैं :

"मैं अपने सामने ही बड़ा भारी दिखावी और धोखेबाज़ निकला था। और हर कदम पर महसूस करते हुए भी उस धोखे में खुद को डालने का धोखा करता रहा..." (पृ. 70)

"वह या तो अपना दुख छिपाता है या फिर इसलिए हँसता है कि कुछ किया नहीं जा सकता।" (पृ. 77)

"एक घेंचू किस्म का आदमी....सारा काम वही करता होगा।" (पृ. 96)

यह अंतिम पोर्शन 'धूर्तजी' पर एकदम फिट बैठता है।

पुस्तक का अंत अचानक हो गया! सच बहुत उम्दा लगी। मैं इसका एक श्रेष्ठ व्यंग्य कृति के रूप में अपने लेख में उल्लेख कर रहा हूँ।

हिंदुस्तान टाइम्स में आपके बारे में पढ़ा था।

मकान अभी ऐसा ही मिला है। डिप्रैशन ज़रा जोर पकड़ रहा है। कभी-कभी रो पड़ता हूँ। कितना अच्छा होता अगर मैं ज़िंदगी से हार मान लेता।

बच्चों को प्यार मम्मी जी को प्रणाम! पिताजी को चरण स्पर्श।

कभी-कभी लिखते रहना—देश में रहो चाहे विदेश में।

हमेशा हमेशा तुम्हारा
—रवींद्रनाथ त्यागी

2

20.7.78
मुरादाबाद

प्रिय गोविंद मिश्र,

आशा है तुम रानीखेत से लौट आये होंगे। तुम्हारा उपन्यास 'लाल-पीली ज़मीन' मुझे तुम्हारी वेदना का एक ऐसा बिंब मिला जिसमें मैं होस्टल के बाद से आज तक के गोविंद मिश्र का चेहरा देख सका और इस तरह वह दुराव और संकोच दूर हो गया जो मुझे था क्योंकि कई वर्षों बाद तुम मिले थे और मैं नहीं जानता था कि तुम कैसे हो गये हो। तुम्हें मैंने एक बहुत भावुक किशोर के रूप में देखा था जो फिल्मी गानों में भी अपने मन की गहराई ढूँढ़ लेता था। मुझे भी अच्छी लगी थी वह लाइन—चंदनियाँ अरज करे। पर जब तुमने उस पर एक कहानी लिख दी तो उस दिन से मेरी नजरों में उसके मायने बहुत गहरे हो गये थे।

शुरू के पन्नों में तो भाषा का बनाव मुझे आज के चालू हिंदी साहित्यकारों जैसा लगा मगर जब 'लाल-पीली ज़मीन' की परतें उतरने लगीं तो मुझे लगा, तुममें एक सत्यकाम जाबाल है जो सत्य को प्रकट करने की तीव्र चाह में माँ को भी निरवसन करने से नहीं चुकेगा। यथार्थ के इस नग्न रूप को तुमने बहुत सहा है गोविंद और कितने ही छेंक तुम्हारे दिल में कर दिये हैं इसने। पर सचमुच मेरा हृदय गर्व से उन्नत हुआ जब मेरी आशा के विपरीत तुम्हारे इस यथार्थ में मुझे कहीं भी यौन-नग्नता पढ़ने को नहीं मिली। यौन-प्रसंगों को जिस नजाकत से तुमने इशारों में लिखा है उससे मुझे विश्वास हो गया कि यथार्थ की इतनी कटु चोटें तुम्हारी आत्मा की कोमलता को नहीं तोड़ पाई हैं।

पिता के प्रति कैसा दर्द है केशव का! ऐसा लगता है यह केशव का ही नहीं, यह पुत्र-मात्र की पीड़ा है जो racial consciousness से उठ रही है। तुम खूब टूटकर सँवरे हो गोविंद! अब समझ रहा हूँ, तुम्हारे शरीर में वह stoop कहाँ से आ गया।

भारतीय जीवन में व्याप्त इस हिंसा को तुमने खूब उघाड़ा है एक पुत्र की तरह जो स्वयं अपनी प्रिय माँ का ऑपरेशन कर रहा है। इस सबके बीच चल रहा है चोट खाता, सब कुछ भीतर ही भीतर पी जाता, स्तंभित, स्तब्ध केशव, यानि गोविंद, जो इस सबके बाद भी हर सुबह नये जीवन की आस नहीं खोता।

भारतीय संस्कृति का जीवित रूप इतना विकृत है—सब इससे आँख मूँदकर उसके काल्पनिक सात्विक रूप में खो जाना चाहते हैं। मगर तुम वह पक्षी हो जो कोमल तिनकों से नहीं, कठोर पत्तों से अपना नीड़ तैयार कर रहा है। मुझे विश्वास है, यथार्थ की इस पथरीली नंगी जमीन पर तुम एक दिन सपनों से भी कोमल सृष्टि करोगे। यह हौसला मुझे तुम्हारी आत्मा की वह विलक्षण कोमलता दे रहा है जो मिट कर भी नहीं मिटी। इन कथित यथार्थवादियों से दूर तुम्हारी दुनिया बनेगी! तुम हिंदी में यथार्थ को कल्पना की तरह सुरम्य बना दोगे।

तुम्हारा
—**निर्मल कुमार**

3

'लाल-पीली ज़मीन' उपन्यास मैंने पढ़ना शुरू किया और तीन दिन में लगकर पढ़े बिना छोड़ा नहीं गया। पढ़ चुका तो दो स्मृति बिंब बार-बार दोहराते रहे। एक तो बुंदेलखंड के उस छोटे-से कस्बे में पहले अध्याय का वह छोटा लड़का। शाम और सूने घर में से अँधेरे में वह डूंगर, वह शिला और उसका बढ़ता हुआ अकेलापन और भय। दूसरा बिंब था श्रीपत के घर की वह जाड़ों वाली शाम, जब आप से पहली भेंट हुई थी। आप ट्विड का कोट पहने थे। आपकी बेबाक बातें मुझे बहुत अच्छी लगी थीं। आप बेतकल्लुफ दोस्त आदमी लगे थे—ऐसे, जो अब कम मिलते हैं। उस दिन आपके लिए स्नेह जागा था, उपन्यास पढ़ कर आदर—

दिल्ली में रहकर, ऐसी मुखौटा अनिवार्य वाली लाइन अपना कर भी आपने अपने जीवन-अनुभवों को इतना टटका सुरक्षित रखा है और उन्हें आज की प्रासंगिक तीखी दृष्टि से जाँच सकते हैं और उस क्रूर जीवन पद्धति को बिना रोमैंटिसाइज किये और बिना मानवीय संलग्नता खोये पुनः इतनी सशक्त अभिव्यक्ति दे सकते हैं, इसके लिए हार्दिक बधाई। एक-एक पात्र, एक-एक परिस्थिति पाठक पर छाप छोड़ती चलती है और अंत में हिंसा को अपनाने वाले लेकिन मूलतः सामाजिक दृष्टि से रोगी उस अंचल के लिए मन में एक गहरा anguish छूट जाता है।

—भारती

4

संदर्भ : कहानी—'ख़ुद के ख़िलाफ़'

पो. ऑ. बाक्स नं. 213,
टाइम्स ऑफ इंडिया बिल्डिंग
बम्बई-1

परम प्रिय भाई,

जब से उपहार अंक प्रकाशित हुआ है, शायद ही कोई शाम ऐसी बीती हो जब घरेलू पार्टियों में, समारोहों में, नाट्य प्रदर्शनों में, हाट-बाजार में किसी न किसी परिचित ने रोककर उपहार अंक के लिए बधाई देते हुए गोविंद मिश्र की कहानी पर विशेष बधाई न दी हो! इस कहानी का जिक्र करते ही उनके चेहरे पर एक आतंक-प्रशंसा का भाव आता है और बदले हुए स्वर में हर व्यक्ति कहता है कि इस कहानी ने उसे झकझोर दिया अंदर तक। उपहार अंक पर जितने भी पाठकों के पत्र आये हैं लगभग 90 प्रतिशत पत्रों में इस कहानी का विशेष उल्लेख है। इन सबकी बधाई एकत्र कर आपको भेज रहा हूँ। नव वर्ष का इससे बेहतर उपहार आपको क्या दे सकता हूँ!

आप से सहमत हूँ कि स्ट्रिपटीज की जगह 'तू नंगी हो जा' ही ज्यादा सशक्त अभिव्यक्ति है। मैंने इस वाक्यांश को ऐसा ही रक्खा था लेकिन विाग को थोड़ी हिचक थी। धर्मयुग की कैबिनेट में बेचारे प्रधानमंत्री को कैबिनेट की राय सरमाथे लेनी ही होती है। लेकिन कुल मिलाकर पाठक की प्रतिक्रियाओं से यही लगा कि इस संशोधन से कहानी के समवेत प्रभाव की कोई क्षति नहीं हुई–

अब अगली कहानी का इंतजार है

सस्नेह

–भारती

22.1.79

5

दिल्ली-110006

31.1.85

प्रिय बंधु,

आशा करता हूँ, आप सानंद हैं।

इस बार की उत्कल यात्रा में 'खाक इतिहास' पढ़ गया। अपनी विशिष्ट भाषा, शैली, मनोवैज्ञानिक चित्रण और मनुष्य के दर्द को स्वर देती ये कहानियाँ मुझे कहीं गहरे छू गयीं। विशेष रूप से मैं आल्हाखंड, सड़ांध, मुझे घर ले चलो, और खाक इतिहास का उल्लेख करना चाहूँगा। कितनी व्यथा, कितनी पीड़ा, कितना दर्द है इन कहानियों में और कितनी निस्संगता। आल्हाखंड की अंतिम पंक्तियाँ–भैया, तुम वापिस जाकर उन्हें जरूर ढूँढ़ निकालना और मेरी रामकहानी–सारी निस्संगता के बावजूद कितनी व्यथा-ममता वहन किये है!

सड़ांध का आत्मविश्वास, अंदर से उभरा भरोसा सचमुच पाठक को दर्द के साथ एक भरोसा दे जाता है जीने का। पिछले दिनों मैंने एक लंबी कहानी लिखी थी 19 टंकित पृष्ठों की। विभाजन की व्यथा को झेलती एक नारी की व्यथा-कथा है पर उसका अंत इसी अपने अंतर से आये भरोसे से हुआ है। 'मुझे मेरे घर ले चलो' भी बड़ी करुण कथा है। एक गरीब मजदूर की अंतिम पंक्तियाँ तो झिंझोड़ देती हैं। लेकिन 'खाक इतिहास' तो प्यार और उसकी पीड़ा की एक विरल अनुभूति है। 'लौटते में वह इधर से फिर गुजरेगी...अकेले। जो जगह हमारे कीमती क्षणों से जुड़ी हो, वहीं उजड़ कर फिर से खड़े होना....मैं सिहर उठा।'

मैं भी सिहर उठा था।

और भी कहानियाँ सुंदर हैं। अपना-अपना मनोविज्ञान है उनका। चरित्र-चित्रण प्रायः सभी में सुंदर बन पड़ा है पर मुझे सब कुछ के बावजूद 'आने वाली सुबह' और

'प्यास' में यह सहजता नहीं जान पड़ी जो अन्य कहानियों में है। ठीक है पर कुछ सायासता है, इसलिए प्रामाणिकता उतनी नहीं है।

गाड़ी में ही पढ़ते-पढ़ते प्रथम प्रतिक्रिया लिखता चला गया था। वही आपको बता रहा हूँ। हो सकता है फिर से पढ़ूँ तो शायद अपनी राय बदलनी पड़े। लेकिन कहते हैं, प्रथम प्रतिक्रिया अधिक प्रामाणिक होती है।

और सब पूर्ववत। अभी दिल्ली में ही हूँ। कुछ महीने रहकर अपने कागज-पत्रों को व्यवस्थित कर लेना चाहता हूँ।

सबको स्नेह स्मरण

स्नेही

—विष्णु प्रभाकर

6

3.4.85

515/269, सिविल लाइंस

कानपुर-208001

आदरणीय गोविंद जी,

प्रणाम

कैसे हैं आप? बहुत दिनों से कोई खबर नहीं मिली। अभी 'तुम्हारी रोशनी में' पढ़कर खत्म किया है।

पूरी पुस्तक एक बैठक में पढ़ गया हूँ। सुखद है कि आपने प्रेम के विषय को मूल्यों और बहुत हद तक 'आध्यात्मिकता' के साथ जोड़ने की कोशिश की है। आजकल इस भावना का लोप-सा हो रहा है। यह 'कन्सैप्ट' ही खत्म-सा हो रहा है और ऐसी स्थितियों में दोनों आयामों में जूझती सुवर्णा के माध्यम से दोनों की व्याख्या सुंदर है। पर अंत अगर ज्यादा 'पोज़िटिव' होता और ज्यादा स्पष्ट तो? सुवर्णा की संघर्षपूर्ण मनःस्थिति को एक ठहराव मिल जाता, एक स्पष्ट विचारधारा मिल जाती तो कुछ अधिक सकारात्मक होता। वैसे यह बहुत मामूली बात है और किसी भी लेखक की अपनी मनःस्थिति है। मुझे उपन्यास अच्छा लगा और इसकी बधाई।

भाषा को लेकर एक बात कहूँगा। संभवतः विषय के कारण इसमें कुछ अतिरिक्त सतर्कता बरती है आपने और शायद इसीलिए कहीं-कहीं भाषा की बुनावट कथ्य को दबा लेती है। शायद कोई प्रयोग किया हो आपने भाषा के स्तर पर। जैसे शब्दों की पुनरावृत्ति—'महक-महक, उछल-उछल' ऐसा बहुत बार आया है जो कहीं-कहीं भाषा पर अतिरिक्त दबाव लगता है।

आपका

—प्रियंवद

7

संदर्भ : 'तुम्हारी रोशनी में'

7 दरियागंज, नयी दिल्ली-2
20.4.85

भाई गोविंद मिश्र,

पत्र आया तब आपकी '...रोशनी में' किताब हाथ में थी। मुझे तो उसने पकड़ लिया था। खरी गहरी रचना है। कोई कुछ कहे, मैं सहमत हूँ कि प्रेम पवित्र करता है, वह उठाता है आदमी को। बाहर जितना कर्म दीखता है, मूल्य उसका भीतर के प्रेम के हिसाब से ही लगना चाहिए। नहीं तो कर्म कोरी चंचलता ही नहीं है? आप उतर रहे हैं घटना की यथार्थता से उसके आशय के संधान में और मेरी दृष्टि से यह बहुत शुभ है। मेरी बधाई लें। सबको यथायोग्य।

आपका
—जैनेन्द्र

8

द्वारा दिनमान
10 दरियागंज
नयी दिल्ली-110002

मान्य गोविंद भाई,

बधाई कि 'तुम्हारी रोशनी में' पढ़ना एक सुखद और दूर तक उत्तेजना देता अनुभव रहा। उत्तेजना इस मायने में कि किसी ने 'प्रेम' को चुनौती तो दी अरसे के बाद। हिंदी में प्रेम उपन्यास हैं ही कहाँ! इधर तो लंबे अरसे से सूखा पड़ा हुआ है इस विषय को लेकर जबकि प्रेम ही है जो अंत में बचेगा।

उपन्यास में बहुत सारे अनुभव-खंड ऐसे हैं जिन्होंने देर तक पकड़े रखा। एक वाक्य—'कितना अजीब है कि अपने जीवन का सबसे पवित्र और सर्वश्रेष्ठ अंश भी किसी पर उँडेल देने के बावजूद कुछ नहीं होता।' (स्मृति के आधार पर लिखा है, लेकिन भाव यही है) ने मुझे भीतर तक छुआ है—मेरे अपने निजी संदर्भों को लेकर। यह एक ऐसी पीड़ा है जो प्रेमिका के ही स्वर तक नहीं ठहरी रहती, अन्य संबंधों को भी जद में लेती है।

परंपरा और आधुनिकता के बीच दौड़ती-भागती स्त्री की सीमाओं और शक्तियों को केंद्र में रखने के बावजूद अपनी संपूर्ण अर्थवत्ता में यह प्रेम उपन्यास ही है, मुझे ऐसा लगा।

विस्तार से फिर कभी और।

और कहीं।

सानंद होगे। पत्र देंगे तो अच्छा लगेगा।

20.4.85

आपका

–धीरेंद्र अस्थाना

9

संदर्भ : 'तुम्हारी रोशनी में'

चौक, लखनऊ-226003

9.5.85

परमप्रिय गोविंद,

तुम्हारा उपन्यास पढ़ गया। सुवर्णा का चरित्र-चित्रण की दृष्टि से भी रोचक है, और सामाजिक अध्ययन की दृष्टि से भी। आज की अमर्यादित नवस्वातंत्र्य चेतना तथा सांस्कारिक गुलामी के दोहरे, तंग और कसे हुए, जाल में जकड़ी हुई उच्चवर्गीय शिक्षित भारतीय नारी का तुमने अच्छा चित्रण किया है। एक जगह तो वह अपनी नारी प्रकृति के अनुसार एक ही पुरुष के प्रति समर्पित होना चाहती है अर्थात monogames हैं। किंतु उसकी वह एक पुरुष वाली चेतना में कितने स्वरूप समाये हैं कि वह यह निर्णय ही नहीं कर पाती कि उसे किस पुरुष से क्या चाहिए। अपने मन की सुनहली चाहतों में वह इतनी बिखरी हुई है कि अपनी स्वतंत्रता को न तो ठीक तरह से समझ पाती है और न उसे मर्यादित ही कर सकती है–'मेरो मन अनत कहाँ सुख पावे।'

दूसरी ओर वह अपने पति रमेश के (परपुरुष ईर्ष्यावश) दबाव में भी आ जाती है। पति उसे दबाता ही नहीं मार भी बैठता है। वह दबती है और दूसरी ओर अपनी नवस्वातंत्र्य चेतनावश विद्रोह भी करती है–फिर भी करुण, विवश है।

नौकरपेशा, अफसर समाज का चित्रण तुमने अच्छा किया है। इसमें ऐसे बहुत-से लोग हैं जो आर्थिक दृष्टि से हीन परिवारों के लड़के होते हुए भी भाग्य और प्रतिभा से अफसर बनकर अभिजात रंग में रंगने लगते हैं। सुवर्णा सेक्स की अधिक भूखी नहीं, वहाँ वह अपेक्षाकृत नार्मल लगती है, लेकिन खूबसूरत और जवान होने के कारण वह दूसरों की सेक्स-चाहतों का साधन ना-ना करते हुए भी बन ही जाती है। सब मिलाकर चरित्र मजेदार है।

अभी कुछ दिन पहले ही पढ़ा था कि अमरीकी समाज में खूब स्वतंत्र होकर भी स्त्री खूब ही गुलाम है। लगता है पूँजीवादी चेतना के साथ औरत की यह आदिम गुलामी एक गुल गाँठ की तरह से इतनी कस गयी है कि जब तक दोनों बीमारियाँ एक साथ जड़-मूल से न जाएँ, तब तक वह अपनापन–स्वरूप–नहीं पा सकती।

तुम्हारी चरित्र-चित्रण शैली में काव्य की भाषा भी अच्छे रंग भर देती है। तुम्हें बधाई देता हूँ।

आशा है सपरिवार सानंद सकुशल होंगे।

सप्रेम तुम्हारा
—अमृतलाल नागर

10

507, आई. आई. टी.
कानपुर।
22.6.1985

प्रिय गोविंद,

तुम्हारा उपन्यास 'तुम्हारी रोशनी में' पढ़कर एक-दो दिन पहले ही समाप्त किया है। तुम्हारी ज़मीन से हटकर है। यह सही है कि तुमने इसमें प्रतीकों का सहारा लिया है। भाषा को संवेदना के साथ जोड़ा है। लेकिन सुवर्णा के दो-तीन चित्र सामने आते हैं। ये एक दूसरे में से घटाते भी हैं और उसमें जोड़ते भी हैं। एक तो यही कि सुवर्णा 'दुनिया' की खूबसूरती अपने भीतर भरकर उसे खुश-खुश दूसरों में बाँटना चाहती है। लेकिन वह खूबसूरती कौन-सी है? स्वाभाविक है जब तुमने 'दुनिया' की खूबसूरती कहा है तो वह शारीरिक यानी भौतिक खूबसूरती ही होगी। दूसरा चित्र भी इससे मिलता-जुलता है। उसके अंदर देने को बहुत कुछ है। शारीरिक स्तर पर भी और भावनात्मक स्तर पर भी। इतना है कि न तो एक को देकर उसे संतुष्टि ही होती है और न एक से उसका पूरा ही पड़ता है। जो भी उसे भाता है और जब तक भाता है, तब तक देती है फिर छोड़ देती है। उसका देना भावना से लेकर शरीर तक और एक सीमा तक ही का देना है। वह देना केवल देना ही नहीं। उसके माध्यम से लेना भी है। वह लेना एक अजीबो-गरीब तरह का लेना है। देकर ले लेना। उच्छिट के रूप में दूसरे को तड़पते छोड़ देती है। वह तड़पना, अपने पीछे तड़पते पूर्व स्नेही को लहूलुहान भागते देखना, उसे कहीं न कहीं सुख पहुँचाता है। तीसरी बात वह अपने इस लेने-देने के संबंध के बारे में स्वयं स्पष्ट नहीं। यह अस्पष्टता अनंत, श्याम, अरविंद और यहाँ तक कि अपने बच्चों और पति रमेश तक के संबंधों को लेकर उस पर हावी रहती है। दरअसल यह चरित्र अपने इतने अधिक विकल्पों के कारण हिंदी साहित्य का एक महत्त्वपूर्ण चरित्र होते-होते रह गया है। इसका कारण केवल एक ही नज़र आता है। वह है इस पात्र के साथ लेखकीय संवेदना का भावनात्मक रूप से जुड़ जाना। शायद यह चरित्र एक दूसरे के बर्ताव की अपेक्षा रखता था। लेकिन लेखक उसके रूप की गरिमा के साथ अनंत के रूप में भावनात्मक स्तर पर जा जुड़ा है। वह उसके सामने कभी-कभी बालक बन जाता है और उसका यही पक्ष सुवर्णा की अहम्मन्यता के माफ़िक पड़ता है। इसीलिए वह उसे औरों से भिन्न भी लगता

है। वह जानती है कि उसकी यह 'एडोलेसेंस' हमेशा उसे सुवर्णा के अधीन रखेगी। 'एडोलेसेंट' तो सभी प्रेमी हैं। पर उनमें अनंत सबसे ज्यादा है। वह झटका तो जा सकता है। पर झटक कर पूरी तरह अलग हो जाने की सामर्थ्य उसमें नहीं।

उस चरित्र का स्वरूप बावजूद लेखकीय संवेदना के उसे स्तर तक नहीं पहुँचने देता जहाँ पर उसे होना चाहिए था। तुम इसमें अपनी भाषा से भी अच्छी दिशा में हटे हो, प्रतीकों और संवेदना की गहराई की दृष्टि से गहरे भी उतरे हो परंतु भावनात्मक जुड़ाव पात्र को, सच्चाइयों तक पहुँचते-पहुँचते उसी प्रकार रोक लेता है, जैसे किसी योद्धा को उसके स्वजनों का प्यार दिग्विजय से रोक लेता हो।

फिर भी इतनी तल्लीनता और आत्मीयता के साथ लिखे गये इस उपन्यास के लिए मेरी बधाई स्वीकार करो। यह हम सब लेखकों की विडंबना होती है। कभी-कभी हम अपने रचनात्मक लगाव को या तो गलत जगह उँड़ेल देते हैं या वह बिंदु हमारी नज़र से बच निकलता है जहाँ हमारा असल स्ट्रोक होना चाहिए। इस बात का अहसास तब होता है जब कुछ भी करना हाथ में नहीं रह जाता। लेकिन सुवर्णा की रूप मांसलता और 'सेंसुअसनेस' की बहुलता मुझे इस चरित्र की कभी न भूलने वाली देन लगी। यदि रचनात्मकता के उत्कर्ष को भुला दें तो यह भी हमारी एक लेखकीय अनिवार्यता होती है जो कहीं न कहीं रचनात्मकता पर सान लगाती है। मैंने ये सब बातें अपने ऊपर लागू करके, सह-रचनाकार के रूप में इस उपन्यास के माध्यम से अनुभव की हैं। तब लिखी हैं। बुरा मत मानना।

तुम्हारी कलम के दीर्घजीवी होने की कामना करते हुए।

सस्नेह,

तुम्हारा

—गिरिराज किशोर

11

54ए, एम. आई. जी. फ्लैट,
ए-2, पश्चिम विहार,
नयी दिल्ली-110063
26 जून, 85

प्रिय गोविंद भाई,

अब तक आपकी वे सभी रचनाएँ पढ़ लीं, जिन्हें कृपा कर आपने मुझे बंबई में भेंट स्वरूप दी थीं। वाह भाई वाह, आप समर्थ कृतिकार हैं—यह निश्चित है। आपके पास अनुभूति है, भाषा है और ईश्वर कृपा से उससे प्राप्त दृष्टि है। फिर और क्या चाहिए। निर्भय है। पुत्र-हानि का इतना बड़ा कष्ट, और आपने बंबई में उसको हमारे बीच नहीं आने दिया। आपकी पत्नी भी चुप रहीं। सहना और मौन रहना, यही तो मुनि का लक्षण है।

उपन्यास....'रोशनी में' सुंदर है—अज्ञेय और जैनेंद्र को पढ़ना चाहिए। आप जो चाहते हैं, कह लेते हैं—मिट्टी के मिसिर बाबा हैं आप—चरण छूता हूँ। ईश्वर खूब लंबी उमर दे और तपते रहने का सामर्थ्य—मैं लिखने जा रहा हूँ—आशीष दें—सदा आपका,

सप्रेम

—लक्ष्मीनारायण लाल

नोट : इतने विविध माध्यमों में एक के बाद एक आपकी रचनाएँ पढ़कर मैं आश्वस्त हुआ—इस अंधेरे में भी आप रहेंगे—दिखेंगे लोगों को। बधाई।

प्यार।—लाल

12

नागपुर

16.7.85

प्रिय भाई,

आशा करता हूँ, सानंद होंगे।

मैं कल रात यहाँ पहुँचा। आपका उपन्यास (तुम्हारी रोशनी में) साथ में था। पाँच-छह घंटे लगे पढ़ने में।

आपने एक शाश्वत समस्या को नये रूप में प्रस्तुत किया है। आपने प्रकृति को जो प्रतीकों के रूप में इस्तेमाल किया है वह बहुत अच्छा लगा यद्यपि कहीं-कहीं सायासता आ गयी है और इसी कारण पन्ने पलट जाने का मन हुआ पर ऐसा बहुत ही कम है। कुल मिलाकर एक कुरेदना ही पैदा कर दी आपके उपन्यास ने। बड़ी कुशलता से आपने सुवर्णा की वेदना को सहेजा है। खुले आकाश में उड़ने वाली वह जानती ही नहीं उसका गंतव्य कहाँ है। इसीलिए भटकती है। कुछ बंधन हैं जो उसे खींचते हैं। वह सच्ची है उनके प्रति। पति के प्रति समर्पिता है लेकिन दासी बनकर नहीं, सहचरी बनकर। लेकिन मुझे लगता है वह स्वयं नहीं जानती कि वह क्या चाहती है।

खैर, यह व्यक्ति की कहानी नहीं है, यह नर-नारी के संबंधों की कहानी है। पुरुष-प्रधान समाज है। उसने अपने लिए छूट ले रखी है, पत्नी के रहते हुए प्रेमिकाएँ रखने की। नारी को यह अधिकार नहीं है। सुवर्णा अनचाहे वह अधिकार चाहती है। अनचाहे इसलिए कि उसे पता नहीं है कि उसके पति की कोई उर्वशी है। वह तो बस सहज भाव से मुक्त होकर मिलना चाहती है उनसे जिन्हें वह पसंद करती है। वहाँ भी सजग है वह, सीमा बाँधती है लेकिन प्रश्न है ऐसी स्थितियों में सीमा टिकती है क्या? अनजाने, अनचाहे सब कुछ टूट-फूट जाता है, तब!

यहीं सुवर्णा भी टूट गयी। रमेश तो खैर संवेदनहीन पशु है। उससे सुवर्णा कैसे जुड़ी रही इतने दिन, यही आश्चर्य है।

आपने भटकन का सुंदर और हृदय-ग्राही सहज चित्रण किया है पर सुवर्णा की मंजिल तो अनंत भी नहीं हो सकता। कहाँ है वह मंजिल—यही तो समस्या है। इसका समाधान कहाँ है। आप भी उसकी जरूरत बताकर मुक्त हो गये।

सुवर्णा अभी मुक्ति की तलाश में है। वह मुक्ति क्या है, कैसा रूप है उसका—वह नहीं जानती। चित्र यथार्थ है पर मन को आश्वस्त नहीं करता, आप शायद आश्वस्त करना ही नहीं चाहते।

मुझे यह उपन्यास विशेष रूप से आकर्षित कर सका क्योंकि मेरे उपन्यास का भी यही विषय है पर वहाँ वह समस्या बलात्कर से उपजी है। दूसरे के लिए अपनी बलि चढ़ाकर भी 'यौनशुचिता' के उपासक नर को नारी संतुष्ट नहीं कर पाती। मैं नर-नारी के संबंधों के सही आकार की तलाश में भटक रहा हूँ। आपके उपन्यास ने निदान तो नहीं सुझाया पर समस्या और स्पष्ट और सघन रूप में प्रस्तुत कर दिया है। सुवर्णा से मुझे पूरी सहानुभूति है पर वह अभी शिशु ही है, प्रौढ़ नहीं हो पायी। तलाश है पर मंजिल नहीं और मंजिल होती कहाँ है—

न मंजिल है, न मंजिल का पता है
मोहब्बत रास्ता ही रास्ता है।

पर मुझे लगता है आपकी सुवर्णा को अभी सही रास्ता भी नहीं दिखा है, पर वह हारी नहीं है यही शुभ है। कुरेदना है उसके अंतर में, यही उसकी शक्ति बनेगी। आर्थिक रूप से स्वतंत्र होकर नारी हार ही नहीं सकती, लेकिन तब खतरे भी बहुत हैं। सुवर्णा उन खतरों को पहचानती है—यह आपने बहुत अच्छी तरह स्पष्ट किया है।

पढ़ने के बाद सहज भाव से बिना सोचे लिखता चला गया। कुल मिलाकर मैं संतुष्ट ही हुआ। तृप्त नहीं हुआ, होना भी नहीं चाहिए था। अतृप्ति ही तो उत्तर को कुरेदती है। मेरा उपन्यास आधे से अधिक लिखा पड़ा है। सितंबर में आगे बढ़ाऊँगा। शेष फिर। सबको मेरा स्नेह-स्मरण।

स्नेही

—विष्णु प्रभाकर

पुनश्च : रास्ते में अच्छा साथी रहा आपका उपन्यास, कृतज्ञ हूँ।

13

काशी विद्यापीठ
वाराणसी-221002
3.2.88

व्यक्तिगत

।।श्रीः।।

प्रियवर,

पगला बाबा प्रकाशक ने भेज दी थी, पढ़ डाली। शुरू की ही कहानियों में लगा

कि कहानी में संवेदनशीलता जी उठी है, इधर के कथा साहित्य की निर्मम बौद्धिक तटस्थता से कुछ ऊब होने लगी थी, विशेष रूप से इस कारण कि वह तटस्थता भी सहज या निजी नहीं थी, थी प्रायः आरोपित। मुझे **पगला बाबा, एक बूँद उलझी** और **माइकेल लोबो** में बड़ी सूक्ष्म और सुषुप्त मानवीयता की जाग्रत अवस्था के नाटकीय दिग्दर्शन से बड़ी तृप्ति मिली। आपको हार्दिक बधाई। हृदय से आशीर्वाद कि आप कहानी के क्षेत्र में गुलेरी से जो शुरुआत हुई थी, उसके उत्कर्ष शिखर बनें।

सस्नेह

—विद्यानिवास मिश्र

14

14A/20WEA

नयी दिल्ली

20.2.89

प्रिय गोविंद,

इतने दिनों बाद तुम्हारा पत्र पाकर खुशी हुई। दरअसल पिछले कई दिनों से मैं तुम्हें लिखने की सोच रहा था—और इधर तुम्हारा नया उपन्यास 'धीर-समीरे' पढ़कर यह इच्छा और भी बलवती हो गयी थी। मुझे तुम्हारा यह उपन्यास जगह-जगह पर उद्वेलित करता रहा। एक तरह से यात्रा का चिरंतन प्रवाह उपन्यास की कथाधारा का पॉट तैयार करता जाता है जिसमें हर पात्र का अतीत धीरे-धीरे हर पड़ाव पर उद्‌घाटित होता है। तुमने बड़ी सूक्ष्म दृष्टि से विभिन्न नियतियों के जीवन-सूत्र संयोजित किये हैं, जिसमें भारतीय संस्कृति के बिंब, स्मृति संकेत और पौराणिक गाथाएँ सहज रूप से अंतर्गुंफित हो जाते हैं। उनके प्रति तुम्हारा लगाव यदि इतनी गहन संवेदना के साथ न अंतर्निहित होता तो सारी चीज़ काफ़ी अमूर्त और वायवी-सी जान पड़ती। लेकिन तुम इस छद्‌म, बौद्धिक 'भारतीयता' से बच कर सहज रूप से 'भारतीय मन' (यदि ऐसी कोई चीज है) के टैक्सचर के ताने-बाने को रेखांकित करने में सफल हुए हो... कुछ चीज़ें जो खटकीं, मैं यहाँ उनकी चर्चा नहीं करूँगा—लेकिन पूरा उपन्यास पढ़कर लगा कि 'लाल-पीली ज़मीन' के बाद तुमने एक बिल्कुल नयी ज़मीन की यात्रा की है—और उसकी रिपोर्ट अपने उपन्यास में हमें दी है।

कभी-कभी तुम पर ईर्ष्या होती है कि नौकरी और परिवार की व्यस्तताओं के बावजूद तुम बराबर इतनी निष्ठा से लिखते रहते हो—वह भी 'आधुनिक फैशनों' से मुक्त होकर—जो आज के युग में (विशेषकर हिंदी के लेखक समाज में) कम ही लोग कर पाते हैं।

आशा है, तुम और परिवार के सदस्य सब सकुशल होंगे।

सस्नेह

तुम्हारा

निर्मल वर्मा

15

1.12.89

प्रेमचंद सृजनपीठ

विक्रम विश्वविद्यालय परिसर

उज्जैन (मध्य प्रदेश)

456010

प्रियवर,

'धीर-समीरे' के बारे में आपको पत्र दिया ही था तथा थोड़ी-बहुत चर्चा भी आपसे हुई ही। इस सप्ताह 'मुझे घर ले चलो' पढ़ सका। आप कहेंगे, यह पुस्तक तो आपने दो वर्ष पूर्व दी थी और उसे मैंने अब जाकर पढ़ा। वस्तुतः ज़िस प्रकार लिखने में मैं कोई जल्दी नहीं करता, उसी प्रकार कम से कम अच्छी किताबों के पढ़ने के मामले में भी जल्दबाजी नहीं करता।

शायद यह कहना ठीक होगा कि आपके विविध लेखन के आस्वाद को ठीक तरह से पहली बार जाना। आपने अपने आधारभूत निसर्ग-व्यक्तित्व को अपनी सर्जनात्मकता में जितने सहज रूप में अभिव्यक्त किया है वह स्पृहणीय है। प्रायः तो अधिकांश लेखकों की सर्जनात्मकता पर शहरातीपन तथा आधुनिकता का इतना ज्यादा रंग-रोगन चढ़ा मिलता है कि खोदने पर भी आदमी कहीं नहीं मिलता। इसके अलावा लेखन को कहन के स्तर पर खड़ा कर देने से व्यक्तियों, स्थितियों और परिवेश का खाँटीपन ऐसी विश्वसनीय सुगंध देता है कि रचना प्रतिसृष्टि न रहकर स्वयं सृष्टि बन जाती है। सच, पढ़ कर आपसे कुछ अधिक ही आत्मीयता अनुभव होती है। मेरा साधुवाद स्वीकारें।

श्रीमती मिश्र और परिवार में सबको यथायोग्य कहें।

सस्नेह

आपका

—नरेश मेहता

परिशिष्ट-2

कुछ पत्र पाठकों के

1

सेंट्रल बैंक ऑफ इंडिया
डबरा (म. प्र.) - 475110
29.3.80
9.40 बजे

प्रिय श्री गोविंद मिश्र,

नमस्कार।

आपकी रचना—'कहानी नहीं' 'सारिका', 16 मार्च 80 में पढ़ी। एक गाइड की डिवोटेड जिंदगी का स्पष्ट प्रतिबिंब सहजता और मनोयोग से उभरा है। सच है, यह कहानी नहीं, आत्मकथा हो सकती है गाइड की, इतिहास हो सकता है उन लाल चिप्स पत्थरों का, जहाँ आदमी भी परिवेश का आयाम, संस्कार बन जाता है। जिंदादिली ने पंडित रतनलाल शर्मा की अहमियत को काफी ऊँचा उठाया है निस्संदेह। कहते हैं जब कोई शख्स अपना काम तहेदिल से करे, उस वातावरण में खुशबू की तरह घुल जाए तो उसे इबादत करने की क्या जरूरत, ईश्वर उसके लिए प्रार्थना करेगा। मैंने माँडू देखा नहीं, पर लगता है, सच में वह देखने की नहीं प्यार करने की चीज़ है। इतिहास के सीने में दफन कई-कई इंसानों का 'डिवोशन' लगता है, पत्थरों पर चमक उठता है।

तो हवा में मौजूद उन रूहों के चेहरे सच में हँसी से चमक उठते होंगे अगर कोई आपसा मनोवैज्ञानिक सही तकरीर कर उठे। इन पत्थरों, वातावरण को भी समझने वाले शै की दरकार है।

धन्यवाद,

आपका विनम्र,
—सुरेशचंद्र तलेगाँवकर

(पंडित रतनलाल शर्मा कहानी के नायक और माँडू कहानी का परिवेश—संपादक)

2

कार्यालय मंडल अभियंता 'दूरभाष'
रांची-834001
दिनांक 6.6.83

आदरणीय भाई,

'सारिका' (अंक 333) में आपकी कहानी 'फाँस' पढ़ी। पढ़कर कुछ इस तरह की बातें दिमाग में आने लगीं कि आपको दो शब्द लिखने का अपराध (?) करना पड़ा। पर विश्वास है, आप अन्यथा न लेंगे।

यदि मैं कहूँ कि आज हिंदी कहानी अपने स्तर से गिरती जा रही है तो शायद आपको आश्चर्य होगा। पर ऐसा मैं समझता हूँ। बात बहुत हद तक सत्य भी है। 'सारिका' कहानी-प्रतियोगिता की निर्णायक समिति के सदस्यों में एक सदस्य आप भी थे। कहानी की नयी तेवर की पहचान रखने वाले! पर तीन हजार कहानियों में से जो कहानी पुरस्कृत की गयी, वह भी इतनी अच्छी नहीं रही। अब फिर इधर 'साप्ताहिक हिंदुस्तान' द्वारा इस तरह का आयोजन किया जा रहा है, शायद फिर आपको वह जवाबदेही निभानी पड़े...।

पर इसका मतलब यह नहीं कि आज स्तरीय कहानी लिखी ही नहीं जाती। लिखी जाती है, पर कभी-कभी। कई वर्षों बाद एक बार उस तरह की रचना सरस्वती के किसी वरद पूतों के हाथों माँ-भारती का शृंगार करने चली आती है और वह हिंदी कहानी साहित्य की एक उपलब्धि होती है।

निःसंदेह 'फाँस' उसी तरह की एक उपलब्धि है। वैसे तो हिंदी में अब तक लाखों कहानियाँ लिखी गयी हैं, सबकी जानकारी तो मुझे नहीं है, पर जहाँ तक मैं जान पाया हूँ अभी तक इस तरह की दो ही कहानियाँ लिखी गयी हैं। पहली कहानी है प्रसाद-विरचित 'मधुआ' और दूसरी कहानी है जगदंबा प्रसाद दीक्षित विरचित 'गंदगी और जिंदगी'। 'गंदगी और जिंदगी' में कुछ शिल्पगत दोष भी हैं, पर 'मधुआ' और 'फाँस' हर तरह से निर्दोष कहानियाँ हैं।

यदि समीक्षकों में सही माने में कहानी विधा को समझने की शक्ति होगी तो वे इसी रूप में 'फाँस' को स्थान देंगे।

बापू बराबर कहा करते थे—"मैं सबसे पहले तुम्हारा हृदय-परिवर्तन करूँगा।" कृष्ण ने भी 'गीता' में इसी तरह की बात कही थी। 'फाँस' भी तो कुछ वैसा ही करती है। कौन-सी ऐसी अदृश्य बाधा है जिसे वे पार नहीं कर पाते? शायद वही मानवता है जो सर्वोपरि है जिसको किसी भी युग में, जाति में, साहित्य में नजरअंदाज नहीं किया जा सकता।

भगवान नारद ने महान हत्यारा वाल्मीकि का हृदय-परिवर्तन किया या नहीं, महात्मा बुद्ध ने अंगुलीमाल का हृदय-परिवर्तन किया या नहीं, नहीं कहा जा सकता। पर

पल्टू की माँ के सद्व्यवहार से उन दो अपराधियों का तो हृदय परिवर्तन हो ही जाता है। यही कहानी की सबसे बड़ी प्रासंगिकता है।

यह एक शाश्वत मानवता की कहानी है, शाश्वत मूल्य की कहानी है, शाश्वत युग की कहानी है। यदि पूरे जीवन में इस तरह की एक भी कहानी कोई लेखक लिख लेता है तो उसका लेखक-जीवन सफल है।

मैंने बढ़ा-चढ़ाकर कुछ नहीं लिखा है। नये लेखक के नाते शहर के बुद्धिजीवियों के यहाँ भी मेरा उठना-बैठना होता है और उन लोगों की भी कुछ ऐसी ही धारणा है।

पत्र में अनावश्यक विस्तार हो गया है, पर क्षमा करेंगे। जो बात कहनी थीं, वे भला कैसे नहीं कहता! कह दिया।

पत्र दें। खुशी होगी। आप जैसे लोगों से बातें कर प्रोत्साहित भी होऊँगा। कुछ नया भी मिलेगा। बस! सादर—

आपका,

—वासुदेव

3

24/11, पंजाबी बाग एक्स्टेंशन,
नयी दिल्ली-110026

प्रिय गोविंद जी,

अभी-अभी 'धर्मयुग' में आपकी कथाभूमि 'बाँदा' की व्यथा-कथा पढ़ी। कितने भाग्यवान हैं आप जो आज भी अपनी जमीन को लौट सकते हैं, अपनी मिट्टी की गंध से स्वयं को भिगो सकते हैं, नहीं तो क्या हम सब ही अपनी-अपनी जड़ों से बिछड़े हुए पौधे नहीं हैं? हम तिनके की तरह बहते हुए महानगरों में पहुँच गये, जिसे जो कुर्सी मिली, उसी से चिपक लिये, अपने नाम और पद के हाथों खुद को बेच निश्चिंत हो लिये। इस भागम-भाग में आप अगर कुछ पल भी अपनी मिट्टी में, अपनी जमीन में जाकर जी लेते हैं, चाहे दिमाग में ही, तो भाग्यवान ही कहूँगी आपको।

जो भी हो, आपकी इस कथाभूमि की व्यथा मेरी जन्मभूमि की व्यथा भी है—डाकुओं के गढ़ भिंड-मुरैना के पड़ोस में बसी सिंधिया-राजाओं की ग्रीष्मकालीन राजधानी शिवपुरी, जहाँ आज आतंक के मारे शाम के बाद घर से निकलना भी खतरनाक है।

क्या ऐसा नहीं हो सकता कि हम सब उखड़ने के बावजूद अपनी जड़ों के साथ थोड़ी-सी मिट्टी भी ले आयें और इन सूखे बंजर महानगरों में छोटे-छोटे पौधे लगायें, फूल खिलायें?

—वंदना कौशिक

4-क

जी-2/230, 1100 क्वार्टर्स
अरेरा कालोनी, भोपाल-462016
दि. 24.2.1985

प्रिय गोविंद जी,

करीब तीन-चार वर्ष हुए, आपकी एक कहानी पढ़ी थी, 'सारिका' या 'धर्मयुग' में। नाम तो याद नहीं रहा, जैसा कि अक्सर होता है, कहानियाँ तो याद रहती हैं, नाम भूल जाते हैं। कहानी एक पुरुष और स्त्री के मित्र-भाव, आकर्षण या प्यार को लेकर थी। पुरुष के माध्यम से कही गयी थी कि कैसे वह बातचीत से, घुमा-फिराकर या और किसी तरह स्त्री से यह जानने की कोशिश करता है कि वह उसके लिए अन्य मित्रों से कुछ विशेष है। एक अँगूठी देने का (स्त्री द्वारा) प्रसंग भी है और गुस्सा होकर वापिस माँग लेने का भी। कहीं बीच में ये वाक्य भी हैं—जो व्यक्तिगत संपत्ति नहीं, वह सार्वजनिक हो जाती है—(या ऐसा ही कुछ), अंत में वह उससे कुछ स्वीकार तो करवा नहीं पाता, कोशिश में आहत हो, वे दोनों दूर हो जाते हैं और अलग-अलग मन में कुढ़ते रहते हैं।

पिछले तीन-चार वर्षों में इस कहानी को फिर से पढ़ने की, जिस संग्रह में हो, उसे अपने पास रखने की कई बार बहुत-बहुत इच्छा हुई। इसी उसमें 'धाँसू', 'अंतःपुर', 'नये-पुराने माँ-बाप', 'खाक इतिहास', 'मेरी प्रिय कहानियाँ'—सभी खोज-खोजकर पढ़े, कुछ खरीद भी। क्या कहानी 'खुद के खिलाफ' संग्रह में है या 'अपाहिज' (लंबी कहानियाँ) में है? पर ये कहाँ से प्रकाशित हैं, यह नहीं पता पड़ सका।

पिछले दिनों 'मेरी प्रिय कहानियाँ' की भूमिका में प्रेम, संवेदना आदि के संबंध में पढ़ रही थी। उसी वजह से आपको लिखकर पूछने में तत्परता आ गयी, वैसे इच्छा पिछले बहुत समय से थी। आजकल प्रेम, संवेदना, स्त्री-पुरुष संबंध आदि व्यक्तिगत बातों को, इतनी हेय दृष्टि से देखा जाता है—खासकर साहित्यकारों के बीच कि लिखकर पूछने में संकोच होता रहा।

आपकी करीब-करीब सारी किताबें पढ़ी हैं। शुरू का शायद एक उपन्यास छोड़कर 'तुम्हारी रोशनी में' का आर्डर दिया है, अभी आयी नहीं है। आपकी कुछ रचनाएँ, जैसे ऊपर वाली कहानी, 'हुजूर दरबार', 'लाल-पीली ज़मीन', 'संध्यानाद', 'ज़नतंत्र' आदि बहुत अच्छी लगीं—ये कहना शायद उस एहसास को छोटा करना है जो उन्हें पढ़कर होता है। पढ़कर शायद बहुत कुछ वैसी ही आत्मतृप्ति-सी लगती है जैसी किसी से सहज ही जुड़कर होती है—कुछ समय के लिए ही सही। अंतर है तो बस इतना कि जुड़कर अहसास अपने आप बँट जाता है और पढ़कर उस अहसास को कहकर, बातें करके बाँट लेने की एक तीखी इच्छा होती है जो प्रायः पूरी नहीं होती। साहित्य के प्रति ये रुझान या लगाव मेरे बड़े भाई ने, बहुत पहिले दिया था। वो तो घर-गृहस्थी के रास्तों में ऐसा

उलझे कि अब वह सब बाँट लेने का न वहाँ समय है, न इच्छा, और न शायद सामर्थ्य। और मेरे लिए ऐसा हुआ कि लगी, अब छूटती ही नहीं।

ख़ैर, कुछ-न-कुछ तो लगा ही रहता है—जिंदगी के साथ। क्या शिकायत करना। तो आप उस कहानी के बारे में बतायेंगे न? पुस्तक का नाम तथा प्रकाशन। आभार होगा आपका।

भवदीया

—शशिबाला श्रीवास्तव

4-ख

वो कहानी फिर से पढ़ी, बाद में उपन्यास। कहानी 'मैं' की है, उपन्यास सुवर्णा का; फिर भी कुछ ऐसा सघन प्रभाव रहा कहानी का, कि आधे उपन्यास तक बार-बार उस प्रभाव को झटकना पड़ता। जब भी कोई एक-सा प्रसंग आता, कहानी घिर-घिर आती थी हर बार—अरे, ये तो कहानी में अधिक अच्छे ढंग से कहा गया है। कारण शायद यह रहा हो कि कहानी ने अनजान में अचानक आकर अनायास मन को बाँध लिया था, जबकि उपन्यास की प्रतीक्षा थी, पूर्वाभास था और कहानी की पृष्ठभूमि तो थी ही। पर यथार्थ के पहिले झटके के साथ कहानी पीछे छूट गयी (खतम भी हो चुकी थी) और उपन्यास पूरे आवेग से दिलोदिमाग पर छा गया।

सुवर्णा का चरित्र पात्र एक उपलब्धि है। लगता है उपन्यास की ही नहीं—आपकी पूरी रचनाओं की। इसी टक्कर का—इतना ही सशक्त जो दूसरा चरित्र ध्यान में आता है वह है संध्या नाद का वृद्ध पितृ चरित्र—जो आपकी कई कहानियों और एक उपन्यास में आया है। कैसे दो छोर पर हैं—ये दो चरित्र, पर कितने सशक्त और सजीव। अभिभूत करती है वो सामर्थ्य—जो इतने भिन्न दो चरित्रों को उनके सारे त्रासद अंतर्विरोधों और विडंबनाओं के साथ परत दर परत उकेर सकती है—इतने सर्वांगीण—भरे-पूरे सुगठित रूप में कि ढूँढ़े भी एक झोल न मिले।

सुवर्णा के चरित्र का, झटके के बाद का विकास बहुत अच्छा—स्वाभाविक लगता है—वह डर, दुविधा, साहस, भीतर की अनजानी शक्ति का उभर-उभर कर आना। चतुर्दिक—जीवन में—साहित्य में, सब जगह समझौतों की भीड़ में अगर कहीं थोड़ा-सा साहस दिखता है, तो कितना अच्छा लगता है। नहीं तो लगता तो ऐसा है जैसे साहस के, पुरुषार्थ के दिन ही लद गये। टूटना, बिखरना, सँभलना तो जीवन के साथ-साथ लगा ही रहता है, पर नैतिक साहस की अपनी गरिमा, अपनी श्री होती है।

सुवर्णा के बाद के व्यक्तित्व को लेकर, मन कितना उदास हो जाता है यह सोचकर कि आयातित फैशन की तरह दिन-प्रतिदिन बढ़ती इस सतही आधुनिकता के चलते, कितनी-कितनी संभावनाओं से भरे व्यक्तित्व, बस यों ही भटक जाते हैं। (पर युगचेतना

से टकरा कर भीतर से विकसित होने वाली आधुनिकता ढूँढ़े नहीं मिलती)—गहराई भी पाते हैं, तो भाषा का, बात कहने के ढंग का सतहीपन छूटे नहीं छूटता। इस संदर्भ में, अंत में माँ बेटी की आखिरी बातचीत 'हिंदुस्तानी औरतों की ताकत'...इत्यादि सब बहुत स्वाभाविक लगता है।

उपन्यास एक लंबी कहानी-सा लगा—सुवर्णा की कहानी। एक ऐसा आलेख—जहाँ अन्य पात्र side, notes या foot notes से लगते हैं। जब कि हम सोचे थे कि कोई एक और चरित्र तो पूरी तरह विकसित होगा। अनंत का है पर मात्र उतना ही जितना सुवर्णा से संबंधित है। अन्य पक्ष एक तो हैं ही नहीं और जो हैं थोड़ा बहुत, वो अधिक आश्वस्त नहीं करते।

प्रेम कहानी की दृष्टि से, निश्चय ही उपन्यास 'उतरती हुई धूप' से आगे का है, होना ही था; पर केवल स्त्री पात्र की दृष्टि से ही। आपकी रचनाओं में प्रेम की जो परिकल्पना है, उसमें एक बात खटकती है। उपन्यास में एक जगह सुवर्णा के लिए कहा गया है कि उस जिस अनुभूति को पाना चाहती है, भावना उसकी एक सीढ़ी है, उसे बिना लाँघे या उसके बिना वहाँ तक कैसे पहुँचा जा सकता है। क्या प्रकारांतर से बिल्कुल यही बात प्रेम की आपकी परिकल्पना पर लागू नहीं होती—प्रेम की संपूर्णता, उसके चरम अतींद्रिय अनुभूति तक पहुँचने के बारे में। जैसे एक नदी है और आप उसके किनारे-किनारे हैं—उसकी सारी सुंदरता को आँखों से गहते हुए—कभी-कभी पानी को मात्र छूकर अवगाहन के सुख में, तृप्ति में आकंठ डूबते हुए? (निश्चय ही नदी नदी होती है—सचेतन व्यक्ति नहीं और उपमा बहुत दूर तक नहीं जाती; पर बात कहने को कुछ तो चाहिए) लोक से परे जाने के लिए रास्ता तो लोक के भीतर से ही होकर जाता है।

उपन्यास के अंत का पैराग्राफ स्पष्ट नहीं हो पाता (मुझे)। वीरान घाटी में चीख का उठना-गिरना—एक साथ दो अर्थों को ध्वनित करता लगता है—मनोजगत में उठते अंधड़-तूफानों को या दृश्य जगत में घटती किसी अप्रिय घटना के संकेत को, जहाँ व्यक्ति का ही अंत हो जाता है। पूरे उपन्यास की टोन को देखते हुए पहिले वाला अर्थ ही ठीक होगा शायद, पर सुवर्णा के चरित्र को देखते हुए दूसरा अर्थ भी एकदम असंभव नहीं लगता।

सुवर्णा का स्वप्न—अनंत, गाँव, वृक्ष, दिया, मंदिर आदि संक्षेप में अनंत के प्यार की रोशनी में सुवर्णा का चरित्र—उसका सारा सतहीपन—गहराई, सारी स्व-केंद्रीयता, अकेले खड़े होने की शक्ति—सब कुछ बहुत मार्मिक ढंग से उभरकर आया है। परंतु वहीं सुवर्णा के प्रति प्यार में उभरता अनंत का चरित्र (शुरू का नहीं) अंतिम आलेख में उभरता उसका आदर्शवाद—गाँव में—सबमें प्यार बाँटने देने का निश्चय, उतनी ही मर्मस्पर्शी गहराई से प्रभावित नहीं कर पाता। ऐसा क्यों?

उपर्युक्त संदर्भ में एक और बात कहनी है। आपकी एक कहानी पढ़ी थी वरणांजलि। एक अजीब अटपटी-सी बात महसूस होती है उसमें, पता नहीं अच्छी लगती

है या बुरी। कहानी बिल्कुल आपकी जैसी लगती होती है—मुख्य विषय के साथ-साथ—बीच-बीच में दूर-दूर के छोरों को छूती हुई, पर कहीं—कुछ आगे जाकर अजीब-सा लगता है—जैसे पैरों के नीचे की जमीन बदल गयी है या पैर जमीन से थोड़ा ऊपर उठ गये हें। जैसे घर गाँव की बिल्कुल अपनी पगडंडी पर जा रहे हैं और चलते-चलते पगडंडी खो जाए—किसी अजनबी सड़क के विस्तार—विस्तार की शून्यता में। वैसा ही कुछ उपन्यास के उन अंशों पर लगता है—जहाँ ईश्वर—आत्मा, सबमें प्रेम बाँटना, आदि कुछ-कुछ रूढ़ शब्द आते हैं।

आल्हखंड, खाक इतिहास—अपने में जीवंत इतिहास के विस्तार को समाये इन्हें पढ़ना बहुत अच्छा लगता है—जैसे छोटा-सा उपन्यास पढ़ रहे हों। इन्हें पढ़ कर ही यात्रावृत्तांत की पुस्तकें पढ़ने की इच्छा जागी थी।

आवाज—खुलती हुई और कहीं अन्यत्र एक अन्य कहानी थी—घर आये एक बच्चे की आँखों को उदासी के बारे में—जैसे अपने अपने ही बचपन का प्रतिरूप देखते हों। पर ऐसा क्यों होता है कि जब ऐसा कुछ सामने आता है, हम उसकी ओर खिंचते हैं—सदय भी होते हैं पर कहीं उससे दूर भी हो जाना चाहते हैं।

संध्यानाद के बारे में क्या कहें? मुझे हमेशा लगता है कि जब साहित्य की कोई चीज, अच्छी लगने के साथ इतनी अपनी लगने लगे, तो उसका कारण साहित्येतर होता है—अपने ही अवचेतन में कहीं छिपा हुआ—वो भाषा—वो पात्र—अकेलापन—विडंबना—

—शशिबाला श्रीवास्तव

5

दि. 22.4.1986
साहित्य कुटीर,
मु. पो. करोड़ा, जिला कुरुक्षेत्र
हरियाणा-132043

परमादरणीय बंधुवर मिश्रजी,

सादर नमस्कार!

आशा है, आप स्वस्थ एवं सानंद होंगे। आपने आदेश दिया था कि 'तुम्हारी रोशनी में' उपन्यास पढ़ने के पश्चात आपको पत्र अवश्य लिखूँ।

बंधुवर, मैं कोई समीक्षक तो नहीं हूँ, हालाँकि कुछ दिन पी-एच. डी. की उपाधि के लिए कुछ शोध-कार्य भी किया था, लेकिन अत्यधिक बीमार हो जाने की वजह से चिकित्सकों के निर्देशानुसार शोध-कार्य छोड़ना पड़ा था।

उपन्यास मुझे बहुत अच्छा लगा है, बहुत ही अच्छा। डॉ. कमलकिशोर गोयनका के शब्दों में कहूँ तो आपने परकाया-प्रवेश करने में सिद्धहस्तता प्राप्त की है। सचमुच परकाया-प्रवेश किये बिना क्या कोई किसी के भीतर की भावनाओं एवं संवेदनाओं को

समझ सकता है? हालाँकि 'मधुमती' के अप्रैल अंक में समीक्षक ने इस उपन्यास की कथा एवं 'अर्थ' फिल्म की कथा की समानता पर आश्चर्य व्यक्त किया है। मैंने 'अर्थ' फिल्म नहीं देखी है, लेकिन मैं कह सकता हूँ कि 'तुम्हारी रोशनी में' का 'अर्थ' फिल्म के साथ थोड़ा कथा-साम्य हो, लेकिन जो यह उपन्यास कहता है या प्रभाव छोड़ता है, वह फिल्म ऐसा नहीं कर पायी होगी। आपने प्रेम के उदात्त स्वरूप का जीवंत वर्णन किया हैं। एक पाठक भी प्रेम के उसी उदात्त लोक में विचरण करने लगता है। एक बात और—अनंत जो यातना भोगता है, वह मुझे अपनी ही यातना लगी है। मेरा विश्वास है कि आपने ही अनंत के रूप में वह यातना भोगी है। हालाँकि इस यातनावाले प्रसंग को (संभवतः) इतना जीवंत रूप नहीं दे पाये जितना कि आप दे सकते हैं। खैर, शब्दों की अपनी सीमा होती है। पर मैं इसलिए कह रहा हूँ कि यह यातना मैंने स्वयं भी भोगी है, आज भी भोग रहा हूँ। भोग नहीं रहा, एक धीमी आँच में तप रहा हूँ आज भी।

उपन्यास पढ़कर मैं अभी तक भी सकते की-सी हालत में हूँ। एक अच्छी रचना के लिए मेरी हार्दिक बधाई लें।

बंधुवर, भावावेश में न जाने क्या-क्या लिख गया हूँ, क्षमा करें। रचना, इस पर बहुत कम कह पाया हूँ।

—रामकुमार आत्रेय 'प्रभाकर'

6

9.7.85
16, मायफेयर, चौथी मंजिल,
वीर नरीमन रोड,
बंबई-400020

आदरणीय गोविंद जी,

'तुम्हारी रोशनी में' पढ़ चुकी। यूँ लगा कि कोई कविता पढ़ रही हूँ। अब तक दो उपन्यासों ने भीतर छुआ था। श्री हजारी प्रसाद द्विवेदी का 'अनामदास का पोथा' और श्री निर्मल वर्मा का 'वे दिन'। इनमें अब तीसरा नाम आ जुड़ा है 'तुम्हारी रोशनी में'

बड़ी बातें तो नहीं जानती मैं पर इतना जरूर जानती हूँ कि ये सब पढ़ते हुए कई ऐसे मुकाम आते हैं जब अपने भीतर का कोई दबा हुआ धुँधला, अस्पष्ट अहसास एकदम रोशनी में नहा उठता है। कुहासे या भूलभुलैया में खोयी हुई अनुभूतियों को आपका लेखन किसी जादूगर की तरह मुट्ठी में पकड़कर एकदम सामने खड़ा कर देता है। वो लम्हे उन सुखों के होते हैं जो बाहर कहीं नहीं मिलता। न जिसे व्यक्त किया जा सकता है। जैसे कोई बच्चा मुँह में टॉफी रख लेता है, चबायेगा नहीं, निगलेगा भी नहीं, सिर्फ चूसेगा, उसके रस को अपने में जज्ब करेगा—पोर-पोर बहाएगा व उसमें बहता जाएगा। किसी भी व्यावहारिक उपलब्धि से परे विशुद्ध खुशी को स्वयं में भरने समेटने के लम्हे!

कितने ऋणी हैं हम आप सबके।

—माधुरी छेड़ा

7

भोपाल

6.6.86

प्रिय गोविंद जी,

आपकी खूब मजेदार कहानी पढ़ी—'आदेश' और खूब-खूब अच्छी लगी। कई बार पढ़ी और खूब हँसे, बल्कि कहना चाहिए, उस प्रसन्न हँसी के भाव को बार-बार जीने के लिए ही कई बार पढ़ी। क्या पता आपने क्यों लिखा था कि कहानी हमें कतई-कतई अच्छी नहीं लगेगी? हमें तो लगता है कि कहानी किसी को बुरी लग ही नहीं सकती। हाँ, किसी को कम अच्छी, किसी को बहुत अच्छी लगे। हमें तो बहुत पसंद आयी। कारण शायद आपकी वो विशिष्ट शैली है, जो आपकी बिल्कुल शुरू की रचनाओं से लेकर अब तक अक्षुण्ण रही आयी है। ये तो हमें आज तक समझ में नहीं आया कि उस विशिष्टता को किन शब्दों में कहना चाहिए, पर कई बार हमें ये इच्छा जरूर हुई है कि उस विशिष्टता के बारे में आपको कुछ लिखें, क्योंकि वो बिल्कुल आपकी ही है, कहीं और हमें नहीं मिली (हाँ, थोड़ी-सी झलक कुछ व्यंग्य रचनाओं में मिली, पर वहाँ साथ में व्यंग्ग का तीखापन भी रहता है।)

इधर कई दिनों से मन सुस्त-सुस्त, कुछ बोझिल-सा हो रहा था, कहानी पढ़ कर बिल्कुल हल्का और प्रसन्न हो गया। इसका श्रेय किसे दें—लिखने वाले को या लिखे हुए का। जिसे ठीक समझें, उसे दे लीजिएगा।

कहानी के कथ्य के बारे में—सच में ये दुनिया उसी की है, जिसे बातें बनाना—बनाकर कहना आता है और बिचारे बड़े साहब—क्या कहें उनके बारे में। कुछ न कहना ही ठीक है।

इस पत्र को लिखने का यह आशय नहीं लेंगे आप कि हम अपने पिछले पत्र के उत्तर की जल्दी मचा रहे हैं। बिल्कुल भी नहीं। कारण केवल इतना है कि कहानी इतनी अच्छी लगी कि लिखने से अपने को रोक नहीं पाये, इसलिए और भी कि आपने कहा था कि कहानी अच्छी नहीं लगेगी।

कल से हमने one hundred years पढ़ना शुरू की है। अभी बहुत दिन लगेंगे पढ़ने में क्योंकि हम बहुत धीरे पढ़ते हैं—औसतन 50 पेज रोज या इससे भी कुछ कम। उसके बाद आप हमें कोई और अच्छी-सी किताब बतायेंगे—पढ़ने को।

और सब ठीक है। 15 को छुट्टियाँ खतम हो रही हैं।

भवदीया

—शशिबाला श्रीवास्तव

8

द्वारा श्री विश्वंभर नाथ
कोषाधिकारी
कोषागार कार्यालय, झांसी-284001

आदरणीय मिश्र जी,

प्रणाम।

'सारिका' के साथ आपके 'मायकल लोबो' मुझे मिले। प्रसन्नता हुई।

लोबो दूसरों में अपने 'मनुष्य' के अनुकूल हो पाने की शक्ति जाग्रत करने में समर्थ हैं—कम से कम मुझे ऐसा ही लगा।

एक शराबी शख्सियत जिस तरह रूथ के घुटे-घुटे सवाल 'पापा, मैं कब तक आपको इस तरह उठाती रहूँगी' के आगे समर्पित हो जाती है, उस तरह दो पीढ़ियों के संबंध का मसला पीढ़ी-संघर्ष का नहीं, पीढ़ी-सहयोग का ही बनता है, शर्त सिर्फ एक ही है कि दोनों पक्षों में मानवीयता कहीं-न-कहीं अवशिष्ट हो।

कहानी कला एवं कथ्य दोनों का सदिश सामंजस्य है।

मैं, पत्र का लेखक, आपके लिए सर्वथा अनजाना हूँ। किसी अनजाने को आपने कभी चिट्ठी लिखी हो, तो मुझे भी लिखें जरूर। यदि न लिखी हो तो प्रयास करें।

प्रतीक्षा रहेगी।

शुभकामनाएँ।

आपका भाई
—सुखद राम पांडेय

9

रवींद्रनाथ ओझा
डाकबंगला रोड
बेतिया (बिहार)

माननीय मिश्र जी,

आपका पत्र। धन्यवाद। बड़ी प्रसन्नता हुई पत्र पाकर—आपने बहुत कम समय में ही अपनी तमामलेखकीय एवं व्यावसायिक व्यस्तताओं के बावजूद मेरे पत्र का बड़ा आत्मीयतापूर्ण जवाब दिया—इससे मुझे बड़ी प्रसन्नता हुई—तृप्ति भी—आपका व्यक्तित्व बड़ा दिलचस्प interesting और लुभावना लगता है। आपमें मात्र औपचारिकता या शिष्टाचार का निर्वाह ही नहीं परंतु संवेदना और आत्मीयता—सहानुभूति और व्यक्तिगत संस्पर्श की एक अंतःसलिला धारा प्रवाहित है जिसने मुझे आपकी ओर विशेष रूप से आकर्पित किया है।

ऐसे आपकी कहानी 'मायकल लोबो' मुझे इतनी अच्छी लगी है कि मैं उसे बार-बार पढ़ता हूँ और उससे एक अजीब तुष्टि और बल प्राप्त करता हूँ—जीवन के प्रति

मेरी आस्था गहरी होती है और अपने भीतर के संचित सुसंस्कार सुदृढ़ होते हैं—कहानियाँ तो बहुत होती हैं और अच्छी भी होती हैं अपने-अपने क़िस्म की पर जीवन का यह रूपांतरण, चरित्र का यह उन्नयन और उदात्तीकरण—जीवन और सत्य के प्रति ऐसी अटूट आस्था और अडिग विश्वास विरले ही मिलता है—खास कर आजकल के कहानीकारों में—इसलिए मैं आपको इस कहानी के आधार पर कवि-आध्यात्मिक-पुरुष ऋषि-मनीषी ज्यादा मानता हूँ। आप अपने वास्तविक जीवन में क्या हैं यह तो आप जानें पर आपकी इस रचना पर मेरी यह धारणा बद्धमूल हुई है और मैं सोचता हूँ कि आपके इस रूप को सजा के रखूँ—सँवार के रखूँ!

मैंने आपके उपन्यास 'तुम्हारी रोशनी में' के विषय में प्रकाशित सभी कथाकारों के विचारों और विश्लेषणों के एक-एक शब्द को बड़ी बारीकी और बड़े गौर से पढ़ा है और सब मिल कर मुझे चंद्रकांत बांदिवडेकर की संतुलित, सूक्ष्म—सर्वांगीण आलोचना बड़ी अच्छी लगी है। सब कुछ पढ़ने के बाद मुझे लगा है कि आपका यह नूतनतम प्रयास एक महत्त्वपूर्ण उपलब्धि बन गया है और कहानी-उपन्यास में रुचि रखने वाले पाठकों को इसे अवश्य पढ़ना चाहिए। यद्यपि मेरी विशेष रुचि काफी नहीं है फिर भी मैं इस उपन्यास को अवश्य ही पढ़ना चाहूँगा।

आपने प्राध्यापक समाज पर जो टिप्पणी की है, जो व्यंग्य किया है उससे मैं पहले तो तिलमिला गया, पर बाद में उसका रस लिया। प्राध्यापक का पढ़ना आपके लिए सुखद आश्चर्य की बात है तो सुन लीजिए, आपको यह सुखद आश्चर्य मुझसे या मुझ सरीखे कितनों से बराबर मिलता रहेगा और मैं यह कहूँ कि मैं लिखता भी हूँ तब तो शायद आपको सुखदतर अनुभूति हो—तो सुन लीजिए, मैं भी कविता और ललित निबंध लिखता हूँ और अपने ढंग की एक कहानी भी। ऐसे मैं अंग्रेजी का अध्यापक हूँ पर अध्यापकत्व के अंतिम दौर में अपनी मातृभाषा हिंदी और भोजपुरी को सृजनात्मक रूप से समर्पित हो गया हूँ। कृपा बनाए रखेंगे—

आपका

—रवींद्रनाथ

10

रूपम कुमारी,

जी-137, डी. डी. सी. कालोनी

शादीपुर, नयी दिल्ली-110008

डियर फ्रैंड मिश्राजी,

नमस्कार!

अभी-अभी आपकी पुस्तक यात्रा-वृत्त 'दरख्तों के पार....शाम' पढ़ी, अच्छी लगी। अपने आपको सच्चाई और ईमानदारी से प्रकृति और कुछ-कुछ नया देखने-सीखने को

प्रस्तुत करना अच्छा लगा। वर्ना अब तो बुद्धिजीवी नामक जीव अपने आपको ऐसा दिखाते हैं जैसे अभिमन्यु की तरह माता के गर्भ से समस्त विश्व की जानकारी करके ही पैदा हुए हों। 83 में प्रकाशित यह यात्रावृत्तांत मैं अब 86 के अंत में पढ़ सकी। कुछ तो किताबों के बढ़ते मूल्य और कुछ मेरी पुस्तकालयों के प्रति लापरवाही, वह भी वहाँ के जटिल प्रणाली और उबाऊ वातावरण और कर्मचारियों के कारण बनी है।

स्त्री होने के नाते कुछ कहना चाहूँगी...जर्मनी की, यूरोप की इस यात्रा माला में आपकी अपनी किसी भी ऐस्कोर्ट से बनी नहीं। कुछ तो व्यावसायिक होने की भावना...कुछ नारी स्वभावतः ही स्वार्थी होती है...और कुछ आप भी सचमुच नार्मल-से नहीं लगते। ओह! इतनी सुबह इतनी उठकर इधर-उधर डोलते फिरना, आज के वक्त के सचमुच अजीब लगता है। आप ब्राह्मण परिवार में जन्मे, शायद परिवारगत संस्कार के चलते प्रातः चार बजे उठ जाना आपकी आदत रही हो, मैं भी पंडितों की बेटी हूँ और सुबह आठ बजे तक सोती रहती हूँ। हाँ, रात जल्दी कभी नहीं सो पाती...कुछ-न-कुछ पढ़ते-पढ़ते ही दो-ढाई बजे जाग जाना मामूली बात है। यह किताब कोई उपन्यास नहीं, फिर भी यूरोप की स्त्री से अपना कहीं साम्य पाया है मैंने। बिखरी-बिखरी-सी जिंदगी। मैं समझती हूँ कि चाहे स्त्री यूरोप को ही, रूस की या अमेरिका की या भारत की, औरत औरत है। यह बहुत बड़ी गलती है अगर वह अपना औरतपना छोड़कर पुरुष होने या पुरुषों पर हावी होने की राह में चल पड़ी है। भारत सचमुच सुसंस्कृत आज भी है, जहाँ स्त्री समझौता करना जानती है और सहकर भी परिवार को टूटने से बचाती है। पुरुष जब छल बन जाए तो उसे भी क्यों कुछ हासिल हो? जानती हूँ कि जीत फिर भी भारत-जैसे देश में आदमी की ही है। मन को शांति तो मिली। विदेशी के साथ भारत में भी दुर्भाग्य से ऐसा ही बर्ताव करते हैं, यह भी सच है; इसलिए अपनी ऐस्कोर्ट को दोष न दें।

मिल सकीं तो आपके अन्य कहानी-उपन्यास पढ़ूँगी। वैसे मेरा मानसिक स्तर तो कुछ ऊँचा नहीं। मेरे फेवरिट राइटर सुनेंगे तो हँसेंगे आप—तिलिस्म जैसा वातावरण और दैवी सौंदर्य की विचित्र शैली वाली शिवानी जी की किताबें चाव से पढ़ती हूँ। जाने क्या-क्या लिख गयी! लिखकर पढ़ती नहीं, संशोधित करती नहीं। पत्रोत्तर दें। अच्छा, तो विदा...

—रूपम कुमारी

11

आर-1/35
नया राजनगर
गाजियाबाद-201002 (उ. प्र.)
दिनांक 23.6.88

आदरणीय मिश्र जी,

विगत विश्व पुस्तक मेले के अवसर पर आपकी कृति 'साहित्य का संदर्भ' खरीदने

के बाद इसी सप्ताह पढ़ने का समय निकाल पाया। आपके नाम से ही पुस्तक खरीदते समय मेरे न में जो धारणाएँ थीं, पुस्तक पढ़ लेने के बाद वे सही निकलीं, इस बात की प्रसन्नता है।

एक रचनाकार के रूप में अपनी चिंताओं, मान्यताओं तथा अवधारणाओं के साथ मैं जिन वरिष्ठ रचनाकारों के निकट स्वयं को महसूस करता हूँ, आपका स्थान उनमें प्रमुख है। इस पुस्तक से पहले मैंने आपकी कुछ कहानियाँ, समीक्षाएँ व इक्का-दुक्का लेख ही पढ़े थे, लेकिन आपमें मेरी रुचि क्रमशः बढ़ी हैं तो अन्य रचनाएँ भी पढ़ी ही जाएँगी।

विचार-परिवर्तन को लेकर यदि आपने शुरू में ही स्थिति स्पष्ट न कर दी होती तो शायद मुझे भ्रम का शिकार भी होना पड़ता। उदाहरण के लिए 'यथार्थ' के ही मुद्दे को लें तो 'आज की कहानी : एक सर्वेक्षण' में यह जिस रूप में व्याख्यायित है वह पुस्तक के ही अन्य एक-दो निबंधों से भिन्न है। कुल मिलाकर यथार्थवाद के एकांगीपन को लेकर आपने जो चिंता जाहिर की है, वह मेरी ही नहीं, इधर के और भी तमाम रचनाकारों में दिखायी देने लगी है। हिंदी साहित्य का यह एक और महत्त्वपूर्ण बिंदु है जहाँ से रचनाकार जीवन के कसैलेपन, उसकी शुष्कता और कटुता को शब्द देते-देते ऊबकर, आस्था, विश्वास और जीवन के विराट सच की ओर उन्मुख हो रहा है। इसको श्रेय निश्चित रूप से आप जैसे धैर्यवान रचनाकारों को ही जाएगा जो वादों की धूल-भरी दौड़ से स्वयं को सुरक्षित और अविचलित रख सके।

पुस्तक के कहानी सर्वेक्षण वाले हिस्से में 'आदर्शीकरण' से चिढ़ होने जैसी एक बात बार-बार ध्वनित होती है। आखिर आप आदर्श को इतना बुरा क्यों मानते हैं? मैं समझता हूँ कि आपका अपना भी लेखन समाज को न सही– कम से कम साहित्य को एक आदर्श स्थिति में पहुँचाने की चिंता से ग्रस्त लगता है। आदर्श सिर्फ प्राप्य न हो पाने से ही अप्रासंगिक कैसे हो जाएगा? क्योंकि उस दिशा में कार्य करते रहने से आदर्श स्थिति तक न सही, लेकिन एक उच्चतर स्थिति तक तो पहुँचा ही जा सकता है।

बातचीत के और भी तमाम मुद्दे हैं, लेकिन पत्र की सीमा है। फिर बिना किसी पूर्व परिचय या संदर्भ के अपने इस प्रथम पत्र में आपसे क्या-क्या पूछूँ, इस संकोच में पत्र यहीं समाप्त करता हूँ। पता नहीं मेरी बातें आपको कैसी लगेंगी!

शुभकामनाओं सहित!

आपका अपना,

—कमलेश भट्ट 'कमल'

12

10.7.88

देवघर

मान्य गोविंद भैया,

जीवन की भौतिक आवश्यकताओं के पीछे भागते हुए जब गुम होने लगता हूँ, तो ऐसे में आपका पत्र सृजनात्मकता की एक किरण के समान दिख जाता है तथा कक्षा में ऊँघते बच्चे के सिर पर एक चपत के समान एहसास जगा जाता है। और झट से मैं स्वयं को झाड़-पोंछ कर उस भटकाव से मुक्त हो लेने का प्रयास करने लगता हूँ। सच कहता हूँ, यदि आपके पत्र निरंतर मुझे नहीं मिलें, तो साहित्य के सागर में हाथ-पाँव पटकते हुए डूब जाने के सिवा कोई रास्ता नहीं रह जाएगा मेरे समक्ष। कुछ भी हासिल किये बिना इस अकालमृत्यु के बाद का भटकाव कितना विकराल हो सकता है, यह आप सहज ही अनुमान लगा सकते हैं।...

आपको पिछला पत्र लिखने के कुछ ही दिनों बाद कथाभूमि आद्योपांत पढ़ गया था। स्वभाव से मूडी हूँ। मूड बनाकर लिखने की योजना के पीछे भटक गया। और भी कारण थे—गर्मी की छुट्टियों में संबंधियों का आवागमन फिर रिश्तेमंद में शादियाँ—औपचारिकताएँ—जुगाड़। समय पर पत्र नहीं लिख सका आपको।—क्षमाप्रार्थी हूँ।

कथाभूमि अभी भी मेरे सामने है। मैं अपनी प्रतिक्रिया शब्दों में कैसे अभिव्यक्त करूँ—थोड़ी उलझन है। वैसे, यह ग्रंथ आरंभ में ही बहुत कुछ कह जाता है। लेखन और साहित्य के प्रति आपका दर्शन, आपका समर्पण कुछ उस सीमा-रेखा को इंगित करता है, जिसे हम साधारण बोलचाल में दीवानगी की सीमा-रेखा कह सकते हैं। शब्दों के महासागर में शब्दरूपी मोतियों को बदहवास बटोरता हुआ, फिसले मोतियों को दूनी बदहवासी से गिरता-बजड़ता अपनी झोली में समेटता हुआ।...फिर भी असंतुष्ट, कितने ही मोती फिसल गये!...--जब कॉलेज में पढ़ता था तो एक अध्यापक के ऊटपटाँग संदेश अब भी अक्षरशः याद हैं, ''संतोष प्रगति का बाधक है।''

लेखन के प्रति आपकी असंतुष्टि कथाभूमि के पृष्ठों पर स्पष्ट परिलक्षित है, ''हर रोज दो लाइनें लिख लीं एकाध पैरा सुधार लिया....यह एहसास कि क्या कूड़ा लिखा।...'' (पृ. 13)

साहित्य की कितनी सटीक परिभाषा अभिव्यक्त की है। ''लेखन हमारी आत्मा से निःसृत हो, झर-झर खुशबू बहे कि जिसे छुए, उसे ही सराबोर कर दे...!''

अपनी माटी के प्रति एक सामान्य भारतीय का मोह, बाँदा के संस्मरण के रूप में बड़ी सहजता के साथ उजागर होकर, प्रत्येक भारतीय पाठक के मन में समा जाता है। बाँदा के प्रति आपका भावनात्मक लगाव—ईमानदारी का संदेश बिखेरता प्रतीत होता है।

आपकी रचना-प्रक्रिया भले ही आपकी हो; आपकी छटपटाहट, अभिव्यक्ति का

स्वरूप, आपकी विक्षिप्ति—बहुत कुछ बिखेर जाती है साहित्य-प्रेमियों एवं साहित्य-सेवियों के बीच।...“जीवन अर्थपूर्ण लगता है तभी जब लिख रहा होता हूँ, वर्ना कितना निरर्थक।”

‘समकालीन आलोचना के विरुद्ध’ के जरिए आपने एक नंगा सत्य उजागर किया है नकारवाद का। इस अध्याय की कुछ पंक्तियाँ मुझे कुछ ऐसी लगीं गोया जो मैं कहने का साहस नहीं जुटा पा रहा था—वह आपने कह दी। सच तो—जब पुस्तकें रत्ती-भर भी प्रशंसनीय न हों, तो उसकी निंदा कर, क्या पाठकों को सजग किया जाता रहा है कि ऐसी पुस्तकों से बचो? या कि आधुनिक तरीके से उसका प्रचार-प्रसार कराने की साजिश है यह?—बेहतर होता किसी अच्छी पुस्तक की खूबियाँ उजागर की जातीं!

आपका भाई,

—प्रशांत

13

15 जून, 1989

रांची

आदरणीय गोविंद मिश्र जी,

‘तुम्हारी रोशनी में’ उपन्यास पढ़ा। पढ़े शायद चार माह हो गये होंगे। सुवर्णा की आत्मा जैसे मेरी चेतना को छोड़ती नहीं। वैसे सुवर्णा का चरित्र वैसा ही लगा जैसे अपने ही मन का प्रतिबिंब हो। एक बालसुलभ निश्छलता और उस निश्छलता के कारण बार-बार आहत होने का अहसास। किंतु वह निश्छलता ही मेरी शक्ति है यह भी मैं मानती हूँ! वास्तव में मैं विस्मित रह गयी थी कि कैसे अपने ही मन के एक-एक कण को पढ़ रही हूँ। इसके पहले भी आपकी जो छिटपुट कथा रचनाएँ पढ़ी हैं उन सबमें एक देवत्व जैसी आभा मिली है। वह सारी तरलता, संवेदना जो अच्छे साहित्य के लिए आवश्यक है आपकी रचनाओं में मिलती है। आपके लेखन का मिठास मन और चेतना दोनों में बरबस घुलता जाता है। आज जो कुछ इधर-उधर पढ़ती हूँ उसमें यह याद ही नहीं रहता कि यह किसकी रचना है जबकि आपकी रचनाएँ हमेशा याद रहती हैं, आंदोलित करती हैं और बेहतर जीवन के प्रति मेरी आस्था को जीवित रखने में सहायता करती हैं। कई चीज़ें जो हमारे मध्यवर्गीय समाज में कठघरे में आ जाती हैं कम-से-कम ‘तुम्हारी रोशनी में’ पढ़ने के बाद वह मेरे अंदर कोई अपराध-बोध पैदा नहीं कर पाएँगी। पूरे उपन्यास को पढ़ते हुए एक मीठी तपिश घुलती रही चेतन में, अचेतन में। बधाई।

शेष फिर!

आशीर्वाद की कामना के साथ

आपकी पुत्री तुल्य

—कलावंती

14

जेड-3, बी-2 रोड, पावरा
जोधपुर
5 जुलाई, 89

माननीय मिश्र साहब,

सादर प्रणाम।

माह जुलाई, 89 की सारिका में प्रकाशित आपकी रचना '...यों ही खत्म' पढ़ी। रचना काफी प्रभावोत्पादक लगी इसके लिए मुझ जैसे साधारण पाठक की बधाई आपको स्वीकार हो। प्रभावोत्पादक इस अर्थ में रही कि पढ़ने के बाद काफी कुछ सोचने को बाध्य करती है।

लाड़ली बेटी पार्वती जो आगे चलकर पार्वती मौसी बन जाती है, की पीड़ा एवं व्यथा का जो चित्र आपने खींचा है, वह देखते ही बनता है। गालियों के माध्यम से उसकी कुंठा, यातना एवं घुटन का निस्तारण भी बड़ा स्वाभाविक लगा। एक अबला भला सामना भी और किन हथियारों से करे!

बप्पा के रूप में जिस चरित्र का निर्माण किया है, वह मानो त्याग, सदाचार एवं स्वाभिमान की जीती-जागती तस्वीर है। इस कलिकाल में इस तरह के चरित्र का सृजन और भी महत्त्व रखता है। पूर्व में भी आपने 'पगला बाबा' नामक एक चरित्र का निर्माण किया था, वह भी काफी प्रशंसनीय चरित्र था।

एक बात खटकती रही और सही पूछो तो इसीलिए पत्र भी लिख रहे हैं कि आपने दुबे जैसे नरपिशाच को यों ही बिना दंड दिये छोड़ दिया, सो भला क्यों? अत्याचारी एवं आततायी को शाश्वत विधान के अनुसार दंड मिलना अनिवार्य है। रचनाकार सृजन के समय शाश्वत सत्ता का प्रतिरूप है। इसलिए सवाल असंगत, मेरी समझ में नहीं है।

मुझे तो केवल इतना भर बता दीजिए कि आपने उसको किसी दबाव में आकर तो नहीं छोड़ दिया?

आपका स्नेहाकांक्षी
—प्रभुदयाल मीणा

15
पत्र एक कथापात्र का : संदर्भ 'मायकल लोबो' कहानी

26.12.85

John C. Lobo.
Advocate
Mohan Nagar
Nagpur

श्रद्धेय मिश्र जी,

शुभकामनाएँ और शतक अभिनंदन।

शुभकामनाएँ नव वर्ष की, और श्रद्धा इसलिए कि जो एक अदने में से आदमी की,

और खासकर एक शराबी के जीवन की, मार्मिकता समझ सके, उसके परिवर्तन की धार्मिकता जान सके, और अपनी लेखनी की शक्ति से ऐसा दर्शा सके कि पढ़ने वाले भी उस समझ और सहानुभूति के सरोवर में सराबोर हो जायें, वो सचमुच श्रद्धा का पात्र है। कई पढ़ने वालों ने यही कहा कि कहानी की मार्मिकता मोह लेती है, और धार्मिकता धीमे-धीमे प्रकट होती जाती है, और अंत प्रभाव अचरज, आनंद और आभार का होता है, उस शक्ति के प्रति, जो ऐसा चमत्कार कर सकती है। ये प्रभाव आपने पाठकों में प्रकट किया, यही आपकी सफलता है, और मेरा सुख कि मुझ जैसा उसका पात्र था।

इस पत्र के पत्रवाहक मेरे पुत्र हैं, Aloysius, जो स्वयं पत्रकार हैं With Nagpur Times, खुद भी आपके दर्शनाभिलाषी थे, और मैं अपनी शुभकामनाएँ और शुक्रगुजारी भेजने का इच्छुक। सो दोनों पेश हैं और आशा है, दोनों स्वीकृत होंगे। With all my very best wishes for a Happy New Year.

Sincerely

–John Lobo

परिशिष्ट-3

सम्मतियाँ

(1) 'लाल-पीली ज़मीन' (उपन्यास)

यह उपन्यास एक परिवेश की कहानी है, परिवेश ही उसका नायक है, मैं इसे बड़ी अच्छी और सफल कृति मानता हूँ। यह भी मानता हूँ कि इसे आज के जीवन का एक प्रामाणिक दस्तावेज़ कहा जा सकता है। इसे आंचलिक नहीं कहा जा सकता...जब मैं पढ़ रहा था तो मुझे ऐसा लग रहा था कि ये सारे दृश्य मैंने देखे हैं और मैं उनके बीच से गुजरा हूँ, एक अंगुल जमीन के लिए लड़ाई कहाँ नहीं होती। एक अच्छी और सफल कृति।

—विष्णु प्रभाकर

•

कस्बे, गाँव या छोटे शहर में जो चीज़ें फालतू या बेमानी लगती हैं गोविंद मिश्र ने उन्हीं को विषय बनाया है। आधुनिकता या कहना चाहिए बुद्धि की दीवार को लेखक ने बड़े बेलौस होकर तोड़ा है। गोविंद मिश्र पर किसी उपन्यासकार का प्रभाव नहीं दिखायी पड़ता...फालतू चीज़ों को सामाजिक संदर्भ देते हुए, नयी योजना देकर बिना अपनी बुद्धि का जामा ओढ़े जिंदगी जैसी है उसको कलाकार के तरीके से सामने रखकर यह उपन्यास हमें सोचने के लिए बहुत मसाला देता है। गोविंद मिश्र में मुझे बड़े उपन्यासकार की क्षमता दिखायी देती है...उनमें एक मस्ती है, निर्भयता का तत्त्व...जो उपन्यासकार का बहुत बड़ा गुण है जो हमारे यहाँ पहले अमृतलाल नागर में बहुत अच्छे ढंग से आया था और जो भगवती बाबू के कुछ उपन्यासों में भी आया है। कोई चिंता नहीं की, रूपबंध कहाँ जा रहा है, शिल्प कहाँ जा रहा है, चरित्रअंकन ठीक हो रहा है या नहीं, गोविंद मिश्र कहीं पतंग उड़ा रहे हैं, तीतरबाजी कर रहे हैं...गुल्ली-डंडा खेल रहे हैं....नंग-धड़ंग घूम रहे हैं...यह जो मिट्टी है...हवा...धूल...पूरा का पूरा माहौल उन्होंने इस उपन्यास में पकड़ा है।

—डॉ. लक्ष्मीनारायण लाल

•

मैं गोविंद मिश्र के लेखन का प्रशंसक रहा हूँ। 'लाल-पीली ज़मीन' का परिवेश उनकी

पहली रचनाओं से अलग है। मुझे ऐसा लगा कि यहाँ अपनी पुरानी ज़िंदगी की यादों को टटोलने की कोशिश है...प्रारंभिक जीवन की...जो हमारी सारी मानसिकताओं को निर्धारित करते हैं। शुरू से ही उनकी रचनाओं में एक विशेष प्रकार की तराश हमको मिलती रही है। लाल-पीली ज़मीन में एक और शैली की बजाय एक खास परिवेश के भाषायी रचाव को लाने की भी कोशिश है। यह मुझे बहुत आकर्षक लगा।

—नेमिचंद्र जैन

•

रचना अच्छी लगी, कहीं-कहीं बहुत अच्छी लगी। अच्छी के अतिरिक्त सशक्त लगी। सशक्त मुझे कहना पड़ता है इस कारण कि मेरे अपने मतमंतव्य मुझसे छिन गये, स्थगित हो गये और ऐसा लगा कि जो पात्र, चरित्र हैं उनके साथ मेरा इतना तादात्म्य हो गया है कि मैं स्वयं अपने-अपने अभिमतों से मुक्त हो सका हूँ। 'लाल-पीली ज़मीन' न स्थानबद्ध है, न समयबद्ध। यह रचना की विशेषता है। मुझे यह संतोष हुआ कि जिन पात्रों, प्रसंगों और घटनाओं को लेखक ले रहा है, पात्रों का जो कार्यकलाप है उसके पीछे क्या मार्मिक कारण-जगत है उसकी खोज लेखक की निरंतर रही है। अपने को औरों में खोजने की वृत्ति जो लाल-पीली जमीन की औपन्यासिक दृष्टि है....वह मुझे विश्वसनीय प्रतीत होती है...अपने को अपने में ही खोजने से अधिक अपने को शेष में, सब में और समष्टि में खोजने की वृत्ति—ऐसे कि हम विस्तार में जा रहे हैं।

—जैनेंद्र कुमार

•

'लाल-पीली ज़मीन' में एक के बाद एक कई 'एपीसोड्स' हैं और लगभग एक ही चीज की नये-नये ढंग से आवृत्ति करते हैं और एक सीमा में जाकर लगता है कि इससे इतर भी कुछ होना चाहिए, लेकिन मुझे पढ़ने में रुचिकर लगा और सिर्फ पाठक की दृष्टि से कहूँ तो सफल, सशक्त और एक स्थायी प्रभाव छोड़ देने वाला उपन्यास था। उसके कई चरित्र, कई घटनाएँ मुझे याद हैं और उनकी याद रहेगी। आंचलिकता उसमें है तो केवल भाषिक परिवेश तक सीमित है। बाकी सारी परिस्थितियाँ गाँव-देहात, छोटे कस्बों, बड़े कस्बों और शहर की हैं।

लेकिन लेखक के रूप में कहूँ तो पहला अध्याय पढ़ने पर मुझे लगा कि बड़ी चुनौती-भरी स्थिति से लेखक आरंभ कर रहा है...लेकिन उसके बाद कथा अतीत में चली जाती है। पहले हिस्से में मनोवैज्ञानिक चिंतन के विकास के अंतरकाल की दृष्टि है, बीच में जो हिस्सा आता है...वह इस दृष्टि से नहीं चलता। यह मैं उपन्यास की संरचना की कमी मानता हूँ।

इस उपन्यास की भाषा ने मुझे बहुत आकृष्ट किया। गोविंद मिश्र के दूसरे उपन्यासों के बारे में यह बात नहीं कहूँगा। इस उपन्यास ने बहुत से ऐसे शब्द हिंदी को

दिये हैं जो ज्यादा आसानी से आज की साधु हिंदी ग्रहण कर सकती है। भाषा की दृष्टि से इस उपन्यास की यह महत्त्वपूर्ण देन रही।

—अज्ञेय

•

उपन्यास की घटनाएँ बहुत सजीव हैं। कोई पात्र स्टाक नहीं जान पड़ता। बराबर एक साफ, सुडौल, विशिष्ट, महीन से महीन रेखाओं से उकेरा व्यक्ति सामने आता है।

—निर्मल वर्मा

•

बुंदेलखंड का जन्म से मरण तक कोई ऐसा पहलू नहीं है जो इस उपन्यास में न आया हो और सो भी 'फर्स्ट हैंड'। इस उपन्यास के कई गुण हैं मगर सबसे बड़ा गुण है गोविंद मिश्र के बयान का अंदाज़ जो बातों को शुरू से अंत तक कहानी बनाये रहता है। यह पुस्तक हमारे उपन्यास साहित्य में एक नक्षत्र की तरह चमकती रहेगी।

—भवानीप्रसाद मिश्र

(2) तुम्हारी रोशनी में

'तुम्हारी रोशनी में' पुस्तक पढ़ी और बड़े चाव से पढ़ी। सुवर्णा के रूप में आपने आधुनिका नारी के मन की करवटें बहुत बारीकी से पकड़ी हैं। आनंद आया। कथासूत्र अच्छा बाँधे रहता है। अनंत, रमेश और सुवर्णा के मन के सूक्ष्म तंतुओं को टटोलने और उकेरने में आपकी संवेदन-संपन्न भाषा का भी विशेष योग है। बधाई।

—अमृतराय

•

हर लेखक के पूर्व कृतित्व के कारण एक पूर्वाग्रह बन जाता है। इसी से 'लाल पीली ज़मीन' और 'हुजूर दरबार' के लेखक का यह नया उपन्यास एकदम उतना उत्साहित नहीं करता। फिर भी मानव स्वभाव को उसके तत्त्व में पकड़ने की आपकी पैनी प्रवृत्ति हर जगह उसमें दिखती है और उपन्यास में आडंबर मुक्त वह सहज पठनीयता तो है ही जिसकी आपका पाठक आपसे हमेशा अपेक्षा करता है।

—श्रीलाल शुक्ल

•

तुमसे अनजाने ही एक बेहद महत्त्वपूर्ण चीज लिख गयी है। अपनी तरह की अद्वितीय। मैं यह अपने उत्साह को बहुत कम करके लिख रहा हूँ। तुम्हारे अपने पिछले लेखन से मीलों-कोसों आगे की चीज़—एक लंबी छलाँग, एक घटना। हिंदी में ऐसा उपन्यास कोई नहीं।

तुम्हारी सुवर्णा हिंदी उपन्यास की एक अविस्मरणीय पात्र होने जा रही है।...एक वर्ग के कल्चर, उसके खोखले जीवन-मूल्यों को, एब्सर्डिटीज़ को मास्टरली टच के साथ लिखा गया और यह काम तुमसे अनायास हुआ है। मेरा पक्का ख्याल है कि तुमने

अनजाने में इसमें क्या कहा है, कभी इस पर गौर करोगे तो अचरज करोगे और मानोगे कि अच्छा लेखक वही होता है जो हमारे अवचेतन से सीधा निकलता है।

तुम्हारा यह पहला उपन्यास है जिसमें लय (लय शब्द ठीक नहीं लगता...त्वरा) (लय + कंटिन्युइटी, चरम या एपैक्स की ओर विकसित होती हुई) बहुत कम भंग हुई है।

—बल्लभ सिद्धार्थ

•

आपका उपन्यास 'धीर समीरे' अभी खत्म किया है। सिर्फ 'बधाई' कह देने से मैं अपने मन की सारी प्रसन्नता व्यक्त नहीं कर पाऊँगा। अभिभूत हूँ। मेरे कई प्रश्नों के उत्तर अपने विविध पात्रों के द्वारा आपने दिये हैं। हो सकता है बहुधा वे भी सब 'भुलावे' की कोटि में आते हों परंतु वे न हों तो सपाट बीतने को हम कभी भी वृंदावन बनाने की कल्पना नहीं कर सकते। 'प्रगतिवादी जनवादी' लेखकवर्ग की जो परतें आपने उघाड़ी हैं—वह जितना नंगापन दिखाता है उतना ही इस दुर्भाग्य को भी रेखांकित करता है कि लेखकों की नई पीढ़ी अब भी 'यशसे' 'अर्थकृते' दोनों के लिए ही उस तबके के आकाओं का मुँह निहारता है। कहाँ हैं अब 'दादा रविशंकर' जो हिम्मत से कह सकें—उस भूमि को जानना है तो राधाकृष्ण से कैसे बचोगे क्योंकि आदमी में तो वही वह है। जो इस दंद-फंद में नहीं आये उन्होंने अपनी दूसरी दुकानें खोल ली हैं—सार्त्र, काफ्का, कामू की (और अज्ञेय की भी!) ऐसे माहौल में धीर समीरे का लिखा जाना और इतनी गहराई से जीवन और मृत्य के बीच बीतते जाने की व्याख्या और सबसे बढ़कर यह कि उसे इतने सरस और सार्थक ढंग से पाठक तक संप्रेषित कर देना अपने में ही एक उपलब्धि है। मैं अपने मित्र श्रीलाल शुक्ल का आभारी हूँ कि उन्होंने मुझे यह पुस्तक पढ़ने के लिए इतना जोरदार आग्रह किया।

—केशवचंद्र वर्मा, इलाहाबाद

कहानियाँ

गोविंद मिश्र की कहानियाँ हमेशा भाषा के स्तर पर एक खास तरह की ताजगी और एक खास तरह के नयेपन के साथ मुझ तक पहुँचती हैं। भाषा को लेकर जो प्रवृत्ति रवींद्र कालिया और महेंद्र भल्ला में थी वह शुरू में मुझे गोविंद मिश्र में लगी। लेकिन 'अंतःपुर' की कहानियाँ उतनी हल्की या केवल भाषा के ही स्तर पर उनकी स्वीकार या अस्वीकार कर सकने वाली कहानियाँ बिल्कुल नहीं हैं। दूसरे, ये एक सिनिक अनुभव तक पहुँचे हुए व्यक्ति की कहानियाँ लगती हैं।

—राजेंद्र यादव

•

गोविंद मिश्र की भाषा बेहद ताजी है। न वह आंचलिक है, न रेणु वाली म्यूज़िक है।

उसमें स्वाभाविकता है, एक ऐसी ताज़गी है जो शायद बरकरार रहेगी...ज्यादा इस्तेमाल के बावजूद कथा की दृष्टि से गोविंद मिश्र में बारीकियाँ हैं, वे परत के बाद परत देखते हैं, सूक्ष्म अंतर्दृष्टि है और जहाँ सेक्स को टच नहीं किया वहाँ वह बेहद सफल हैं...

—रवींद्रनाथ त्यागी

•

'अंतःपुर' की कहानियों का लेखक चौकस, आंचलिक संस्कारों से परिचित, माहौल को सूँघने वाला बेचैन व्यक्ति है। यह 'अंतःपुर' की भूमिका वाला उस हद तक मासूम और भोला नहीं है कि उसे अपने मुहावरे का अहसास ही न हो। इतना जरूर है कि वह चौबीस घंटे का लेखक नहीं लगता अगर होता तो 'अंतःपुर' की कहानियों में वह अंतरंग नहीं हो पाता और सामाजिक असंगतियों पर उसके प्रहार में तल्खी नहीं होती।

—डॉ. श्याम परमार

परिशिष्ट-4

गोविंद मिश्र की प्रकाशित रचनाएँ और प्रमुख उपलब्धियाँ

(रचना-क्रम से)

पुस्तक	प्रकाशन वर्ष	प्रकाशक
उपन्यास		
1. वह/अपना चेहरा	1971	अक्षर प्रकाशन दरियागंज, 2/36, अंसारी रोड, नयी दिल्ली-110002
" (नया संस्करण)		राधाकृष्ण प्रकाशन 2/38, अंसारी रोड, नयी दिल्ली-110002
" (पेपरबैक संस्करण)		राजकमल प्रकाशन 1-बी, नेताजी सुभाष मार्ग, नयी दिल्ली-110002
2. उतरती हुई धूप	1973	राजपाल एंड संस मदरसा रोड, कमशीरी गेट, दिल्ली-110006
" (नया संस्करण)		नेशनल पब्लिशिंग हाउस 23, दरियागंज, नयी दिल्ली-110002
" (पेपर बैक संस्करण)		राजकमल प्रकाशन 1-बी, नेताजी सुभाष मार्ग, नयी दिल्ली-110002
नया संस्करण		राजकमल प्रकाशन 1-बी, नेताजी सुभाष मार्ग, नयी दिल्ली-110002

पुस्तक	प्रकाशन वर्ष	प्रकाशक
3. लाल-पीली ज़मीन	1976	राजपाल एंड संस, दिल्ली-110006
'' नया संस्करण		वही
'' नया संस्करण		राजकमल प्रकाशन 1-बी, नेताजी सुभाष मार्ग, नयी दिल्ली-110002
'' (पेपर बैक संस्करण)		राजकमल प्रकाशन नयी दिल्ली-110002
4. हुजूर दरबार	1981	नेशनल पब्लिशिंग हाउस नयी दिल्ली-110002
'' (नया संस्करण)		वही
5. तुम्हारी रोशनी में	1985	राजकमल प्रकाशन नयी दिल्ली-110002
6. धीर समीरे	1989	राजपाल एंड संस दिल्ली-110006
7. पाँच आँगनों वाला घर	1995	राधाकृष्ण प्रकाशन प्रा. लि. नयी दिल्ली-110002
8. फूल...इमारतें और बंदर	2000	राधाकृष्ण प्रकाशन प्रा. लि. नयी दिल्ली-110002
9. कोहरे में कैद रंग	2004	भारतीय ज्ञानपीठ
कहानी-संग्रह		
1. रगड़ खाती आत्महत्याएँ (प्रारंभिक कहानियाँ)	1978	संभावना प्रकाशन रेवती कुंज, हापुड (मेरठ)
2.. नये पुराने माँ-बाप	1970	रचना प्रकाशन, 5 खुल्दाबाद, इलाहाबाद
'' (नया संस्करण)	1987	नेशनल पब्लिशिंग हाउस नयी दिल्ली-110002
3. अंतःपुर	1976	वही

4.	धाँसू	1978	राजकमल प्रकाशन नयी दिल्ली-110002
	" (नया संस्करण)		वही
5.	खुद के खिलाफ	1980	संभावना प्रकाशन, हापुड़ (मेरठ)
6.	खाक इतिहास	1985	
7.	पगला बाबा	1988	नेशनल पब्लिशिंग हाउस नयी दिल्ली-110002
8.	आसमान...कितना नीला	1992	राधाकृष्ण प्रकाशन प्रा. लि. नयी दिल्ली-110002
9.	हवाबाज़	1998	राधाकृष्ण प्रकाशन प्रा. लि. नयी दिल्ली-110002
10.	मुझे बाहर निकाले	2004	राधाकृष्ण प्रकाशन प्रा. लि. नयी दिल्ली-110002

अन्य

11.	मेरी प्रिय कहानियाँ	1976	राजपाल एंड संस दिल्ली-110006
	" (नया संस्करण)		वही
12.	अर्थओझल (चुनी हुई बीस कहानियाँ)	1995	भारतीय ज्ञानपीठ
13.	अपाहिज (लंबी कहानियाँ)	1980	विद्या प्रकाशन मंदिर 1681, दरियागंज नयी दिल्ली-110002
14.	स्थितियाँ रेखांकित (साठ के बाद की कहानियों) का संकलन (संपादन एवं (भूमिका गोविंद मिश्र)	1977	नेशनल पब्लिशिंग हाउस नयी दिल्ली-110002
15.	प्रतिनिधि कहानियाँ	1989	राजकमल प्रकाशन नयी दिल्ली-110002
	" (पेपरबैक संस्करण)		

16.	गोविंद मिश्र की प्रतिनिधि कहानियाँ (संपादक : शैलेश मटियानी) (भूमिका : शैलेश मटियानी)	1989	साहित्य भंडार 50 चाहचंद, इलाहाबाद-2110003
17.	निर्झरिनी–(सम्पूर्ण कहानियाँ) दो खंड	1996	नेशनल पब्लिशिंग हाउस

यात्रा

1.	धुंध भरी सुर्खी	1979	नेशनल पब्लिशिंग हाउस नयी दिल्ली-110002
2.	दरख्तों के पार...शाम	1988	विद्या प्रकाशन मंदिर नयी दिल्ली-110002
3.	झूलती जड़ें	1990	राधाकृष्ण प्रकाशन प्रा. लि. नयी दिल्ली-110002
4.	परतों के बीच	1997	वही
5.	और यात्राएँ	2004	वाणी प्रकाशन नयी दिल्ली-110002

निबंध

1.	साहित्य का संदर्भ	1985	नेशनल पब्लिशिंग हाउस नयी दिल्ली-110002
2.	कथाभूमि	1988	राजपाल एंड संस दिल्ली-110006
3.	संवाद अनायास	1993	राधाकृष्ण प्रकाशन प्रा. लि. नयी दिल्ली-110002
4.	समय और सर्जना	2000	राधाकृष्ण प्रकाशन प्रा. लि. नयी दिल्ली-110002

सर्वविधा संकलन

1.	मुझे घर ले चलो	1985	पराग प्रकाशन 3/114 कर्ण गली, विश्वास नगर, शाहदरा, दिल्ली-110032

2.	चुनी हुई रचनाएं (तीन खंड)	2003	वाणी प्रकाशन नयी दिल्ली-110002

कविता संग्रह

ओ प्रकृति मां	1995	राधाकृष्ण प्रकाशन प्रा. लि. नयी दिल्ली-110002

साक्षात्कार

मेरे साक्षात्कार	2000	किताब घर प्रकाशन

बालकथा

1.	कवि के घर में चोर		राधाकृष्ण प्रकाशन प्रा. लि. नयी दिल्ली-110002
2.	मास्टर मनसुखराम	1997	आर्यबुक डिपो
3.	आदमी का जानवार	1997	वही

प्रमुख उपलब्धियाँ

1. 'लाल पीली ज़मीन' ऑथर्स गिल्ड ऑफ इन्डिया द्वारा सम्मानित
2. हुजूर दरबार—उ. प्र. हिन्दी संस्थान के प्रेमचंद पुरस्कार द्वारा सम्मानित
3. धीर समीरे—भारतीय भाषा परिषद कलकत्ता द्वारा सम्मानित
4. दिल्ली अकादेमी द्वारा साहित्य के योगदान के लिए सम्मानित
5. 'पाँच आंगनों वाला घर' 1998 के व्यास सम्मान द्वारा सम्मानित
6. राष्ट्रपति द्वारा सुब्रमण्यम भारती सम्मान से सम्मानित